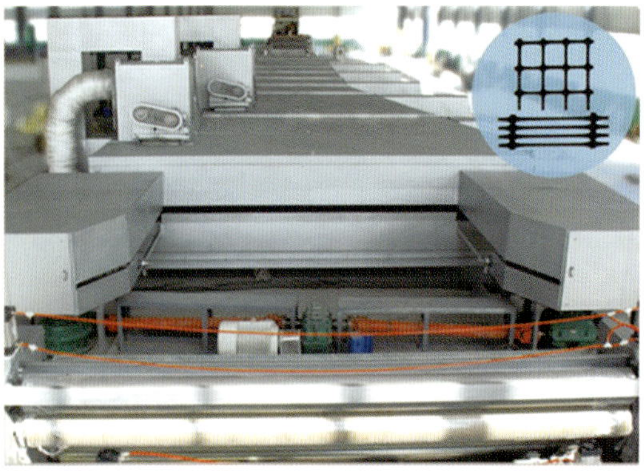

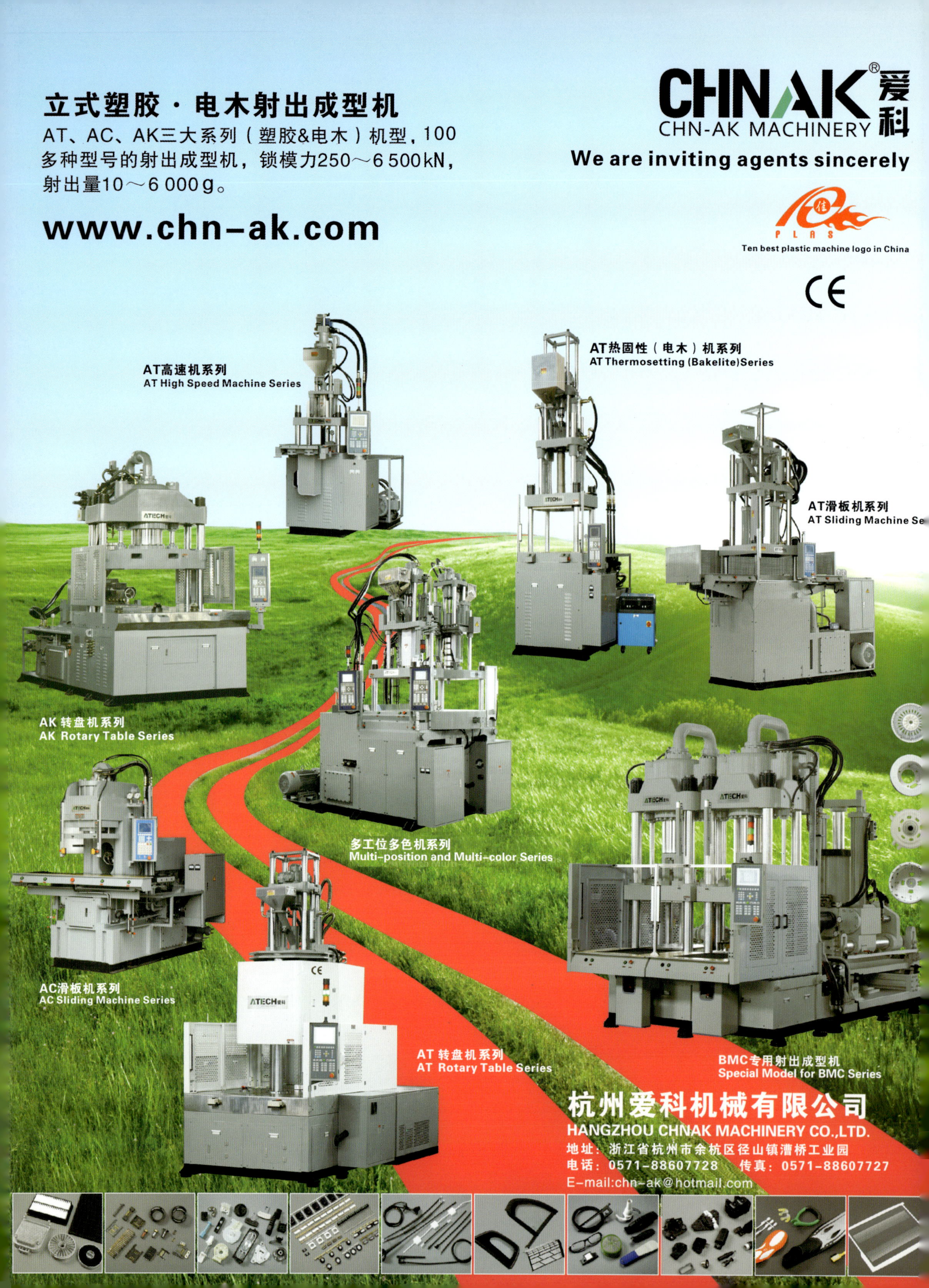

立式塑胶·电木射出成型机
AT、AC、AK三大系列（塑胶&电木）机型，100多种型号的射出成型机，锁模力250～6 500kN，射出量10～6 000g。
www.chn-ak.com
CHNAK 爱科
CHN-AK MACHINERY
We are inviting agents sincerely
PLAS
Ten best plastic machine logo in China
AT高速机系列
AT High Speed Machine Series
AT热固性（电木）机系列
AT Thermosetting (Bakelite)Series
AT滑板机系列
AT Sliding Machine Se
AK转盘机系列
AK Rotary Table Series
多工位多色机系列
Multi-position and Multi-color Series
AC滑板机系列
AC Sliding Machine Series
AT转盘机系列
AT Rotary Table Series
BMC专用射出成型机
Special Model for BMC Series
杭州爱科机械有限公司
HANGZHOU CHNAK MACHINERY CO.,LTD.
地址：浙江省杭州市余杭区径山镇漕桥工业园
电话：0571-88607728 传真：0571-88607727
E-mail:chn-ak@hotmail.com

南京藝工電工設備有限公司

NANJING TECHNICAL ELECTRICAL EQUIPMENT CO., LTD.

（0+3）三层共挤橡胶连续硫化生产线

(0+3)三层共挤干法交联生产线

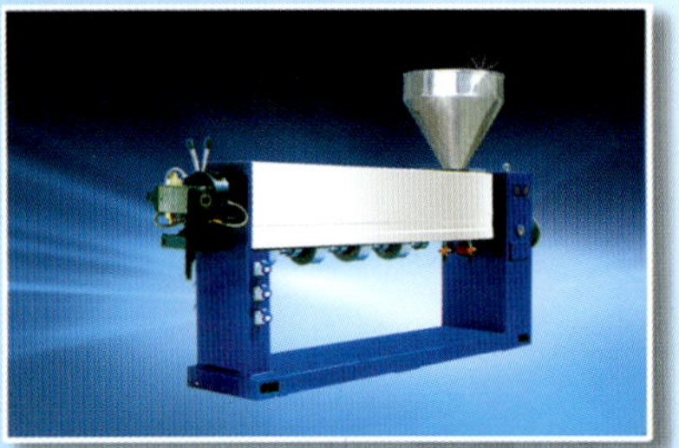

塑料挤出机系列

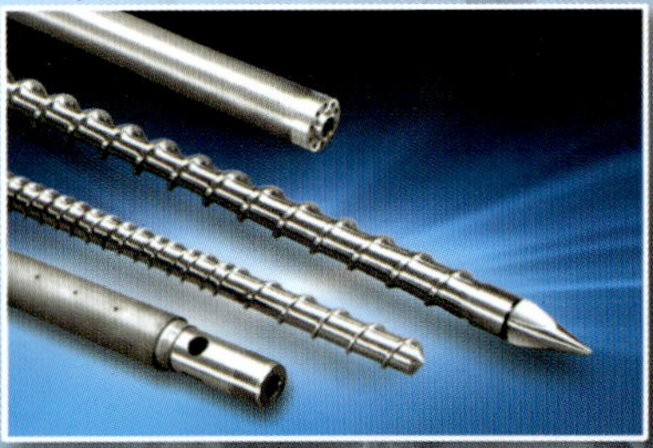

螺杆与机筒系列

南京艺工电工设备有限公司是中国塑料机械工业协会副会长单位、中国电器工业协会电线电缆分会电工设备专委会副主任单位、江苏省高新技术企业、南京市塑料电工机械工程技术研究中心和江苏省电工专用设备工程技术研究中心，是生产塑料、电工机械产品的专业厂家，主要从事塑料机械、电工专用设备的研发，国外先进技术和装备的引进、消化吸收与再创新，推动行业的科技进步和不断发展。

公司自 1981 年开始研制塑料机械、电工线缆装备和塑机部件产品以来，经过 30 年的发展，已成为国内生产塑料机械、电工机械产品历史悠久的厂家。“艺工”牌单螺杆挤出机系列产品荣获中国知名的单螺杆挤出机十佳品牌。近期与德方合作研发的 110kV/CCV、220kV/CCV 和 220kV/VCV 生产线已经进入实质性的实施阶段。公司产品已经覆盖全国，远销亚洲、欧洲、非洲和南美洲等地区的几十个国家，为国内外塑料、电工机械行业的发展及电线电缆专用设备的更新换代做出了贡献。

公司的主要产品有塑料挤出机、机头、牵引机、地轨行走式龙门收排放线机、储线架等系列产品，以及由此为基础组合而成的电线电缆生产线。近年来，公司成功地开发了 35kV 三层共挤悬链式干法交联生产线、高速护套生产线和 110kV 及以上的高压共挤护套生产线、三层共挤式橡胶硫化生产线等。在电气控制方面，紧跟时代的发展，大量采用高品质的电气元器件，同步控制采用进口可编程序控制器（PLC）、工业控制计算机和自行开发的控制软件，保证生产线的性能稳定可靠，达到国内领先和国际先进水平。ϕ30 ～ 300mm 系列化的螺杆机筒及附件，主要为国内外著名注塑机生产厂商提供配套。

地 址：江苏省南京市滨江高新技术开发区飞鹰路 79 号
邮 编：211199
电 话：025-87126506　87126503
传 真：025-86613604　86619054
http://www.yigong.com.cn
E-mail：njsjgs@163.com

《中国塑料机械工业年鉴》2010年刊设置综述、专文、行业概况、统计资料、产品进出口、产业集群、产品与项目、标准、政策法规、大事记和附录栏目，集中反映塑料机械行业的发展情况及发展趋势，全面系统地提供了塑料机械行业的主要经济指标。另外，本年鉴设置的产业集群栏目，介绍了塑料机械行业多个富有鲜明特色和旺盛生命力的产业集群，展示了这些产业集群为我国经济社会发展做出的重要贡献。

《中国塑料机械工业年鉴》主要发行对象为政府决策机构、机械工业相关企业决策者和从事市场分析、企业规划的中高层管理人员以及国内外投资机构、贸易公司、银行、证券、咨询服务部门和科研单位的机电项目管理人员等。

图书在版编目(CIP)数据

中国塑料机械工业年鉴.2010/中国机械工业年鉴编辑委员会，中国塑料机械工业协会编.—北京：机械工业出版社，2011.4

(中国机械工业年鉴系列)

ISBN 978-7-111-34076-8

Ⅰ.①中… Ⅱ.①中… ②中… Ⅲ.①塑料成型加工设备—机械工业—中国—2010—年鉴 Ⅳ.①F426.45-54

中国版本图书馆CIP数据核字(2011)第057937号

机械工业出版社(北京市百万庄大街22号 邮政编码100037)

责任编辑：王军莉

北京正合鼎业印刷技术有限公司印制

2011年4月第1版第1次印刷

210mm×285mm·24印张·40插页·576千字

定价：240.00元

凡购买此书，如有缺页、倒页、脱页，由本社发行部调换

购书热线电话(010)88379821、88379829

封面无机械工业出版社专用防伪标均为盗版

中国机械工业年鉴系列

作为『工业发展报告』

记录企业成长的每一阶段

中国机械工业年鉴

编辑委员会

中国塑料机械工业年鉴

记录历史

塑造品牌

中国塑料机械工业年鉴
执行编辑委员会

中国塑料机械工业年鉴

记录历史

塑造品牌

中国塑料机械工业年鉴
编辑出版工作人员

总编辑　郭　锐

主　编　李卫玲

副主编　刘世博　肖新军

执行主编　朱彩绵

责任编辑　王军莉

市场编辑　曹春苗　贾铭芳　蒋　斌

图文设计　张慕原

地　址　北京市西城区百万庄大街22号（邮编100037）

编辑部　电话（010）88379829　传真（010）68997966

发行部　电话（010）68326643　传真（010）68326017

E-mail：cmiy@vip.163.com

http：//www.cmiy.com　　www.mepfair.com

中国塑料机械工业年鉴

记录历史

塑造品牌

中国塑料机械工业年鉴
特约顾问单位特约顾问

（排名不分先后）

特约顾问单位	特约顾问
香港震雄集团	蒋志坚
广州博创机械有限公司	朱康建
宁波市海达塑料机械有限公司	蒋忠定
海天国际控股有限公司	张静章
上海金纬机械制造有限公司	何海潮
东华机械有限公司	杜　江
广东伊之密精密机械有限公司	廖昌清
广东金明精机股份有限公司	马镇鑫
青岛顺德塑料机械有限公司	赵桂旭
苏州同大机械有限公司	徐文良
浙江申达机器制造股份有限公司	王　珏
杭州爱科机械有限公司	徐红亮
江苏维达机械有限公司	高学飞
南京艺工电工设备有限公司	杜德鑫
联塑（杭州）机械有限公司	陆孝庭
广东佳明机器有限公司	陈镇洪
四川金石东方新材料设备有限公司	姬昱川
宁波方力集团有限公司	汪融融
常州市联丰镜面辊制造有限公司	陈亚兴
慈溪市德鑫滚塑设备有限公司	罗红宇
力劲集团	王新良
科倍隆（南京）机械有限公司	沈　君
宁波永生塑料机械有限公司	戎国荣
富强鑫(宁波)机器制造有限公司	王俊杰
宁波海星塑料机械制造有限公司	陈兴良
大连橡胶塑料机械股份有限公司	林　炬
大连三垒机器股份有限公司	俞建模
大连吉润企业集团有限公司	高吉良
张家港市兰航机械有限公司	黄振芳
信易电热机械股份有限公司	吴峻睿
宁波弘讯科技有限公司	俞田龙
上海御能动力科技有限公司	王宏义
山西大新传动技术有限公司	张新辉

中国塑料机械工业年鉴

记录历史

塑造品牌

中国塑料机械工业年鉴
特约顾问单位特约编辑

（排名不分先后）

特约顾问单位	特约编辑
香港震雄集团	王忠民
广州博创机械有限公司	唐小军
宁波市海达塑料机械有限公司	李树平
海天国际控股有限公司	高世权
上海金纬机械制造有限公司	林永宏
东华机械有限公司	陈玉城
广东伊之密精密机械有限公司	张　涛
广东金明精机股份有限公司	陈　浩
青岛顺德塑料机械有限公司	杨韵洁
苏州同大机械有限公司	朱建新
浙江申达机器制造股份有限公司	俞婷婷
杭州爱科机械有限公司	盛群丹
江苏维达机械有限公司	孟　驰
南京艺工电工设备有限公司	吴佳淼
联塑（杭州）机械有限公司	杨晓娟
广东佳明机器有限公司	方　来
四川金石东方新材料设备有限公司	钟　毅
宁波方力集团有限公司	张正乐
常州市联丰镜面辊制造有限公司	陈志超
慈溪市德鑫滚塑设备有限公司	王晓平
力劲集团	蔡恒志
科倍隆（南京）机械有限公司	付　晓
宁波永生塑料机械有限公司	陈飞飞
富强鑫(宁波)机器制造有限公司	陈晓周
宁波海星塑料机械制造有限公司	陈凯定
宁波市塑料机械行业协会	史　波
大连橡胶塑料机械股份有限公司	程　卫
大连三垒机器股份有限公司	刘冰冰
大连吉润企业集团有限公司	高永明
张家港市塑机（饮机）协会	顾惠聪
胶州市塑料机械协会	孙发英
信易电热机械股份有限公司	陈彦良
宁波弘讯科技有限公司	郑　琴
上海御能动力科技有限公司	李振华
山西大新传动技术有限公司	张英杰

前　言

“十一五”时期，是我国经济社会发展极不平凡但取得辉煌成就的5年，也是我国塑料机械行业综合实力提升最快、行业面貌变化最大、科技进步和创新成果最多的5年，是全行业产量和质量双提升、发展动力和活力明显增强、国际地位和影响力显著提高的5年，是我国塑料机械行业实现跨越发展、交出了亮丽经济答卷的5年。5年来，面对国际金融危机的巨大冲击，面对印度对我国注塑机反倾销的不利影响，面对原材料价格大幅波动、人民币升值等严峻形势，我国塑料机械行业凝心聚力，攻坚克难，扎实推进自主创新，加快推进转型升级，呈现出“总量快速增长、结构日益优化、质量不断提升、节能成效显现、效益迭创新高、后劲显著增强”的良好发展态势，圆满完成了“十一五”规划确定的目标任务，在科学发展的道路上迈出了新步伐。2010年，全行业塑料机械产量已连续10年位居世界第一，主要经济指标实现了重大突破。工业总产值达到421.06亿元，是2005年的2.18倍，工业销售产值达到400.65亿元，是2005年的2.20倍，出口交货值达到59.57亿元，是2005年的1.97倍。同时，企业规模明显扩大，全行业规模以上企业达到564家，比2005年增加185家，增长48.8%，涌现出一批创新能力强、市场份额高、经济效益好、带动作用突出的龙头企业和骨干企业。其中，销售收入超过1亿元的企业25家，超过5亿元的企业10家，分别是2005年的2.1倍和10倍。另外，还涌现出销售收入超过100亿元的龙头企业1家，在产量、产值和销售收入方面首次位居世界第一。

2010年版《中国塑料机械工业年鉴》突出了科学发展的主题和加快转变经济发展方式的主线，重点展现了塑料机械行业“十一五”时期，特别是近两年来塑料机械行业发展所取得的可喜成就，如实反映了全行业在科技创新、产品创新、节能减排等各方面所取得的新成果，突出展现了全行业在应对危机和挑战中迎难而上、化危为机、危中求进的精神风貌，认真总结了坚持科学发展、和谐发展、绿色发展和可持续发展的经验做法，准确分析了行业发展中存在的主要问题，清晰地表达了解决这些问题的坚定决心。

《塑料机械行业“十二五”发展规划》展示了我国塑料机械行业未来5年的宏伟蓝图。到2015年，我国塑料机械行业的工业总产值和销售总额均要达到500亿元以上，要实现“五个新”，即：产业规模迈上新台阶，科技水平实现新提升，市场份额得到新拓展，产业结构达到新提高，发展方式取得新转变。经过未来5年的努力，我国塑料机械行业的综合实力将有更大提高，产业转型升级将会取得更大进展，行业面貌将会发生更大变化，国际地位和影响力必将更大提升。

新起点开启新征程，新目标赋予新使命。经过50多年的发展，塑料机械行业已经成为塑料原材料工业、塑料制品加工业以及航空航天、国防、石化、海洋、电子、光电通信、建筑材料、包装、电器、汽车及交通车辆、农业、轻工业等国民经济各领域及战略性新兴产业提供的重要技术装备。迈入“十二五”，我们已经站在新的历史起点上，既有机遇，也有诸多新的严峻挑战。2011年是“十二五”发展的开局之年，也是我国塑料机械行业转型升级、跨越发展的关键之年。我们必须始终围绕主题主线，以等不起的紧迫感、慢不得的危机感、坐不住的责任感，紧紧抓住机遇，全力用好机遇，同心协力，奋发有为，努力实现“十二五”时期的良好开局，着力推进中国塑料机械行业由大变强。

作为记载我国塑料机械行业发展历程及发展成果的重要载体，《中国塑料机械工业年鉴》在传播行业信息，加强行业交流，扩大行业影响力，促进行业经济发展中将继续发挥重要作用。中国塑料机械工业协会必将一如既往地为会员单位和行业、为广大客户和各界朋友提供诚挚服务，共同谱写和谐发展、合作发展的新篇章。我们相信，我国塑料机械行业一定会迎来更加美好的未来，《中国塑料机械工业年鉴》也会续写更加精彩的篇章！

中国塑料机械工业协会会长：

2011年4月

广告索引

中国塑料机械产业集群

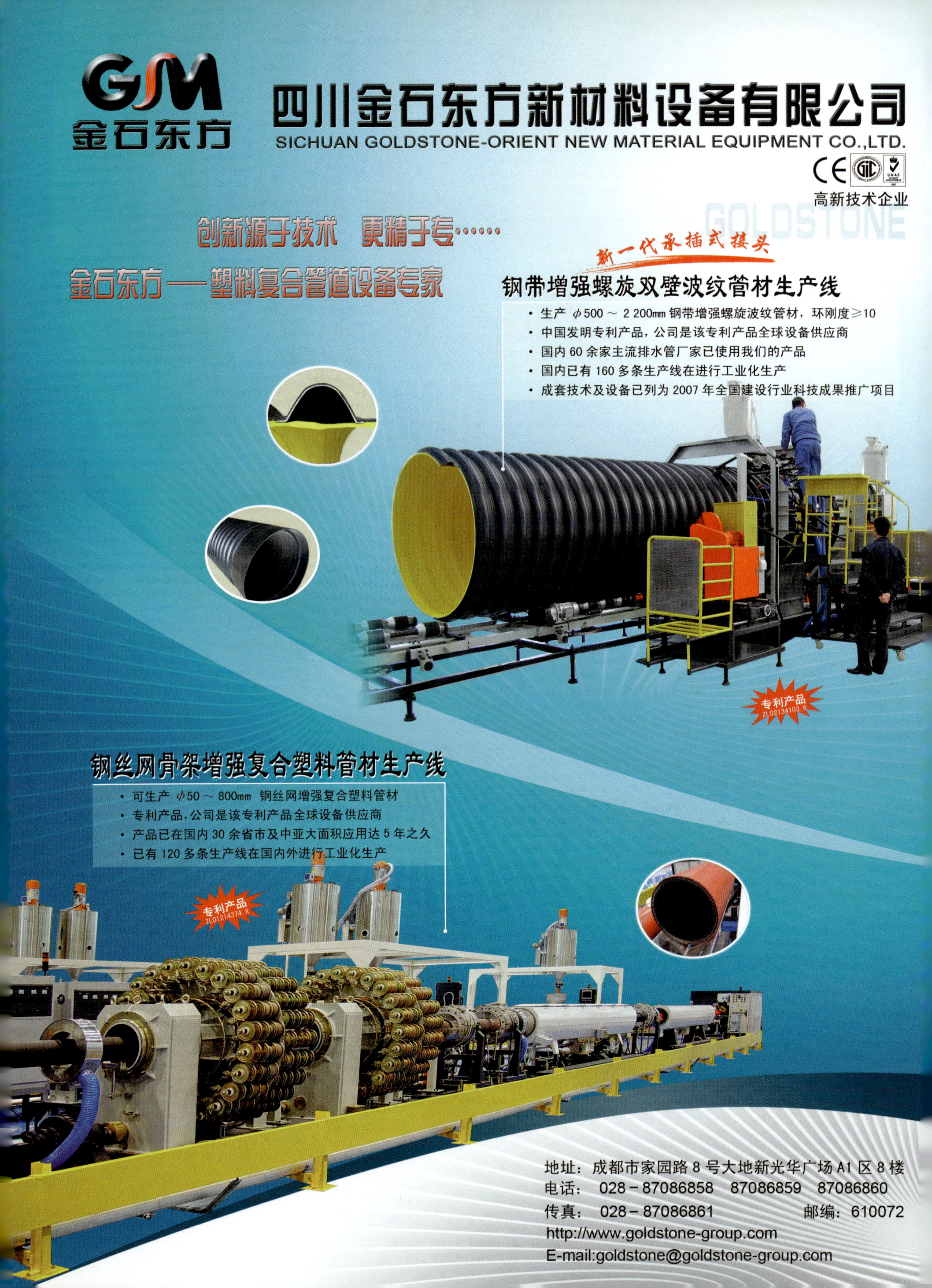
GM
金石东方
四川金石东方新材料设备有限公司
SICHUAN GOLDSTONE-ORIENT NEW MATERIAL EQUIPMENT CO.,LTD.
CE
高新技术企业
GOLDSTONE
创新源于技术　更精于专……
金石东方——塑料复合管道设备专家
新一代承插式接头
钢带增强螺旋双壁波纹管材生产线
• 生产 φ500～2 200mm 钢带增强螺旋波纹管材，环刚度≥10
• 中国发明专利产品，公司是该专利产品全球设备供应商
• 国内 60 余家主流排水管厂家已使用我们的产品
• 国内已有 160 多条生产线在进行工业化生产
• 成套技术及设备已列为 2007 年全国建设行业科技成果推广项目
专利产品
ZL02134103.6
钢丝网骨架增强复合塑料管材生产线
• 可生产 φ50～800mm 钢丝网增强复合塑料管材
• 专利产品，公司是该专利产品全球设备供应商
• 产品已在国内 30 余省市及中亚大面积应用达 5 年之久
• 已有 120 多条生产线在国内外进行工业化生产
专利产品
ZL01214374.X
地址：成都市家园路 8 号大地新光华广场 A1 区 8 楼
电话：028－87086858　87086859　87086860
传真：028－87086861　邮编：610072
http://www.goldstone-group.com
E-mail:goldstone@goldstone-group.com

目　　录

综　　述

专　　文

行业概况

统计资料

产品进出口

产业集群

GRAEWE·FANGLI
德国技术 国际品质
GERMAN TECHNOLOGY INTERNATIONAL QUALITY
Welcome to
BOOTH NO:1.1A41
Chinaplas 2011
PE聚乙烯/PPR无规共聚聚丙烯给水、燃气管材高速挤出成套机组
HDPE/PP 聚乙烯/聚丙烯双壁波纹管挤出成套机组
多层复合PE聚乙烯管材挤出成套机组
PP-R 无规共聚聚丙烯管材高速挤出成套机组
FANGLI
RHDM系列全自动热熔对接机
RHJ系列热熔角接机
YF系列塑料异型材挤出成套设备
RHD系列热熔对接机
DJQ系列多角切割机
方力集团
公司地址：浙江省宁波市长丰工业区
营销热线：0574-28883111 28883018
传真：0574-28883265
邮编：315192
http://www.fangli.com
E-mail:fl@fangli.com
CE

产品与项目

标　　准

政策法规

大　事　记

附　　录

Contents

Overview

Articles

A survey of the industry

Statistical data

Import and export of products

Industrial cluster

Products and Projects

Standards

Policies and regulations

Chronicle of events

Appendix

中国主要的注塑机制造商之一
备受欢迎十大塑机品牌之一

力劲科技集团有限公司（以下简称力劲集团）1979 年创立于中国香港，是一家专业从事研发、制造和销售冷、热室压铸机及镁合金压铸机、精密节能注塑机和计算机数控加工中心的技术和资本密集型企业集团。经过 30 余年的发展，集团已经成为全球知名的压铸机制造商以及在中国压铸机行业获得“中国名牌”的企业，中国知名的注塑机制造商以及可为中国提供全面解决方案的计算机数控加工中心制造商。力劲集团于 2006 年 10 月在中国香港联交所主板成功上市。

力劲集团在中国的深圳、中山、上海、宁波、阜新、台湾以及欧洲的意大利拥有 7 个生产基地，占地面积约 50 万m²，覆盖中国发达的华南、华东、华北以及欧洲等市场区域。各生产基地均已通过 ISO9001:1994 和 ISO9001:2000 质量体系认证，产品已获得 CE 认证和 UL 认证，达到欧美标准。

中国名牌　中国香港名牌　中国机械500强　高新技术企业

力劲集团 L.K. GROUP

中国主要的注塑机制造商之一　压铸机行业的中国名牌产品　中国机械500强企业
中国香港主板上市公司　参与国家科技攻关项目的中国香港企业　十大塑机品牌之一
全球领先的生产规模　全球领先的纳米级上射式超精密微型注塑机　高新技术企业

力劲集团实施科技领先战略，致力于为社会提供更多更好的高科技产品，与清华大学、浙江大学、香港理工大学等多所著名科研院校“联姻”，在特种铸造、注塑成型、自动控制、材料技术等领域进行多元化技术合作，产品集各领域先进技术于一身，获得各项专利超过 40 项，并且成功研发出具有自主知识产权的镁合金压铸机，在镁合金压铸机领域填补国内 3 项空白。2008 年，力劲集团与香港理工大学组建合资企业，合作研发和生产 2t 级、5t 级等多种高精密微注塑机，成为全球率先生产纳米微型部件的上射式高精密微注塑机的企业。

秉承“致力于客户的成功”经营理念，力劲集团追求为客户提供整体解决方案，不仅提供压铸、注塑设备，还可提供周边配套设备和压铸后加工 CNC 加工中心等成套设备。集团公司可以为客户提供从厂房规划、机型选择、安装调试、人员培训、工艺流程设计、运行跟踪、售后维修等一系列的一体化快捷服务，现已经实现中国大部分区域“24 小时快速服务”。在中国大陆拥有 40 多个核心销售和服务中心；在美国、意大利等国家及中国香港、中国台湾地区设有销售和服务子公司；另在全球发展了超过 20 个代理商，力劲集团销售和服务网络已经遍布全球。

在塑料机械领域，力劲集团将多年压铸技术成功运用到注射成型机械，使之在机械、液压、电控等方面获得全面提升。目前，力劲集团已研发制造有精密注塑机、直压式注塑机、微注塑机和高端高速精密专用注塑机 4 大类，锁模力 20～13 000kN 的环保节能型精密注塑机。产品包括 POTENZA 系列、EFFCTA 系列、EFFCTA 精密系列、EFFCTA 高速系列、EFFORT 直压式系列、微型注塑机系列以及注塑机车间数字信息化管理系统（软件）等。注塑机产品及项目先后获得“国家火炬计划”、“国家重点高新技术产品”、“广东省名牌产品”、“受欢迎十大塑机品牌”、“第 35 届日内瓦国际发明及创新技术与产品金奖”、“国家 1 级能效产品”等荣誉。

由于集团拥有在市场上的领导地位、享誉业界的品牌、庞大的生产规模、领先的研发能力、卓越的产品质量、覆盖全球的销售网络和优质高效的服务，赢得了“上海市高新技术企业”、“广东省高新技术企业”、“深圳百强企业”、“全国外商投资双优企业”、“中国机械 500 强”以及“国家高新技术企业”等多项殊荣，赢得业界的广泛认同。

展望未来，力劲集团将坚持创新，持续不断地提升品质和服务，脚踏实地为成为世界级的精密机械制造商而不懈努力。

两板注塑机
经国家塑料机械产品质量监督检验相关部门权威检测
力劲系列注塑机能耗检测试验结果达到国家1级标准
并以优于标准的成绩而名列前茅
LK
FORZA—PT3000
两板结构应力更均
超长内距容模更大
降耗技术能源更省
节能型注塑机
1
节能型注塑机
深圳领威
上海一达
宁波力劲
中山力劲
阜新力劲
天津力劲
重庆力劲
台湾力

科倍隆（南京）机械有限公司隶属于德国科倍隆集团。科倍隆集团（ 以下简称科倍隆 ）股东为德国法兰克福股市大型的基金投资公司 DBAG (Deutsche Beteiligungs AG)，德意志参股上市公司，对约 40 家子公司进行控股。科倍隆是塑料配混和挤出系统及化工行业大型物料输送系统在全世界范围的领导者，其旗下的 4 家主要生产基地累加拥有 300 多年的历史，全球超过 75% 的新型塑料材料是在科倍隆的测试实验室中进行开发和研究的。科倍隆(南京)机械有限公司严格遵守科倍隆的质量标准，充分确保了每道生产工序的高质量完成。科倍隆在德国总部和美国设有研发中心，位于中国南京的研发中心也于 2008 年 10 月 7 日举行了隆重的揭幕仪式，此中心的成立将有助科倍隆更快更好地为中国及亚洲的客户提供系统解决方案。

科倍隆的产品

作为双螺杆挤出机行业的领导者，科倍隆拥有领先的技术和丰富的经验。从 20 世纪 50 年代起，科倍隆就不断地为用于配混技术的加工机械和设备建立了许多全新的标准，为塑料、化工和食品行业设计和加工设备，并可根据客户的具体要求进行量身定制。科倍隆已经安装了 10 000 多台挤出设备。

ZSK 系列双螺杆挤出机

(1)ZSK MEGAcompounder 机型。由科倍隆 Werner&Pfleiderer 公司开发的第七代 ZSK 系列，是提高生产效率的又一里程碑。积木式结构，高转速，高能量传输，运行平稳，使用寿命长，优化的机械设计，较高的安全系数，方便灵活的控制。用于聚烯烃、工程塑料和其他需要高能量输入的连续配混过程，效果理想。

(2)ZSK MEGAvolume 机型。是满足高质量要求的理想配混机。采用模块式设计，优化平衡螺槽容积、扭矩和螺杆转速，实现优良工艺设计，性价比高，生产效率高。

(3)ZSK Kombiplast 机型。双阶结构和 ZSK 加工段的模块化原理使 Kombiplast 适用于多数领域的应用。在产品质量和成本上的优势保证了热敏感性和剪切敏感性聚合物在市场上的成功。

(4)ZSK Mc^{18} 机型是当前生产性能卓越的 ZSK 机型，工艺技术水平发展到了一个新的里程碑。拥有 18 N·m/cm^3 比扭矩，意味着产量显著增加的同时产品质量也得到提高，在市场上具有广泛的应用领域，可为您提供独特的技术优势。

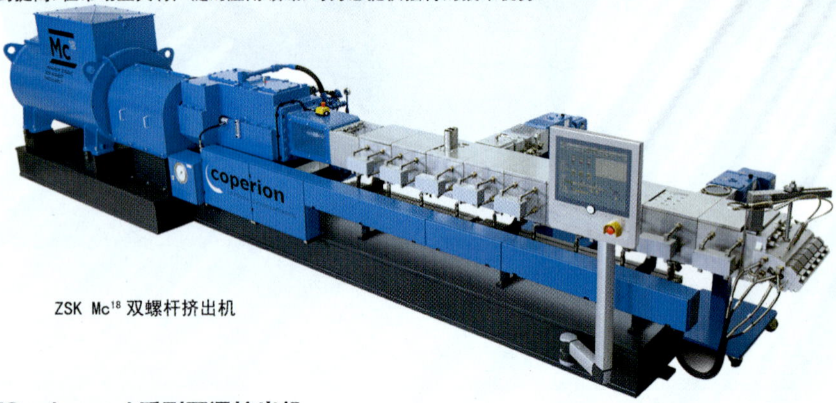

ZSK Mc^{18} 双螺杆挤出机

新型 STS advanced 系列配混挤出机

由科倍隆（南京）机械有限公司制造的 STS advanced 系列配混挤出机，具有高性能的驱动装置和可编程序触摸式操作控制系统。高强度的主机底座设计，使整个挤出机的结构更坚固，更符合人体工程学的要求。科倍隆在上海雅式展上，首次展示了这种高性价比的新机型。

STS 65 advanced 配混挤出机

科倍隆(南京)机械有限公司
地址：江苏省南京市江宁区天元西路 59 号　邮编：211100
销售热线：025-52783922　52786288 转 3865 或 3957
客服热线：025-52783933
http://www.coperion.com

CTE 系列双螺杆挤出机

CTE 系列双螺杆挤出机采用积木式结构，其主要优势在于加工段的多元化组合可根据各个不同的加工作业提供特定的优化组合，使机器的应用范围更广。机筒的积木式结构使加工精度更高。每节筒体的温度可单独设置；电加热，水冷却；机筒、螺杆元件和啮合块是氮化钢材质，也可根据客户要求，提供适合于特殊物料的耐磨、耐蚀性材质。

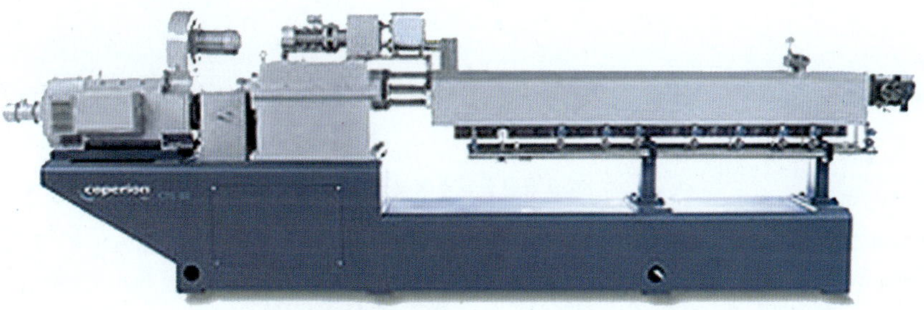

CTE 50 双螺杆挤出机

CKY 系列双阶挤出机

CKY 系列双阶挤出机主要用于热敏型和剪切敏感型物料和配混。双阶式结构和加工段的积木式结构使此机型适用于多种物料的加工。如 PVC、XLPE 电缆料、软 PVC 医用料、硬 PVC、EVA 发泡鞋底料和 PE 低烟无卤阻燃料等。

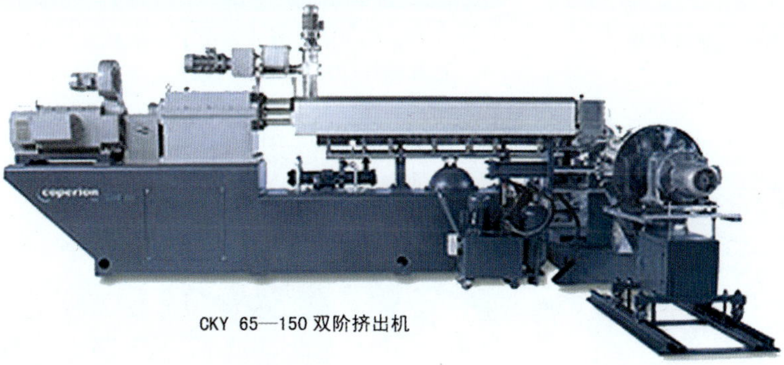

CKY 65—150 双阶挤出机

科倍隆的服务

科倍隆在工程设计技术之外，还一直恪守这样的信条：我们倾听客户的声音。就像科倍隆人常说的那样：confidence through partnership（信心源于合作）。科倍隆的服务领域非常广泛，遍布全球的 2 100 位专家、30 多个服务网点随时为客户提供全面的服务。科倍隆的员工拥有丰富的经验和专业知识，可以为客户提供全方位服务，科倍隆会派出优秀的工程师帮客户排除故障。科倍隆特有的服务体系包含：定期对客户的设备进行保养和检修，拥有大量的紧急备件库存，为客户提供解决问题的方案，长期对客户的设备进行检测与分析。定期对客户的操作员进行培训，对设备进行升级，以提高客户的生产效率。这种服务结构与科倍隆个性化的服务合同相匹配，可以为客户提供从基础检测到全方位维护不同层次的服务。

科倍隆提供的不仅是服务。科倍隆之所以能创造这种新式的、个性化的服务，是因为科倍隆已经在科倍隆实验室对将来可能出现的各种风险进行了论证，这种研究经验的积累能立即应用于新产品的研发和制造，为客户提供技术竞争优势，长期保障客户的正常生产。

中国塑料机械工业

2009年7月，在宁波召开塑料注射成型机能耗检测方法研讨会

2009年8月，在北京化工大学举办“挤出工艺及螺杆设计”高级研修班

2009年8月，在西宁召开首届中国塑料机械行业专家论坛

2009年11月，《中国塑料机械工业年鉴》首发仪式

2010年3月，两岸塑料行业合作与发展论坛

中国塑料机械工业协会
地址：北京市西城区三里河路46号
邮编：100823
电话：010—68595081　68595061
传真：010—68595853
http://www.cpmia.org.cn
E-mail:cpmia@cpmia.org.cn

协会活动掠影

2010年10月，中国塑料机械工业协会组团赴德国参观第18届杜塞尔多夫国际塑料及橡胶展览会（德国K展）

中国塑料机械工业协会与美国塑料工业协会代表交流

中国塑料机械工业协会代表与英国塑料和橡胶研究协会代表交流

中国塑料机械行业代表在德国K展VIP招待室举行技术交流和点评会

中国塑料机械行业代表参观德国科倍隆公司

K展主办方为中国塑料机械行业代表团举行欢迎会

中国塑料机械工业协会与德国VDMA代表交流

中国塑料机械产业集群

集群

经过50多年的发展，在我国环渤海、长三角和珠三角三大区域，形成了10多个专业生产注塑机、挤出生产线、双螺杆挤出机的特色产业集群。

环渤海区域的天津、北京、大连、青岛、济南等地区，由于橡胶塑料制品业比较发达，形成了一批以专业制造塑料挤出生产线为特色的产业集群。

长三角区域的上海、南京、张家港、昆山、宁波、舟山、温州等地，由于塑料制品产业发达，对塑料机械的需求量较大和品种较全，因而在南京、张家港、上海等地，形成了一批以专业制造塑料挤出机和塑料原料配混设备为主的产业集群，以及专业生产中空、滚塑机械等产品的产业集群。在宁波地区，形成了以专业制造注塑机为主的产业集群，宁波被授予“中国塑机之都”称号。在舟山地区，形成了以专业制造塑机螺杆为主的产业集群，舟山被授予“中国螺杆之都”称号。

在珠三角区域的广州、顺德、深圳等地，形成了多个制造注塑机、挤出机、压铸机等产品的生产基地，并带动了区域内相关基础零部件加工配套市场的迅速发展。

这些产业集群呈现出鲜明的特点和旺盛的生命力，有的展现出“人无我有、人有我优、人优我先、人先我特”的差异化特色，有的以规模大、产量高、产品优、市场大而闻名国内外，不仅成为所在地区产业发展的“助推器”，而且成为我国塑料机械行业经济发展的重要支撑和生力军，为我国经济社会发展做出了重要贡献。

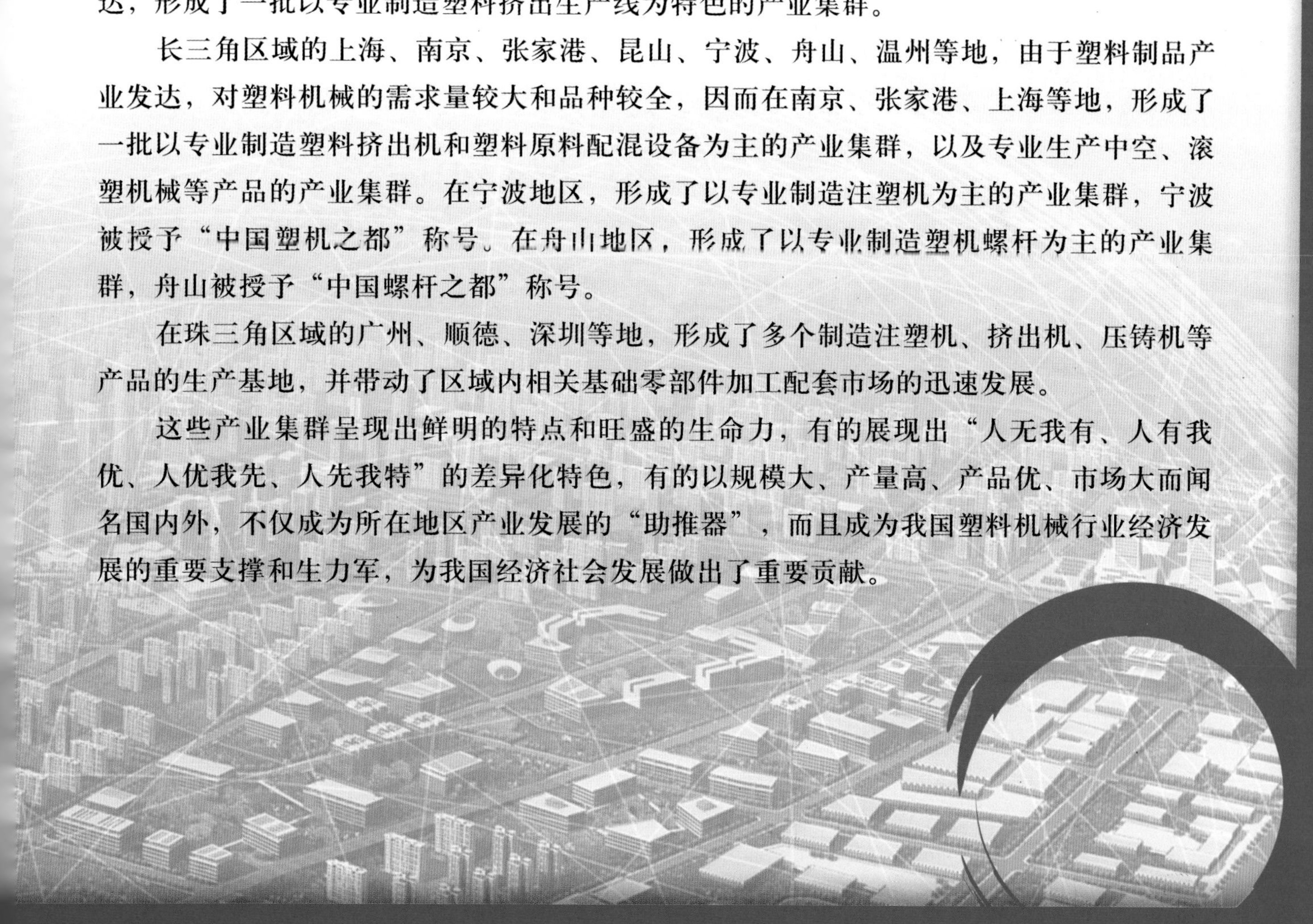

共创卓越 同续辉煌
——宁波海天塑机集团有限公司

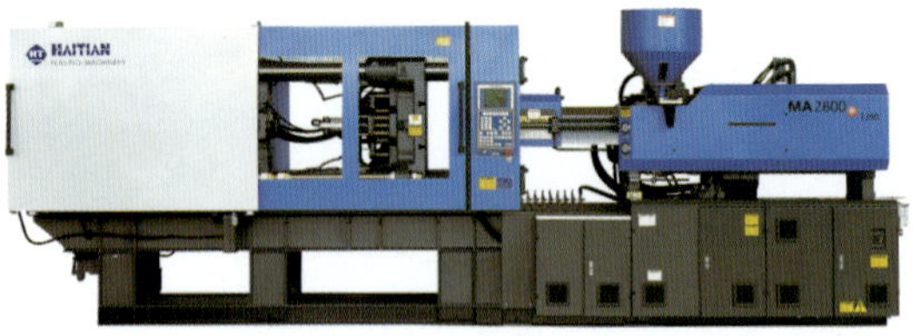

宁波海天塑机集团有限公司（简称海天集团）创建于1966年，2006年12月在中国香港联交所挂牌上市，是一家集研发、制造注塑机于一体的国家重点高新技术企业，是全国塑料机械行业同时获得“中国名牌产品”、“中国驰名商标”的企业，全国91家创新型企业之一，中国塑料机械工业协会会长单位。

经过40多年的发展，海天集团已经成为全球知名的塑料机械生产企业，具有较强的综合竞争力和抗风险能力，形成了良好的发展优势，即规模优势、装备优势、产品优势、节能优势、人才优势、科技优势、营销优势和管理优势。

一、规模优势——产量世界前茅

2010年，海天集团生产的注塑机产量近3万台，完成销售80多亿元。公司年产量已经连续17年保持了行业领先、连续10年保持了世界领先的纪录，年销售总额连续4年位居世界塑料机械行业前4强。

二、装备优势——保持世界领先

海天集团已拥有价值10亿元的生产、科研、检测设备，其中，各类数控加工机床300多台，具备了国际一流注塑机企业所需的高、精、尖加工设备，形成了配套齐全的先进装备水平和开发研制、生产制造能力，并呈现出流水作业的领先性、先进的整机配套性、个性化服务的灵活性、工艺技术的创新性和生产过程的环保性等特点。

三、产品优势——优质造就名牌

海天集团在行业内率先通过了ISO9001国际质量管理体系认证和CE认证，建立了比较完善的质量管理组织机构、工作体系、控制体系和保障体系，确保每一个产品都成为优质产品。公司产品的主要特点：一是系列齐全品种多，已形成ME、VE、PA、MA、SA、IA、JU、PL等8个系列，锁模力600～60 000kN、注射量50～60 000g，共有40余种规格、100多个品种，自主研发的产品已达100%。二是高中低档协调发展，其中，大部分产品已接近世界先进水平，部分产品居于世界领先地位。三是以质量好、信誉佳得到了市场的认可，赢得了良好的口碑。2007年9月，海天牌注塑

机获得“中国名牌产品”殊荣，海天牌商标也荣获“中国驰名商标”称号。当前，海天集团的注塑机产品，已形成了“人无我有，人有我优，人优我特，人特我专”的明显优势。

四、节能优势——综合效果创先

近年来，海天集团成功研发了多款高效节能注塑机。新一代全电动注塑机被宁波市推荐为节能产品，大型二板机在节能、节材、节地和高效等方面优势显著，J5型伺服节能注塑机具有响应快、精度高、周期短和效率高等特点，在节电、节水、节油和低噪声等方面创造了多项新纪录，突破了国外多项技术垄断，受到了国内外市场的肯定和用户的赞誉，并荣获2008年度宁波市科技成果进步奖一等奖。

五、人才优势——构筑人才高地

海天集团通过国内招聘和国外招聘并举、企业内部选拔和企业内外培养并举等形式，集聚了一大批高层次的创新型人才。通过培养人才、关爱人才、激励人才和成就人才等措施，切实加强经营管理、专业技术、操作技能三支人才队伍的建设，着力构筑人才高地。海天集团现有员工5 000多名，其中，来自德国、日本等国家塑料机械行业专家20多名，来自北京化工大学资深教授和省内外副高级职称以上专家30多名，具有大专以上学历的员工1 500多名，工程技术人员500余名，中级职称以上的专业人才近300多名。公司设立了博士后科研工作站，委托北京化工大学为企业开设在职硕士班，培养工程硕士。公司坚持科学的人才观和人本创新管理，使人才引得进、用得好、留得住，职工队伍长期保持稳定，从而使企业获得了持续快速发展的动力。

六、科技优势——创新能力强劲

多年来，海天集团不断加大对科技创新的投入，每年用于产品研发的资金达到销售总额的5%以上，使科技创新有了源源不断的血液。2005年，公司技术中心被认定为国家企业技术中心。在德国建起了海天塑机研究院，聘请了多名德国塑料机械专家，与公司科研人员一起，跟踪世界先进技术，进行前瞻性的研究。与北京化工大学合作，成立了海天北化科技发展有限公司，构建了开放式的研发体系，实行风险共担、利益共享的机制。与浙江大学等高校和科研院所广泛开展科技合作和交流，在科研与生产方面较好地实现了资源共享和优势互补。进入21世纪以来，公司已拥有国家专利60余项，其中发明专利4项。

七、营销优势——市场覆盖全球

经过多年努力，海天集团已建立了覆盖国内、国际的营销网络。一是在国内市场划分了7大区域，设立了28个办事处，建立了统一管理、职责明确的服务体系，实行近距离的精心服务。二是在国外设立了5个服务中心，划分了服务界面，实行无缝隙的精心服务，较好地解决了以往存在的产品交货难和售后服务难等问题，加快了用户的响应速度，提升了服务质量。当前，公司生产的注塑机在国内市场的占有率为：大中型注塑机占60%以上，小型注塑机占30%左右。此外，公司产品还远销美国、欧洲、南美洲、中东和东南亚等120个国家和地区。

八、管理优势——跨上全新台阶

海天集团董事长张静章在认真总结实践经验的基础上，运用现代管理理念，创建了人本、资本、成本一体化的“三本”管理模式。公司坚持以人为本的理念，通过建立和谐的劳动关系、和谐的利益关系、和谐的人文关系，使职工收入和待遇令人称羡，创新人才充分涌现，创新成果层出不穷。通过有效的成本管理，使公司在每一次风云变幻中都能稳操胜券，在每一次大变革、大转型中都能平稳前行。通过与时俱进和创业创新，强化了公司战略管理、资本运作和风险防范等功能，实现了由传统的资本管理向现代资本经营的转变，加快了塑机产业的转型升级，增强了国际竞争力。尽管2008以来国际金融危机加剧蔓延，我国的塑料机械行业同样受到冲击，让人们遭遇了多年未见的“寒流”，但是，海天集团依靠富有成效的“人本、成本、资本”管理，依然一如既往、快速发展，依然呈现出“风景这边独好”的喜人局面。

作为塑料机械行业的领头羊，海天集团在新的历史起点上，深入贯彻落实科学发展观，抓住机遇，迎接挑战，充分发挥企业的八大优势，为加快推进产业转型升级，建设“国内领先、国际一流”的塑料机械企业，为加快振兴我国塑料机械工业，为我国经济社会的发展做出更大的贡献。

中国塑料机械产业集群
永生V6系列伺服节能精密注塑机
YSV6 Series Energy Saving
High-precision Injection Molding Machine
国际新技术
World class latest technology
节能王
Power saving master
YS-1080V6节能注塑机
YSK-6380
YS-6380K高性能精密注塑机
地址：中国浙江宁波市鄞州区潘火工业区春园路268号 邮编：315040
电话：0574-88231691 http:// www.yongshengmachine.com
宁波永生塑料机械有限公司
Ningbo Yongsheng Plastic Machinery Co.,Ltd.

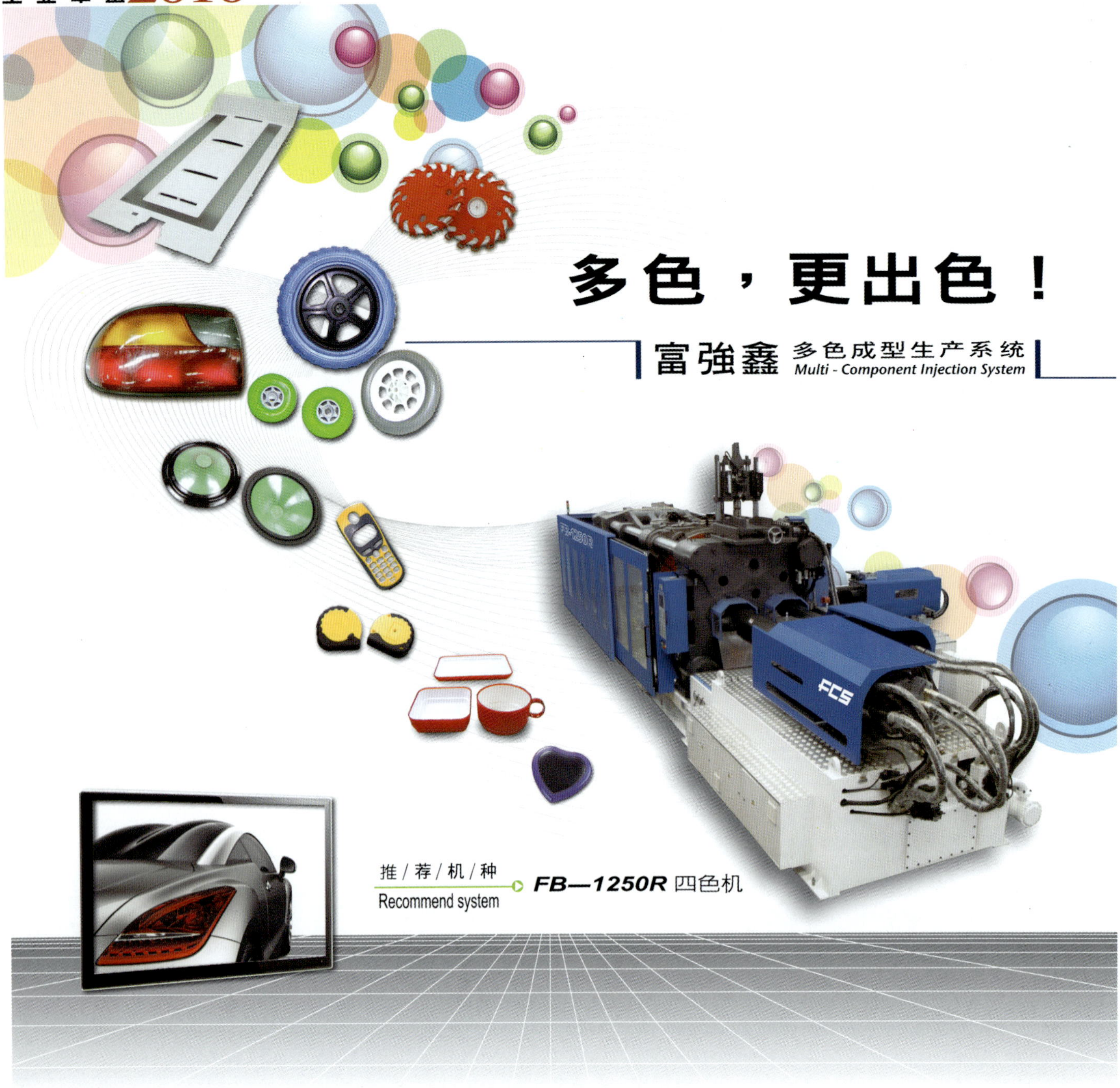
多色，更出色！
富強鑫 多色成型生产系统
Multi - Component Injection System
推/荐/机/种
Recommend system
FB—1250R 四色机

绿色制造——节能创新

——宁波市海达塑料机械有限公司节能产品发展之路

宁波市海达塑料机械有限公司1992年成立以来，一直重视注塑机的技术发展，紧跟相关行业的技术发展状况，及时将相关的节能技术应用于注塑机上。

在绝大部分注塑机厂家还在使用P/Q双比例系统时，海达公司就开始使用日本的柱塞式变量泵系统，该系统能够按照加工产品的实际负载需求进行压力流量的输出，较大幅度地节约了电能。

2003年，公司和浙江大学进行注塑机变频控制系统的合作研究开发，并将该技术产品作为重点节能产品向客户推荐。该系统按照加工产品的实际负载需求进行压力流量的输出，在系统空载时，变频电动机的空载消耗功率为普通电动机的15%～20%，整机的节能效果更加明显。

在国外同行将伺服电动机作为全电动注塑机驱动动力时，海达公司就开始研究将伺服系统作为液压动力的可行性，并于2006年试制出HDX128伺服调节容积节能注塑机，经过几年的不断深入研究，公司逐步形成了HDJS伺服注塑机系列。

注塑机的另一大能耗部位为料桶加热部位，海达公司积极引进先进的电磁加热技术，同样的加热效果情况下，加热能耗节省40%以上。

注塑机节能方案见下表。

注塑机节能方案

方式	单位	P/Q	变量	变频	伺服	伺服+电磁加热
加热平均功率	kW	4.8	4.8	4.8	4.8	2.9
液压泵电动机平均功率	kW	10.6	7.4	6.9	5.3	5.3
整机平均功率	kW	15.4	12.2	11.7	10.1	8.2
每天节省能耗	kW·h	0.0	72.5	84.6	120.8	164.6

注：以海达1 280kN注塑机为例。

公司在节能方面的不断研究投入，使得产品的能耗等级处于行业领先位置。

宁波市海达塑料机械有限公司

宁波市海达塑料机械有限公司系中国塑料机械工业协会常务理事单位、宁波市塑料机械行业协会副会长单位。公司始创于1992年，目前已成为浙江省名列前茅的注塑机生产基地，并荣获浙江省著名商标等多项殊荣。公司占地面积10余万m^2，总资产3亿元，员工350人，具有众多中高级职称技术骨干，并常年聘请行业知名高级工程师和教授担任技术顾问，积极开展企业自主创新工作。在没有信贷压力的情况下，从创业至今，公司的年工业总产值平均增长15%以上。近两年，公司各项经济指标在全国注塑机行业内已位列前6名。

一、国际市场的开拓

2004年至今，公司通过了多项CE认证。面对激烈的市场竞争，公司除了与韩国、东南亚、东欧和中东地区的客商保持着稳定的合作关系外，与欧洲的经营商建立了长远的合作关系。随着外贸业务的不断扩大，公司在商务网上注册、开通了商务贸易业务，进一步拓展了销售渠道。公司还积极在海外注册“海达”商标，已在澳大利亚、埃及、伊朗、意大利、塔吉克斯坦、俄罗斯、沙特阿拉伯和乌兹别克斯坦等国家注册。目前，“海达”牌注塑机已经远销世界各国，“海达”品牌在用户中具备了相当高的知名度。

二、企业品牌建设情况

公司积极争创省市级名牌产品和著名商标，成立了商标管理领导小组，制定了相应的商标管理制度。2000年，“海达”牌塑料机械被评为“宁波市名牌产品”；2002年、2005年，“海达”商标被评为浙江省著名商标。为了让更多的用户认识和了解海达塑机，自2000年开始，公司斥巨资在镇海常洪隧道口、蟹浦岭、杭甬高速公路、常州小河镇、温州大桥、永康、黄岩和广东中山小榄等地制作了巨幅广告，收到了显著的商业效益和社会效益。公司的销售人员也频繁参加广东、温州、黄岩、余姚、辽宁、北京、山东和上海等塑胶加工业密集地区的展览会以及印度、土耳其国外展览会，积极推广海达塑机。

三、技术创新

公司建有市级重点技术开发工程中心，并与上海交通大学合作申报建立了市级工程研发中心，目前共有专业技术人员60余名，知名教授和高级工程师及设计开发骨干20余名，具有较强的开发设计能力。公司生产500～33 000kN HD、HDX、HDJS三大系列60余种规格型号的注塑机。产品开发设计全部采用三维CAD技术，零件制造和成品装配工艺与设备以及生产环境等方面均处于国内同行业领先地位。公司每年开发新产品4～6个，近3年来，公司列入市级以上科技计划项目共10个，自行设

宁波市海达塑料机械有限公司

计开发的HDP 48PET瓶坯专用注塑机的技术含量在国内属于领先水平。公司执行的企业标准在合模力参数、渗油、整机噪声、电气系统及仪器仪表精度方面均高于国家标准，接近国际标准。公司自行研究的“直压式注塑机辅油缸开模差动结构”、“直压式注塑机锁模高压密封装置”、“小型注塑机快速换螺杆结构”、“大型注塑机动模板支撑结构”、“注塑机防护门挂脚夹具”、“注塑机差动阀板叠加结构”、“注塑机注射防护装置”、“注塑机抽芯阀板叠加结构”和“注塑机液压保险结构”等多项成果已获得实用新型专利。公司承担了国家两项火炬计划，多项宁波市新产品计划，获得了30余项国家知识产权专利。积极与欧洲知名公司进行多项技术合作，共同开发高档注塑机以适应欧洲客户的需求。

四、产品质量

产品质量是企业的生命。数年来，公司一直致力于探索和改进质量保证体系，明确以顾客为中心的经营理念是构筑公司质量工作的基础，是推动公司各项事业发展的动力。要求公司员工明确公司经营目的是为顾客创造价值，提高质量是市场竞争的需要，是满足顾客的需要。2001年，公司通过了ISO9001质量管理体系和英国皇家的“NQA”（皇冠）质量体系认证；2003年9月，通过了质量体系的换版工作；2007年，将ISO9001质量体系、ISO14001环境体系和OHSAS28001职业健康安全三体系合并，进一步完善企业的管理，提高企业的管理水平。

公司非常注重提高产品质量，累计投入数亿元购置了加工中心、数控镗铣床等大型高精度金属加工设备及高精度检测仪器，进行厂房扩建新建等，保证产品质量不断提高。

根据市场变化，公司适时推出新的服务承诺。2000年，公司的服务承诺是“省内48小时内到位服务，省外72小时到位服务。”2002年，改成了“省内48小时内到位服务，宁波地区24小时到位服务，省外72小时到位服务”使得服务承诺更加贴近顾客。只要顾客有需求，公司的售后服务人员就会尽快到位。从售后服务反馈统计看，用户对海达的产品及售后服务的评价满意度均非常高，

用户中回头客达30%以上。

五、人才队伍建设

公司职工以中青年为主，占职工总数的90%以上，其中技术骨干约占30%。公司聘请了国内外行业著名专家和教授为技术顾问，全国重点高校商学院院长和法律系著名教授为管理顾问和法律顾问，这些行业资深人士定期来公司授课。2004年，海达公司镇海职教中心进行学企联手办学，每年由职教中心招收一班“海达班”学生，按公司的企业文化和技能需求编写教学大纲，公司的资深技术人员也不定期赴学校授课，学生毕业后在双向选择的前提下到公司就业。这一举措将企业文化带进了校园，为公司不断输入新鲜血液提供了强有力的保障。2006年，为满足员工培训需求，公司建成了环境优美、设施齐全的培训中心，每年按计划对员工进行岗位技能知识、质量管理理念、电脑和企业管理等实务培训。公司成为区职业教育实习实践基地和市大中专毕业生实践基地，被评为区劳动关系和谐企业。

公司积极致力于创造开放、信任的工作环境，鼓励新点子和挑毛病。让新员工有参与决策的权利，使员工对于工作及工作环境有归属感；提供员工学习新知识及成长的机会，让员工在公司统一大方向下，发展与完成其个人目标，并着力培养他们与环境及合作伙伴的和谐共事能力。

公司除了注重培训员工的职业技能外，还十分重视员工德育建设。公司党支部、团支部、工会等组织先后被评为区级和市级规范化党支部、先进团支部、先进工会等荣誉。2006年初，公司投资30万元建造了塑胶灯光球场，成立了海达篮球队，更加丰富了职工的文化生活。

宁波市塑料机械行业协会

宁波市塑料机械行业协会于2002年10月开始筹建，2003年3月28日正式成立，是宁波市从事塑料机械生产、经营的企业自愿组织的地方性、行业性、非营利性的社会组织。

协会的任务是：调查研究，提供建议，组织协调，自律管理，信息引导，全面服务，并着重发挥以下作用：

(1)面向企业，服务企业。特别在国家编制产业调整和发展规划过程中，代表企业向政府提出意见和建议，起好桥梁和纽带作用。

(2)为行业发展构筑较高的起点和平台。协会工作要充分与国际接轨，加强国内外信息交流，组织同业考察，举办展销会、博览会，向国内外市场推介宁波品牌塑料机械。

(3)规范行业行为，强化行业自律管理，为企业创造公平有序的竞争环境。

协会以邓小平理论和“三个代表”的重要思想为指导，认真贯彻科学发展观，在宁波市相关部门的领导下，起到了联系企业和政府、企业和市场的桥梁和纽带作用。自2004年以来，协会连续获市优秀行会组织称号，重点做了以下几项工作：

(1) 完成“宁波塑机之都”申报和创建“中国名牌产品”工作。

(2) 编印会刊，开通网站，建设信息交流平台，推进行业信息化建设。

(3) 搭建学习平台，开展全方面培训活动。

(4) 组织展会、开拓市场，承办、协办多次展会。积极进行国内外同业互访考察活动，加强了与国内外同业的交流和合作。

(5) 做好行业统计工作。

(6) 协会工作的不断探索。

(7) 成立行业反倾销示范点，开展行业反倾销有关应对工作。

(8) 深入调研，积极贯彻橡胶塑料机械安全标准。

宁波塑料机械行业协会目前已有团体会员80家，其中塑料机械生产厂52家，事业单位1家，相关企业28家。会员企业注塑机的产销量占了全国产销量的60%以上，占了世界产销量近一半。会员企业创国家名牌产品1个、省级名牌产品3个及数个宁波市名牌产品。

2008年4月，协会换届工作圆满成功，为协会工作开创新局面，促进产业新发展，起到了承前启后作用。

会长：张剑鸣（宁波海天国际股份有限公司总经理）
秘书长：史波
电话：0574-87806452 传真：0574-87806452
E-mail：nbsjxh@yahoo.com.cn
地址：浙江省宁波市江东桑田路722弄16号211室
邮编：315040

http://www.nbpmia.com

The Chen Hsong Group
震雄集团
SUPERMASTER
SM2200TP
SUPERMASTER
为汽车部件提供
完善的注塑方案

香港震雄集团成员

震雄工业园（深圳）有限公司

1997年，震雄集团在深圳龙岗大工业区兴建总面积56万m^2的震雄工业园，作为集团的生产及产品研发旗舰。2000年，震雄工业园第一期完成，建设了12万m^2的厂房及员工设施。震雄集团在中国香港的生产线随之全面迁进震雄工业园，月生产注塑机300台，产品畅销国内及海外市场。

佛山市顺德区震德塑料机械有限公司

佛山市顺德区震德塑料机械有限公司（以下简称震德）成立于1986年，是震雄集团的独资企业，目前是我国注塑机行业规模宏大的注塑机生产基地之一。

震德占地面积13万多m^2，拥有超过亿元的固定资产和精良设备，现有员工 800 多人。年生产规模达到24 000台，产值12亿多元，可以向用户提供注射量44～43 000g各型中英文计算机全自动精密注塑机，并根据客户需求提供个性化的产品，得到了社会各界广大用户的充分肯定和广泛选用。

“专注于在注塑机行业中稳步发展，以超前的技术优势，保持在行业中的领先地位”是震德的持续发展战略。2001～2003年，震德连续3届获得中国机械工业企业“核心竞争力100强”和“综合经济效益指数前100位”——双百强称号。2004年3月，震德注塑机被评为“中国具有竞争力100家名牌”产品；同年，公司被认定为“重点高新技术企业”，承担国家火炬计划项目；同时，公司多项科研项目获得省、市科技创新奖。2005年3月，总经理蒋志坚先生获得“全国机械工业优秀企业家”荣誉。2006年5月30日，公司被批准成立博士后科研工作站，开展博士后研究工作。2007年9月，公司生产的“CH震雄牌”注塑机被授予“中国名牌”称号。2008年12月，公司成为新管理办法下的“国家高新技术企业”。2009年4月，公司被授予“装备制造业50骨干企业”称号。

遵循蒋震博士“工业富民，民富国强”的追求，震德发展定位于“震德不仅要在国内注塑机行业中名列前茅，而且要力争走在世界注塑机行业的前列”。震德在技术上锐意创新，每年均派技术骨干出国考察世界先进企业，参加国内外相关展览会，开拓视野，与国际领先技术接轨。2007年，公司与国外高端专业公司合作开发，研发出SM—P系列的非线性全电动注塑机，实现了国产全电机技术的重大突破，该机型具有节能、节水、超静、精密、高速的特性，整机性能达到国际先进水平。2008年，震德积极响应国家环保节能政策的号召，开发了EM—SVP系列的伺服泵节能注塑机，是继变量泵、全电机后，又一项具有显著节能效果的注射成型设备。多年来，震德与华南理工大学、北京化工大学、中国香港生产力促进局保持密切合作，不断开发新项目，提高产品技术含量。2007年，震德与华南理工大学合作开发了顺德区产学研项目“注射成型设备节能降耗关键技术及产业化”，并承担了2008年广东省重大科技专项产业共性技术“面向机械装备的大功率伺服系统关键共性技术研究及产业化”项目；2009年与北京化工大学签订了科技特派员协议，通过有效利用外部各方面科技资源，使公司的产品技术一直走在行业前列。

雄厚的综合实力保证了震德产品的技术、质量、产能优势，而不断为客户提供卓越服务的追求，更使“震德”成为行业内一个值得信赖的名字。

2010年，震德确定了产值和销量突破10亿元的计划，并力争在3～5年内达到产值和销量双翻倍的目标，在行业激烈竞争的格局下，努力稳固企业的优势地位，创造震德的新辉煌！

震雄机械（宁波）有限公司

震雄机械（宁波）有限公司创建于2001年5月，是震雄集团设立的独资子公司，投资总额达2 500万美元。公司占地面积6.7万m^2，拥有两座大型的现代化的标准厂房，建筑面积达3万m^2。

公司主要生产EI系列和JM系列大型注塑机，锁模力300～30 000kN，年生产能力可达5 000标准台(套)。公司采用计算机信息化管理，设有机械零件加工、机械安装、电气安装、喷漆和总装等工序，配有先进的CNC车床、高层立体仓库和环保的油膜漆雾净化等设备，产品严格按照ISO质量管理体系要求控制，并配有先进的瑞士产导柱拉力测试仪等一系列检测设备确保产品质量。

秉承蒋震博士“工业富民，民富国强”的理念，公司致力于以市场为导向，科学管理，快捷、柔性生产，低成本运作，努力开拓专业市场，成为在注塑机行业具有影响力的公司，为繁荣和发展民族工业，提高百姓生活水平，促进社会进步做出贡献！

台湾震雄机械厂股份有限公司

台湾震雄机械厂股份有限公司成立于1980年，生产供应内外销的注塑机，扩展了震雄集团的市场占有率，并且建立了绵密的代理制度，遍布于世界五大洲，提供方便客户的销售服务。公司推出多款注塑机供应世界各地客户使用，锁模力30～31 000kN，直压机、曲肘机、复合机、二板机、全电机、油电复合机、双色机、射速600mm/s的超高速机以及50kN微射出成型机，以满足不同客户的需求。1997年，公司成立工具机事业部，从事CNC多功能综合加工机的制造及销售。产品销往东南亚、印度、中东、欧洲、非洲、美国、中南美洲及大洋洲等国家和地区。

公司在世界知名的橡胶塑料展上，如德国杜塞尔多夫国际塑料及橡胶展览会、英国伯明翰塑料展、意大利国际塑料橡胶展、美国NPE塑料展、法国国际橡胶及塑料展和中国台北国际橡胶塑料工业展，均获好评 。

公司产品从研发开始至材料进料检验(IQC)、制程检验(IPQC)、成品检验(FQC)及最后的出货检验（OQC)，均依照国际质量标准。每一台机器在出厂前必须经过连续72h的可靠度测试，以确保产品的耐用性。

公司设有完善的售后服务网，建立客户数据库，定期联系维修，随时为客户提供最满意的服务。1995年，获得 ISO9001质量管理系统证书；1996～1999年三全机种通过CE认证。2000年，通过ISO14001环境管理系统认证，并多次获得国内外机构的嘉许。

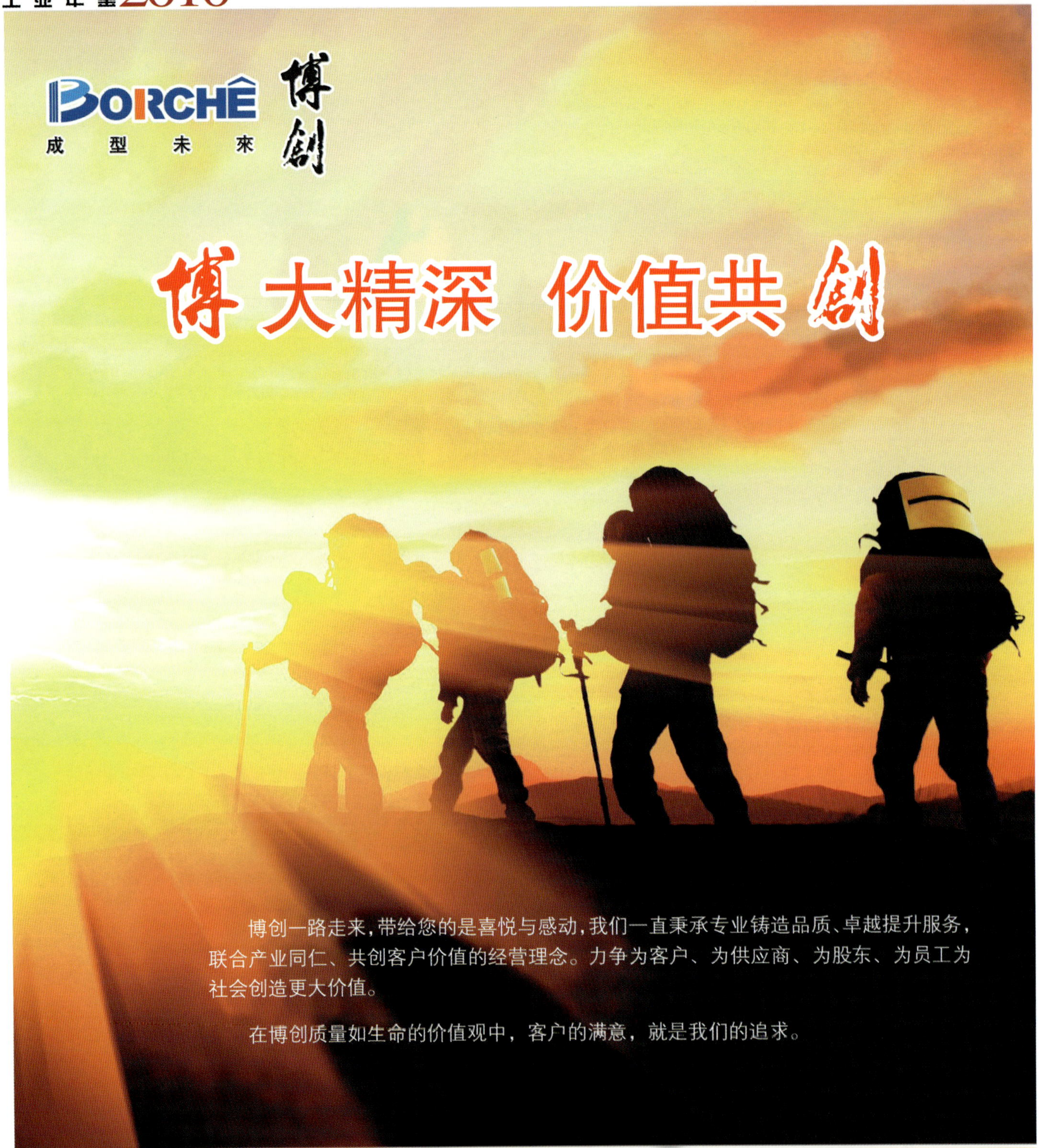
BORCHÊ
成型未來
博创
博大精深 价值共创
博创一路走来，带给您的是喜悦与感动，我们一直秉承专业铸造品质、卓越提升服务，联合产业同仁、共创客户价值的经营理念。力争为客户、为供应商、为股东、为员工为社会创造更大价值。
在博创质量如生命的价值观中，客户的满意，就是我们的追求。

广东省塑料工业协会
注塑专业委员会

广东省塑料工业协会注塑专业委员会于2008年4月10日经广东省民政部门登记获准成立，是广东省塑料工业协会的分支机构。主要业务范围是调查研究、咨询论证、行业自律、行业协调、组织展览、技术交流及组织培训。

注塑专业委员会自成立以来，顺利开展了以下工作：

（1）会员队伍不断扩大，架构了行业沟通桥梁。

（2）举办学术研讨会，提供技术咨询。

（3）积极开展标准化活动和推广节能降耗工作。

（4）策划组织化工、机电类科技图书，培训教材的编写出版工作。

专委会将继续在广东省塑料工业协会的领导下，在全体会员单位的共同努力和支持下，通过相互了解、相互理解、相互配合、相互信任，在会员与行业部门之间架起一座畅通无阻的信息桥，传达贯彻政府规范及要求，反映行业诉求，研究行业发展方向，协调行业内外关系，代表会员企业利益，参与质量管理监督，承担技术咨询，实行行业指导，促进产业发展，维护产业安全，争取不辜负全体会员单位的期望，与会员单位一起更上一层楼。

负责人：曹阳
秘书长：蔡恒志
地址：广东省深圳市宝安区龙华镇机荷高速公路南侧力劲工业园
邮编：518109
电话：0755-29834366 28123321转342
E-mail:zgzs2008@126.com

大连橡胶塑料机械股份有限公司

创新发展　扬帆远航

大连橡胶塑料机械股份有限公司（以下简称大橡塑）始建于1907年，是我国橡胶塑料机械行业主导企业和出口基地，国家一级计量单位；在行业中率先获得ISO9001质量体系认证，产品获得CE认证。公司股票于2001年8月在我国橡胶塑料机械行业先期成功上市（股票代码600346）。公司凭借雄厚的技术实力，瞄准世界先进水平，不断推出高效、精密、高自动化的产品；以数控加工中心为代表的百余台大型、精密加工设备，保证了高等级橡塑机械产品生产制造的需要；完整的质量保证体系和完备的检测手段，确保了产品质量稳步提高；通过多年的投入和发展，公司信息化水平得到全面提升，建立了主导产品研发平台，基本做到了产品开发的二维、三维设计，有限元分析，计算机自动数控编程序和产品数据管理等，初步实现了产品数字化、工艺数字化、管理数字化的目标，大大提升了企业的现代化管理水平。半个多世纪的不懈努力，公司相继荣获国家“五一”劳动奖状、企业技术进步奖和“重合同、守信用”等荣誉称号；产品先后荣获科技进步奖59项，其中国家科技进步奖7项，省部级科技进步奖28项，公司始终位于橡胶塑料机械行业科技创新的前沿，无愧于我国“橡塑机械摇篮”的称号。公司产品主要分为橡胶机械和塑料机械两大类，包括橡胶密炼生产线、橡胶（塑料）压延生产线、塑料挤出生产线、开炼机、胎面复合挤出机、轮胎定型硫化机等橡胶通用设备、子午胎成套设备、轮胎翻新设备，塑料加工、辅助加工、二次成型加工设备以及石化装备、高强度纤维装备等高附加值产品150多个品种，300多个规格，产品销往全国34个省、市、自治区，远销欧洲、美洲、亚洲、大洋洲、非洲的60多个国家和地区。

众所周知，2009年国际金融危机蔓延，橡胶塑料机械行业也同样受到冲击，特别是美国针对中国的“轮胎特保案”对我国橡胶轮胎企业是一个很大的打击，以生产橡胶塑料机械为主的大橡塑受到的冲击不可小视。在如此困难的情况下，大橡塑在技术方面加大了新产品的开发力度，有效地保证了企业的可持续发展。大橡塑在顺利完成“十一五”计划的同时，又开始了“十二五”的攻坚战。为适应市场变化，以及国家对重大技术装备国产化的要求，大橡塑不断推陈出新，开发了许多具有国际领先水平的新产品。仅2009年大橡塑就完成了以大型挤压造粒机为代表的新产品开发19项，其中重点新产品7项，有重大

装备国产化产品、高强度纤维材料和膜材料装备、合成橡胶专用装备等国内空白产品，每项都是行业中多年攻关的课题。为了保护公司的知识产权，2009年大橡塑共申报国家专利44项，获得专利授权23项（其中发明专利9项，实用新型专利14项）。

创新是未来企业的发展方向，2009年，大橡塑围绕创新下大力气开发市场急需的新产品，以适应市场不断变化的需要。2009年重点开发的3个新产品是：

1．20万t大型挤压造粒机组

乙烯工业是石油化工工业支柱产业之一，乙烯的产量是衡量一个国家石化工业发展水平的重要标志，因此，乙烯装置在石油化工工业中具有特别重要的地位。合成树脂是乙烯工业的主要产品，聚乙烯和聚丙烯是当前需求量大、用途广泛的合成树脂，是大型乙烯工程的主要产品。大型挤压造粒机组是大型乙烯成套设备中的重大关键装备之一。

大型挤压造粒机组被列为国家“十一五”重点攻关项目，过去我国一直依靠进口，不仅浪费了国家的大量外汇，更重要的是国外在技术上形成的垄断，使得我国的石化行业长期受国外控制。为了实现国产化的目标，大橡塑在20年前就开始积累经验并搜集各种相关技术资料，经过几代人的努力，2009年，在中石化的组织和领导下，与北京化工大学、天华研究设计院、浙江中控公司等多家单位共同努力，终于试制成功。大橡塑通过大型挤压造粒机组国产化项目的研发与攻关，掌握了该机组的关键技术、核心技术，特别是在加工工艺、热处理方法和齿轮修形等方面积累了丰富的经验，为下一步开发更大型挤压造粒机组（目标30万t、45万t）奠定了基础，为公司在石化行业开辟了广阔的市场空间。大型挤压造粒机组的研制成功，标志着我国长期依赖进口的局面被打破，并取得了该产品的定价权（该项目已申请发明专利20项）。

大型造粒机组是我国自行研制具有自主知识产权的达到国际当代先进水平的重大技术设备，解决了我国石化企业使用造粒机方面遇到的许多困难和问题，填补了我国在大型造粒机领域的空白。大橡塑建立了大型挤压造粒机组的研发试验平台，从理论和实践上，彻底解决了挤压造粒机组的设计、试验、制造、安装调试、运行等一整套技术，既满足我国当前对大型造粒机的急迫需求，又立足于我国未来乙烯工程的发展不再依赖国外技

大连橡胶塑料机械股份有限公司

术，摆脱了我国大型混炼造粒机长期依赖于进口的被动局面，为我国石化企业乙烯工程新上项目和改扩建工程节省大量外汇，为我国大型石化装备的国产化和民族工业的发展作出了巨大贡献。大型挤压造粒机组实现了从无到有的突破，促进了我国民族工业的发展，具有非常重要的现实意义、明显的经济效益和社会效益，也具有长远的历史意义。

2. 碳纤维预浸料生产线

碳纤维具有高强度、高模量、耐高温、耐疲劳、导电及导热等特性，因此，碳纤维自商品化以来，应用范围已从最初的航空航天、军事部门逐渐向民用、汽车、体育休闲用品、能源以及医疗卫生等领域扩展。此外，碳纤维在电子通信、石油开采、基础设施等领域也有着广泛的应用，目前已扩展到整个工业民用的多种领域。随着应用研究的不断深入，特别是在民用方面仍将继续拓宽，使用量将不断扩大。当前世界碳纤维发展趋势是：产品性能趋向于高性能化；价格将大幅度降低；航天航空和文体用品领域用量稳定增加，民用工业用量增幅较大，已超过前两者。特别是随着大丝束碳纤维的大规模生产，其价格将不断降低，民用工业用量将继续保持大幅度增加的趋势。

目前，世界碳纤维产量已经达到4万t/a以上，全世界主要是日本东丽、东邦人造丝和三菱人造丝三家公司和美国的赫克塞尔（HEXCEL）、卓尔泰克（ZOLTEK）、阿尔迪拉（ALDILA）三家公司，以及德国西格里（SGL）集团、韩国泰光产业和我国台湾省的台塑集团等少数单位掌握了碳纤维生产的核心技术，并且有规模化大生产。我国大陆还没有一个

年产100t的规模化碳纤维工厂，大多还处于中试放大阶段。我国对碳纤维的研究开始于20世纪60年代，80年代开始研究高强型碳纤维，多年来进展缓慢。经过30多年的发展，碳纤维产业从无到有，取得了一定成绩。但技术和产量水平还比较低，特别是装备落后，与国际先进水平都存在着一定差距。碳纤维应用大都通过预浸料来实现，预浸料的精度直接影响碳纤维应用质量。目前，国内自制的碳纤维预浸料设备明显制品精度低，生产自动化低、产量低，严重制约国内碳纤维产业的发展。高精度的碳纤维预浸料装备还依靠瑞士和德国等国进口，而且价格昂贵，使国内碳纤维制品生产企业的生产成本居高不下。为了满足国内市场对碳纤维不断增长的需求，应尽快实现我国碳纤维工业的国产化和规模化，必须加快技术创新，掌握核心技术；强化应用研究和市场开发，进一步扩大应用领域。我国要求在“十一五”期间实现碳纤维产品方面的产业化生产，并基本满足国内需求，为此，研发制造国产高精度碳纤维生产设备，预浸料生产装备就显得尤为重要。

大橡塑抓住机遇对高精度碳纤维预浸料生产线进行研发，使得该生产线运行平稳度、自动化程度以及生产效率远高于国内其他厂家生产的设备，填补了国内空白，达到或超过国际先进水平，可替代进口，大大降低了国内企业的生产投资，使国内碳纤维的生产不依赖于国外，具有重大的社会经济意义。

3．微孔膜（电池膜）

微孔膜（也叫电池膜），严格的说叫阻隔膜，从机械的角度说应该叫双向拉伸膜，主要用于手机的锂电池和各种类型的干电池上。

阻隔膜材料是高分子材料，作为锂离子电池的重要组成部分，效益十分巨大。以聚丙烯为例，其原料成本约7 000元/t，而将其加工成隔膜后，其价值达到300万元/t，可见，锂离子电池隔膜是一种市场前景广阔且具有很高附加值的高新技术产品。

目前，国内通常使用的拉伸技术为异步拉伸技术，异步拉伸分两步对膜进行拉伸，先纵向拉伸，再横向拉伸。异步拉伸设备能耗大、占地面积大、操作不便。大橡塑采用的同步拉伸技术将两次拉伸合二为一，简化了工艺流程，在节能减排方面的绩效尤其突出，这是一项技术和加工难度较高的设备，目前已达到国内领先、国际先进的技术水平。

大橡塑正步入一个新的历史发展时期，通过搬迁改造，增强了企业的软、硬件实力，提升了企业核心竞争力，大橡塑必将成为一个具有国际竞争力的橡塑机械行业知名品牌企业。

大连吉润企业集团有限公司

以人为本　科技兴企
以德治厂　诚信至上

http://dljirun.cn.alibaba.com

大连吉润企业集团有限公司是在原大连吉润塑料包装制品有限公司的基础上于2008年4月25日组建的，下属子公司有大连吉润高新技术机械有限公司、大连爱瑞克包装制品有限公司和大连晟达电子有限公司，是一家集科研、生产、销售为一体的科技型企业。公司占地面积60 000m²，建筑面积40 000m²；注册资本4 000万元，资产总额 12 500万元；现有员工358人，高级工程师19人，工程师38人，各类技术人员80余人，大专学历以上的工程技术人员占员工总数的35%。由36人组成的技术中心专门从事科研和新产品开发，同多个大专院校的科研机构交流合作，不断推陈出新，每年用于新产品开发的费用占销售收入的6%。2005年，研发出高性能三层共挤吹塑机组。2006年，研发出五层共挤高阻隔薄膜吹塑机组。2008年，研发出七层共挤高阻隔薄膜吹塑机组，这一成果填补了国内多层共挤吹塑技术的一项空白；研发成功的环保PE合成纸，用于制渔业用纸、航海图、耐水报刊、唱片封袋、商品标签、户外广告和名片等，可节约人类日益匮乏的森林资源，保护生存环境，为推动经济发展、社会进步做出了贡献。

公司员工将一如既往地"以技术为核心、视质量为生命、奉创新为灵魂、尊用户为上帝"，竭诚为新老客户提供优质的包装制品、高效的吹膜设备、精密的电子元器件及无微不至的售后服务。

七层共挤高阻隔薄膜吹塑机组

大连吉润企业集团有限公司
地址：辽宁省大连市普湾新区石河街道南台小区
邮编：116101
电话：0411-87160238　87263278
传真：0411-87160186

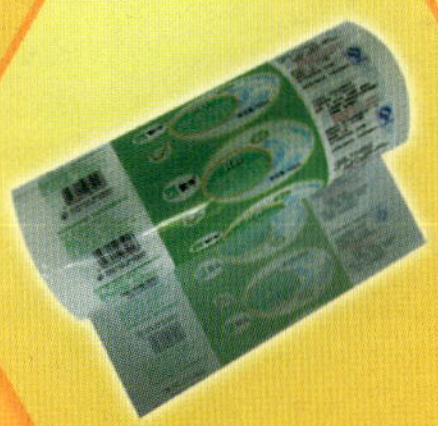

兰航机械
LAN HANG MACHINERY

张家港市兰航机械有限公司创建于 1992 年，坐落在全国文明卫生城市张家港，是一家集科研、生产、销售、服务于一体的民营科技型企业。经过十多年的锐意进取，公司已通过 ISO9001：2000 国际品质认证以及多项产品的 CE 认证。公司一向重视产品质量及售后服务，这使其成为备受市场肯定和重视的橡塑机械制造商。

“兰航”品牌的密炼机、开炼机、过滤挤出机、压延机、捏炼机和行星挤出机为公司的主打产品。产品技术含量高，实用性强。其中密炼机和行星挤出机的生产技术已达到国际先进水平。公司产品畅销全国，并大量出口到南美、北美、东南亚、西亚及欧洲等地区，并在日本、乌克兰、阿拉伯联合酋长国等国家和地区设有销售机构。

公司一贯坚持“以优质求生存，靠诚信谋发展”的经营理念，产品实行全面质量管理，并为客户提供强大的技术支持和人员技术培训。

本着“科技为先、管理为本、专业创新”的理念，在激烈的市场竞争中，公司全体员工不懈努力，走出了一条适合企业生存发展的道路，赢得了良好的社会声誉。

双赢是我们的目标，客户的满意就是我们的成功！

PET 打包带生产线

张家港市塑机（饮机）协会

张家港市塑机(饮机)协会成立于2003年3月28日，是由江苏维达机械有限公司等9家企业发起组建的，是一个自负盈亏、自主办会的行业自律性组织。协会成立后，为促进张家港塑料机械行业的发展做了大量卓有成效的工作。

2008年6月，张家港市被江苏省批准为江苏省塑机（饮机）出口基地。3年来，协会主要做了以下几方面工作：

（1）积极鼓励企业根据形势组织生产。

（2）积极组织企业拓展国内国际市场。

（3）积极推进共性服务平台建设。

（4）积极为会员企业办实事。

（5）积极鼓励企业起草行业标准和国家标准。

（6）积极鼓励企业生产优质名牌产品。

（7）积极鼓励企业外出学习考察。

2010年10月，参加德国杜塞尔多夫国际塑料及橡胶展览会

2010年11月，协会常务理事单位全体讨论通过中国塑机饮机交易网的改版工作

2010年张家港市塑机（饮机）协会第三次会长常务理事会议

地址：江苏省张家港市东环路11号
邮编：215600
电话：0512-58689534
传真：0512-58689534
http://www.china-sjyj.com
E-mail：zjgsjxh@sina.com　zjgsjyj@163.com

http://www.china-sjyj.com

胶州市塑料机械行业协会

胶州市塑料机械行业协会成立于 2009 年 3 月，由山东省胶州市工商业联合会组织，青岛顺德塑料机械有限公司董事长赵桂旭发起，青岛新大成塑料机械有限公司、青岛福润德塑料挤出技术有限公司、青岛华塑机械制造有限公司、青岛儒奥机械制造有限公司和青岛同二塑料机械有限公司 6 家企业作为会长与副会长单位，联合 30 多家信誉较好、实力较强的塑料机械企业组建。协会宗旨是团结互助，共同提高，信息共享，互相约束，公平竞争，追求一流。协会成立后，为胶州塑料机械产业的发展做了大量卓有成效的工作，实现了胶州塑料机械行业的“两个转变，三个促进”：即实现了从恶性竞争向良性竞合的转变，从单打独斗向抱团发展的转变；促进了行业自律，促进了行业发展，促进了企业振兴。

协会大事记

2009 年 3 月　胶州市塑料机械行业协会正式成立
2009 年10月　带领协会会员企业职工参加青岛民营企业运动会并取得了优异的成绩
2009 年10月　协会会长及副会长单位去江苏考察供应商并成功签订3家金牌供应商，初步实现了统一采购、节约资金的宏伟蓝图
2010 年 3 月　协会由山东省胶州阜安工业园搬迁到时代国际中心
2010 年 5 月　组团参加青岛名优产品博览会

团结互助，共同提高

地　址：山东省胶州市北京路时代国际中心3号楼1单元1501室
邮　编：266300
电　话：0532-82205805
E-mail：jiaozhou.suji@163.com
联系人：孙小姐

http://www.e-plasticmachinery.net

宁波弘讯科技有限公司
Ningbo Act Technologies Co.,Ltd.

宁波弘讯科技有限公司专业从事注塑机、吹瓶机、挤出机等塑料机械的控制器、伺服节能控制系统、全电伺服驱动控制系统等相关控制装置的研发与生产制造。公司成立以来，通过创新研发团队的同心协力，目前已拥有 30 余项核心自主知识产权及多款技术领先的新产品。2008 年，公司被评定为“高新技术企业”；2010 年，弘讯塑料机械研发中心被认定为“省级工程技术中心”。

厂区总占地面积 23 000 多 m^2，总建筑面积 14 000 多 m^2。现有员工 160 余人，半数以上为大专以上学历，40% 的人员为研发团队成员。公司始终秉承“技术创新　与时俱进”的理念，顺应行业趋势不断进行产品的优化与新产品新市场的开拓，保持技术与产品的与时俱进，引领塑料机械控制行业，与国际化要求接轨。

数位
时尚
客制化

弘訊
塑料机械控制的领航者
节能型新产品
——注塑机油电复合伺服控制系统
精确
快速
节能
全闭环
弘讯HYB伺服系统
（油电伺服系统）
宁波弘讯科技有限公司
Ningbo Act Technologies Co.,Ltd.
地址：浙江省宁波市北仑区大港五路88号
电话：0574-86838286
传真：0574-86829287

综合索引

记录历史 塑造品牌

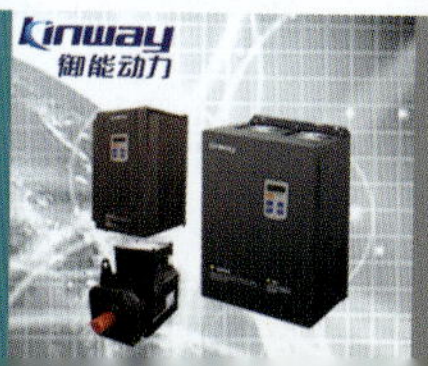

编辑说明

一、《中国机械工业年鉴》是由中国机械工业联合会主管、机械工业信息研究院主办、机械工业出版社出版的大型资料性、工具性年刊，创刊于1984年。

二、根据行业需要，1998年中国机械工业年鉴编辑委员会开始出版分行业年鉴，逐步形成了中国机械工业年鉴系列。该系列现已出版了《中国电器工业年鉴》、《中国工程机械工业年鉴》、《中国机床工具工业年鉴》、《中国通用机械工业年鉴》、《中国机械通用零部件工业年鉴》、《中国模具工业年鉴》、《中国液压气动密封工业年鉴》、《中国重型机械工业年鉴》、《中国农业机械工业年鉴》、《中国石油石化设备工业年鉴》、《中国塑料机械工业年鉴》、《中国齿轮工业年鉴》、《中国磨料磨具工业年鉴》和《中国机电产品市场年鉴》。

三、《中国塑料机械工业年鉴》由中国机械工业年鉴编辑委员会和中国塑料机械工业协会共同编撰，2009年创刊。2010年刊由综述、专文、行业概况、统计资料、产品进出口、产业集群、产品与项目、标准、政策法规、大事记和附录构成。集中反映了塑料机械行业的发展情况及发展趋势，全面系统地提供了塑料机械行业的主要经济指标。

四、本书刊登的统计资料来源于中国机械工业联合会、中国塑料机械工业协会、国家统计局（年报及快报）和中国海关。由于统计口径不一致，数据间若有出入，选用时请注意数据来源。

五、《中国塑料机械工业年鉴》主要发行对象为政府决策机构、机械工业相关企业决策者和从事市场分析、企业规划的中高层管理人员以及国内外投资机构、贸易公司、银行、证券、咨询服务部门和科研单位的机电项目管理人员等。

六、在编纂过程中得到了中国塑料机械工业协会及行业内众多专家、学者、工程技术人员和企业的大力支持和帮助，在此表示衷心感谢。

八、由于水平有限，难免出现错误和疏漏，敬请批评指正。

中国机械工业年鉴编辑部

2011年4月

综述

阐述塑料机械行业“十二五”发展规划，分析总结2009年及2010年行业发展情况，展望未来

综述
专文
行业概况
统计资料
产品进出口
产业集群
产品与项目
标准
政策法规
大事记
附录

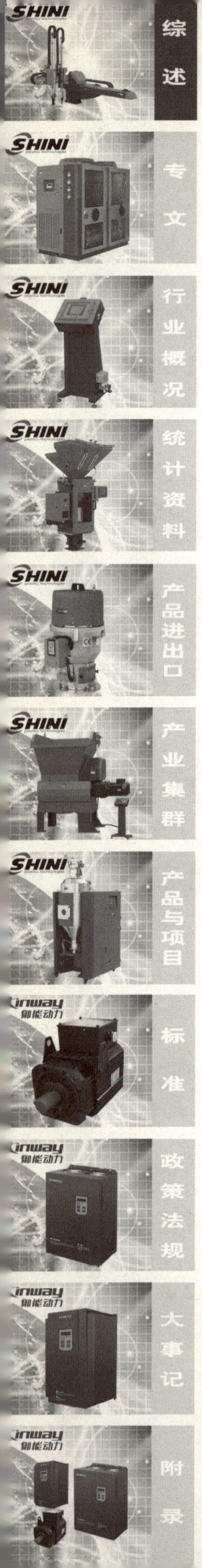

塑料机械行业“十二五”发展规划

2009年我国塑料机械行业总体发展情况

2010年我国塑料机械行业经济运行情况

塑料机械行业“十二五”发展规划

一、前言

塑料机械行业是我国机械行业的重要组成部分，是为塑料原材料工业、塑料制品加工业提供技术装备的支柱产业，也是具有比较优势和广阔发展前景关系国计民生的战略性新兴产业，其发展水平标志着一个国家的综合实力。

由塑料机械装备生产的塑料产品不仅遍及人们生活的各领域，而且广泛应用于国民经济的各行业。塑料机械已经成为航空航天、国防、石化、海洋、电子、光电通信、建筑材料、包装、电器、汽车及交通车辆、农业、轻工业等国民经济各领域的重要技术装备，并且是新能源、新材料、节能环保、生物医药、信息网络和高端制造等产业的配套专用设备。其产业关联度高，资本、技术密集，市场需求量大，带动性强，是相关行业转型升级、科技进步的重要保障，也是重要的经济增长点。塑料机械行业日益显示出极为重要的作用，为国民经济的建设和发展做出了积极贡献。

经过50多年的发展，特别是改革开放以来的快速发展，我国塑料机械行业已经形成门类齐全、基础牢固、具有一定技术水平、能够基本满足国民经济需求的世界最大规模，并具有相当国际竞争力的产业体系，取得了令人瞩目的成就。截至2010年，我国塑料机械行业的产品产量已经连续10年位居世界第一，我国已成为世界塑料机械生产大国、消费大国和出口大国。2009年5月，国务院颁布的《装备制造业调整和振兴规划》，将塑料机械行业的“塑料成型机械”等多种产品列入发展重点，为加快振兴我国塑料机械行业，提供了难得的有利条件和重要机遇。

“十二五”期间，是世界经济走向复苏、经济结构和发展模式进行大变革大调整的重要时期，也是我国进入改革发展的攻坚阶段和夺取全面建设小康社会新胜利的关键时期，又是我国塑料机械行业加快转型升级和振兴步伐、努力实现绿色发展和可持续发展的重要机遇期。“十二五”期间，为了适应时代变革，全行业必须深入贯彻落实科学发展观，加快推进经济发展方式的转变和产业结构的调整，着力增强自主创新能力，大力提高自主化水平，努力实现塑料机械强国的目标。为促进国民经济又好又快发展做出更大贡献，特编制本规划。

二、行业发展概况

进入21世纪以来，我国塑料机械行业得到了持续快速的发展，是全国发展速度最快的产业之一，主要经济指标始终位居全国机械行业的前列。“十一五”时期，面对复杂多变的国内外经济环境和国际金融危机的严重冲击，以及印度对我国注塑机反倾销的不利影响，在国家宏观决策和相关政策的拉动下，行业经济仍然保持了平稳较快的增长，企业的抗风险能力和创新活力明显增强，行业的综合实力和国际竞争力显著提高，为加快塑料机械行业的振兴奠定了良好的基础。

（一）产业发展概况

我国塑料机械行业涵盖了塑料原料配混机械、塑料成型加工机械、塑料二次加工机械、塑料加工辅助机械或装置等4个大类、31个中类、300多种产品，形成了产品种类齐全、高中低档协调发展的格局。塑料机械行业的三大品种依次是注塑机、挤出机/挤出生产线和吹塑机，均属于塑料成型加工机械大类，其产值合计占塑料机械总产值的80%以上。其中注塑机又占这三类塑料机械总产值的一半以上。在科技创新的推动下，2006年以来，涌现了一批经济实力和创新能力较强的优势企业，研制开发了新产品近百个，形成了一批在国内外有一定知名度和比较优势的产品，涌现了一批经济实力和创新能力较强的优势企业。“十一五”时期，我国塑料机械行业规模企业数、工业总产值、工业销售产值实现了快速增长，在国际塑料机械市场中具有举足轻重的地位。特别是在2010年，我国塑料机械工业总产值和销售产值均已超过400亿元，创造历史新高，62.90%的同比增速大幅超过全国机械工业34%的平均增速；同时，我国塑料机械行业的龙头企业，也在产量和销售收入方面首次位居世界第一。由塑料机械生产的塑料制品产值高达1.5万亿元，同样刷新了历史纪录。2006～2010年塑料机械制造企业主要经济指标见表1。

表1　2006～2010年塑料机械制造企业主要经济指标

年份	企业数（家）	工业总产值		工业销售产值		出口交货值	
		金额（亿元）	同比增长（%）	金额（亿元）	同比增长（%）	金额（亿元）	同比增长（%）
2006	413	221.33	14.64	216.08	18.80	42.82	42.02
2007	454	267.73	20.96	260.61	20.61	53.04	23.87
2008	473	280.43	4.74	262.98	0.91	54.83	3.37
2009	521	258.48	-7.83	246.05	-4.61	36.46	-33.50
2010	564	421.06	62.90	400.65	59.72	59.57	63.38

注：数据来源于国家统计局及《中国塑料机械行业年鉴》。2008～2010年为当年1～12月产值月报数据。

（二）产业特点和优势

1. 应用领域快速扩展，发展前景更加广阔

塑料具有质轻、比强度高等诸多优良性能，以及成型加工容易、可重复使用、可合金化及复合化等特点，因而在国民经济的各行业及人民生活的各领域得到了广泛应用，成为与金属、木材、水泥并列的四大结构材料之一，具有不可替代的作用。由于所有塑料原料均需经过塑料机械和模具的加工制作，才能成型为功能多样的塑料产品，因此，塑料机械又被称为加工塑料等高分子材料的“工作母机”。业内专家曾经说过，没有以塑料为代表的高分子材料，没有塑料机械这个“工作母机”，就没有今天的高度文明生活和高科技的迅猛发展。

进入21世纪以来，随着科学技术的快速发展，以及循环经济、新型工业化的大趋势，塑料这种节约资源的重要材料，在国民经济各行业的应用范围得到了新的拓展，不仅在传统产业中开拓了崭新的应用领域，相继推出了大批高新技术产品，而且在战略性新兴产业中大显身手，展现了前所未有的新用途。例如，泡沫塑料在建筑物节能环保方面有了新的用途，生物塑料在医疗器械、人工器官等领域得到了新的应用，新型特种工程塑料在航空航天、新能源汽车以及高铁动车、海洋、信息网络和高端制造等产业呈现出非常重要的作用，成为新的经济增长点，从而使塑料机械行业有了更加广阔的发展前景。

人均塑料消费量是反映一个国家塑料原材料工业、塑料制品加工工业和塑料机械行业水平高低的综合性指标，同时也是综合反映一个国家机械制造能力和科技水平的重要标志之一，直接左右国民经济许多部门和领域的科学发展。虽然我国塑料制品的总量已经位居世界第二，但人均塑料消费量与发达国家相比却差距很大。例如，2005年我国人均塑料消费量仅为29.5kg，而同年美国、比利时、德国的人均塑料消费量分别达到171kg、169kg和155kg，是我国人均塑料消费量的5.79倍、5.73倍和5.25倍。这些差距从另一个方面，说明我国塑料制品和塑料机械行业具有较大的发展空间。同时，伴随着国民经济的持续快速发展，人民生活水平的不断提高，节能环保和绿色低碳经济的不断推

进，我国的人均塑料消费量将会得到更快的增长，我国塑料机械行业的发展前景将会更加美好。

2006～2010年，我国进口各类塑料机械产品9.91万台，价值111.45亿美元。这种情况说明，我国塑料机械产品的水平与先进国家相比，确实存在一定的差距，但也说明我国塑料机械行业开发替代进口产品迫在眉睫，市场前景更加广阔。

2. 行业经济持续增长，带动作用明显增强

进入21世纪以来，我国塑料机械行业实现了跨越式发展，2001年全行业工业总产值仅为81.60亿元，至“十五”规划末的2005年已达到193.07亿元，是2001年的2.37倍。“十一五”时期，行业经济继续保持了迅猛发展的势头，至2010年工业总产值已上升到421.06亿元，是2001年的5.16倍、2005年的2.18倍。与此同时，全行业在销售总额、出口总额、利润总额、资产总额等主要经济指标方面，均得到了大幅提升。

近几年来，塑料机械行业不仅对塑料加工产业起到了强劲的推动作用，同时对国防、能源、交通、农业基础设施等重大工程建设以及家电、汽车、轻工、化工等产业的发展和拉动内需，起到了带动和基础保障作用；对积极应对国际金融危机的严重冲击、促进国民经济平稳较快发展做出了积极贡献。近5年来，我国塑料机械行业工业总产值合计为1 449.03亿元，不仅直接带动塑料加工工业创造了超过5万亿元的总产值，还促进了家电、汽车等相关产业的持续快速发展。

3. 产业集群稳步发展，企业实力显著增强

经过50多年的发展，在我国环渤海、长三角和珠三角三大区域，形成了10多个专业生产注塑机、挤出生产线、双螺杆挤出机的特色产业集群。例如，在环渤海区域的天津、北京、大连、青岛和济南等地区，由于橡胶塑料制品业比较发达，形成了一批以专业制造塑料挤出生产线为特色的产业集群。在长三角区域的上海、南京、张家港、昆山、宁波、舟山和温州等地区，由于塑料制品产业发达，塑料机械的需求量较大，品种较全，因而在南京、张家港、上海等地区，形成了一批以专业制造塑料挤出机和塑料原料配混设备为主的产业集群，以及专业生产中空、滚塑机械等产品的产业集群；在宁波地区，形成了以专业制造注塑机为主的产业集群，宁波被授予“中国塑机之都”称号；在舟山地区，形成了以专业制造塑机螺杆为主的产业集群，舟山被授予“中国螺杆之都”称号。在珠三角区域的广州、顺德、深圳等地区，形成了多个制造注塑机、挤出机、压铸机等产品的生产基地，并带动了区域内相关基础零部件加工配套市场的迅速发展。

这些产业集群呈现出鲜明的特点和旺盛的生命力，有的展现出“人无我有、人有我优、人优我先、人先我特”的差异化特色，有的以规模大、产量高、产品优、市场大而闻名国内外，不仅成为所在地区产业发展的“助推器”，而且成为我国塑料机械行业经济发展的重要支撑和生力军，为我国经济社会发展做出了重要贡献。

“十一五”时期，我国塑料机械行业规模以上企业不断增多。据统计，自2006年以来，全行业规模以上企业逐年增加，至2010年规模以上企业已达564家，比“十五”规划末的2005年增加188家，增长48.8%。与此同时，企业实力显著增强。2007～2010年，居行业前20位企业的销售收入合计依次为96.89亿元、90.17亿元、127.26亿元和245.21亿元，分别占全行业销售总额的45%、41%、53%和58%，在行业中发挥了中坚和带动作用。

4. 科技实力逐渐雄厚，优势产品业已形成

在改革开放的推动下，我国塑料机械行业的科技力量发生了历史性的变化。全国已有10多所高等院校设置了塑料成型机械专业，并普遍拥有硕士培养资格，其中，有两所重点大学设立了博士点。全行业已有国家级专业研究中心3个（聚合物新型成型装备国家工程研究中心、塑料机械技术开发中心和橡塑模具国家工程研究中心），国家级企业技术中心4个，省部级重点实验室和工程研究中心各1个，省级企业技术中心16个，市级企业技术中心38个，6家博士后工作站。有国家首批创新型企业

1家，省、市级创新型企业试点单位3家。全行业拥有科研人员6 000多人。中国塑料机械工业协会还于2008年成立了行业专家委员会，聘任了一批行业专家，为打造一支产学研相结合的科技领军人才队伍奠定了良好基础。

随着科技实力的增强，我国塑料机械行业的技术和产品水平与发达国家相比，差距越来越小，其中，部分技术和产品已达到世界先进水平，某些技术和产品水平位居世界前列。例如，华南理工大学聚合物新型成型装备国家工程研究中心发明的高分子材料动态塑化加工方法及设备，在世界塑料塑化理论和实践方面具有革命性的突破，获得了10多项西方发达国家的发明专利。最近，该中心又发明了基于拉伸流变的高分子材料塑化加工技术与装备，是国内外高分子材料塑化加工和塑料机械领域的又一项重大创新成果，处于国际领先水平。北京化工大学研发的可视化挤出机、三角排列式三螺杆连续混炼机等科研成果，达到国际领先水平。北京化工大学与大连橡胶塑料机械股份有限公司等联合研发的20万t级的大型挤压造粒机组，打破了发达国家对我国数十年的技术封锁，使得我国该类装备的设计和制造水平跻身世界前列。北京化工大学、浙江大学与宁波海天塑机集团有限公司联合研发的精密注塑机，极大地提高了国产精密注射机的市场占有率，使我国注塑机在国际市场上能够与发达国家同台竞争，挺起了我国塑料机械行业的脊梁。北京化工大学研发的精密挤出成型装备，在汽车燃油管、汽车液压管、医用导管等产品的生产中，得到成功的应用，在国际同类装备中位于先进水平。

“十一五”时期，全行业加快了自主创新和产业结构调整，产品结构不断优化，不仅自主开发了一批大型、精密、复杂、具有高科技含量的新产品，如伺服驱动注射成型机、大型中空成型机、木塑专用锥形双螺杆挤出设备、矿用双拉双抗塑料格栅生产线、35kV干法交联电缆生产线、双向拉伸电池膜生产线、多层复合膜生产线、大口径双壁波纹管生产线，以及大口径钢质防腐(3PE)减阻(树脂)内外复合管生产装备等产品，达到了同期国际先进水平，还研发了一批专用化、系列化、复合化、智能化的中高档产品，培育了一批享誉国内外的名牌产品，满足了国内重点用户的需求，并部分替代了进口，大大提升了我国塑料机械产品的质量和层次。当前，全行业已拥有中国名牌产品3个，中国驰名商标1个。同时，还涌现了一批“国家免检产品”和省市名牌产品、著名商标。

(三)存在的主要问题

我国塑料机械行业存在的主要问题有：

(1)部分产品附加值不高，特别是在中、高档产品中，不少产品在生产效率、精密化、微型化、大型化及自动控制水平方面，与国外先进产品相比，还有较大差距。

(2)企业科技投入不高，高层次创新型人才缺乏，科技创新能力不强，自我开发能力不足，拥有的核心技术和关键技术较少。

(3)粗放式的发展方式还没有得到根本转变，结构性矛盾还比较突出。

(4)以高新技术改造传统制造业力度不够，信息化程度不高。

(5)在实施专利、标准和品牌战略，创建全国乃至世界品牌方面着力不够，成效不突出。

三、行业发展背景与形势

塑料机械作为加工塑料等高分子材料的“工作母机”，不仅是传统产业的重要技术装备，也是战略性新兴产业的配套专用设备。塑料机械制造能力的强弱，是一个国家机械制造技术水平的重要标志之一，也是一个国家综合国力的具体体现。纵观世界，美国、日本、德国和法国等工业发达国家，都非常重视塑料机械行业的发展，都拥有一个强大的塑料机械行业。

我国各级政府对塑料机械行业的发展，历来非常重视和支持。自20世纪50年代末期我国第一台注塑机诞生开始，国务院和国家有关部委就对塑料机械行业的发展给予大力扶持。1960年，塑料机械产品正式列入国家计划产品目录。此后，国家又对塑料机械行业的隶属关系及多头管理的体制，多次进行了整合与调整。1980年，塑料机械行业有了第一个五年计划，即“七五”发展计划。2007年，塑料机械产品正式列入中国名牌产品目录。2009年5月，塑料机械行业的多种产品进入国务院制定的《装备制造业调整和振兴规划》，列为装备制造业发展的重点产品。这是我国塑料机械行业发展史上的第一次，充分反映了塑料机械行业在国民经济中的重要作用，也是行业地位空前提高的重要体现，势必对我国塑料机械行业的加快振兴，产生重大而深远的影响。

（一）世界塑料机械产业的发展趋势

当今世界，正处在一个大发展大调整大变革的关键阶段。国际金融危机引发的世界经济、产业格局的大变化，正在加快新科技革命的到来。在未来几年里，全球塑料机械行业将会伴随着科技发展的趋势，重点呈现如下特点，即：产品研发和制造过程的信息化、数字化、精密化、高效节能化、绿色环保化、智能化、网络化和柔性化，以及制造业与服务业的相互促进和融合发展等。

面对科技发展的新格局，世界塑料机械产业加速了产业结构的调整，产业国际转移正在日益深化，抢占世界市场的步伐不断加快。虽然国际金融危机的爆发，给欧美等发达国家塑料机械产业带来一定的影响，但是，他们仍然凭借以往已有的较强优势，成为我国塑料机械行业的主要竞争对手。此外，国际贸易保护主义的抬头，环境贸易壁垒的愈演愈烈，也使我国塑料机械行业面临诸多新的挑战。

（二）我国塑料机械行业发展的环境和机遇

我国塑料机械行业已有较好的发展基础，积累了一定的物质财富，并在市场化程度和国际化程度等方面有了显著提高，自主创新能力不断增强，产业规模不断扩大，已连续10年保持产量世界第一的纪录，在世界塑料机械市场上具有不断上升的地位。特别是在经受国际金融危机的洗礼之后，全行业的国际竞争力和抗风险能力进一步增强，企业转型升级的步伐正在加快，科技水平和可持续发展的能力明显提升，生产经营和发展呈良好态势，已经迎来产业振兴的良好时机。

当前，世界经济总体上渡过了最困难阶段，并逐步走向复苏，科学技术和产业发展正在酝酿新的突破，不少国家积极推进调整转型，探索发展的新模式新路径。我国经济已在全球率先复苏，国家将继续全面实施并不断完善应对国际金融危机冲击的一揽子计划和政策措施，保增长、保民生、保稳定取得了明显成效，扩大国内需求已经成为我国经济发展的基本立足点和长期战略方针，我国经济的基本面和长期向好的趋势没有改变。在此背景下，国际国内对先进的塑料机械装备有着巨大的市场需求，尤其是我国塑料机械产品具有节能、绿色、智能和经济效益好等特点，符合即将到来的科技革命方向，具有广阔的发展空间。我国塑料机械行业具有独特的优势和良好的支撑条件，还具有良好的政策环境和发展机遇，为此，全行业必须抓住良好机遇，采取积极有效的措施，加快自主创新步伐，推动产业转型升级，为促进塑料机械行业的做大做强、推动国民经济的又好又快发展做出新的贡献。

四、指导思想和基本原则

（一）指导思想

全面贯彻落实科学发展观，坚持走绿色发展和可持续发展之路，通过加快转变经济发展方式和调整优化产业结构，着力提高企业核心竞争力和产业层次；通过加大技术改造投入，增强企业自主创新能力，着力提高基础配套件和基础工艺水平；通过加强创新型人才培育，推进产学研结合，突破一批关键共性技术，积极开发一批具有国内外竞争优势的绿色塑料机械产品；通过实施品牌、专利、标准战略，着力提高产品的科技含量和产业的国际竞争力，努力构建特色产品优势突出、专业协作分工合理、基础配套比较完备的产业发展格局，不断提高企业和行业经济增长的质量和效益，努力推进“塑机制造大国”向“塑机创造强国”的转变。

（二）基本原则

根据上述指导思想，我国塑料机械行业发展应坚持如下原则：

1. 坚持市场导向与政策推动相结合

突出企业主体地位，发挥市场在优化配置资源中的基础性作用，充分调动企业的积极因素；争取政府的宏观指导和政策扶持，进一步规范企业和行业的竞争秩序，形成有利于科学发展、和谐发展、绿色发展，有利于企业运行、行业协调的机制和格局。

2. 坚持自主创新与技术引进相结合

坚持以转方式、调结构为主线，把增强自主创新能力作为中心环节，鼓励企业着眼于前沿领域，加强原始创新、集成创新和引进消化吸收再创新；大力实施品牌战略、知识产权战略和标准化战略，努力抢占世界塑料机械行业的制高点。

3. 坚持国家产业导向与发挥特色优势相结合

按照国家产业导向的总体要求，加强与政府部门的沟通衔接，坚持有所为有所不为的原则；立足我国塑料机械的产业基础，进一步形成新的特色和优势，着力培育新的经济增长点。

4. 坚持重点突破与整体提升相结合

引导企业着力开发一批高效、精密、节能型重点产品，着力培育一批重点企业和重点产业集群；大规模开展重大技术装备自主化工作，大幅度提高基础配套件和基础工艺水平，全面提升我国塑料机械行业的国际竞争力。

5. 坚持绿色发展与可持续发展相结合

坚持走符合时代潮流、具有中国特色的绿色发展和可持续发展之路；坚持行业发展与节能环保、企业经济效益与社会效益相统一的原则；大力开发低碳技术，推广高效节能技术，推动节能降耗和清洁生产，合理利用资源，严格控制高耗能、高污染的产品；坚决淘汰落后生产能力、工艺和设备，着力建设以低碳排放为特征的产业体系。

五、发展目标和发展重点

（一）发展目标

总体目标是：按照科学发展、创新发展的要求，到2015年，我国塑料机械行业要掌握一批拥有自主知识产权的核心技术，开发一批技术水平国内领先、国际先进的重点产品，提升一批具有特色产品和知名品牌产品的产业集群，培育一批具有行业带动力和国际竞争力的大企业，努力实现塑料机械行业由大变强的转变。

到2015年，主要目标如下：

1. 产业规模迈上新台阶

确保塑料机械行业科学发展、快速发展，行业经济总量保持年均增长12%以上，工业总产值和销售收入达到500亿元以上。与此同时，全行业资产总额、利润总额、出口总额等主要经济指标均迈上新台阶。

2. 科技水平实现新提升

构建30个以上具有自主设计和自主制造能力的国家级、省级企业研发机构（国家级、省级技术中心）；重点骨干企业的研发投入占营业收入的比重达到3%以上，专业技术人员占从业人员的比重达到20%以上；自主创新能力在若干领域取得标志性突破，主导产品加快升级换代，具有自主知识产权的高新技术和创新产品产值大幅增加，新产品产值率力争达到40%，力争在技术上达到国际先进水平或领先水平。

3. 市场份额得到新拓展

提高我国塑料机械产品的科技含量和质量水平，努力扩大国内市场，使国产塑料机械国内市场价值量占有率稳定在80%左右。同时，大力提升出口产品的竞争优势，着力开拓出口市场，力争到2015年我国塑料机械出口交货值达到100亿元以上。

4. 产业结构达到新高度

大力推进自主创新和技术改造，培育若干家经济技术实力雄厚、具有较强国际竞争力的大型企业，形成一批参与国际分工，具有“专、精、特”优势的中型企业。至2015年，基本形成以高新技术为先导、高效节能产品为重点、高附加值产品为亮点的高中低档产品协调发展的格局，届时我国将成为世界规模最大的先进塑料机械制造基地。

5. 发展方式取得新转变

生产组织方式和重要生产工艺得到新的改进，

现代制造服务业得到新发展，单位工业增加值能耗、物耗和污染物排放显著降低，劳动生产率显著提高，大型企业集团现代制造服务的收入占销售收入比重达到20%以上。

（二）发展重点

1. 精密塑料加工装备

重点研发精密注塑成型装备和精密挤出成型装备。瞄准欧洲先进企业的相关产品，开发达到国内领先、国际先进水平的精密注塑成型和精密挤出成型装备。

2. 节能型塑料成型和加工装备

（1）研发节能型塑料注射成型机、微发泡注塑机、超高速注塑机。鼓励采用基于拉伸流变的无螺杆塑化技术，低温、低压注塑成型技术，伺服驱动技术及智能化控制技术等有助于降低加工能耗的技术手段。

（2）研发节能型塑料挤出装备。鼓励采用基于拉伸流变的无螺杆塑化技术，低温、低压挤出加工及成型技术，智能化控制技术等有助于降低加工能耗的技术手段。

3. 大型塑料加工和成型装备

面向国家重大工程项目、支柱产业的重大需求，开发系列大型塑料加工和成型装备。重点研发：

（1）与石化大型乙烯装置配套的20万t/a以上生产能力的挤压造粒机组。重点对大型叶片式挤压造粒装备、同向平行双螺杆挤压装备、双转子连续混炼装备、大型熔体泵、水下造粒装置、上加料系统、集散控制系统等关键技术进行攻关，开发替代进口产品。

（2）大型精密注塑机。重点研发40 000kN以上锁模力的大型注塑机，以满足大飞机、大轮船、高铁动车、汽车、建筑及家电等支柱产业对关键大型塑料制件的需求。

（3）大型中空吹塑装备。重点研发200L以上的大型、多层中空吹塑成型装备及三维中空成型设备，满足石油化工、汽车、医药、食品等行业的包装需求，例如危险化学品包装，以及汽车多层燃油箱等其他中空塑料制品的需求。

（4）大型电缆生产线技术。研发用于加工500kV及以上高压和超高压塑料电力电缆、海底光电缆以及35kV橡胶核电特缆等的重大专用装备，提升该领域的重大装备生产能力，逐步替代进口。

（5）工程装备放大设计技术。研究用于高分子成型加工装备系列化设计和制造的工程装备放大设计理论和技术，并将研发成果用于石化行业的大型挤压造粒机组、大型注射成型机的研发，使我国在相关领域的设计和制造水平进入世界先进行列。

（6）大型精密塑料压延机组。

（7）滚塑设备。重点研发大型防腐容器滚塑成型装备。

（8）高速节能塑料挤出机组。生产各类管材、片板材、异型材产品，生产能力30～3 000kg/h，能耗小于0.35 kW·h/kg。

4. 国家大型工程（高铁动车、高速公路、大飞机等）配套专用设备

（1）大型塑料土工格栅生产技术装备。宽度≥5m，拉伸屈服强度≥45 kN/m。

（2）TPEE发泡减震垫片生产技术装备。

（3）往复式双轴取向拉伸经纬网数控加工装备。

（4）相关配套用专用设备。

5. 高分子材料高端制品制造装备

（1）微纳复合和微纳制造装备。围绕先进材料、微机电系统、微电子系统及航空航天等领域的重大需求，研发微纳复合和微纳制造装备。重点研发微纳复合装备、微注塑成型装备、微挤出成型装备。

（2）生物医学材料成型制造装备。

（3）新材料制造装备。碳纤维预浸胶生产线，对位芳纶反应挤出生产线。

6. 环境友好型加工装备

围绕绿色高分子及其复合材料的成型加工，开发系列聚合物绿色制备技术及装备。重点研发：

（1）环保型高分子及其复合材料专用成型加工技术及装备，包括可降解高分子材料、塑料/生物质复合材料、高抑烟无卤阻燃材料、无重金属盐PVC

等材料的成型加工技术及成套装备，为相关环保型绿色高分子材料制品提供加工装备。

（2）高分子材料成型加工过程的绿色技术及装备，重点研发基于（CO_2、水等）环保发泡剂的成型加工技术装备、非溶剂复合成型加工等成套技术和装备。

（3）循环再利用及无害化处理设备。

六、保障措施

1. 加快产业重组和结构调整

积极支持骨干企业实行跨行业、跨地区、跨所有制重组，逐步培育一批具有行业带动力和国际知名度的大企业。针对行业中小企业多、民营企业多的特点，积极引导他们向高起点、规模化、专业化发展，逐步优化产业结构，不断提升产业层次。

2. 增强自主创新能力

引导企业加大科研投入力度，不断壮大研发队伍，着力增强自主创新能力。组织骨干企业与国内知名高校合作，深化产学研结合和合作创新，加快建设一批创新型企业和省部级重点实验室及企业技术中心；有计划地开发一批具有国际先进水平的高新技术和产品，并集中力量攻克一批长期困扰产业发展的共性技术和关键工艺，着力提升塑料机械制造水平。

3. 提高专业化生产水平

鼓励企业改进生产组织方式，合理配置行业资源，有效整合研发、生产、营销和服务力量，着力提高专业化生产水平。引导企业加大技术改造力度，积极推广先进制造技术和清洁生产方式，不断提高材料利用率和生产效率，努力降低能耗，减少污染物排放。

4. 完善产品标准体系

进一步强化标准意识，加快制定和修订塑料机械产品的技术标准，着力提高标准化水平；积极主动与国际标准接轨；努力促进新技术、新工艺、新设备和新材料的推广应用，加快淘汰落后产品；积极跟踪国际前沿技术发展趋势，大力推动我国自主创新的塑料机械产品进入国际市场，不断提高产品的国际竞争力。

5. 积极实施名牌战略

建立健全行业名牌产品的推进、推荐工作机制，引导企业积极实施名牌战略；坚持以科技为先导、质量为核心、企业为主体、市场为导向，努力开发高技术和高附加值的优质产品；支持有条件的企业创立自主品牌，培育一批具有较高档次和较好公信力、认知度的名牌产品，创建一批具有国际影响的中国品牌和世界名牌。同时，坚持以品牌提升带动产业升级，以产业升级提高国际竞争力。

6. 推进企业管理创新

坚持技术和管理两个轮子推动企业发展的战略思想，引导企业加快改革创新步伐，建立现代企业制度，加强企业现代化创新管理，全面提高企业的科学决策力、组织领导力、团队战斗力、管理创新力、企业亲和力、公益诚信力，并着力增强参与国际竞争和防范市场风险的能力。同时，努力改进企业生产组织方式，加强产品质量管理，落实安全生产措施，不断提高生产效率和产品质量。

7. 加强人才队伍建设

抓住“后危机时期”的大好机遇，坚定不移地走人才集聚、创新驱动之路，切实加强科技领军人才、创新型技术人才、复合型技能人才、开拓型经营管理人才的培育；积极强化职工培训，不断提高职工队伍的素质，为企业和行业的可持续发展提供有力的人才支撑。

8. 发挥行业协会作用

充分发挥行业协会上联政府、下系企业，规范行业、发展产业的独特优势；建立和健全推进塑料机械行业发展的工作机制，逐步完善行业自律机制；制定行业发展规划，定期发布产业导向目录，加强规划引导和行业协调；制定和协调落实重大政策措施，及时研究解决企业和行业发展中出现的各种问题，努力营造塑料机械行业的良好发展环境。

七、政策建议

1. 建议国家把塑料机械作为重大装备制造业中的“工作母机”，加大政策支持力度

经过50多年的发展，我国塑料机械行业发生

了巨大的变化,塑料机械作为高分子聚合物的成型机械,业已成为航空航天、国防、石化、海洋、电子、光电通信、建筑材料、包装、电器、汽车及交通设备、农业、轻工等国民经济各领域的重要技术装备,并且成为新能源、新材料、节能环保、生物医药、信息网络和高端制造等战略性新兴产业的配套专用设备。因此,建议政府部门将塑料机械行业纳入战略性新兴产业的范畴,加大财税政策的支持力度,优先提供专项经费予以扶持。

2. 建议国家政策给予倾斜和支持,以增强行业的发展优势

作为国家装备工业的重要组成部分,建议国家对先进的塑料机械给予像数控机床一样的专项支持和优惠政策,以推动塑料机械行业发挥更加明显的杠杆撬动作用,为我国装备工业的发展做出更大贡献。为此,建议国家财政每年给予塑料机械行业技术改造专项资金支持。主要用于:

(1)鼓励企业自主创新,积极研发节能环保产品。根据国家制定的相应标准,对替代进口、自主化的先进塑料成型机械产品予以技术改造资金支持。

(2)针对塑料机械行业发展迅速的特点,将企业设备折旧年限从10年改为5年、8年、10年,具体年限由企业根据实际情况进行选择。这样可有助于提高企业加快技术改造的积极性,促进行业产品向中、高档升级。

(3)对行业重大创新科研项目给予资金支持。如具有先进水平的首台(套)产品在向用户推广使用时予以保险金支持。

(4)大力扶持出口的高端塑料机械产品。对于在技术上已处于国际领先的产品,要大力给予出口市场拓展基金,使之尽快抢占国际市场。此外,对塑料加工专用设备制造涉及的12个税号产品给予出口退税17%的优惠(目前是15%)。

3. 建议国家能让行业协会参与统计,以利国家和企业及时研究市场

引导企业选好市场定位,提供适应市场需求的装备。政府管理机构或全国性行业组织应建立一套相对完整的信息收集、统计、评价和传播体系,在行业内发布相关统计数据和市场行情。内容可涉及行业现状、行业预警、行业内需要关注的问题、需要开发的产品、待解决的难题等,为政府部门和企业决策提供依据。

4. 鼓励企业引进技术、加大科技投入力度

根据行业目前状况,继续对企业以合资、合作、许可证转让等方式获得的高新技术予以鼓励;制定相应政策,鼓励企业加大科技和产品开发投入力度,重点支持高效节能塑料注射成型机、塑料制品轻量化技术和装备,以及高效低污染塑料循环再利用等技术装备的自主研发;积极与科研单位合作组建塑料机械研发机构,利用政府创新资金,提高企业的自主开发和创新能力。

5. 加大对高端产品的扶持,鼓励用户企业选购民族品牌

进入21世纪以来,我国塑料机械行业的科技水平和产品档次有了较大提高,部分产品已达到世界先进水平,某些产品位居世界前列,不少产品完全可以替代进口。但是,我国近5年来,平均每年仍然要花费20多亿美元的资金,从国外进口塑料机械产品。为此,建议国家对技术上已处于国际先进或领先水平的国产产品,给予政策扶持,引导用户选购民族品牌,鼓励用户企业积极采购国产产品。同时,国家应采取有力措施,限制进口与国产同档次的设备,限制进口二手塑料机械设备,优化塑料机械产品的进口结构,为我国塑料机械行业的良性发展创造有利条件。

6. 加大出口产品扶持力度,着力维护出口回暖局面

合理调整塑料机械产品的出口退税率,降低企业出口成本;引导企业实施"走出去"战略,尽力为出口企业提供信贷支持,鼓励企业扩大出口,不断扩大国产塑料机械在国际市场的占有率。

八、规划实施

1. 向政府部门和相关上下游行业积极宣传塑料机械行业的"十二五"规划,争取政府和相关行业

的支持

塑料机械行业各相关企业应按照《装备制造业调整和振兴规划》要求，向有关政府领导机关，以及国家重点发展的相关产业，积极宣传塑料机械行业"十二五"规划，争取政府和相关行业的支持，同时贴近和捕捉塑料机械发展的重大课题，组织相关的产、学、研、用实施联合攻关。

2. 加强行业内塑料机械行业"十二五"规划的宣贯工作，明确目标，拓宽思路

我国虽已成为世界塑料机械制造大国，但还不是强国，高端塑料机械产品技术水平与工业发达国家同类产品还有一定差距。特别是，有些高端塑料机械产品还不能自给或不能完全自给。为此在行业内做好宣贯"十二五"规划时，必须强调为迎头赶上国际先进水平，成为塑料机械制造强国，必须瞄准国际先进水平，特别是处于国际技术前沿的高端塑料机械产品，明确目标、拓宽思路，加大自主创新力度，掌握核心技术，提升产品档次，引领世界塑料机械发展潮流。

3. 推进行业自主创新、转型升级

根据行业"十二五"规划，大力推进创新型企业建设，着力突破制约产业转型升级的关键技术，加快推动我国塑料机械行业由技术模仿、技术跟踪向技术创新、技术集成转变，使我国自主开发的拥有自主知识产权的高端塑料机械产品在"十二五"末达到国际先进水平。

4. 加强国际国内同业交流，拓宽视野、拓展市场

组织行业企业参加或参观国际国内展览会和出国考察，开展技术交流和市场调研，拓展用户领域。组织行业骨干企业之间，国际、国内相关行业组织以及重点用户企业建立交流机制，通过交流取长补短，使我国塑料机械行业早日实现塑机制造强国的梦想。

5. 积极推进行业人才培训

实现行业"十二五"规划目标，人才的作用越来越重要。为此，要加大力度，积极推进人才培育，积极支持相关高等院校培养行业专业工程技术人员，同时举办各种类型的高级研修班和技能培训班，提升技术人员和工人的素质，以不断扩大行业专业技术人员和高技能工人队伍。

由行业协会牵头，加强协调配合，采取积极措施形成合力，确保本规划的顺利实施。同时，要适时做好规划的实施评价工作，及时提出推进落实的意见。

《塑料机械行业"十二五"发展规划》是全行业未来五年经济科技发展的指导性文件，是全行业企业坚持科学发展、推进转型升级的行动纲领。全行业要抓住新机遇，迎接新挑战，开创新局面，再创新优势，为圆满完成"十二五"规划确定的各项目标任务，加快振兴我国塑料机械工业，促进国民经济平稳较快发展，夺取全面建设小康社会新胜利而努力奋斗！

〔供稿单位：中国塑料机械工业协会〕

2009年我国塑料机械行业总体发展情况

2009年是21世纪以来我国经济发展最为困难的一年，也是我国经济辉煌依然，并在全球率先突围的一年。2009年，我国塑料机械行业也经受了严峻的考验，全行业坚持以科学发展观为指导，坚决贯彻执行中央应对国际金融危机的一揽子计划和政策措施，积极实施《装备制造业调整和振兴规划》，同舟共济战危机、齐心协力促增长，在逆势中求发展，同比增速呈"V"字形走势。行业经济总量

虽然略低于上年，但好于预期，仍令人欣慰。

一、2009 年塑料机械行业经济运行情况

据国家统计局对 521 家塑料机械制造企业的统计，2009 年我国塑料机械行业主要经济指标与全国机械工业、全国工业指标对比如下：

（1）塑料机械行业实现工业总产值 258.48 亿元，同比下降 2.90%；同期全国机械工业实现工业总产值107 484.16亿元，同比增长 16.07%；同期全国工业实现工业总产值546 334.36亿元，同比增长 9.35%。

（2）塑料机械行业工业销售产值 250.85 亿元，同比下降 0.18%；同期全国机械工业工业销售产值104 768.27亿元，同比增长 16.11%；同期全国工业工业销售产值533 604.77亿元，同比增长 9.35%。

（3）塑料机械行业出口交货值 36.46 亿元，同比下降 33.91%；同期全国机械工业出口交货值10 939.66亿元，同比下降 18.53%；同期全国工业出口交货值72 882.21亿元，同比下降 10.1%。

（4）塑料机械行业新产品产值 32.62 亿元，同比增长 8.4%；同期全国机械工业新产品产值20 339.13亿元，同比增长 23.74%；同期全国工业新产品产值52 948.39亿元，同比增长 12.24%。

（5）塑料机械行业产销率 97.43%，同比增加 2.65 个百分点；同期全国机械工业产销率 97.47%，同比增加 0.03 个百分点；同期全国工业产销率 97.67%，与上年持平。

上述 5 项指标中，除产销率塑料机械行业与全国机械工业和全国工业大体持平外，其他 4 项指标塑料机械行业同比增速均比全国机械工业和全国工业低 10 多个百分点。显见，塑料机械行业受国际金融危机的冲击远比全国机械工业和全国工业严重，其复苏进程也相对滞后。

2009 年，我国塑料机械行业经济运行特点：

1. 经济增速持续回升

2009 年，虽然受国际金融危机和印度对我国注塑机产品反倾销的双重冲击，塑料机械行业工业总产值和工业销售产值同比小幅下降，但逐月同比增速呈“V”形走势，进入第四季度以后，行业经济增速呈现迎难而上、逆势走强、持续回升的良好局面，工业总产值、工业销售产值、新产品产值同比均实现高速增长，特别是 12 月的各项指标无论是同比还是环比均以超过 20% 的速度增长。国内塑料机械市场的国产设备价值量占有率也由上年的 48.52% 跃升至 70.52%。2009 年我国塑料机械行业主要经济指标完成情况见表 1。2008 ~ 2009 年我国塑料机械市场容量（未包含零件）见表 2。

表 1　2009 年我国塑料机械行业主要经济指标完成情况

月份	工业总产值			工业销售产值			出口交货值			新产品产值		
	金额（亿元）	同比增长（%）	环比增长（%）	金额（亿元）	同比增长（%）	环比增长（%）	金额（亿元）	同比增长（%）	环比增长（%）	金额（亿元）	同比增长（%）	环比增长（%）
合计	258.48	-2.90		250.85	-0.18		36.46	-33.91		32.62	8.40	
1	11.46			11.67			2.45			0.97		
2	13.77	-12.65	20.16	13.92	-0.64	19.28	2.33	-27.24	-4.90	1.35	-32.16	39.18
3	16.57	-31.33	20.33	16.75	-28.20	20.33	2.76	-44.92	18.45	1.85	-33.01	37.04
4	18.44	-19.86	11.29	18.19	-21.37	8.60	2.60	-54.54	-5.80	1.66	-31.34	-10.27
5	20.72	-16.97	12.36	21.23	-16.46	16.71	2.73	-46.10	5.00	2.22	-32.01	33.73
6	22.27	-17.58	7.48	20.51	-15.93	-3.39	2.34	-56.94	-14.29	2.16	-5.89	-2.70
7	22.62	-9.89	1.57	21.35	-8.96	4.10	2.86	-47.36	22.22	3.09	29.96	43.06
8	22.62	-3.01	0.00	22.94	5.16	7.45	3.37	-34.27	17.83	2.87	13.64	-7.12
9	24.67	2.70	9.06	24.39	12.60	6.32	3.53	-29.76	4.75	2.90	36.07	1.05
10	24.65	30.70	-0.08	23.66	28.53	-2.99	3.16	-14.31	-10.48	3.92	122.70	35.17

（续）

月份	工业总产值			工业销售产值			出口交货值			新产品产值		
	金额（亿元）	同比增长（%）	环比增长（%）	金额（亿元）	同比增长（%）	环比增长（%）	金额（亿元）	同比增长（%）	环比增长（%）	金额（亿元）	同比增长（%）	环比增长（%）
11	27.17	43.40	10.22	25.39	42.62	7.31	3.74	-1.65	18.35	3.53	20.46	-9.95
12	33.52	79.31	23.37	30.85	84.95	21.50	4.59	23.15	22.73	6.1	170.76	72.80

注:数据来源于国家统计局。

表2　2008~2009年我国塑料机械市场容量(未包含零件)

年　份	国内塑料机械市场容量(亿元)	进口设备（亿元）	国产设备（亿元）	进口设备占比（%）	国产设备占比(%)
2008	348.67	179.51	169.16	51.48	48.52
2009	292.33	86.18	206.15	29.48	70.52

注:根据国家统计局和海关数据统计整理。

2. 出口形势初步转好

多年来,我国塑料机械行业对外依存度较高,年度出口交货值约占全行业工业销售产值的1/4,塑料机械产品出口额已跃居世界前列。国际金融危机的爆发,加上印度对我国注塑机反倾销的持续拖延,以及国际贸易保护主义的日益严重,2009年,我国塑料机械产品出口急转直下,2月,全行业出口交货值仅2.33亿元,跌入多年少见的低谷。业内企业在国外市场低迷、外贸订单大幅下降的不利情况下,认真研究国际市场的新变化,采取抱团作战稳市场、主动出击抓订单、千方百计促外贸以及优化出口产品结构、提高出口产品质量、培育国际知名品牌和大力开拓东盟、非洲、俄罗斯等新兴市场等措施,行业产品出口形势逐步转好。自3月份起,出口交货值开始缓慢上升,12月月出口交货值已经达到4.59亿元,出口同比和环比增速首次实现正增长。

3. 规模企业实力增强

据统计,2009年,全行业规模以上企业达521家,比上年增加48家,增长10.15%。国际金融危机的冲击,凸显了部分企业的矛盾和问题,加快了淘汰落后产能、企业整合改组的步伐;加快了人才、技术的集聚;骨干企业不断壮大,龙头企业由大变强。2009年,居行业前20位的骨干企业年销售收入由2001年的23.9亿元增加到148.3亿元,占全行业销售总额的比重也由31.26%增加到57.38%,在行业中发挥了中坚和带动作用,行业生产集中度也进一步提高。

4. 自主创新扎实推进

2008年下半年以来,塑料机械行业面对国际金融危机的冲击,产品科技含量高、附加值高的企业受影响较小,甚至逆势发展;而产品技术含量低、附加值低的企业受影响较大,甚至被淘汰出局。全行业深刻认识到,增强自主创新能力是战胜危机的利器,是保持市场竞争优势、抵御市场冲击的法宝。行业企业自主创新的氛围逐渐浓厚,在五个方面加快推进自主创新。一是大幅提高科技投入,切实抓紧技术改造,着力加强科技工作;二是注意把握科技革命的趋势,着力开展前沿技术、基础技术、核心技术的研发,努力抢占科技制高点;三是调整企业科技工作思路,坚持走"专、精、特、新"的差异化创新之路;四是继续加强产学研合作创新,不断提高创新速度和效率;五是加强创新型人才培育,大力开展技术培训、技能竞赛活动,为迎接新一轮发展提供人才智力保障。

5. 产品创新态势良好

2009年,塑料机械行业新产品产值逐步增长。1~6月,新产品产值一直处于负增长局面,7月份以后,出现了两位数的快速增长,平均增长率达到

65.69%，形势好转。越来越多的企业更加重视产品创新工作，加大了新产品的开发力度，极大地提升了我国塑料机械产品的质量和层次。一批大型、精密、复杂、具有高科技含量的新产品不断涌现，一批专用化、系列化、复合化、智能化的中高档产品得到了国内市场的认可，不仅满足了国内重点用户的急需，而且部分产品替代了进口，还有一批高效、高精度的节能型塑料机械产品成为国际塑料机械市场的新亮点，受到国外用户的青睐。当前，我国塑料机械行业的整体技术水平与发达国家相比，差距越来越小，大部分产品已接近世界先进水平，某些技术和产品位居世界前列。

6. 节能降耗成效明显

2009年7～8月，中国塑料机械工业协会（以下简称协会）组织行业专家进行科学研讨和集体审定，出台了我国塑料机械行业第一部节能技术规范《塑料注射成型机能耗检测和等级评定的规范》，实现了塑料机械行业节能规范“零”的突破，并在注塑机行业内正式实施。2009年9月，协会与国家塑料机械产品质量监督检验中心联合组织开展了第一批注塑机生产企业能耗检测和等级评定活动，取得了明显的效果。通过检测表明，业内企业在研制节能产品、提升节能技术水平方面成效突出，其中，部分企业投入市场的注塑机产品，不仅具有节能、精密、高效等特点，而且总体技术和整机性能已达到国内先进水平，某些产品节能技术达到国际先进水平。

7. 转型升级进展良好

2009年以来，塑料机械行业针对产业结构、生产技术结构、产品结构不合理，自主创新能力不强等突出问题，抓住有利机遇，以贯彻实施《装备制造业调整和振兴规划》为抓手，加快推进经济发展方式的转变，着力推进产业升级。塑料机械行业按照科学发展观的要求，采取了“三个五”方略，使产业转型取得新的进展。“三个五”方略是：①坚持“五个围绕”：紧紧把握转型升级的正确方向，围绕创新力度转大，围绕发展动力转强，围绕产业结构转优，围绕产品档次转高，围绕要素支撑转活的思路，力求在重点领域取得新的突破。②推进“五个升级”：全力推进技术升级、工艺升级、装备升级、产品升级和产业升级，全面提升行业的核心竞争力和国际竞争力。③实现“五个转变”：通过企业互动和行业联动，努力实现由量的扩张向质的提升转变，由粗放管理向现代管理转变，由产业中低端向产业中高端转变，由依靠出口拉动向内外销兼顾转变，由成本领先向技术领先、品牌创新转变，在保增长、促升级方面取得了良好成效。

8. 应对挑战成效明显

针对国际金融危机的冲击和印度当局对我国注塑机的反倾销，协会充分发挥行业组织的作用，积极采取“六个主动”和“一抓八促”等措施，取得了明显成效，确保了行业生产经营稳中有升和经济平稳较快发展。“六个主动”即：主动关注和追踪国际金融危机及印度当局对我国注塑机反倾销的态势；主动研究分析国际经济环境的新变化和我国经济形势的新动向；主动了解业内企业遭受国际金融危机冲击的有关情况，密切注视经济运行走势；主动收集和疏理企业及行业面临的困难和问题，认真研究应对措施；主动向业内企业提出突围解困建议，积极提供力所能及的帮扶服务，大力支持企业开拓和调整市场，尽可能地帮助企业走出困境；主动向国家发展和改革委员会及工业和信息化部反映企业和行业情况，积极争取国家政策支持，团结业内企业同舟共济，共克时艰。“一抓八促”的主要内容是：抓住坚定信心、振奋精神这个有力武器，大力促进企业自主创新、转型升级、开发新品、开拓市场、节能减排、加强企管、抱团应对及避免价格战等8项工作，凝聚业内企业的智慧和力量，千方百计地保持行业经济的稳步快速增长。

9. 企业领导勇担重任

2009年，业内企业家不负职工的期望，坚定信心，开拓进取，为全行业保增长、保就业、保稳定做出了积极贡献；为大力推进企业自主创新、产品创新和管理创新，加快提升企业综合素质和竞争能力注入了活力和动力;为行业和企业化危为机、逆势前行,取得经济企稳回升的好成绩,发挥了重要作用。事实证明,我国塑料机械行业的企业家在战胜危机和挑战的过程中,不仅发挥了不畏艰难、迎难而上的优良传统,而且具有科学预见形势变化的智慧和较强的抗风险能力,以及同舟共济的责任感和做大做强产业的事业心。企业家认真贯彻执行党和国家的重要决策、组织企业职工攻坚克难、奋勇突围,他们是一支有觉悟、有胆识、有能力,值得信赖、堪当重任的队伍,是推动我国塑料机械行业科学发展的重要力量和中流砥柱。

10. 产业地位明显提升

经过50多年的发展,塑料机械行业对汽车、家电、航空航天等相关行业的转型升级、科技进步,发挥了重要的保障作用,为国民经济的建设和发展做出了积极贡献。2009年,在国家扩大内需政策的推动下,伴随着十大产业调整和振兴规划的实施以及汽车下乡、家电下乡等政策效应的显现,汽车、家电等行业发展强劲,产品销售快速增长。这些产业的火爆发展有力地拉动了塑料机械产业的发展,塑料机械产业的发展又反作用于这些相关产业,为其持续快速发展提供了技术支撑。塑料机械产业在国民经济中的作用日益显现。

进入新世纪以来,我国塑料机械产业的国际竞争力得到进一步提升,不仅在年产量方面连续9年保持世界第一的地位,成为世界最大的塑料机械生产基地。特别是国际金融危机爆发以后,我国塑料机械在保持价格优势的同时,在产品质量、可靠性、技术水平等方面也有了较大的提升,在国际上树立了良好的信誉。

我国政府对发展塑料机械产业历来非常重视。2009年5月,国务院颁布的《装备制造业调整和振兴规划》将塑料机械产业的"塑料成型机械"等多种产品列入发展重点,标志着发展塑料机械产业已经上升到国家战略层面,产业的振兴具备了难得的基础条件、外部环境和政策机遇,产业迎来了科学发展、快速发展的黄金时期。

受国际金融危机的深度影响,2009年我国塑料机械行业与上年相比,工业总产值同比下降2.90%,工业销售产值同比下降0.18%,出口交货值同比下降33.91%;与全国GDP增长8.7%、全国工业增加值同比增长11.0%、全国机械工业增加值同比增长13.8%的速度相比,差距相当明显。此外,塑料机械行业经济回升的内在动力仍然不足,继续上升还受到较大制约,转变发展方式任务紧迫、困难不少,在企业科技创新、产品创新、市场创新、管理创新和产业核心竞争力等方面,还存在诸多薄弱环节。对这些困难和问题,行业企业一定要采取更加有效的措施,切实着力解决!

二、进出口情况

1. 进出口总量

2009年,我国塑料机械产品逐月进出口贸易均处于逆差状态。尽管出口量是进口量的3.8倍,但出口额仅为进口额的60.1%;出口塑料机械平均单价2.38万美元/台,进口塑料机械平均单价15.02万美元/台,进口平均单价为出口的6.31倍。2009年我国塑料机械产品逐月进出口情况(未包含零件)见表3。2009年我国塑料机械产品逐月进出口量及其环比增速(未包含零件)见图1。2009年我国塑料机械产品逐月进出口额及其环比增速(未包含零件)见图2。

表3　2009年我国塑料机械产品逐月进出口情况(未包含零件)

月份	进口		出口		贸易逆差额(万美元)
	进口量(台)	进口额(万美元)	出口量(台)	出口额(万美元)	
合计	8 400	126 185.70	31 875	75 862.89	50 322.81
1	510	12 176.90	2 562	7 461.11	4 715.79
2	415	10 144.36	1 346	4 282.73	5 861.63
3	477	11 953.45	2 348	5 261.73	6 691.72

（续）

月份	进口		出口		贸易逆差额（万美元）
	进口量（台）	进口额（万美元）	出口量（台）	出口额（万美元）	
4	649	11 335.20	2 231	5 568.91	5 766.29
5	547	10 384.01	2 084	4 896.48	5 487.53
6	938	9 422.92	2 676	5 186.05	4 236.87
7	770	9 650.63	2 849	7 153.27	2 497.36
8	703	8 610.51	3 171	6 632.00	1 978.51
9	964	12 179.94	2 854	7 231.48	4 948.46
10	747	7 510.98	2 696	5 927.10	1 583.88
11	738	9 473.92	2 953	7 318.26	2 155.66
12	942	13 342.88	4 105	8 943.77	4 399.11

注：数据来源于中国海关。

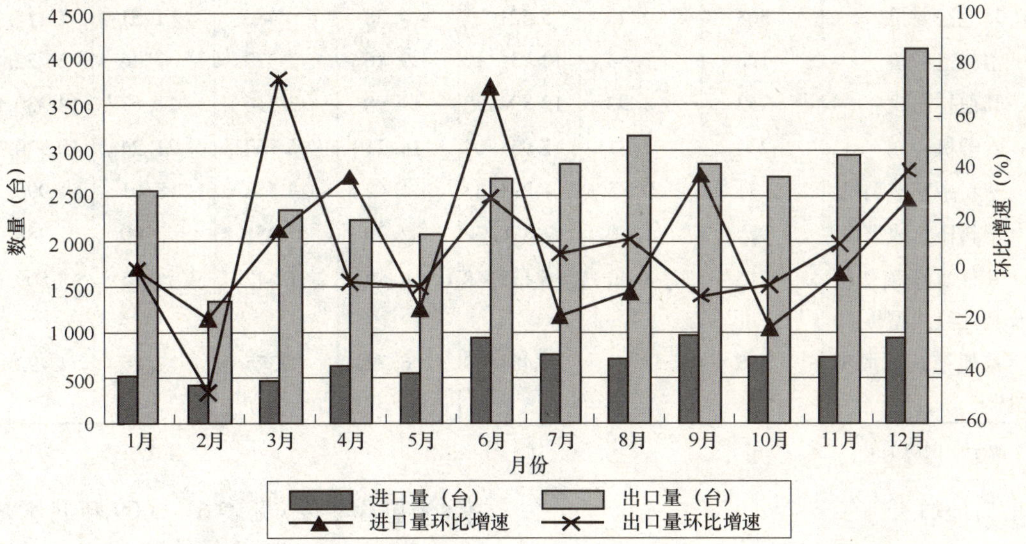

注：数据来源于中国海关。

图1　2009年我国塑料机械产品逐月进出口量及其环比增速（未包含零件）

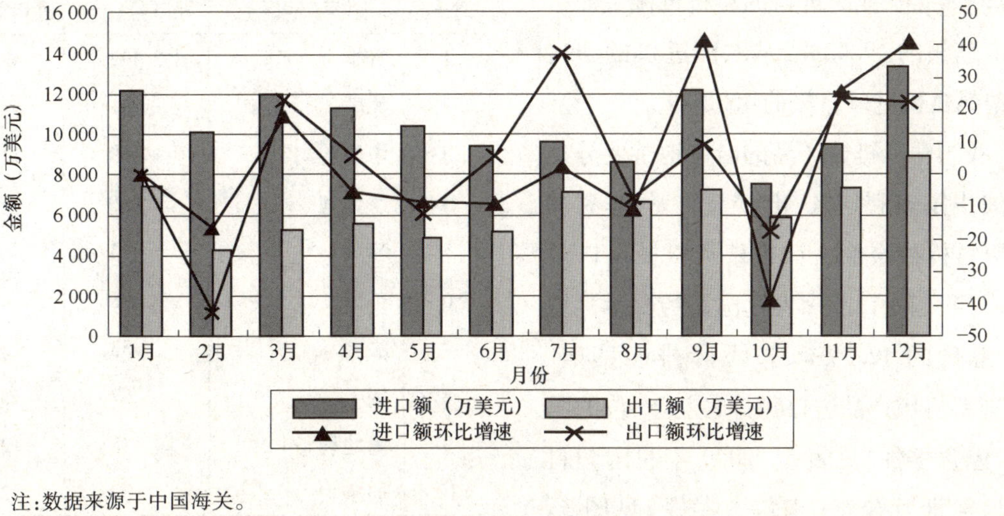

注：数据来源于中国海关。

图2　2009年我国塑料机械产品逐月进出口额及其环比增速（未包含零件）

2. 按税号进出口情况

2009 年,注塑机在我国塑料机械产品进出口贸易中的占比均居首位。其中注塑机进口量5 274台,占塑料机械进口总量的 63.43%;进口额52 035.38 万美元,占塑料机械进口总额的41.24%;注塑机出口量10 989台,占塑料机械出口总量的 34.5%;出口额35 880.29万美元,占塑料机械出口总额的 47.21%。2009 年我国塑料机械产品按税号进出口统计(未包含零件)见表4。

表4 2009 年我国塑料机械产品按税号进出口统计(未包含零件)

税号	名称	进口				出口			
		进口量(台)	进口量占比(%)	进口额(万美元)	进口额占比(%)	出口量(台)	出口量占比(%)	出口额(万美元)	出口额占比(%)
	合计	8 315	100.00	126 166.71	100.00	31 854	100.00	75 993.73	100.00
84771010	注塑机	5 274	63.43	52 035.38	41.24	10 989	34.50	35 880.29	47.21
84771090	其他注射机	368	4.43	5 521.27	4.38	480	1.51	1 115.31	1.47
84772010	塑料造粒机	128	1.54	12 434.10	9.86	2 377	7.46	2 722.16	3.58
84772090	其他挤出机	742	8.92	18 894.65	14.98	3 716	11.67	14 330.89	18.86
84773000	吹塑机	234	2.81	17 931.04	14.21	6 767	21.24	10 970.21	14.44
84774010	塑料中空成型机	71	0.85	1 795.33	1.42	2 553	8.01	1 990.32	2.62
84774020	塑料压延成型机	125	1.50	2 898.38	2.30	955	3.00	983.37	1.29
84774090	其他真空模塑机及其他热成型机器	715	8.60	6 172.48	4.89	1 642	5.15	3 509.03	4.62
84775900	其他模塑或成型机器	658	7.91	8 484.08	6.72	2375	7.46	4 492.15	5.91

注:数据来源于中国海关。

3. 进出口地域

2009 年,我国塑料机械进口源排名前10位的国家和地区的进口量占塑料机械进口总量的93.29%;进口额占塑料机械进口总额的95.5%。按洲际统计,2009 年从亚洲进口的塑料机械金额占塑料机械进口总额的49.43%,从欧洲进口的塑料机械金额占塑料机械进口总额的45.27%。

2009 年,我国塑料机械产品的出口地主要分布在亚非拉发展中国家和地区,出口至亚洲、非洲和拉丁美洲的塑料机械金额合计占塑料机械出口总额的84.06%。我国出口欧洲发达国家的塑料机械金额占出口总额的 12.39%,按洲际排名第四。2009 年我国塑料机械产品进口额排名前10 位的国家和地区(未包含零件)见表5。2009 年我国塑料机械产品进口额洲际分布(未包含零件)见图3。2009 年我国塑料机械产品出口额排名前10 位的国家(未包含零件)见表6。2009 年我国塑料机械产品出口额洲际分布(未包含零件)见图4。

表5 2009 年我国塑料机械产品进口额排名前10 位的国家和地区(未包含零件)

序号	国家(地区)	进口量(台)	进口额(万美元)
1	日本	3 492	42 318.90
2	德国	831	37 270.88
3	中国台湾	1 868	11 068.98
4	意大利	185	7 389.94
5	韩国	693	6 087.30
6	美国	398	4 166.98
7	法国	53	3 688.55
8	瑞士	67	3 289.86
9	奥地利	138	2 822.63
10	加拿大	32	2 387.95

注:数据来源于中国海关。

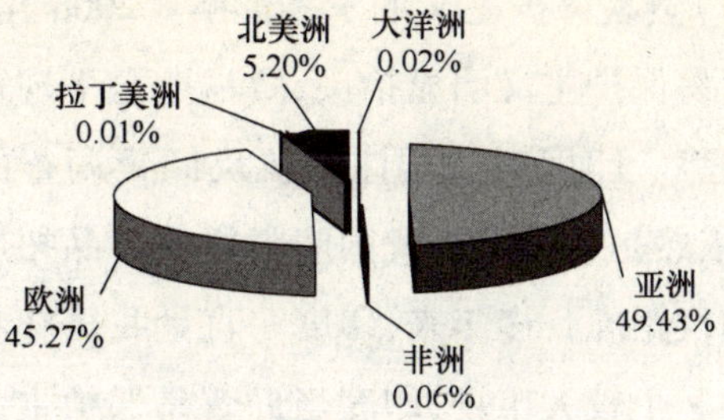

注：数据来源于中国海关。图中数据由于四舍五入，合计数有微小出入。

图3 2009年我国塑料机械产品进口额洲际分布（未包含零件）

表6 2009年我国塑料机械产品出口额排名前10位的国家（未包含零件）

序号	国家	出口量（台）	出口额（万美元）
1	巴西	1 497	4 664.31
2	越南	2 023	4 443.53
3	伊朗	1 457	4 280.15
4	印度	1 284	4 196.11
5	泰国	917	3 878.97
6	印度尼西亚	1 676	3 582.43
7	马来西亚	1 340	3 148.59
8	土耳其	661	3 060.43
9	俄罗斯	947	2 374.82
10	埃及	691	2 019.80

注：数据来源于中国海关。

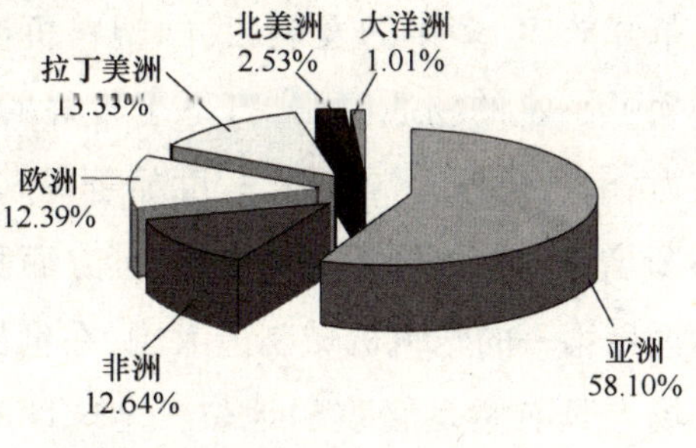

注：数据来源于中国海关。

图4 2009年我国塑料机械产品出口额洲际分布（未包含零件）

4. 进出口贸易方式

2009年，我国塑料机械产品进出口贸易方式呈现主体突出、方式多元的特点。进口以一般贸易和外商投资企业投资进口的设备、物品为主，通过这两种贸易方式进口的塑料机械金额分别为68 440.86万美元和44 907.68万美元，分别占塑料机械进口总额的54.25%和35.59%；出口以一般贸易和进料加工贸易为主，通过这两种贸易方式出口的塑料机械金额分别为55 462.42万美元和17 828.02万美元，分别占塑料机械出口总额的72.98%和23.46%。2009年我国塑料机械产品进口贸易方式（未包含零件）见表7。2009年我国塑料机械产品进口额贸易方式占比（未包含零件）见图5。2009年我国塑料机械产品出口贸易方式（未包含零件）见表8。2009年我国塑料机械产品出口额贸易方式占比（未包含零件）见图6。

表7 2009年我国塑料机械产品进口贸易方式（未包含零件）

序号	贸易方式	进口量（台）	进口额（万美元）
	合计	8 315	126 166.71
1	一般贸易	4 428	68 440.86
2	外商投资企业投资进口的设备、物品	2 668	44 907.68
3	出口加工区进口设备	307	4 224.41
4	加工贸易进口设备	702	4 102.63
5	保税区仓储转口货物	89	2 415.98
6	保税仓库进出境货物	25	1 451.34
7	国家间、国际组织无偿援助和赠送的物资	1	195.49
8	进料加工贸易	9	192.84
9	其他	63	143.63
10	租赁贸易	23	91.85

注：数据来源于中国海关。

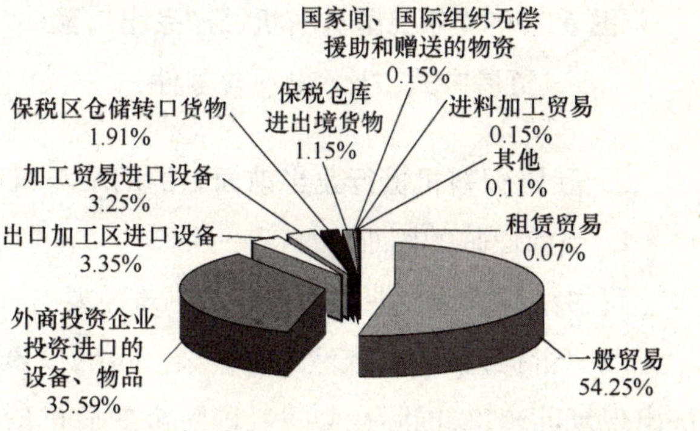

注：数据来源于中国海关。图中数据由于四舍五入，合计数有微小出入。

图5 2009年我国塑料机械产品进口额贸易方式占比（未包含零件）

表8　2009年我国塑料机械产品出口贸易方式(未包含零件)

序号	贸易方式	出口量(台)	出口额(万美元)
	合　计	31 854	75 993.73
1	一般贸易	27 496	55 462.42
2	进料加工贸易	3 208	17 828.02
3	保税区仓储转口货物	53	1 322.93
4	边境小额贸易	538	627.27
5	来料加工装配贸易	71	306.33
6	其他	174	226.50
7	对外承包工程出口货物	32	149.24
8	保税仓库进出境货物	274	66.85
9	国家间、国际组织无偿援助和赠送的物资	7	4.09
10	易货贸易	1	0.08

注:数据来源于中国海关。

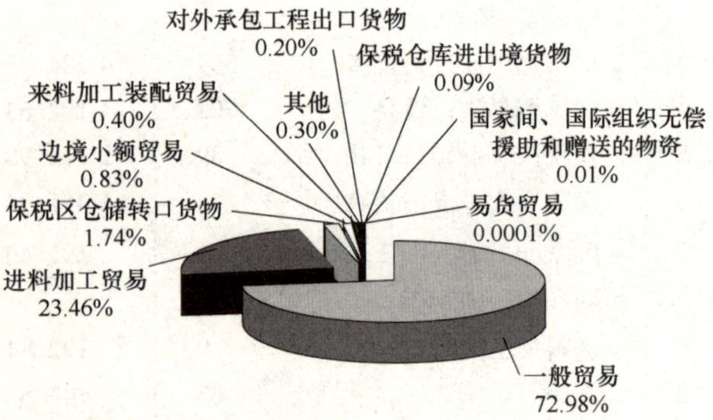

注:数据来源于中国海关。图中数据由于四舍五入,合计数有微小出入。

图6　2009年我国塑料机械产品出口额贸易方式占比(未包含零件)

三、我国塑料机械行业当前面临的困难与机遇

1. 当前面临的困难

我国塑料机械行业当前面临的困难主要有:

(1)国际经济形势依然十分复杂。虽然世界经济出现复苏迹象,国际社会战胜国际金融危机信心增强,但是,世界经济复苏的基础并不稳固,各种全球性问题相互交织,世界经济全面复苏将是一个缓慢复杂的过程。另外,世界经济的深刻变化,不确定因素增多,外部经济环境不容乐观。

(2)贸易保护主义的不利影响。2008年以来,国际贸易保护主义明显抬头,贸易壁垒呈现愈演愈烈的趋势。印度对我国注塑机反倾销调查的不利影响,依然是一只阻挡我国塑料机械产品拓展国际市场的拦路虎。多年来,印度一直是我国塑料机械产品的一个较大市场,印度当局贸易保护主义的抬头,对我国注塑机进入印度市场造成了很大的挤压。

(3)长期制约我国塑料机械行业健康发展的体制性、结构性矛盾依然存在,有的还很突出。

(4)虽然我国塑料机械行业发展较快,但仍然面临生产集中度低、产业结构不合理、科技投入不足、创新能力比较薄弱以及产业大多处于价值链的低端环节、产品附加值较低、行业总体水平不高、竞争力尚待提升等问题。

(5)相当一部分企业规模较小,管理水平不高,且缺乏核心技术和自主品牌,因而在复杂多变的市场环境中缺乏应变能力和竞争优势。

2. 当前面临的机遇

我国塑料机械行业在面临诸多困难的同时,也面临十分难得的发展机遇:

(1)行业发展的历史机遇。经过半个多世纪特别是改革开放30多年的发展,我国塑料机械行业已经积累了一定的物质财富,打下了较好的基础。产业实力、市场化程度、国际化程度显著提高,制造能力不断增强,规模不断扩大,在产量方面我国业已成为世界第一的塑料机械制造大国,在世界塑料机械市场上具有举足轻重的地位。全球性的金融危机爆发以后,虽然我国塑料机械产业受到严重影响,但是,整个行业的国际竞争力和抗风险能力以及持续发展的实力不断增强,我国塑料机械产品仍然具有巨大的内外需求与深厚的市场潜力。因此,随着世界经济的复苏,我国塑料机械行业的发展前景广阔,大有作为。

(2)扩大内需的历史机遇。2008年以来,我国政府陆续出台了一系列扩内需、保增长的政策措施,包括4万亿元的投资计划和扩大内需的十项措

施，从而为塑料机械行业创造了有利的发展机遇。2010年，我国政府将继续保持宏观经济政策的连续性和稳定性，继续实施积极的财政政策和适度宽松的货币政策，继续实行“汽车下乡”、“家电下乡”、“以旧换新”的措施，所有这些，都是推动塑料机械行业发展的有利条件。

(3)十大行业调整和振兴的机遇。2009年以来，国务院陆续出台了十大产业振兴规划。这些规划的出台，几乎都包含了刺激消费、拉动内需的内容。其中，汽车、电子信息、轻工等多个行业，都是聚氯乙烯系列塑料制品的使用和消费大户，对于塑料及塑料机械行业的发展起到了有力的推动作用。2010年，十大产业调整和振兴规划的深入实施，对塑料机械行业的长远发展，是个难得的重大机遇。

(4)转变发展方式的机遇。无数事实表明，当经济危机来临之际，新一轮经济发展和科技革命的号角也将吹响。危机是推进产业结构调整最有效的倒逼压力，也是促进企业转型升级的动力。在后危机时期，我国塑料机械行业将抓住这一有利时机，坚持走绿色发展和可持续发展之路，加快转方式、调结构的步伐，加大转型升级的力度，加快淘汰落后产能，进一步提升行业的科技水平和国际竞争力，加快向塑料机械创造强国挺进。

(5)加快实施“走出去”的机遇。国际金融危机为我国塑料机械企业加快实施“走出去”战略、在全球实现资源配置提供了新的机遇。积极稳妥地实施“走出去”战略，一方面可以转移过剩产能，开辟新的市场，另一方面也可以利用国际技术、人力资本、能源资本市场成本相对较低的时机，大力引进国外高端技术和管理人才，加快开放型经济的优化升级。

四、2010年国际塑料机械市场分析预测

经历了国际金融危机冲击的世界塑料机械行业，正在由总体低迷向缓慢增长转变，呈现出诸多新情况和新特点。

1. 全球塑料机械行业的发展现状

(1)世界塑料机械市场明显回暖。当前，世界经济形势显现复杂的变化，欧洲债务风险凸显，金融市场动荡难平；宏观调控政策两难、经济内生动力不强、就业压力长期持续等深层问题亟待解决。但是，综合判断国际形势，全球整体经济形势向好的趋势正在显现，全球经济正处于金融危机后的复苏阶段，尽管这种复苏是缓慢的、曲折的。据有关资料显示，随着全球经济的逐步回暖、个人收入的提高和塑料产品消费需求的增大，全球塑料机械市场正逐步走出国际金融危机的阴影。西欧市场对塑料机械设备的需求，延续了2009年快速增长的走势；美国和日本对塑料机械设备的需求，已出现复苏迹象；印度和俄罗斯塑料机械设备市场的销售前景令人看好。此外，土耳其、捷克、伊朗及其他发展中国家和地区，由于经济的稳步增长、工业化的持续推进以及个人收入的不断增加，对塑料机械设备的需求也在逐步增长。特别是全球性产业结构调整的大趋势，也刺激了塑料制品行业的发展，推进了塑料加工企业的产能扩大和技术改造，从而使得国际塑料机械市场明显回暖。我国经受住国际金融危机的严峻考验，在世界率先实现回升向好，经济总量继超过德国之后，有望超过日本。我国塑料机械行业作为扩大内需和《装备制造业调整和振兴规划》的受益行业，自2009年以来，保持了经济运行良好、稳定增长的态势。

(2)国际市场特点鲜明。①欧洲塑料机械行业以注重创新为优势。欧洲的塑料机械设备一直以高品质和精密著称，设备效率高、制成品精度高、使用寿命长、交货周期短，在市场上有较好的口碑。②德国塑料机械行业以技术领先为优势。德国一直是世界塑料机械行业的头号强国，其制造技术遥遥领先。国际金融危机爆发之前，德国塑料机械设备在全球出口额中约占1/4的份额。2008年以来，德国塑料机械制造业仍然保持了强劲的发展势头。③俄罗斯塑料机械市场以需求不断扩大为特点。近年来，俄罗斯食品工业发展迅速，对塑胶包装材料的需求相应增长，建筑材料、运动用品、文具用品以及汽车等行业，对塑胶制品的需求也不断增长。

据资料显示，当前俄罗斯有2 000多家企业涉足塑料加工，注塑机的保有量约1万台，这些机器多数已陈旧，80%以上急需更换。由于俄罗斯本国塑料机械的生产能力有限，远远不能满足市场需求，因此，该国进口塑料机械产品的市场占比不断加大，塑料机械市场前景看好，成为世界各国争夺的目标市场之一。④非洲以塑料机械的新兴潜在市场为特色。由于贫穷落后，非洲的塑料市场成为被忽略的市场。业内人士指出，当前非洲国家对于生产塑料袋的吹袋机产品需求殷切，对于生产汽车塑料件的注塑机也有一定需求量，值得塑料机械厂商去大力开拓。虽然非洲的经济较为落后，塑料制品加工行业也处于刚刚起步阶段，但从长远来看，非洲却孕育着较大的塑料机械市场，因而也成为各塑料机械生产大国争夺的焦点。

（3）产品类型正在变化。①塑料挤出机械需求量逐步增大。由于全球建筑市场的持续发展，有力地拉动了对管道、壁板等挤压制品的需求，进而推动了全球塑料挤出机械的需求增长。②注塑机出口总额继续增大。据有关资料显示，2009年各国注塑机出口总额58.32亿美元，比上年增长6.83%，约占国际塑料机械销售总额的31.02%，位居各类塑料机械首位。③高端塑料机械处于优势地位。以德国为代表的发达国家生产的精密注塑机、大型注塑机，具有高技术含量和高附加值，利润率非常高，占领了较大的市场份额。日本生产的电动注塑机，在世界塑料机械市场也占有重要地位，其在北美地区的市场占有率达到30%左右。④我国的注塑机出口量占据世界的半壁江山。在低端注塑机领域，我国的制造水平与发达国家相差无几，由于产品技术含量较低，因而产品的利润率也非常低。⑤节能型塑料机械装备成为新亮点。伴随着节能减排和绿色经济在全球的兴起，节能型塑料机械产品被格外看好。我国研发的高效节能型注塑机以及塑料挤出生产线，由于节能效果十分明显，得到了国际市场的认可。

（4）市场份额一目了然。我国塑料机械产量已经连续9年排名世界第一，是名副其实的塑料机械制造大国和出口大国。但是，以销售额排名，德国稳居世界首位，其销售额约占世界塑料机械销售总额的1/5以上，意大利和日本则分列第二、三位。由于美国的注塑机出口份额逐年下降，其名次也在不断后移。

（5）贸易摩擦值得警惕。随着国际金融危机的消退，我国遭遇的贸易摩擦正从低端产品向高科技产品蔓延，从发达国家向发展中国家蔓延，从产品层面向产业、政策层面蔓延，出现了一些值得警惕的新动向。作为贸易摩擦的最大受害国，我国面对的贸易保护压力，并没有像预想的那样，随着国际金融危机的消退会渐渐减轻，反而呈现愈演愈烈之势。国际金融危机过后，发达国家提出重振制造业，一些国家还表示将通过扩大出口来缓解贸易赤字问题，这使得我国的中高端产品也面对发达国家的直接竞争，成为贸易保护指向的新领域。尤其引人注目的是，除了传统的美欧反倾销调查之外，来自发展中国家的贸易保护措施也陆续登场。

当前，在世界塑料机械行业，很多跨国公司为了占领国际市场，千方百计地对我国进行打击和挤压。我国在印度对华注塑机反倾销案中失利的事例说明，发达国家及跨国公司连低端市场也是不会放过的。面对新一轮的贸易摩擦，我国塑料机械生产企业应该提前预警，加强防范。

2. 全球塑料机械行业的发展趋势

（1）科技革命的新趋势。全球性经济危机往往会催生重大技术革命。国际金融危机爆发以后，发达国家的研发投入继续增长，跨国公司更致力于技术创新增强竞争实力，一场抢占经济、科技制高点的激烈竞争已悄然展开。在此背景下，新知识、新科技正在孕育新的突破，信息及互联网技术的应用，也将取得新的突破，智慧地球理念正在推动“物联化、互联化、智能化”新一轮信息技术应用的新突破。生物医药、新材料等领域的技术革命，也展现出勃勃生机。与此同时，科技研发全球化将不断推进跨国技术贸易、技术合作与技术转移。面对科技革命的新趋势，发达国家的塑料机械巨头正在抓紧吸纳全球科技、人才、知识和智力成果，试图抢占科技制高点，打造新的竞争优势。

（2）绿色经济的新潮流。从发展趋势看，绿色经济已经成为世界潮流，低碳经济与节能环保技术也在孕育新的突破，将成为推动新一轮世界经济发展的主力引擎。美国和日本等国家已把低碳经济、绿色能源当做新的主攻领域。其中，日本扩张计划的60%是发展低碳经济、绿色能源；美国用40%的财政刺激计划，发展与低碳经济相关的产业。发达国家的塑料机械巨头也不甘落后，正在大力发展绿色制造。

（3）新兴产业的新势头。国际金融危机爆发以来，世界经济格局发生深刻变化，各主要发达国家为保持其在国际竞争中的优势地位，都在加快结构调整，加大技术创新投入，努力发展新兴产业，培育新的经济增长点。当前，国外许多有实力的塑料机械企业围绕新兴产业下功夫，力图从新兴产业领域，找到新的着力点，找到新的研发方向，开发新的先进产品，抢占产业链的价值高端。

（4）高端制造的新走势。随着全球经济进入后危机时期，世界各国都在根据本国的实际情况，着眼于大规模的、长期性的经济转型与产业结构调整，通过改变现有的产业布局，提升产业竞争力；研发和制造高端产品，抢占市场。当前，国外发达国家的塑料机械企业，不仅继续在大型化、微型化、个性化、智能化、网络化、虚拟化和高精度、高效率、低能耗等方面继续发挥其优势，而且加大力度开发高技术含量、高附加值的高端产品，巩固与扩大高端市场的占有率。

（5）发展理念的新变化。国外一些塑料机械厂商不断更新理念，把研发和制造塑料机械产品的触角，伸向直接的消费市场；不断研究、寻找和发现消费市场的新亮点（包括民用及工业消费），自行开发新型的塑料制品，然后，为此设计机器，调剂工艺配方，直至为设备的使用者提供包括加工装备在内、能成功地制成新型产品的交钥匙工程。这种营销方式已完全不同于传统的“用户需要什么，我们就生产什么”的被动模式，而是一种引导市场消费的主动模式。

五、2010年我国塑料机械行业经济运行态势分析

2010年是继续应对国际金融危机、保持经济平稳较快发展、加快转变经济发展方式的关键一年。在当前国内外经济环境复杂多变的背景下，我国塑料机械行业面临的新机遇、新挑战都很突显。从总体来看，机遇大于挑战，有利条件多于不利条件。因此，塑料机械行业必须适应国内外形势的新变化，以最大的决心和最积极的态度，深入贯彻落实科学发展观，坚持走绿色经济和可持续发展之路，注重自主技术创新和产品创新，注重增强经济增长的活力和动力，加大产业转型升级的力度，加快经济发展方式的转变，为实现行业经济又好又快的发展，为加快推进我国塑料机械行业的振兴，再创新的佳绩。

1. 经济回升向好的基础进一步巩固

在国际金融危机冲击下，从2008年下半年起，我国经济受到严重影响，实体经济增速明显下滑。但是，在中央一系列政策措施的带动下，我国经济从2009年第二季度起，扭转了下滑走势，增速逐季回升，主要指标增速呈现V字形走势，在全球率先实现经济总体回升向好。当前，我国仍处在重要战略机遇期，经济回升向好的基础进一步巩固，市场信心增强，扩大内需和改善民生的政策效应持续显现，发展环境好于上年。

2. 扩大内需的政策效应持续显现

温家宝在2010年《政府工作报告》中强调，2010年要继续实施积极的财政政策和适度宽松的货币政策，保持政策的连续性和稳定性，根据新形势新情况不断提高政策的针对性和灵活性，把握好政策实施的力度、节奏和重点。因此，扩大内需和改善民生的政策效应持续显现，行业发展的机遇依然十分有利。

3. 企业发展环境进一步优化

国际金融危机爆发以来，国家采取了一系列非常措施和优惠政策，为促进企业的发展提供了有利条件。当前，企业适应市场变化的能力和竞争力不断提高，市场信心增强。特别是国务院关于进一步促进中小企业发展的若干意见的出台，有力地增强了经济发展的动力和活力，企业的发展环境进一步优化。

4. 矛盾问题仍然存在

在看到有利方面的同时，也要清醒地认识到，在我国经济社会发展中，仍然存在一些突出的矛盾和问题。例如，我国自主创新能力不强，具有国际竞争力的品牌很少，出口的产品大量是贴牌产品，处于国际产业分工价值链的低端，附加值很低，导致利润大量流失。我国经济增长主要依靠大量消耗资源，单位资源的产出水平仅相当于美国的1/10、日本的1/20。在新兴产业发展方面，我国总体上也缺乏核心技术和领军人才。与此同时，我国部分行业产能过剩问题严重，而淘汰落后产能和兼并重组又面临就业压力大、体制机制不健全等制约。我国塑料机械行业也同样存在这些问题，有些问题甚至更多更突出。

从总体上判断，2010 年我国塑料机械行业面临的经济形势将好于上年。2010 年国家将保持宏观经济政策的连续性和稳定性，国内经济回升向好的势头逐步巩固，这些都将有利于我国塑料机械行业的发展。但我国经济社会发展中，仍然存在一些突出的矛盾和问题，因此，对于全年发展形势也不能过于乐观，要保持行业经济持续平稳健康发展，任务依然艰巨。把困难和问题估计得更充分一些，更加周密地做好应对挑战的各项工作，方可牢牢把握工作的主动权。

六、当前和今后塑料机械行业经济工作的思路

当前和今后一个时期，我国塑料机械行业经济工作的思路是，以科学发展观为统领，坚持走绿色发展和可持续发展的道路，认真贯彻实施《装备制造业调整和振兴规划》，以转方式、调结构为主线，以推进产业转型升级为抓手，以自主创新为动力，以产品创新为引擎，以节能降耗为标志，以提高行业经济增长的质量和效益为突破口，以提升核心竞争力为根本，努力保持行业经济平稳较快发展，努力把塑料机械产业做大做强。主要措施是：

1. 着力推进行业经济平稳较快发展

继续抓住产业发展的良好机遇，充分利用国产塑料机械产品性价比较高的优势，巩固和扩大国内市场及传统国际市场，不断开拓海外新兴市场，着力提高行业经济增长的质量和效益，力争 2010 年全行业产销同比增长达到 15% 左右，实现利润增长达到 10% 左右，产品出口增长达到 12% 左右。

2. 着力推进产业转型升级

加快经济发展方式转变，是关系改革开放和现代化建设全局的战略部署。推进产业转型升级，不仅是我国塑料机械行业可持续发展的重要目标，也是实现创新驱动、内生增长的有力举措。全行业要把产业结构调整和转型升级，摆到更加突出的位置，努力抢占未来竞争的制高点。要用足用好技改政策，技术改造的重点是优化产品结构，提高工艺水平和产品质量。要广泛采取新技术、新工艺和新装备，将技术改造和产业转型升级结合起来。2010 年，全行业要力争在科技创新、产品创新、产业升级等方面取得新成果，在节能型、环境友好型、精密成型机械以及微成型技术与设备的研发制造方面，取得新突破。

3. 着力推进行业自主创新

进一步认清自主创新、科技进步的重要性和紧迫性，大力推进创新型企业建设，要以国家级和省市级研发中心为骨干，普及发展行业共性技术开发联盟。要用足用好国家扶持政策，大力增强原始创新、集成创新和引进消化吸收再创新的能力，着力突破制约产业转型升级的关键技术，加快推动我国塑料机械行业由技术模仿、技术跟踪向技术创新、技术集成转变，由局限于中低档产品向高档、顶尖技术产品进军，不断研制更多高精尖的塑料机械，不断提高重大技术装备成套化、高技术化和自主化

水平。

4. 着力推进行业节能降耗

近年来，行业在研制节能型塑料机械产品方面，迈出了可喜的步伐，推出了一批具有显著节能降耗效果的塑料机械产品，受到了客户的青睐，成为国际金融危机背景下的新亮点。当前，绿色发展吹响了进军号，低碳经济成为新的增长点，塑料机械行业要以极其认真的历史责任感，依靠科技创新，着力提升节能技术水平，为研制绿色环保、高效节能的塑料机械产品做出应有的贡献。同时，还要继续贯彻实施协会组织研究制定的《塑料注射成型机能耗检测和等级评定的规范》，努力研发生产更多的适用性高新节能型产品。要通过全行业的共同奋斗，大力开发低碳技术，推广高效节能技术，努力建设以低碳排放为特征的产业体系。

5. 着力推进行业人才培育

在知识经济时代，经济竞争的背后是科技实力的竞争，科技实力竞争的核心是人才实力的竞争，而人才实力竞争的关键是人才创新能力的竞争。要加快推进产业转型升级，要参与全球高端竞争，其中一个重要的前提是，要有一支具有世界水平的人才队伍，尤其是创新型科技人才队伍。为此，全行业必须认清人才强国的重要性和紧迫性，切实加强人才工作，加大力度推进创新型科技人才的培育。要继续与相关高等院校合作，举办各种类型的高级研修班和技能培训班，努力为企业提供人才保证和智力支撑。

〔供稿单位：中国塑料机械工业协会〕

2010 年我国塑料机械行业经济运行情况

2010 年，在国家一系列政策措施和国内外经济形势好转的推动下，我国塑料机械行业的经济运行态势令人欣喜。

一、经济运行概况

据国家统计局对 564 家规模以上塑料机械制造企业的统计，2010 年我国塑料机械行业工业总产值和工业销售产值均超过 400 亿元，创历史新高。同时，我国塑料机械行业的龙头企业在产量和销售收入方面首次位居世界第一。由塑料机械生产的塑料制品产值高达 1.5 万亿元，同样刷新了历史纪录。

2010 年，我国塑料机械行业大力推进自主创新和转型升级取得了显著成效。工业总产值、工业销售产值、出口交货值和新产品产值同比增长均超过全国机械工业 34% 的平均增速。2010 年，我国塑料机械行业主要经济指标与全国机械工业指标对比如下：

（1）塑料机械行业工业总产值 421.06 亿元，同比增长 62.90%；同期全国机械工业工业总产值同比增长 34%。

（2）塑料机械行业工业销售产值 400.65 亿元，同比增长 59.72%；同期全国机械工业工业销售产值同比增长 34%。

（3）塑料机械行业出口交货值 59.57 亿元，同比增长 63.38%；同期全国机械工业出口交货值同比增长 34%。

（4）塑料机械行业新产品产值 59.86 亿元，同比增长 83.51%；同期全国机械工业新产品产值同比增长 33%。

（5）塑料机械产量350 707台，同比增长 30%。其中，浙江塑料机械产量119 010台，居全国首位，同比增长近50%，约占塑料机械总产量的 34%；天津塑料机械产量84 023台，约占塑料机械总产量的24%，居第二位；广东塑料机械产量77 847台，同比增长51%；山东塑料机械产量41 280台，同比下降14.54%；上海塑料机械产量19 301台，只占塑料机械总产量的5.5%，同比增长高达96%。

(6)塑料机械制造企业主营业务收入利润率9.5%，高于全国机械工业企业主营业务收入利润率7.5%的平均水平。

2010年我国塑料机械行业主要经济指标完成情况见表1。2008～2010年我国塑料机械市场容量(未包含零件)见表2。2010年我国塑料机械产量分布见图1。

表1　2010年我国塑料行业主要经济指标完成情况

月份	工业总产值			工业销售产值			出口交货值			新产品产值		
	金额(亿元)	同比增长(%)	环比增长(%)	金额(亿元)	同比增长(%)	环比增长(%)	金额(亿元)	同比增长(%)	环比增长(%)	金额(亿元)	同比增长(%)	环比增长(%)
合计	421.06	62.90		400.65	59.72		59.57	63.38		59.86	83.51	
1	24.68	115.36	-26.37	23.61	102.31	-23.47	4.25	73.47	-7.41	2.25	131.96	-63.11
2	22.37	62.45	-9.36	20.50	47.27	-13.17	3.69	58.37	-13.18	2.21	63.70	-1.78
3	31.76	91.67	41.98	30.49	82.03	48.73	3.80	37.68	2.98	4.78	158.38	116.29
4	34.69	87.61	9.23	33.95	88.26	11.35	4.87	77.09	28.16	5.20	186.34	8.79
5	35.23	66.27	1.56	34.01	56.96	0.18	4.61	64.06	-5.34	5.11	87.50	-1.73
6	38.28	63.59	8.66	35.30	65.73	3.79	4.67	89.40	1.30	5.04	96.02	-1.37
7	37.37	73.12	-2.38	36.75	82.05	4.11	5.82	95.72	24.63	6.17	87.03	22.42
8	39.08	62.81	4.58	37.42	54.75	1.82	4.98	42.52	-14.43	6.18	106.14	0.16
9	37.83	51.46	-3.20	36.60	49.55	-2.19	5.19	42.14	4.22	5.91	94.32	-4.37
10	37.52	45.06	-0.82	34.85	40.88	-4.78	5.14	51.97	-0.96	5.02	17.14	-15.06
11	39.02	45.33	4.00	37.03	46.92	6.26	6.00	56.22	16.73	5.60	46.51	11.55
12	43.23	24.60	10.79	40.14	23.63	8.40	6.55	36.05	9.17	6.39	-2.29	14.11

注：数据来源于国家统计局。

表2　2008～2010年我国塑料机械市场容量(未包含零件)

年份	国内塑料机械市场容量(亿元)	进口设备(亿元)	国产设备(亿元)	进口设备占比(%)	国产设备占比(%)
2008	348.67	179.51	169.16	51.48	48.52
2009	292.33	86.18	206.15	29.48	70.52
2010	479.22	134.54	344.68	28.07	71.93

注：根据国家统计局和海关数据统计整理。

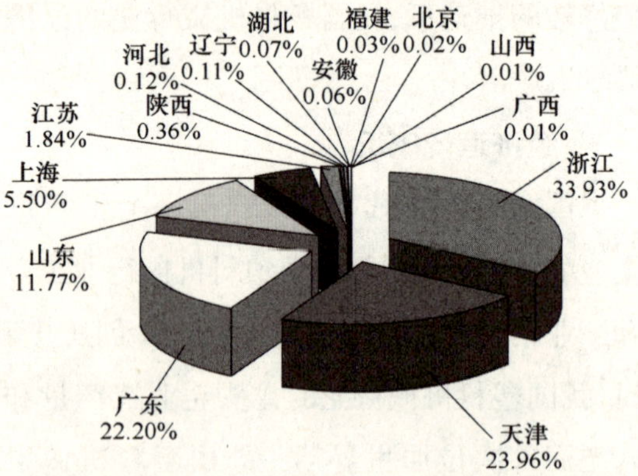

注：数据来源于国家统计局。图中数据由于四舍五入，合计数有微小出入。

图1　2010年我国塑料机械产量分布

二、进出口情况

1. 进出口总量

2010年，我国塑料机械进出口全面增长，进口增速高于出口增速，进出口贸易逆差状态始终未能改变。全年进口塑料机械14 961台，进口额200 657.51万美元；出口塑料机械44 493台，出口额114 003.76万美元。进口高端塑料机械与出口中低端塑料机械的不对称贸易结构，导致我国塑料机械出口量虽然为进口量的3倍，但出口额仅为进口额的57%，进口设备平均单价约为出口设备平均单价的5倍，贸易逆差近9亿美元，逆差金额同比增长约72%。2010年我国塑料机械产品进出口情况（未包含零件）见表3。2010年我国塑料机械产品进出口量增速走势（未包含零件）见图2。2010年我国塑料机械产品进出口额增速走势（未包含零件）见图3。2010年我国塑料机械产品贸易逆差额走势（未包含零件）见图4。

表3　2010年我国塑料机械产品进出口情况（未包含零件）

月份	进口			出口			贸易逆差		
	数量（台）	金额（万美元）	平均单价（万美元/台）	数量（台）	金额（万美元）	平均单价（万美元/台）	金额（万美元）	同比增长（%）	环比增长（%）
合计	14 961	200 657.51	13.41	44 493	114 003.76	2.56	86 653.75	72.20	
1	995	15 066.46	15.14	3 214	7 613.35	2.37	7 453.11	58.05	69.42
2	630	10 139.22	16.09	4 228	8 037.23	1.90	2 101.99	-64.14	-71.80
3	1 221	16 350.43	13.39	2 613	7 611.60	2.91	8 738.83	30.59	315.74
4	1 149	16 013.87	13.94	3 266	7 269.60	2.23	8 744.27	51.64	0.06
5	2 188	20 054.44	9.17	3 461	8 601.29	2.49	11 453.15	108.71	30.98
6	1 373	15 774.23	11.49	4 085	9 568.88	2.34	6 205.35	46.46	-45.82
7	1 390	18 256.54	13.13	3 890	10 973.37	2.82	7 283.17	191.63	17.37
8	1 451	18 389.98	12.67	3 709	10 533.61	2.84	7 856.37	297.09	7.87
9	1 380	18 838.27	13.65	4 179	10 082.20	2.41	8 756.07	76.95	11.45
10	910	15 160.00	16.66	3405	9 923.34	2.91	5 236.66	230.62	-40.19
11	1 103	18 911.51	17.15	4 165	11 586.33	2.78	7 325.18	239.81	39.88
12	1 171	17 702.56	15.12	4 278	12 202.96	2.85	5 499.60	25.02	-24.92

注：数据来源于中国海关。

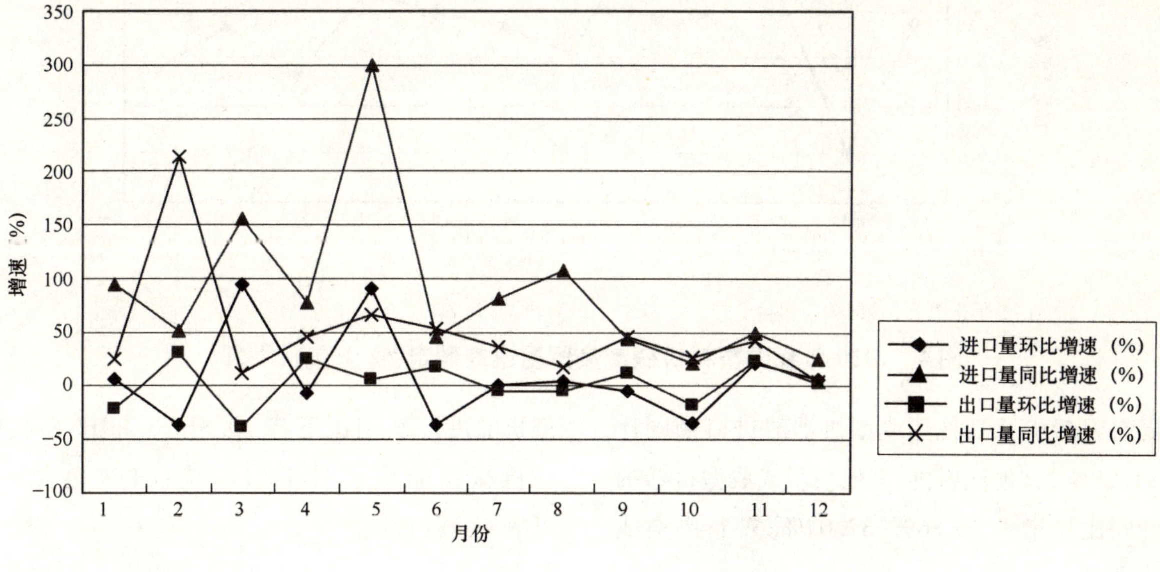

注：数据来源于中国海关。

图2　2010我国塑料机械产品进出口量增速走势（未包含零件）

2. 按税号进出口情况

2010年，注塑机进口量占我国塑料机械进口总量的64.73%，同比增长83.64%；进口额占我国塑料机械进口总额的46.13%，同比增长77.9%；其他注射机、塑料中空成型机、其他真空模塑机及其他热成型机器、其他模塑或成型机器分别占塑料机械进口总量的4.26%、0.98%、12.31%、7.92%，同比增长高达73.1%、107.04%、157.62%、80.09%；

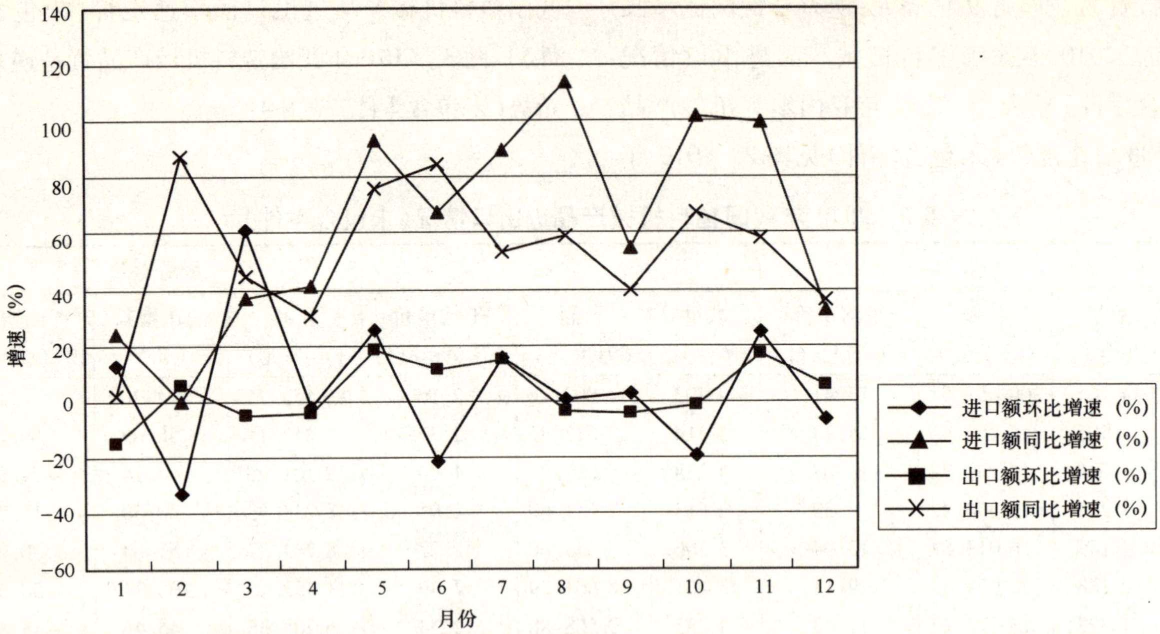

注：数据来源于中国海关。

图3　2010年我国塑料机械产品进出口额增速走势（未包含零件）

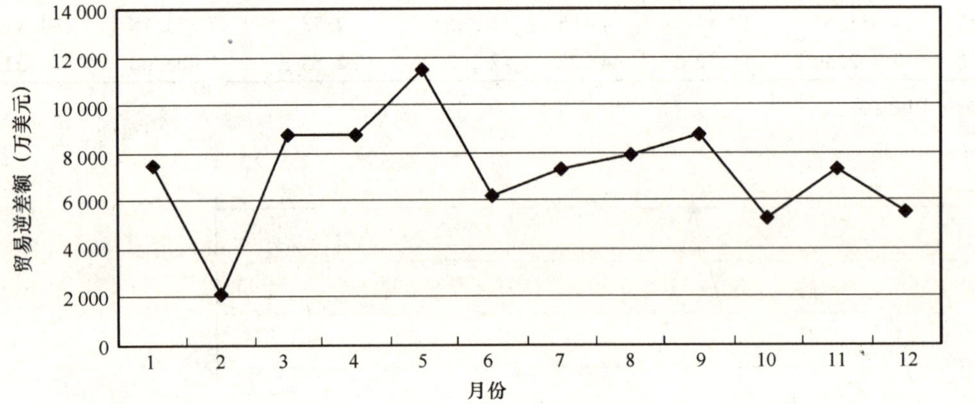

注：数据来源于中国海关。

图4　2010年我国塑料机械产品贸易逆差额走势（未包含零件）

其他真空模塑机及其他热成型机器的进口额同比增长91.28%，其他注射机、其他模塑或成型机器的进口额同比仅增长26.86%、37.04%，塑料中空成型机的进口额同比下降10.81%。2010年我国塑料机械产品按税号进出口统计（未包含零件）见表4。

表4　2010年我国塑料机械产品按税号进出口统计（未包含零件）

税号	名称	进口				出口			
		进口量（台）	进口量占比（%）	进口额（万美元）	进口额占比（%）	出口量（台）	出口量占比（%）	出口额（万美元）	出口额占比（%）
	合计	14 961	100.00	200 657.51	100.00	44 493	100.00	114 003.73	100.00
84771010	注塑机	9 685	64.73	92 570.36	46.13	18 963	42.62	62 380.03	54.72
84771090	其他注射机	637	4.26	7 004.04	3.49	510	1.15	1 316.81	1.16

（续）

税号	名称	进口				出口			
		进口量（台）	进口量占比（%）	进口额（万美元）	进口额占比（%）	出口量（台）	出口量占比（%）	出口额（万美元）	出口额占比（%）
84772010	塑料造粒机	158	1.06	13 551.73	6.75	2 557	5.75	3 644.22	3.20
84772090	其他挤出机	865	5.78	28 238.27	14.07	4 661	10.48	19 388.58	17.01
84773000	吹塑机	309	2.07	30 400.94	15.15	8 311	18.68	13 639.98	11.96
84774010	塑料中空成型机	147	0.98	1 601.28	0.80	3 067	6.89	2 396.95	2.10
84774020	塑料压延成型机	133	0.89	3 857.12	1.92	1 385	3.11	842.74	0.74
84774090	其他真空模塑机及其他热成型机器	1 842	12.31	11 806.81	5.88	2 454	5.52	3 694.73	3.24
84775900	其他模塑或成型机器	1 185	7.92	11 626.96	5.79	2 585	5.81	6 699.69	5.88

注：数据来源于中国海关。表中数据由于四舍五入，合计数有微小出入。

3. 进出口地域分布

2010 年，我国从德国、意大利、法国、瑞士、奥地利、美国、加拿大、日本、韩国及中国台湾地区进口的塑料机械数量和金额分别占同期塑料机械总量和总额的 96.57% 和 98.05%。其中，从日本进口的塑料机械数量和金额分别占 49.08% 和 37.31%，位居首位；尽管从德国进口的塑料机械数量仅占 7.34%，但进口额占比却高达 25.5%。按洲际统计，2010 年，我国从亚洲地区进口塑料机械的数量占同期塑料机械进口总量的 82.75%，进口额占同期塑料机械进口总额的 55.44%，进口数量和金额占比较上年增加 5.68 个百分点和 6.01 个百分点；从欧洲地区进口塑料机械的数量虽然只占同期塑料机械进口总量的 13.35%，但进口额占比达 40.35%，进口数量和金额占比较上年减少了 4.26 个百分点和 4.92 个百分点。

2010 年，我国塑料机械出口至 171 个国家和地区，其中，出口至巴西的塑料机械数量和金额均居首位，分别占我国塑料机械同期出口总量和总额的 6.57% 和 8.73%。按洲际统计，出口至亚洲地区的塑料机械数量及金额分别占我国塑料机械同期出口总量和总额的 56.60% 和 57.63%，同比增加 1.9 个百分点和减少 0.47 个百分点；出口至非洲的数量和金额占比同比减少 3.61 个百分点和 2.84 个百分点；出口至欧洲地区的数量和金额占比同比增加 1.07 个百分点和 0.62 个百分点；出口至拉丁美洲的数量和金额占比分别由上年的 11.15%、13.33% 增加至 13.02%、16.53%。2010 年我国塑料机械产品进口额排名前 10 位的国家和地区（未包含零件）见表 5。2010 年我国塑料机械产品进口额洲际分布（未包含零件）见图 5。2010 年我国塑料机械产品出口额排名前 10 位的国家（未包含零件）见表 6。2010 年我国塑料机械产品出口额洲际分布（未包含零件）见图 6。

表 5　2010 年我国塑料机械产品进口额排名前 10 位的国家和地区（未包含零件）

序号	国家（地区）	进口量（台）	进口额（万美元）	平均单价（万美元/台）	进口量占比（%）	进口额占比（%）
	合计	14 548	196 856.16	13.53	96.57	98.05
1	日本	7 396	74 928.04	10.13	49.10	37.32
2	德国	1 106	51 208.65	46.30	7.34	25.51
3	中国台湾	3 920	24 241.56	6.18	26.02	12.07
4	意大利	264	12 125.62	45.93	1.75	6.04
5	韩国	799	9 966.60	12.47	5.30	4.96

（续）

序号	国家(地区)	进口量（台）	进口额（万美元）	平均单价（万美元/台）	进口量占比（%）	进口额占比（%）
6	法国	179	6 697.89	37.42	1.19	3.34
7	瑞士	66	5 504.41	83.40	0.44	2.74
8	美国	525	5 459.69	10.40	3.49	2.72
9	奥地利	239	3 934.56	16.46	1.59	1.96
10	加拿大	54	2 789.14	51.65	0.36	1.39

注：数据来源于中国海关。

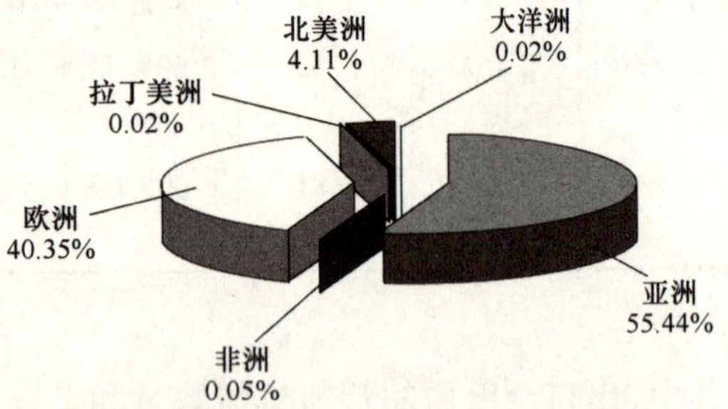

注：数据来源于中国海关。图中数据由于四舍五入，合计数有微小出入。

图5　2010年我国塑料机械产品进口额洲际分布(未包含零件)

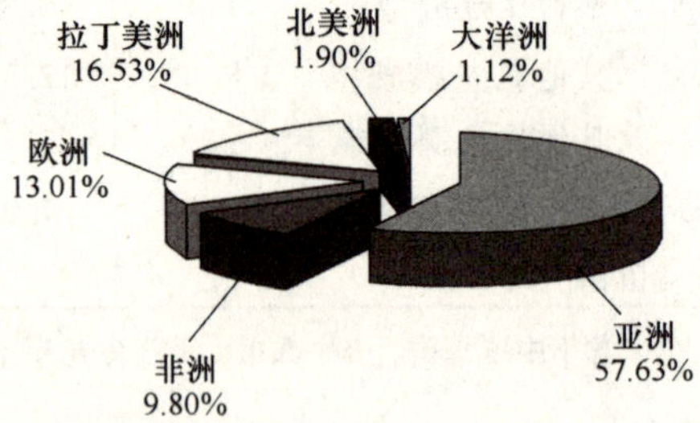

注：数据来源于中国海关。图中数据由于四舍五入，合计数有微小出入。

图6　2010年我国塑料机械产品出口额洲际分布(未包含零件)

表6　2010年我国塑料机械产品出口额排名前10位的国家(未包含零件)

序号	国家	出口量（台）	出口额（万美元）	平均单价（万美元/台）	出口量占比（%）	出口额占比（%）
	合计	19 632	58 529.51	2.98	44.60	51.33
1	巴西	2 893	9 960.44	3.44	6.57	8.73
2	伊朗	2 327	6 742.89	2.90	5.29	5.91
3	土耳其	1 653	6 247.43	3.78	3.76	5.48
4	印度	2 021	6 019.79	2.98	4.59	5.28
5	印度尼西亚	1 893	6 016.46	3.18	4.30	5.28
6	越南	2 787	5 928.03	2.13	6.33	5.20
7	泰国	1 143	4 876.20	4.27	2.60	4.28
8	马来西亚	1 863	4 716.14	2.53	4.23	4.14
9	俄罗斯	1 661	4 633.45	2.79	3.77	4.06
10	日本	1 391	3 388.68	2.44	3.16	2.97

注：数据来源于中国海关。

4. 进出口贸易方式统计

2010年，我国塑料机械进口贸易方式依然是以一般贸易和外商投资企业投资进口的设备、物品为主，其中一般贸易方式下的进口量和进口额分别占同期塑料机械进口总量和进口总额的69.57%和65.01%，进口额占比比上年增加10.76个百分点；外商投资企业投资进口的设备、物品进口数量和金额分别占17.93%、24.61%，进口额占比比上年减少10.98个百分点。

出口仍以一般贸易和进料加工贸易为主，其中以一般贸易方式出口的塑料机械数量和金额分别占同期塑料机械出口总量和出口总额的81.26%和70.43%，出口额占比比上年减少2.55个百分点；通过进料加工贸易方式出口塑料机械的数量和金额分别占13.98%、26.96%，出口额占比比上年增加3.5个百分点。2010年我国塑料机械产品进口贸易方式（未包含零件）见表7。2010年我国塑料机械产品进口额贸易方式占比（未包含零件）见图7。2010年我国塑料机械产品出口贸易方式（未包含零件）见表8。2010年我国塑料机械产品出口额贸易方式占比（未包含零件）见图8。

表7　2010年我国塑料机械产品进口贸易方式（未包含零件）

序号	贸易方式	进口量（台）	进口额（万美元）	平均单价（万美元/台）
	合计	14 961	200 657.50	13.41
1	一般贸易	10 408	130 439.43	12.53
2	外商投资企业投资进口的设备、物品	2 683	49 379.25	18.40
3	出口加工区进口设备	763	7 814.14	10.24
4	保税区仓储转口货物	270	4 500.31	16.67
5	保税仓库进出境货物	116	4 209.43	36.29
6	加工贸易进口设备	528	3 606.88	6.83
7	进料加工贸易	47	415.83	8.85
8	租赁贸易	10	146.42	14.64
9	其他	135	144.28	1.07
10	边境小额贸易	1	1.48	1.48

注：数据来源于中国海关。

表8　2010年我国塑料机械产品出口贸易方式（未包含零件）

序号	贸易方式	出口量（台）	出口额（万美元）	平均单价（万美元/台）
	合计	44 493	114 003.8	2.56
1	一般贸易	36 153	80 296.2	2.22
2	进料加工贸易	6 222	30 740.9	4.94
3	保税区仓储转口货物	75	1 378.1	18.37
4	边境小额贸易	942	1 070.9	1.14
5	来料加工装配贸易	47	232.9	4.95
6	保税仓库进出境货物	264	109.8	0.42
7	其他	772	102.5	0.13
8	对外承包工程出口货物	16	72.5	4.53
9	国家间、国际组织无偿援助和赠送的物资	2	0.01	0.01

注：数据来源于中国海关。

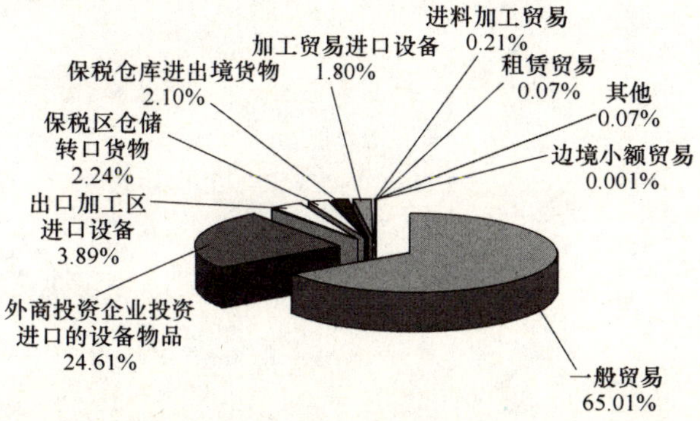

注：数据来源于中国海关。图中数据由于四舍五入，合计数有微小出入。

图7　2010我国塑料机械产品进口额贸易方式占比（未包含零件）

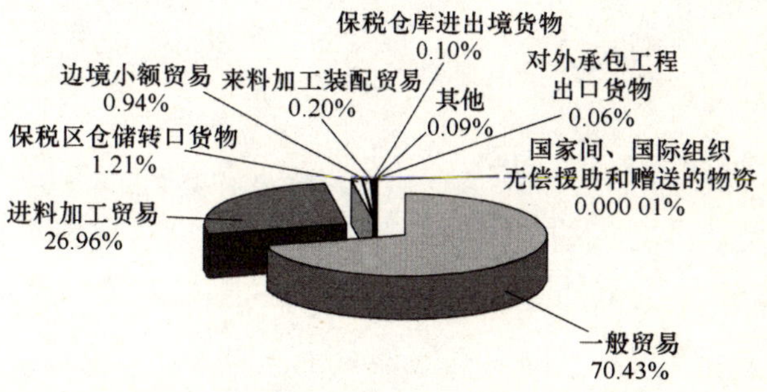

注：数据来源于中国海关。图中数据由于四舍五入，合计数有微小出入。

图8　2010年我国塑料机械产品出口额贸易方式占比（未包含零件）

当前,业内企业要着力抓好技术改造、自主创新、节能减排、产品创新、质量品牌、技术标准和管理创新等各项工作。要结合行业实际,推进"五个转型",即向自主创新转型,向高端制造转型,向绿色环保转型,向新兴产业转型,向现代管理转型。要探求有效途径,促进"五个提升",即产品质量提升,产品档次提升,行业品牌提升,人才素质提升,产业地位提升。抓好重点项目,力求"六大突破",即在研发制造精密制造装备,节能型塑料加工和成型装备,大型塑料加工和成型装备,国家大型工程(高铁动车、高速公路、大飞机等)配套专用设备,高分子材料高端制品制造装备及环境友好型加工装备等六个方面,要取得新的突破。要坚持科学发展,实现"六大变化",即产业规模迈上新台阶,科技水平实现新提升,市场份额得到新拓展,产业结构达到新高度,发展方式取得新转变,行业发展创造新辉煌,为谱写"十二五"规划开局之年的新篇章,为加快振兴中国塑料机械工业做出新的贡献!

〔供稿单位:中国塑料机械工业协会〕

分析塑料机械行业发展现状、特点及技术发展动向

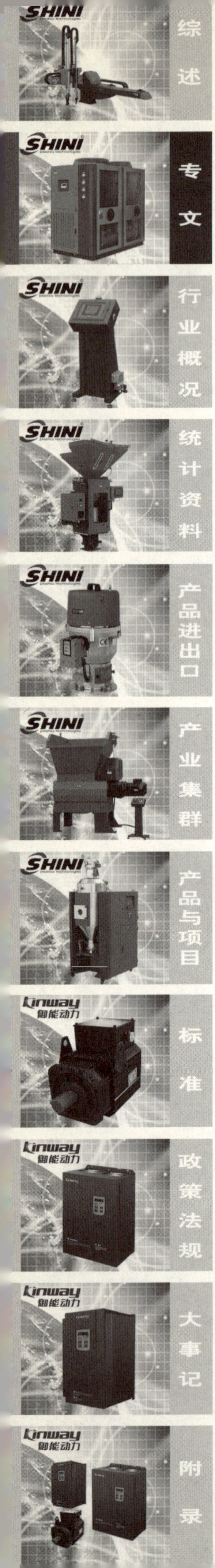
SHINI
综述
SHINI
专文
SHINI
行业概况
SHINI
统计资料
SHINI
产品进出口
SHINI
产业集群
SHINI
产品与项目
Kinway
御能动力
标准
Kinway
御能动力
政策法规
Kinway
御能动力
大事记
Kinway
御能动力
附录

在推进产业转型升级中实现新的跨越

2010年是全面完成“十一五”规划、研究制定“十二五”规划的关键之年。面对世界经济调整变革的大格局，面对后国际金融危机时期的新特点，面对新一轮发展中“前有标兵，后有追兵”的竞争态势，我国塑料机械行业要以科学发展观为统领，以加快转变经济发展方式为主线，大力推动产业优化升级，着力提高经济增长质量和效益，全面提升技术水平和国际竞争力，努力实现新的跨越，力争在“十二五”末全行业工业总产值和销售收入翻一番，两项指标均达到500亿元以上。与此同时，全行业资产总额、利润总额、出口总额等主要经济指标也要迈上新台阶。

一、深刻认识塑料机械行业转型升级的重要意义

胡锦涛总书记在省部级主要领导干部深入贯彻落实科学发展观加快经济发展方式转变专题研讨班上强调：加快经济发展方式转变是我国经济领域的一场深刻变革，关系改革开放和社会主义现代化建设全局。全党全国必须增强主动性、紧迫感、责任感，紧紧抓住机遇，承担起历史使命，以扎扎实实的成效，加快经济发展方式的转变，开创社会主义现代化新局面。塑料机械行业是我国机械工业的重要组成部分，是为塑料原材料工业、塑料制品加工业提供技术装备的支柱产业，产品具有产业关联度高，资本、技术密集，市场需求量大，带动性强等特点，行业发展水平关系到国计民生，标志着一个国家的综合实力。塑料机械行业必须站在国家战略的高度，深刻理解胡锦涛总书记的讲话精神，深刻认识加快经济发展方式转变、加快推进塑料机械产业转型升级的重要意义。

1. 加快推进转型升级，是应对世界经济调整变革的迫切需要

后国际金融危机时期，科技进步酝酿新突破，产业发展出现新趋势，全球经济发展呈现新特点。发达国家为了保持和巩固其在高端制造业的竞争优势，正在加快产业升级步伐，抢占产业制高点，力图对我国产品的出口形成新的竞争之势。而一些发展中国家也利用其更加廉价的劳动力优势，加紧与我国在传统国际市场中展开竞争。

据统计，2010年，我国进口塑料机械14 961台，进口额200 657.51万美元；出口塑料机械44 493台，出口额114 003.76万美元。进口塑料机械平均每台价格为13.41万美元，而出口塑料机械平均每台价格仅为2.56万美元，是进口塑料机械均价的19.09%。进出口产品价格悬殊的重要原因是，进口塑料机械产品档次比国产塑料机械高，在精度、效率等方面具有明显优势。

面对挑战，我国塑料机械行业必须深刻反思，主动顺应时代发展的潮流，以“等不起”的紧迫感、“慢不得”的危机感、“坐不住”的责任感，以奋起直追、奋发有为的精神，加快推进产业转型升级，着力增强自主创新能力，大力提高产品档次，力求在新一轮国际竞争中创造新的优势，尽快跻身世界塑料机械的先进行列。

2. 加快推进转型升级，是增强经济发展后劲、实现跨越发展的现实需要

温家宝总理指出：国际金融危机对中国经济的冲击在一定程度上讲，是对经济结构和发展方式的冲击，而调整结构和转变发展方式不是一个短期的过程，要作艰苦的努力。2008年以来，由于受国际金融危机的严重冲击和印度对中国注塑机反倾销调查的不利影响，我国塑料机械行业经历了21世纪以来最严峻的挑战。在一段时间内，外部需求急剧萎缩，产品出口持续下滑，企业订单大幅下降，不

少企业经营困难，有些企业甚至停工停产，行业经济不断下滑，困难挑战前所未有。在异常艰难的情况下，全行业坚持以科学发展观为指导，坚决贯彻执行中央应对国际金融危机的一揽子计划和政策措施，积极实施《装备制造业调整和振兴规划》，加快转型升级步伐，加大科技投入力度，着力推进科技创新，不断推出高效节能型产品，行业经济终于取得了比预期更好的业绩。

实践告诉我们，国际金融危机冲击的表象是塑料机械行业的增长速度，但实际上冲击的是塑料机械行业的产业结构和发展方式。因此，加快转变经济发展方式，加快推进产业转型升级，不仅是形势所迫，也是大势所趋；不仅是保持行业经济又好又快发展的关键措施，也是行业实现跨越发展的长久之举。我国塑料机械行业“十二五”规划提出，到2015年，全行业平均每年经济增速要达到12%以上，行业工业总产值和销售收入要实现翻一番的目标。达到这个目标，任务艰巨，难度不小。因此，必须紧紧抓住“转方式，调结构”这条主线，破解行业发展的难题，大力提高经济发展质量和效益，努力实现全面协调可持续发展。

3. 加快推进转型升级，是优化塑料机械产业结构、挺进塑料机械强国的迫切需要

当今世界，科学技术作为第一生产力的作用日益突出，作为人类文明进步的基石和原动力的作用也在日益彰显，科学技术比历史上任何时期都更加深刻地决定着经济发展、社会进步、人民幸福。我国塑料机械行业的从无到有、从小到大，也充分说明了科技进步和创新的重要作用。

经过50多年的发展，我国塑料机械行业不仅在产品产量上实现了连续9年的世界第一，而且科技水平和产业层次也大幅提升。当前，由国产塑料机械装备生产的塑料产品，早已不是以往的塑料盆和塑料桶等一般制品，而是与国民经济各行业紧密相联的先进产品，以及关系到战略性新兴产业发展的高新技术产品。例如，在我国大飞机研制中，国产的特种工程塑料有望入选大飞机专用材料。我国重点研发的大型注塑机等产品，是高速铁路、高速公路、大飞机、大轮船、新能源汽车、航空航天、海洋等产业的配套专用设备。国外现有的生物医用材料，像人体器官、外科修复、理疗康复等医学保健领域所需的特殊材料，也能由我国塑料机械装备生产，其中，大部分已形成产业。但是，当前影响行业发展的突出问题也不少，行业先导性战略高技术领域科技力量还比较薄弱，自主创新能力还不强，产品的技术含量还不高，很多关键技术和核心技术还受制于人。这些问题直接影响着产业的做大做强。

为了破解这些问题，赶超世界先进水平，抢占后金融危机时期世界塑料机械发展的制高点，塑料机械行业必须按照科学发展观的要求，牢牢把握发展的主动权，坚持把科技进步和创新作为加快产业转型升级的重要支撑，大力推动科技进步，切实增强自主创新能力，积极培育战略性新兴产品，推动产业结构优化升级，加快塑料机械大国向塑料机械强国的转变。

二、牢牢把握塑料机械产业转型升级的历史机遇

当前，我国塑料机械行业迎来了新的历史机遇，正处于转型升级的关键时期。塑料机械行业必须从实际出发，认清机遇、珍惜机遇、抓住机遇、用好机遇，在难得的机遇面前奋发有为。

1. 新一轮竞争的时代机遇

国际金融危机爆发以来，世界经济格局发生了深刻变化，各主要发达国家为保持其在国际竞争中的优势地位，都在加快结构调整，加大技术创新投入，努力发展新兴产业，培育新的经济增长点，一场抢占经济、科技制高点的激烈竞争已经悄然展开。环视国内，全国各地和各行各业正在按照党中央的科学决策，深入贯彻落实科学发展观，加快转变经济发展方式，加快推进产业转型升级，呈现出百舸争流、奋力争先的新局面。新形势催人奋进，新任务迫在眉睫，我国塑料机械行业必须认清新一轮竞争的时代机遇，以“等不起、慢不得”的姿态，以勇于担当、奋起直追的精神，从企业自身做起，从现在做起，加快转型升级的步伐。

2. 发展新兴产业的战略机遇

2010年9月8日，温家宝总理主持召开国务院常务会议，审议并原则通过《国务院关于加快培育和发展战略性新兴产业的决定》。会议确定节能环保、新一代信息技术、生物、高端装备制造、新能源、新材料和新能源汽车七个产业，作为现阶段重点培育和发展的战略性新兴产业。我国塑料机械行业不仅是高端装备制造业的重要组成部分，而且与节能环保、新一代信息技术、生物、新能源、新材料和新能源汽车等产业紧密相关，是为上述新兴产业提供重大专用塑料机械设备的行业。因此，我国塑料机械行业又迎来了国家发展战略性新兴产业的大好机遇，市场空间更加广阔。

3. 加快发展的政策机遇

国际金融危机爆发以来，国家出台了一系列重大政策，例如，扩大内需的重大政策，加快振兴装备制造业的政策，促进中小企业发展的政策等等。随着这些政策效应的逐步显现，家电、汽车等产业蓬勃发展，相关行业对塑料机械的需求与日俱增，我国塑料机械行业呈现强劲的发展势头。此外，2009年5月12日，国务院颁布了《装备制造业调整和振兴规划》，我国塑料机械行业的"塑料成型机械"等多个产品列入《规划》的发展重点。2010年发布的《全国装备产业技术进步和技术改造投资方向》中，塑料机械行业的8种重点产品列入其中。这些都是我国塑料机械行业发展的有利条件和重要机遇。

4. 经济复苏的市场机遇

当前，世界经济正在逐步走向复苏，尽管复苏是缓慢的、曲折的，但是已经为我国塑料机械行业"走出去"提供了有利条件。2010年下半年以来，我国塑料机械产品出口形势的逐月好转，就是一个很好的实例。特别是，我国经济已由回升向好走向稳定增长，各行各业正在加快产业结构调整升级，大规模的技术改造基本建设和基础设施建设，为我国塑料机械行业的加快发展提供了难得的市场空间。

5. 席卷全球的绿色机遇

当今世界，绿色经济已经形成一股席卷全球的时代潮流，绿色制造亦成为全球经济发展的大趋势。英国着眼于发展低碳经济、数字经济，正在"构建英国未来"。欧盟宣布投资1 050亿欧元发展绿色经济。一场全球范围的发展绿色经济"竞赛"也已悄然涌动。进入21世纪以来，特别是国际金融危机爆发以后，我国塑料机械行业积极开发绿色塑料机械产品，先后推出了一批高效节能型注塑机和挤出机。其中，我国自主研发制造的伺服驱动注塑机，经国家塑料机械产品质量监督检验中心检测和省市及行业专家鉴定，可降低能耗80%，节能效果达到国际先进水平。绿色塑料机械产品的推出，带来了良好的经济和社会效益，为业内企业和行业化危为机、逆势增长发挥了重要作用。

三、客观分析塑料机械行业转型升级的基础条件

我国塑料机械行业在面临难得机遇的同时，也具备了加快转型升级的基础条件。其主要表现在如下五个方面：

1. 产业基础扎实，行业优势明显

当前，我国塑料机械行业已经形成门类齐全、基础牢固、具有一定技术水平、能够基本满足国民经济发展需求的新型产业体系。塑料机械产品已涵盖4个大类、31个中类，拥有300多种产品，形成了产品种类齐全、高中低档协调发展的格局。我国环渤海、长三角和珠三角三大区域，形成10多个以专业生产注塑机、挤出生产线、双螺杆挤出机为特色的产业集群。产业集群呈现出鲜明的特点和旺盛的生命力，有的展现出"人无我有、人有我优、人优我先、人先我特"的差异化特色，有的以规模大、产量高、品质优、市场大而闻名国内外，不仅成为所在地区产业发展的"助推器"，而且成为我国塑料机械行业经济发展的重要支撑和生力军，为我国经济社会发展做出了重要贡献。

2. 发展速度加快，规模实力增强

2001～2009年，全行业工业总产值、销售收入、出口总额、利润总额和资产总值年均增长分别为16.69%、17.04%、30.09%、13.15%和12.94%。这几项主要指标的增速均高于全国GDP的增幅，并在全国机械行业中位于前列。2009年，规模以上企业也由2001年的185家上升到521家，其中，排在行业前20位的骨干企业，经济实力逐步增强，其合计销售收入也由2001年的23.9亿元增加到2009年的127.3亿元，在行业总销售收入的比重也由31%上升到53%。

3. 科技力量雄厚，自主创新活跃

当前，全行业已有近10所高等院校设置了塑料成型机械专业，并普遍拥有硕士培养资格，其中，有两所重点大学设立了博士点。全行业有国家级专业研究中心3个，国家级企业技术中心4个，省级企业技术中心16个，市级企业技术中心38个。有国家首批创新型企业1家，省、市级创新型企业试点单位3家。全行业从事教学和科研的人员共2 000多人，行业专家委员会拥有专家40余名。大部分骨干企业都与高等院校和科研院所建立了密切的合作关系，建立了以企业为主体、市场为导向、产学研相结合的科技创新体系，积极开展联合攻关和合作创新活动，进一步增强了行业自主创新能力。

4. 应用领域扩大，带动作用提升

随着科学技术的发展，塑料在国民经济各行业中得到了广泛应用。例如，泡沫塑料在建筑物节能环保方面有了新的用途，生物塑料在医疗器械、人工器官等领域得到了新的应用，新型特种工程塑料在航空航天、新能源汽车以及高速铁路、海洋、信息网络和高端制造等产业也具有非常重要的作用。因而，作为“工作母机”的塑料机械，也有了更加广阔的发展前景。

近几年来，塑料机械行业不仅对塑料加工等产业起到了强劲的推动作用，对国防、能源、交通、农业基础设施等重大工程建设，以及家电、汽车、轻工、化工等产业的发展和内需的拉动，均起到了带动和基础保障作用。例如，2006~2009年，我国塑料机械总产值合计为1 027.97亿元，不仅直接带动塑料加工工业创造逾3.5万亿元的总产值，而且有力地促进了家电、汽车等相关产业的持续快速发展。

5. 竞争能力增强，产业地位提升

进入21世纪以来，我国塑料机械行业的国际竞争力进一步提升，年产量连续9年保持世界第一的地位，我国已成为世界最大的塑料机械生产基地。近年来，全行业自主开发的一批大型、精密、复杂、高科技含量的新产品，达到了同期国际先进水平。研发的一批专用化、系列化、复合化、智能化的中高档产品，大大提升了我国塑料机械产品的质量和层次，满足了国内重点用户的需求，并部分替代了进口。此外，我国塑料机械在保持价格优势的同时，在产品质量、可靠性、技术水平等方面也有了较大提高，一大批塑料机械已经在国际市场树立良好的信誉。

四、理性看待塑料机械产业转型升级存在的问题

在产业转型升级中，我国塑料机械行业存在的主要问题有两个方面，一是发展观念问题，二是产业本身的突出问题。

发展观念问题主要表现是，少数企业对加快经济发展方式转变、推进产业转型升级的重要性和紧迫性认识不足，责任感不强，在行动上缺乏自觉性和积极性，创新意识不强，因而出现如下4种现象：一是思想上“不想转”；二是行动上“不敢转”；三是能力上“不会转”；四是工作上“久拖难转”或“转而不快”。为此，行业企业必须加强学习，提高认识，真正认识到，加快经济发展方式转变，推进产业转型升级，是深入贯彻落实科学发展观的重要战略举措，是解决我国经济发展面临的突出矛盾和问题的迫切要求，也是企业和行业增强国际竞争力、实现可持续发展的有效途径。同时，还要认识到，加快转变经济发展方式，推进产业转型升级，既是一场持久战，又是一场攻坚战，早认识早主动，早抓早主动，早转早受益。

产业本身的突出问题有：

(1)部分产品附加值不高，特别是中、高档产品

中,不少产品在生产效率、精密化、微型化、大型化及自动控制水平方面,与国外先进水平相比,还有较大差距。

(2)企业科技投入不高,高层次的创新型人才缺乏,科技创新能力不强,自我开发能力不足,掌握核心技术和关键技术较少。

(3)粗放型的发展方式还没有得到根本转变,结构性矛盾还比较突出。

(4)以高新技术改造传统制造业力度不够,信息化程度不高。

(5)在实施专利、标准和品牌战略,以及创建全国乃至世界品牌方面着力不够,成效不突出。所有这些,都是应该引起塑料机械行业足够重视的问题,也是应该着力破解的难题。

五、努力探求塑料机械产业转型升级的方略对策

当前和今后一个时期,加快推进塑料机械产业转型升级的思路是,以深入贯彻落实科学发展观、加快"转方式,调结构"为主线,以加强自主创新、优化产业结构为主题,以加快产业振兴、实现跨越发展为目标,以"五个转型"为抓手,以"五个提升"为途径,以"六大突破"为重点,以"五大变化"为目的,大力增强塑料机械行业的国际竞争力,着力推进塑料机械由中国制造向中国创造跨越,推进中国由塑料机械出口大国向出口强国迈进,为加快振兴我国塑料机械行业做出新的贡献。

1. 结合行业实际,推进"五个转型"

针对塑料机械行业的实际,产业转型升级要做到"五个转型",即,向自主创新转型,向高端制造转型,向绿色环保转型,向新兴产业转型,向现代管理转型。

向自主创新转型。自主创新是产业转型升级的首要推动力。向自主创新转型,就是要改变过去惯用的两种模式,即,国外先进国家做什么,就跟着做什么的技术模仿型;塑料加工行业规划要什么,就发展什么的被动跟进型。自主创新则要大力建设创新型体系,大力推进自主创新,掌握核心技术,努力摆脱受制于人的局面;要依靠自主创新推动产业升级,提高产品效率;依靠自主创新提高产品的科技含量和附加值,打造更多的知名品牌;依靠自主创新,不断增强国际竞争力。

向高端制造转型。就是要尽快摆脱我国塑料机械行业大而不强的局面,改变我国多数塑料机械产品成本低、利润和技术含量也低的现象,以高端、高质、高效为目标,瞄准世界塑料机械的科技前沿,抢占科技发展的制高点,挺进世界制造价值链中的高端位置。要针对国外塑料机械技术发展的趋势,积极开发微型化、大型化、个性化、智能化、网络化和虚拟化技术,大力研发和生产高速、高效、高精度、高档次、低能耗的塑料机械产品。要以高端产品求利润,以中、低端产品创规模,努力实现从低成本优势向科技创新优势的高端制造转变。

向绿色环保转型。就是要顺应绿色经济、低碳经济的世界发展潮流,坚持我国节约资源和保护环境的基本国策,本着对国家、对人民、对子孙后代负责的态度,以调整产业结构为契机,把资源节约和环境保护作为转型升级的重要内容,大力开发低能耗、低排放、资源循环利用的绿色技术、绿色工艺,积极研制绿色产品,不断提高绿色制造能力。要结合企业和行业自身特点,从产品设计、生产制造、市场营销等各个环节入手,建立绿色产品生产链,使塑料机械的生产过程更低碳、更节约、更环保,努力实现绿色发展和可持续发展。

向新兴产业转型。就是要围绕我国战略性新兴产业发展的重点方向和主要任务,选准我国塑料机械行业与节能环保、新一代信息技术、生物、高端装备制造、新能源、新材料和新能源汽车7个产业的结合点,认真梳理为上述7个产业开发的新产品项目,确立现阶段应抓紧突破的重点产品;加强产业关键核心技术和前沿技术研究,推进重大科技成果产业化和产业集聚发展,提高塑料机械行业的核心竞争力。

向现代管理转型。信息化是产业转型升级的加速器,是我国塑料机械行业从传统管理向现代管理转型的助推器。向现代管理转型，就是要加强企业在产品研发和生产经营中广泛运用信息技术，提高工业化和信息化的融合度，通过计算机辅助设计、现代集成制造系统等信息化手段，提高设计和制造的智能化及自动化水平；通过信息化管理平台，建立研发、设计、生产、营销的流程化和一体化运营体系；对企业资金流、物流和信息流进行集成化运作，形成供应链管理、渠道管理、客户关系管理的网络化，有效降低运营成本，提高企业管理效率和经济效益。

2. 探求有效途径，促进“五个提升”

要积极探求加快推进产业转型升级的有效途径，通过加大科技投入、加快自主创新步伐、推进创新型企业建设、深化产学研合作、加强人才培育等有力措施，促进企业和行业实现“五个提升”，即，产品质量提升、产品档次提升、行业品牌提升、人才素质提升和产业地位提升。

要坚持走“以质取胜”的道路，全面加强质量管理，切实提升产品质量，让我国塑料机械成为质量可靠的产品，进一步赢得国内外用户的信誉。要通过产品创新，大力提高塑料机械产品的科技含量和附加值，大力提高产品档次，着力改变我国塑料机械产品“档次低、价格低”的形象，尽快缩小与发达国家的差距。要积极实施名牌战略、商标战略、标准战略，努力打造更多的名牌名标，不断提高我国塑料机械产品在国内外市场的占有率。要树立人才资源是第一资源的理念，加快推进人才强国战略，加强人才队伍建设和人力资源能力建设，实施人才培养工程，努力抓好人才队伍的建设，努力造就一支带领企业科学发展、走向世界的优秀企业家队伍，一支懂管理善经营的经营管理人才队伍，一支高素质的专业技术人才队伍，一支技艺精湛的高技能人才队伍，实现人才素质的进一步提升。要通过加快技术改造提升传统优势产业，大力发展高新技术产业和高端装备制造业，着力培育一批科技实力雄厚、核心竞争力强的大企业集团，一批具有专、精、特、新亮点的行业骨干企业，一批拥有自主知识产权和自主品牌的创新型企业，全面增强行业科学发展的能力。要在推进转型升级中，做好产业存量的文章，加大存量调整力度，巩固和发展产业优势。同时，也要做好产业增量的文章，培育新的经济增长点，以增量带动存量的调整和优化，迈步走向由大变强之路，使我国塑料机械行业的国际地位大幅提升。

3. 抓好重点项目，力求“六大突破”

要把加快经济发展方式的转变、加快产业转型升级的总体要求，转化为一个又一个的具体项目，并在认真梳理的基础上确定重点项目，全力以赴地抓紧抓好。“十二五”期间，我国塑料机械行业要重点抓好六大项目，力争取得“六大突破”。即，在研发制造精密制造装备、节能型塑料成型和加工装备、大型塑料加工和成型装备、国家大型工程（高速铁路、高速公路、大飞机等）配套专用设备、高分子材料高端制品制造装备、环境友好型加工装备等六个方面，要取得新的突破。

4. 坚持科学发展，实现“六大变化”

胡锦涛总书记曾经强调指出，转变经济发展方式，关键是要在“加快”上下功夫、见成效。我国塑料机械行业一定要深刻理解这一论断，不断增强责任感、紧迫感和使命感，深入贯彻落实科学发展观，加快推进产业转型升级，力争实现“六大变化”。这“六大变化”是：产业规模迈上新台阶，科技水平实现新提升，市场份额得到新拓展，产业结构达到新高度，发展方式取得新转变，行业发展创造新辉煌。

转变经济发展方式，推进产业转型升级，既是时代的命题、发展的命题，也是我国塑料机械行业最重要、最紧迫的课题，同时又是当前乃至今后一段时间任务艰巨的难题。人们有理由相信，站在新的历史起点上，我国塑料机械行业一定会深入贯彻落实科学发展观，继往开来，锐意进取，扎实工作，攻艰克难，在产业转型升级中书写新的篇章，在“十二五”时期实现新的跨越，为夺取全面建设小康社会新胜利、推进中国特色社会主义伟大事业，做出新的更大贡献！

〔撰稿人：中国塑料机械工业协会　张静章〕

以创新服务推进塑料机械产业做大做强

综合判断国际国内形势，当前和今后一个时期，我国塑料机械行业仍处于重要的发展战略阶段，其间既面临难得的历史机遇，也面对诸多可以预见和难以预见的风险挑战。中国塑料机械工业协会（以下简称协会）作为推动行业调整振兴和发展的重要组织力量，要增强机遇意识和忧患意识，科学把握发展规律，主动适应时代发展的新形势，积极适应行业发展的新特点，努力适应会员单位和业内企业的新需求，充分发挥熟悉行业、上联政府、下系企业的独特优势，着力探求创新服务的有效途径，为推进塑料机械产业做大做强，为实现“十二五”规划和全面建设小康社会的宏伟目标，做出积极的贡献。

几年来，协会在国家政府部门的重视和指导下，在上级协会组织的帮助和支持下，坚持以科学发展观为统领，深入贯彻落实《国务院办公厅关于加快推进行业协会商会改革和发展的若干意见》（以下简称《意见》）精神，牢固树立创新服务的理念，努力转变服务思路，着力转变服务职能，选准协会工作的切入点和着力点，积极探索有效的服务方式，全力提高服务质量，为推进塑料机械产业的又好又快发展，发挥了应有的作用。

一、着力创新服务方式，为推进产业做大做强搭建良好平台

《意见》指出：“行业协会代表本行业企业的利益，必须切实为企业服务。”几年来，协会按照《意见》的要求，结合行业的实际，通过搭建“六个平台”的服务方式，强化了协会的服务功能，有力地推进了行业的持续快速发展。

1. 搭建信息服务平台

协会利用会刊、网站和会议等载体，搭建信息服务平台，帮助企业获取政策信息、科技信息、市场信息等，为企业把握政策、科学决策、减少风险当好参谋。协会还坚持每年发布行业发展报告，定期向会员单位发布全行业年度经济运行信息，并提出当年行业发展的基本思路和主要措施，受到会员单位的欢迎。

2. 搭建政策引导平台

通过协会媒体和会议、论坛等形式，搭建政策引导平台，引导会员单位和业内企业认真学习贯彻党中央、国务院的方针政策和重大战略部署，齐心协力推进行业经济平稳较快增长。例如，协会通过网站等方式，为会员单位提供政策咨询，帮助会员单位明确方针政策，认清和抓住政策时机，推进产业做大做强。又如，协会会长张静章等领导，坚持服务大局、服务行业、服务会员的理念，先后利用协会和相关协会组织的多个论坛，发表了推进自主创新、推进绿色发展和可持续发展、促进行业转型升级等专题演讲，及时宣传党和国家的方针政策，并有针对性地提出行业的贯彻意见，为推动行业发展起到了较好的作用。

3. 搭建总结推广平台

国际金融危机对快速发展的我国塑料机械行业造成严重冲击。为了引导会员企业认清形势、坚定信心，以良好的精神状态，积极抵御国际金融危机的冲击，协会利用搭建的总结推广平台，认真总结宣传业内企业积极应对危机的措施、成功经验和效果。例如，重点介绍了宁波海天塑机集团公司采取创新“救市”、外销“救市”、服务“救市”、管理“救市”等措施，奋力应对危机，提升企业竞争力的经验做法。介绍了一些企业“五管齐下”抓商机、“八招并举”抗危机、联手互助共应对等做法，努力把危机的影响降到最低，使生产经营稳中有升，实现了逆势发展，引起了行业的关注。

4. 搭建科技服务平台

首先，协会通过召开每年一次的注塑技术年会和塑料挤出技术年会，组织行业专家向企业作科技创新报告，并提供技术咨询服务，帮助企业把握科技发展的新走向，共享科学研究的新成果。其次，通过发挥行业专家委员会的作用，为业内企业开展特色服务。例如，2008 年，协会设立了行业专家服务日。2009 年，协会又召开了首届行业专家论坛，并决定每年举办一届。协会利用这个良好平台，为企业提供技术支持和专业服务，解决了许多技术难题，为推进行业科技创新发挥了积极的作用。

5. 搭建人才培训平台

几年来，协会树立了人才资源是第一资源的理念，加快推进人才强国、人才兴业战略，积极实施人才培养工程，努力抓好 4 支人才队伍建设，即，努力造就一支带领企业科学发展、走向世界的优秀企业家队伍，一支懂管理善经营的经营管理人才队伍，一支高素质的专业技术人才队伍，一支技艺精湛的高技能人才队伍，不断推进人才素质的进一步提升，为产业做大做强提供人才支撑。同时，协会还制定了行业科技人才培训计划，引导会员企业加强专业技术人才和创新型人才的培育。此外，协会还与北京化工大学合作，开展企业科技人员培训班。协会先后举办了注塑机螺杆设计高级研修班、挤出机螺杆设计高级研修班、“挤出工艺及螺杆设计”高级研修班等，为企业培育科技人才创造了有利条件。

6. 搭建会展服务平台

积极帮助企业开拓国际市场，是《意见》的明确要求，也是协会近几年的工作重点之一。自 2007 年以来，协会把组织展览会作为推进产业做大做强的重要抓手，与相关组织联手合作，先后举办了 5 个具有较大影响的展会。一是与宁波雅卓展览服务公司合作，主办的 2008 中国宁波国际塑胶展览会（简称宁波 S 展）；二是与雅式展览服务公司合作，分别在上海、广州举办的中国国际塑料橡胶工业展览会；三是与台州市人民政府合作，举办的中国塑料交易会；四是与上海易贸公司合作，在青岛举办的中国再生塑料与再生橡胶工业技术展览会；五是与中国轻工机械协会合作，在天津举办的中国国际塑料橡胶注射成型工业展览会。

展会为会员单位和业内企业展示产品、开拓商机、交流合作，提供了重要平台，扩大了企业知名度，赢得了商机。同时，对加快实施“走出去”战略，开拓国际市场，提高国际竞争力，起到了一定的作用。

二、努力争取政府重视，为推进产业做大做强营造良好环境

由于行业协会具有熟悉行业、联系政府的优势，在加强行业调研和行业经济运行分析的同时，协会抓住有利机遇，积极主动地向国家发展和改革委员会、工业和信息化部等部门汇报行业情况，提出行业发展建议和要求，努力争取政府部门对行业的重视和支持，为塑料机械产业做大做强营造良好的政策环境。

2008 年年底至 2009 年初，协会多次向国家发展和改革委员会、工业和信息化部报送了行业的有关资料，不仅为政府部门及时了解行业情况、制定产业政策，提供了有价值的信息，而且提出了行业意见和相关政策建议。其中，有些建议已被政府部门采纳，纳入政府有关政策文件。例如，2009 年 5 月，国务院颁布的《装备制造业调整和振兴规划》（以下简称《规划》），将塑料机械行业的“塑料成型机械”等多种产品列入发展重点，为加快振兴我国塑料机械行业，提供了难得的有利条件和重要机遇。

2009 年下半年，协会组织力量起草了《中国塑料机械工业发展报告》，提出了促进塑料机械产业发展的财税扶持建议，以及支持高效节能产品、扶持高端创新产品的政策建议，分别报送国家有关部委，引起了政府部门的高度重视。同年底，国家工业和信息化部专门召开了“推进中国塑料机械产业发展振兴”专题座谈会，认真听取了协会和重点企业代表的意见和建议。

2009年底至2010年初，协会分别向中国机械工业联合会和国家有关部委报送了有关资料，提出了需重点扶持的塑料机械产品目录。在上级的重视下，2010年初，我国塑料机械行业的8大类产品，被列入2010年《装备产业技术进步和技术改造投资方向目录》。同时，协会还为有关企业争取到国家用于技术进步和技术改造的专项资金，受到企业的称赞。

2010年上半年，就我国塑料机械行业是高端装备制造业的重要组成部分，并具有与战略性新兴产业紧密相联、符合科技革命方向等问题，协会又向国家科技部、工业和信息化部等有关部委提交了"关于要求将塑料机械产业作为战略性新兴产业加以培育扶持的报告"，受到了政府部门的重视。

三、积极发挥《规划》作用，为推进产业做大做强提供战略引导

战略决定成败，规划引领发展。为了充分发挥好《规划》的引导作用，自2009年5月开始，协会组织全行业在认真学习国务院制定的《规划》的基础上，提出了塑料机械行业贯彻落实《规划》的具体方案。在《方案》中，确立了行业实施《规划》的总体要求，提出了以产业结构调整和转变发展方式为主线，以塑料机械行业多种产品列入《规划》为契机，以实现重大塑料机械技术装备国产化为突破口，以研制高效节能型塑料机械为标志，以关键基础件和基础工艺创新为基础，以集成创新和产品创新为加速器，以提升产业核心竞争力为根本，以加强企业管理、着力降本增效为方略，以发挥行业协会作用为抓手，努力推进行业经济又好又快发展的工作思路，从而使全行业进一步明确了《规划》的指导思想、基本原则和目标，明确了塑料机械行业实施《规划》的基本任务和主要措施。同时，协会还积极抓好《规划》的落实工作，做好落实情况的收集和经验总结工作，做好自主创新成果的推介工作。在《规划》的鼓舞下，全行业经受住了国际金融危机的严重冲击，经受住了印度对中国注塑机反倾销调查的不利影响，取得了逆势发展的好成绩。

2009年8月初至2010年5月，协会抓住制定《塑料机械行业"十二五"发展规划》的契机，先后组织骨干企业和会员代表广泛深入地开展讨论，从而使业内企业更加明确塑料机械行业的现状和良好发展机遇，明确了"十二五"期间行业发展方向、发展目标、发展重点，坚定了做大做强产业的决心和信心。当前，在行业"十二五"规划的引导和行业目标的激励下，广大会员单位纷纷制定企业的"十二五"规划，加快了转型升级的进程，加大了自主创新的力度，并根据行业产品创新的方向，确立了企业产品创新的重点，以实际行动为"十二五"规划的启动打下扎实基础。

四、全力抓好重点工作，为推进产业做大做强增添生机活力

根据党和国家的中心工作和发展大局，结合行业的实际和会员单位的需求，与时俱进地抓好重点工作，是协会工作的一个特色。近三年来，协会坚持"四个着力"，有力地推动了行业的统筹发展和可持续发展。

1. 着力推进自主创新

科技进步和自主创新是产业做大做强的首要推动力。自2007年以来，尤其是2008年下半年以后，业内企业在经受国际金融危机洗礼之后，更加清楚地认识到，产品科技含量高、附加值高的企业受影响较小，甚至逆势发展，而产品技术含量低、附加值低的企业则受到较大冲击，甚至被淘汰出局。为此，协会抓住这个有利时机，着力推进企业自主创新。一是引导企业大幅提高科技投入，切实抓紧技术改造，着力加强科技创新工作；二是帮助企业把握科技革命的趋势，着力开展前沿技术、基础技术和核心技术的研发，努力抢占科技制高点；三是帮助企业调整科技工作思路，坚持走"专、精、特、新"的差异化创新之路；四是引导企业与北京化工大学等高校合作，继续加强产学研合作创新，不断提高创新速度和效率；五是总结宣传业内企业自主创新的先进经验和有效举措，积极推介企业新技术、新工艺和新成果。

2. 着力推进节能减排

2009 年 7、8 月期间,协会两次组织行业专家进行科学研讨和集体审定,出台了我国塑料机械行业的第一部节能技术规范《塑料注射成型机能耗检测和等级评定的规范》,并在注塑机行业正式推行该节能技术规范。2009 年 9 月 28 日,协会与国家塑料机械产品质量监督检验中心一起,组织开展了第一批注塑机生产企业能耗检测和等级评定活动。通过检测表明,业内企业在研制节能产品、提升节能技术水平方面成果突出。其中,部分企业生产的注塑机产品不仅具有节能、精密、高效等特点,而且总体技术和整机性能已达到国内先进水平,某些产品的节能技术达到了国际先进水平。在 2010 年 4 月上海举行的第 24 届中国国际塑料橡胶工业展览会上,协会又会同有关单位,组织参展企业在注塑机产品上,统一张贴由国家塑料机械产品质量监督检验中心印制的能耗等级标签与节能产品认证标签,受到了专业观众和广大客户的赞赏,也为参展企业赢得了大量订单。

3. 着力推进转型升级

加快推进产业转型升级,是时代的命题和主题,也是行业的课题和难题。2007 年以来,协会针对塑料机械产业结构、技术结构、产品结构不合理,自主创新能力不强等突出问题,抓住有利机遇,以贯彻实施《规划》为抓手,着力推进产业转型升级。协会提出了“三个五”的思路,使行业转型升级工作取得了新进展。“三个五”的思路是“五个围绕、五个升级、五个转变”,即:紧紧把握转型升级的正确方向,围绕创新力度转大、围绕发展动力转强、围绕产业结构转优、围绕产品档次转高、围绕要素支撑转活的思路,力求在重点领域取得新的突破。同时,全力推进企业和行业技术升级、工艺升级、装备升级、产品升级、产业升级等“五个升级”,全面提升产业的核心竞争力和国际竞争力。努力实现“五个转变”,即:实现由规模速度型向技术效益型转变,由价格取胜型向技术创新型转变,由成本领先型向品牌创新型转变,由以效益为中心向以客户为中心转变,由为客户提供优质产品向提供优质产品和成套优质服务转变,取得了较好效果。

4. 着力推进名牌工作

近三年来,协会积极协助中国机械工业联合会开展“中国塑机之都”和“中国螺杆之都”的申报和评审工作,宁波市被授予“中国塑机之都”称号,舟山市被授予“中国螺杆之都”称号。此外,协会还采取有力措施,积极推进名牌战略。2007 年,协会在组织行业企业开展争创名牌产品活动的同时,协助国家质量监督检验检疫总局、中国机械工业联合会,做好“中国名牌产品”的评审工作,使塑料机械产品第一次被列入“中国名牌产品”目录,第一次获得 4 块“中国名牌产品”奖牌。宁波海天塑机集团有限公司、佛山市顺德区震德塑料机械有限公司、东华机械有限公司生产的注塑机,力劲机械(深圳)有限公司生产的压铸机,分别获“中国名牌产品”殊荣。同年,宁波海天塑机集团有限公司还获得了“中国驰名商标”称号。

五、尽力抓好自身建设,为推进产业做大做强提供有力保证

为了构建学习型、服务型、创新型协会,抓好协会的自身建设,协会先后制定了秘书处办公自律守则,实施了岗位责任制;建立健全了会议、人事、财务、公文和档案等规章制度;实行了规范化、制度化、程序化管理,坚持召开秘书处工作例会,及时布置、协调和总结工作,使秘书处的工作效能不断提高。

与此同时,协会还借鉴项目化管理的理念,以立项方式确定年度工作计划,加强秘书处的工作落实,使各项工作有了“责任人”,有了完成工作项目的时间、措施和目标要求,避免了以往出现的“工作虚化”、“难以量化”以及“责任不到位”等现象,较好地提高了服务效率。

此外,协会还采取“五送五帮五个促”等措施,提升了服务水平和效果。“五送”是:通过各种方式,为会员单位和业内企业送信息、送政策、送思路、送科技、送智力。“五帮”是:利用各种渠道,帮助会员单位和业内企业树信心、拓市场、帮信贷、调结构、抓技改。“五个促”是:千方百计促进会员单位和业内企业加强产学研结合、加大科技投入、加快产品创新、加强企业管理、加强人才培训。

2010年,是两个五年规划的时空交替之年。我国塑料机械行业将以优异的成绩,为行业“十一五”发展任务画上圆满的句号。中国塑料机械工业协会由于积极实施创新服务,为推进行业又好又快发展做出了应有的贡献,从而得到了广大会员单位和行业的肯定。中国塑料机械工业协会已站在新的起跑线上,正在以不负重托的责任感、只争朝夕的使命感,书写创新服务的新篇章,决心为“十二五”规划的实施和塑料机械行业的做大做强创造新的业绩。

〔撰稿人:中国塑料机械工业协会　钱耀恩〕

可持续发展的中国塑料工业

2010年是塑料制品行业全面实现“十一五”规划目标、为“十二五”发展打好基础的重要一年。在国家《轻工业调整和振兴规划》等一系列宏观政策指引下,塑料制品行业呈现出朝阳产业的旺盛成长活力和抗风险能力。旺盛的内需和出口形势好于预期,企业逐步走出低谷,国内生产、销售增幅逐步回升,全行业已经全面恢复危机前的增长态势。

一、我国塑料制品行业蓬勃发展,成为世界塑料制品行业的增长极

进入21世纪以来,我国塑料制品行业经济总量每年以高于国家GDP的增速增长,产业规模持续扩大。2000～2005年,各项经济指标实现翻番,超额完成“十五”预期计划目标。2008年我国塑料消费量5 191.4万t(如果加上进口的707万t废塑料和260万t的塑料添加剂,实际表观塑料消费量已超过6 000万t),占世界塑料消费量2.45亿t的1/5强;人均消费46kg,超过国际人均40kg的平均消费水平。2005～2009年我国塑料消费量见图1。

1. 经济运行态势良好,发展势头看好

据国家统计局发布的第二次全国经济普查主要数据公报,2008年塑料制品行业共有9.5万个企业法人,387.4万名从业人员,主营业务收入11 362.8亿

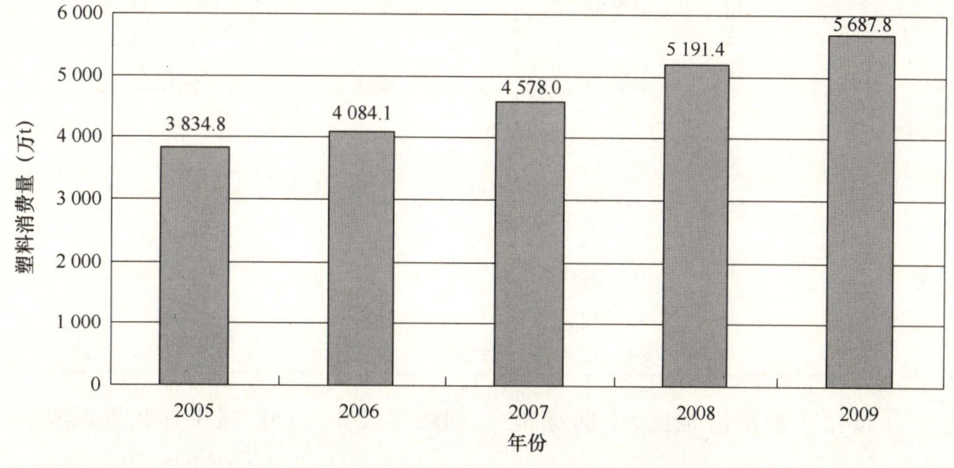

图1　2005～2009年我国塑料消费量

元，利润总额645.9亿元，主营业务收入利润率为5.7%。2008年末塑料制品行业研究与试验发展经费投入为36.1亿元，占主营业务收入的0.32%。

据国家统计局数据，2008年塑料制品行业规模以上企业16 277家，累计完成产量3 713.79万t，同比增长10.10%；实现工业总产值（当年价）9 638.36亿元，同比增长20.86%，占轻工业工业总产值93 898亿元的10.26%，居行业第三位。

2009年塑料制品规模以上汇总企业19 278家，完成工业总产值10 992.8亿元，同比增长14.1%，增幅比上年下降近7个百分点，占轻工业工业总产值107 614.5亿元的10.21%，跃居行业第二位，继续保持两位数增长态势；其中，新产品产值561.09亿元，同比增长7.77%。工业销售产值10 714.7亿元，同比增长13.12%，产销率97.47%；其中，出口交货值1 798.57亿元，同比下降4.74%。

2009年1~11月，塑料制品业企业规模较上年进一步扩大，19 192家规模以上企业平均从业人员达240万人，同比增长0.03%；完成主营业务收入9 354.79亿元，同比增长11.27%；利润总额435.48亿元，同比增长28.11%，占轻工业利润总额的8.9%，居行业第三位；利税总额685.17亿元，同比增长25.75%。2009年，我国塑料制品行业已摆脱国际金融危机的影响，生产销售恢复增长，主要经济指标大幅回升。

2. 行业生产回升到危机前增幅，呈现旺盛的发展潜力

在遭遇国际金融危机冲击最为严重的2009年，规模以上企业塑料制品产量从4月份起逐月回升，全年达4 479.28万t，同比增长10.64%。2009年我国塑料制品行业仍保持较为旺盛的市场需求和发展潜力。除其他塑料制品产量仍为负增长外，农用薄膜、塑料管材及管件、塑料条棒型材、塑料丝及编织制品、塑料包装箱及容器产品产量增幅均超过18%。其中塑料管材及管件、塑料丝及编织制品为最先摆脱国际金融危机，实现恢复增长的品种。2008年、2009年塑料制品产量及增长情况见表1。2005~2009年塑料制品产量见图2。2009年塑料制品各品种产量见图3。

表1　2008年、2009年塑料制品产量及增长情况

项　目	2008年产量（万t）	同比增长（%）	2009年产量（万t）	同比增长（%）
合计	3 713.79	10.10	4 479.28	10.64
塑料薄膜	590.10	-3.64	690.43	12.06
其中：农用薄膜	93.91	-5.66	119.34	18.39
塑料板片型材	356.91	11.86		
塑料板片材			320.26	6.37
塑料管材及管件	459.34	28.18	580.37	18.92
塑料条棒型材			160.37	19.19
塑料丝及编织制品	477.18	25.30	581.56	26.58
塑料人造革、合成革			184.82	15.17
人造革	117.54	6.68		
合成革	65.96	10.29		
泡沫塑料	170.83	3.65	187.05	15.81
塑料包装箱及容器	173.09	-1.64	274.49	20.67
日用塑料制品	408.47	12.73	544.18	8.43
其他塑料制品	894.37	7.82	955.74	-4.24

3. 企业集中分布在东南沿海地区，中西部地区企业增长迅猛

我国塑料制品行业企业分布具有明显的地域性，主要生产地区集中在我国东南沿海。2009年广东塑料制品产量1 052.32万t，同比下降0.50%，仍居全国首位；浙江811.50万t，同比增长6.60%，居

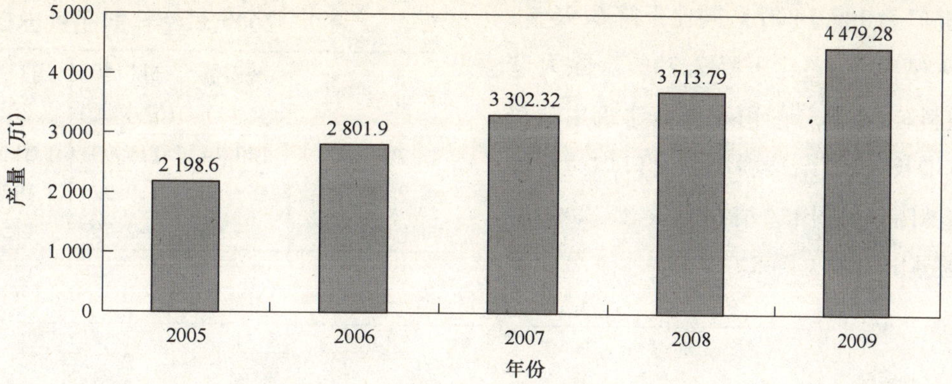

图 2　2005～2009 年塑料制品产量

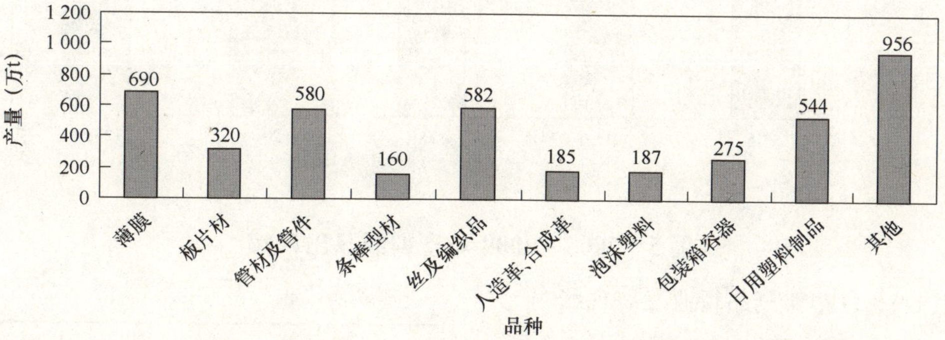

图 3　2009 年塑料制品各品种产量

第二位；山东 438.54 万 t，同比增长 12.37%，居第三位；江苏 401.40 万 t，同比增长 10.05%，居第四位；辽宁 275.21 万 t，同比增长 18.56%，居第五位。上述 5 省塑料制品合计产量2 978.97万 t，占全国塑料制品总产量的 66.51%。河北、河南、安徽、四川和福建塑料制品产量介于 140 万～160 万 t。2009 年塑料制品产量区域分布见图 4。

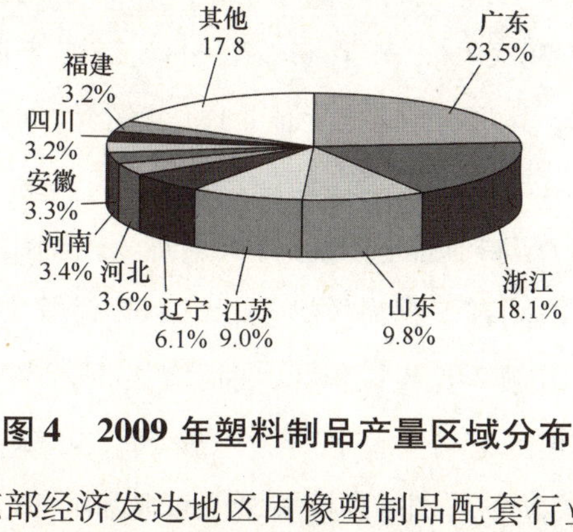

图 4　2009 年塑料制品产量区域分布

东部经济发达地区因橡塑制品配套行业发展强劲且基本成熟，塑料制品行业从规模到技术已达到一个新高度（与发达国家尚有较大差距）。近年来，随着东部劳动力和用电成本上升、土地资源紧缺，部分产业、产品逐步向中西部转移，通过市场规律逐步优化产业和产品结构以及资源配置，中西部省份塑料制品产量显示了高速增长的态势。如湖南、重庆塑料制品产量同比增长达 61%；青海、广西、四川、内蒙古同比增长分别达 49%、45%、43%和 41%，江西同比增长 31%。

4. 因国际市场需求低迷，塑料制品出口乏力，但已出现好转迹象

我国塑料制品出口量约占总产量的 1/4，产品远销海外 100 多个国家和地区，大多为日用品、餐用具和包装产品，属劳动密集型产品，附加值不高，但出口拉动生产增长效应很明显。2009 年在国际经济不景气、国外消费能力持续下降的背景下，塑料制品出口量降幅逾 15%，出口额略有下降，2010 年塑料制品出口形势仍难见明显好转。

在国家宏观经济政策强力推动和 4 万亿元投资拉动下，特别是出口退税陆续上调，为塑料制品出口带来利好。2009 年塑料制品出口量1 011.2 万 t，同比下降 15.17%；出口额 266.92 亿美元，同比

下降0.82%;进口量149.14万t,同比下降5.96%;进口额115.99亿美元,同比下降2.79%。除人造革、合成革、塑料鞋、小部分门窗和其他建筑用塑料制品出口略有增长外,其余塑料制品出口均为负增长。2009年塑料制品进出口情况见表2。2005~2009年塑料制品出口额见图5。

表2　2009年塑料制品进出口情况

项　　目	进口量(万t)	进口额(亿美元)	出口量(万t)	出口额(亿美元)
2009年	149.14	115.99	1 011.2	266.92
2008年	158.60	119.32	1 192.1	269.14
同比增长(%)	-5.96	-2.79	-15.17	-0.82

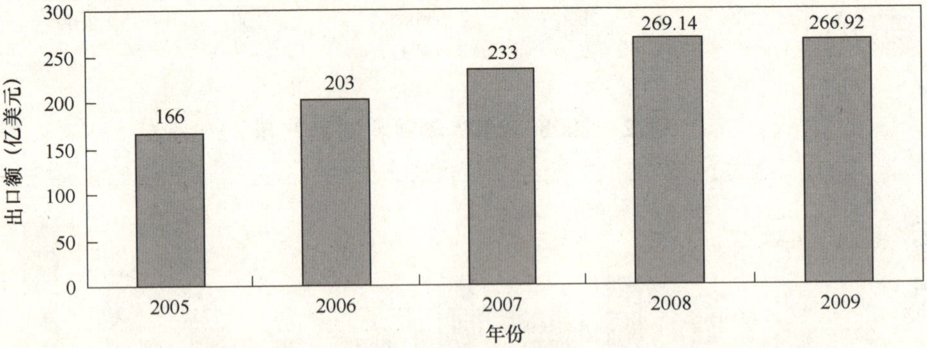

图5　2005~2009年塑料制品出口额

5. 2010年1~8月塑料制品行业发展现状

(1)国内外日常需求强劲拉动,塑料制品生产稳步增长。2010年,在国家宏观经济政策引导下,我国经济保持旺盛的发展势头,与工业发达国家经济持续低迷形成鲜明对比。1~8月塑料制品产量为3 501.4万t,同比增长20.05%,生产销售增长强劲,市场前景看好,扭转了国际金融危机带来的颓势。塑料管材、塑料丝及编织制品产量同比分别增长28.51%、26.60%,增幅居各子行业产品领先地位;农用薄膜、人造革、合成革、塑料包装箱及容器、日用塑料以及其他塑料制品增幅均在20%以上,增幅也高于2007年、2006年的同期。可以看出,2010年塑料制品行业将有出色表现,塑料制品产量将达5 300万t,同比增长将超过20%,远高于2008年、2009年增幅。2010年1~8月塑料制品产量及增长情况见表3。

表3　2010年1~8月塑料制品产量及增长情况

项　　目	2010年1~8月产量	同比增长(%)
塑料制品	3 501.44	20.05
塑料薄膜	487.34	11.25
其中:农用薄膜	95.25	21.40
塑料板片材	239.56	16.53
塑料管材及管件	483.36	28.51
塑料条棒型材	114.03	7.69

(2)行业经济运行表现良好,主要经济指标成长性看好。2010年1~7月,20 030家规模以上企业完成工业总产值7 480.4亿元,同比增长29.63%。其中,新产品产值335.1亿元,同比增长33.25%。工业销售产值(当年价)7 329.3亿元,同比增长30.69%,产销率97.98%,7月产销率达99.31%,其中,出口交货值1 181.4亿元,同比增长27.18%;出口占销售产值的比重为16.12%。

(3)塑料制品进出口持续增加,走出国际金融危机后的阴霾。据海关数据,2010年1~7月,塑料制品出口额246.8亿美元,同比增长36.26%,呈持续稳定增长态势。塑料板、片、膜、带、丝、条和棒等半成品,塑料零件,塑料墙纸及铺地制品以及建筑塑料制品,塑料餐具及厨房用具出口额同比增长均超过40%,人造革、合成革出口额同比增长达60%。日用塑料制品仍是出口主力,出口额达

112.5亿美元，同比增长32.03%，占出口总额的45.6%。其中，塑料鞋及塑料鞋底、鞋跟出口量达108.9万t，同比增长27.90%；出口额67.2亿美元，同比增长34.87%，占出口总额的27.2%。建筑塑料制品出口量87.05万t，同比增长37.78%；出口额12.6亿美元，同比增长40.38%，占出口总额的5.1%。

2010年1~7月，塑料制品进口总额为91.7亿美元，同比增长56.34%。其中，塑料板、片、膜、箔、带及扁条进口额53.54亿美元，同比增长73.22%，占进口总额的58.4%；进口量63.92万t，同比增长46.60%。居第二位的是其他塑料制品，进口额15.58亿美元，同比增长32.98%。居第三位的是塑料包装箱和容器及其附件，进口额7.31亿美元，同比增长35.29%。

(4)塑料制品行业经济形势总体看好，四季度产量将大幅稳定增长。2010年塑料制品行业总产值将突破1.25万亿元，同比增长13.7%；出口超过350亿美元，同比增长超30%。在国家宏观政策引导下，广东、浙江企业对新材料、新工艺、新装备投入将进一步加大，新产品不断推出，产品结构进一步优化，同时产业向中西部转移趋势更加明显，四季度塑料制品行业产品产量将大幅稳定增长。

(5)塑料制品应用领域越来越广泛，建筑塑料制品大有可为。当前，城市化和全球化已成为社会发展总趋势。城市化与能源、交通运输、城镇建设和房地产等行业的发展联系紧密，而未来这些行业塑料制品的应用越来越广泛，将成为拉动全球塑料制品需求增长的主要领域。我国塑料制品行业已经形成完整的配套体系，技术水平、加工能力与发达国家差距越来越小。日用塑料制品行销全球，塑料改性材料、工程塑料、塑料合金在汽车、飞机、高速铁路、电子电器等高端领域的用量持续扩大，塑料制品消费已从以往的吃、穿、用领域逐步向住、行、学等高端领域过渡。随着城镇建设步伐加快，塑料异型材门窗应用前景广阔，发展潜力巨大。高端塑料制品企业和出口型企业发展势头强劲，产销和效益前景看好。塑料作为21世纪的重要材料，存在巨大的发展空间。

二、子行业蓬勃发展，产品应用领域拓宽

中国塑料加工协会根据产品品种和用途不同，将塑料制品行业划分为众多子行业，并申请批准设立了33个专业委员会。各专业委员会研究行业状况，分析经济运行态势，积极拓展服务领域，服务和指导子行业发展。当前，各子行业的主要任务是，真正把保持塑料加工行业平稳较快发展和加快生产方式转变有机统一起来，在发展中促转变，在转变中谋发展，确保行业经济平稳较快增长；推进企业节能减排，培育以低能耗、低污染、低排放为基础的低碳经济模式；增强品牌企业实力，提高产业集中度；提高自主创新能力，推进关键技术创新与产业化发展；加大研发投入，加快技术改造，提升行业总体科技水平。

1. 塑料建材制品应用领域广阔，产业集中度逐年提升

塑料建材制品包括塑料管道管件、型材、板片材、保温隔热材料、土工材料、塑木材料、屋顶覆盖材料以及室内装饰材料等。随着我国基础建设投资持续高速增长，特别是在国家4万亿元投资拉动内需政策刺激下，塑料建筑制品产量保持较高增幅增长。塑料建材尤其是塑料管材、异型材及门窗产品，质量不断提升，新产品不断推出，应用领域不断扩展，产业聚集度高，集群化、规模化明星企业不断涌现，形成系列化、多样化、规模化生产体系。其中塑料管道、型材与门窗、保温隔热材料等已成为建筑领域、市政工程应用的主力产品，发展前景看好，应用领域不断扩大。

(1)塑料管材。塑料管道已普及应用到建筑给水排水，建筑供暖，城市燃气输送，农村沼气输送，城镇自来水，市政排水、排污，农村人畜饮水工程改造，农业灌、排，电力，通信，矿山，工业等诸多领域。据国家统计局数据，2009年规模以上企业塑料管材及管件产量580.37万t，同比增长18.92%。2010年国家建材下乡扶持政策必将塑料建材制品应用

领域继续扩大，使塑料建材制品造福于人类。

当前，塑料管道行业加工能力已超过 800 万 t，产业集中度高，规模企业数量多，生产能力 1 万 t 以上的企业超过 100 家，其中近 20 家企业的生产能力已达到和超过 10 万 t。可见，在全球金融危机影响下，塑料制品行业虽有多个品种受到影响，但是塑料管道产品生产、销售仍然大幅增长，市场需求旺盛。

（2）塑料异型材门窗。30 年来，塑料异型材门窗企业从无到有、从少到多，形成了一个规模庞大、配套齐全的新兴低碳经济规模性产业集群。塑料异型材年需求 PVC 树脂约 350 万 t 以上，约占我国 PVC 树脂总产量的 40%。2009 年，我国塑料异型材企业共拥有各种型号的挤出设备生产线13 000 条左右，总生产能力 800 万 t 左右。各类塑料异型材产量 500 万 t 左右（约含 50 万 t 非门窗用异型材），门窗加工制造能力可达 7 亿m^2/a，应用量超过 5 亿m^2/a，总产值1 000亿元以上。塑料门窗（按平方米计）约占市场门窗年需求总量的 38%。

飞速发展的塑料异型材及门窗制品行业，大大推动了我国化学建材产品应用的步伐，为节省能源、节约资源，减少二氧化碳、二氧化硫等有害气体排放，以及加快经济建设做出了巨大贡献，为提高和改善民居质量和民居环境发挥了巨大作用。2009 年按生产加工 450 万 t 门窗用塑料型材计算，可生产加工塑料门窗 5 亿 m^2，如全部替代铝合金型材，仅制造过程全年就可节电 400 多亿kW · h。

塑料建材制品下乡的惠农措施，对于控制和整体提升产品质量，促进行业健康发展；促进产能合理布局和均衡良性发展；促进高科技、节能产品的研发与应用，加速行业整合；促进市场秩序的良性转变；抑制非节能环保建材的无序扩张等，可产生久远效应；同时可推动化工原材料、机械设备、模具、五金配件等产业链相关产业的良性发展和结构调整。

2. 塑料包装品需求稳步增长，市场占有份额持续扩大

塑料包装品技术水平和现代化程度是人民生活质量高低及国民经济发展水平的具体体现。随着市场与客户需求变化，塑料中空容器、软包装薄膜、复合膜、塑料编织制品和泡沫塑料等包装产品不断更新换代，产品结构逐步优化，趋于合理。

据国家统计局数据，2009 年规模以上企业塑料薄膜产量 690.43 万 t，同比增长 12.06%，完全转变了 2008 年负增长的颓势。尤其是农用薄膜同比增长 18.39%，为 21 世纪以来增幅最高，凸显随着我国农产品科技投入提升、产量逐年增加，对农用薄膜需求旺盛，农用塑料制品为农民增产增收发挥着重要作用，国家支持农业发展的宏观政策取得成效。2009 年塑料包装材料主要产品产量（估算）见表 4。

表 4　2009 年塑料包装材料主要产品产量（估算）

项　　目	2008 年产量（万 t）	2009 年产量（万 t）	同比增长（%）
合计	1 840.80	2 285.14	24.14
软包装薄膜	780.80	825.14	5.68
其中：BOPP	195.80	221.21	12.98
BOPET	54.25	71.71	32.18
BOPA	3.77	4.87	29.18
CPP	36.98	52.35	41.56
缠绕膜	40	50	25.00
塑料购物袋	250	180	-28.00
复合膜（袋）	150	180	20.00
多层共挤包装膜	50	65	30.00
塑编制品	500	710	42.00
包装容器	450	550	22.22
泡沫包装材料	60	120	100.00
包装片材	50	80	60.00

我国有塑编企业7 300多家，从业人数 40 余万人，拥有各种型号圆织机约 22 万台，年生产能力约 880 万 t。2009 年规模以上企业塑料丝及编织制品产量达 581.56 万 t，同比增长 26.58%，占全国塑料制品总产量的 13%，是除塑料薄膜之外的第二大塑料包装品种。自 2005 年以来，塑编产品每年增长幅度 23.83% ~31.51%，保持高速发展态势，通过市场细分和不断拓展新的应用领域取得显著成效，

即使国际金融危机期间也以较快速度增长。

泡沫塑料和塑料包装箱及容器的增幅类似于薄膜，产量分别达 187.05 万 t、274.50 万 t，同比增长 15.81% 和 20.67%，改变了 2008 年各月低增长和负增长的态势，在国际金融危机大潮中逆势而起，取得不俗业绩。

塑料中空制品行业呈现较大的进步。新原料、新技术、新设备层出不穷，产品更新快。产品结构从单一小型包装桶、瓶向多品种、多样化、大型化、功能化方面迅速发展。饮料、啤酒、矿泉水、药品、化工、日用化妆品和汽车等行业市场持续增长，促进了塑料中空制品的发展。据有关数据，2009 年，全国塑料中空制品（塑料瓶、塑料桶、塑料箱和塑料托盘等）总产量超过 500 万 t。2009 年规模以上企业塑料包装箱及容器产量为 274.49 万 t，同比增长 20.67%，为近年来最高值。

我国托盘年用量超过 9 亿个，年增长保持 15% 以上。塑料托盘和塑木复合托盘具有节约木材、防虫害（光肩天牛虫）、耐水耐潮、耐气候腐蚀、强度高、弹性好、可反复使用等特点，可实现连续化高效生产，比传统木制托盘周转率提高 3～5 倍，优势突出。当前国内年需求量约2 000万个，具有广阔发展空间。

我国吹膜、复合、彩印、制袋行业规模越来越大，2009 年各种功能性薄膜的产量约 165 万 t，主要包括耐蒸煮、抗静电、高阻隔、抗菌和纳米等薄膜。全国具有一定规模的软包装彩印企业超过万家，其中年销售额 1 亿～3 亿元的企业 68 家，3 亿元以上的企业 25 家，软包装彩印行业总规模在全球处于第一位。功能性塑料包装薄膜市场方兴未艾，引领市场新潮流。随着软包装行业装备水平的不断提高，塑料包装薄膜向功能化发展的趋势日渐明显，高性能、高阻隔性、高技术含量的塑料包装复合薄膜正成为许多企业的研发目标和支柱产品，从而提高了企业的技术水平，提高了经济效益，增强了市场竞争力。

3. 人造革、合成革新兴产业聚集发展

人造革、合成革行业在 20 世纪 80～90 年代发展最为迅速，以年均 15% 以上的速度增长。生产厂家约有2 400家，生产线7 200多条，较大的生产线1 000多条，生产能力 40 亿m^2/a以上。据预测，人造革、合成革年总需求量为 150 万 t，超细纤维合成革及高物性合成革等高档合成革年需求合计为 10.5 亿 m^2。截至 2006 年，我国人造革、合成革产量已占世界总产量的2/3，而我国周边 10 个亚洲国家和地区的合计产量仅占世界总量的 17%，仅为我国产量的1/4。人造革、合成革行业是国民经济新兴产业，产品的透湿、透气等物理性能及力学性能可与天然皮革相媲美，产品综合性能优于天然皮革，成为日常消费的必需品和工农业、交通、文化体育等行业不可缺少的生产资料。2006～2009 年人造革、合成革实际使用量见表 5。2006～2009 年人造革、合成革进出口情况见表 6。

表 5　2006～2009 年人造革、合成革实际使用量　（单位：亿 m^2）

项　目	2006 年	2007 年	2008 年	2009 年
人造革、合成革	18.93	21.27	23.42	25.64
其中：超细纤维 PU 革	0.28	0.34	0.45	0.70
鞋用人造革、合成革	6.71	7.93	8.88	9.82
其中：超细纤维 PU 革	0.12	0.13	0.18	0.32
服装用人造革、合成革	1.00	1.14	1.43	2.34
其中：超细纤维 PU 革	0.02	0.03	0.04	0.05
球用人造革、合成革	0.43	0.46	0.51	0.57
其中：超细纤维 PU 革	0.01	0.01	0.02	0.03

（续）

项　目	2006 年	2007 年	2008 年	2009 年
箱包用人造革、合成革	3.64	3.86	4.09	3.90
其中：超细纤维 PU 革	0.01	0.02	0.02	0.05
汽车内饰用人造革、合成革	1.00	1.18	1.25	1.80
其中：超细纤维 PU 革	0.01	0.01	0.02	0.04
家具用人造革、合成革面料	1.96	2.14	2.31	2.36
家具用人造革、合成革背料	3.07	3.21	3.47	3.27
其中：超细纤维 PU 革	0.06	0.08	0.09	0.12
家居、公用设施装饰用人造革、合成革	1.12	1.35	1.48	1.58
其中：超细纤维 PU 革	0.05	0.06	0.08	0.09

表 6　2006～2009 年人造革、合成革进出口情况

年份	出口		进口	
	金额（万美元）	单价（美元/t）	金额（万美元）	单价（美元/t）
2006	78 316.8	3 155.30	57 002.7	6 295.06
2007	99 601.1	3 387.78	55 621.5	7 014.06
2008	122 173.7	3 472.39	54 422.6	7 412.08
2009	131 201.2	3 494.12	55 324.1	7 432.10

人造革、合成革生产环境治理水平大大提高，全行业 DMF 回收装置安装率已达 100%，实现了清洁生产。人造革、合成革生产环境、清洁生产两个行业标准在国家和地方标准基础上进行了修订，提高了数值级。这些充分反映了行业的环境保护已标准化和科技化。

人造革、合成革行业推进名牌战略，带动了产业升级，行业已成为高技术较为集中的一个领域，且聚集发展态势凸显。当前已形成以温州“中国合成革之都”为核心的若干个基地，广东高明、浙江义乌、江苏江阴、河北白沟和福建晋江等若干产业聚集地的企业已经占规模以上企业的 80%。大型骨干企业的研发中心与基地，发挥了技术创新领头羊作用，不仅成为产业的重要研发基地，而且产业链不断延伸走强，逐步形成大型特大型的制造基地，推动了产业迅猛发展。

超细纤维 PU 革是新一代合成革产品，具有天然皮革内部结构特征，已经达到世界一流的品质。超细型、生态型、功能性、时尚化的高档合成革，具有透气透湿、质感柔软、耐老化、色泽时尚等特性；功能性合成革具有抗静电、阻燃、抗菌防臭、防紫外线等特性，广泛用于服装、高档鞋材、箱包、体育器材、汽车内饰、卫生环保等领域，产品得到迅速发展。随着技术进步加快，高端人造革、合成革产品已经成为行业主流产品。

4. 降解塑料优势显现，产业发展日渐成熟

在当今全球石油资源供给日益紧张，以石油为原料的合成塑料引发的环境问题日益突出的形势下，生物基和降解塑料市场需求量正在迅速增长。2009 年 12 月的哥本哈根会议，“低碳经济”成为人们热议的焦点，以可再生资源为原料制造的生物基材料更是受到了全世界的关注，成为塑料大家族中发展的热点。

降解塑料在利用可再生能源，替代石化资源，减少二氧化碳排放，防治温室效应，促进环境保护，减少白色污染，部分解决三农问题，突破贸易壁垒，改善企业、行业形象等方面发挥重要作用，是塑料工业可持续发展的重要组成部分。

当前，生物降解材料主要有天然高分子材料制品、二氧化碳共聚物、聚羟基脂肪酸酯（包括 PHB 和 PHBV 等）、聚乳酸、聚己内酯、聚丁二酸丁二醇酯等。2009 年从事生物降解塑料生产的企业 180 多家，生产能力约 10 万 t/a，实际生产约 5 万 t。预

计2015年产能将达到50万t左右。

今后,要加大生物基生物降解塑料原料的生产,加强成型加工技术的研发,扩大天然高分子材料的生产规模,以满足不断增长的需求。鼓励以非粮原料生物合成聚乳酸、聚羟基烷酸酯等生物基降解塑料,扩大其他化学合成生物降解塑料产能,提高淀粉基塑料等材料的共混加工技术水平,促使我国降解塑料的生产和应用处于国际领先地位。

5. 塑料再生资源利用产业化水平不断提升

随着塑料制品的大量使用,防止废塑料污染环境和安全处理问题始终是困扰人们的一个难题。迄今为止,解决塑料废弃物的最好出路是物理机械式再生利用,对不易物理分类的混合废塑料进行化学裂解回收单体材料或者焚烧回收能量。

我国废塑料来源可分为进口废塑料和国内回收废塑料两部分,且这两部分并没有明晰的分界线,已形成一个有机整体。2008年进口废塑料707.5万t,比上年增长3.36%。2009年进口量为732.58万t,同比增长3.55%,略高于2008年的进口水平。2005~2009年废塑料进口量见表7。

表7　2005~2009年废塑料进口量　　(单位:t)

项　目	2005年	2006年	2007年	2008年	2009年
PE废料	1 323 844	1 739 118	2 132 080	2 143 990	2 206 215
PS废料	380 711	236 520	188 890	96 984	137 126
PVC废料	906 530	1 174 925	1 076 448	1 829 165	1 969 417
聚酯废料	667 063	754 596	1 043 448	1 060 420	1 360 979
其他废塑料	1 678 380	1 959 337	2 043 859	1 944 114	1 652 073
废塑料总量	4 956 528	5 864 496	6 484 725	7 074 673	7 325 810
比上年增长(%)	21.02	18.31	10.58	9.10	3.55

注:数据来源于海关。

国内从事塑料回收再生的小企业至少有2万家,大中型企业不多。在全国有几十个类似的废塑料专业市场,一般由200~500家、1 000家、2 000家、3 000家数量不等的企业构成,分布在全国各地。其特点是加工交易集约化,配套加工一体化,专业细化,分工明确,其竞争力和走向完全市场化,发展迅猛,具有强大生命力。在短短不到10年的时间内,其产值由2000年的20亿元左右发展到2007年的1 000亿元左右。废塑料再生利用正在由低质量、高能耗向高质量、低能耗、多品种、精细分类和高技术的方向发展,再生塑料回收再利用加工交易市场逐步走向规范经营,产业聚集度提高,规模化发展条件日渐成熟。

6. 塑料助剂消费量逐年递增,功能助剂发展前景可喜

我国塑料助剂行业是随聚氯乙烯行业的发展而发展起来的。随着其他合成树脂行业的发展,塑料助剂行业的配套领域不断拓宽,产品品种有了较大幅度的增加,塑料助剂行业已成为门类比较齐全、产品品种繁多的重要行业,在技术水平、产品结构、生产规模和科技人员的素质等方面均有长足的进步,基本满足了下游行业对塑料助剂产品的需求。2008年塑料助剂的消费量为273万t,2009年达到343万t。2009年我国塑料助剂产量及表观消费量见表8。

表8　2009年我国塑料助剂产量及表观消费量

品　种	产能(万t/a)	产量(万t)	表观消费量(万t)
合计	502.4	313.3	342.8
增塑剂	280.0	150.0	180.0
阻燃剂	50.0	38.0	36.0
热稳定剂	48.0	36.0	37.0

（续）

品　种	产能（万 t/a）	产量（万 t）	表观消费量（万 t）
冲击改性剂与加工改良剂	32.0	21.0	22.0
润滑剂	18.0	13.0	13.0
发泡剂	24.0	17.0	15.0
抗氧剂	5.2	3.9	3.5
抗静电剂	1.2	0.9	1.0
防雾滴剂	0.5	0.3	0.4
光稳定剂	1.5	1.2	0.9
其他	42.0	32.0	34.0

随着国家调整宏观经济政策与产业振兴规划的实施和落实，扩内需保增长成为当前经济工作的重点，塑料助剂行业将会保持平稳较快的增长势头。根据中国塑料工业协会助剂专业委员会的调研分析，由于国内外消费需求和消费量减少，2009 年抗氧剂、光稳定剂的产销量继续走低。2010 年上半年的产销量估计基本维持在 2009 年下半年的水平；2010 年下半年，市场需求开始增加，国内抗氧剂、光稳定剂企业的月平均产销量可以达到 2008 年 9 ~ 12 月的水平。2011 年上半年，国内抗氧剂、光稳定剂企业的月平均产销量可以恢复到 2008 年 1 ~ 6 月的水平；2011 年下半年，国内抗氧剂、光稳定剂企业的月平均产销量开始增加，预计增幅为 10% 左右。估计 2009 ~ 2011 年各品种塑料助剂表观消费量将逐年增加。2008 ~ 2011 年塑料助剂消费量见表 9。

表 9　2008 ~ 2011 年塑料助剂消费量　　（单位：万 t）

品　种	2008 年	2009 年	2010 年估计	2011 年预计
合计	273.3	282.1	300.5	321.9
增塑剂	169.3	170.0	180.0	190.0
阻燃剂	24.0	28.0	30.0	32.0
热稳定剂	32.0	32.6	33.3	35.0
冲击改性剂与加工改良剂	18.0	19.0	20.5	23.5
润滑剂	10.0	11.0	12.0	13.0
发泡剂	12.0	14.0	16.5	19.0
抗氧剂	3.0	2.3	2.6	3.2
抗静电剂	0.7	0.7	0.8	1.0
防雾滴剂	0.3	0.4	0.4	0.4
光稳定剂	0.6	0.5	0.6	0.7
偶联剂	1.0	1.1	1.1	1.6
其他	2.4	2.5	2.7	2.9

公安部制定的《公共场所阻燃制品及组件燃烧性能要求和标识》（GB20286—2006）公布实施以来，对塑料制品阻燃性能提出了更高要求，也促进了阻燃剂技术的发展。近期有两家生产无机阻燃剂的厂家投产，新增产能 4 万 t，同比增长 16.7%。据预测，未来三年热稳定剂产量总体呈增长态势，但同比增幅低于前三年，约 2%。

当前，我国助剂生产单位大多是中小企业，和发达国家的塑料助剂企业相比，工艺水平、技术装备和技术力量相对落后。塑料助剂行业产品品种多为 PVC 等通用塑料加工用的通用型中低档产品，用于工程塑料的助剂品种少、产量低。随着世界各国对人类健康和环境保护意识的不断增强，近年来陆续出台了一系列指令和法规，如欧盟的《关于废旧电气电子设备的指令（WEEE 指令）》、《关于在电气电子设备中禁止使用某些有害物质的指令（RoHS 指令）》、《关于化学品注册、评估、许可和限制制度（REACH 法规）》以及我国的《电子信息产品污染控制管理办法》等。这些指令和法规对塑料助剂行业产生了很大的影响，因此，应加快技术创新步伐，积极发展“绿色、环保、无毒、高效”的塑料助剂产品。

近年来，塑料助剂行业大部分企业根据市场需求，积极开发新产品，革新工艺，提高产品质量，适应经济发展对企业提出的要求。增塑剂行业积极开发环氧大豆油、柠檬酸酯类、偏苯三酸酯类产品替代对健康有害的邻苯二甲酸酯类增塑剂。阻燃剂行业增加了无机阻燃剂和磷氮类阻燃剂的产能、产量，逐年减少含卤阻燃剂的生产，大幅度降低多溴联苯类阻燃剂的销售。热稳定剂行业逐步减少铅盐稳定剂的销量，快速发展符合环保要求的钙锌稳定剂及β－二酮、水滑石类化合物等辅助热稳定剂，具有中国特色的稀土类热稳定剂也得到了长足的发展。抗氧剂、光稳定剂行业的技术水平与国外的差距逐步缩小，通用型塑料抗氧剂、光稳定剂已基本满足国内需求；专用型抗氧剂、光稳定剂也已有一些品种投入生产。

塑料助剂行业的所有企业要加倍重视技术创新工作，要积极开发优质高效、符合健康和环保要求的新产品，满足市场对塑料助剂产品的需求；要加大技术创新的投入，重视技术人才的引进与培养，加强与大专院校和科研院所的合作，跟踪国内外同行业的技术发展趋势，加强各种形式的技术交流，努力开发拥有自主知识产权的产品和专有技术，提高行业的技术水平和自主技术创新能力。

三、塑料机械行业概况

1. 塑料机械行业经济运行情况

我国塑料机械设备因其性价比高而畅销海内外，出口量几乎占产量的一半，在发展中国家市场占有相当大份额，美誉度较高。据国家统计局数据，2009 年我国塑料机械在国际金融危机影响下出口受阻，生产大幅下滑，塑料加工专用设备产量 204 989台，同比下降19.03%。出口量31 854台，同比下降 20.17%；出口额 7.6 亿美元，同比下降27.11%。进口量8 315台，同比下降 43.81%；进口额 12.62 亿美元，同比下降 35.45%。2009 年塑料机械行业主要经济指标见表 10。2008～2009 年塑料机械市场容量（未包含零件）见表 11。

表 10　2009 年塑料机械行业主要经济指标

指标名称	2009 年	同比增长（%）
企业数（家）	521	
工业总产值（亿元）	258.48	-2.90
工业销售产值（亿元）	250.85	-0.18
出口交货值（亿元）	36.46	-33.91
新产品产值（亿元）	32.62	8.40
产销率（%）	97.43	2.65

注：根据国家统计局和海关数据统计。

表 11　2008～2009 年塑料机械市场容量（未包含零件）

年　份	国内塑料机械市场容量（亿元）	进口设备（亿元）	国产设备（亿元）	进口设备占比（%）	国产设备占比（%）
2008	348.67	179.51	169.16	51.48	48.52
2009	292.33	86.18	206.15	29.48	70.52

注：根据国家统计局和海关数据统计。

受国际金融危机和印度对我国注塑机产品反倾销的双重冲击，2009 年，虽然我国塑料机械行业工业总产值和工业销售产值同比小幅下降，但进入第四季度以后，行业工业总产值、销售产值、新产品产值均已实现高速增长，特别是 2009 年 12 月的各项指标无论是同比还是环比均以超过 20% 的速度增长，塑料机械行业全年经济运行呈现“V”形走势。其中，新产品产值 12 月份同比增长 170.76%，环比增长 72.8%；12 月份出口交货值同比增长率也已由负增长转为正增长 23.15%，环比增长 22.73%；国内塑料机械市场的国产设备价值量占有率由 2008 年的 48.52% 快速提升至 70.52%。全行业同心同力、共应危机取得了初步成效，同时为 2010 年实现又好又快地发展奠定了坚实基础。

随着航空航天、国防、石油化工、交通运输、电子电器及信息等国民经济重要产业的调整升级，塑料机械市场容量将进一步增加，自主创新、节能环保的国产设备国内市场占有率将进一步提高。此外，微成型精密加工技术、双拉设备国产化技术、电磁节能装置等均进入研发和应用阶段。

2. 塑料机械进出口情况

（1）塑料机械产品进出口。2009 年，我国塑料机械产品进出口逐月贸易均处逆差状态。尽管出口量是进口量的 3.8 倍，但出口额仅为进口额的 60.1%；出口塑料机械设备平均单价 2.38 万美元/台，进口塑料机械设备平均单价 15.02 万美元/台，进口设备平均单价约为出口的 6.31 倍。2009 年塑料机械产品进出口情况（未包含零件）见表 12。

表 12　2009 年塑料机械产品进出口情况（未包含零件）

月份	进口		出口		贸易逆差金额（万美元）
	进口量（台）	进口额（万美元）	出口量（台）	出口额（万美元）	
合计	8 400	126 185.70	31 875	75 862.89	50 322.81
1	510	12 176.90	2 562	7 461.11	4 715.79
2	415	10 144.36	1 346	4 282.73	5 861.63
3	477	11 953.45	2 348	5 261.73	6 691.72
4	649	11 335.20	2 231	5 568.91	5 766.29
5	547	10 384.01	2 084	4 896.48	5 487.53
6	938	9 422.92	2 676	5 186.05	4 236.87
7	770	9 650.63	2 849	7 153.27	2 497.36
8	703	8 610.51	3 171	6 632.00	1 978.51
9	964	12 179.94	2 854	7 231.48	4 948.46
10	747	7 510.98	2 696	5 927.10	1 583.88
11	738	9 473.92	2 953	7 318.26	2 155.66
12	942	13 342.88	4 105	8 943.77	4 399.11

注：数据来源于中国海关。

（2）塑料机械产品按税号进出口情况。2009 年，注塑机在我国塑料机械产品进出口贸易中的进出口数量和金额均居首位。其中注塑机进口量 5 274 台，占同期塑料机械设备进口总量的 63.43%；进口额52 035.38万美元，占同期塑料机械设备进口总额的 41.24%；注塑机出口量10 989台，占同期塑料机械设备出口总量的 34.5%；出口额 35 880.29万美元，占同期塑料机械设备出口总额的 47.21%。2009 年塑料机械产品按税号进出口情况（未包含零件）见表 13。

表 13　2009 年塑料机械产品按税号进出口情况（未包含零件）

税号	名　称	进口				出口			
		进口量（台）	进口量占比（%）	进口额（万美元）	进口额占比（%）	出口量（台）	出口量占比（%）	出口额（万美元）	出口额占比（%）
	合计	8 315	100.00	126 166.71	100.00	31 854	100.00	75 993.73	100.00
84771010	注塑机	5 274	63.43	52 035.38	41.24	10 989	34.50	35 880.29	47.21
84771090	其他注射机	368	4.43	5 521.27	4.38	480	1.51	1 115.31	1.47
84772010	塑料造粒机	128	1.54	12 434.10	9.86	2 377	7.46	2 722.16	3.58
84772090	其他挤出机	742	8.92	18 894.65	14.98	3 716	11.67	14 330.89	18.86
84773000	吹塑机	234	2.81	17 931.04	14.21	6 767	21.24	10 970.21	14.44

（续）

税号	名　　称	进口				出口			
		进口量（台）	进口量占比（%）	进口额（万美元）	进口额占比（%）	出口量（台）	出口量占比（%）	出口额（万美元）	出口额占比（%）
84774010	塑料中空成型机	71	0.85	1 795.33	1.42	2 553	8.01	1 990.32	2.62
84774020	塑料压延成型机	125	1.50	2 898.38	2.30	955	3.00	983.37	1.29
84774090	其他真空模塑机及其他热成型机器	715	8.60	6 172.48	4.89	1 642	5.15	3 509.03	4.62
84775900	其他模塑或成型机器	658	7.91	8 484.08	6.72	2 375	7.46	4 492.15	5.91

注：数据来源于中国海关。表中数据由于四舍五入，合计数有微小出入。

（3）我国塑料机械产品进出口地域。2009年，我国从塑料机械进口源排名前10位的国家和地区进口的塑料机械占同期塑料机械进口总量的93.29%，进口额占同期塑料机械进口总额的95.5%。按洲际统计，2009年从亚洲进口的塑料机械设备金额占同期塑料机械设备进口总额的49.43%，从欧洲进口的塑料机械设备金额占同期塑料机械进口总额的45.27%。

2009年，我国塑料机械产品的出口地主要分布在亚非拉发展中国家和地区，出口至亚洲、非洲和拉丁美洲的塑料机械设备金额占同期塑料机械设备出口总额的84.07%。我国出口欧洲发达国家的塑料机械设备金额占总出口额的12.39%，按洲际排第三。2009年塑料机械产品进口排名前10位的国家和地区（未包含零件）见表14。2009年塑料机械产品进口额洲际分布（未包含零件）见图6。2009年我国塑料机械产品出口排名前10位的国家（未包含零件）见表15。2009年我国塑料机械产品出口额洲际分布（未包含零件）见图7。

表14　2009年塑料机械产品进口排名前10位的国家和地区（未包含零件）

排序	国家（地区）	进口量（台）	进口额（万美元）
1	日本	3 492	42 318.90
2	德国	831	37 270.88
3	中国台湾	1 868	11 068.98
4	意大利	185	7 389.94
5	韩国	693	6 087.30
6	美国	398	4 166.98
7	法国	53	3 688.55
8	瑞士	67	3 289.86
9	奥地利	138	2 822.63
10	加拿大	32	2 387.95

注：数据来源于中国海关。

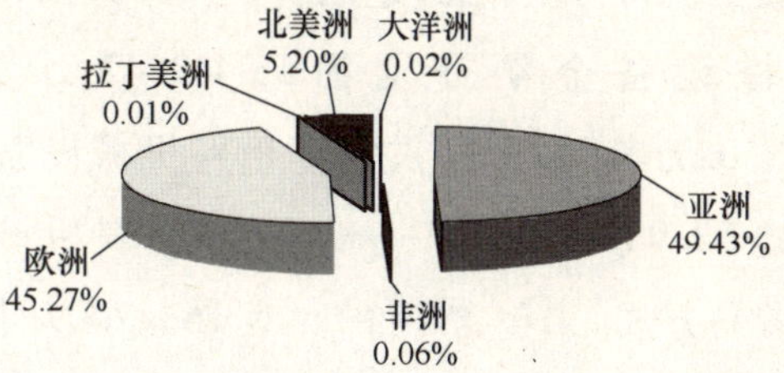

注：数据来源于中国海关。图中数据由于四舍五入，合计数有微小出入。

图6　2009年塑料机械产品进口额洲际分布（未包含零件）

表15　2009年我国塑料机械产品出口排名前10位的国家（未包含零件）

序号	国家	出口量（台）	出口额（万美元）
1	巴西	1 497	4 664.31
2	越南	2 023	4 443.53
3	伊朗	1 457	4 280.15
4	印度	1 284	4 196.11
5	泰国	917	3 878.97
6	印度尼西亚	1 676	3 582.43
7	马来西亚	1 340	3 148.59
8	土耳其	661	3 060.43
9	俄罗斯	947	2 374.82
10	埃及	691	2 019.80

注：数据来源于中国海关。

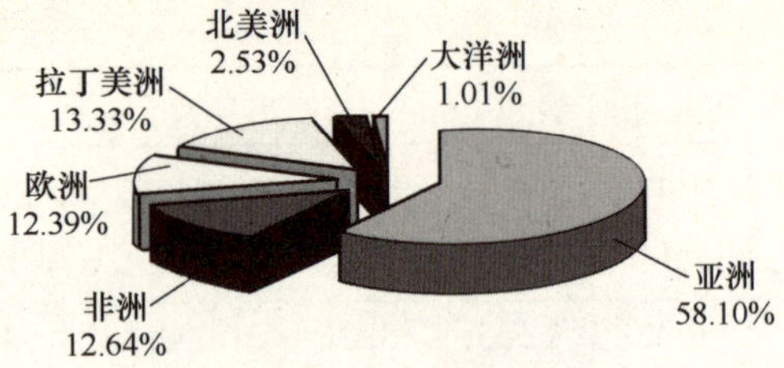

注:数据来源于中国海关。

图7　2009年我国塑料机械产品出口额洲际分布(未包含零件)

(4)我国塑料机械产品进出口贸易方式。2009年,我国塑料机械产品进出口贸易方式呈现主体突出、方式多元的特点。进口以一般贸易和外商投资企业投资进口的设备、物品为主,通过这两种贸易方式进口的塑料机械设备金额分别为68 440.86万美元、44 907.68万美元,分别占同期塑料机械设备进口总额的54.25%、35.59%;出口以一般贸易和进料加工贸易为主,通过这两种贸易方式出口的塑料机械设备金额分别为55 462.42万美元、17 828.02万美元,分别占同期塑料机械设备出口总额的72.98%、23.46%。2009年塑料机械产品进口贸易方式(未包含零件)见表16。2009年塑料机械产品进口额贸易方式占比(未包含零件)见图8。2009年塑料机械产品出口贸易方式(未包含零件)见表17。2009年塑料机械产品出口额贸易方式占比(未包含零件)见图9。

表16　2009年塑料机械产品进口贸易方式(未包含零件)

序号	贸易方式	进口量(台)	进口额(万美元)
	合计	8 315	126 166.71
1	一般贸易	4 428	68 440.86
2	外商投资企业投资进口的设备、物品	2 668	44 907.68
3	出口加工区进口设备	307	4 224.41
4	加工贸易进口设备	702	4 102.63
5	保税区仓储转口货物	89	2 415.98
6	保税仓库进出境货物	25	1 451.34
7	国家间、国际组织无偿援助和赠送的物资	1	195.49
8	进料加工贸易	9	192.84
9	其他	63	143.63
10	租赁贸易	23	91.85

注:数据来源于中国海关。

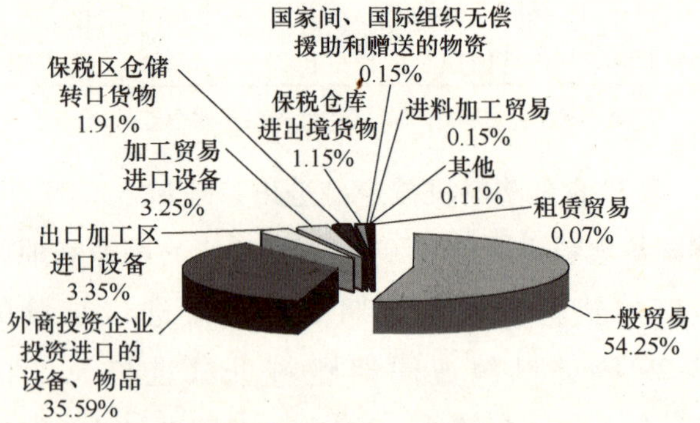

注:数据来源于中国海关。图中数据由于四舍五入,合计数有微小出入。

图8　2009年塑料机械产品进口额贸易方式占比(未包含零件)

表17　2009年塑料机械产品出口贸易方式(未包含零件)

序号	贸易方式	出口量(台)	出口额(万美元)
	合计	31 854	75 993.73
1	一般贸易	27 496	55 462.42
2	进料加工贸易	3 208	17 828.02
3	保税区仓储转口货物	53	1 322.93
4	边境小额贸易	538	627.27
5	来料加工装配贸易	71	306.33
6	其他	174	226.50
7	对外承包工程出口货物	32	149.24
8	保税仓库进出境货物	274	66.85
9	国家间、国际组织无偿援助和赠送的物资	7	4.09
10	易货贸易	1	0.08

注:数据来源于中国海关。

四、塑料消费情况

2009年,尽管世界金融危机导致世界经济增长出现下滑,但从2009年下半年起,世界经济逐步恢复,市场对石化产品的需求也有所反弹。据SRI咨

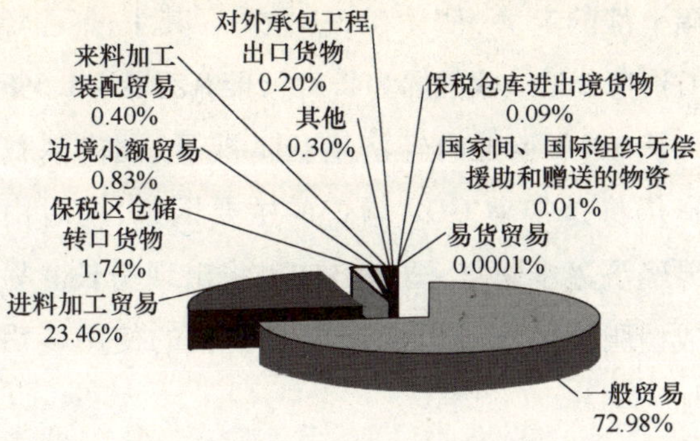

注:数据来源于中国海关。图中数据由于四舍五入,合计数有微小出入。

图9　2009 年塑料机械产品出口额贸易方式占比(未包含零件)

询公司估计,2009 年世界对五大合成树脂的需求为 1.68 亿 t,较 2008 年增长 1.7%。我国在国家促进内需和加大投资的推动下,国内 GDP 增速达到 8.7%,保持了相对较高的增速。在经济增长的拉动下,2009 年国内合成树脂,特别是聚烯烃树脂需求得到了强力恢复。2010 年,随着世界经济的进一步好转,世界对石化产品的需求明显恢复。2010 年由于欧美地区经济的恢复,我国塑料制品出口明显好转,因此国内合成树脂需求进一步增加。

1. 2009 年国内合成树脂供需状况

2009 年国内合成树脂产量3 603万 t,同比增长 15.1%;进口量2 381.2万 t,同比增长 2.2%;表观消费量5 687.8万 t,同比增长 9.6%。其中,五大合成树脂产量3 003.3万 t,同比增长 7.8%;进口量 1 687.9万 t,同比增长 46.5%;表观消费量4 620.6万 t,同比增长 20.7%。2008 年、2009 年五大合成树脂产量、消费量及自给率见表 18。

表 18　2008 年、2009 年五大合成树脂产量、消费量及自给率

产品名称	年份/增长	产量(万 t)	进口量(万 t)	出口量(万 t)	表观消费量(万 t)	自给率(%)
合成树脂	2009 年	3 603.0	2 381.2	296.4	5 687.8	58.1
	2008 年	3 129.6	2 329.6	267.8	5 191.4	55.1
	同比增长(%)	15.1	2.2	10.7	9.6	
聚乙烯(PE)	2009 年	777.3	740.9	6.2	1 512.0	51.0
	2008 年	715.6	449.7	6.7	1 158.6	61.2
	同比增长(%)	8.6	64.8	-7.5	30.5	
聚丙烯(PP)	2009 年	833.9	416.2	4.5	1 245.7	66.6
	2008 年	754.3	278.9	4.2	1 029.0	72.9
	同比增长(%)	10.6	49.2	7.1	21.1	
聚氯乙烯(PVC)	2009 年	915.5	195.5	27.6	1 083.5	81.9
	2008 年	881.7	112.7	64.6	929.7	87.9
	同比增长(%)	3.8	73.5	-57.3	16.5	
聚苯乙烯(PS)	2009 年	314.5	118.5	27.5	405.5	70.8
	2008 年	292.2	115.1	32.3	375.0	69.3
	同比增长(%)	7.6	3.0	-14.9	8.1	
丙烯腈-丁二烯-苯乙烯共聚物(ABS)	2009 年	162.1	216.8	5.0	373.9	42.0
	2008 年	143.2	195.7	4.3	334.6	41.5
	同比增长(%)	13.2	10.8	16.3	11.7	

2009 年国内合成树脂价格呈现震荡上涨的走势,前 3 个月由于原油价格的大幅上涨,国内合成树脂价格大幅回升。到 2009 年 3 月底,大部分合成树脂价格均超过9 000元/t,之后价格呈现震荡走

势,6月份后,随着需求的回升,合成树脂价格再次上涨,大部分产品价格超过10 000元/t的大关。总的来说,2009年尽管合成树脂价格一直呈现上涨走势,但其平均价格仍较2008年明显下跌。

2. 2009年合成树脂产量小幅增加,进口却大幅增加,合成树脂表观需求出现较大增长

2009年,国内新增福建和独山子两套大型乙烯生产装置,使得2009年我国乙烯生产能力达到1 200万t/a以上。同时石化企业均加大了装置开工率,特别是下半年市场需求旺盛,促使2009年国内合成树脂产量出现一定的增长。2009年聚乙烯产量为777.3万t,同比增长8.6%;聚丙烯为834万t,同比增长10.6%;聚氯乙烯为915.5万t,同比增长3.8%。

2009年,国内五大合成树脂的进口量为1 688万t,同比增长46.5%,其中聚乙烯进口740.9万t,同比增长64.8%;聚丙烯进口416.2万t,同比增长49.2%;聚氯乙烯进口195.5万t,同比增长73.5%。2009年国内合成树脂进口量的大幅增加使得国内合成树脂供应明显增加。

2009年,国内五大合成树脂表观消费量为4 621万t,同比增长20.7%。其中聚乙烯表观消费量为1 512万t,同比增长30.5%;聚丙烯为1 245.7万t,同比增长21.1%;聚氯乙烯为1 083.5万t,同比增长16.5%。2009年虽然受世界金融危机的影响,但在国家促进内需和加大投资的拉动下,国内合成树脂需求仍保持较快的增长。

3. 2010年国内合成树脂供需估算

2009年下半年世界经济开始出现好转的迹象,2010年世界经济逐步摆脱金融危机的影响,出现恢复性增长。据国际货币基金组织2009年的预测,2010年美国经济增速将达到1.5%,西欧和日本经济也将达到1%左右,其他地区的经济增速将高于发达地区。世界合成树脂的需求也出现了一定的恢复。据美国化学品市场协会(CMAI)估算,2009年世界合成树脂需求大约增加1.6%;2010年随着世界经济的恢复增长,世界对合成树脂的需求维持小幅上涨的走势,估计在2%左右。其中,聚乙烯需求增长为2.5%,聚丙烯为2.8%,聚氯乙烯为1.5%。

从2010年国内经济增长情况看,国内消费和投资仍将是带动GDP增长的主要因素,同时由于世界经济逐步恢复,国内出口也将出现增长。另外合成树脂价格回升也会使废旧塑料的使用量明显增加。

4. 工程塑料有非常好的发展前景

2008年,我国工程塑料实际消费量206万t,比2007年增长12.4%;2009年需求量221万t,同比增长9.2%。当前,工程塑料在汽车、高速铁路、航空航天、运动器材、医疗器械和电子电气等领域有着非常好的发展前景。特别是在扩大内需的方针指导下,国内加工业对国产工程塑料需求会进一步增加。2009年工程塑料各品种消费占比见图10。

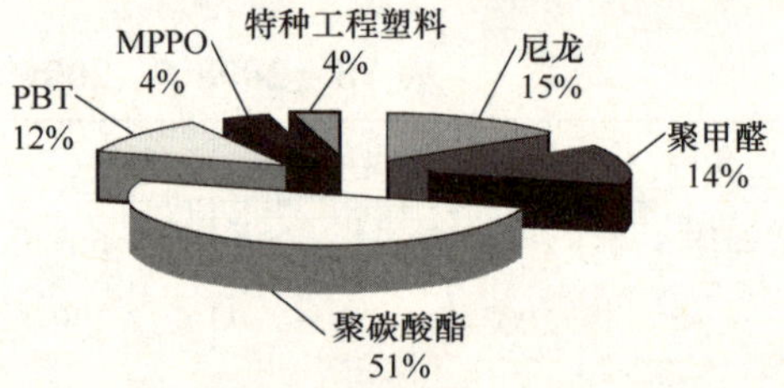

图10　2009年工程塑料各品种消费占比

据弗若斯特沙利文(Frost & Sullivan)咨询公司预计,到2013年我国工程塑料总体市场的销售年均增长速度将达到10.2%,2013年需求量将接近300万t。销售额的增长速度略快于销量,未来5年年均增长为11.2%,到2013年销售额约为115.6亿美元。我国的低生产成本将刺激国内外投资者向我国工程塑料行业投资。

五、塑料应用前景广阔,生产发展潜力巨大

1. 我国塑料产业具有巨大的可持续发展潜力

我国拥有13亿人口的巨大消费市场,人均收入接近3 800美元,即将进入消费时代。2010年中央1号文件要继续服务和扶持三农,推进城镇化建设,统筹城乡均衡发展。塑料在国家城镇基础建设、高速铁路建设中发挥重要作用,塑料消费市场持续扩大。政府注重科技创新,轻工业调整和振兴规划中把塑料制品行业作为重点行业给予支持。

可以预见,我国塑料产品将有旺盛需求,特别是建筑塑料、塑料包装、塑料助剂将获得稳定高速增长。随着汽车、摩托车市场需求巨增,塑料零件行业将获得长足进展,技术水平持续提升。

2. 积极采用先进技术,提升产业整体水平

近几年,我国科研机构在高分子材料研发上持续加大投入,新技术(包括节能技术)、新工艺、新材料、新设备不断涌现,极大地推动了塑料行业发展与技术进步。国际跨国公司在中国投资企业拥有很多高科技产品,市场前景看好,并成为对外出口的重要力量,如外商投资企业塑料制品出口占我国总出口的4成以上。我国仍需要进口大量的国外先进技术及装备来提升塑料产业整体技术水平。

3. 产业结构不断调整,产业集群块状经济发展日趋明显

过去20年,我国经济单纯追求量的快速增长的弊病逐渐显现,产业结构矛盾对行业发展的影响实际上早于金融危机的影响。政府(包括地方政府)推动经济增长主要依赖于高投资和高出口,以及资源和劳动力低成本等有关要素,埋下了隐患。国际金融危机的爆发进一步显现了这种隐患,因此要实现经济转型和结构调整就必须扩大内需替代出口。我国经济将进入调整期,面临消化产能过剩的压力,亟需加大产业结构调整、产品结构调整和企业结构调整的力度。这已引起广大企业家的高度重视,不少大中型企业纷纷加大对企业结构和产品结构的调整力度。

2010年经过国际金融危机洗礼的行业,结构调整和技术创新步伐会加快。估计,随着国民经济回升,塑料行业产销增幅有所提升,经济运行的质量和效益也将随之提高,产业集群块状经济发展将更加明显。

4. 实施"走出去"、"请进来"发展战略,提升塑料产业整体技术水平

国际金融危机造成了世界经济萧条,对我国塑料工业各子行业也产生不同程度的影响。为保持快速平稳健康发展,塑料工业必须继续加强国际合作交流,加快实施"走出去"、"请进来"战略,实现资源优化配置。"走出去"可以开拓新的销售市场,按照国际市场的需求,着力开发适销对路的产品,扩大市场份额;"请进来"可以利用国际技术、人力、资本和能源市场成本相对较低的时机,大力引进国外高端技术和管理人才与先进管理经验,转变粗放型的管理模式,加快产品更新换代,不断开拓传统产业新优势,提升塑料产业综合管理水平和整体技术水平,实现多赢,共谋发展。

5. 积极推进循环经济和节能减排,塑料回收再生利用是行业工作重点

回收和科学利用废弃塑料是推行循环经济和节能减排的重要举措。为此,建立更多的回收网点,将收集的废弃塑料通过先进的回收方式进行处置,避免产生二次污染,是现在和今后一项常抓不懈的重要工作。废弃塑料回收行业应继续注重清洁生产,采用先进的工艺装置,改善各项管理,从源头削减污染,同时推进产业延伸,强化回收、分拣、清洁、造粒(或改性)和环保处置过程,从而实现塑料废弃物变废为宝。

我国塑料工业已跻身于世界塑料先进大国的行列,产业集群逐年在优化,整体优势逐步在提升,拥有自主知识产权的名优品牌逐年在增多。塑料工业的神圣使命就是:要使我国由塑料机械设计制造大国发展成为先进的自主开发强国,引领世界塑料机械技术发展潮流;使塑料合成树脂产量、塑料制品都位居世界第二,分别由大量依靠进口树脂逐步转为立足国内多品种生产满足市场需求,由加工数千万吨制品到拥有更多自主知识产权的中国品牌产品,以实际行动振兴塑料工业,使整个塑料工业实现跨越式发展,不断提高塑料工业在国际国内市场的竞争实力。早日使中国不仅是塑料产业生产大国、消费大国、进(出)口大国,而且也是生产强国、技术强国、出口强国,为夺取全面建设小康社会新胜利做出贡献,为实现中华民族伟大复兴而努力奋斗!

〔撰稿人:中国塑料加工工业协会　廖正品〕

探索我国塑料机械行业从大到强的突破口

一、我国塑料机械行业现状、问题和原因

1. 现状

21世纪以来，我国塑料机械产量以台数计已连续数年位居世界第一，年均产量占世界总产量的一半以上。我国国内塑料机械市场容量以台数计也是世界第一。我国已成为当之无愧的塑料机械生产和消费大国，但绝非塑料机械制造强国。

2. 问题

21世纪以来，我国塑料机械产品最高年份销售额为280亿元，年均销售额不到世界销售总额的14%，年均出口额只占出口市场份额的6%。“十一五”时期，塑料机械年进口额从23亿美元到30亿美元不等，年贸易逆差10亿~15亿美元。按价值量计算，国内塑料机械市场份额的50%以上被进口设备占领。

我国塑料机械进口产品的价格远高于同类国产产品的国内市场价格和出口产品价格。对比2001~2009年塑料机械产品进出口价格指数不难看出：进口设备台均价近乎线性一路攀升，2009年台均价已由2001年5.38万美元飙升至16.06万美元，是2001年的3倍，年均递增14.6%；而出口设备台均价一直处于2.00万美元低位徘徊，进出口设备台均价差逐年扩大。2009年出口台均价只有2.44万美元，是2001年出口台均价的1.5倍，仅相当2001年进口台均价的45%。这充分揭示了我国出口的塑料机械产品附加值过低。2000~2009年我国塑料机械进出口产品价格指数见图1。

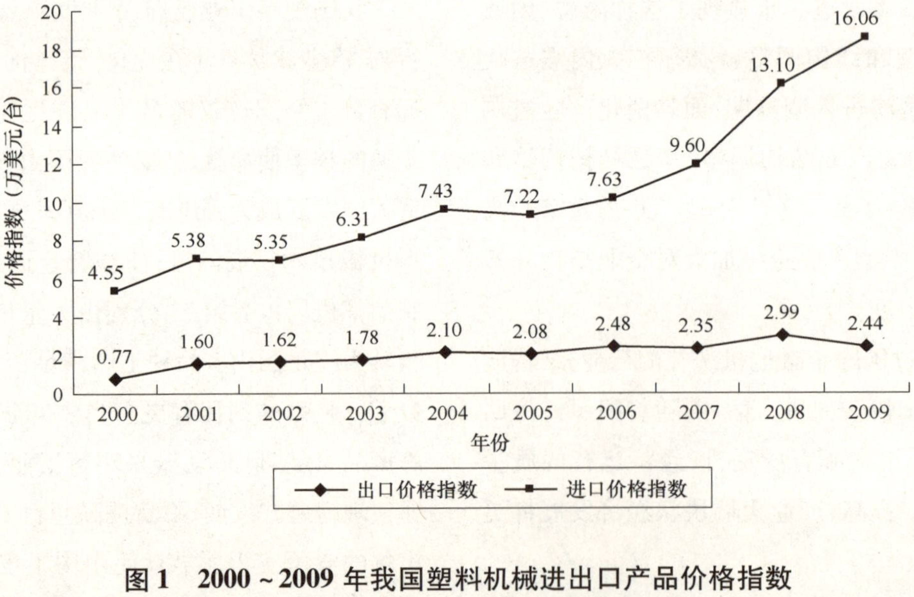

图1　2000~2009年我国塑料机械进出口产品价格指数

产品附加值低缘于国产塑料机械与世界水平存在较大差距，主要表现为：设备效率低、制品精度低、单位能耗高、测量和控制技术落后以及设备寿命短。这些问题极大地削弱了我国塑料机械在国际市场的竞争力。

3. 原因

“十二五”前期的调研课题对困扰我国塑料机械行业大而不强的原因进行了分析。我国塑料机

械行业至今尚未摆脱以模仿为主的发展模式，企业大多采取引进、消化、吸收的消极模式，自主创新乏力，特别是根据前方用户的需求为其提供全套工业解决方案的能力很薄弱。

我国塑料机械行业几乎为所有工业领域提供装备，这些行业对塑料机械都有不同程度的现实需求和潜在需求。但隔行如隔山，这些行业大都对塑料机械行业了解不多，对塑料机械产品不尽熟悉。因此，需求什么样的塑料机械产品，尤其是哪些潜在的需求可以由塑料机械提供解决方案，这些行业并不清楚。所以提供一台注塑机或挤出机给他们，他们很难凭借这台机器开发出一个世界上尚未存在的塑料制品，解决他们的需求问题。

因此，必须改变塑料机械开发理念，以“用户需求什么，我们就研发什么”的引导市场的积极模式，取代传统的“用户要什么，我们就生产什么”的消极模式，以冲破数十年来制约行业发展的低位模仿瓶颈，提升塑料机械行业的创新和研发水平。

二、“十二五”行业面临的形势

1. 国内形势

从“九五”至“十一五”作为行业发展目标的“乙烯工程大型造粒机组”、“包装工业用双向拉伸膜机组”、“电子、通信产业所需各类光盘生产线”以及“汽车用主要塑料部件生产线”和“医用塑料部件生产线”等，均未能按计划投入工业化规模生产。

除出口创汇达到10亿~15亿美元的指标外，行业现状与“十一五”规划所规定的“国产设备占领国内市场80%，总体技术水平达到或超过日本的水平，工业总产值600亿~800亿元，2010年进口用汇递减至15亿美元”等目标相距甚远。

经过数个五年计划，特别是2008年世界金融危机以来，塑料机械行业企业越来越认识到改变发展方式和观念的必要性和紧迫性。“发达国家生产什么，我们也生产什么”的模仿式模式必须有根本改变。

2. 国际形势

虽然我国塑料机械近一半的销售额来自国际市场，但出口产品在国际市场销售总额中仅占6%，出口设备的台均售价虽然大大高于国内价格，但还是处于中低端市场价位的范畴。即便如此，很多跨国公司在这些低端市场还是千方百计地对我国进行阻击。我国注塑机在印度反倾销案中的失利，加征反倾销税率从60%至223%不等，就印证了这一点。该案涉及我国著名注塑机厂家10余家，这说明处于高位的跨国公司并不会简单地放弃中低端市场而任我国去占领。

与此同时，“十一五”时期，以欧洲为首的塑料机械行业协会针对我国塑料机械行业现状，超常规地更新和增加了许多技术和安全规范以及以往未曾出现过的接驳规范，对我国产品进行阻击。这些规范的影响程度更加深远，影响预期更加超前，将我国未来数年可能的技术进步都纳入其阻击范围。

由于我国是塑料机械的全球第一大市场，“十一五”时期已有很多外国著名企业在我国境内投资办厂。外商除继续挤占高端市场之外，还会利用本地化的资源优势对国产塑料机械的现有市场进行一定程度的挤压。因此，我国塑料机械行业发展思路已经到不改不行的地步。

三、塑料机械行业“十二五”规划思路

把改变发展思路置于行业发展的战略高度，其实质就是如何把国家提出的“创新”思想在塑料机械行业加以具体化。其基本脉络为：改变“模仿型”的发展模式，以所服务的应用领域的现实需求和潜在需求为市场导向，构建自主创新的发展模式，为前方用户领域提供交钥匙的工程解决方案。

（1）改变发展观念，摆脱简单模仿模式，走自己的创新道路。从应用领域的需求出发，为应用领域提供完整的工程解决方案。也就是说，塑料加工装备的研发应从前方应用领域的某个功能制件开始，研究探索工艺、配方，然后为之提供成套设备。

（2）对全行业带有普遍意义的技术进步要全力鼓励和支持，重点在节能方面。当前有一些已知的节能技术可跨越机型和门类，又符合国家产业政策，还顺应世界环保潮流，是行业应当抓住的机遇，同时也是提高行业竞争力的要点之一。其内容包括从其他行业移植来的、行业内自行研发的，甚至还有突破世界传统塑化理论、具有世界领先水平和拥有自主知识产权的独到技术。如果上述技术能够得到有效的推广应用，将使新投放设备和在线运行设备总体节电50%以上，使得绝大多数应用塑料机械的工业领域的能源利用效率都得到不同程度的提高。

(3)对行业内能替代进口、符合国家产业政策的高新技术产品予以鼓励，以加速其国产化进程。

四、未来发展方向

1. 研发机制和增长方式的转变

依托现有国家级和省部级的塑料机械研究机构，在现有基础上进行机构、人员调整，形成从制品到装备的一条龙研发机制，继而为应用领域提供完整的工程解决方案。

鼓励塑料机械制造企业改造自身单纯的机械研发机构而构建从制品到装备的一条龙研发机构，同时加强产学研用结合，为用户提供完整的工程解决方案。

“十二五”期间应提高我国塑料机械技术含量，年产值平均增速应超过产量增速的10%或以上。经过全方位的提升，国产塑料机械的国内市场占有率超过50%，国际贸易逆差下降一半。

2. 节能目标

年平均新增注塑机的5%，现役注塑机的3%应用伺服系统；年平均新增塑料机械加热部分的5%，在线设备的3%应用高效加热系统；年均1%的设备塑化部分应用我国独创的塑化技术。几项节能技术应用的叠加可使塑料机械总体能耗下降1/3以上，现役设备合计年节电100亿kW·h。

五、结语

我国塑料机械行业经过数十年的发展已达到可以与世界塑料机械制造大国比肩的位置。行业进一步的发展目标是，改变简单模仿式的初级发展模式，构建通过自主研发为应用领域提供完整的工程解决方案的积极发展模式。实现积极发展模式，塑料机械制造企业必须剖析应用领域的现实需求和潜在需求，为他们研发具体的功能产品，进而设计制造相应的装备而引导市场享用行业的研发成果。即，国家“十二五”规划纲要所提出的：要推动装备制造业由生产型制造向服务型制造转变。因此，发展观念和发展方式的根本转变是我国塑料机械行业从大到强的必由之路。

〔撰稿人：中国轻工机械协会　李坚〕

聚合物微纳制造技术及其产业化

以微纳机电系统、微纳制造技术等为代表的极端制造技术是《国家中长期科学和技术发展规划纲要》中引领未来经济社会发展的22项前沿技术之一。微纳机电系统、微纳制造技术的研发和应用标志着人类可以以微纳尺度认识和改造世界。作为最重要的微纳制造基础材料之一，聚合物在微纳制造方面具有广阔的应用前景，聚合物微纳系统被认为是最具产业化开发价值的一大类微纳系统，其主要技术瓶颈是聚合物微纳尺度的高精密、高效制造技术。

一、研究意义

1. 微纳制造技术的研发和应用具有划时代战略意义

21世纪被认为是纳米时代，纳米材料、纳米器件、纳米系统的出现，为社会的进步指明了新的方向。当前，科学技术正处于微尺度和纳尺度技术同步发展的时代，微机电系统（MEMS）技术进一步发展，纳机电系统（NEMS）技术开始得到极大的重视，并不断取得进展。发达国家在微纳制造领域投入巨大，争先抢占时代的制高点。

未来20年，微纳制造技术将对传统制造技术产生极大的引领作用。我国是制造大国，还不是制造强国，自主创新、核心技术相对匮乏，使得中国制造成为中低端产品的代言词。而微纳时代使我国和发达国家同时面临千载难逢的发展机遇，我们应该紧密跟踪国际微纳制造的技术前沿，研发核心技术，推进聚合物微纳制造技术的高端化、产业化、实用化，使我国跻身世界微纳制造技术领域前列，促进我国军事、航空、生物、医疗等尖端技术的快速发展。

2. 聚合物微纳制造技术对高新产业的引领作用

与金属和无机材料相比，聚合物材料具有一系列优异的理化性能和加工性能。聚合物微纳器件可以采用微注射、微挤出、微压印等高效、低成本的成型加工方法进行大批量的制造，因此，聚合物微纳系统极具产业化开发价值。

以微注射成型为代表的聚合物微尺度制造原理与技术的研发源于20世纪80年代。现代加工技术，尤其是微细加工技术的不断发展，使微注射成型技术实现了历史性的突破。自1985年，世界上第一台专门用于微型塑件加工的注射成型装置Micromelt在德国问世以来，日本、美国等少数发达国家紧随其后，先后开发出各种类型的微注射成型和微挤出装备，并将聚合物微尺度制造技术和装备成功地用于导光板、微透镜阵列、微接插件、微流控器件、微型介入导管、微型泵等微器件和系统的规模化生产。

近10年来，聚合物微尺度制造技术瓶颈的相继突破，已经对如下领域的技术换代起到了积极的引领作用：

（1）显示器件的换代。聚合物微结构导光板制造技术，直接引发了21世纪初显示器件由传统的阴极射线管显示器（CRT）向液晶显示器（LCD）的更新换代，使得德国物理学家布劳恩（Kari Ferdinand Braun）1897年发明的CRT显示器件，在成功应用110余年之后，在短短的10年时间内被LCD大批量替代。当前，50%以上的电视、电脑CRT显示屏已被LCD所替代，由此引发的显示器件的换代为西方发达国家带来了巨大的利润。在LCD的发展过程中，微结构注射成型技术和装备起到了重要的技术支撑作用。

（2）介入医学的兴起。瑞士医生格鲁恩兹于1977年发明了用于冠脉造影和放置冠脉支架的冠脉球囊扩张导管（PTCA），此后美国巴特公司购买了该专利，并于1980年推出世界上第一根PTCA导引导管（Guide Catheter），1982年发明并生产出PTCA导丝。

据不完全统计，1990年，全球PTCA用量每年仅为10万例；到2000年，全球每年用量达到100万例；而2009年仅我国就实施了23万例，总价值50亿元以上。除PTCA以外，用于人体消化系统、泌尿系统、生殖系统的各种介入治疗导管已达200余种。当前世界上仅泌尿外科应用的导管就有6大类120余种，用于心血管、脑血管、肿瘤等疾病诊治的导管也有100余种。统计资料表明，仅美国每年就有1.6万t聚氨酯用于医用导管的生产，各种导管产值已超过20亿美元。介入医疗导管的问世，引领了介入医学的发展，极大地提高了人类医治疑难疾患的能力，使得许多以往令医生束手无策的疾病得以临床治愈。介入医学导管的生产集精密制造、微制造技术于一体，尤其是微挤出成型和精密挤出成型技术和装备起到了重要的支撑作用。

（3）对生命科学及应用化学的推进。微注射成型技术及装备，以及微结构模具制造技术的突破，聚合物基微流控器件引发了生命科学及应用化学领域的技术进步。聚合物基微流控器件可以用于基因分析、蛋白质和氨基酸分析、细胞分析等生命科学领域，同时涵盖药物配制、高通量药物合成筛选等药物学领域以及生态学和农业食品、检验检疫（危害性细菌和病毒的发现和检验，突发公共卫生事件如传染性非典型肺炎、禽流感的检测和免疫分析）、海关和商检中的检验和分析等方面。

我国塑料制品年产量已超过5 000万 t，位居世界第二，但在聚合物微尺度制造技术领域却完全受制于日本、德国、美国等少数发达国家。从知识产权到关键制造装备的核心技术都掌握在这几个国家手中。他们在适时推出 LCD、介入医学导管、微流控系统的同时，为确保其核心竞争力，对我国进行了严密的技术封锁。如 LCD 作为新一代显示器件，为消费者带来了更好的享受，更为西方少数发达国家带来了丰厚的利润。而我国电子行业则不得不淘汰刚形成较大生产规模的阴极射线管显示器生产装备，投巨资购买 LCD 生产装备。在我国 LCD 开始规模化生产的时候，西方发达国家又开始推出新一代显示器件，即 LED 显示器。不仅如此，西方发达国家向我国出售的微注塑机，只限于民用制品的生产，对涉及航空、航天、国防及国家安全的聚合物产品的微尺度制造装备实行禁售政策。

我国之所以在上述技术领域的更新换代过程中处于如此被动的地位，主要是我国在聚合物微尺度制造技术及装备方面缺乏自主知识产权，尚未掌握核心技术。而发达国家仅有限度地向我国出售聚合物微尺度制造设备，不卖核心技术。要改变我国在聚合物微尺度制造技术方面的落后和被动局面，必须进行系统的技术创新，突破系列关键技术瓶颈，构筑自主知识产权体系。

二、国内的研发基础和现状

在基础研究方面，国内对聚合物微纳制造原理及技术有较好的研究基础。北京化工大学、大连理工大学、清华大学、郑州大学、中南大学、哈尔滨工业大学、中国科学院西安光学精密机械研究所等院校和科研单位在过去的10 年中承担了国家自然科学基金项目、科技支撑计划项目、“863”国家高技术研究发展计划项目等微纳制造科研项目。在微注塑机、微结构模具的设计和制造技术，微注射成型工艺，微结构表征等研究方面有了较好的积累。同时，在导光板、微流控芯片、微换热器、微反应器、微导管、微接插件、微齿轮等典型微制件和微结构制件的制造技术方面进行了较系统的研究，取得了系列成果。

在基础研究和产业化开发过程中，形成了一批专利和非专利技术，发表了一批高水平的学术论文和论著，设计和制作了系列化设备，并在产业化方面得到了广泛应用。

在产业化研发和应用方面，宁波海天塑机集团有限公司与北京化工大学联合研发了国内首台微结构注射成型机，力劲机械国际有限公司研发了国内首台微注塑机，潍坊凯德塑料机械有限公司与北京化工大学联合研发了精密医用导管挤出机，裕克施乐塑料制品（太仓）有限公司、苏州苏大维格光电科技股份有限公司等成功研发了微结构光学制品等。

虽然我国在聚合物微尺度制造领域取得了一些成绩，但相关研究和开发还远不够系统和深入，缺乏有影响力的核心专利，研发和产业化之间缺乏统一的规划和组织，在聚合物微尺度制造装备方面还基本上处于空白（仅有样机，还没有供应市场）。相比之下，国际发达国家在聚合物微尺度制造领域的发展已经步入加速轨道，其微制造技术日趋完善，并已启动纳尺度制造技术的攻关。

三、机遇和挑战

微纳系统和微纳制造技术是继 IT 技术、生物工程技术之后，21 世纪最具发展潜力的高新技术，是引领未来数十年新兴产业发展的重要关键技术，对提高我国先进制造业的技术水平及国际核心竞争力，保持国民经济的可持续发展，增强国防实力等具有非常重要的战略意义。

未来 10 年，聚合物微尺度系统及其制造技术有望取得新的突破，并由此引领新一轮技术换代并带来巨大的商机。

1. 基于LED和OLED的新一代显示器件

近年聚合物微尺度产品最成功的典范当属微光学元件——微透镜/微透镜阵列(Micro Lens Array, MLA)的开发和应用。该技术可用于制造LED/OLED(有机发光二极管)光学系统、微型无人侦察机的图像采集元件、仿生飞行器中的复眼、胶囊机器人的图像采集元件等。当前,西方发达国家在该类技术上对我国进行严密的技术封锁,以确保其在军事、生物、光学等尖端技术领域的垄断地位。

与当前先进的LCD显示器件相比较,LED和OLED具有视频响应快、可视角度大、节能20%以上、寿命长等优点,更重要的是发达国家已完成用LED替换LCD的相关技术准备。由于我国是彩电、计算机、手机的生产大国,按2009年年产液晶电视6 780万台计算,仅电视液晶屏的产值就达800亿元以上,加上电脑和手机的液晶屏,总产值超过1 500亿元。依据LED电视机的价格是LCD电视机1.5倍以上计算,10年以后,LED和OLED显示屏的年产值将超过2 200亿元。面对如此大的市场需求,我国必须做好技术研发和技术储备。

2. 面向多领域的微过程系统

预期基于聚合物材料的微反应器、微换热器技术将取得突破。微反应器的重要应用目标之一是为燃料电池提供甲醇制氢微型装备。该技术的突破将为电动汽车提供高效、安全的燃料。尽管塑料的导热系数比金属低2个数量级,但由于微换热器较常规换热器单位体积的换热面积高4个数量级以上,所以基于聚合物材料的微换热器在微电子、电动汽车、LED灯具以及航空航天等领域有明显的技术优势。与基于金属材料的微换热器相比,聚合物微换热器还具有极大的成本优势,将支持每年数百万辆电动汽车产业的发展,以及大功率LED照明器材的技术升级,带动2万亿元规模汽车产业和1 100亿元规模灯具产业的发展。

随着高新技术研究的不断深入,微换热器的应用领域也将越来越广泛,如微电子设备的冷却器、航空航天领域中有关器件的冷却器,以及汽车散热器和跨临界二氧化碳汽车空调与热泵系统换热器。微换热器及微散热器还在微机电系统(MEMS)、医疗、化学生物工程、燃料电池、先进的微型推进系统、微型燃烧器和反应器、材料科学、食品工业、环境技术、高温超导体的冷却、薄膜沉积中的热控制、雷达及高能激光镜的冷却,以及其他一些对换热设备的尺寸和重量有特殊要求的场合中有着非常重要的应用前景。

3. 面向生物医学和应用化学等领域的微分析系统

聚合物基微流控器件的应用以基因分析、蛋白质和氨基酸分析、细胞分析等生命科学领域为重点,同时涵盖药物配制、高通量药物合成、筛选等药物学领域、生态学和农业食品、检验检疫(危害性细菌和病毒的发现和检验,突发公共卫生事件如传染性非典型肺炎、禽流感的检测和免疫分析)、海关和商检中的检验和分析等方面。微分析系统的技术突破将极大地缩短医学诊断、药物开发的周期,显著提高应对食品安全、生态安全、公共安全等重大突发事件的能力。

4. 面向国防安全的微系统

现代军事装备正朝着微型化、集成化、信息化方向发展。微机电系统充分适应了这一趋势,特别是在活动空间狭小、操作精度要求高、功能高度集成的航空航天等领域有广阔的应用潜力。如微型加速度计、微型陀螺仪等惯性器件在航行器、机动车、微型飞机的姿态测控、制导等方面可以大显身手;基于微量泵、微阀、微型生物传感器、虚拟投影系统等尖端技术的数字士兵系统,可显著提高现代士兵的信息化程度,在反恐、局部战争中占据先机。

聚合物微尺度制造装备是微系统制造的基础,当前我国每年从国外进口微注射成型机和微结构注射成型机2 000台以上,预计5年后这类注射成型机的年需求将超过5 000台。聚合物微尺度制造装备的国产化和批量化应用,将带动年产值2 200亿元微结构显示屏和200亿元微结构换热器等相关产业的发展。

四、北京化工大学在聚合物微纳制造方面的研发工作

1. 微注射成型机

北京化工大学和宁波海天塑机集团有限公司联合开发了微注射成型机。该机采用双阶电液复合式结构，注射装置共有两套独立动力系统。一套电动机伺服驱动用于预塑，一套电动机伺服驱动用于注射与射退，整移采用线性导轨。整机性能达到国外同类机型的指标。

北京化工大学与力劲集团共同创建了力劲北化微注射成型技术联合实验室，在微注射成型技术和装备方面进行紧密合作，研发面向典型微结构制件的成套技术和装备。

2. 微挤出机

为了进行微小结构塑件的挤出加工，开发研制了微挤出机，螺杆直径16mm，仅用20g左右原料就可以制成管材或棒条等样品。

3. 典型微结构制件的研发

对微结构换热器、微接插件、微透镜阵列和微齿轮等典型微结构制件的成型工艺、成型模具等进行了深入的研发，申报了系列专利。

4. 产学研联盟

为促进相关单位的联系和合作，加速聚合物微纳制造技术的发展，2010年7月，北京化工大学和大连理工大学、华东理工大学联合倡议，联合国内高校、研究所、企业近20家，在上海创建了聚合物微纳制造技术创新战略联盟，为实现国内相关领域研发和制造单位的紧密合作、优势互补，开展自主研发，打破国外的技术封锁奠定了良好的基础。该战略联盟对我国聚合物微纳制造技术的长远发展，具有十分重要的战略意义。

聚合物微纳制造技术要以国家中长期科学和技术发展规划为指导，以国家在聚合物微纳制造领域的重大需求为牵引，瞄准该领域的国际前沿技术，开展技术创新，研发产业化成套技术，并组织及推广应用。通过联盟单位的战略合作，实现聚合物微纳制造技术领域人力、物力资源的共享，形成高效的创新发展模式。

〔撰稿人：北京化工大学塑料机械及塑料工程研究所　吴大鸣、张亚军、庄俭〕

微注射成型机的研究现状与进展

微注射成型技术（Micro Injection Molding Technology）以其成型工艺简单、塑件质量稳定、生产效率高、制造成本低、易于实现批量化与自动化生产等优点，在微成型技术领域中发展十分迅速，已成为精密微小零件成型加工技术的研究热点之一，在微机电行业中的作用日趋明显。

微注射成型技术发展初期，由于尚没有合适的注射成型机用于加工微型塑件，只是对普通液压驱动的注射装置进行改进，作为加工高深宽比微结构塑件的替代方式。这种替代方式存在的问题包括：

（1）由于微塑件的体积仅占注射量的很小部分，导致原料浪费。

（2）原料在机筒中滞留时间长，容易降解。

（3）注射成型机控制的计量不够精确。

（4）需要的锁模力较小，造成能源浪费。

微型塑件不仅尺寸与体积微小，其质量只有毫克级或更小。如此微小的塑件，用普通小型注射成型机成型，不仅极大地浪费原料、能源和注塑机产能，增加了塑件的生产成本，同时也难以保证塑件的质量与精度要求。因此，研制具有微小注射量的精密注射成型机具有重要意义。

一、微注射成型机的现状

1. 国外现状

经过十几年的发展,已经商品化的微型注射成型机有多种类型,其制造商包括德国巴顿菲尔(Battenfeld)公司、德国 Dr. BOY 公司、日本沙迪克(Sodick)株式会社、日本住友(Sumitomo)重工株式会社、日精树脂工业株式会社、阿博格公司、米拉克龙公司等。各公司及其研究机构都在不断地提高微注射成型机的控制技术水平,实现结构优化,最终实现更高的注射及合模精度。此外,成型过程中微型塑件脱模时的夹持、输送、质量检测等也与微注射成型机成为一体,使生产过程的自动化、智能化程度更高,进一步缩短了成型周期,提高了加工效率。

微注射成型机按驱动方式可分为液压/气动式驱动、全电动式驱动和油电复合式驱动。按注射系统的机构设计,可分为单阶型、双阶型和三阶型,注射单元还可以采用柱塞/螺杆复合式。

(1)单阶型。

1)螺杆式。螺杆式单阶型微注射成型机的典型代表是德国 Dr. BOY 公司生产的全液压驱动式 BOY12A/M 系列。其中 BOY12A/M(129—11)型微注射成型机的螺杆直径 12mm,最大注射量 4.5cm^3,锁模力 129kN。液压系统采用电力驱动位移泵和压力控制阀。

日本住友(Sumitomo)重工株式会社生产的全电动 SE7M 型注射成型机,采用 4 个全闭环直驱式 Sumitomo AC 伺服电动机、数字传感器及控制系统,注射精度较高,压力峰值稳定,伺服控制的新算法和新软件也可实现快速响应和高稳定性。该注射成型机螺杆直径 14mm,最大注射速度 300 mm/s,锁模力 70kN,开合模速度可达1 000mm/s。

2)同轴螺杆/柱塞复合式。德国 Ettlinger 公司和中国亿利达公司联合生产的 DIM—10 型注射成型机有一个同轴螺杆/柱塞复合式注射单元,其锁模力 100kN,螺杆转速 10 ~ 300 r/min,注射速度可达 840 mm/s,可生产 0.06 ~ 25g 的塑件。通过特殊结构设计的针式喷嘴将热流道系统集成到注射成型机中,采用无拉杆线性导轨两板式全液压锁模,射台组模块设计和高速精确比例阀控制动作。

(2)双阶型。

1)螺杆—柱塞式。日本沙迪克(Sodick)株式会社的 TR05EH2 注射成型机为油电复合驱动式,其注射单元采用双阶式,即预塑采用伺服电动机控制,注射采用液压加伺服阀控制,移模单元采用伺服电动机加滚珠丝杠控制,高压锁模单元采用油压控制。塑化螺杆直径 14mm,注射柱塞直径 12mm,最大注射速度可达 300 mm/s,锁模力 50kN,注射电气体响应周期可高达50μs,注射量重复精度可达万分之五以内。

2)柱塞—柱塞式。西班牙 Cronosplast 公司专注于微型注射成型机的研究制造已近 20 年。其独特的金属球塑化系统和活塞式注射系统的设计结构,能适合几乎所有热塑性材料,亦可避免螺杆式塑化系统对纤维等填充式材料的剪切破坏,缩短了熔体在机筒的停滞时间,可避免熔体热降解。其中 Babyplast6/10P 全液压注射成型机锁模力为 62.5kN,注射柱塞直径 10mm、12mm、14mm、16mm 和 18mm,比例式液压系统。模板设计为模具夹紧结构,可实现快速换模。

(3)三阶型(塑化—计量—注射)。

德国巴顿菲尔(Battenfeld)公司生产的全电子驱动的微注射成型机 Microsystem50,其注射量 0.025 ~ 1.1cm^3,可用来成型单件质量在 0.1g 以下的微型塑件。该微注射成型机采用了基于模块化的设计方法,将塑化、计量、注射等单元分离,再通过模块化组装技术完成整机的装配。同时还增加了质量控制模块,可实现塑件质量的在线控制。此外,还将真空吸附移动机械手、泡罩包装的存放装置、借助于摄像机的完全脱模监测设备以及相应的清洁室技术集成于一个制造单元中。注射柱塞直径 5mm,最大注射速度 760 mm/s。

2. 国内现状

近年来，我国在微型注射成型机的研发方面也取得长足进展。香港理工大学微型系统科技中心研制的双阶微注射成型机，可实现真空注射，注射速度可达1 000mm/s，最大注射量 0.5cm^3，分辨力 0.05mg，注射柱塞直径 5mm，锁模力 20kN。注射动作是向上注射，可避免排气不畅，且无需阀门控制；合模系统中四角均设有伺服器，能自动调节锁模力，以尽量减少合模时的变形量；采用两组线性电动机，可实现高速注射，精度级别小于毫克级。

二、微注射成型机设计要点

基于微注射成型的特点，对微注射成型机的设计与制造提出以下几点特殊要求：

1. 塑化、计量和注射单元精准

喂料单元要求确保不吸入空气，并具有自动进料、干燥和计量功能；塑化单元应能使熔料均匀塑化，避免熔料在高温下降解；计量与注射单元中的柱塞和螺杆最小注射量至多达 1mg，注射压力一般为 200 ~ 300MPa，注射速度有的甚至可达到 1 250mm/s。

2. 控制系统精确

（1）工艺参数宜采用多级反馈控制与调节，为实现多级注射工艺提供控制支持。主要包括多级位置控制、多级速度控制、多级保压控制、多级背压控制和多级螺杆转速控制。

（2）喷嘴和机筒温度控制精度高。机筒温度和喷嘴温度的高低直接影响制品质量，尤其是喷嘴温度对银丝、环状斑现象的出现影响很大。因此需要对其精确控制，升温时微调量要小，温度波动小，加热功率要足够，温度控制精度一般为 ±0.1℃。

（3）模具温度控制精度高。模具温度的高低也对制品的尺寸精度产生重要影响，特别是对于精度要求较高的光学制品。模具温度变化可由模温机或独立的模具加热冷却系统控制，以介质、电或气体火焰等方式对模具温度进行闭环控制，温度控制精度一般为 ±0.2℃。

（4）液压油温度控制精度高。对于液压驱动系统，液压油温的变化会引起液压油黏度的变化，从而引起液压系统压力和流量的波动，导致注射工艺参数的不稳定，因此微注射成型机的液压驱动装置应配备油温控制装置。

3. 驱动装置

精确可调的驱动装置是高性能微注射成型机的关键，是实现微型制品无故障生产的前提条件。对于微注射成型机而言，不论其驱动装置为液压、气动、电动，还是复合形式，如与控制系统建立合适的匹配关系，就可较精确地控制与质量相关的所有流程特性，并做出相应评定，获得高精度的工艺过程。

4. 集成化

由于塑件尺寸微小，为了避免塑件在输送、储存等中间环节出现问题，将注射成型配套的工艺集成于注射成型过程中，既可简化系统结构，同时也可提高零件装配精度和系统整体性能。

三、结论与展望

微注射成型机的性能是影响产品质量的重要因素。在传统注射成型机设计和现代先进制造与控制技术的基础上，以绿色、环保为理念，以高效、高精度、低成本为目标，在结构优化、控制精度、稳定性、集成化、智能化等方面对微注射成型机提出了越来越高的要求。随着微机电系统（MEMS）技术水平的不断提升，对微小制品的市场需求呈持续增长态势，微注射成型机在微米纳米制造领域的作用必将日益显现。

〔撰稿人：北京化工大学机电工程学院　庄俭、吴大鸣、张亚军，宁波海天塑机集团有限公司　张建国、高世权〕

我国挤出加工技术探索全面突破

近年来,我国塑料挤出技术在诸多方面取得了重大突破,开发了多种新型挤出设备。如2010年我国自主研发制造的大型聚丙烯双螺杆挤压造粒机组的成功投产就是一个重要例证。另外,针对新能源应用、建筑新材料、医疗新技术、高效节能挤出技术等,均有新产品面世。

一、挤出技术的重大突破

1. 双螺杆挤出技术

大型双螺杆挤出造粒机组是聚烯烃工业生产的关键设备,一套大型聚烯烃造粒系统,动辄上亿元。由于没有核心技术,我国石化工业不得不长期依赖进口。2007年,国家发展和改革委员会制定的乙烯工业中长期发展专项规划中,提出加快乙烯工业重大技术装备国产化、产业化进程,努力实现关键技术和装备重点突破、跨越发展。作为乙烯生产过程下游工序的核心装备——大型双螺杆挤压造粒机组是我国实现大型乙烯关键设备国产化的重要组成部分。

2010年5月,由北京化工大学、大连橡胶塑料机械股份有限公司等6家单位联合研制,大连橡胶塑料机械股份有限公司制造的20万t级聚丙烯双螺杆挤压造粒机组在北京燕山石化一次试车成功。机组试运行表明,各项指标均满足生产要求。大型双螺杆挤压造粒机组实现国产化,并一次试车成功,填补了国内空白。在该装置研发制造的3年里,技术壁垒被一个个攻克,带动我国大型双螺杆技术提升到一个全新的高度。

与此同时,我国中小型双螺杆挤出机技术也在快速发展。双螺杆挤出机的重要指标,如比扭矩、转速、产量等均直逼国际主流水平。在第十八届杜塞尔多夫国际塑料及橡胶展览会(以下简称K2010)上,南京越升挤出装备有限公司展出的SAT 52双螺杆挤出机采用自主开发的高转速、高扭矩齿轮箱,比扭矩达11 N·m/cm^3,这已是当前国际主流双螺杆技术的领先水平。南京诚盟机械有限公司展出的双螺杆挤出机比扭矩8.9 N·m/cm^3,转速达800 r/min。南京科亚公司近期推向市场的全新双螺杆挤出机系列,配套德国进口减速箱,比扭矩可达12 N·m/cm^3。

在我国双螺杆技术提升的同时,国际领先厂家的技术水平同样在迅速提升。如科倍隆集团在K 2010上推出的最新双螺杆挤出机ZSK 82 Mc^{1}8,比扭矩高达18 N·m/cm^3,继续保持双螺杆领域的领先地位。

2. 更高效、更节能的新型挤出技术

更高效、更节能一直是挤出加工技术发展的重要方向,围绕提高效率、提高单机产能、占据更小空间、更节能等技术的新型挤出生产线成为市场推崇的热点。我国挤出机供货商在相应领域不断地推出全新产品。

(1)直接挤出技术。当前全球PET加工的领先技术,国内已有多家公司开发成功。上海金纬机械有限公司前几年已向市场推出免干燥新型PET双排气挤出生产线;青岛顺德塑料机械有限公司在第二十四届中国国际塑料橡胶工业展览会(以下简称CHINAPLAS 2010)上,也推出了PET片材生产线;天津恒瑞塑胶机械有限公司在K2010上展出了HRPC—760型三层共挤免除湿干燥片材生产线。

(2)EVA太阳能封装膜技术。我国有多家企业推出了成熟的EVA太阳能封装膜生产线。新乐华宝机械公司成功地为国内外客户提供多套不同宽度的EVA太阳能电池胶膜流延生产线,用于光

伏电池工业和汽车工业。生产线采用触摸屏控制，配有线速跟踪系统确保线性稳定，整体形成闭环系统。为方便售后服务，配有远程诊断功能。回火定型装置，采用烘箱定型，红外加热；输送采用防粘专用输送带，具有膜片跑偏校正功能。系统可以有效实现胶膜的良好定型，低收缩率，生产的制品收缩率可达3%～5%的高标准，并可根据客户要求定做成品宽度1 000～2 100mm 的不同规格和产量的生产线。汕头市海精科机械有限公司、南京越升挤出装备有限公司也能为客户提供高性能 EVA 太阳能封装片材生产线。

(3)在多层共挤吹膜领域，无齿轮挤出机以其优异的节能效果以及显著的节省空间广受关注，在国内市场已进入实际应用阶段。佛山捷勒塑料设备有限公司已成功售出第一条 7 层共挤高效节能吹膜生产线。该生产线配置 7 台螺杆直径 60mm、长径比 30 的无齿轮挤出机，配装德国包米勒高转矩电动机，生产线最大产量可达 450 kg/h；厂房占地面积显著缩小。

3. 挤出加工技术发展潜力无限

最近几年，我国挤出技术已在更多领域尝试全新的突破性发展。

华南理工大学瞿金平教授独创开发的超剪切塑化系统从 CHINAPLAS 2009、2010 到 K 2010 的现场展示，让业界看到了节约空间与高效塑化技术发展的无限潜力。北京化工大学杨卫民教授的“高分子材料先进制造的微积分思想”在挤出、静电纺丝等领域的应用试验，以及在纳米微层复合、轮胎等领域的应用探索，让业界可以期待更具魅力的未来应用前景。

同样不可忽视的是，具有优异节能效果的电磁感应加热技术，在我国市场发展快速。国内多个领先厂家已经开始提供配套电磁感应加热技术的标准机型。例如，在 CHINAPLAS 2010 上，青岛福润德塑料挤出技术有限公司展出了配备电磁感应加热技术的挤出机。

在配套技术方面，从挤出模头到各种辅助设备，我国自有技术都已取得长足发展，并获得全球市场的认同。在模头领域的最新技术——微层复合技术方面，浙江精诚模具机械有限公司以及北京化工大学都有全新的技术开发与应用。如，浙江精诚模具机械有限公司针对光学应用开发出全新的微层复合技术，北京化工大学则开发出流道均衡更易实现的纳米微层复合技术。

随着这些新技术的陆续产业化及我国企业质量意识的整体提升，我国挤出机生产企业将在越来越多、越来越广的领域探索全面的技术突破。

二、我国挤出加工技术新的突破点

尽管国内挤出技术在多个领域都已获得巨大成功，但也要看到，我国在许多方面与国际先进水平仍有相当大的差距。虽然我国在新技术方面的突破性进展并不落后于欧美国家，甚至我国很多公司都可以提供不亚于欧美公司的高质量产品，但中国制造的形象依然难以全面提升。我国挤出机行业究竟应该从什么方向实现全新的突破性发展？

(1)突破“低价格”。对于大多数塑料机械企业而言，尽管技术水平在不断提升，产品质量和可靠性也在迅速提高，与国际领先水平的差距迅速缩小，但在市场上却不能获得应得的利益，同时还常常被不同的国家“反倾销”。很多国内企业把竞争力主要定位在物美价廉上，而客户需要的不仅仅是能为其创造利润的低价格设备，还更加关注能为其稳定创造高效益的高性价比、高技术含量的高可靠性产品。如果我们把员工福利、环境代价等所有成本因素全部考虑进去，我们仍能有足够的合理利润，还能有同样的国际市场竞争力，才真见我国企业的竞争力。为此，我国挤出机行业在提升技术的同时，更要着力树立企业品牌与产品品牌，进入国际高端产品市场。质优(或者讲“物美”)一定不价廉，否则无从谈起依靠优质产品建立品牌的效果。

(2)突破“产业化”。最近几年，国际上陆续推出一些全新的挤出技术，如德国格诺斯塑胶技术有限公司的 MRS 挤出机。MRS 挤出机最初是针对 PET 加工而特别开发的，自 K 2007 首次与公众见面，经过3年的发展，2010年已经发展成一套完全集成的PET免干燥直接挤出系统，并已开发出回收PET瓶片直接加工高性能片材的生产技术。我国向来不乏全球领先的尖端技术，很久以前我国就有类似MRS原理的技术研发，然而，我国研发与生产经营脱节，产业化能力严重不足，在科研成果转化方面与发达国家存在明显的差距。我国多数科研成果难以转化为现实生产力已经成为制约我国技术水平整体提升的一个关键问题。建立以企业为主导，产学研用相结合的创新研发体制，加速科研成果的产业化是行业的当务之急。

(3)突破“新应用”。新应用是推动各个行业技术发展的最大动力，塑料机械行业也不例外。除新能源、汽车、包装、建材等热点市场之外，还有很多新的应用市场是挤出技术下一步发展的新领域，也是挤出机行业实现突破性发展的最大机遇。

三、挤出技术发展值得关注的几个方向

我国挤出机生产企业，在关注国内外新技术发展的同时，要特别重视以下几个方面的技术开发：

(1)应用技术研究。重点是对新应用市场的关注，如生物材料加工技术、太阳能等新能源应用技术、新型薄膜印刷电子加工技术、微层复合技术的工业化应用、多层共挤高阻隔包装技术等；建材市场的节能材料与阻燃技术；煤矿系统的安全配套输水、抽瓦斯等管材技术；回收材料的高值再利用技术等。

(2)新型挤出技术水平的提高。包括无齿轮挤出机、齿轮泵技术、电磁感应加热与红外加热、螺杆结构、减速箱等。

(3)对挤出加工过程中的冷却技术研究。尤其是薄膜、管材、片板材等生产线的挤出成型与后期冷却技术的研究。

(4)配套技术的研究。精密加料技术、温控技术、新的干燥技术等。

(5)系统集成化的研究。重视挤出加工技术与相应配套技术的全面集成，为用户提供全方位的解决方案。

(6)提升产品可靠性，重塑我国制造的形象。当然，这不是一家企业努力就可以实现的，而是需要整个行业的共同努力。

〔撰稿人：《CPRJ 中国塑料橡胶》杂志社 段庆生〕

高分子材料成型加工装备及技术的进展、趋势与对策

从世界范围看，推动高分子材料成型加工装备及技术发展的主要动力来源于：

(1)50多年来，高分子合成工业取得了很大的进展。例如，造粒用挤出机的结构有了很大的改进，产量有了极大的提高。20世纪60年代主要采用单螺杆挤出机造粒，产量约3t/h(对聚丙烯(PP)和高密度聚乙烯(HDPE)，下同)；70年代至80年代中期，采用连续混炼机和单螺杆挤出机造粒，产量约10t/h；80年代中期以来，采用双螺杆挤出机和齿轮泵造粒，产量可以达到40～60t/h。1950年，全世界塑料的年产量为200万t；20世纪90年代，塑料产量的年均增长率为5.8%，2000年增加至1.8亿t，预计至2015年将达到3亿t。此外，合成工业的新进展使得易于精确控制树脂的分子结构，加速了采用大规模低成本生产的进程。

(2)随着汽车工业的发展，汽车工业越来越重视节能、高速、美观、环保、乘坐舒适及安全可靠等性能指标，汽车工业规模的不断扩大和汽车性能的

不断提高带动了零部件及相关材料工业的发展。为降低整车成本及自重，提高汽车的有效载荷，增加塑料类材料在汽车中的使用量便成为关键。据欧洲塑料制造联合会（APME）统计，当前汽车中，每100kg的塑料件可取代200～300kg的传统零件材料（如钢铁等）。因此，汽车中越来越多的金属件由塑料件代替。此外，汽车中约90%的零部件需依靠模具成型，例如制造一款普通轿车就需要制造1 200多套模具。在美国、日本等汽车制造业发达的国家，模具产业超过50%的产品是汽车用模具。

（3）要处理好与可持续发展的相关社会问题，如环境保护；研发相应的关键技术，如材料的回收利用、降低CO_2的排放（即低能耗）、以丰富的非石油自然资源（如农业废料）制备具有优异性能的可重复使用或可降解的塑料等。

当前，高分子材料加工的主要目标是高生产率、高性能、低成本和快捷交货。制品方面向小尺寸、薄壁、轻质方向发展；成型加工设备方面，从大批量向较短研发周期的多品种转变，并向低能耗、全回收、零排放等方向发展。为此，高分子材料成型加工装备及技术的对策主要有：

（1）研发各种混合加工技术，如超临界流体（SCF）辅助微孔发泡技术，流体辅助注塑技术，反应或混合挤出与注塑集成技术，双螺杆挤出机化学反应与改性技术，模芯滑移注塑技术，成型加工中施加机械力（如超声振动），模内装配、涂覆、印刷层合技术等。

（2）研发复杂制品的成型技术尤其是注塑和吹塑技术，以适应汽车等工业对塑料件提出的愈来愈高的要求。

（3）研发聚合物共混和纳米复合加工成型技术，以提高制品的力学性能和功能性（如阻渗性能、导电性能等）。

（4）研发全电动注塑机和吹塑机，以降低能耗。

（5）根据造粒的高产量和成型加工的多品种两个主要发展方向，建立复杂加工技术和CAE网络，以取得高产量和高可靠性。

（6）研发各种在线检测、监测和控制技术。

一、超临界流体辅助微孔发泡技术

1. 微孔发泡塑料的产生和优点

20世纪80年代初，伊斯曼柯达公司就塑料材料的走向向麻省理工学院的Suh教授请教了3个问题：如何减少材料使用量，如何保持材料的物理性能，如何保持或改善加工效率。Suh应用公理设计技术（axiomatic design technique），提出了微孔发泡的概念。微孔发泡塑料通常是指泡孔尺寸为0.1～10μm、泡孔密度为$1\times10^{9}\sim10^{15}$个/cm^3的发泡塑料。其设计思路是制造一种泡孔直径比聚合物中所有已存在的微隙都要小的泡沫材料。研究结果表明，微孔发泡塑料的某些力学性能要优于普通发泡材料和不发泡材料。例如微孔塑料的冲击强度可比发泡前提高5倍以上，刚度/质量比可提高5～7倍。Collias等人制备了一种泡孔直径40μm的微孔发泡聚碳酸酯（PC），其缺口冲击强度比不发泡PC的冲击强度提高17倍以上。此外，与普通发泡塑料相比，微孔发泡塑料还具有更高的热稳定性、更低的介电常数和热传导性。因此，微孔发泡塑料被认为是21世纪的新型材料。

当前制备微孔发泡塑料的方法主要有4种：（热引导）相分离法、单体聚合法、超临界流体（SCF）沉析法和超饱和气体法。其中，超饱和气体法是当前最常用的方法，其基本原理是：聚合物在高压（6～30MPa）下被惰性气体（CO_2或N_2）饱和，形成聚合物/气体均相体系，再通过控制压力或温度，降低气体在聚合物中的溶解度，产生超饱和状态，使聚合物发泡。

2. 微孔发泡挤出技术

采用超临界流体（SCF）通过挤出方法连续制备微孔发泡材料，是当今国内外研究的一大热点。这种挤出方法的基本过程为：聚合物首先在挤出机内熔融塑化，然后把精确计量的SCF注入机筒内的聚合物熔体中，通过螺杆的剪切、混合作用，使SCF溶解在熔体中形成均匀的聚合物/SCF单相溶液，然后利用SCF在聚合物中的溶解度与压力和温度的关系，通过改变压力或温度使 SCF 从聚合物熔体中析出，从而形成足够数量的气核并控制其长大，最后流经机头成型流道成型为制品。形成均相的聚合物/SCF 体系取决于两个方面：一是合理地控制 CO_2 的注入量，二是提高体系的混炼程度。如果注入 SCF 过少，会降低泡孔密度，达不到所希望的制品质量降低率；如果注入过多的 SCF，超过 SCF 在聚合物中的溶解度，则无法形成均相体系。这样，会有气泡没有溶解在聚合物熔体中，导致最后在制品中形成大的气泡，破坏了制品的形态和性能。采用带有混炼元件的螺杆或静态混合器，可提高 SCF 的扩散和溶解能力，从而使 SCF 尽快进入聚合物基体中。压力和温度是影响成核速率的两个重要因素。压力降速率直接影响成核速率，压力降速率越大成核速率也越大。对于溶解热大于 0 的体系（如 PE/N_2），可通过快速降温使气体析出而生成大量气核；对于溶解热小于 0 的体系（如 PE/CO_2、PP/CO_2、PS/N_2）则相反。注入的气体量一定时，成核的数量越多，成核所消耗的气体量就越多，而用于泡孔长大的气体量就越少，最后泡孔的尺寸就会较小。为此，应使大部分气体量用于成核而不是泡孔的长大。在 PS 中加入少量（5%）的有机纳米蒙脱土（MMT），尤其当 MMT 呈剥离型时，可明显减小泡孔尺寸，提高泡孔密度。

2004 年，华南理工大学黄汉雄教授在美国俄亥俄州立大学做高级访问学者期间，与对方合作，对 SCF（CO_2）辅助纳米增强聚合物共混物的微孔/亚微孔发泡进行了研究。从混炼流场角度出发，通过改变 MMT 的含量，获得不同形态的共混物，以对共混物形态、MMT 分布和泡孔形态之间的关系进行研究。研究发现，通过设计合理的流场，可形成更多、更细的泡孔；采用低含量的 MMT，也可产生相同的效果，这与一般的预想（即较高的 MMT 含量可提供更多的成核位置）相反。在此基础上进行分析，认为发泡成核的最高效率出现在共混物两组分和 MMT 三者共存的界面处。但其机理问题很值得深入研究。

3. 微孔发泡注塑技术

微孔发泡注塑的原理和步骤与微孔发泡挤出的原理和步骤相似。与不发泡的注塑相比，微孔发泡注塑的注射压力可降低 48%，锁模力降低高达 80%（一般为 30%），并可以省去保压阶段，明显延长模具的使用寿命。由于在模具内气泡的生成和长大是一个吸热过程，所以可缩短成型周期，提高生产率。与不发泡注塑制品相比，微孔发泡注塑制品的尺寸精度高、翘曲低，可有效避免由于充模不足引发的凹陷。因此，微孔发泡注塑可大大拓宽微孔发泡塑料的应用领域，用于汽车、航空、包装以及其他制品表观性能要求高的领域。然而，不管是设备的改进还是工艺参数的优化，微孔发泡注塑都还有很多技术难题需要解决。

（1）微孔发泡注塑设备。自 20 世纪 80 年代以来，美国、德国和加拿大等国家先后开发出了多种微孔发泡注塑设备，并开展了微孔发泡注塑技术的研究。

1）早期的设备。20 世纪 80 年代初，Martini 等人在微孔发泡挤出技术的基础上提出了微孔发泡注塑的专利。熔体在模腔内的发泡过程由施加在移动板上的液压系统来控制。压力降速率与注射速度无关，仅受液压系统控制，因此易于控制气泡的成核过程。这种设备的缺点是只能用于简单制品的成型。

2）MuCell 微孔发泡注塑设备。美国 Trexel 公司提供的 MuCell 技术被认为是第一种适合市场推广的微孔发泡注塑技术。这种微孔发泡注塑设备在普通注塑机的基础上，改进了液压系统、控制系统和螺杆结构（混炼元件），SCF 注入口的位置随着往复式螺杆前后位置的不同而相应移动。这种设备能够保证聚合物/SCF 的均化混合，但结构较复杂，尤其是在注入 SCF 的控制方面。

3）微孔发泡注塑用特殊喷嘴。德国亚琛工业大学的塑料加工研究所（IKV）研发了一种带有特殊喷嘴的微孔发泡注塑设备。该喷嘴采用鱼雷体结构，在其内部镶有烧结的多孔金属块，SCF 直接从喷嘴注入，通过金属块的小孔进入聚合物熔体。

再通过静态混合器使SCF和熔体在进入模具前混合均匀，形成均相体系。这种设计的优点是，可采用普通注塑机，不需要改造螺杆和机筒，只需改造喷嘴部分就可使用，可大大降低投资费用，拓宽应用范围。

4) Ergocell微孔注塑设备。德国德马格欧冠（Demag Ergotech）公司开发的这种设备是在普通注塑机与喷嘴之间设置一个附加装置。这个附加装置包括SCF注入段、混合段和储料段，其中混合段内的动态混合器由液压马达驱动。这种技术的工作原理是：通过高压柱塞泵把SCF注入附加装置，经过其中的混合段后形成聚合物熔体/SCF均相体系；均相体系进入储料段后，由柱塞泵施加一定的压力以防止熔体提前发泡，直至开始注射为止。由于柱塞泵的活塞移动速度可以调节，所以可控制SCF的浓度，进而控制发泡的程度。高压柱塞泵仅仅在再填充阶段工作，因此除了止逆阀外，不需要其他阀门。这种技术的优点是SCF注入阶段与聚合物熔体注射计量阶段是分开的，因此可分别优化这两阶段的参数，如可在合适的参数（压力、速度、温度）下计量熔体，然后在有利于溶解SCF的条件（如高压、慢速）下将其注入，最后在适合于发泡的温度、压力等条件下，把熔体/SCF均相体系注入模腔。这种技术的缺点是需要设置一个附加装置，还需要改造控制系统和液压系统。

黄汉雄带领课题组成员，于2006年研制成功SCF微孔发泡注塑设备，已获得发明专利授权。该微孔发泡注塑设备的创新性在于把SCF计量和输送装置与混炼型自锁式喷嘴组件相结合，使SCF均匀地注入聚合物熔体内。

（2）影响微孔发泡注塑的因素。影响微孔发泡注塑的因素有注射速度、注射量、模具温度、熔体温度、发泡剂浓度和成核剂浓度等。生成大量均匀气核的必要条件是产生大且迅速的压力降，压力降速率高可产生大的泡孔密度。施加在熔体上的最小压力必须确保熔体在注射前保持均相体系。提高注射速度有助于泡孔直径的减小和泡孔密度的增大；注射速度还会影响泡孔分布的均匀性和发泡制品的表面性能。高的注射速度有利于形成均一的泡孔，并提高制品的表面光洁性。注射量是影响泡孔直径、密度以及制品拉伸强度较显著的一个因素。中等的注射量可产生最大的泡孔密度，注射量太大会产生高的成型压力并阻止泡孔成核，而注射量太小会降低成核密度。随模具温度的提高，泡孔尺寸增大，泡孔密度减小。均匀分布的泡孔尺寸和结构可以有效地提高发泡制品的冲击性能，而其拉伸强度的降低较小。添加MMT可有效控制微孔的成核和生长过程。在尼龙－6（PA－6）中加入剥离型MMT后，可明显减小泡孔尺寸，提高泡孔密度1个数量级，且泡孔分布更加均匀。对由33%玻璃纤维增强的PA－66成型的汽车发动机进气管密封垫（厚度3mm），采用微孔发泡注塑可使制品质量减轻5%～20%，锁模力从1 500kN减少至400kN，成型周期从18s减少至6s。

二、流体辅助注塑技术

1. 气体辅助注塑技术

早在1928年，霍布森斯（Hobsons）就获得了气体辅助注塑（GAIM）的专利，之后Ferromatik、巴顿菲尔（Battenfeld）、克罗斯玛菲（Krauss Maffei）、新普雷斯（Cinpress）、Maximator、GAIN等公司对GAIM技术进行了不断的开发和完善。

GAIM技术比普通注塑技术多一个气体注入阶段，由气体推动塑料熔体充满模具型腔。GAIM具有节省原料、减小锁模力、缩短冷却时间、防止制品缩痕、减少制品内应力、减少或消除制品翘曲、提高制品表面性能、提高生产效率、降低生产成本等优点。由于这些优越性，GAIM自20世纪90年代作为一项成功的技术开始进入实用阶段以来，得到了迅速的推广应用。但采用GAIM制作直径较大的管件时，壁厚较大，制品壁内部产生气泡的可能性随之增加。为避免这一现象，就要延长气体的保压时间或压力释放时间，这就延长了成型周期。因此，GAIM难以用于成型直径较大的中空制件。

2. 水辅助注塑技术

水辅助注塑（WAIM）是一种新型的中空或者

部分中空制品的成型技术。这种技术是在 GAIM 的基础上发展起来的。德国亚琛工业大学的塑料加工研究所(IKV)从 1998 年开始研发 WAIM 技术。德国 Sulo 公司是第一个实施这种技术的厂家,其于 1999 年采用 WAIM 技术成型了超市用全塑料手推车。当前除了 IKV 外,英国新普雷斯气辅注塑公司(Cinpres Gas Injection)、Alliance Gas Systems、巴顿菲尔(Battenfeld)、恩格尔公司和 PME 公司等也在制造 WAIM 的注水设备。黄汉雄带领课题组成员,于 2006 年研制成功 WAIM 设备,已获得发明专利授权。该 WAIM 设备主要由高压水形成系统、压力控制系统、温度控制系统、注水嘴、模具和注塑机组成。

开发 WAIM 技术的主要目的有:成型较大直径或薄壁制品,减少制品的冷却时间。

(1)优点。除了具有 GAIM 的优点外,WAIM 有一个突出的优点,即能够直接在制品内部进行冷却。水的热导率是 N_2 的 40 倍,焓是 N_2 的 4 倍,这样高的冷却能力可使 WAIM 制品的冷却时间降至 GAIM 的 30%~50%。除了明显缩短成型周期外,WAIM 能够成型壁厚更薄、更均匀的中空制品,使制品的设计和制造更为灵活,更加节省原料。水便宜,用水代替 N_2 还可降低成本。此外,水与气体之间的另一差异是气体具有可压缩性,而水不可压缩。因此,当水被注射入熔体内时,水的前沿就像一个移动柱塞作用在制件的熔体型芯上,从水的前沿到熔体的过渡段,固化了一层很薄的塑料膜,它像一个高黏度的型芯,进一步推动熔体,从而将制件掏空,成型内表面很光滑的制件。水压推动熔体前进的同时,还对其进行冷却。

美国 Engel 公司的研究表明,GAIM 的压力为 2~17MPa,而 WAIM 的压力通常能够达到 30MPa。此外,气体会渗入到聚合物熔体中,气体溢出后制品内表面会变得粗糙,而水不会。

(2)成型过程、方法和参数。WAIM 成型中空制品的原理与 GAIM 的基本相似,其过程由 5 个步骤组成:一是注射塑料熔体;二是注入水以推动塑料熔体型芯;三是保持水压(还可以不断注水);四是释放压力,通过重力或压缩空气将水排出,加工温度高时水蒸气的压力也可以排水;五是开模。

WAIM 有短射、回流注射、溢流注射和流动注射 4 种成型方式。WAIM 的成型过程较复杂,包括制品、模具设计和成型工艺,并且要研究不同材料(聚合物熔体和水)之间的动态相互作用,同时塑料熔体的流变性能较为复杂,实际生产中模具的结构与成型工艺较难把握,传统注塑机的设计理论和制造经验已不再适用。因此,对 WAIM 的成型过程进行研究,以获得工艺参数对 WAIM 的影响规律就显得很有必要。在 WAIM 的成型过程中,水的注入需要考虑的加工参数比较多,如熔体注射量、水注射速度、注水时间、注水压力、注水温度、延迟时间、保压时间等。注水压力的大小取决于塑料熔体的流动阻力和制品的几何形状。通常,理想的条件是注入低压大体积流量的水和保持适当的水保压时间。为了避免在喷嘴附近出现旋涡以及在模腔壁上形成波痕,应该从低压开始注入水,并要尽快达到正常的注水压力(25~30MPa)。

(3)应用。当前,WAIM 可以用于成型中空弯曲件、杆件、截面厚薄不同的复杂件、较大薄壁件,例如介质导管、汽车门把手、汽车顶梁、踏板、扶手、带支架的板件等制品的生产。PA、PP、PE、ABS、ASA、PBT 和 HIPS 等材料都可以用于 WAIM。WAIM 展现出的潜力已引起许多生产厂家的注目,欧美一些企业正在研究将 WAIM 应用到汽车、体育用品、娱乐用品、消费用品、家用电器和医疗产品等生产领域,同时进一步研究适用于 WAIM 的材料。

三、复杂制品的吹塑技术

吹塑的工业制件具有高度的整体性,综合性能好,附加值较高,成本较低,是一种高技术的制件,可代替塑料的注塑制件、热成型制件和结构发泡制件以及金属制件。因此,汽车配件等工业注塑制件越来越多地被由吹塑技术成型的制件所代替。此外,吹塑制件主要向大型化和复杂化等方向发展。例如,汽车保险杠是一种表面积较大、形状复杂的大型结构部件，同时还是一种重要的汽车外饰件，各国对汽车保险杠均制定了苛刻的安全技术标准。因此各大汽车公司均对保险杠进行了大量研究，当前保险杠主要由注塑方法生产。注塑保险杠的表面粗糙度要求和尺寸精度要求均较高，但由于保险杠的表面积、长度较大，因此采用的塑料相对分子质量不可过高，否则会影响保险杠的坚固性，受冲撞时易断裂，并且所需注塑压力高（ >100MPa），对模具和注塑机都提出了很高的要求，使保险杠的生产成本居高不下。随着吹塑装备技术的发展，采用吹塑成型生产保险杠成为可能。与注塑保险杠相比，吹塑保险杠的优点有：

（1）可采用高相对分子质量的塑料（如重均相对分子质量高达 35 万以上的嵌段共聚 PP 作为基础树脂改性的 PP/EPDM 共混物），从而明显提高保险杠的强度。

（2）吹塑保险杠可设计成双层壁的中空结构，从而具有很高的刚性和抗弯曲性能。

（3）吹塑保险杠表面不存在加强筋等所引发的塌坑等缺陷，故整体性能和平整性能较好。

（4）由于是在低压（ <1MPa）下吹塑成型，故保险杠中残余应力很小，抗冲撞韧性好。

（5）相对注塑模具而言，吹塑模具的价格要低得多，且易于更改制品外形设计。

（6）虽然双壁结构使得吹塑保险杠的质量要比注塑保险杠的大，但注塑保险杠需要和钢制的支承骨架组装在一起才能使用，而吹塑保险杠则是和一个由回收的废边料吹塑的塑料支承骨架组装在一起使用，故整个吹塑保险杠部件的自重和成本均比注塑保险杠的低。

综上，吹塑保险杠代替注塑保险杠已经成为一种趋势。

再以汽车内通风管和连接管等为例，其结构设计由功能性和空间的优化使用确定，故结构一般较复杂，多呈弯曲状。采用常规的挤出吹塑方法（即型坯挤出时只沿垂向下降，两半吹塑模具只沿横向移动）成型这类弯曲状管件时，由于型坯的平折宽度要比管件的投影宽度大，故会产生大量的飞边（其质量达制件质量的 2 ~3 倍，甚至更大），且夹坯缝也较长。为此，开发了真空牵拉式、机械手牵拉式和风动力牵引式等三维弯曲吹塑方法。

（1）真空牵拉式吹塑机械。在模具体的上端和侧面设置有滑块，模具体和各滑块可分别闭合和打开。首先，模具体闭合（此时滑块处于打开状态），机头成型的型坯进入模具上端开口处，设置在模具侧面的抽真空装置提供的真空吸力牵拉型坯，使其沿弯曲的模腔移动，同时从模具上端开口处注入空气，在型坯与模腔之间形成“气垫”。型坯达到预定长度时，型坯挤出和抽真空自动停止，滑块闭合，以封住型坯两端，然后通过机头芯棒内的进气杆或模具内的气针，注入压缩空气以吹胀型坯。冷却后，开模取出制件。

（2）机械手牵拉式吹塑机械。吹塑过程中，当挤出的型坯底部下降至光传感器处时，切断型坯，并通过机械手夹持垂直下移至模具中；接着，通过机械手的三维运动将型坯置于模腔内；最后模具体闭合，并通入气体将其吹胀。

（3）风动力牵引式三维吹塑设备。这是黄汉雄带领课题组成员于 2006 年研制成功的技术，已获发明专利授权。该设备主要利用风动力产生与控制装置形成的风动力牵引着型坯沿弯曲的模腔移动而成型为三维弯管，其结构较简单、制造成本较低、作业效果理想。

成型弯曲状管件时，与常规吹塑方法相比，弯曲吹塑方法有下述优点：

（1）弯曲吹塑的主要特征在于使型坯的形状和模腔一致，合模时仅在型坯两端夹坯，故可明显减少飞边。常规吹塑成型的一种通风管（包括飞边）的质量为1 020g，而弯曲吹塑成型的质量仅为 480g。

（2）成型相似的制件时，可采用较小的挤出机和型坯机头，吹塑机械的能耗较低。例如，对直径为 36mm、折宽为 240mm 的三维弯曲管件，采用常规吹塑时，挤出机和型坯机头的直径分别为 80mm 和 140mm，而采用风动力牵引式三维吹塑设备成型时，挤出机和型坯机头的直径分别只有45mm和18mm，因而可大幅度降低吹塑机的能耗（降低45%以上）。

（3）制件轴向不存在夹坯缝，明显提高制件的力学性能（例如强度）和使用寿命。

（4）对内部有流体流动的弯曲管道，轴向无夹坯缝还可改善其性能，因为有夹坯缝会引起流动不稳定或湍流。

（5）模具夹坯口刃较短，故要求的锁模力较小，可配备成本较低的合模系统和液压系统。

（6）因夹坯嵌块是模具的主要磨损部位，故夹坯缝长度短使得模具可采用成本较低的材料（例如铝合金）来制造。

（7）飞边量少，可减小清除飞边和回收破碎飞边等的工作量。飞边量少使得回收料加入量少，还可提高制件的性能。

（8）型坯直径仅比制件直径稍小一些，即型坯的吹胀比小，这可减少制件的残余应力和变形（尤其与注塑制件相比时）。

综上可知，弯曲吹塑能以较低操作费用成型性能较高的弯曲状制件。

四、聚合物共混和纳米复合加工成型技术

1. 聚合物共混物

对于不相容的聚合物共混物，分散相的形态是决定其最终性能的重要因素。其中，液滴状形态有助于提高韧性和表面改性，双乳液状形态有助于提高韧性和刚性，层状有助于提高阻渗性能，纤维状形态有助于提高强度和降低热膨胀性，共连续相形态有助于提高导电性和韧性。层状形态是指把阻渗性树脂（如PA、EVOH或PVDC）与基料（一般为HDPE和PP）共混，使得阻渗性树脂（分散相）形成许多非连续、面积较大的薄层（微米级）分布在基料（连续相）内，从而提高阻渗性能。而共混物形态取决于混合过程中各组分的热力学性能、流变性能以及所经历的流场。因此，研究聚合物共混物形态的形成机理，以得到预期的形态，对工业生产具有重要的意义。

虽然聚合物形态与性能研究受到了广泛重视，但与实际加工过程紧密结合的研究还较少。为此，研究聚合物及其共混物在实际挤出、注塑等过程（即在高剪切和拉伸流动场以及非等温条件下）中形态的演变，以及所获得的形态对聚合物及其共混物最终性能的影响，对指导聚合物成型加工、丰富其成型加工理论具有重要意义。前人较多采用密炼机和双螺杆挤出机来研究聚合物共混物的相形态演变，而采用单螺杆挤出机研究共混物相形态演变的报道比较少。从20世纪80年代至今，国外不少研究均表明，为使分散相能成层状分布在连续相内，分散相与连续相的熔体黏度比应接近1。黄汉雄带领课题组进行的研究发现，挤出机螺杆的混炼类型和强度对HDPE/PA-6共混物的微观形态有明显影响。例如，对黏度比为6的共混物，采用计量型螺杆时，分散相（PA-6）虽然沿流动方向排列，但还没能得到较充分的延展；而采用带剪切元件的混炼螺杆时，可使分散相成层状形态分布在连续相（HDPE）中。其中低剪切强度可使分散相成大量既薄又长的层状形态，分散相的厚度与长度之比可达1/100，高剪切强度会明显减小分散相片层的长度。也就是说，通过控制流场，黏度比远大于1的共混物也可以形成能大幅度提高制品阻渗性能的层状形态。

2. 聚合物基纳米复合材料

黄汉雄带领课题组进行的研究表明，挤出机（包括单螺杆挤出机和双螺杆挤出机）内的流场对聚合物基纳米复合材料的流变性能、微观形态和宏观性能有很大影响。与高剪切强度的双螺杆挤出机相比，混炼和高剪切强度螺杆更有利于纳米$CaCO_3$颗粒的细化和分布均匀。研究发现，混沌混炼流场有助于纳米MMT在聚合物基体中的分散和剥离。例如，对PP/MMT纳米复合材料，通过混沌混炼可使MMT的层间距增加至4.96nm（有机MMT的层间距为2.96nm）。

五、高阻渗性制品成型技术

1. 包装容器

近几年，包装容器的主要发展方向是提高其阻

渗性能和耐热性能，尤其在拉伸吹塑 PET 瓶方面。21 世纪初，人们对阻渗性 PET 啤酒瓶抱有很高的期望，认为啤酒不久就可采用 PET 瓶灌装，但现在发现比期望的要困难得多。实际上，2002 年全世界使用的2 500亿个啤酒瓶中，PET 瓶不到 0.1%。这样，吹塑厂家把力量转向开发果汁、碳酸饮料和热灌装产品等用的阻渗性 PET 瓶，容积范围主要集中在 200～1 000mL。这些产品对包装的要求比啤酒的低。通过提高 PET 瓶的阻 O_2 和 CO_2 的渗透性能，可延长货架期，保持饮料（如果汁、碳酸饮料和啤酒）的香味和营养价值。提高 PET 瓶阻渗性能的技术可分为 3 类。

（1）共注射拉伸吹塑。即把 PET 作为结构层，在内外 PET 结构层间设置阻渗性层，构成多层结构。当前约 70% 的阻渗性 PET 瓶采用多层结构。可作为阻渗性层的树脂主要是 MXD6 尼龙（日本三菱气化公司）和 EVOH（美国 Eval 公司）。MXD6 是透明的高阻渗性树脂，可承受热灌装的温度；EVOH 阻 CO_2 的渗透性能不仅比 MXD6 高，同时还具有极好的香味保存性。多层 PET 瓶可用于巴氏消毒处理。Eval 公司于 2000 年研发了第三代抗剥离型 EVOH，牌号为 XEP－567，与 MXD6 和以前的 EVOH 相比，这种 EVOH 与 PET 的粘合性更好。日本 Kureha 化工公司研制了一种新的聚酯，叫 PGA（polyglycolic acid）。与其他阻渗性树脂相比，PGA 的熔点与 PET 较接近，这简化了型坯的共注塑，可缩短注塑周期，提高制品性能。此外，与 EVOH 不同，PGA 在高湿度下的阻渗性能也不会明显降低。PGA 和 PET 构成的多层型坯可在一步和两步法注射拉伸吹塑机上进行成型，瓶子对 O_2 的阻渗性能要比 MXD6 与 PET 构成的多层瓶约高 10 倍。使 MXD6 与一种叫钴基氧捕捉剂共混，然后作为芯层拉伸吹塑的多层 PET 瓶，与 PP 阻渗性密封盖配合，可使果汁的货架期达 1 年。这是因为该氧捕捉剂可堵住外面 O_2 进入瓶内的通道，并平衡瓶内的 O_2。还可采用纳米复合塑料作为多层瓶的阻渗性层。

（2）表面涂覆技术。即在单层 PET 瓶的内表面或外表面涂覆极薄（有些厚度比人的头发丝的直径还小）的阻渗层。虽然可采用低成本的单层 PET 瓶，但涂覆设备的造价一般较高。可用于涂覆的材料有多种，包括无机材料和有机材料。

1）碳。法国 Sidel 公司的 Actis 冷等离子体技术，初始是为啤酒瓶而研发的，其在瓶子的内表面涂覆薄的碳层，可使阻 O_2 和 CO_2 的渗透性能分别提高 30 倍和 7 倍。该公司还开发了一种新的 Actis Lite 涂覆技术，用于要求较低（如果汁、碳酸饮料和热灌装产品）的 PET 瓶。日本有 4 家公司合作，开发了一种低温等离子体技术，可把一种叫“似金刚石的碳”涂覆在 PET 瓶表面，涂覆前不需预处理，涂层厚 0.02～0.04μm，可使瓶子对气体的阻渗性能提高 30 倍，产量为1 500～2 000个/h。

2）氧化硅（SiO_x）。采用特殊的等离子体技术，在 PET 瓶内表面沉积一层透明似玻璃的二氧化硅（SiO_2）薄层（厚 0.01～0.1μm），可使瓶子阻 CO_2 和 O_2 渗透性能分别提高 25 倍和 17 倍，成本比未处理 PET 瓶高 20%。SiO_2 涂层具有高的弹性（抗龟裂性），可保证灌装过程中瓶子发生膨胀和收缩时阻渗性能仍具完整性。由于涂层位于瓶子内表面，在灌装和运输过程中不会磨损。还可在 PET 瓶的拉伸吹塑和灌装工序之间，通过物理真空镀膜的方法，把 SiO_2 涂覆在瓶子外表面，产量可达20 000个/h。为防止涂层磨损，可在其上涂保护层。

3）环氧氨基树脂。把液态的环氧氨基树脂喷涂在 PET 瓶的外表面，然后置于烘箱内进行交联固化，所形成的厚 1～6μm 的交联层有光泽，对 CO_2 和 O_2 有很好的阻渗性能，瓶子可进行巴氏消毒处理或热灌装果汁，货架期可延长 2.5～3 倍。由于涂层树脂润滑性好，这种技术连续涂覆时，产量可达45 000个/h。

4）燃烧化学蒸汽沉积法。该技术采用有机或无机阻渗性材料，首先把低蒸汽压力的涂覆溶液喷成雾状，然后通过火焰使之干燥并同时固化，涂层不会影响瓶子的透明性。与其他涂覆方法相比，此技术不需真空箱，操作较简单，成本较低，是环境友好型技术。

(3)共混法。即把 PET 与高阻渗性树脂(如 EVOH)或如上述的氧捕捉剂或这二者进行共混,然后注塑成单层型坯,拉伸吹塑成瓶子。这种方法既不需要多层共注塑工艺,也不需涂覆设备,瓶子设计的自由度较大,但合适的阻渗性树脂价格较高。

2. 工业制件

在工业制件的吹塑方面,除向大型化(如宽窄板状制件)、复杂化(如汽车上管件和其他三维制件)方向发展外,另一发展方向是高阻渗性。美国(如加利福尼亚州)对汽车燃油箱的烃类溶剂渗透量提出了更严格的要求,规定在 15 年或行驶 241 350km 内,每次测试的烃类溶剂渗透量从原来的 2g 降低至 0.5g。多层(如 6 层)燃油箱是一种降低渗透量的主要解决方法。

有的厂家提出了一种新的思路,即在燃油箱的上部分焊接一个外壳,在燃油箱和外壳之间形成一个空腔,以收集从燃油箱渗透出的烃类气态物,并通过活性炭过滤器回收。这样,可降低对燃油箱阻渗性能的要求。该外壳可类似燃油箱,通过共挤吹塑的方法成型,层数可为 6,以 EVOH 为阻渗性层,但壁厚比燃油箱的小,从而成本较低。

六、全电动注塑机和吹塑机

传统的液压——机械式或全液压式注塑机在注塑机市场中一直占据主导地位,但已受到全电动注塑机的挑战。全电动注塑机是指注射装置的各个机构(注射、计量、射台移动)以及合模装置的各个机构(开模、合模、制品顶出)等所有运动轴均分别由独立的伺服电动机驱动,再通过丝杠和齿形带等进一步把旋转运动转化为直线运动。

与传统的液压式注塑机相比,全电动注塑机具有精密度高、速度快、注射性能稳定、设定的工艺条件重复精度高、能耗低(耗电量约为液压注塑机的 1/4 ~ 1/3)、耗水少(可比液压注塑机节水 90% 以上)、成型周期较短等优点。因此,全电动注塑机适于成型电子、电器、高清洁度的医用制品等高附加值的制品。例如,在洁净室中成型医疗制件和高精度制件(如精密电子件、IC 卡片、光学镜片和光盘等)。由于上述优势,近年来全电动注塑机得到了较快的发展,占据了一部分液压式注塑机的市场。

不过,全电动注塑机也存在一些不足或需要进一步解决的问题。由于全电动注塑机采用滚珠丝杠传递动力,滚珠丝杠的磨损必然会影响注塑机的性能。因此,要设法提高滚珠丝杠的使用寿命,即解决好磨损和润滑的问题。当前投入商业化应用的全电动注塑机的锁模力吨位大多较小,一般在 5 000kN 以下。此外,当前我国开发的全电动注塑机,其技术和结构大多数模仿国外机种,伺服控制器依赖进口,因此开发的设备成本高。

近 10 年来,已有多家公司研制出全电动挤出吹塑机。与液压驱动挤出吹塑机相比,全电动挤出吹塑机的造价要高些,但可节省能耗约 20% ~ 50%,降低维修费用约 75%,还可提高精度和重复性精度,改善车间的卫生状况和降低噪声,减少停机时间,提高瓶子的性能。正因为有这些优点,有些原来采用 PET 通过拉伸吹塑方法生产药品、化妆品等包装瓶的厂家,转向采用全电动挤出吹塑机生产 PETG 瓶。全电动挤出吹塑机已用于以 HDPE、PP 等塑料成型食品、化妆品、日用品和化学剂等的包装容器,容积范围为 100mL ~ 8L。有的厂家正在拓宽全电动挤出吹塑机的适应范围,如用于吹塑容积达 15L 的容器。

七、混沌混炼型低能耗挤出机

华南理工大学塑料橡胶装备及智能化研究中心以混沌对流为理论基础,研制成功混沌混炼型低能耗挤出机,可提供快速、高效的混炼,其混炼效率随混炼时间成指数增加。该混沌混炼型挤出机在原理上与当前国内外普遍采用的挤出机明显不同,产生了分散熔融和混沌混炼,节能效果特别显著。

通过在挤出机连续运转过程中的在线取样研究表明,采用普通挤出机时,物料在熔融段形成了“固体床—熔池”结构,即经典的马多克(Maddock)熔融模型;而混沌混炼型低能耗挤出机可逐渐打碎坚硬的固体床,使固体颗粒(或由若干颗粒组成的粒团)

分散在熔体流中,形成“固体颗粒—熔体混合物”。

理论研究表明,与经典的马多克(Maddock)熔融过程相比,分散熔融过程主要有下述优点:

(1)可加速物料的熔融,减少熔融长度,且螺杆转速越高,减少的幅度越大。

(2)可降低挤出机机筒表面处的黏性剪切应力。由于挤出机熔融所消耗的机械功率主要由剪切应力决定,这样可降低熔融所消耗的机械功率,且产量越高,降低的幅度越大。

(3)挤出机螺槽内物料的温度分布较均匀,且熔融段末端的熔体平均温度较低,尤其是产量和高分子材料幂律较高时。这是因为在分散熔融过程中,固体颗粒分散在熔体中,增加了固体与熔体之间的接触面积,加快了温度较高的熔体向温度较低的固体传递热量,固体成为熔体中产生的黏性剪切热的吸收剂。

(4)在Maddock熔融过程中,只有熔体发生适量的混炼,而在分散熔融过程中,熔体与固体颗粒均受到混炼作用,从而可明显提高混炼的均匀性,并进一步提高熔体的温度分布均匀性。

〔撰稿人:华南理工大学塑料橡胶装备及智能化研究中心　黄汉雄〕

中国台湾塑料橡胶机械产业现状与发展趋势

一、塑料橡胶机械产业现状

1. 中国台湾现状

经历了2008年下半年开始的全球金融海啸的冲击,2009年世界经济开始缓慢复苏,除了新兴国家和内需市场较大的国家保持稳定的成长外,欧洲、北美、日本等发达国家尚未明显地走出经济谷底。另外,许多外销型产业和出口导向型国家仍然面临出口不振的困境。

2009年,中国台湾塑料橡胶机械行业历经上半年的惨淡经营,下半年呈现迅速增长态势。业界估计,2010年中国台湾塑料橡胶机械行业有望回到2008年的光景。2010年1~3月,各厂家接单巨增,产能满载,急需招募员工和加班,以应对客户的交货期。据业界资料显示,订单主要来自从事电脑、通信、电子制造的大陆台商以及家电、汽车制造的大陆本地企业,海外订单则以印度、巴西、伊朗和东南亚等国家为主。

1999~2008年中国台湾塑料橡胶机械生产、出口、进口、需求情况见表1。2008年中国台湾塑料橡胶机械出口主要国家和地区见表2。2008年中国台湾塑料橡胶机械进口主要来源国和地区见表3。2009年1~10月中国台湾机械设备出口情况见表4。2009年1~10月中国台湾机械设备进口情况见表5。

表1　1999~2008年中国台湾塑料橡胶机械生产、出口、进口、需求情况

年份	生产		出口		进口		需求		外销比率(%)	进口设备占市场份额(%)	台产设备占市场份额(%)
	金额(百万新台币)	数量(t)	金额(百万新台币)	数量(t)	金额(百万新台币)	数量(t)	金额(百万新台币)	数量(t)			
1999	22 500	140 800	17 683	110 717	18 064	19 598	22 881	49 681	78.6	78.9	21.1
2000	27 000	160 780	22 003	136 662	18 751	22 550	23 748	46 668	81.5	79.0	21.0

（续）

年份	生产		出口		进口		需求		外销比率（%）	进口设备占市场份额（%）	台产设备占市场份额（%）
	金额（百万新台币）	数量（t）	金额（百万新台币）	数量（t）	金额（百万新台币）	数量（t）	金额（百万新台币）	数量（t）			
2001	26 300	144 300	22 327	121 217	8 942	15 994	12 915	39 077	84.9	69.2	30.8
2002	29 100	170 500	24 710	144 952	7 451	17 705	11 841	43 253	84.9	62.9	37.1
2003	31 500	179 600	26 393	150 517	18 104	27 269	23 211	56 352	83.8	78.0	22.0
2004	37 600	209 900	30 834	172 143	20 015	42 245	26 781	80 002	82.0	74.7	25.3
2005	37 200	193 400	30 448	158 637	9 690	32 603	16 442	67 366	81.8	58.9	41.1
2006	37 300	185 800	30 528	152 039	11 464	35 916	18 236	69 677	81.8	62.9	37.1
2007	40 200	200 600	32 910	164 340	10 220	41 868	17 510	78 128	81.9	58.4	41.6
2008	41 500	182 700	33 950	149 490	10 161	39 448	17 711	72 658	81.8	57.4	42.6

注：数据来源于中国台湾海关进出口统计月报，台湾区机器工业同业公会。其中：US $ =31.12NT $（2000 年），US $ =33.63NT $（2001 年），US $ =34.486NT $（2002 年），US $ =34.371NT $（2003 年），US $ =33.457NT $（2004 年），US $ =32.08NT $（2005 年），US $ =32.503NT $（2006 年），US $ =32.785NT $（2007 年），US $ =31.38NT $（2008 年）。

表 2　2008 年中国台湾塑料橡胶机械出口主要国家和地区

序号	国家（地区）	2008 年		2007 年出口额（万美元）	2008 年同比增长（%）
		出口额（万美元）	占比（%）		
	合计	108 183	100.0	104 587	3.4
1	中国大陆（包括香港）	33 999	31.4	39 132	−13.1
2	越南	8 020	7.4	6 855	17.0
3	泰国	7 077	6.5	5 734	23.4
4	印度尼西亚	5 564	5.1	3 928	41.7
5	印度	4 194	3.9	3 488	20.2
6	日本	4 141	3.8	4 362	−5.1
7	马来西亚	4 091	3.8	4 149	−1.4
8	土耳其	2 647	2.4	2 875	−7.9
9	巴西	2 588	2.4	1 582	63.5
10	美国	1 980	1.8	2 807	−29.5
11	伊朗	1 635	1.5	1 896	−13.8
12	德国	1 601	1.5	1 207	32.6
13	南非	1 150	1.1	769	49.6
14	俄罗斯	979	0.9	1 172	−16.4
15	菲律宾	920	0.8	840	9.5
16	澳大利亚	749	0.7	373	100.8
17	英国	674	0.6	373	80.7
18	意大利	556	0.5	283	96.8
19	西班牙	506	0.5	540	−6.2
20	韩国	503	0.5	759	−33.7

（续）

序号	国家（地区）	2008 年		2007 年出口额（万美元）	2008 年同比增长（%）
		出口额（万美元）	占比（%）		
21	加拿大	399	0.4	291	37.2
22	以色列	396	0.4	362	9.5
23	新加坡	396	0.4	499	-20.7
24	荷兰	257	0.2	316	-18.6
25	法国	241	0.2	157	53.5
26	其他	22 918	21.2	19 841	15.5

注：数据来源于中国台湾海关进出口统计月报，台湾区机器工业同业公会。

表 3　2008 年中国台湾塑料橡胶机械进口主要来源国和地区

序号	国家（地区）	2008 年		2007 年进口额（万美元）	2008 年同比增长（%）
		进口额（万美元）	占比（%）		
	合计	32 329	100.0	31 727	1.9
1	日本	10 686	33.1	11 393	-6.2
2	中国大陆（包括香港）	6 138	19.0	4 955	23.9
3	德国	5 295	16.4	7 600	-30.3
4	韩国	2 285	7.1	1 004	127.6
5	奥地利	2 091	6.5	219	856.3
6	美国	1 802	5.6	2 649	-32.0
7	意大利	845	2.6	587	-43.8
8	马来西亚	687	2.1	817	-15.9
9	瑞士	525	1.6	180	191.8
10	加拿大	347	1.1	276	25.5
11	新加坡	290	0.9	663	-56.2
12	法国	262	0.8	300	-12.6
13	荷兰	259	0.8	222	16.6
14	澳大利亚	247	0.8	149	65.8
15	泰国	53	0.2	38	38.9
16	印度尼西亚	45	0.1	11	324.8
17	其他	475	1.5	667	-28.7

注：数据来源于中国台湾海关进出口统计月报，台湾区机器工业同业公会。

表 4　2009 年 1～10 月中国台湾机械设备出口情况

序号	产品名称	2009 年 1～10 月出口额		2008 年 1～10 月出口额（万美元）	2009 年 1～10 月同比增长（%）
		金额（万美元）	占比（%）		
	合计	91 264	100.0	142 764	-36.1
1	工具机	14 058	15.4	32 310	-56.5
2	塑料橡胶机械	6 010	6.6	9 347	-35.7
3	特殊功能机械	5 874	6.4	10 955	-46.4
4	阀类	5 449	6.0	8 172	-33.3

（续）

序号	产品名称	2009年1~10月出口额		2008年1~10月出口额（万美元）	2009年1~10月同比增长（%）
		金额（万美元）	占比（%）		
5	流体机械	5 378	5.9	7 822	-31.2
6	轴承、齿轮、滚珠丝杠	4 201	4.6	6 110	-31.2
7	模具	3 394	3.7	4 412	-23.1
8	工具机零组件	3 170	3.5	6 028	-47.4
9	纺织机械（缝纫机除外）	2 975	3.3	4 172	-28.7
10	木工机械	2 943	3.2	5 335	-44.8
11	缝纫机	2 093	2.3	3 076	-32.0
12	造纸、印刷机械	1 413	1.5	2 149	-34.2
13	皮革与制鞋机械	394	0.4	742	-46.8
14	其他	33 912	37.2	42 135	-19.5

注：数据来源于中国台湾海关进出口统计月报，台湾区机器工业同业公会。

表5　2009年1~10月中国台湾机械设备进口情况

序号	产品名称	2009年1~10月进口额		2008年1~10月进口额（万美元）	2009年1~10月同比增长（%）
		金额（万美元）	占比（%）		
	合计	1 166 930	100.0	1 615 624	-27.8
1	特殊功能机械	101 937	8.7	450 552	-77.4
2	发动机及零组件	60 686	5.2	69 890	-13.2
3	泵、送风机、压缩机	56 598	4.9	90 756	-37.6
4	阀类	32 558	2.8	53 243	-38.9
5	工具机	27 711	2.4	140 056	-80.2
6	塑料橡胶机械	14 139	1.2	28 512	-50.4
7	纺织机械	13 643	1.2	27 870	-51.0
8	其他	859 657	73.7	754 745	13.9

注：数据来源于中国台湾海关进出口统计月报，台湾区机器工业同业公会。表中数据由于四舍五入，合计数有微小出入。

2. 其他地区现况

（1）德国塑料橡胶机械行业。2009年，塑料橡胶机械全年销售额同比下降40.0%；2009年上半年，出口额下降36.9%，除印度市场增长0.3%外，大部分出口市场均受到影响，中国市场下降34.7%，美国市场下降50.0%，俄罗斯市场下降41.9%。

（2）日本塑料橡胶机械行业。2009年，日本塑料橡胶机械出口额比上年下降38.75%。2006~2009年日本塑料橡胶机械生产情况见表6。

表6　2006~2009年日本塑料橡胶机械生产情况

年份	数量（台）	重量（t）	金额（百万日元）
2006	17 039	146 288	204 853
2007	15 937	143 030	176 624
2008	12 636	124 790	149 277
2009	4 896	52 455	64 488

（3）中国大陆塑料机械行业。2008年，中国大陆塑料机械产值246.05亿元，比上年增长11.52%；销售收入238.42亿元，比上年增长9.13%；出口额10.6亿美元，比上年增长3.13%，

产品主要出口巴西、印度、伊朗、越南和土耳其等国家和中国香港地区；进口额20.14亿美元，比上年减少28.87%，主要进口来源国和地区为日本、中国台湾、韩国和德国。2009年，注塑机出口量1.1万台，下降40.0%，出口额3.6亿美元，下降34.3%；进口量5 275台，下降49.1%，进口额5.2亿美元，下降42.4%。

二、发展趋势

1. 研究机构的看法

台湾工业研究院机械所。根据用户对产品的需求，注射成型机发展趋势是：

(1)轻——全电式和油电复合式——网络化。

(2)薄——高速射出——智能化。

(3)微小——微量射出。

(4)绿色——MuCell微发泡成型。

(5)精密——多色多材。

(6)高产能——轻量化成型。

(7)多样化。

德国塑料加工研究院(IKV)。注射成型机产业关键技术需求：

(1)新市场新应用开发。

(2)降低生产成本，缩短生产周期，减少生产工序(工艺整合)。

(3)节省能源。

(4)绿色工程，生物降解，发泡(轻量化)，省能源(全电动机)。

注射成型机产业技术需求指标：

(1)多色多材射出。

(2)光学射出(光学制品)。

(3)发泡射出。

(4)气辅/水辅射出。

(5)微射出(微模具加工制作)。

(6)生物降解射出。

(7)模内装饰。

(8)液态硅橡胶射出。

(9)粉末金属射出。

(10)全电式注射成型机。

2. 产业界的技术发展重点

(1)控制系统。PLC或PC－base的高阶智能型控制器，中央监控，网络联机，远程控制。

(2)机械结构。高刚性，定位精准，模板平行度要求高。

(3)射出单元。双金属料管组，无卤素塑料专用料管组，高应答性(射出加速度)，双色射出，全闭回路，精准的温度和位置控制。

(4)外围设备。自动化输送设备，多轴机械手，高性能模温机和真空机，影像质量监控装置，中央供料装置。

3. 市场需求趋势

(1)多色多材料射出。

1)双射座平行——模仁旋转。

2)双射座平行——模具旋转。

3)双色座L型水平射出。

4)双色座水平和垂直射出。

5)三色射出。

6)多料射出。

(2)省能源。以伺服电动机作为动力源的液压系统的优点有：

1)省能源，节省用电用水，符合节能减排要求。

2)回路简易化。

3)能持续长时间保持恒定压力。

4)易于操作，控制性佳。

5)高产出，高效率。

6)洁净且低噪声。

(3)各类型节能省电系统的比较。各类型节能省电系统的比较见表7。

(4)电动机与液力机的比较。电动注射成型机与液力注射成型机的比较见表8。

(5)IMD(In－Mold Decoration)模内装饰工艺。塑料模内射出工艺技术，是指将文字图案或图像置于塑料模内，作为成型工艺的一部分，制作成型制品。IMD一般分为：IMR(In－Mold Roller)2D，用于生产薄膜；IMF(In－Mold Forming)3D，多应用于生产曲面制品；IML(In－Mold Label)2D，应用于贴标。

表7　各类型节能省电系统的比较

项目	伺服全电系统	伺服液压系统	专用电动机变频系统	可变排量系统	定量泵传统系统
配备	伺服电动机	伺服电动机，液压泵，冷却器（极小型）	特殊变频电动机，液压泵，冷却器	AC电动机，反馈可变排量液压泵，放大板，冷却器	AC电动机+变频器，泵，比例阀，放大PF板，冷却器
优缺点	节能效果最好（70%～75%），全闭系统	启动速度快，节能效果好（65%～70%），半闭系统	启动速度快，节能效果一般（60%以下），精准度不高，专用电动机替代性差，受供货商控制	节能效果差（40%以下），半闭系统	反应速度慢，精准度差，已退出市场
厂商	日系供货商	东京计器株式会社、油研工业株式会社	大金工业株式会社	博世力士乐公司、油研工业株式会社	已退出市场
价格	价格昂贵	价格较贵	价格中等	价格较低	价格最低

表8　电动注射成型机与液力注射成型机的比较

项目	液力注射成型机	电动注射成型机
动力源	电动机带动，开机后有负载就要耗电	由4～5组伺服电动机带动，仅需同吨位液力机1/3的电力
油	需液压油才能做动作，且需定时更换	仅用润滑黄油
冷却水	油路循环温度持续上升，需冷却水	仅供料口下方有两个冷却水口需冷却，用水量仅为液力机的1/10
噪声	高	低
产品精度	油路惯性作用对模具产生冲击，影响产品精度	位置动作精准，产品精度高
模具保护	高压成型，对模具有惯性冲击，易损伤精密模具	高速低压成型，刹车定位精准，不易损伤精密模具
透明制品	油气挥发，易对透明料产品产生污染	无油气污染，非常适合制作环保医疗产品
保压效果	保压效果较佳，适合制作比较厚的外壳类产品	适合制作保压时间不需太长的产品
价格与维修费	低	高

注：当前电动注射成型机最大射出速度1 000mm/s。

（6）高速和精密注射成型。

1）射出全闭是指射出系统采用末端（作用器：射出液压缸）回馈伺服控制，使射出速度、保压、加料背压的精度更为精准。但是机器的如模缸、顶针、座缸等还得依靠其他控制方式驱动。

2）ACC（蓄压器或储能器）辅助快速射出控制。当射出速度需要的功率大于注射成型机的功率时，可以以ACC（蓄压器）辅助快速射出。但为有效控制射速，通常射出阀需搭配“全闭控制”或用“高速比例阀”；业界厂家多数采用MOOG、BOSCH等德国产的阀类，才能发挥其精确性能。

三、中国台湾塑料橡胶机械产业的未来发展策略

1. 差异化策略

客制化即为客户量身设计制造；自动化无人化，不仅省工省时，亦可提高效率和质量；专用机生产，为特殊工艺而开发设计的机器设备；整厂服务即一条龙服务；发展高端产品，在机器性能方面，向日本和德国学习。

2. 科研和创新

工程能力提升，招聘具有理论基础的研究生并善加培养训练；注重科学研究，争取政府研发经费的补助；产（产业界）官（政府）学（大学院校）研（研究单位）密切交流和合作，提升产品技术性能，增加产品的附加价值，增强国际竞争力。

3. 拓展国际市场

参加海外大型专业性展览会，利用网络营销提升公司形象和知名度；与国外大厂开展合作或建立策略联盟；重点开拓海外市场，尤其是金砖四国中的印度、巴西及俄罗斯市场，以及新兴市场，如伊朗、土耳其、越南市场等。

4. 两岸分工合作

从市场方面、生产制造方面、研究发展方面，分工合作和互补，创造双赢的局面。善加利用海峡两岸经济合作框架协议（ECFA）的契机，加速大陆市场的拓销和布局。

〔撰稿人：台湾区机器工业同业公会塑橡胶机械专业委员会　吴正炜〕

中国塑料机械工业年鉴2010

行业概况

阐述塑料机械行业各分行业的发展情况

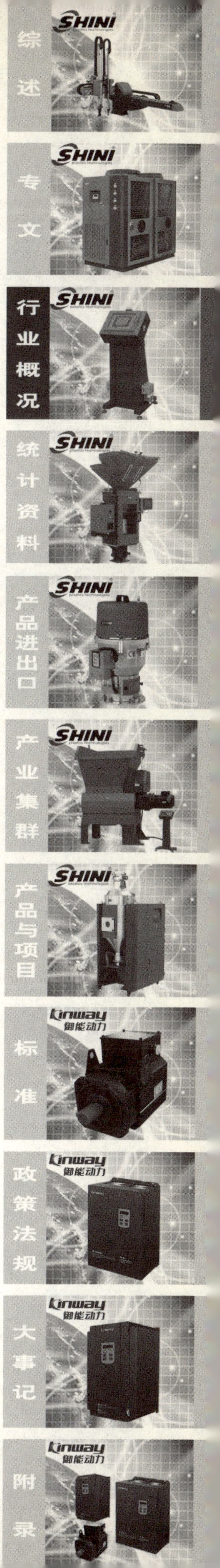

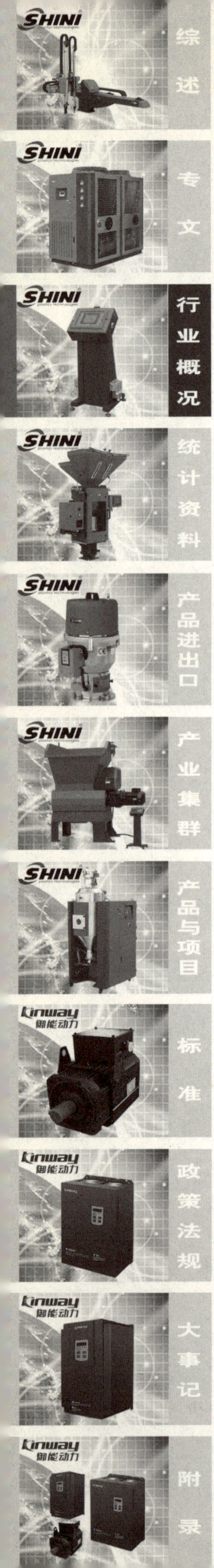

行业概况

塑料注射成型机
塑料挤出机
中空塑料吹塑成型机
塑料吹膜设备
塑料挤出发泡成型设备
塑料捏合混炼机
塑料圆织机
滚塑加工成型设备

塑料注射成型机

塑料注射成型机，又称注塑机，是塑料机械行业的第一品牌。从世界范围看，塑料机械的三大类品种依次是注塑机、挤出机（挤出生产线）及吹塑机，其产值合计值占塑料机械总产值的80%以上，其中，注塑机又占三大类产品合计产值的50%以上。我国塑料机械行业与世界塑料机械行业的产品构成大致相同，注塑机是塑料机械行业产量最大、产值最高、出口最多的第一大类产品。

经过50多年的发展，注塑机已成为塑料原材料工业和塑料制品加工业以及航空航天、国防、石化、海洋、电子、光电通信、建筑材料、包装、电器、汽车及交通车辆、农业、轻工业等国民经济各领域及战略性新兴产业的重要技术装备。自2001年以来，我国塑料机械产量连续10年位居世界第一，其中，注塑机功不可没，在产量上也实现了“十连冠”。

一、“十一五”时期我国注塑机行业发展亮点

“十一五”时期，是我国塑料机械行业发展史上极不平凡的5年，也是我国注塑机行业实现跨越发展，取得可喜成就的5年。面对国际金融危机的巨大冲击，面对印度对我国注塑机反倾销的不利影响，面对要素制约、原材料价格大幅波动、人民币升值等严峻形势，业内企业积极应对危机和挑战，深入实施自主创新战略，扎实推进转型升级，整个行业实现了持续快速发展，为“十一五”画上了圆满句号，为迈进“十二五”奠定了良好基础。

1. 综合实力实现新跨越

2010年，注塑机行业工业总产值达到294.74亿元，比上年增长67.5%，是2005年的2.2倍；工业销售产值达到291.78亿元，比上年增长72.6%，是2005年的2.3倍；出口交货值达到38.72亿元，比上年增长39.8%，是2005年的1.8倍。2005～2010年注塑机行业主要经济指标完成情况见表1。

表1　2005～2010年注塑机行业主要经济指标完成情况　（单位:亿元）

年份	工业总产值	工业销售产值	出口交货值
2005	132.22	125.99	21.11
2006	143.86	141.45	28.74
2007	175.02	170.40	35.48
2008	183.28	172.94	36.64
2009	176.01	169.05	27.70
2010	294.74	291.78	38.72

注塑机行业的持续高速发展，不仅强力带动了塑料机械行业的又好又快发展，而且支撑了塑料原材料工业、塑料制品加工业经济的快速增长，还有力地促进了汽车、家电等国民经济各行业的强劲发展。

2. 产业层次迈上新台阶

“十一五”时期，我国注塑机行业以加快转变经济发展方式和推进结构调整为先导，以科技创新为抓手，紧跟市场需求，加大产品创新力度，加快中、高端产品的开发速度，研发和生产了一批高效节能型产品，淘汰了一批低档次、高能耗的落后产品，产品的科技含量和附加值大幅提升，注塑机产品在精度、可靠性、节能环保等方面达到更高水平，得到了国内外市场的肯定。宁波海天塑机集团有限公司生产的MA伺服节能塑料注射成型机，经由清华大学、北京化工大学等9所高校和科研院所的院士、教授组成的专家组鉴定，并通过国家塑料机械产品质量监督检验中心的检测，评定结果认为，与传统液压注塑机相比，该产品依据制品的几何形状、制品大小各异，可实现节能率40%～80%，节能效果达到国际先进水平。

3. 创新能力有了新提高

据统计,“十一五”时期,注塑机行业拥有国家级企业技术中心1个,省市级企业技术中心9个,地区级企业技术中心6个;国家首批创新型企业1家,省市级创新型企业试点单位3家,地区级创新型企业试点单位5家。例如,宁波海天塑机集团有限公司技术中心被确定为国家级企业技术中心,公司2008年又被命名为全国首批创新型企业。佛山市顺德区震德塑料机械有限公司建立的环保节能型精密注射成型设备研发基地,被确定为教育部产学研结合示范基地,企业技术中心被确定为广东省级工程中心。广州博创机械有限公司技术中心被确认为广东省级企业技术研究中心,公司被广州市确认为创新型企业。广东伊之密精密机械有限公司技术中心被确认为广东省级工程中心、省级企业技术中心,公司还设有国家博士后科研工作站。宁波海达塑料机械有限公司技术中心被确认为浙江省级企业技术中心。这些企业技术中心建立后,进一步增强了企业的创新能力。据统计,注塑机行业攻克技术难题196个;申请国家专利427项,取得专利授权291项,荣获国家级科技成果奖8项,省部级科技成果奖21项。

此外,业内企业先后与清华大学、北京化工大学、华南理工大学、浙江大学等30多所高等院校开展产学研合作,建立了产学研机构12家,实施产学研合作项目38项。随着产学研合作的推进,不仅帮助企业培训了科技人才,而且加快了企业新技术、新产品开发能力,培育了新的经济增长点,提高了企业的核心竞争能力和长远发展能力,催生了一批原始创新、集成创新和消化吸收再创新的企业群体,为他们带来了更多的经济技术优势,促进了产业加快转型升级和经济效益的进一步提升。

4. 品牌工作有了新突破

“十一五”时期,注塑机行业在实施品牌战略方面实现了历史性的突破。2007年,注塑机行业首次荣获中国名牌产品3个,即宁波海天塑机集团有限公司生产的海天HAITIAN牌注塑机,佛山市顺德区震德塑料机械有限公司生产的震雄CH牌注塑机,东华机械有限公司生产的h牌注塑机;中国驰名商标1件,即海天HAITIAN牌注塑机商标。此后,又涌现出省部级名牌产品6个,地区级名牌产品5个,新增中国驰名商标2件,荣获省部级著名商标6件,地区级知名商标7件。

5. 标准工作有了新成果

技术标准是科学、技术和实践经验的综合成果,是技术创新和知识产权的最高表现形式,是提升产品竞争力的技术支撑。“十一五”时期,注塑机行业更加重视标准工作,在完善相关领域的标准体系,提高标准的时效性和配套性,强化标准对行业和市场的满足率,提升技术标准对行业科技创新的支持力度等方面,做了大量的工作,取得了明显的成效。据统计,“十一五”时期,注塑机生产企业参与制修订的国家标准12项、行业标准16项,是实施标准战略的最好时期。

6. 集群发展取得新进展

50多年来,特别是改革开放30多年的发展,在我国环渤海、长三角和珠三角三大区域,形成了10多个以专业生产注塑机、挤出生产线、双螺杆挤出机为特色的产业集群。其中,在长三角区域,形成了一批以专业制造注塑机为主的产业集群,例如,以生产注塑机闻名的宁波市,被授予“中国塑机之都”称号;注塑机产量最大的宁波北仑产业集群,入选中国社会科学院发布的“2008中国百佳产业集群”名单。在珠三角区域的广州、顺德、深圳等地,形成了多个制造注塑机产品的生产基地。当前,这些产业集群正在由“低、小、散”向“园区化”、“集群化”转变,正在形成特色发展、协同配套、生产规模大、科技含量高、竞争能力强的新优势。

7. 企业实力有了新提升

企业规模明显扩大,是“十一五”时期注塑机行业的一大亮点。据统计,2010年,我国塑料机械行业销售收入超过亿元的企业有25家,而从事注塑机生产的企业就占65%以上。其中,销售收入近100亿元的企业有宁波海天塑机集团有限公司,销售收入近20亿元的企业有佛山市顺德区震德塑料机械有限公司,销售收入5亿元以上、10亿元以下的企业有东华机械有限公司、广州博创机械有限公司、广东伊之密精密机械有限公司、浙江申达塑料机械有限公司和宁波海达塑料机械有限公司等。

8. 节能减排取得新成效

2009年7~8月,中国塑料机械工业协会组织行业专家进行了两次科学论证和集体审定,出台了注塑机行业第一部节能技术规范——《塑料注射成型机能耗检测和等级评定的规范》。此后,该节能技术规范在注塑机行业内正式实施。9月28日,协会与国家塑料机械产品质量监督检验中心一起,组织开展了第一批注塑机生产企业能耗检测和等级评定活动。通过检测表明,业内企业在研制节能产品、提升节能技术方面成果突出。其中,部分企业生产的注塑机产品不仅具有节能、精密、高效等特点,并且总体技术和整机性能已达到国内先进水平,某些产品的节能技术达到了国际先进水平。

9. 人才培育呈现新特点

"十一五"时期,注塑机行业通过多渠道吸引人才、多元化培养人才、多形式关爱人才、多举措激励人才、多平台成就人才等方式,认真抓好经营管理、专业技术、操作技能三支人才队伍的建设。据初步统计,截至2010年底,注塑机行业拥有科技人员3 000多人,其中,从事产品研发的科技人员2 000多人;培训科技人员5 750人次,培训技术工人26 735人次,为进一步提高人才素质发挥了重要作用。

10. 产业发展迈上新征途

"十一五"时期,国务院及政府部门更加重视塑料机械行业尤其是注塑机行业的发展。2009年5月,国务院颁布的《装备制造业调整和振兴规划》将塑料机械工业的"塑料成型机械"等多个产品列入发展重点。这是新中国成立以来塑料机械行业第一次被列入装备制造业发展规划,第一次上升为国家战略产业,成为塑料机械行业发展史上的重要里程碑。2010年5月,国家工业和信息化部发布的《装备产业技术进步和技术改造投资方向(2010年)》又将节能塑料橡胶注射成型机、大型高效二板注射成型机、全电动塑料注射成型机等8种重点产品列入其中。这些重大战略的出台和实施,为加快推进注塑机行业的发展,提供了难得的有利条件和重要机遇。此外,"十一五"时期,党和国家领导习近平、回良玉、张德江等同志曾先后视察注塑机行业的龙头企业,对塑料机械行业的发展寄予厚望和重托。

二、"十一五"时期我国注塑机行业产品创新情况

"十一五"时期是我国注塑机行业产品创新力度最大、成果最多、效果最好的时期。业内企业紧紧把握自动化、智能化、精密化、绿色化的方向,先后研发和生产了一大批高新产品,提升了产品的质量和档次,为推动相关行业的转型升级,推动塑料加工等行业经济总量的大幅增长,促进国民经济平稳较快发展和人民生活的提高发挥了积极作用。

1. 宁波海天塑机集团有限公司产品创新

宁波海天塑机集团有限公司(以下简称海天集团)推出了一系列高技术含量的注塑机,覆盖了塑料制品加工工业的各个领域,可满足各类生产厂家对批量化塑料制品生产及精密制品生产等的不同需求。

(1)长飞亚电动注塑机系列。长飞亚VE系列电动注塑机系引进德国设计技术,在国内加工和装配的产品,科技含量高。锁模力400~4 100kN,该产品集当今最先进的控制技术和优异的成型专业技术于一体,融合人性化设计理念,具备节能环保、高效精密、响应敏捷、运行可靠等优秀性能。

(2)新一代天智PA连杆机。该产品在继承MA机型所有优点的基础上,把"节能环保、精密高效"的设计理念推向一个新的高度。该机型在连杆机构、主要关键零件、电液控制等方面,对MA机进行了全方位的优化提升,锁模力600~10 000kN。其中,小型机锁模力600~4 500kN,采用优化合模单元,配以单缸注射结构,结构紧凑,运行平稳可靠,节能高效,适用于较高精密度塑料制品的成型

加工。大型机锁模力5 300 ~ 10 000kN，采用二板机结构设计，锁模力重复精度高；直线导轨和移动模板微调机构，实现了二板机任意位置的可靠抱闸，为电液复合机领域注入了新的生机和活力。

(3)新TA电液复合式小型直压注塑机。该产品性能优势介于传统连杆机与全电动注塑机之间。整机采用电液复合式直压锁模单元搭配单缸一线式注射单元，外形美观、结构紧凑、节能高效，适用于尺寸精度、表面质量、成品率和重复精度要求高的产品的成型加工，比如IT电子类、包装类产品等。

(4)IA全新系列双色机。近年来，随着客户对制品色彩丰富性的要求越来越高，多组分注塑技术在全世界得到了迅速发展和广泛应用。海天集团从20世纪90年代开始对多组分技术和产品进行研发以来，至今已经取得丰硕成果。2010年，对IA多组分机进行了全新升级，新机型具有性价比更高、模块化程度高、整机简洁美观等特点，更适合双色机小批量个性化的市场特点。IA新系列主要包含6大类近20个标准机型，锁模力1 200 ~ 14 000 kN，覆盖了绝大多数双色机客户的需求。

(5)IA大型水平旋转双色注塑机。该产品主要应用于汽车、家电等行业。研发思路是向大型化、高性能、个性化、专用化发展，在打破国外垄断、降低客户投资成本等方面迈出了坚实步伐。

(6)天隆MA/mcf微发泡注塑机。2010年底，海天集团与拥有微发泡技术专利的Trexel公司正式签署合作协议，并成功推出由Trexel公司专利授权、海天本地化研发生产的MA3200/1700微发泡注塑机。该产品在标准MA机的基础上，增加了微发泡专用设备，如螺杆、料筒、气体注射器、超临界流体控制器和专用微发泡控制界面系统，同时也可在已有的注塑机上进行升级。升级为微发泡专用注塑机之后，仍可以方便地切换回传统注塑，用户可以根据需求灵活安排生产。另外，Trexel公司专利授权海天本地化生产微发泡注塑设备，大大降低了设备成本，原先难以进入的白色家电、消费品等行业，现在都可以应用微发泡注塑机实现技术突破。可以预见，微发泡技术在国内注塑机市场将得到迅速的扩展。

(7)HA稀石专用双工位成型机。海天集团自行研制的HA稀石专用双工位成型机，采用注射成型方法，配置一套注射装置和两套合模装置，注射装置在两套合模装置之间往复移动。当其中一副模具处于制品加热固化的等待阶段时，注射装置移动到另一副模具处注射制品，两副模具交替工作。同时还可针对不同制品的成型特点，设计更多的模具工位。2010年底该产品移交给客户，经生产实践和考验，不仅比通常的成型机效率提升1倍，同时还可提高制品质量与成品率以及安全性能和经济效益。该产品特别适用大批量制品生产，广泛应用于电子、家电、卫浴及食品器皿等行业，具有良好的市场前景。

(8)天剑PL/j系列伺服节能注塑机。“天剑塑机”是海天国际旗下的三大品牌之一。该系列注塑机以“客户利益最大”为出发点，借鉴和吸收了天隆MA系列多年的节能技术经验，产品有着优越的节能效果。2009年，经国家塑料机械产品质量监督检验中心检测，评为1级能耗(≤0.4kW·h/kg)。该产品采用闭环控制系统，具备高效和精密等性能，拓宽了生产工艺范围，提升了制品的良品率。

2. 佛山市顺德区震德塑料机械有限公司产品创新

佛山市顺德区震德塑料机械有限公司在技术上锐意创新，每年均派技术骨干出国考察先进企业，参加国内外相关展览会，开拓视野，加速与国际领先技术接轨。2007年，公司与国外高端专业公司合作，研发出SM—P系列非线性全电动注塑机，实现了国产全电动注塑机技术的重大突破。该机型具有节能、节水、超静、精密、高速等特性，整机性能达到国际先进水平。2008年，公司积极落实国家环保节能政策，新开发了EM—SVP系列伺服泵节能注塑机。这是继变量泵、全电动注塑机后，又一项具有显著节能效果的注射成型设备。

佛山市顺德区震德塑料机械有限公司与华南理工大学、北京化工大学、中国香港生产力促进局保持密切合作，不断开发新项目，提高产品技术含量。2007年与华南理工大学合作完成了顺德区产学研项目“注射成型设备节能降耗关键技术及产业化”。2008年，以佛山市顺德区震德塑料机械有限公司为主要承担单位，与华南理工大学、广东锻压机床厂有限公司、广东丰凯机械制造有限公司共同承担了广东省重大科技专项产业共性技术“面向机械装备的大功率伺服系统关键共性技术研发及产业化”项目，该项目得到广东省科技厅、佛山市科技局的高度重视，是广东省重点科技项目之一，2009年2月正式启动运作。2009年，公司还与北京化工大学签订了科技特派员协议。公司通过有效利用外部各方面科技资源，获得最佳的开发质量和效果，使公司的产品技术一直走在行业前列。

3. 东华机械有限公司产品创新

东华机械有限公司开发了伺服液压注塑机、发泡专用注塑机、直压伺服注塑机、管接头专用注塑机、全电动注塑机等系列产品。2007年，东华注塑机荣获“中国名牌产品”称号。2009年，公司研制成功Se绿箭伺服节能注塑机。Sc系列注塑机与传统注塑机相比，具有响应速度快、低速稳定性高、制品重复精度高等优点，同时可节能25%～85%，能为用户提供更节能、更精确的注塑方案。高效环保薄壁大容量餐盒注塑机荣获“广东省高新技术产品奖”。2010年，“化学发泡预压高速注塑成型方法”荣获东莞市专利优秀奖。

4. 广东博创机械有限公司产品创新

广东博创机械有限公司是专业设计、制造、销售高精密节能环保注塑机的高新技术企业，拥有自己的品牌（注塑机）和商标（博创）以及自主知识产权。公司拥有近100种规格型号的注塑机，产品锁模力100～45 000kN，注射量25～80 000g，可满足客户个性化的需求。其中，技术同步领先的有BT挑战者系列、BH混合动力系列、BS伺服节能系列、BU威龙二板机系列和BM多色机系列。

2007年，广东博创机械有限公司研发成功大型液压注塑机，小型精密注塑机，伺服电动机动力系统注塑机，电熔胶技术、高效节能精密注塑机BT650V—Ⅱ、BT780V—Ⅱ，机铰耳模板一体化注塑机BT1000V—I、BT1380V—I；完善了BM系列、BH系列和多色系列注塑机。2008年，研发成功大型BU1300威龙二板机、BS系列伺服节能注塑机、60 000gPE管件注塑机、BT480UPVC自动拆拉杆注塑机。2009年，研发成功BSⅡ和BSⅢ捷龙系列和BU威龙系列注塑机，其中BS捷龙伺服注塑机比传统的定量泵注塑机节能高达35%～75%；公司还研发了挑战者系列BTⅢ、BM多色及一机双模系列注塑机、BH液电混合动力HYBIRD系列注塑机。精密光电制品注射成型机被列入国家重点新产品计划，BTV高效精密注射成型机获广州市科技成果奖，“四物料共塑精密成型装备研发及产业化”荣列广东省省部产学研科技计划项目，“高精密绿色环保双物料注射成型设备”荣列广东省技术创新项目。

5. 宁波市海达塑料机械有限公司产品创新

“十一五”时期，宁波市海达塑料机械有限公司成功推出了HD2000大型注塑机，自主开发了HDH300直压式注塑机，又系列化设计了HDH108和HDH150两种直压式注塑机。其中，HDH300直压式注塑机产品通过了宁波市科学技术局主持的新产品鉴定。2009年，公司成立了省级科技创新开发中心，投入750多万元创新开发资金，自主创新研发高效节能的注塑设备，优化升级已有产品，2009年申请专利12项。

2009年以来，公司抓住家电、汽车下乡的政策机遇，自主研发制造了家电、汽车塑料件所需的加工注塑设备。针对国家节能、环保政策，该公司还研发制造当代节能技术领先的伺服电动机驱动液压泵的自适应节能系统，创新解决了实际运行中出现的技术性能难题，取得了节能和性能双赢。最大规格达到20 000kN锁模力的伺服电动机驱动注塑设备，居同行业规格之首，最大节能幅度达到60%。

针对精密塑料件的发展,公司研发了具有当代领先水平的锁模力1 000kN 的全电动注塑机,解决了高动态响应、塑化质量均一、计量重复精度、锁模力稳定性等关键技术问题,较大幅度地提高了整机精密注射性能。该机加工的成型平均值1.550 05g的PA66 材料小齿轮,标准偏差0.000 510 42g,优于国际同规格同类机水平。公司还与国际上著名的PET 成型设备研发制造商 SIPA 公司合作,研发出达到国际先进水平的 PET 瓶坯注塑机,同时,将创新的相关技术运用到普通 PET 瓶坯注塑机,提高了普通机的技术性能。此外,公司不断开拓创新,研发出七支点肘杆合模机构,改进了五支点肘杆合模机构存在的不足,从根本上提高了肘杆合模机构的性能。

6. 其他公司产品创新情况

广东伊之密精密机械有限公司:2006 年,A2 系列闭环控制精密节能注塑机全面推向市场。2007 年,高速精密闭环直压式注塑机列入 2007 国家火炬计划项目,改善和提升了 SH 系列产品性能。2008 年,在 CHINAPLAS 上海展上展出了伺服电动机驱动注塑机和高速直压注塑机。2009 年,研制成功国内首台镁合金半固态注射成型设备,并通过国家科技成果鉴定。

浙江申达塑料机械有限公司:手机专用注塑机、伺服节能注塑机、全电动注塑机。

无锡格兰机械集团有限公司:3350T 二板式超大型伺服节能注塑机。

回顾“十一五”,我国注塑机行业亮点纷呈,产量和效益不断刷新纪录,创造了让世界瞩目的新成就,展现出千帆竞发、奋勇争先的发展态势。

当然,注塑机行业发展中不平衡、不协调、不可持续的问题依然突出。主要是:企业的科技投入不足,科技创新能力不强,产业结构不合理,转型升级的步伐不快,产品的自动化、智能化程度有待提高,使命光荣,任务艰巨,为此要实现注塑机行业由大变强的目标,还有很长的路要走。

〔撰稿人:宁波海天塑机集团有限公司　高世权〕

塑料挤出机

我国生产的塑料挤出机类型主要有单螺杆挤出机、双螺杆挤出机、多螺杆挤出机、特殊类型挤出机、新型叶片式挤出机及混沌混炼节能挤出机等。塑料挤出机作为塑料机械的第二大类产品,产品产量占塑料机械产量的34%,随着塑料制品的不断开发和应用,这一占比呈逐年上升的趋势。

一、生产情况

2008 年下半年,虽然全球金融危机对我国塑料机械行业产生一定的冲击,但 2009 年我国塑料机械行业的经济运行整体仍呈现上升的走势。2007 ~2009 年我国塑料机械行业主要经济指标见表 1。2009 年塑料机械行业主要企业经济指标见表 2。

表 1　2007 ~ 2009 年塑料机械行业主要经济指标

指标名称	单位	2007 年	比上年增长(%)	2008 年	比上年增长(%)	2009 年	比上年增长(%)
工业总产值	亿元	267.73	20.96	267.36	-0.14	268.07	0.27
工业销售产值	亿元	260.61	20.61	251.89	-3.35	260.28	3.33
出口交货值	亿元	53.04	23.87	59.45	12.09	37.70	-36.59

（续）

指标名称	单位	2007年	比上年增长（%）	2008年	比上年增长（%）	2009年	比上年增长（%）
主营业务收入	亿元	256.51	18.94	247.78	-3.40	259.70	4.81
利润总额	亿元	22.34	22.88	16.25	-27.26	18.20	12.00
利税总额	亿元	31.14	21.74	23.74	-23.76	27.15	14.36
从业人员年平均人数	万人	5.39	6.73	6.07	12.62	5.60	-7.74
资产合计	亿元	255.77	20.58	286.78	12.12	315.39	9.98
负债合计	亿元	147.23	14.89	165.49	12.40	170.79	3.20
企业数	家	454	9.93	546	20.26	544	-0.37

表2　2009年塑料挤出机行业主要企业经济指标

序号	企业名称	工业销售产值（万元）	工业总产值（万元）	从业人员平均人数（人）
1	上海金纬机械制造有限公司	142 000	173 280	2 000
2	广东联塑科技集团	101 450	143 000	1 200
3	浙江金湖机械集团有限公司	45 650	65 000	1 100
4	大连橡胶塑料机械股份有限公司	45 320	48 000	800
5	江苏维达机械有限公司	20 800	19 800	450
6	潍坊中云机器有限公司	19 500	20 000	550
7	山东通佳机械有限公司	19 325	32 700	580
8	青岛顺德塑料机械有限公司	15 100	18 500	580
9	无锡康达塑胶机械有限公司	11 430	12 000	400
10	大连三垒机器有限公司	9 750	10 100	600

2009年，塑料机械总产量127 500台（套），比上年下降24.2%。其中挤出机产量44 625台（套），比上年下降17.9%，占总产量的35.0%。2007～2009年塑料机械分类产品生产情况见表3。

表3　2007～2009年塑料机械分类产品生产情况

产品名称	产量（台）			产值（万元）		
	2007年	2008年	2009年	2007年	2008年	2009年
合计	125 563	168 218	127 500	1 077 959	1 407 030	1 085 348
注塑机	67 979	89 379	62 565	273 558	359 676	251 771
挤出机	41 816	54 361	44 625	717 707	1 004 790	824 833
其中：塑料造粒机	7 753	10 079	7 580	69 538	97 354	73 216
其他挤出机	13 830	17 979	14 050	378 406	529 769	413 997
吹塑机	16 950	22 035	17 560	202 020	282 828	225 390
塑料中空成型机	3 283	4 268	5435	67 742	94 839	85 662
压延机	2 945	4 456	3 855	4 659	7 060	6 108
其他塑料机械	12 823	20 004	16 455	82 035	35 504	29 205

据有关统计数据，塑料机械行业销售收入5 000万元以上的生产企业有150多家，其中，注塑机生产企业约占40%以上，挤出机生产企业约占31%，压延机生产企业约占19%，其他塑料机械生

产企业约占10%。

二、市场及销售

2009年,挤出机行业产品销售收入968 001万元,比上年增长17%。2009年塑料挤出机行业主要企业产品销售收入见表4。

表4 2009年塑料挤出机行业主要企业产品销售收入

序号	企业名称	产品销售收入(万元)
1	上海金纬机械制造有限公司	152 486
2	广东联塑科技集团	100 100
3	浙江金湖机械集团有限公司	45 500
4	大连橡胶塑料机械股份有限公司	38 400
5	江苏维达机械有限公司	25 840
6	潍坊中云机器有限公司	17 600
7	山东通佳机械有限公司	16 160
8	青岛顺德塑料机械有限公司	15 280
9	无锡康达塑胶机械有限公司	10 200
10	大连三垒机器有限公司	8 585

2009年,塑料挤出机出口量15 370台(套),比上年增长1.67%;出口额29 887万美元,比上年下降21.2%;进口量1 210台(套),比上年下降12.5%;进口额50 941万美元,比上年下降20.1%。2009年,挤出机的出口量增长,进口量减少,出口量为进口量的近13倍,说明我国的挤出机产品有了很大的进步,正在逐步替代进口产品,并挺进世界市场。但进口额是出口额的1.7倍,又说明我国挤出机产品技术水平同国外挤出机相比,仍存在较大的差距,尤其是高端产品仍无法满足国内需要,产品结构和出口结构亟待提升。2007~2009年塑料挤出机产品进出口情况见表5。2009年塑料挤出机行业主要企业出口额见表6。

表5 2007~2009年塑料挤出机产品进出口情况

时间	项目	进口量(台)	进口额(万美元)	出口量(台)	出口额(万美元)
2007年	合计	1 592	52 519	13 237	26 973
	塑料造粒机	200	9 895	2 327	2 609
	其他挤出机	946	20 222	4 919	14 247
	吹塑机	290	16 190	5 010	7 577
	塑料中空成型机	156	6 212	981	2 540
2008年	合计	1 383	63 764	15 118	37 923
	塑料造粒机	174	14 547	3 381	4 005
	其他挤出机	756	20 222	4 563	20 916
	吹塑机	340	25 537	6 239	10 727
	塑料中空成型机	113	2 779	935	2 275
2009年	合计	1210	50 941	15 370	29 887
	塑料造粒机	128	12 434	2 383	2 726
	其他挤出机	775	18 778	3 717	14 289
	吹塑机	235	18 030	6 717	10 882
	塑料中空成型机	72	1 699	2 553	1 990

表6　2009年塑料挤出机行业主要企业出口额

序号	企业名称	出口额（万元）
1	上海金纬机械制造有限公司	20 550
2	广东联塑科技集团	15 350
3	大连橡胶塑料机械股份有限公司	12 740
4	浙江金湖机械集团有限公司	8 600
5	潍坊中云机器有限公司	6 840
6	江苏维达机械有限公司	6 600
7	山东通佳机械有限公司	5 860
8	青岛顺德塑料机械有限公司	5 280
9	无锡康达塑胶机械有限公司	4 530
10	大连三垒机器有限公司	3 585

三、技术发展情况

随着科技实力的增强，我国塑料挤出机行业的技术和产品水平与发达国家相比，差距越来越小。其中，某些技术和产品已达到世界先进水平，部分技术和产品水平位居世界前列。例如，华南理工大学聚合物新型成型装备国家工程研究中心发明的高分子材料动态塑化加工方法及设备，在世界塑料塑化理论和实践方面实现了革命性的突破，获得了十多项西方发达国家的发明专利。该中心发明的基于拉伸流变的高分子材料塑化加工技术与装备，是国内外高分子材料塑化加工和塑料机械领域的又一项重大创新成果，处于国际领先水平。北京化工大学研发的可视化挤出机、三角排列式三螺杆连续混炼机等科研成果，达到国际领先水平。北京化工大学与大连橡胶塑料机械股份有限公司等联合研发的20万t级的大型挤压造粒机组，打破了发达国家对我国数十年的技术封锁，使我国该类装备的设计和制造水平跻身世界前列。北京化工大学研发的精密挤出成型装备，在汽车燃油管、汽车液压管、医用导管等产品的生产中，得到成功的应用，在国际同类装备中位于先进水平。

2009年5月，塑料机械行业的挤压造粒机、塑料成型机等多种产品纳入国务院制定的《装备制造业调整和振兴规划》，列为装备制造业发展的重点产品。这是我国塑料机械行业发展史上的第一次，也是行业地位空前提高的重要体现，充分反映了塑料机械行业在国民经济中的重要作用。这势必对我国塑料机械行业的加快振兴，产生重大而深远的影响。

我国塑料机械的发展趋势是朝着组合结构、专用化、系列化、标准化、复合化、微型化、大型化、个性化和智能化方向发展，同时要满足节能、节材、高效的要求。

我国塑料挤出机行业“十二五”发展重点：

（1）精密挤出成型装备。瞄准欧洲先进企业的相关产品，重点研发具有国内领先、国际先进水平的精密挤出成型装备。

（2）节能型塑料挤出装备。鼓励采用基于拉伸流变的无螺杆塑化技术，低温、低压挤出加工及成型技术，智能化控制技术等有助于降低加工能耗的技术手段，研发节能型塑料挤出装备。

（3）大型塑料挤出成型装备。面向国家重大工程项目、支柱产业的重大需求，开发系列大型塑料挤出成型装备。重点研发：①与石化大型乙烯装置配套的20万t/a以上生产能力的挤压造粒机组。重点对大型叶片式挤压造粒装备、同向平行双螺杆挤压装备、双转子连续混炼装备、大型熔体泵、水下造粒装置、上加料系统、集散控制系统等关键技术进行攻关，开发替代进口产品。②大型电缆生产线技术。研发用于加工500kV及以上高压和超高压塑料电力电缆、海底光电缆以及35kV橡胶核电特缆等的重大专用装备，提升该领域的重大装备生产能力，逐步替代进口。③工程装备放大设计技术。研究用于高分子成型加工装备系列化设计和制造的工程装备放大设计理论和技术，并将研发成果用于石化行业的大型挤压造粒机组的研发，使我国在相关领域的设计和制造水平进入世界先进行列。④高速节能塑料挤出机组。生产各类管材、片板材、异型材产品，生产能力30～3 000kg/h，能耗小于0.35kW·h/kg。

（4）高分子材料高端制品制造装备。①微纳复合和微纳制造装备。围绕先进材料、微机电系统、微电子系统和航空航天等领域的重大需求，研发微纳复合和微纳制造装备。重点研发微纳复合装备、微挤出成型装备。②生物医学材料成型制造装备。③新材料制造装备。碳纤维预浸胶生产线，对位芳纶反应挤出生产线等。

（5）环境友好型加工装备。围绕绿色高分子及其复合材料的成型加工，开发系列聚合物绿色制备技术及装备。重点研发：①环保型高分子及其复合材料专用成型加工技术及装备，包括可降解高分子材料、塑料/生物质复合材料、高抑烟无卤阻燃材料、无重金属盐 PVC 等材料的成型加工技术及成套装备，为相关环保型绿色高分子材料制品提供加工装备。②高分子材料成型加工过程的绿色技术及装备，重点研发基于（CO_2、水等）环保发泡剂的成型加工技术装备、非溶剂复合成型加工等成套技术和装备。③循环再利用及无害化处理设备。

当前，我国既是塑料挤出机生产大国，又是塑料挤出机消费大国，但不是塑料挤出机制造强国，塑料挤出机水平与先进国家相比仍存在一定差距。我国塑料挤出机行业正在加倍努力，推进技术改造和升级，不断缩小与世界先进水平的差距，坚定地迈向塑料挤出机制造强国之路。创新发展，是我国塑料挤出机行业发展的必由之路。只有不断创新，拥有自主知识产权的核心技术，才能扭转我国塑料挤出机行业“总引进，总落后”的局面。

〔撰稿人：上海金纬机械制造有限公司　岳崇少〕

中空塑料吹塑成型机

一、发展状况

随着我国石油化工、汽车、食品、医药、日用化工和物流等众多行业的快速发展，塑料中空包装制品业发展迅速，带动了中空塑料吹塑成型机行业的快速发展，中空塑料吹塑成型机在我国已经形成较大规模的生产能力与市场需求。

2008 年以来，虽然受国际金融危机的影响较大，但是中空塑料吹塑成型机行业仍保持较快的增长速度，一些中空塑料吹塑成型机重点生产企业 2009 年产量及销售额均以 10% 以上的幅度增长，其中少数企业的增幅达到 20% 以上。

1. 生产情况

我国中空塑料吹塑成型机生产行业已经能够批量生产各种规格、型号的全系列吹塑机产品。产品除行销全国外，还销往许多国家和地区，我国已成为世界中空塑料吹塑成型机的重要生产基地。其主要产地集中在陕西宝鸡、广东开平、江苏张家港等地。其中规模较大的设备生产厂家主要有秦川未来塑料机械有限责任公司、香港雅琪集团广东开平塑料机械厂、苏州同大机械有限公司、张家港华丰重型设备制造有限公司及中山凤记机械有限公司等多家企业。秦川未来塑料机械有限责任公司、香港雅琪集团广东开平塑料机械厂及苏州同大机械有限公司 2009 年中空吹塑机销售产值均达 1.5 亿元以上，张家港华丰重型机械制造公司、张家港普信机械有限公司等销售额也在5 000万元以上。

规模较大的生产厂家中除秦川未来塑料机械有限责任公司是国有大型股份制上市企业外，多数为台资、港资、民营企业。各生产企业经过多年的创新、研发与扩展，已经形成较大规模的研发与生产能力，年生产、销售总台数1 200 ~ 1 500台，销售产值 9 亿 ~ 10 亿元，加上配套设备的销售产值共约 15 亿元，我国中空塑料吹塑成型机的产量已稳居世界第一。尽管少数中空成型机生产厂家的技术水平与产品质量已达国际一流的水平,但行业总体生产能力与技术水平与发达国家相比还有一定的差距,自主创新产品较少,品牌效应不强,产品的销售价格还远低于发达国家同类产品的水平。这还需要中空塑料吹塑成型机行业所有厂家共同努力,不断创新,强化品牌意识。

2. 研发成果及新产品

我国中空塑料吹塑成型机行业在产品技术创新与技术进步方面取得重大进展。近年来,秦川未来塑料机械有限责任公司、张家港华丰重型设备制造有限公司、香港雅琪集团广东开平塑料机械厂等企业相继推出1 000L容量的大型中空吹塑成型机。

秦川未来塑料机械有限责任公司:

秦川未来塑料机械有限责任公司主要研制、生产30~1 500L的大中型中空塑料吹塑成型机。公司生产的SCJ230系列大型中空成型机在国内同类产品市场中占有较高的份额,该型号的产品已生产150多台。该产品附带专用的径向壁厚控制系统,适用于单层及双层200L双L环化工桶生产。SCJC500×6多层燃油箱大型中空成型机组技术已经基本成熟,至2009年已生产7台机组,主要用于生产轿车用多层塑料燃油箱,在多层燃油箱产品替代进口方面做出了较大的贡献。2010年上半年,公司成功研制出SCJ1500大型中空成型机,可用于多种大型吹塑制品的生产。

香港雅琪集团广东开平塑料机械厂:

香港雅琪集团广东开平塑料机械厂主要设计、生产塑料瓶、塑料桶的高速中空吹塑机生产线。2009年,创新研制成功AE—70—TS电动吹瓶机生产线。该生产线突破常规设计,采用世界最先进技术,将传统的液压驱动更换为伺服电动机驱动,以国际著名品牌零部件组装而成,机器节能30%,且速度快、噪声小、无污染,可满足环保要求。AE—70—TS电动吹瓶机生产线结构新颖,外形美观大方,性能稳定可靠,操作容易、维修方便。此类型全电动吹瓶机生产线在国内尚属空白,国际上处于技术领先水平。此外,该厂研制的1 000L塑料桶大型中空成型机也有多处技术创新,主要用于1 000L IBC塑料桶以及吹塑托盘的生产。

苏州同大机械有限公司:

(1)苏州同大机械有限公司主要研发、设计、生产10mL~2 000L的全系列中空塑料吹塑成型机。2009年,公司研制成功我国最大的超大型中空成型机组——TDB—2000L高强度、高刚度吹塑托盘专用机,主要用于全系列的吹塑托盘以及超大型中空吹塑制品的高速生产。同时,公司还研发成功高强度塑料粉碎机、全自动脉冲式中空塑料上料机、混料机等国内急需的为超大型塑料成型机配套的辅机,并已与TDB—2000L机组配套成年产12万块高强度吹塑托盘的高速生产线。TDB—2000L超大型中空成型机生产线的研发成功,标志着我国超大型中空吹塑机组的研发水平已经跃上一个新的台阶,同时也为今后我国研发更大容量的中空吹塑成型机组积累了设计与制造方面的有益经验。该生产线已经申请国家发明专利8项,实用新型专利15项,外观设计专利多项。

(2)2010年上半年,公司首次研制成功的“动则灵”柔性曲环径向动态口模控制系统与静态芯模控制系统,具有其他类似控制系统不可比拟的优势,可有效实现对塑料型坯的多方向控制。这两种控制系统完全是我国工程技术人员的技术独创,已申请多项国家发明专利和实用新型专利。控制系统的口模柔性曲环直径范围150~850mm,可适应不同产品机型、不同吹塑制品对不同口模直径的要求,同时可实现对口模的柔性曲环2~16点的多点调整控制,调整控制点为16个点时,最多需要采用16组电液伺服装置进行控制,系统也可实现单独点的任意控制;具体控制点数主要根据吹塑制品的特点进行选择。芯模柔性曲环控制系统的控制点数多达18~36个,控制精度可达0.1mm以内。这两项高新技术的研制成功,代表我国中空塑料吹塑成型机的综合创新能力已经达到国际先进水平,同时也为今后我国研制开发各种异型的吹塑制品创造了有利的条件。另外,低成本、适用广泛的柔性曲环控制系统正在快速研制开发中。

(3)公司开展了液压系统伺服电动机与变量泵系统的研究,节能效果明显,与常规液压系统相比,单项节能30%以上。公司设计、制造的15L、30L、50L双工位高速吹塑机具有生产速度快、效率高,运行稳定,制品质量好,全过程自动化操作,节能效果明显,生产线配套完整等诸多特点,受到国内外高端吹塑制品客户的欢迎。

国内其他一些中空塑料吹塑成型机生产厂家在技术上也不同程度地取得了进步与突破。

三、发展趋势

我国中空塑料吹塑成型机市场以销售中低档次的一般机型产品偏多,而高速、稳定、节能明显的高档次生产线较少。从当前国内外市场发展的趋势看,由于塑料瓶、塑料桶、汽车配件和工业吹塑件等许多吹塑制品规模化生产的需要,各种大中小型高速、稳定、节能、辅机配套完善的全自动生产线将是未来几年的发展主流,需要引起相关企业的足够重视,加快技术创新步伐,以引领这一行业的市场潮流。

1. 大型、超大型中空成型机组、生产线

(1)吹塑托盘用大型中空成型机组、生产线。随着物流、食品、化肥、石油化工、日用化工、铁路运输与仓储、制药和饲料等行业的高速发展,必将带动托盘制造业特别是塑料托盘制造业的高速发展。

近几年,注塑托盘行业虽然获得了长足的发展,在技术上也已取得较大的进步,但由于注塑托盘的塑料原材料以及成型机理的固有限制,在使用环境温差较大以及高强度频繁使用的条件下,其使用寿命较短,容易掉块破损,影响操作人员的人身安全与包装物的安全。而高强度吹塑托盘具有高抗冲击强度、经久耐用等优势,被列为塑料托盘的首选,其市场需求年增长率在20%左右,而国内高强度吹塑托盘的年生产能力基本在100万块以内,远远不能满足市场的需求。

当前国内的多数大型中空成型机多以通用机型为主,既用于1 000L IBC塑料桶的生产又用于吹塑托盘的生产,设备产能不能充分发挥。为此,加大力度研制专业生产吹塑托盘的大型、超大型中空成型机组、生产线是行业企业的主攻方向之一。

(2)IBC塑料包装桶大型中空成型机组。国内已经有多家中空成型机生产企业可研发、制造1 000L IBC塑料桶的生产设备。各公司在设备的设计与制造上各有特点,但多以通用设备为主。当前国产1 000L中空成型机塑料型坯壁厚采用径向控制装置的较少,影响设备性能的发挥,值得引起国内大型中空成型机制造企业的高度重视。

(3)其他大型中空成型机。我国是一个具有多种气候环境条件的国家,各种不同使用要求的储水罐、储水箱均有较大的市场需求,值得引起国内大型中空成型机生产企业的重视,研发更加适应制品市场需求的超大型中空成型机也是发展方向之一。近几年,一些大型吹塑制品厂家联合设备生产厂家研究开发的专用储水箱、储水罐生产设备,其制品容积已经达到2 000L。这种产需双方的联合研发值得行业推广。

2. 多层中空成型机组、生产线

(1)汽车多层塑料燃油箱生产设备。秦川未来塑料机械有限责任公司研究开发的SCJ—500×6多层塑料燃油箱大型中空成型机组,技术已经成熟,已经生产7台机组供国内客户使用,在替代相关进口方面做出了较大的成绩。如果该机组采用国产的柔性曲环径向控制系统对塑料型坯的壁厚进行径向控制,将使该设备的技术水平达到一个更高的档次;同时也会使国产塑料多层燃油箱达到更高的质量水平。

(2)多层三维中空成型机组。当前国内中空成型机生产厂家已经具备多层三维中空成型机组的设计与制造能力,但是由于当前国内多层三维成型吹塑制品还未形成巨大的市场需求,故而这种高技术含量的中空成型机组的研发相对迟缓。随着国内轿车产业的发展与升级,将会助推这类中空成型机组的研究与开发。

（3）多层日用化工产品包装塑料桶、塑料瓶中空成型机生产线。多层塑料瓶、塑料桶中空成型机生产线的设计与制造技术已为多家中空成型机生产企业掌握。其中香港雅琪集团广东开平塑料机械厂研制、开发的多层塑料瓶生产线的生产速度较快，节能效果显著，其技术水平已经达到国际先进水平，设备已经出口到欧美等发达国家。苏州同大机械有限公司研制的4层塑料瓶高速生产线配套齐全，速度快，节能效果好，其多条塑料瓶、塑料桶多层中空成型机生产线已经出口到多个国家与地区。预计在未来几年内，塑料桶、塑料瓶多层中空成型机生产线将加快研发步伐，将特别关注模具配套、全自动去飞边、全自动贴标、全自动检测以及全自动打包等方面的研究，为吹塑制品厂家进一步减少生产线的操作人员提供技术支撑。

（4）多层化工塑料桶中空成型机组。当前秦川未来塑料机械有限责任公司设计、制造的SCJ—230×2双层大型中空成型机组主要用于生产200L系列的双层塑料桶，在国内双层200L塑料桶制品的设备市场占有较大份额。为了适应国内外大型吹塑制品厂家的需求，国内中空成型机生产企业将加强对双层、多层大型中空成型机组的研发工作，高速生产、高度节能、壁厚均匀、节约塑料原料，长期稳定运行将是这类设备的主要研发重点。

3. 其他特种吹塑中空成型机组

随着我国各行业的迅速发展，必然带动具有特种吹塑功能的中空成型机组的研究与发展，这种研发必然要求吹塑制品厂家与设备厂家开展紧密合作才能尽快取得进展。预计汽车、摩托车行业的一些特种吹塑制品的中空成型机组在未来几年将会获得技术突破，并且以较为合适的市场价格获得相关吹塑制品厂家的认可。

4. 电动型中空成型机组

近年来，电动型中空成型机组在吹塑制品的洁净化生产和节能方面具有较大的优势，其研发进展较快。对于一些需要高度洁净化的吹塑制品生产车间，电动型中空成型机组将是优先选择之一。当前大中型的电动型中空成型机组较为少见。随着对一些大中型塑料桶洁净化生产要求的提高，这类大中型电动型中空成型机的研制将可能加快。当前一般电动型中空成型机主要用于一些高端吹塑制品行业与需要高度洁净化生产的行业，随着设备制造成本的进一步降低将可能向其他吹塑制品行业推广。

四、展望

近年来，中空成型机设备制造行业获得了高速发展，取得了巨大进步，在我国的塑料机械制造行业中已经占有重要地位。随着各用户行业的快速发展，将继续推动中空成型机制造业的发展与进步。同时，由于国内地区工业发展的不平衡，中空成型机企业的研发与制造既要满足高中低不同档次设备的市场需求，同时更加注重研发、生产长期稳定运行、高效节能的专用中空成型机设备，为进一步拓展市场空间和进军高端产品市场奠定基础。

〔撰稿人：苏州同大机械有限公司　邱建成〕

塑料吹膜设备

一、行业基本情况

塑料机械是对高分子类新型材料进行成型加工的技术装备。随着高分子材料的性能、功效的不断开发与突破、高分子材料与其他材料（金属、木材、纤维、无机材料等)复合化的不断创新,以及塑料制品在制造业和生活领域中的广泛应用,塑料机械行业发展前景极其广阔,在装备制造业中占据非常重要的地位。

当前,我国塑料机械行业已经成为先进装备制造业的重要组成部分,并逐渐沿着节能环保的方向发展。截至2010年,我国塑料机械产业不仅在产品产量上实现了连续10年的世界第一,而且在科技水平和产业层次等方面也有大幅提升。

近年来,我国塑料机械产业在全球塑料机械行业由产业低端向中、高端的转变中,起着举足轻重的作用。在节能减耗方面,我国自主研制的伺服驱动注塑机,经国家质量监督部门鉴定,能够降低能耗35%~80%,节能效果达到国际先进水平。国产塑料挤出机产品在采用变频调速技术后,也能够降低能耗20%以上。

1. 全球塑料机械行业概况

据研究分析,2010年全球塑料机械的年需求量达27.6万台。从塑料机械价值量需求分析,全球对塑料机械的价值量需求将以每年3.5%的速度递增,2010年价值量需求达292亿美元,其中注塑机约占150亿美元、挤出机组(包括薄膜吹塑设备和中空成型设备)约占63亿美元、其他塑料机械约占79亿美元。预计到2015年价值量需求将达到346.81亿美元。

从整体上看,全球塑料机械的需求量呈持续增长趋势,某些国家增长较快。如中国、印度、巴西和俄罗斯的塑料加工设备市场销量前景看好;土耳其、捷克、伊朗及其他发展中国家和地区,得益于经济稳步增长、工业化进程持续推进以及个人收入增加,对塑料机械的需求也将持续增长。

2. 我国塑料机械行业概况

我国塑料机械产业起始于20世纪50年代末,从1958年上海塑料机械厂生产第一台塑料机械开始,经过50多年的发展,尤其是改革开放以来的快速发展,取得了长足的进步,我国已成为世界塑料机械最大的生产国,产量占世界总产量的25%。我国塑料机械产量的近一半销往国外,出口产品在发展中国家市场中占有相当的份额。近年来,我国塑料机械行业虽然保持稳定增长,但行业整体技术水平偏低,产业结构不尽合理,产品技术含量、附加值低,具体表现在我国塑料机械产品虽占世界总产量的25%,而产值仅占9%。2009年,受国际金融危机的影响,行业出口额出现一定程度的下滑。2006~2009年我国塑料机械各主要细分产品出口额见图1。

塑料机械的国内市场需求方面。我国作为塑料消费大国,年消耗量占世界第二,仅次于美国。随着我国经济的增长,塑料制品的需求量也随之增加,从而带动了塑料机械行业的发展。2006年~2010年1~9月我国塑料机械行业工业总产值见图2。

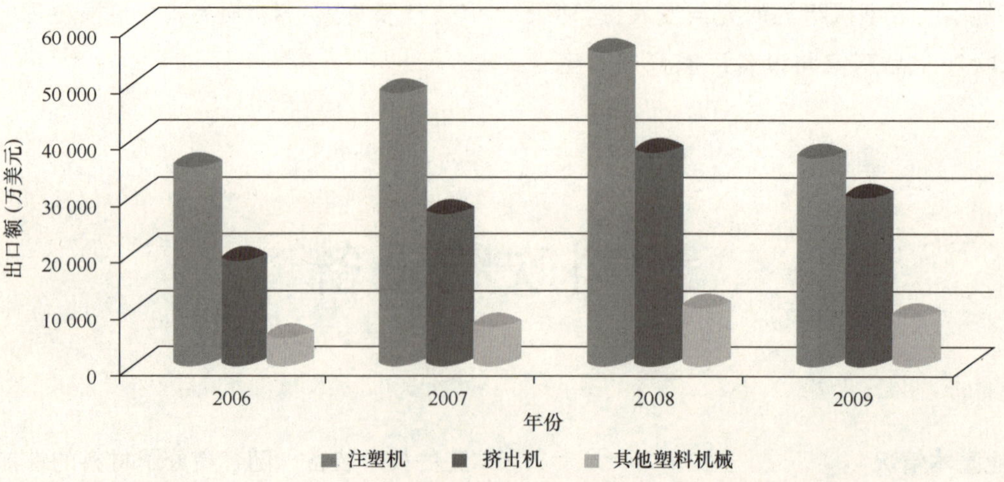

图1　2006~2009年我国塑料机械各主要细分产品出口额

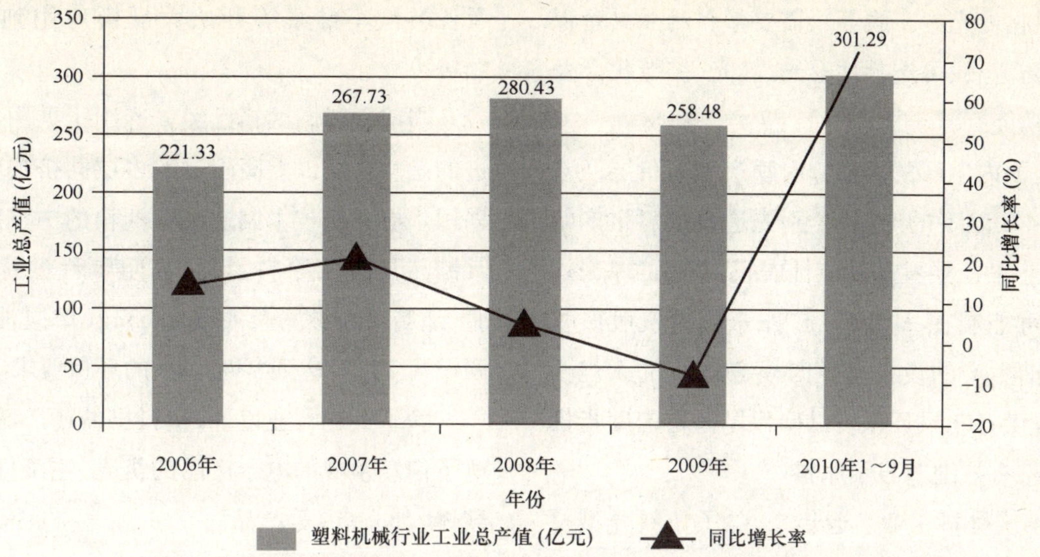

图2　2006～2009年1～9月我国塑料机械行业工业总产值

2007年我国塑料机械行业塑料机械产量为73.69万t,比上年增长26.29%;工业总产值267.73亿元,比上年增长21.0%。2008年上半年全国塑料机械行业经历了原材料涨价、生产成本攀升等多种因素叠加共振的考验,下半年经受了印度对我国注塑机的反倾销调查、全球性金融危机的严重冲击、贸易保护主义抬头、外贸出口形势严峻等多重挑战,但全年经济指标仍实现逆势增长,实现工业总产值280.43亿元,比上年增长4.74%。

2009年,受国际金融危机滞后的影响,出口受阻,生产大幅度下滑,但进入第四季度,行业工业总产值实现高速增长,特别是12月份的各项指标无论是同比还是环比增速均超过20%。2009年全年完成工业总产值258.48亿元,同比下降7.8%。2009年,我国塑料机械市场国产化程度大幅提高,实现"进口替代",国内塑料机械市场的国产设备价值量占有率由2008年的48.52%快速提升至70.52%。

2010年,得益于下游塑料制品行业对塑料机械需求的火热以及塑料机械国产化进程的加速,塑料机械的市场需求再度旺盛,截至2010年第三季度,我国塑料机械行业工业总产值已达301.29亿元,远远超过2009年全年水平。我国塑料机械行业已恢复到高速发展时期。

3. 应用领域及市场细分

塑料机械与塑料原材料、塑料制品加工工业的发展息息相关,塑料制品业的发展带动塑料机械需求的增长。不同行业部门使用塑料制品的构成,实际上反映了塑料机械市场的需求与分布情况。近几年我国塑料制品分行业应用情况见图3。

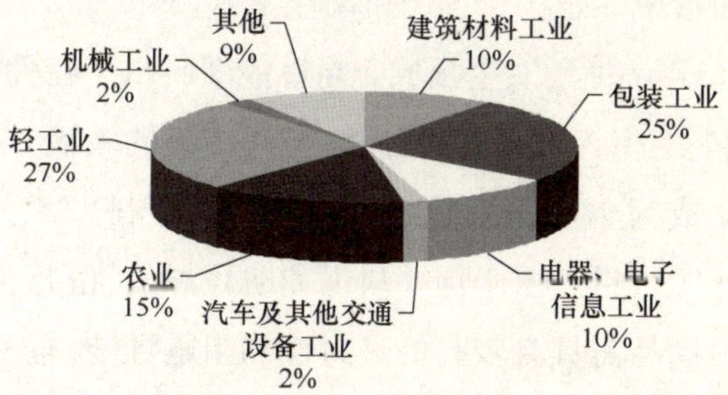

图3　近几年我国塑料制品分行业应用情况

(1)包装工业。包装行业是塑料制品应用最广泛的行业,包括各种保鲜膜、印刷基材膜、热收缩膜和阻隔膜等各种包装薄膜以及酸奶瓶、食品罐等各种包装器皿等。由于食品直接关系到消费者健康,因此,对包装材料的要求也比较高,除了防透气、防潮、耐油、耐刺穿和高透明等基本特性外,还要求对挥发物(如食品的芳香)具有高阻隔性,内层耐油、外层方便印刷、热封强度高等。

(2)农业。农业中使用的塑料制品主要为大棚膜、地膜、功能性农膜(长寿膜、无滴膜、无滴消雾膜、高保温膜及光生态膜等），需要塑料制品具备保温、消雾、防流滴、可选择性透光、转光、抗老化以及一些特殊功能。

当前，国内生产的大部分农膜产品为单层及双层、幅宽14m以下的产品；个别先进设备可生产幅宽16m以上的三层共挤功能性农膜，制品的厚薄均匀度指标可控制在±10%。广东金明精机股份有限公司当前生产的设备能生产幅宽23m的大规格农膜，并提供自动风环系统以确保厚薄均匀度指标低于±8%，有效地节省了原料。

（3）建筑材料工业。近年来，除了塑料异型材（塑钢门窗）、建筑给水管等型材以外，另一种塑料产品——土工膜也得到广泛应用。土工膜主要用于垃圾填埋场和水利工程、高速公路等建设项目，以有效隔断渗滤液和填埋场气体的外泄，防止有害物质污染周围环境，以及用于减轻水坝、高速公路等工程设施受各种水源渗透危害，以期提高工程设施的服役期限。因此，土工膜要求透水性低、弹性和适应变形的能力强、耐老化能力强，并且能够在表面形成一定的摩擦力以防止滑脱。

（4）医疗、卫生领域。高性能塑料由于在性能、成本、卫生等方面的优势，已替代传统的玻璃、金属制品成为生产输液袋、塑料注射器、塑料人工关节等的原材料。由于需要消毒和防止挥发，医疗卫生塑料制品需具有较高的热封性和阻隔性能；输液袋膜还要具有透明性及抗刺穿性。

当前我国已逐步开始应用非PVC薄膜软袋取代玻璃瓶装输液及PVC袋装输液，行业中较先进的制作非PVC软袋薄膜技术是五层共挤技术。广东金明精机股份有限公司已经成功将七层共挤技术应用到输液袋生产机械中，其生产的产品具有更高的性能。

（5）汽车配件行业。由于传统的汽车金属配件未能满足多性能要求，例如汽车贴膜需要具备耐热、阻燃、耐油和抗紫外线等性能；汽车油箱要求高刚度、高阻隔等性能。因此，具有多性能特征的汽车工程塑料制品如塑料燃油箱、燃油管等中空制品及各类汽车贴膜等开始大规模应用到汽车配件领域。

当前塑料燃油箱已经普遍用于乘用车，较为先进的是六层及以上高阻隔的多层共挤塑料燃油箱。采用六层共挤技术制造汽车油箱的中空成型设备，其制品具有低原料消耗、高阻隔性的优点。经检验，油箱每天渗漏燃油仅0.033g（单层油箱每天渗漏燃油20g），达到"零渗漏"的环保要求。

除了上述行业以外，塑料机械还广泛用于加工电子信息领域的电子产品的机壳、主配件以及信息载体（如光盘）等产品。

二、市场需求分析

1. 整体市场需求分析

据国家统计局统计，2008年，我国塑料制品业规模以上企业16 277家，累计完成产量达3 713.79万t，比上年增长10.10%；实现工业总产值9 638.36亿元，同比增长20.86%，产销率97.60%。2009年规模以上企业19 278家，累计完成产量4 479.28万t，同比增长10.64%；实现工业总产值10 992.8亿元，同比增长11.41%，产销率97.47%；其中新产品产值496.64亿元，同比增长8.51%。2006～2009年我国塑料制品产量及其增长情况见图4。

我国塑料制品行业工业总产值增长幅度高于GDP增长幅度，显示出经济增长对于塑料消费的极大促进作用。而产销率稳定在97%以上，表明我国塑料制品行业的供求关系较为合理，尽管在低端市场存在产能过剩的现象，但高端市场的需求将随着新兴产业的发展和人民生活水平的上升不断提高。2009年规模以上企业数同比增长18.44%，表明塑料制品行业仍在迅速扩展，作为其上游的生产设备提供商，塑料机械行业必将受益于整个塑料制品行业的高速发展。

据可行性研究报告分析，依据塑料制品行业工业总产值的增长趋势及其对塑料机械需求量的贡献比率推算，预计2011年我国塑料机械行业市场规模将达到345.30亿元，2015年将接近470.00亿

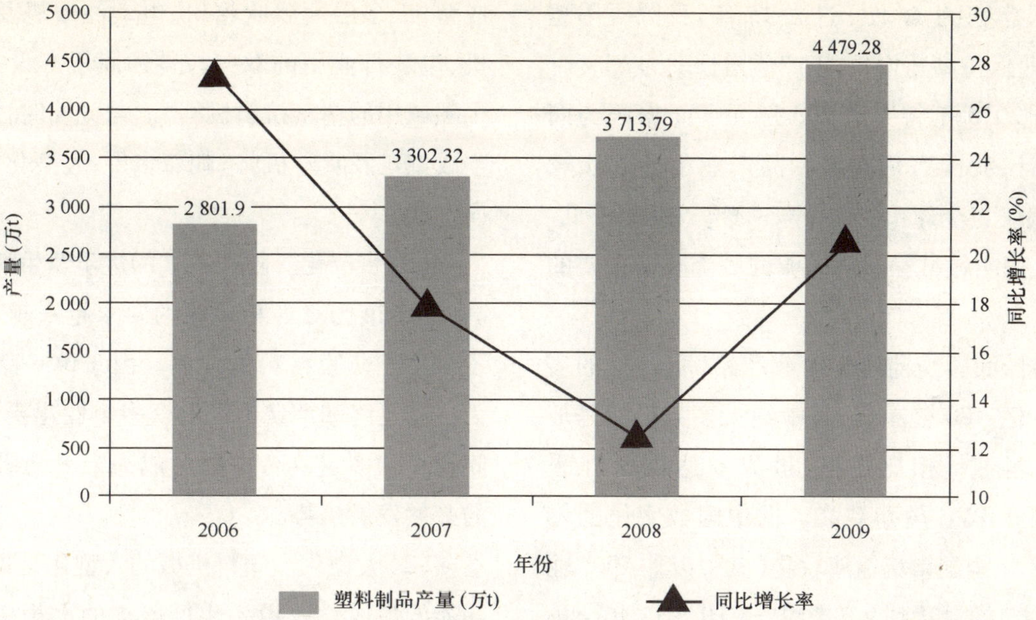

图4　2006～2009 年我国塑料制品产量及其增长情况

元。通过对近几年塑料机械分类产品的产值、产量以及进出口数量及金额的分析，各种子机型中，吹塑机及中空成型机的市场规模占比基本稳定在16%左右，产销量一直维持在97%以上。以此估算，我国2011年吹塑机及中空成型机的市场规模约55亿元，到2015年将超过75亿元。

2. 分行业市场需求分析

(1)包装行业。2008年我国包装薄膜产量为780.80万t，2009年为825.14万t，增长率为5.68%。其中2009年受“禁塑令”的影响，塑料购物袋产量从2008年的250.00万t下降到180.00万t，下降28.00%，致使整体塑料包装薄膜产量增幅不高。而复合膜(袋)、多层共挤包装膜的产量增幅分别为20.00%及30.00%，增长迅速。考虑到政策的偶发性影响不会持续，塑料购物袋的产量已下降到一个较为合理的水平，而复合膜(袋)及多层共挤包装膜的产量增长是未来的趋势，预计2011年开始包装薄膜的产量将达到920.00万t，其中多层共挤复合膜的增速将依然高于整体水平。

依据薄膜吹塑设备的平均生产能力、设备使用寿命及折损速度、包装行业的扩张周期等因素，预测2011年吹塑设备的需求量将超过3 100台，到2012年将达到4 000台。

(2)农业。农膜(地膜和棚膜)在农业用塑料中占主要地位，是继化肥、农药之后的第三大农业生产资料。近年来，我国塑料农膜产量及地膜覆盖面积都稳居世界第一，2009年我国使用农用薄膜为119.34万t，同比增长18.39%。

受扶持三农政策的推动以及近年来极端天气等自然灾害对农业的不利影响，农民对功能农膜的需求迅速增加。而由于农膜行业进入门槛较低，早期企业多采用低档次设备，产品质量参差不齐。2009年农膜产业在政策引导下开始进入调整阶段，一些实力较强的农膜生产企业开始购置新机器，市场对于农膜生产专业设备的需求将大幅度提高。

(3)建筑行业。近年来，我国不断增加高速公路、水利工程等公共基础设施的投入，用于生产各种优质建筑材料及土工膜的塑料机械市场前景十分广阔。根据我国《综合交通网中长期发展规划》的发展目标，2020年我国综合交通网总规模为338万km以上(不含空中、海上航线、城市内道路和农村公路村道里程)。以平均每公里公路的土工膜用量为30t计算，依据薄膜吹塑设备的平均生产能力、设备使用寿命及折损速度、建筑行业及土工膜行业的扩张周期等因素，预计2012年公路建设对于土工膜生产设备的需求将达到750台左右。

(4)医疗、卫生领域。过去15年,我国医用塑料制品产业保持高速增长,年产值增长率为15%～18%,预计2010年将突破200亿元。而据医药商会人士统计,我国医用塑料制品产业由于起步较晚,总产值仅为全球市场的2%～3%。由此可见,未来医疗、卫生领域是塑料机械的一个非常重要的市场。

据统计,我国当前每年输液产品(瓶、包)的需求量为70亿～80亿单位,其中绝大多数仍然是玻璃瓶和塑料瓶。相比之下,世界发达国家几乎100%采用非PVC软包装袋。据中国数字医药网统计,2008年全国市场输液软袋(其中以非PVC输液软袋为主)销量达到9.7亿袋,预计2012年全国市场输液软袋的销量将超过21亿袋,由此可以估算出输液袋膜生产设备年需求约200台。

(5)汽车行业。轻量化、节能化以及追求空间最大利用率是汽车发展的最新趋势,这一趋势将加速汽车塑料化的进程。汽车自重每减少10%,燃油的消耗可降低6%～8%,汽车塑料的用量已成为衡量一个国家汽车生产技术水平的标志之一。

发达国家每辆汽车平均塑料用量达120kg,预计到2030年将达到500kg以上,当前世界平均水平为105kg左右,而国内汽车平均塑料用量仅78kg。随着塑料功能的不断提高,汽车塑料用量将越来越大,零部件塑料化已成为我国汽车工业的一大趋势。据中国汽车工业协会最新公布的数据,2010年我国汽车产销量分别为1 826.47万辆和1 806.19万辆,预计2011年汽车产销增长速度为10%～15%;以塑料燃油箱占燃油箱市场56%计算,依据中空成型设备的平均生产能力,预计2011年对中空油箱生产设备的需求将达到180台左右。

三、未来发展趋势

1. 多层化、大型化、精密化是未来塑料机械发展的主要方向

多层化、大型化及精密化是我国塑料机械行业未来发展的主要方向。根据行业"十一五"规划的指导思想,塑料机械行业重点发展"多层大型中空成型机、多层薄膜吹塑机、电动注塑机及精密挤出机、包装行业用的双向拉伸薄膜生产设备、医疗卫生领域用的精密挤出机等"。与此同时,挤出机、中空成型机及吹塑机将"朝着多层、大型化、精密化方向发展"。

(1)多层化。随着科技的进步及生活水平的提高,终端市场对各种薄膜的要求越来越苛刻,促进了多功能薄膜材料的发展。由于单一品种材料已无法满足终端消费市场的众多个性化要求,不同薄膜材料的多层复合搭配已成为未来薄膜生产技术的必然发展趋势。

(2)大型化。塑料机械的大型化是指机器设备功能的集成化及设备生产能力的大规格化。高度集成化机组通过将喂料、称重、收卷等辅助设备与塑料主机高度结合,使设备运行过程高度自动化,从而提高生产效率,并同时通过配置先进的监控检测装置,使生产过程的控制更加精确。塑料机械生产能力的大规格化源于市场需求,某些特殊应用领域对于产品的容积或幅宽有特殊的要求。例如汽车塑料油箱需要达到一定的容积,土工膜、农膜及包装膜等薄膜制品幅宽增大能够减少拼接,从而提高密封性能等。

(3)精密化。精密是指成型塑料制品的精密度,主要体现在塑料制品的厚薄均匀度等。从节能的角度看,提高制品的精度能够产生巨大的节能效果。一般成型制品的厚薄不均匀度如果达到8%～10%,材料浪费可达制品总重量的8%。提高塑料机械的精密度,能够显著地提高制品质量及减少次品率,从而有效地减少原材料及能源的消耗。

2. 从简单的设备供应向一站式服务发展

随着我国经济的发展,部分地区民间资本较为充裕,塑料制品行业发展空间巨大且具有资本导向特征,从而不断吸引这些缺乏专业知识的民间资本进入该行业。因此,塑料机械供应商不仅需要向其提供设备,还需要从最终塑料制品的开发开始,向塑料机械用户提供从塑料制品、工艺配方、生产设备、人员培训和售后服务的一站式服务。

3. 塑料机械向高速、高效、节能方向发展

高速、高效、节能一直是近年来国际塑料机械发展的主旋律。近年来，我国塑料机械行业经历了从引进学习到自主研发，技术水平已有较大幅度提升，与国际水平差距不断缩小，少数领先企业的产品已经达到国际先进水平。我国轻工业调整和振兴规划，对塑料制品行业生产过程的节能减耗提出了明确要求，塑料机械用户越来越重视设备的高效与节能减耗。

4. 塑料机械逐渐适应下游塑料消费的绿色、环保及安全要求

近年来，塑料科学的研究朝着可降解、可再生、阻隔性和无害性等方向发展。一方面，塑料机械行业需紧跟材料科学的发展，适应新材料的加工要求。另一方面，先进的塑料机械制造厂商往往与原材料开发商合作开发新型的塑料制品，并为此设计机器、调剂工艺配方，引导消费市场。

5. 国产高档塑料机械“替代进口”效应逐步显现

近年来，我国塑料机械产品的质量和技术水平大幅提升，与世界先进水平的差距正在缩小，部分产品已接近世界先进水平，且国产高端塑料机械具有明显的性价比优势，因此在国内高端市场的份额不断扩大。据中国塑料机械工业协会统计，2009 年国内塑料机械市场的国产设备占有率由 2008 年的 48.52%迅速提升至 70.52%，国产塑料机械“替代进口”效应明显。

多年来，行业的某些公司积极与埃克森美孚、三井化工、陶氏化学、德国巴斯夫等世界知名原料商进行战略合作，根据原料商研发的新型材料的特性研制相关生产设备，通过合作举办新材料展会等方式引导下游市场，在向下游厂商推广新材料的同时，诱发设备用户购买新设备。

四、行业发展主要影响因素

1. 有利因素

（1）下游塑料制品行业增长迅速，带动塑料机械需求增长。我国作为塑料消费大国，年消耗量居世界第二，仅次于美国，而我国的人均消费仅为 19kg，世界排名第 32 位，是工业发达国家的 11% ~ 20%。随着经济增长，我国塑料制品的消费量将快速上升，特别是在扩大内需的拉动下，医药、农业、食品包装、建筑和汽车等领域不仅对塑料制品的需求量预计将持续高速增长，同时对质的要求也大幅提高，如医药、食品包装袋的安全性以及一般塑料制品的绿色生产及可降解处理等。此外，在高分子材料科学研究的推动下，塑料制品领域的成长不仅体现在量上，在质上也不断取得突破。因此，塑料制品需求量的增长将为塑料机械带来增量需求，而新材料、新产品的推出又不断引发对技术含量更高的中高端塑料机械的需求。

（2）国家产业政策的支持。塑料和塑料制品行业是关系国计民生的重要行业，塑料机械尤其是高端装备的自主研发及产业化一直是国家产业政策鼓励的发展方向，塑料机械将重点朝着“组合结构、专用化、系列化、标准化、复合化、精密化、大型化和个性化、智能化方向发展，同时要满足节能、节材、高效的要求。”2010 年 10 月 18 日，十七届五中全会通过的《中共中央关于制定国民经济和社会发展第十二个五年规划的建议》中提出，推动先进装备制造业的发展，强化核心关键技术研发，积极有序发展高端装备制造等产业，加强财税金融政策支持。国务院发布的《国务院关于加快培育和发展战略性新兴产业的决定》（国发〔2010〕32 号）明确将高端装备制造业作为现阶段重点培育和发展的七大新兴产业之一。

（3）技术水平不断提高，并呈现“替代进口”趋势。我国塑料机械行业起步较晚，发展初期在研发、设计、生产与技术等方面和发达国家存在相当大的差距。近年来，在国家产业政策的扶持下，行业完成了从引进吸收国外先进技术到自主创新的过渡，技术水平大幅提高。以薄膜吹塑机为例，我国部分薄膜吹塑机在薄膜厚薄均匀度、最大幅宽、多层共挤层数和单位能耗等技术指标上已接近或达到国际先进水平。国内薄膜吹塑机技术水平的

提升改变了我国高端薄膜吹塑机长期依赖进口的局面,具有明显的“替代进口”趋势。

2. 不利因素

(1)人民币汇率上升对出口造成压力。我国塑料机械具有性价比高的优势,部分产品出口到世界上很多发展中国家,且一般以美元结算。汇率改革之后的2006~2009年,人民币对美元每年的升值幅度分别为6.804%、6.882%、3.349%和0.09%;2010年,人民币对美元汇率升值3.09%。2010年6月以来,我国进一步增强人民币汇率弹性,预计未来还将进一步升值。人民币对美元汇率的上升一定程度上削弱了我国塑料机械出口的价格优势,进而影响产品出口。

(2)高端外协产业发展较慢。由于塑料机械产品结构专业且复杂,各大型厂商一般对部分非标准机械加工件采用外协加工的生产模式,而将主要的生产能力集中在附加值较高的环节。但由于我国塑料机械的外协加工企业数量不多,特别是能承接高端塑料机械精密件生产的外协企业更少,且没有与塑料机械主机企业形成产业集群,从而外协机械加工件的加工质量、加工精度、交货时间等难以保证,对塑料机械行业造成一定的不利影响。

五、塑料机械行业的竞争情况

1. 竞争格局及市场化程度

2009年,我国塑料机械行业规模以上企业为521家,比上年增加48家,增长10.15%。其中,行业骨干企业规模正在不断壮大,龙头企业加快了由大变强的步伐,行业的生产集中度进一步提高。

市场化程度方面,由于塑料机械行业产品类别众多,不同的细分行业市场化程度不尽相同。一般地,技术含量较高且应用于新兴领域的设备所处的细分行业市场化程度较低,市场均被少数技术领先企业所垄断。而产品附加值低、技术壁垒不高的行业则处于充分的竞争状态,市场化程度较高。

2. 行业内主要竞争企业

在全球范围内,薄膜吹塑设备的知名厂商主要有:

(1)德国温德默勒与霍尔舍公司(W&H)。成立于1869年,主要产品包括薄膜吹塑机、流延机、印刷机、复合机、制袋设备和灌装封口包装设备等,是当前全球吹塑机市场份额最高的企业,产品销往全球130多个国家,客户超过5 000家。

(2)德国莱芬豪舍公司(Reifenhauser)。成立于1911年,主要生产薄膜吹塑机、流延机、热成型板机等。2005年,公司销售额3.15亿欧元,其中用于包装领域的薄膜生产设备销售额达到8 000万欧元。

(3)意大利马奇公司(Macchi)。成立于1961年,主要生产薄膜吹塑机和流延机,产品销往全球50多个国家,拥有超过1 000家客户,在意大利、法国、西班牙、葡萄牙和韩国等市场占有率较高。

(4)加拿大宾顿公司(Brampton)。成立至今已经30多年,主要生产薄膜吹塑机,在加拿大、美国、亚洲、中东、拉丁美洲和新西兰地区具有一定的竞争优势。

(5)大连橡胶塑料机械股份有限公司。成立于1907年,2001年8月在上海证券交易所上市。主要生产橡胶机械和塑料机械专业设备,产品销往全国31个省、市、自治区及港、澳、台地区,并远销欧洲、美洲、亚洲、大洋洲和非洲等地的70多个国家和地区,2008年和2009年营业收入分别为4.85亿元和4.26亿元。

(6)湖北轻工机械股份有限公司。成立于1958年,主要生产薄膜吹塑机,年生产能力约200台(套)。公司是原轻工部定点生产轻工机械设备及各种零部件的专业化厂家,其“湖北轻机”牌塑料挤出吹膜生产线除销往国内20多个省、市、自治区外,还远销北欧、南美、东南亚、中东和非洲等地区。

(7)上海昆中机械有限公司。成立于1992年,港资企业,主要生产薄膜吹塑机、印刷机械、复合设备及分条机械。

(8)广东金明精机股份有限公司。成立于1987年,主要生产薄膜吹塑机和中空成型机,年生产能力近200台(套),2010年营业收入约2亿元。

产品除畅销国内各主要省市以外，还远销东南亚、北美、南美、中东和非洲等地区的42个国家。

公司掌握的核心技术——多层共挤技术代表塑料机械行业的未来发展方向，公司在该技术领域已实现九层共挤，达到了国内同行业的最高技术水平；在5~7层共挤领域实现了大规模产业化，处于国内同行领先地位。公司近年研制成功的三层共挤宽幅高精度农用薄膜吹塑机组、三层共挤糙面土工膜吹塑机组、五层共挤高阻隔热收缩薄膜吹塑机组、六层共挤塑料燃油箱中空成型机和无机粉体环保石头纸专用吹塑成型装备等，打破了高端设备依赖进口的局面。

〔撰稿人：广东金明精机股份有限公司　马镇鑫、陈新辉、陈浩〕

塑料挤出发泡成型设备

一、行业发展概况

塑料机械行业是为塑料原材料工业、塑料制品加工业提供技术装备的支柱产业，是我国机械工业的重要组成部分。塑料机械生产的塑料制品不仅遍及人民生活的各个领域，而且广泛应用于国民经济的各个行业。塑料机械已成为高速铁路、电器电子、通信、汽车、航空航天和国防等工业领域的重要技术装备。“十一五”以来，塑料机械市场销售额以每年10%以上的速度递增。随着我国节约能源法的进一步落实和石油资源的日趋紧张，塑料高分子材料加工的节能、节材和高效利用将成为塑料加工技术的研究和发展方向。塑料发泡产品行业符合我国资源节约、循环利用的产业政策，是国家支持发展的新兴产业之一。

泡沫塑料具有质轻，热导率低，隔热和隔声性能好，吸收冲击载荷能力强，缓冲性能优良以及比强度高等优异的物理性能，广泛应用于绝热、隔声、包装及汽车、航空和航天等领域。

泡沫塑料的广泛应用促进了塑料发泡成型设备行业的快速发展。针对塑料发泡产品市场的巨大需求，国内塑料发泡设备生产企业加大科研投入，引进消化吸收国际先进技术，大力开发塑料发泡技术和加工装备，使塑料发泡成型设备行业经历了从无到有，从小到大，从弱到强的艰难历程，形成了具有自主知识产权和较强国际核心竞争力的朝阳产业。当前，塑料发泡成型设备行业规模以上生产企业100多家，发泡成型设备有板、片、膜、网、异型材、管和棒等9大系列200多个品种，年生产能力5 000多台（套），产品覆盖全国并远销100多个国家和地区。进入21世纪以来，我国塑料机械行业，特别是塑料发泡成型设备行业取得了科学发展、跨越发展。

二、生产发展情况

塑料发泡成型设备是塑料机械产品系列中的主要组成部分，适用于塑料制品的连续化生产，具有较高的生产率。

塑料发泡按照发泡原理分物理发泡、化学发泡和机械发泡三种，其中机械发泡由于其发泡率低、泡孔分布不均匀、生产耗能较大，因此应用范围并不广。当前，国内塑料生产企业主要生产物理发泡和化学发泡塑料挤出成型设备。

1. 物理发泡塑料挤出机械

塑料物理发泡过程是在挤出成型过程中注入低沸点的氟氯烃类发泡剂或惰性气体，利用发泡剂沸化形成的大量气体填充在塑料熔体体系中，通过冷却定型，形成含有气泡的塑料制品的加工过程。

物理发泡塑料产品种类繁多，由于发泡倍率（一般达到20～60倍）较高、质轻，广泛应用于保温、隔热、包装等领域，其主要代表产品有XPS、PSP、EPE、EPP等。

据不完全统计，我国专业从事生产物理发泡塑料机械的厂家有50余家，但规模以上企业不到10家，形成一定规模并在国内外市场具有一定影响力的企业有山东通佳机械有限公司、上海金纬机械制造有限公司、河北广兴泡塑机械有限公司和青岛德意利塑料机械有限公司等。随着减振包装和建筑节能保温等领域高倍率发泡材料的广泛应用，我国物理发泡塑料挤出机械产业进步较快，产业规模迅速扩大，已形成山东地区和长三角地区两大产业基地，产品种类齐全，市场竞争力强，有效替代进口，已形成年产值10亿元以上、年生产能力达到3 000多台（套）的产业规模，每年为下游用户创造社会产值500多亿元，新增就业岗位30多万个。

当前XPS、PSP、EPE、EPP等物理发泡塑料挤出设备除在国内市场占有绝对优势外，国际市场竞争力也不断增强，已出口到100多个国家和地区，外销市场从原来的主要是发展中国家市场，扩展到工业发达国家和发展中国家市场协调发展。出口额近几年呈快速上升趋势，由2005年的不足1 000万美元，上升至2010年的1.14亿美元，2006～2010年年均增长超过40%。2006～2010年物理发泡塑料挤出机械出口创汇情况见表1。

表1　2006～2010年物理发泡塑料挤出机械出口创汇情况　（单位：万美元）

年份	XPS	EPE	PSP	其他	累计
2006	1 300	650	400	450	2 800
2007	2 900	820	500	680	4 900
2008	3 700	1 200	980	1 520	7 400
2009	4 600	1 800	1 200	1 600	9 200
2010	5 800	2 000	1 600	2 000	11 400

2. 化学发泡塑料挤出机械

塑料化学发泡是指将发泡剂均匀地分布在树脂中，在一定的温度下，发泡剂迅速分解产生气体，从而形成以气体为填充的塑料复合材料。化学发泡剂添加剂量一般较少，产生的气体一般为N_2和CO_2，在塑料熔体中的溶解度远没有物理发泡剂大，发泡倍率只有0.5～5倍。由于化学发泡材料的密度较大，因此赋予其优良的力学性能，产品一般应用于装饰、家装等领域，如PVC发泡材料、PVC木塑发泡材料、PE低发泡材料、PS低发泡装饰材料等。

我国当前生产化学发泡塑料机械的厂家较多，主要以生产PVC化学发泡板材和PVC木塑发泡装饰型材与建筑模板机械为主，PS发泡镜框和PE/EVA低发泡密封片材生产设备市场需求量也呈逐年上升趋势。化学发泡塑料挤出产品种类繁多，生产设备也多种多样，机械装备与模具生产企业分布较广，但主要集中在山东、长三角和珠三角地区，销售市场也集中于上述三个地区。具有代表性的企业有山东通佳机械有限公司、上海金纬塑料机械有限公司、上海金湖挤出机械有限公司、上海一柯模具有限公司和青岛三益塑料机械有限公司等。化学发泡塑料挤出机械市场分布见图1。

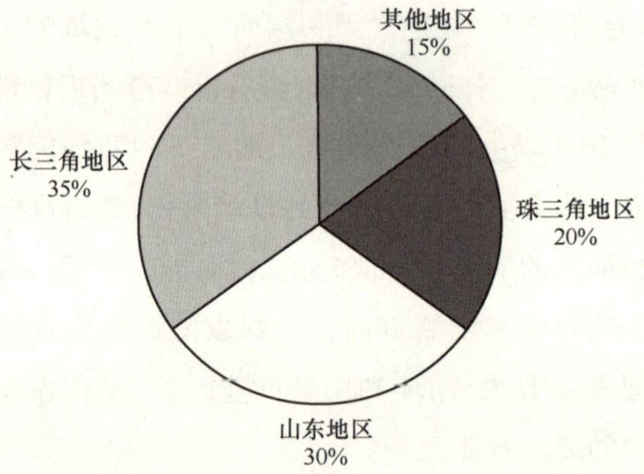

图1　化学发泡塑料挤出机械市场分布

3. 其他塑料发泡机械

（1）交联发泡挤出设备。交联发泡材料具有耐热性高、弹性好、手感细腻、耐撕裂等特点，按照交联方式可分为化学交联和辐射交联及硅烷交联等。

XPE、IXPE化学和辐射交联设备。随着加工技术和制造技术的进一步完善和进步，我国已具备生产XPE、IXPE、EVA交联发泡材料加工装备的能力。当前，山东通佳机械有限公司、上海金纬塑料机械有限公司已成功生产制造 XPE、IXPE 交联发泡片材生产线 10 多套，并成功交付客户使用，填补了国内空白，有效替代了进口，并实现了出口创汇。

硅烷交联物理发泡 PE 片材生产工艺及技术装备。通过技术攻关当前也形成产业化生产。硅烷交联聚乙烯物理发泡片材设备利用大长径比的特殊螺杆推进原料，先注入硅烷交联剂，经过螺杆元件的压缩与强力混合，逐渐塑化熔融接枝成为均质的塑料熔体，届时再注入低沸点丁烷物理发泡剂，在螺杆中进行混合和冷却，在口模的作用下，通过挤出发泡成为优质的塑料泡沫片材。材料在挤出过程中在过氧化物的催化下，引发自由基，并进行硅烷接枝反应，制成遇水分子进行水解交联反应，形成三维立体空间网状结构。这种片材耐温可达 120℃，不仅适用于较高温度场所，同时因材料的无毒、无味和耐药性可用于食品的包装，以及环境条件比较苛刻的场所，如油、酸、碱、高温及潮湿等环境。

(2)结构和共挤发泡挤出设备。随着电子信息产业和电力产业的快速发展，共挤芯层的发泡电力、信号电缆生产设备市场需求逐步扩大，塑料发泡电线电缆生产技术和装备制造技术进步较快，已形成浙江、河北和山东相对集中的生产基地，具有较强的市场竞争能力。产品在满足国内市场需求的基础上，已实现对 20 多个国家和地区的出口。

旺盛的市场需求使塑料发泡成型设备行业得到了较快的发展，自主研发能力不断提高，技术水平不断提升，塑料发泡成型设备已基本能满足国内塑料制品加工企业的需求。但由于研发起步比较晚，其行业企业与世界先进企业水平相比还有一定的差距。主要表现在：一是自主研发能力不足，基础装备不够精良；二是我国发泡成型设备产品还没有一个国家标准，厂家良莠不齐，不少小型或作坊式企业以次品低价冲击国内、国际市场，严重扰乱了市场秩序，对市场的健康发展极为不利。塑料发泡成型设备行业要保持快速健康茁壮成长，势必要加大基础装备的投入和加大自主创新能力的建设，要加快制定行业标准，构筑良性竞争、有序发展的局面，为进一步开拓国际市场打下坚实的基础。

三、科技成果及新产品

近几年，塑料发泡制品需求的高速增长，促进了塑料发泡成型设备行业的技术进步，企业更加重视产品的开发与新技术的引进，不断地增加新产品的研发投入，积极寻求研发技术伙伴。当前，国内发泡塑料设备行业已拥有 200 多项发明、实用新型专利，有的专利技术在国际上处于领先地位；产品技术水平与发达国家的差距正在逐步缩小，有的产品已从单纯地替代进口发展到大规模出口，从而带动了整个塑料发泡成型设备行业的发展。

塑料发泡成型设备技术成果：

(1)HCFC(氟利昂)发泡剂替代技术和装备。由山东省物理发泡塑料机械工程技术研究中心立项开发的——“环保多元共混物理发泡板材技术及装备”通过了省级鉴定。产品采用超临界 CO_2 和共沸体系的水溶性多组分发泡剂，替代传统的 HCFC 发泡技术。新型发泡剂成本低、来源广泛，是氟利昂发泡剂的理想替代品。采用新型发泡剂每条生产线每年可以减少氟利昂排放量 500t，对环境保护具有积极的作用。

(2)生物质高分子材料发泡技术及装备制造技术。生物质高分子材料——PLA、PHA 是世界视为继金属材料、无机材料、高分子材料之后的“第四类最具广泛应用价值和环保应用价值的新型高分子材料”，是国家列入“九五”、“十五”、“863”、“十一五”和《国家中长期科技发展计划》的重点科研攻关项目之一。针对 PLA、PHA 生物质高分子材料的流变特性和结合物理发泡材料的加工性能要求，华南理工大学、北京化工大学、山东物理发泡塑料机械工程技术研究中心等单位，围绕相关加工技术进行研究开发，已开发成功新型生物质高分子发泡材料加工技术和制造装备，现已具备工业化生产条件，为我国发展可循环经济和提高环境保护水平提供了良好的技术支撑。

四、发展方向及前景

面对我国发泡塑料产品的巨大市场需求和发泡塑料产品技术水平的不断提高，发泡塑料产品行业朝着高发泡、高填充的方向发展。发泡成型设备行业应着重加强设备的研发力量，以市场为导向，对重点产品加大投资力度，提高科研水平，使之科研成果尽快转化为产业化生产。

(1)在研发方面，加强自动化技术研究，注重设备的人性化设计，改善劳动条件，减少人力资源成本。

(2)不断涉足高科技领域，提高产品的技术含量和附加值。

(3)在新兴发泡技术方面，开发微孔发泡材料加工技术和塑料加工节能技术；在氟氯烃发泡剂替代技术方面开发市场前景广阔、社会效益显著的水发泡剂或空气发泡剂。

现阶段，塑料发泡成型设备行业应认真贯彻国家的产业政策，促进塑料产品的可回收利用，为发展循环经济，建设环境友好型社会做出贡献。

总之，发泡塑料机械总的发展趋势是朝高效、节能环保、精密、高技术含量和附加值的方向发展。塑料发泡成型设备行业应在现有基础上，积极努力，不断缩小与国际先进水平的差距，使我国成为塑料发泡成型设备制造强国。

〔撰稿人：山东通佳机械有限公司　张建群〕

塑料捏合混炼机

塑料捏合混炼机分为两种机型，一种为加压式捏炼机，另一种为塑料混合机。塑料混合机由一个圆形筒体和螺旋桨组成，又分为冷却混合机和热炼混合机(也叫高速混合机或高速搅拌机、高搅机)。两种设备原理、结构和用途完全不同。

塑料捏合混炼机最初是由日本森山制作所研制生产的，20 世纪 80 年代引进中国，由于其价格低、操作灵活、换配方方便和加工难度小等因素很快得到了我国中小型橡胶塑料制品厂和机械厂的欢迎。到目前为止，塑料捏合混炼机已经形成完整的系列，并且完全国产化。年产量 1 000 台左右。

加压式捏炼机实际上是橡胶塑料两用机，即可混合橡胶又可混合塑料，而且 80% 以上用于橡胶混合。因加压式捏炼机要配合开炼机和压延机一起使用，而设备配置成本很高，逐渐被市场所淘汰，规模大的被密炼机所代替，规模小的则被双螺杆挤出机代替，当前只在人造革、电缆、制鞋、胶管和胶带等小行业使用。

塑料混合机主要为塑料制品生产厂的生产线做前期准备，其作用是将各种不同的塑料配料加在一起混合，供下一道工序使用。塑料制品厂根据产量配备不同规格的塑料混合机。由于塑料制品的种类不同，塑料混合机的下游设备有密炼机、开炼机、压延机、单螺杆挤出机、双螺杆挤出机、注射成型机等。所以，塑料混合机的用量较大，而技术难度较低。

随着塑料双螺杆技术的不断发展和广泛应用，塑料混合机将被双螺杆造粒机所取代。也就是说把混合机的功能直接加在双螺杆造粒机的上料端，省去了混合工序，不但节省了能源，同时也保证了产品的稳定性。所以，近年来双螺杆造粒机的市场很好。

塑料捏炼机产量和规模较大的厂家有：

大连华韩橡塑机械有限公司。大连华韩橡塑

机械有限公司(原大连华日橡塑机械有限公司)成立于1986年,是一家专业设计和制造橡胶塑料机械的专业厂家。公司经过20余年的发展,形成了研发、加工、检测、组装和售后服务等一套完整体系,拥有百余台(套)精密加工设备,通过实施EPR系统,公司具备了迅速反应能力以及精密化管理能力。公司拥有几十人组成的设计研发中心,对老产品不断改良,并贴近客户,根据客户需要不断研发新产品,凭借优质的设备,赢得了国内外客户的信赖。公司产品不但在国内市场有很高的占有率,而且远销美国、欧洲、日本、韩国及东南亚、中东等国家和地区。公司通过长期与大型轮胎厂、胶板厂、电缆厂、再生胶厂及橡胶制品厂合作,形成了系列化产品结构,能承揽各种橡胶厂的全套设备的设计与制造。主要产品有炼胶设备(密闭式炼胶机、加压式捏炼机、开放式炼胶机、双螺杆挤出压片机、压片机、精炼机、破胶机和切胶机等),挤出设备(销钉式冷喂料橡胶挤出机、冷喂料挤出机、热喂料挤出机、滤胶机、三角胶挤出贴合机、复合挤出机组、0°带速层生产线、钢丝圈挤出缠绕装置和六角钢丝圈挤出缠绕联动挤出机组等),裁断设备(90°钢丝帘布裁断机、15°~70°钢丝帘布裁断机、钢丝帘布纵裁机、多刀纵裁机、纤维帘布水平式裁断机、立式裁断机和卧式裁断机等),成型设备,冷却设备和硫化设备等。

大连塑料机械厂。大连塑料机械厂是集科研开发和生产营销为一体的塑料、橡胶加工设备专业生产厂。几十年来,企业始终坚持以科技创新为先导、市场为导向,凭借成熟的技术、工艺及适用的产品,以及完善的售后服务赢得了广大用户的信赖,并获得“质量信誉保证单位”及“重合同守信用单位”称号。主要产品有多品种、多规格、多层次塑料吹膜机组,塑料橡胶加压式捏炼机、开炼机、压延机组,塑料造粒机组,塑料破碎机、切粒机和管材机组等,企业还承接生产国内外塑料、橡胶机械配件及设备的更新改造。

大连通用橡胶机械有限公司。大连通用橡胶机械有限公司是科技先导型橡胶塑料机械设备专业生产企业,被辽宁省列入腾龙企业,被大连市列入成长型中小企业和大连高新技术企业;多次荣获辽宁省和大连市文明单位等十多项荣誉称号;率先通过了ISO9001-2000质量管理体系认证;“大通”牌被评为中国橡胶塑料机械行业十佳品牌。主要产品有橡胶(塑料)加压式捏炼机、发泡塑料加压式捏炼机、橡胶(塑料)密炼机、再生胶设备、双锥螺杆挤出压片机、立式/悬挂式胶片冷却机、橡胶注射成型机、抽真空平板硫化机、塑料密炼造粒机组、橡胶制片生产机组和树脂板材生产机组等十大系列30多个规格50多个品种。其中,获得国家实用新型专利3项,列入国家“火炬计划”1项,填补国内空白11项。

塑料混合机产量和规模较大的厂家有:

张家港市鑫达塑料机械有限公司。张家港市鑫达塑料机械有限公司是轻工部定点生产塑料机械的企业。主要产品有SJ系列单螺杆塑料挤出机,SJSZ系列锥形双螺杆挤出机,PVC塑料造粒机组,电线电缆机组,PVC塑料板材、管材、异型材整条生产线,PPR管材生产线及高科技产品PVC微发泡合成木材整条生产线,系列混合机、干燥机、上料机及系列塑料机械周边设备等。公司坚持以雄厚的技术力量、先进的加工设备、优良的检测设备及完善的售后服务为企业生存的准则,竭诚为客户服务。公司自创办以来始终遵循以市场为目标,以技术为手段,以效益为目的,以科技为先导的经营思路,依靠科技进步,凭借技术管理优势,不断改进老产品和开发新产品。公司按ISO9001认证的要求严格管理工厂,不断规范企业的管理体系,实施全面的信息化管理。

江苏联冠科技发展有限公司。江苏联冠科技发展有限公司(原张家港市轻工机械厂)始建于1958年,现有总资产逾亿元,占地面积5万多m^2,系中国轻工机械总公司成员单位、国家二级计量单位、江苏省高新技术企业。1999年率先通过了ISO9001质量管理体系认证。1982年,公司注册

"白熊"商标;2000年,注册"联冠"商标。主导产品有系列加热、冷却混合机,PPR管生产线,SPT—6喷涂生产线,PE—X交联管生产线,聚氨酯消防水带生产线,新型铝塑复合管生产线,自动上料系统,单、双螺杆挤出机,异型材、管材、造粒成套生产线,以及干燥机、上料机、破碎机、冷水机等各类塑料机械辅机,同时还生产含气饮料成套生产线,矿泉水成套生产线,纯水成套生产线,果汁饮料成套生产线等。企业在消化吸收国外先进技术的基础上与国内相关科研单位合作开发了PVC自动混配生产线,并列入国家"火炬计划"和"九五"、"双加"项目。现又与加拿大未来技术有限公司合作研制出环保型塑木托盘生产线,填补了国内空白。

其他生产捏炼机和混合机的厂家有大连橡胶塑料机械股份有限公司、大连云山机械有限公司、大连通达维乐机械有限公司(原大连通达橡塑机械厂)、四川亚西橡塑机器有限公司、大连一橡橡塑机械有限公司、和鹏橡胶机械有限公司、大连虹通橡胶机械有限公司、广州市番禺橡胶机械厂有限公司、青岛锦九洲橡胶机械有限公司、青岛亚华机械有限公司、威福兴机械(上海)有限公司、南京凯驰机械有限公司、东莞市利拿实业有限公司、新乡市星火机械有限公司、上海双翼橡塑机械有限公司和山东万发机械有限责任公司等。

〔撰稿人:大连塑料机械研究所　盖作有〕

塑料圆织机

塑料圆织机是塑编制品的关键加工设备。2009年,我国塑料圆织机主要生产厂家圆织机产量为25 000台。同年,我国塑编制品的产量为700万t,其中,水泥袋产量295万t,化工原料编织袋产量245万t,集装袋产量70万t,土工布及篷布产量49万t,网眼袋产量14万t,其他塑料制品产量27万t。

一、生产发展情况

1. 生产厂家

2010年6月参加统计的具有一定规模的塑料圆织机生产厂家有34家,其中两家属分厂,以代销为主,另有3家因缺乏竞争力基本不再生产圆织机,实际参加统计的塑料圆织机生产厂家为29家。

(1)地域分布。圆织机生产厂家主要分布在三大地区。一是江苏常州地区。圆织机生产厂家9家,2009年销量2 597台,销售额24 121万元(其中外汇收入1 271.3万美元);6梭、8梭、10梭圆织机销量比较大,最大规格圆织机为16梭,2009年该规格圆织机内外销各1台。圆织机以平面凸轮形式为主。二是浙江温州地区。圆织机生产厂家9家,2009年销量17 272台,销售额37 927万元(其中外汇收入1 393.7万美元);4梭圆织机销量最大。圆织机以双曲线大凸轮、平面凸轮形式为主。三是山东烟台地区。圆织机生产厂家6家,2009年销量1 312台,销售额9 994万元(其中外汇收入289.2万美元)。圆织机以双曲线小凸轮为主要形式。另外还有5家圆织机生产厂家分布在安徽、广东、四川等地。

(2)产品梭子数。生产厂家按产品梭子数分类见表1。

表1　生产厂家按产品梭子数分类

梭子数(只)	4	6	8	10	12	(14)	(16)
厂家数(家)	17	19	12	9	3		1

注:括号内产品还未列入标准。

(3)企业类型。圆织机生产厂家以民营企业为主,共25家;从国有企业转制为股份制企业2家;外资企业1家;合资企业1家。

2. 完成产值

据29家生产厂家统计,2009年完成产量25 000台,按平均价折合产值约10亿元。2009年圆织机按产品梭子数分类产量见表2。

表2 圆织机按产品梭子数分类产量

梭子数(只)	4	6	8	10	12	(14)	(16)
产量(台)	16 750	7 200	740	270	38		2

注:括号内产品还未列入标准。

3. 生产发展特点

塑料圆织机行业发展的主体思路是向高速、优质、节能、环保(低碳)方向发展,特别是在节能降耗方面取得了较大进展。传统的圆织机能耗700 kW·h/t,而当前圆织机生产厂家生产的圆织机能耗500 kW·h/t。如常州恒力机械有限公司、常州永明机械制造有限公司的平面凸轮塑料圆织机,其实测能耗均不超过500 kW·h/t;浙江通用包装机械厂2009年研究开发的鼓形凸轮带摇臂4梭圆织机(专利号2009 2011 9545·9)其主电动机功率为2.2kW(高旦丝为3kW),不仅节电效果明显,而且省去润滑油还降低了噪声,赢得了温州地区客户的青睐,其市场占有率在该地区达70%。烟台海纳机械制造有限公司研发成功的梭底无润滑跑轮式HNC系列圆织机(专利正在申报中),节能效果突出,以当前国内折径最大的HNC—3300 × 10N 10梭圆织机为例,主电动机功率仅7.5kW(高旦丝为11kW),编织克重55 g/m^{2}的筒布时实测电流只有10A(常规情况下电流≥15A)。2009年,公司从生产实际出发,为解决完径后穿丝困难,本着实用、方便原则,完成了“完径控制装置”的研究,并很快应用在HNC系列圆织机上,逐步推向市场。温州雁峰集团公司研制成功的平面凸轮小4梭圆织机(专利号2008 20163 7229)和摆臂无油小凸轮圆织机(专利号2008 20166 3331)节能效果十分明显,所用4极1.5kW主电动机与原4梭圆织机所用4极4kW主电动机相比,每台圆织机年节电1万kW·h,降低噪声近10dB(A),且对100%的再生料可实现高速编织,符合节能、低碳、环保要求。广州赛奥机械有限公司生产的圆织机采用大直径丝包和快速纬纱更换装置及45°倾角立体空间编织技术,具有高速、优质、节能等特点,其6梭圆织机日产可达3 000m。芜湖恒一塑料设备制造有限公司继滚柱式轨道技术研发成功后,2009年又研发成功“塑料棕框”并获国家专利(专利号2009 2011 2119·Z),其节能效果十分明显,以小6梭圆织机为例,每生产1万m编织布电耗仅198 kW·h。

二、市场销售

1. 销售收入

2009年,塑料圆织机国内销售总收入66 708.7万元,国外销售总收入4 981.4万美元。2009年塑料圆织机国内销售收入见表3。2009年塑料圆织机国外销售收入见表4。2009年圆织机国内销售收入前10名企业见表5。

表3 2009年塑料圆织机国内销售收入

梭子数(只)	4	6	8	10	12	(14)	(16)
销售收入(万元)	25 707.2	25 938.5	7 277	4 269	3 472		45

注:括号内产品还未列入标准。

表4 2009年塑料圆织机国外销售收入

梭子数(只)	4	6	8	10	12	(14)	(16)
销售收入(万美元)	1 131.8	2 726.4	634	443.6	39.8		5.8

注:括号内产品还未列入标准。

表5　2009年圆织机国内销售收入前10名企业

序号	公司名称	销售收入(万元)	序号	公司名称	销售收入(万元)
1	温州雁峰集团有限公司	12 720	6	常州创成塑料机械有限公司	5 324
2	四川宜宾三江机械有限公司	11 713	7	烟台双华塑料机械有限公司	4 796
3	温州浙江通用包装机械厂	8 113	8	常州恒力机械有限公司	4 373
4	常州永明机械制造有限公司	7 880	9	广州赛奥机械有限公司	3 962
5	浙江天风塑料机械厂	7 720	10	芜湖恒一塑料设备制造有限公司	3 755

2. 外销国家和地区

(1)亚洲地区。以东南亚、西亚居多,分别是越南、泰国、印度尼西亚、马来西亚、菲律宾、巴基斯坦、伊朗、哈萨克斯坦、乌兹别克斯坦、沙特阿拉伯、约旦、孟加拉、印度、蒙古、朝鲜、尼泊尔和缅甸。

(2)非洲地区。以中东居多,分别是埃及、南非、尼日利亚、阿尔及利亚、埃塞俄比亚、马里、贝宁、突尼斯、津巴布韦和马达加斯加。

(3)美洲地区。以南美居多,分别是巴西、阿根廷、墨西哥、洪都拉斯、玻利维亚、哥伦比亚、秘鲁和加拿大。

(4)欧洲地区。分别是德国、波兰、俄罗斯、罗马尼亚、乌克兰、塞尔维亚、意大利和英国。

3. 国内外市场分析

据2009年29家圆织机生产厂家资料,圆织机内外销23 398台,其中内销17 801台,占76%;外销5 597台,占24%。

内销圆织机集中在山东、辽宁、浙江、河南、湖北、安徽、四川和广东等塑料制品产量集中地区。外销主要集中在东南亚、西亚、中东和南美等地。

三、科技成果及新产品

1. 塑料棕框

塑料棕框是芜湖恒一塑料设备制造有限公司(原温州恒一塑料机械有限公司)于2009年研发成功使用于圆织机上的新型节能低碳棕框结构。

棕框组件由内框、外框和棕杆三部分组成。内框由刚玉复合框丝和上下横条组成,内框、外框分别一次性注射成型。内框与外框、外框与棕杆均由紧固体加以连接。塑料棕框组件具有结构简单、质量轻的特点。改造前,长短棕框组件质量为550g,全套质量19.8kg,改造后棕框组件质量为180g,全套质量6.5kg。与原棕框组件相比,质量降低67%。采用塑料棕框组件,在整机转速140 r/min、编织折径600mm、纬丝密度40根/100mm、扁丝纤度100tex的生产条件下,每生产万米编织布电耗仅198 kW·h,即生产近1t(相当960kg)编织布,电耗不超过200 kW·h,比原圆织机电耗降低20%。

2. 特殊设计的梭子

特殊设计的梭子是广州赛奥机械有限公司在经纱倾斜45°角实现主体编织,最终获得布面平整、回弹力小的编织布的基础上又一创新成果。

(1)特殊设计的梭子其三个梭轮以品字形排列、倾斜45°角的方式在上下平滑的圆弧轨道上运动,该结构能保证运动物体克服向心力和重力作用,达到稳定平衡的状态。

(2)特殊设计的梭子只在上梭轮的侧边缘与轨道有接触压力,上轨道是平滑的;而传统的梭子在下轨道和钢箔有接触压力,下轨道平滑但钢箔无法平滑,所以特殊设计的梭子运动平稳,更适合高速运动。

(3)直径为121mm的梭轮,与轨道有较大接触面积,梭轮对轨道的压强较小,极大地降低了对经纱的碾压力,保证了经纱不被损伤。

(4)由于梭轮直径为常规梭轮的2.5倍,在相同主机转速下(即梭子的线速度恒定时),梭轮转速低,提高了梭轮的寿命。

(5)该梭子设计,使纬纱丝包直径达125mm,纬纱的更换时间从原来的40min提高60min,大大提高了生产效率,降低了工人劳动强度。

3. 恒张力纬纱控制装置和快速纬纱更换装置

这是广州赛奥机械有限公司另一创新成果,它既方便了操作工轻松地更换纬纱，也真正实现了从大纱锭到小纱锭张力的线性精确控制，保证了布面的平整度和布幅宽度的精确。这两项特殊设计是当前国内外圆织机所不具备的。编织袋的布幅控制是一个难题，对大小纱锭的精确控制只能靠工人的操作去实现，既增加了工作强度，也很难控制达标。不少人认为高速圆织机控制不了布幅，但广州赛奥机械有限公司研制的新型圆织机实现了布幅偏差控制在3mm以内的精确控制。

四、标准

2008年11月1日开始实施的中华人民共和国机械行业标准JB/T 5290—2008《塑料圆织机》标准，在2009年得到了全面贯彻，推动了圆织机行业的发展和技术进步。该标准替代了JB/T 5290—2000《塑料圆织机》标准，并在如下几个方面有了新的突破。

(1)增加了品种和规格。原标准只有4梭、6梭、8梭，而新标准增加了10梭、12梭，并将小6梭充实到6梭中，扩大了折径范围。

(2)提高了编织速度(及相关参数)和范围。

(3)规范并完善了噪声测量方法，明确了测点离棕丝导杆1m，离地面1.5m。

(4)按相关强制性标准完善了安全要求。

JB/T 5290—2008《塑料圆织机》基本参数见表6。JB/T 5290—2000《塑料圆织机》基本参数见表7。

表6　JB/T 5290—2008《塑料圆织机》基本参数

基本参数	数　值									
梭子数(只)	4		6							
最大折径(mm)	750	800	750	800	850	1 100	1 350	1 500	1 800	2 200
纬丝密度(根/100mm)	23～79									
主机转速(r/min)	≥150	≥130	≥100	≥90	≥75					
编织速度(m/h)	≥81	≥100	≥76	≥68	≥57					
筒管规格(内径×长度)(mm×mm)	ϕ38×230、ϕ38×270									
纬丝最大卷径(mm)	ϕ90									
梭子数(只)	8				10			12		
最大折径(mm)	1 350	1 800	2 200	2 500	2 800	3 200	3 600	3 200	3 600	4 100
纬丝密度(根/100mm)										
主机转速(r/min)	≥85		≥65		≥55		≥45		≥40	
编织速度(m/h)	≥81		≥62		≥52		≥50		≥50	
筒管规格(内径×长度)(mm×mm)	ϕ38×230、ϕ38×270									
纬丝最大卷径(mm)	ϕ90									

表7　JB/T 5290—2000《塑料圆织机》基本参数

基本参数	数值															
梭子数(只)	4					6						8				
最大折径(mm)	720	750	800	950	1 200	1 100	1 350	1 600	2 000	2 100	2 200	2 000	2 200	2 500	2 800	3 100
纬丝密度(根/100mm)	23～79															
主机转速(r/min)	≥100					≥100	≥80		≥60			≥55				
编织速度(m/h)	≥48					≥67	≥54		≥40			≥46				
筒管规格(内径×长度)(mm×mm)	ϕ38×230、ϕ38×270															
纬丝最大卷径(mm)	ϕ90															

注：JB/T 5290—2000《塑料圆织机》已被JB/T 5290—2008《塑料圆织机》代替。

新标准符合高速、优质、节能、环保的总体要求，因而在2009年制造的圆织机中涌现了日产3 000m的“赛奥6梭”、10 000m筒布耗电198 kW·h的“恒一6梭”、主电动机功率1.5kW年节电10 000kW·h且噪声降低10dB(A)的“雁峰4梭”、折径3 300mm的使用配置7.5kW主电动机的“海纳大10梭”等高新产品。

五、圆织机质量

圆织机凸轮主要型式有单曲线大凸轮、双曲线大凸轮、双曲线小凸轮和平面凸轮，比较受欢迎的是双曲线大凸轮及平面凸轮。从理论上讲，平面凸轮优点更为突出，它质量轻、转动惯量小，因而启动快，停车平稳，节能效果明显；适用范围从4梭到12梭，直到14梭、16梭(未列入标准)；操作平台低，方便操作工人上下。但也存在一些不足之处：

(1)易损件多。摆杆易断裂、变形、夹持凸轮轨道的树脂滚轮易磨损，棕带在碳酸钙粉尘的环境中出现磨损、伸长、柔软度下降等现象。平面凸轮圆织机易损件相对较贵，对一般塑编企业的吸引力不大(他们倾向于双曲线大凸轮圆织机)，但国内大型石化企业比较青睐。

(2)使用一段时间后噪声明显加大。刚开始使用时，噪声比较小，但使用一段时间后，相对运动体因磨损间隙加大，噪声明显增大，影响加工精度和产品质量。

(3)节能效果不稳定。据用户反映，刚使用时节能效果明显，使用一段时间后，由于相关部件磨损，间隙加大，阻力增加导致节能效果下降。

平面凸轮加工精度已不成问题(如常州恒力机械有限公司、常州永明机械制造有限公司等公司均配置了数量较多的加工中心)，优势毋庸置疑，但应对添加母料多、粉尘大的场合出现的问题仍值得关注和加以解决。

〔撰稿人：杭州机电设计研究院　吴梦旦〕

滚塑加工成型设备

2009年是我国塑料行业逐步摆脱国际金融危机的冲击，进入恢复性发展的一年。对滚塑行业来说，也是直面冲击，逐步走出低谷，进入稳步发展的一年。一年多来，滚塑加工成型技术的知名度不断提高，进入该行业的企业持续增加，滚塑制品的应用领域也进一步扩展，滚塑行业的发展潜力得到了进一步的彰显。

当前，国内涉足滚塑行业的企业近300家，包括生产、销售滚塑原料、助剂，定做加工滚塑模具，定做生产滚塑设备以及从事滚塑制品加工的企业，其中，从事滚塑制品加工的企业数量最多，约200家。据估计，整个滚塑行业年消耗原料约6万t，年产值10亿多元。国内主要的滚塑制品加工企业有宁波江南塑胶容器有限公司、烟台镇泰滚塑厂、上海春阳滚塑有限公司、慈溪市德顺容器有限公司、珠海波利马塑胶制品有限公司、湖南石化总公司阿得立分公司、浙江兴邦塑胶科技有限公司、广东爱得乐集团有限公司、浙江慈溪市新远栋塑胶容器有限公司、上海康捷保塑料制品有限公司、宁波仕波交通设施有限公司、无锡新开河储罐有限公司、永浪集团有限公司、安徽省宁国天亿滚塑有限公司、浙江奇特乐集团有限公司、无锡市海溪防腐设备厂、河北金后盾塑胶有限公司、浙江菲富利旋塑工程有限公司和重庆康伯特塑胶有限公司等。

作为滚塑行业快速发展的一个重要标志，许多从未涉足滚塑加工的企业看好其发展前景，纷纷购置滚塑设备，引进滚塑技术人员，加入到不断发展壮大的滚塑行业，如东台市明达塑业有限公司、上海林达塑胶化工有限公司、廊坊市全振汽车配件有限公司等。

在滚塑新产品的研制开发上，不少企业对一些有较大市场潜力的产品加大了研发力度。如慈溪市德顺容器有限公司开发出检查井，浙江嵊泗滚塑游艇科技开发有限公司开发了8m以下的滚塑船艇，上海心尔新材料科技股份有限公司开发了智能型蔬果保鲜集装箱、环保节能合金电解槽等。据不完全统计，当前国内滚塑产品种类已从过去的数十种增加到百余种。

由于直火摇摆式滚塑机和模具两者基本是结合在一起的，技术较简单，投入也较小。因此，许多滚塑制品生产企业使用的直火摇摆式滚塑机基本上都是自行制造或委托非专业厂家定做的，自动化程度不高，能源利用率较低。由于标准、规格、大小几乎都是各企业自行设计的，不利于行业的规模化生产和标准的统一。据不完全统计，全行业新增的这类自制直火式摇摆滚塑机近30台（套）。

与此同时，封闭式滚塑设备的普及率得到进一步的提高。尽管价格比较昂贵，但由于比直火式摇摆滚塑机具有更高的能效比和自动化程度，越来越多的滚塑企业购置和增添了各种类型和规格的封闭式滚塑设备，包括穿梭式、转塔式、蚌式、独立式等，全行业新增这类滚塑设备10余台（套）。由于这类设备设有燃烧、测温、控制、运行等多个系统，对材料、机械、自控等技术有较高要求，所以行业内此类设备基本由少数几家专业的滚塑设备制造企业提供，少量则直接从国外进口。当前，国内主要的滚塑设备制造企业只有五六家，包括烟台方大滚塑有限公司、慈溪市德鑫机械有限公司、杭州大洋电气技术有限公司、慈溪金磊滚塑机械有限公司等。另外，还有10家左右以加工制造滚塑铝模为主的模具企业，包括上海春旭模具工业有限公司、宁波锦泰机模有限公司、宁波市镇海金鸿模具机械厂等。

国内滚塑行业还较薄弱，每年的原料需求量也不大。单纯以制造或销售滚塑原料为主的企业很少，基本上都是一些原料销售公司在销售各种塑料原料的同时附带销售滚塑原料。滚塑原料市场的发育不足也成为制约我国滚塑行业发展的一个因素。

滚塑行业日趋活跃的标志之一是行业内各类活动逐渐增加。慈溪市德鑫机械有限公司先后参加了广交会和中国国际塑料橡胶工业展览会（CHINAPLAS）。这是国内滚塑企业首次出现在这两个重要的展示活动中。2009年5月26日，由上海市化学建材行业协会主办的“塑料检查井推荐专题会”在上海举行。慈溪德顺容器有限公司和上海心尔新材料科技股份有限公司展示的滚塑检查井让许多不了解滚塑成型产品的市政建设界人士大开眼界，纷纷表示将加大在本行业中宣传、推广和使用滚塑产品的力度。

继2008年首次参加国际滚塑展和国际滚塑协会活动后，由《中国塑料信息》和《国内外滚塑报道》主编鲍志成率领的中国滚塑代表团2009年6月再次赴美参加世界第二大塑料业展会——美国NPE展，并首次参加了国际最大的塑料行业组织——美国塑料工程师协会（SPE）滚塑分会的一系列活动，得到了国际滚塑行业的重视。鲍志成还应邀参加了NPE官方举行的记者招待宴会。

2009年9月14日，由《中国塑料信息》和《国内外滚塑报道》主办、世界五百强企业之一的日本旭硝子株式会社协办、温州市教玩具行业协会等赞助的“2009滚塑技术与市场发展论坛暨滚塑企业联谊交流活动”在浙江温州举行。来自国内外75家单位的86位代表参加了论坛活动，在参会代表人数、单位数和国际参与度等方面均创历史纪录，凸显了这一国内滚塑界主要年度活动的影响力。国际著名的塑料行业媒体美国塑料新闻杂志派记者对会议进行了采访和相关报导，扩大了我国滚塑行业的知名度。

2009年9月25日，由安徽省农机协会主办，

《中国塑料信息》和《国内外滚塑报道》等协办的“2009 年安徽农机滚塑部件产品研讨推介会”在合肥举行。鲍志成向与会的全国主要农机企业代表作了“滚塑及其产品”的演讲,使国内农机行业对滚塑行业及其产品有了较多的了解。11 月 19 日,在上海举行的“2009 塑料中空容器技术及应用产业发展论坛”上,鲍志成向与会的国内业者作了题为“滚塑中空制品的开发与技术发展”的演讲,全面介绍了国内外滚塑行业的发展和产品应用情况以及滚塑技术在中空制品生产中的独特优势。

2009 年 12 月 7 日,由中国塑料加工工业协会滚塑专业委员会主办的“第三届(2009)中国国际滚塑技术应用论坛暨展览会”在上海举行。中国塑料加工工业协会会长廖正品、中国塑料制品标准化委员会副主任陈嘉祺、中国船舶工业行业协会船艇分会副秘书长钟震德、澳大利亚水箱产业协会代表、中国石油化工股份有限公司齐鲁分公司研究院刘少成等分别发表了演讲。

滚塑行业作为塑料加工行业的一个分支,与我国其他塑料成型行业一样,近年来有了较快发展,但与发达国家相比还有较大的差距,如滚塑原料市场的发育不足,致使石化企业不愿生产滚塑基料;滚塑专用料的开发和生产能力薄弱,基本没有被国内市场普遍接受的专用料;滚塑设备的档次还不高,滚塑加工工艺也较落后,能源浪费大,生产效率较低,工人劳动生产强度高;行业标准缺乏,滚塑制品的开发设计能力薄弱,缺乏拥有自主知识产权的创新产品,滚塑制品的应用领域也有待拓展等。对此,我国滚塑行业有着清醒的认识,并将加倍地努力赶超发达国家,把我国滚塑行业不断推向前进!

〔供稿单位:上海鲍志成滚塑工作室〕

中国塑料机械工业年鉴 2010

统计资料

客观反映塑料机械行业主要经济指标

综述

专文

行业概况

统计资料

产品进出口

产业集群

产品与项目

标准

政策法规

大事记

附录

统计资料

1990～2009 年塑料机械行业工业总产值及占比

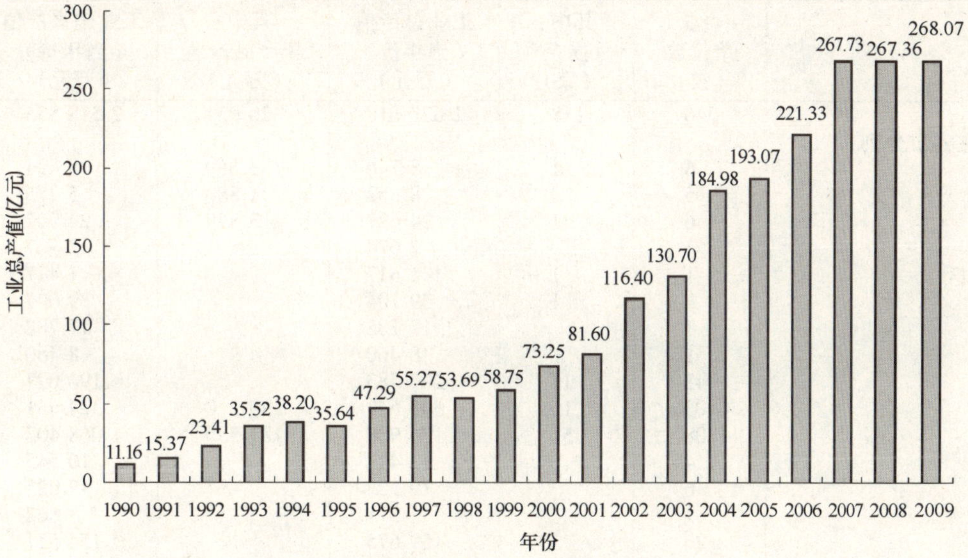

1990～2009 年塑料机械行业工业总产值

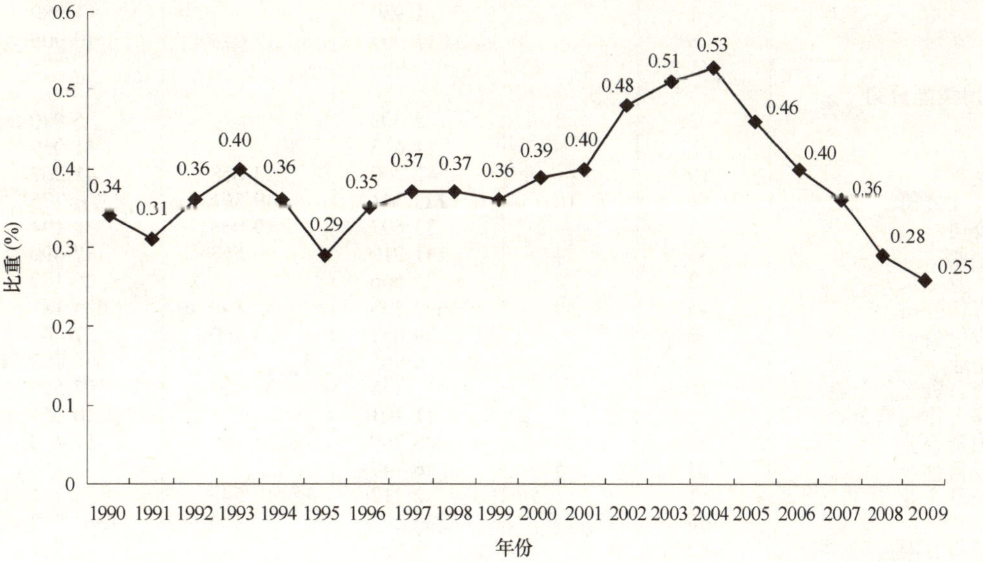

1990～2009 年塑料机械行业工业总产值占机械工业总产值比重

注：1. 1998 年以前全国机械工业企业单位的统计口径分为两种，即：产值产量部分为全国乡及乡以上工业企业，财务指标部分为全部独立核算工业企业资料；1998 年年报国家统计局将上述两种口径统一调整为全部国有和年产品销售收入 500 万元以上的非国有工业企业；2007 年调整为辖区内全部主营业务收入 500 万元及以上的工业法人企业。

2. 数据来源于中国机械工业联合会。

2008 年塑料机械行业主要经济指标

项　　目	企业单位数（家）	其中：亏损企业（家）	工业总产值（当年价）（万元）	其中：新产品产值（万元）	工业销售产值（当年价）（万元）	其中：出口交货值（万元）
合计	546	118	2 673 618	320 034	2 518 855	594 453
一、按企业所在省市分列						
北京市	6	1	8 746	3 659	8 494	213
天津市	5	3	8 352	1 880	5 275	1 204
河北省	6	1	24 627	3 899	24 907	
山西省	1		2 674		2 707	
内蒙古自治区	1	1	1 417		1 417	90
辽宁省	8	1	39 104		39 007	7 365
吉林省	1		17 782		17 782	
黑龙江省	1		8 460		8 460	
上海市	42	11	204 583		194 093	96 243
江苏省	103	15	345 649	29 270	324 651	60 509
浙江省	208	51	1 136 900	181 530	1 068 407	307 471
安徽省	4		12 417		10 545	1 736
福建省	6		19 525		17 925	600
江西省	1		871		862	
山东省	26	3	159 675		154 521	3 778
河南省	4	1	4 031		3 968	
湖北省	8	6	8 526	287	8 697	383
湖南省						
广东省	106	24	653 534	97 496	612 573	113 094
广西壮族自治区	1		2 080		906	
重庆市	1		1 980		1 980	150
四川省	6		11 903	2 013	10 905	1 507
陕西省	1		781		775	111
二、按企业注册类型分列						
国有企业	3	2	5 408		5 840	94
集体企业	3		14 613		11 059	1 980
股份合作企业	10		42 700	3 058	41 262	5 198
其他有限责任公司	64	16	222 341	49 591	206 775	13 127
股份有限公司	4		33 697	9 064	34 194	5 738
私营独资企业	34	4	141 719	553	137 490	1 435
私营合伙企业	12	2	25 666		25 182	6 341
私营有限责任公司	245	49	692 233	54 898	634 183	96 336
私营有限股份公司	6		38 051	3 760	37 649	7 195
其他内资企业	3		6 965		6 733	
与港澳台商合资经营企业	16	3	113 548	34 029	107 596	16 058
与港澳台商合作经营企业	3	1	11 101		10 057	
港澳台商独资企业	57	19	783 790	145 429	751 470	232 173
中外合资经营企业	25	5	146 747		135 114	28 527
中外合作经营企业	1		2 112	12 545	1 711	
外资企业	58	17	385 273	7 106	364 772	177 670
外商投资股份有限公司	2		7 655		7 767	2 583
三、按企业规模分列						
大型企业	1		376 964	79 472	359 050	134 375
中型企业	27	5	542 406	149 692	518 012	170 693
小型企业	518	113	1 754 248	90 870	1 641 793	289 386
四、按企业控股情况分列						
国有控股	4	3	7 371		7 342	94
集体控股	10	2	43 541	12 248	39 824	8 393
私人控股	367	71	1 182 535	117 048	1 100 222	152 189
港澳台商控股	74	23	889 119	179 459	850 054	241 679
外商控股	69	19	457 718	11 279	429 013	186 192
其他	22		93 335		92 399	5 907

（续）

项　　目	从业人员平均人数（人）	流动资产合计（万元）	流动资产年平均余额（万元）	固定资产合计（万元）	固定资产原价（万元）	固定资产净值（万元）
合计	60 673	1 943 820	1 925 423	665 782	908 875	580 744
一、按企业所在省市分列						
北京市	331	6 602	6 574	1 247	1 650	1 217
天津市	396	9 034	7 501	1 404	2 503	1 404
河北省	384	5 402	6 320	2 254	2 667	2 226
山西省	197	590	595	2 349	2 849	2 280
内蒙古自治区	294	5 385	5 169	1 764	1 652	1 148
辽宁省	691	24 722	23 455	11 709	15 702	11 650
吉林省	458	4 689	14 508			
黑龙江省	35	1 803	788	752	892	752
上海市	3 400	122 225	121 853	51 995	70 012	48 952
江苏省	9 245	207 086	188 066	76 590	102 714	71 406
浙江省	24 129	873 937	913 690	318 267	426 700	286 531
安徽省	378	5 918	6 689	3 867	4 470	2 971
福建省	436	13 872	13 629	6 158	6 212	5 328
江西省	228	145	145	316	403	316
山东省	2 204	21 982	22 533	18 485	22 200	16 641
河南省	119	973	903	399	500	399
湖北省	943	11 674	13 176	9 397	17 049	9 025
湖南省						
广东省	16 268	617 453	570 736	153 915	224 069	113 880
广西壮族自治区	51	475	534	492	386	212
重庆市	52	803	803	401	598	401
四川省	420	8 103	6 861	4 011	5 601	3 995
陕西省	14	947	898	13	46	13
二、按企业注册类型分列						
国有企业	799	8 735	10 363	8 282	16 265	8 143
集体企业	1 209	12 284	9 797	2 747	3 870	2 583
股份合作企业	907	10 328	11 180	3 682	9 262	3 639
其他有限责任公司	5 871	132 996	127 450	50 552	78 657	48 657
股份有限公司	565	15 345	16 265	3 830	6 528	3 830
私营独资企业	2 686	30 166	28 393	23 870	29 395	22 919
私营合伙企业	1 268	12 359	13 228	6 628	9 593	6 037
私营有限责任公司	20 229	430 920	405 494	185 989	248 203	170 185
私营有限股份公司	562	18 137	16 026	11 178	13 418	10 528
其他内资企业	454	3 995	4 025	1 488	1 848	1 488
与港澳台商合资经营企业	2 172	128 133	142 780	19 608	33 171	15 557
与港澳台商合作经营企业	242	12 005	11 925	1 052	2 970	1 052
港澳台商独资企业	13 902	770 330	775 742	221 653	287 623	167 942
中外合资经营企业	3 227	116 062	110 139	30 333	37 249	27 252
中外合作经营企业	153	1 505	1 205	157	649	157
外资企业	6 367	237 599	237 766	94 179	129 485	90 332
外商投资股份有限公司	60	2 923	3 645	556	691	444
三、按企业规模分列						
大型企业	3 269	291 087	331 857	111 250	140 200	90 364
中型企业	13 843	569 103	560 511	132 645	191 571	106 488
小型企业	43 561	1 083 630	1 033 055	421 888	577 105	383 892
四、按企业控股情况分列						
国有控股	890	10 538	11 247	8 477	16 668	8 338
集体控股	2 136	36 726	34 223	8 445	14 108	8 238
私人控股	31 876	661 590	620 560	284 793	387 579	264 135
港澳台商控股	15 437	865 675	887 344	230 029	305 472	175 136
外商控股	7 950	309 431	307 828	112 940	154 406	106 770
其他	2 384	59 860	64 221	21 098	30 642	18 126

（续）

项　　目	固定资产净值年平均余额（万元）	资产总计（万元）	流动负债合计（万元）	长期负债合计（万元）	负债合计（万元）	所有者权益合计（万元）
合计	587 137	2 867 832	1 530 799	82 668	1 654 890	1 212 942
一、按企业所在省市分列						
北京市	1 283	8 858	5 988	78	6 066	2 792
天津市	1 447	10 706	6 398	600	6 999	3 707
河北省	2 241	12 669	3 541		3 551	9 118
山西省	664	3 200	3 669		3 669	−469
内蒙古自治区	1 148	7 309	6 385		6 385	924
辽宁省	12 275	39 574	10 275	25	10 300	29 274
吉林省		44 673			25 390	19 283
黑龙江省	752	7 422	6 396	1 026	7 422	
上海市	46 107	184 011	100 317	14 107	118 996	65 016
江苏省	65 984	309 967	187 851	8 541	196 391	113 576
浙江省	275 923	1 309 061	625 799	23 233	649 544	659 517
安徽省	2 641	12 038	7 997	687	8 684	3 354
福建省	5 545	20 901	5 800	185	5 985	14 916
江西省	316	461	41	120	161	300
山东省	15 711	46 984	16 591	1 012	19 873	27 111
河南省	388	1 420	793		793	627
湖北省	8 802	21 496	10 928	5 965	21 761	−265
湖南省						
广东省	142 557	810 915	524 373	27 043	553 760	257 155
广西壮族自治区	212	1 173	859		859	314
重庆市	401	1 499	915		915	584
四川省	2 724	12 493	5 189	47	6 691	5 802
陕西省	17	1 001	694		695	306
二、按企业注册类型分列						
国有企业	6 570	17 279	12 241	5 093	20 889	−3 610
集体企业	1 838	15 825	13 376	177	13 552	2 273
股份合作企业	3 290	18 502	7 922	31	7 973	10 529
其他有限责任公司	48 510	238 930	107 689	3 456	136 746	102 184
股份有限公司	3 492	24 813	13 141		13 151	11 662
私营独资企业	22 897	59 014	33 594	882	36 296	22 718
私营合伙企业	6 079	24 066	11 359	316	11 675	12 391
私营有限责任公司	166 752	711 926	407 791	28 283	443 782	268 144
私营有限股份公司	10 734	32 071	8 110	85	8 195	23 876
其他内资企业	1 494	7 174	5 012		5 013	2 161
与港澳台商合资经营企业	31 229	159 327	96 256	8 672	104 928	54 400
与港澳台商合作经营企业	1 049	13 157	7 316		7 316	5 841
港澳台商独资企业	170 203	1 039 564	540 822	23 731	566 309	473 255
中外合资经营企业	26 581	155 480	87 840	987	89 480	66 000
中外合作经营企业	146	2 078	1 614		1 614	463
外资企业	85 765	344 940	176 093	10 956	187 347	157 593
外商投资股份有限公司	507	3 687	624		624	3 063
三、按企业规模分列						
大型企业	81 969	429 556	131 201	12 082	143 282	286 274
中型企业	122 894	805 405	480 241	13 398	519 229	286 176
小型企业	382 275	1 632 870	919 358	57 189	992 378	640 492
四、按企业控股情况分列						
国有控股	6 784	19 304	13 744	5 693	22 992	−3 687
集体控股	7 226	49 913	32 062	1 096	33 810	16 103
私人控股	256 572	1 080 551	600 352	32 474	642 596	437 954
港澳台商控股	192 756	1 154 194	600 174	32 402	634 332	519 861
外商控股	103 150	441 866	237 695	10 960	248 954	192 913
其他	20 649	122 004	46 772	43	72 206	49 798

（续）

项　　目	其中：实收资本（万元）	其中：1. 国家资本（万元）	2. 集体资本（万元）	3. 法人资本（万元）	4. 个人资本（万元）	5. 港澳台资本（万元）	6. 外商资本（万元）
合计	561 935	1 422	9 128	58 848	148 696	196 267	147 573
一、按企业所在省市分列							
北京市	2 151			300	1 800		51
天津市	1 475			600	875		
河北省	1 871			740	991	105	35
山西省	3 324			3 324			
内蒙古自治区	1 724				1 724		
辽宁省	11 038			2 368	8 471		199
吉林省	1 000			1 000			
黑龙江省	350			350			
上海市	52 104		599	1 712	4 342	6 941	38 510
江苏省	79 791		1 917	5 503	20 371	21 999	30 001
浙江省	240 218		4 450	17 453	67 999	112 084	38 233
安徽省	2 628				2 628		
福建省	5 324				2 950	374	2 000
江西省	300			300			
山东省	12 678			2 431	10 026	221	
河南省	506				506		
湖北省	4 564	1 182	500	1 920	844		118
湖南省							
广东省	137 123	240	1 662	19 447	23 726	54 542	37 505
广西壮族自治区	365			365			
重庆市	500			500			
四川省	2 611			405	1 445		762
陕西省	291			131			160
二、按企业注册类型分列							
国有企业	5 566	1 182		4 384			
集体企业	1 850		1 080	50		720	
股份合作企业	4 648		356	200	4 092		
其他有限责任公司	27 448		1 880	11 010	14 558		
股份有限公司	6 706		4 000		2 706		
私营独资企业	15 294			2 371	12 872	50	
私营合伙企业	10 219				10 219		
私营有限责任公司	94 289		837	12 329	80 931	72	120
私营有限股份公司	8 880			310	8 570		
其他内资企业	800			50	750		
与港澳台商合资经营企业	24 469	240	143	10 779	302	12 970	35
与港澳台商合作经营企业	4 493		332			4 161	
港澳台商独资企业	208 865			5 247	5 672	175 342	22 605
中外合资经营企业	29 607		500	11 588	7 867		9 652
中外合作经营企业	463			343			120
外资企业	117 072			187	50	1 893	114 942
外商投资股份有限公司	1 265				107	1 059	99
三、按企业规模分列							
大型企业	75 568					75 568	
中型企业	116 786		4 837	12 306	40 520	28 849	30 274
小型企业	369 580	1 422	4 291	46 542	108 176	91 850	117 298
四、按企业控股情况分列							
国有控股	6 166	1 182		4 984			
集体控股	10 690		6 030	1 500	2 322	720	118
私人控股	169 304		961	24 249	139 607	271	4 216
港澳台商控股	227 287	240	475	13 449	5 722	187 228	20 173
外商控股	135 239			9 087	50	5 852	120 251
其他	13 248		1 662	5 581	995	2 197	2 814

（续）

项　目	主营业务收入（万元）	主营业务成本（万元）	主营业务税金及附加（万元）	营业费用（万元）	管理费用（万元）	财务费用（万元）
合计	2 477 844	2 005 163	8 429	127 204	178 807	21 477
一、按企业所在省市分列						
北京市	8 479	6 290	38	418	1 399	16
天津市	5 427	4 576	12	261	790	59
河北省	23 113	19 028	159	98	320	73
山西省	2 997	2 555	5	97	380	23
内蒙古自治区	1 390	1 013		75	379	
辽宁省	29 976	20 724	387	903	2 370	24
吉林省	17 782	17 782				
黑龙江省	8 460	6 411	9	3	106	19
上海市	189 311	161 369	147	9 241	16 117	1 879
江苏省	324 375	265 066	2 025	13 824	27 301	3 046
浙江省	1 051 447	824 709	2 666	64 975	79 958	9 769
安徽省	10 545	8 347	37	886	1 904	146
福建省	18 925	15 426	294	299	546	208
江西省	858	697	3	28	52	15
山东省	157 760	138 211	530	2 631	3 115	161
河南省	4 134	3 844	46	35	112	22
湖北省	8 915	8 289	225	426	1 535	14
湖南省						
广东省	598 635	489 162	1 715	32 107	41 383	5 953
广西壮族自治区	906	691	2	127	65	12
重庆市	1 980	1 855	2	48	52	8
四川省	11 606	8 587	127	569	800	29
陕西省	823	534	3	158	128	1
二、按企业注册类型分列						
国有企业	6 352	5 990	40	234	1 468	26
集体企业	11 062	9 003	47	407	1 628	108
股份合作企业	41 649	34 164	320	1 734	3 403	176
其他有限责任公司	208 700	166 025	2 241	8 233	14 317	2 163
股份有限公司	33 726	25 979	225	1 004	1 997	190
私营独资企业	135 799	121 855	386	1 290	3 200	1 085
私营合伙企业	24 910	21 662	112	714	1 567	310
私营有限责任公司	619 889	505 084	3 475	26 837	48 482	8 764
私营有限股份公司	28 984	20 631	207	575	1 956	-27
其他内资企业	6 730	5 522	14	419	530	35
与港澳台商合资经营企业	99 242	84 401	22	5 714	6 051	1 877
与港澳台商合作经营企业	9 807	8 382		601	1 067	-11
港澳台商独资企业	748 571	586 594	824	54 689	51 104	3 462
中外合资经营企业	129 777	100 480	130	6 042	12 051	1 545
中外合作经营企业	2 229	1 700	1	171	270	8
外资企业	362 650	301 338	361	18 460	29 479	1 780
外商投资股份有限公司	7 767	6 353	25	80	238	-13
三、按企业规模分列						
大型企业	359 050	258 170	472	37 297	24 265	32
中型企业	502 583	417 699	1 074	23 554	33 969	6 449
小型企业	1 616 211	1 329 295	6 883	66 353	120 574	14 996
四、按企业控股情况分列						
国有控股	7 678	6 977	49	435	1 707	61
集体控股	39 588	31 270	171	2 061	5 812	280
私人控股	1 075 639	876 831	6 150	40 139	74 183	12 726
港澳台商控股	842 396	666 057	866	60 166	55 728	4 832
外商控股	419 564	347 248	393	21 613	34 801	2 781
其他	92 978	76 780	800	2 791	6 576	797

（续）

项　　目	利润总额（万元）	利税总额（万元）	产值利税率（%）	主营业务收入利润率（%）	工业资金利税率（%）	流动资产周转率（次）	资产负债率（%）
合计	162 481	237 350	8.9	6.6	9.5	1.3	57.7
一、按企业所在省市分列							
北京市	354	837	9.6	4.2	10.7	1.3	68.5
天津市	-132	221	2.6	-2.4	2.5	0.7	65.4
河北省	4 453	4 741	19.3	19.3	55.4	3.7	28.0
山西省	17	186	6.9	0.6	14.7	5.0	114.7
内蒙古自治区	-62	-42	-2.9	-4.4	-0.7	0.3	87.4
辽宁省	8 078	9 191	23.5	27.0	25.7	1.3	26.0
吉林省						1.2	
黑龙江省	901	1 148	13.6	10.7	74.6	10.7	100.0
上海市	7 775	10 447	5.1	4.1	6.2	1.6	64.7
江苏省	17 690	28 663	8.3	5.5	11.3	1.7	63.4
浙江省	78 809	109 543	9.6	7.5	9.2	1.2	49.6
安徽省	601	874	7.0	5.7	9.4	1.6	72.1
福建省	1 275	2 155	11.0	6.7	11.2	1.4	28.6
江西省	64	97	11.1	7.5	21.0	5.9	34.9
山东省	11 689	16 395	10.3	7.4	42.9	7.0	42.3
河南省	80	202	5.0	1.9	15.6	4.6	55.8
湖北省	-1 963	-1 367	-16.0	-22.0	-6.2	0.7	101.2
湖南省							
广东省	32 371	52 615	8.1	5.4	7.4	1.1	68.3
广西壮族自治区	17	61	2.9	1.9	8.2	1.7	73.2
重庆市	16	36	1.8	0.8	3.0	2.5	61.1
四川省	448	1 304	11.0	3.9	13.6	1.7	53.6
陕西省	1	43	5.5	0.1	4.7	0.9	69.4
二、按企业注册类型分列							
国有企业	-1 933	-1 521	-28.1	-30.4	-9.0	0.6	120.9
集体企业	92	324	2.2	0.8	2.8	1.1	85.6
股份合作企业	3 135	5 163	12.1	7.5	35.7	3.7	43.1
其他有限责任公司	16 534	26 384	11.9	7.9	15.0	1.6	57.2
股份有限公司	5 459	5 734	17.0	16.2	29.0	2.1	53.0
私营独资企业	8 274	13 106	9.3	6.1	25.6	4.8	61.5
私营合伙企业	722	1 917	7.5	2.9	9.9	1.9	48.5
私营有限责任公司	26 757	48 935	7.1	4.3	8.6	1.5	62.3
私营有限股份公司	8 114	9 269	24.4	28.0	34.6	1.8	25.6
其他内资企业	220	450	6.5	3.3	8.2	1.7	69.9
与港澳台商合资经营企业	2 546	4 740	4.2	2.6	2.7	0.7	65.9
与港澳台商合作经营企业	-48	46	0.4	-0.5	0.4	0.8	55.6
港澳台商独资企业	59 825	76 432	9.8	8.0	8.1	1.0	54.5
中外合资经营企业	10 296	15 612	10.6	7.9	11.4	1.2	57.6
中外合作经营企业	83	115	5.4	3.7	8.5	1.9	77.7
外资企业	21 426	29 462	7.7	5.9	9.1	1.5	54.3
外商投资股份有限公司	981	1 183	15.5	12.6	28.5	2.1	16.9
三、按企业规模分列							
大型企业	43 529	50 864	13.5	12.1	12.3	1.1	33.4
中型企业	26 031	38 609	7.1	5.2	5.7	0.9	64.5
小型企业	92 922	147 877	8.4	5.8	10.5	1.6	60.8
四、按企业控股情况分列							
国有控股	-2 019	-1 520	-20.6	-26.3	-8.4	0.7	119.1
集体控股	1 845	2 578	5.9	4.7	6.2	1.2	67.7
私人控股	69 070	110 497	9.3	6.4	12.6	1.7	59.5
港澳台商控股	63 669	82 815	9.3	7.6	7.7	1.0	55.0
外商控股	23 722	33 743	7.4	5.7	8.2	1.4	56.3
其他	6 195	9 238	9.9	6.7	10.9	1.5	59.2

注：数据来源于中国塑料机械工业协会。新产品产值为月报资料。表中数据由于四舍五入，合计数有微小出入。

2009 年塑料机械行业主要经济指标

项　　目	企业数（家）	其中：亏损企业（家）	工业总产值（当年价）（万元）	其中：新产品产值（万元）	工业销售产值（当年价）（万元）	其中：出口交货值（万元）
合计	544	98	2 680 661	477 100	2 602 759	376 988
一、按企业所在省市分列						
北京市	7	2	11 569	2 999	11 085	1
天津市	4		5 148	4 438	6 998	1 886
河北省	5		22 367		21 959	
山西省	1		1 689		1 663	
内蒙古自治区	1		1 694		1 694	
辽宁省	13	2	53 808	16 087	50 059	4 296
黑龙江省	2		9 829		9 833	156
上海市	35	11	147 687	7 310	156 522	50 030
江苏省	87	10	328 694	62 789	323 050	43 866
浙江省	212	38	1 107 491	212 512	1 078 679	206 030
安徽省	6	2	15 988	1 147	13 461	684
福建省	7	1	21 920		21 249	1 747
江西省	1		5 030		5 003	
山东省	38	4	286 648	352	278 800	2 230
河南省	4		5 955		5 793	
湖北省	9	3	15 456	2 307	15 611	193
广东省	100	24	597 096	161 194	560 217	63 715
广西壮族自治区	2		5 636		4 325	
重庆市	1		1 910		1 990	366
四川省	8		33 992	5 967	33 726	1 757
陕西省	1	1	1 053		1 042	32
二、按企业注册类型分列						
国有企业	3	2	5 696	2 252	5 658	
集体企业	3		4 666		4 512	949
股份合作企业	15		53 017	7 094	49 126	3 907
其他有限责任公司	60	14	192 317	33 773	188 949	9 535
股份有限公司	4		43 353	17 030	39 316	6 315
私营独资企业	37	1	111 461	3 742	107 891	7 312
私营合伙企业	8	1	13 963	4 417	13 376	3 070
私营有限责任公司	256	33	831 575	95 132	798 265	84 699
私营有限股份公司	8		52 105	16 087	49 882	4 346
其他内资企业	6	1	9 144		8 963	
与港澳台商合资经营企业	18	3	157 939	19 942	152 254	17 600
与港澳台商合作经营企业	2		15 157	7 310	14 762	
港澳台商独资企业	53	21	768 619	175 321	752 823	139 217
中外合资经营企业	22	6	127 224	39 894	125 336	19 814
中外合作经营企业	1		4 100		4 100	
外资企业	46	16	279 449	55 106	276 671	78 837
外商投资股份有限公司	2		10 875		10 875	1 387
三、按企业规模分列						
大型企业	1		393 248	40 940	390 145	85 089
中型企业	25	5	369 333	111 984	348 263	73 033
小型企业	518	93	1 918 080	324 177	1 864 351	218 867
四、按企业控股情况分列						
国有控股	3	2	5 696	2 252	5 658	
集体控股	11	2	48 372	18 204	44 447	7 402
私人控股	390	47	1 288 828	185 317	1 240 111	124 408
港澳台商控股	69	24	906 698	197 882	891 217	157 091
外商控股	57	20	342 484	69 443	337 994	87 231
其他	14	3	88 583	4 002	83 332	857

（续）

项　目	从业人员平均人数（人）	流动资产合计（万元）	固定资产合计（万元）	固定资产原价（万元）	固定资产净值（万元）	固定资产净值年平均余额（万元）
合计	56 046	2 125 934	763 370	1 046 529	673 829	673 833
一、按企业所在省市分列						
北京市	352	7 670	1 617	2 139	1 482	1 482
天津市	285	6 918	2 315	2 567	1 087	1 087
河北省	349	6 956	2 471	3 073	2 471	2 471
山西省	196	1 843	593	2 880	562	562
内蒙古自治区	360	5 757	1 849	1 786	1 231	1 231
辽宁省	1 030	37 565	25 269	30 471	24 394	24 394
黑龙江省	107	8 299	3 031	4 024	3 029	3 029
上海市	3 264	113 839	40 962	63 775	40 751	40 751
江苏省	8 902	226 823	83 214	107 739	73 547	73 551
浙江省	21 653	1 054 017	335 374	470 932	307 801	307 801
安徽省	454	8 227	4 593	5 467	3 502	3 502
福建省	532	10 199	3 697	4 521	2 994	2 994
江西省	87	809	638	751	638	638
山东省	3 443	42 280	96 887	107 953	88 010	88 010
河南省	248	1 495	758	921	758	758
湖北省	941	15 430	10 248	17 260	9 099	9 099
广东省	13 211	565 148	145 552	207 180	109 157	109 157
广西壮族自治区	93	2 561	618	839	603	603
重庆市	48	1 475	347	567	347	347
四川省	476	7 806	3 328	11 647	2 356	2 356
陕西省	15	816	11	38	11	11
二、按企业注册类型分列						
国有企业	758	12 673	6 370	16 168	6 324	6 324
集体企业	738	9 504	2 953	4 382	2 953	2 953
股份合作企业	1 181	11 385	6 078	11 585	5 214	5 214
其他有限责任公司	5 507	129 749	52 583	69 511	42 775	42 775
股份有限公司	638	18 661	8 714	10 527	5 656	5 656
私营独资企业	2 214	25 465	46 617	50 853	41 322	41 322
私营合伙企业	454	5 225	3 562	4 815	3 433	3 433
私营有限责任公司	21 544	517 248	244 081	317 266	216 458	216 462
私营有限股份公司	706	25 567	17 917	22 563	16 311	16 311
其他内资企业	421	7 736	1 897	2 110	1 537	1 537
与港澳台商合资经营企业	2 340	153 218	40 963	60 839	33 545	33 545
与港澳台商合作经营企业	243	17 362	4 861	6 488	4 811	4 811
港澳台商独资企业	11 628	878 190	208 071	300 741	180 779	180 779
中外合资经营企业	2 407	101 665	29 087	37 666	27 150	27 150
中外合作经营企业	148	921	140	652	140	140
外资企业	5 058	207 940	88 762	129 578	84 930	84 930
外商投资股份有限公司	61	3 426	713	784	492	492
三、按企业规模分列						
大型企业	3 158	402 892	107 510	157 285	100 409	100 409
中型企业	10 513	487 890	142 015	215 467	121 363	121 363
小型企业	42 375	1 235 152	513 845	673 777	452 057	452 061
四、按企业控股情况分列						
国有控股	758	12 673	6 370	16 168	6 324	6 324
集体控股	1 696	37 420	11 551	15 030	7 561	7 561
私人控股	32 577	770 745	384 379	493 492	339 795	339 799
港澳台商控股	13 581	1 044 176	242 995	353 195	208 142	208 142
外商控股	6 128	235 842	98 619	143 878	94 344	94 344
其他	1 306	25 078	19 456	24 765	17 665	17 665

（续）

项　目	资产总计（万元）	流动负债合计（万元）	长期负债合计（万元）	负债合计（万元）	所有者权益合计（万元）	其中：实收资本（万元）
合计	3 153 868	1 584 660	87 913	1 707 855	1 437 048	664 754
一、按企业所在省市分列						
北京市	12 432	7 449	316	7 765	4 667	3 219
天津市	9 467	3 883		3 883	5 584	525
河北省	9 427	3 494		3 533	5 894	1 371
山西省	2 697	3 142		3 142	-445	3 324
内蒙古自治区	7 766	6 892		6 892	874	1 724
辽宁省	69 644	17 409	7 100	24 669	44 950	18 753
黑龙江省	11 485	9 854	429	10 283	1 202	666
上海市	163 031	86 070	8 886	100 700	62 331	43 192
江苏省	348 646	185 053	6 007	195 542	153 104	94 839
浙江省	1 530 064	764 868	30 050	796 971	733 093	253 795
安徽省	15 654	11 197	1 954	13 151	2 503	3 457
福建省	14 406	3 885	118	4 340	10 066	5 819
江西省	1 448	312	150	462	986	986
山东省	153 574	23 514	2 634	38 672	114 717	82 043
河南省	2 385	915		915	1 470	746
湖北省	25 949	18 996	7 322	26 318	-470	4 337
广东省	756 172	429 323	21 631	460 648	286 492	141 002
广西壮族自治区	3 405	1 628	1 295	2 923	860	515
重庆市	2 367	1 768		1 768	599	500
四川省	12 985	4 410	22	4 681	8 303	3 652
陕西省	865	598		598	267	291
二、按企业注册类型分列						
国有企业	19 305	17 233	6 306	23 539	-4 233	4 660
集体企业	13 449	10 582	177	10 759	2 690	1 151
股份合作企业	22 632	11 116	1 158	12 281	10 351	6 791
其他有限责任公司	195 673	110 893	7 684	118 842	76 520	25 099
股份有限公司	27 375	12 342		14 784	12 591	7 735
私营独资企业	81 172	23 736	2 271	27 775	53 396	42 540
私营合伙企业	10 912	4 979	289	5 268	5 644	4 270
私营有限责任公司	898 997	477 588	31 017	519 629	379 746	164 730
私营有限股份公司	47 190	12 884	41	14 568	32 623	9 935
其他内资企业	15 665	8 507	3 000	12 456	3 209	3 029
与港澳台商合资经营企业	205 567	105 816	14 381	123 691	81 876	34 777
与港澳台商合作经营企业	25 343	13 707		13 707	11 637	10 338
港澳台商独资企业	1 130 043	542 672	5 484	557 855	563 156	214 691
中外合资经营企业	137 128	69 360	8 249	77 769	59 360	30 718
中外合作经营企业	1 343	1 132		1 132	211	211
外资企业	317 935	160 766	7 858	172 454	145 480	102 813
外商投资股份有限公司	4 139	1 348		1 348	2 792	1 265
三、按企业规模分列						
大型企业	525 940	201 816		201 816	324 124	75 568
中型企业	704 116	368 827	21 824	391 374	304 684	109 335
小型企业	1 923 811	1 014 017	66 090	1 114 665	808 240	479 851
四、按企业控股情况分列						
国有控股	19 305	17 233	6 306	23 539	-4 233	4 660
集体控股	51 906	32 458	1 953	34 411	17 494	11 028
私人控股	1 331 510	676 699	50 172	744 963	586 615	261 351
港澳台商控股	1 345 272	662 362	19 065	691 137	645 104	259 496
外商控股	357 373	176 946	7 858	188 794	168 579	119 317
其他	48 501	18 962	2 560	25 012	23 489	8 901

（续）

项　目	其中：1. 国家资本（万元）	2. 集体资本（万元）	3. 法人资本（万元）	4. 个人资本（万元）	5. 港澳台资本（万元）	6. 外商资本（万元）
合计	2 246	5 982	75 588	236 178	202 206	142 554
一、按企业所在省市分列						
北京市			50	3 169		
天津市		105		420		
河北省			305	1 031	35	
山西省			3 324			
内蒙古自治区		1 724				
辽宁省			678	11 095	6 782	199
黑龙江省				666		
上海市		457	860	5 745	5 152	30 978
江苏省		3 356	13 886	31 969	19 228	26 399
浙江省	519	232	31 373	67 982	116 872	36 817
安徽省		99		3 358		
福建省			824	2 188	2 433	374
江西省			986			
山东省			6 013	74 237	1 794	
河南省			50	464	232	
湖北省			2 779	1 270		287
广东省	1 727	10	12 641	30 952	49 679	45 993
广西壮族自治区			515			
重庆市				500		
四川省			1 174	1 132		1 346
陕西省			131			160
二、按企业注册类型分列						
国有企业			4 660			
集体企业		1 080	50		21	
股份合作企业		466	1 112	5 213		
其他有限责任公司	1 727	1 829	5 794	15 518	232	
股份有限公司			6 854	881		
私营独资企业			1 970	40 477	94	
私营合伙企业			50	4 220		
私营有限责任公司		2 276	17 381	143 987	72	1 014
私营有限股份公司			715	9 220		
其他内资企业			1 669	1 360		
与港澳台商合资经营企业	519		7 973	432	23 648	2 205
与港澳台商合作经营企业		332		242	9 764	
港澳台商独资企业			11 035	7 730	166 768	29 158
中外合资经营企业			15 092	2 886	549	12 191
中外合作经营企业				211		
外资企业			1 233	3 698		97 882
外商投资股份有限公司				103	1 059	103
三、按企业规模分列						
大型企业					75 568	
中型企业		2 226	16 669	35 899	25 355	29 187
小型企业	2 246	3 756	58 919	200 278	101 283	113 368
四、按企业控股情况分列						
国有控股			4 660			
集体控股		1 411	6 913	2 396	21	287
私人控股		4 240	34 177	218 009	1 300	3 626
港澳台商控股	519	332	16 274	8 133	200 336	33 902
外商控股			10 332	3 698	549	104 739
其他	1 727		3 232	3 942		

（续）

项　　目	主营业务收入（万元）	主营业务成本（万元）	主营业务税金及附加（万元）	营业费用（万元）	管理费用（万元）	财务费用（万元）
合计	2 597 037	2 119 735	9 749	110 763	170 114	21 355
一、按企业所在省市分列						
北京市	11 085	8 774	40	291	1 377	-6
天津市	6 960	4 677	65	126	641	34
河北省	20 642	16 446	126	97	323	36
山西省	1 663	1 382	3	108	373	7
内蒙古自治区	1 824	1 432	4	35	303	
辽宁省	49 665	35 459	400	2 548	4 213	262
黑龙江省	7 422	6 401	33	154	221	-1
上海市	159 299	134 900	139	8 272	14 448	1 169
江苏省	323 500	269 013	886	11 423	25 454	2 715
浙江省	1 062 076	842 657	3 106	54 308	73 619	8 875
安徽省	12 069	9 241	38	991	1 128	160
福建省	21 983	19 822	132	429	609	199
江西省	4 980	3 436	15	174	374	92
山东省	291 060	243 108	2778	5 632	9 408	3 983
河南省	5 822	5 302	71	63	150	55
湖北省	14 850	13 120	75	459	2 258	154
广东省	561 337	467 038	1 705	24 879	34 177	3 516
广西壮族自治区	4 160	3 879	4	120	153	7
重庆市	1 888	1 713	7	57	57	30
四川省	33 712	31 118	124	438	715	67
陕西省	1 042	816	1	159	116	1
二、按企业注册类型分列						
国有企业	5 560	5 307	31	308	1 951	130
集体企业	8 562	6 617	56	577	1 259	199
股份合作企业	48 185	39 086	245	2 237	3 568	187
其他有限责任公司	183 663	155 609	835	5 996	11 282	1 739
股份有限公司	39 647	29 952	157	873	2 146	521
私营独资企业	108 439	91 522	511	2 337	5 301	2 047
私营合伙企业	13 401	11 758	65	399	684	26
私营有限责任公司	793 987	657 799	3 814	27 535	53 685	10 254
私营有限股份公司	48 085	37 189	462	848	2 269	-65
其他内资企业	9 017	7 680	24	371	654	71
与港澳台商合资经营企业	153 335	126 297	189	7463	8 913	1 915
与港澳台商合作经营企业	17 386	14 680		321	1 684	11
港澳台商独资企业	756 868	597 946	1 638	39 815	42 234	880
中外合资经营企业	124 530	104 375	72	5 542	9 475	1 094
中外合作经营企业	4 100	3 365	3	143	284	9
外资企业	273 946	223 456	1 647	15 965	24 443	2 346
外商投资股份有限公司	8 329	7 099	2	35	285	-7
三、按企业规模分列						
大型企业	389 308	290 640	744	26 501	19 346	-691
中型企业	350 220	283 817	1 571	16 139	29 607	3 093
小型企业	1 857 510	1 545 277	7 433	68 123	121 162	18 953
四、按企业控股情况分列						
国有控股	5 560	5 307	31	308	1 951	130
集体控股	47 483	36 989	176	2 580	4 986	392
私人控股	1 232 006	1 020 079	5 811	40 154	80 152	14 997
港澳台商控股	893 285	712 205	1 682	45 896	51 161	2 609
外商控股	334 492	275 861	1 676	19 559	28 127	2 490
其他	84 210	69 294	372	2 266	3 738	737

（续）

项　目	利润总额（万元）	利税总额（万元）	产值利税率（%）	主营业务收入利润率（%）	工业资金利税率（%）	流动资产周转率（次）	资产负债率（%）
合计	181 954	271 528	10.1	7.0	9.7	1.2	54.2
一、按企业所在省市分列							
北京市	681	1 178	10.2	6.1	12.9	1.5	62.5
天津市	1 358	1 829	35.5	19.5	22.9	1.0	41.0
河北省	2 290	2 770	12.4	11.1	29.4	3.0	37.5
山西省	26	56	3.3	1.6	2.3	0.9	116.5
内蒙古自治区	50	88	5.2	2.7	1.3	0.3	88.8
辽宁省	6 871	8 714	16.2	13.8	14.1	1.3	35.4
黑龙江省	599	930	9.5	8.1	8.2	0.9	89.5
上海市	4 146	7 875	5.3	2.6	5.1	1.4	61.8
江苏省	16 730	27 620	8.4	5.2	9.2	1.4	56.1
浙江省	91 152	127 545	11.5	8.6	9.4	1.0	52.1
安徽省	529	1 047	6.6	4.4	8.9	1.5	84.0
福建省	1 169	1 874	8.6	5.3	14.2	2.2	30.1
江西省	379	583	11.6	7.6	40.3	6.2	31.9
山东省	23 279	31 930	11.1	8.0	24.5	6.9	25.2
河南省	197	377	6.3	3.4	16.7	3.9	38.4
湖北省	-1 379	-893	-5.8	-9.3	-3.6	1.0	101.4
广东省	30 936	53 479	9.0	5.5	7.9	1.0	60.9
广西壮族自治区	252	284	5.0	6.1	9.0	1.6	85.9
重庆市	24	63	3.3	1.3	3.5	1.3	74.7
四川省	2 698	4 144	12.2	8.0	40.8	4.3	36.1
陕西省	-30	38	3.6	-2.9	4.6	1.3	69.1
二、按企业注册类型分列							
国有企业	-1 802	-1 608	-28.2	-32.4	-8.5	0.4	121.9
集体企业	203	341	7.3	2.4	2.7	0.9	80.0
股份合作企业	3 354	5 409	10.2	7.0	32.6	4.2	54.3
其他有限责任公司	8 902	15 796	8.2	4.9	9.2	1.4	60.7
股份有限公司	4 056	4 461	10.3	10.2	18.4	2.1	54.0
私营独资企业	6 273	10 548	9.5	5.8	15.8	4.3	34.2
私营合伙企业	502	1 098	7.9	3.7	12.7	2.6	48.3
私营有限责任公司	46 490	74 422	9.0	5.9	10.1	1.5	57.8
私营有限股份公司	7 709	10 282	19.7	16.0	24.6	1.9	30.9
其他内资企业	87	411	4.5	1.0	4.4	1.2	79.5
与港澳台商合资经营企业	8 470	14 869	9.4	5.5	8.0	1.0	60.2
与港澳台商合作经营企业	719	915	6.0	4.1	4.1	1.0	54.1
港澳台商独资企业	79 598	103 430	13.5	10.5	9.8	0.9	49.4
中外合资经营企业	5 145	8 919	7.0	4.1	6.9	1.2	56.7
中外合作经营企业	375	540	13.2	9.2	50.9	4.5	84.3
外资企业	10 911	20 730	7.4	4.0	7.1	1.3	54.2
外商投资股份有限公司	963	965	8.9	11.6	24.6	2.4	32.6
三、按企业规模分列							
大型企业	57 195	69 615	17.7	14.7	13.8	1.0	38.4
中型企业	22 171	35 902	9.7	6.3	5.9	0.7	55.6
小型企业	102 588	166 011	8.7	5.5	9.8	1.5	57.9
四、按企业控股情况分列							
国有控股	-1 802	-1 608	-28.2	-32.4	-8.5	0.4	121.9
集体控股	3 044	3 876	8.0	6.4	8.6	1.3	66.3
私人控股	75 079	119 334	9.3	6.1	10.8	1.6	56.0
港澳台商控股	85 974	115 649	12.8	9.6	9.2	0.9	51.4
外商控股	12 448	24 351	7.1	3.7	7.4	1.4	52.8
其他	7 211	9 927	11.2	8.6	23.2	3.4	51.6

注：数据来源于中国塑料机械工业协会。表中数据由于四舍五入，合计数有微小出入。

1990～2010 年塑料机械行业主要经济指标汇总

年份	企业数（家）	工业总产值（当年价）（亿元）	工业销售产值（亿元）	出口交货值（亿元）	工业增加值（亿元）	主营业务收入（亿元）	利润总额（亿元）	利税总额（亿元）	资产合计（亿元）	负债合计（亿元）	从业人员年平均人数（万人）	全员劳动生产率（元/人）
1990	259	11.16			3.21	10.05	0.47	0.98			5.19	6 185
1991	258	15.37			4.39	15.10	0.91	1.65			5.39	8 145
1992	252	23.41	22.27		7.07	30.94	0.09	1.22			5.79	12 214
1993	326	35.52	27.35		10.59	31.36	2.48	3.83	35.63	23.97	5.81	18 242
1994	316	38.20	33.97		10.85	27.17	1.56	3.01	42.76	27.28	4.71	18 962
1995	349	35.64			10.58	32.63	1.17	2.81	49.66	32.50	5.46	19 383
1996	379	47.29	43.86		11.60	39.92	1.82	3.57	55.31	34.86	6.04	19 205
1997	344	55.27	50.91		16.02	44.78	2.36	4.93	62.73	38.62	6.26	25 574
1998	166	53.69	48.81		13.79	47.23	2.63	4.74	69.51	45.47	3.87	35 608
1999	158	58.75	56.39		15.66	53.54	3.99	6.47	72.69	45.45	3.49	44 890
2000	170	73.25	69.24	5.30	19.29	66.44	5.74	8.78	94.02	57.53	3.99	48 312
2001	185	81.60	77.68	6.80	21.39	74.71	5.89	9.24	106.69	65.71	4.15	51 605
2002	215	116.40	111.27	10.00	30.66	105.79	10.43	14.70	130.69	79.77	4.14	74 092
2003	253	130.70	125.49	11.70	34.19	124.79	10.03	14.69	139.65	87.71	4.21	81 291
2004	410	184.98	187.02	28.04	45.71	180.84	16.40	22.35	197.55	111.78	5.46	83 718
2005	379	193.07	181.88	30.15	50.01	183.25	14.60	21.16	192.62	115.34	4.79	104 437
2006	413	221.33	216.08	42.82	57.68	215.66	18.18	25.58	212.12	128.15	5.05	114 102
2007	454	267.73	260.61	53.04	74.25	256.51	22.34	31.14	255.77	147.23	5.39	137 705
2008	546	267.36	251.89	59.45		247.78	16.25	23.74	286.78	165.49	6.07	
2009	544	268.07	260.28	37.70		259.70	18.20	27.15	315.39	170.79	5.60	
2010	564	421.06	400.65	59.57								

注：1. 1998 年以前全国机械工业企业单位的统计口径分为两种，即：产值产量部分为全国乡及乡以上工业企业，财务指标部分为全部独立核算工业企业资料；1998 年年报国家统计局将上述两种口径统一调整为全部国有和年产品销售收入 500 万元以上的非国有工业企业；2007 年调整为辖区内全部主营业务收入 500 万元及以上的工业法人企业。

2. 工业增加值指标在 1993 年以前为工业净产值。

3. 2010 年采用当年 1～12 月月报数据。

4. 数据来源于中国机械工业联合会。

产品进出口

客观反映塑料机械行业产品进出口情况

综述
专文
行业概况
统计资料
产品进出口
产业集群
产品与项目
标准
政策法规
大事记
附录

SHINI

SHINI

SHINI

SHINI

SHINI

SHINI

SHINI

Kinway
御能动力

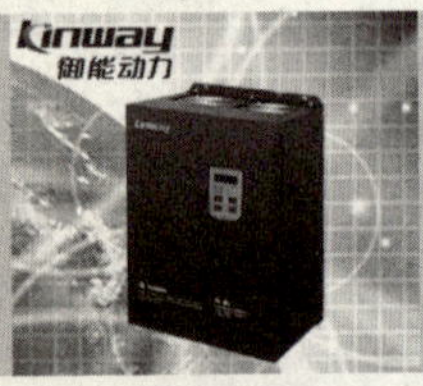
Kinway
御能动力

Kinway
御能动力

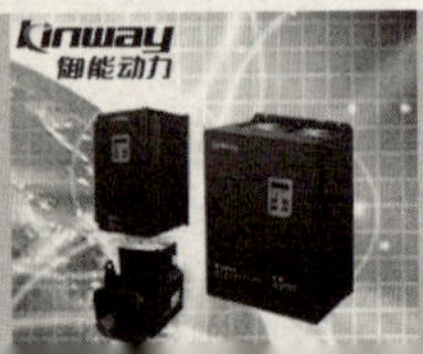
Kinway
御能动力

产品进出口

2009年塑料机械出口情况统计

商品及国家(地区)名称	数量单位	出口量	出口额（万美元）
合计			135 474.44
注塑机(84771010)	台	10 989	35 880.29
巴西	台	1 173	3 567.38
伊朗	台	730	2 405.30
土耳其	台	457	2 275.58
越南	台	562	2 106.98
泰国	台	293	1 903.65
马来西亚	台	655	1 831.98
印度	台	498	1 594.26
印度尼西亚	台	645	1 570.18
孟加拉	台	299	1 279.01
中国香港	台	493	1 076.15
俄罗斯	台	289	822.20
中国台湾	台	354	771.72
韩国	台	120	704.51
菲律宾	台	249	700.01
南非	台	171	663.94
埃及	台	241	654.49
沙特阿拉伯	台	199	629.97
日本	台	195	625.53
尼日利亚	台	155	588.21
美国	台	115	576.61
叙利亚	台	170	507.35
委内瑞拉	台	115	426.38
澳大利亚	台	65	401.04
阿尔及利亚	台	93	398.71
阿根廷	台	139	398.43
德国	台	99	396.87
墨西哥	台	146	374.21
波兰	台	52	365.01
新加坡	台	103	346.51
乌兹别克斯坦	台	105	314.18
乌克兰	台	81	290.60
巴基斯坦	台	142	279.75
厄瓜多尔	台	57	248.50
哥伦比亚	台	113	244.64
意大利	台	37	236.55
秘鲁	台	72	190.57
约旦	台	58	180.45
缅甸	台	60	151.75
肯尼亚	台	83	141.19
突尼斯	台	37	132.93
摩洛哥	台	74	131.19
黎巴嫩	台	37	127.54
卢森堡	台	3	127.27

（续）

商品及国家(地区)名称	数量单位	出口量	出口额（万美元）
以色列	台	52	127.16
阿拉伯联合酋长国	台	115	123.91
白俄罗斯	台	22	123.09
法国	台	15	109.08
阿塞拜疆	台	27	99.94
苏丹	台	26	98.67
喀麦隆	台	13	93.11
埃塞俄比亚	台	48	92.29
希腊	台	18	90.44
哈萨克斯坦	台	31	82.94
罗马尼亚	台	18	80.62
加拿大	台	22	76.34
坦桑尼亚	台	29	75.81
英国	台	9	73.41
斯里兰卡	台	45	72.35
伊拉克	台	25	66.89
马拉维	台	27	66.40
西班牙	台	27	65.60
加蓬	台	5	62.23
加纳	台	21	59.50
捷克	台	4	57.57
法属波利尼西亚	台	1	55.60
古巴	台	5	54.20
智利	台	31	52.85
匈牙利	台	16	51.48
芬兰	台	14	45.60
刚果	台	6	43.64
拉脱维亚	台	23	42.12
尼加拉瓜	台	6	40.30
斯洛文尼亚	台	11	40.19
吉布提	台	15	34.78
利比亚	台	16	33.34
马达加斯加	台	4	31.94
乌拉圭	台	9	31.30
瑞典	台	10	30.79
葡萄牙	台	10	30.32
乌干达	台	11	29.67
莫桑比克	台	21	28.75
科特迪瓦共和国	台	11	28.65
阿曼	台	6	27.79
阿富汗	台	2	26.38
安哥拉	台	100	26.17
朝鲜	台	14	25.59
塞尔维亚	台	11	25.03
贝宁	台	2	24.10
保加利亚	台	10	23.39
尼泊尔	台	4	22.38
危地马拉	台	6	21.39
冈比亚	台	3	19.03
新西兰	台	3	18.99
多米尼加共和国	台	4	18.70
克罗地亚	台	9	18.21
塔吉克斯坦	台	4	17.98

（续）

商品及国家（地区）名称	数量单位	出口量	出口额（万美元）
荷兰	台	16	17.44
玻利维亚	台	4	16.56
立陶宛	台	7	15.51
吉尔吉斯斯坦	台	4	15.36
洪都拉斯	台	3	15.26
津巴布韦	台	5	14.99
格鲁吉亚	台	1	14.81
前南斯拉夫马其顿	台	3	13.33
巴拿马	台	26	13.02
也门共和国	台	19	12.06
海地	台	3	10.59
科威特	台	3	10.34
塞内加尔	台	7	10.10
巴林	台	3	9.43
塞拉里昂	台	2	9.39
阿尔巴尼亚	台	4	8.99
柬埔寨	台	2	8.36
爱沙尼亚	台	7	8.05
马耳他	台	3	7.20
斯洛伐克	台	1	6.51
卢旺达	台	2	6.25
马尔代夫	台	3	5.49
萨尔瓦多	台	1	5.42
哥斯达黎加	台	2	5.41
刚果（金）	台	2	5.37
塞浦路斯	台	2	5.00
毛里求斯	台	6	4.60
老挝	台	4	4.54
赞比亚	台	2	3.55
卡塔尔	台	1	3.45
黑山	台	1	3.40
莱索托	台	1	3.33
巴拉圭	台	2	3.10
多哥	台	1	3.06
马里	台	1	1.88
毛里塔尼亚	台	1	1.50
比利时	台	3	0.41
其他注射机（84771090）	台	480	1 115.31
韩国	台	28	111.05
德国	台	75	91.17
葡萄牙	台	24	70.26
伊朗	台	17	60.35
中国香港	台	18	58.85
印度	台	14	55.18
孟加拉	台	17	51.86
巴基斯坦	台	12	50.24
越南	台	28	43.53
坦桑尼亚	台	9	41.06
拉脱维亚	台	1	40.24
肯尼亚	台	15	38.04
哥伦比亚	台	7	34.08
泰国	台	7	26.88
委内瑞拉	台	10	26.39

（续）

商品及国家（地区）名称	数量单位	出口量	出口额（万美元）
津巴布韦	台	4	21.92
俄罗斯	台	5	18.53
美国	台	4	17.40
老挝	台	2	17.23
巴西	台	8	15.80
尼日利亚	台	6	15.33
阿根廷	台	3	14.13
摩洛哥	台	7	13.02
日本	台	6	12.48
安哥拉	台	4	12.06
哈萨克斯坦	台	3	10.82
奥地利	台	8	10.79
乌克兰	台	20	10.60
印度尼西亚	台	8	9.83
以色列	台	4	9.69
新加坡	台	9	8.89
南非	台	2	8.87
苏丹	台	1	8.06
乌兹别克斯坦	台	2	8.00
马来西亚	台	6	7.65
波兰	台	13	5.87
阿尔及利亚	台	4	5.67
科特迪瓦共和国	台	1	5.57
喀麦隆	台	2	5.14
罗马尼亚	台	2	5.00
澳大利亚	台	2	3.92
埃及	台	41	3.86
土耳其	台	1	3.50
朝鲜	台	1	3.49
厄立特里亚	台	1	3.35
墨西哥	台	1	3.20
中国澳门	台	2	2.95
阿拉伯联合酋长国	台	3	2.82
菲律宾	台	2	2.60
加纳	台	3	2.23
摩尔多瓦	台	1	2.15
智利	台	1	1.28
格鲁吉亚	台	1	0.98
芬兰	台	1	0.86
沙特阿拉伯	台	2	0.41
叙利亚	台	1	0.25
塑料造粒机（84772010）	台	2 377	2 722.16
巴西	台	65	194.86
印度	台	90	187.24
马来西亚	台	79	183.20
越南	台	133	129.78
泰国	台	66	127.40
俄罗斯	台	92	125.79
美国	台	69	113.59
印度尼西亚	台	167	105.43
日本	台	59	101.19
墨西哥	台	62	100.03
伊朗	台	71	84.68

（续）

商品及国家（地区）名称	数量单位	出口量	出口额（万美元）
土耳其	台	23	81.76
埃及	台	34	73.04
沙特阿拉伯	台	80	66.60
新加坡	台	11	65.50
尼日利亚	台	55	65.20
韩国	台	52	58.76
南非	台	31	49.27
秘鲁	台	14	39.23
德国	台	100	36.89
朝鲜	台	70	36.47
菲律宾	台	28	35.01
阿尔及利亚	台	68	32.88
澳大利亚	台	31	30.65
厄瓜多尔	台	25	29.08
肯尼亚	台	7	26.92
孟加拉	台	14	26.26
中国台湾	台	23	25.85
加纳	台	100	23.42
阿拉伯联合酋长国	台	48	23.34
前南斯拉夫马其顿	台	3	21.55
叙利亚	台	23	19.99
巴基斯坦	台	29	19.02
坦桑尼亚	台	9	16.54
瑞典	台	5	16.08
芬兰	台	10	15.69
保加利亚	台	2	14.47
乌克兰	台	10	13.36
哥伦比亚	台	4	12.22
中国香港	台	25	11.82
斯里兰卡	台	13	11.54
罗马尼亚	台	5	11.23
科特迪瓦共和国	台	4	10.92
波多黎各	台	3	10.36
白俄罗斯	台	4	10.04
智利	台	8	9.88
捷克	台	42	9.56
突尼斯	台	8	9.48
利比亚	台	11	9.24
津巴布韦	台	7	9.21
波兰	台	23	8.94
意大利	台	4	8.62
苏丹	台	29	8.38
也门共和国	台	12	8.34
拉脱维亚	台	3	8.04
多米尼加共和国	台	5	8.00
以色列	台	10	7.59
乌拉圭	台	4	7.07
黎巴嫩	台	4	6.96
乌兹别克斯坦	台	12	6.53
哈萨克斯坦	台	12	6.52
卡塔尔	台	6	6.15
安哥拉	台	3	6.00
委内瑞拉	台	7	5.73

（续）

商品及国家（地区）名称	数量单位	出口量	出口额（万美元）
加拿大	台	77	5.69
阿根廷	台	5	4.14
斯洛伐克	台	1	3.90
约旦	台	7	3.78
西班牙	台	5	3.78
缅甸	台	5	3.78
新西兰	台	1	3.48
哥斯达黎加	台	1	3.09
摩洛哥	台	3	3.00
匈牙利	台	11	2.99
吉布提	台	61	2.87
埃塞俄比亚	台	5	2.80
英国	台	4	2.68
立陶宛	台	4	2.29
荷兰	台	3	2.27
柬埔寨	台	3	2.02
喀麦隆	台	3	1.88
格鲁吉亚	台	2	1.63
卢旺达	台	1	1.58
摩尔多瓦	台	2	1.57
马达加斯加	台	1	1.41
葡萄牙	台	2	1.40
巴拉圭	台	1	1.20
玻利维亚	台	2	1.12
洪都拉斯	台	2	1.09
危地马拉	台	2	1.08
土库曼斯坦	台	2	1.02
克罗地亚	台	1	1.00
塞内加尔	台	1	0.78
海地	台	1	0.70
苏里南	台	1	0.59
塔吉克斯坦	台	2	0.59
伊拉克	台	1	0.56
希腊	台	1	0.56
尼加拉瓜	台	1	0.53
马拉维	台	1	0.53
斯威士兰	台	1	0.50
亚美尼亚	台	1	0.48
贝宁	台	3	0.43
马里	台	1	0.38
瑞士	台	3	0.33
巴勒斯坦	台	1	0.30
毛里求斯	台	1	0.30
爱沙尼亚	台	1	0.25
塞尔维亚	台	1	0.20
冰岛	台	1	0.19
斯洛文尼亚	台	2	0.18
法国	台	2	0.18
乌干达	台	1	0.17
比利时	台	1	0.17
中国澳门	台	1	0.14
丹麦	台	1	0.09
刚果	台	2	0.09

（续）

商品及国家（地区）名称	数量单位	出口量	出口额（万美元）
巴拿马	台	1	0.01
其他挤出机（84772090）	台	3 716	14 330.89
印度	台	173	1 046.49
泰国	台	102	1 014.88
越南	台	435	837.89
伊朗	台	200	837.70
印度尼西亚	台	218	836.07
俄罗斯	台	219	763.86
埃及	台	87	723.57
巴西	台	53	512.50
马来西亚	台	100	434.43
沙特阿拉伯	台	68	384.93
德国	台	93	360.33
中国台湾	台	68	331.89
韩国	台	50	328.34
巴基斯坦	台	43	324.60
美国	台	57	253.16
土耳其	台	69	242.64
乌兹别克斯坦	台	41	226.66
哈萨克斯坦	台	49	222.40
叙利亚	台	32	219.47
阿根廷	台	26	196.42
埃塞俄比亚	台	13	191.46
孟加拉	台	44	160.04
尼日利亚	台	228	157.22
菲律宾	台	61	152.49
秘鲁	台	23	141.68
哥伦比亚	台	19	132.34
厄瓜多尔	台	24	131.67
澳大利亚	台	34	125.31
安哥拉	台	132	125.12
日本	台	29	125.10
希腊	台	9	119.58
乌克兰	台	24	115.13
摩洛哥	台	13	110.71
以色列	台	28	108.24
南非	台	97	100.54
阿尔及利亚	台	28	98.01
墨西哥	台	23	97.65
意大利	台	12	97.28
阿拉伯联合酋长国	台	36	83.53
智利	台	21	83.43
吉布提	台	11	81.60
苏丹	台	14	81.52
约旦	台	41	76.20
中国香港	台	49	71.85
肯尼亚	台	10	65.77
亚美尼亚	台	6	65.07
突尼斯	台	3	62.52
英国	台	12	59.12
芬兰	台	51	56.99
波兰	台	34	53.82
古巴	台	1	50.57

（续）

商品及国家（地区）名称	数量单位	出口量	出口额（万美元）
卡塔尔	台	13	50.02
比利时	台	3	49.62
立陶宛	台	8	45.06
拉脱维亚	台	6	43.79
利比亚	台	8	42.56
乌拉圭	台	4	41.38
荷兰	台	8	40.29
黎巴嫩	台	29	34.08
加纳	台	9	32.96
白俄罗斯	台	4	32.19
新加坡	台	93	32.02
爱沙尼亚	台	15	30.31
缅甸	台	10	29.44
坦桑尼亚	台	10	25.17
罗马尼亚	台	4	24.61
喀麦隆	台	3	22.08
西班牙	台	7	21.61
阿塞拜疆	台	3	20.45
塞尔维亚	台	3	19.98
委内瑞拉	台	9	19.76
葡萄牙	台	6	19.51
斯里兰卡	台	6	18.87
朝鲜	台	10	17.99
伊拉克	台	4	17.79
危地马拉	台	2	17.50
阿尔巴尼亚	台	8	17.37
赤道几内亚	台	2	17.29
奥地利	台	11	16.28
刚果	台	9	15.12
吉尔吉斯斯坦	台	6	13.97
匈牙利	台	8	13.51
塔吉克斯坦	台	12	13.19
圭亚那	台	1	11.43
新西兰	台	8	11.11
法国	台	6	11.00
保加利亚	台	4	10.85
巴拉圭	台	1	10.58
哥斯达黎加	台	1	10.42
瑞士	台	1	10.36
利比里亚	台	1	10.14
格鲁吉亚	台	3	10.12
蒙古	台	4	10.00
丹麦	台	3	9.54
多米尼加共和国	台	2	8.95
尼加拉瓜	台	1	8.85
贝宁	台	2	7.85
波多黎各	台	3	7.15
塞浦路斯	台	1	5.60
加蓬	台	1	4.22
柬埔寨	台	1	3.92
斯洛文尼亚	台	1	3.67
加拿大	台	3	3.64
津巴布韦	台	4	3.61

（续）

商品及国家(地区)名称	数量单位	出口量	出口额（万美元）
荷属安地列斯群岛	台	1	3.37
捷克	台	2	3.11
也门共和国	台	1	2.94
科特迪瓦共和国	台	1	2.40
卢旺达	台	1	2.37
阿富汗	台	2	2.34
巴勒斯坦	台	5	2.20
挪威	台	1	1.88
刚果(金)	台	1	0.80
爱尔兰	台	1	0.38
斯洛伐克	台	1	0.37
瑞典	台	1	0.20
吹塑机(84773000)	台	6 767	10 970.21
越南	台	353	779.90
阿拉伯联合酋长国	台	178	522.21
印度尼西亚	台	422	506.16
尼日利亚	台	651	461.08
伊朗	台	278	440.82
马来西亚	台	266	416.95
埃及	台	213	379.14
土耳其	台	52	297.22
孟加拉	台	146	274.23
阿尔及利亚	台	173	267.58
美国	台	88	261.95
沙特阿拉伯	台	139	259.97
韩国	台	36	223.07
印度	台	144	222.05
意大利	台	20	221.11
南非	台	81	206.92
巴西	台	81	205.28
泰国	台	97	201.68
俄罗斯	台	143	198.80
乌兹别克斯坦	台	90	187.20
委内瑞拉	台	56	182.11
巴基斯坦	台	59	181.06
伊拉克	台	332	177.53
哥伦比亚	台	71	169.39
菲律宾	台	183	166.26
中国香港	台	66	148.14
叙利亚	台	215	144.93
约旦	台	87	141.45
墨西哥	台	79	138.00
肯尼亚	台	51	123.85
智利	台	37	118.46
也门共和国	台	69	108.33
秘鲁	台	70	106.12
利比亚	台	101	103.83
摩洛哥	台	76	98.30
加纳	台	102	95.51
法国	台	6	86.00
蒙古	台	3	85.73
哈萨克斯坦	台	71	83.12
吉布提	台	21	75.82

（续）

商品及国家(地区)名称	数量单位	出口量	出口额(万美元)
加拿大	台	24	72.72
缅甸	台	14	65.73
黎巴嫩	台	47	65.58
突尼斯	台	27	65.28
以色列	台	31	58.45
坦桑尼亚	台	43	58.35
阿根廷	台	27	56.82
莫桑比克	台	47	53.29
乌克兰	台	133	52.68
克罗地亚	台	14	47.38
荷兰	台	8	46.88
西班牙	台	17	46.29
危地马拉	台	18	45.08
吉尔吉斯斯坦	台	42	43.74
厄瓜多尔	台	49	43.46
苏丹	台	41	39.08
罗马尼亚	台	17	35.46
芬兰	台	24	35.06
希腊	台	8	34.63
新加坡	台	100	32.76
巴拉圭	台	29	32.51
斯里兰卡	台	29	31.71
科特迪瓦共和国	台	25	31.31
喀麦隆	台	22	30.98
德国	台	13	30.54
保加利亚	台	14	30.03
卡塔尔	台	38	29.11
埃塞俄比亚	台	15	28.84
多米尼加共和国	台	9	27.50
尼加拉瓜	台	4	26.86
立陶宛	台	8	26.86
波兰	台	16	26.82
日本	台	7	25.17
津巴布韦	台	9	24.38
玻利维亚	台	18	22.12
挪威	台	2	21.88
朝鲜	台	32	21.08
匈牙利	台	5	20.76
中国台湾	台	19	19.62
赞比亚	台	6	18.30
刚果	台	5	16.52
新西兰	台	5	15.91
阿曼	台	4	15.43
澳大利亚	台	13	14.98
阿尔巴尼亚	台	8	14.53
洪都拉斯	台	5	14.29
安哥拉	台	5	13.01
乌干达	台	10	12.41
海地	台	7	11.77
索马里	台	7	11.56
古巴	台	4	11.13
牙买加	台	1	10.19
葡萄牙	台	11	9.50

（续）

商品及国家（地区）名称	数量单位	出口量	出口额（万美元）
斯洛文尼亚	台	1	9.30
塞内加尔	台	4	9.17
阿富汗	台	7	9.16
萨尔瓦多	台	3	9.15
巴拿马	台	18	9.13
贝宁	台	16	9.12
马拉维	台	8	9.09
比利时	台	4	7.86
科威特	台	6	7.64
几内亚	台	6	7.54
英国	台	2	7.51
乌拉圭	台	5	7.37
格鲁吉亚	台	8	7.06
柬埔寨	台	8	5.36
多哥	台	6	5.14
尼泊尔	台	11	3.94
马达加斯加	台	2	3.50
捷克	台	2	3.39
毛里塔尼亚	台	4	3.32
哥斯达黎加	台	5	3.30
马尔代夫	台	2	3.27
拉脱维亚	台	1	3.25
塞尔维亚	台	3	3.23
巴勒斯坦	台	3	3.18
苏里南	台	2	2.79
刚果（金）	台	2	2.75
圭亚那	台	2	2.68
特立尼达和多巴哥	台	12	2.65
波斯尼亚－黑塞哥维那	台	2	2.64
法属波利尼西亚	台	1	2.49
冈比亚	台	5	2.31
斯洛伐克	台	3	2.26
圣卢西亚	台	2	2.24
塞浦路斯	台	2	2.23
赤道几内亚	台	2	2.15
斯威士兰	台	2	2.14
毛里求斯	台	6	2.08
波多黎各	台	2	2.00
塔吉克斯坦	台	10	1.77
白俄罗斯	台	2	1.77
奥地利	台	1	1.61
亚美尼亚	台	1	1.59
萨摩亚	台	2	1.54
巴布亚新几内亚	台	2	1.50
阿塞拜疆	台	2	1.42
佛得角	台	2	1.38
阿鲁巴岛	台	1	1.31
巴林	台	2	1.28
汤加	台	1	1.18
土库曼斯坦	台	1	1.15
摩尔多瓦	台	1	0.88
博茨瓦那	台	4	0.87
纳米比亚	台	4	0.85

（续）

商品及国家(地区)名称	数量单位	出口量	出口额（万美元）
塞舌尔	台	2	0.80
文莱	台	1	0.73
马耳他	台	1	0.70
中国澳门	台	3	0.56
莱索托	台	1	0.26
乍得	台	1	0.15
塑料中空成型机(84774010)	台	2 553	1 990.32
美国	台	1 918	403.20
德国	台	3	117.45
伊朗	台	33	97.40
印度	台	41	94.36
马来西亚	台	21	92.75
越南	台	51	86.40
埃及	台	16	69.00
印度尼西亚	台	34	68.09
墨西哥	台	11	66.67
委内瑞拉	台	50	57.80
俄罗斯	台	14	55.06
罗马尼亚	台	8	54.03
叙利亚	台	19	52.90
黎巴嫩	台	15	47.30
中国台湾	台	15	40.25
南非	台	8	38.89
约旦	台	14	33.13
古巴	台	4	30.74
泰国	台	11	27.03
苏丹	台	7	26.08
阿拉伯联合酋长国	台	7	25.36
澳大利亚	台	4	22.17
索马里	台	3	21.30
哈萨克斯坦	台	3	19.71
尼日利亚	台	15	19.23
沙特阿拉伯	台	6	18.84
土耳其	台	8	16.29
突尼斯	台	6	16.18
巴拿马	台	7	15.31
菲律宾	台	29	12.44
斯洛伐克	台	2	11.97
阿根廷	台	4	11.87
孟加拉	台	9	11.44
以色列	台	3	11.13
玻利维亚	台	5	10.93
秘鲁	台	4	10.77
摩洛哥	台	2	10.24
新加坡	台	9	10.09
巴基斯坦	台	2	9.77
缅甸	台	8	9.65
几内亚	台	4	9.26
特立尼达和多巴哥	台	1	9.06
纳米比亚	台	5	8.68
白俄罗斯	台	2	8.15
哥伦比亚	台	2	7.13
日本	台	23	6.92

（续）

商品及国家(地区)名称	数量单位	出口量	出口额（万美元）
新西兰	台	1	6.09
马达加斯加	台	9	5.97
巴西	台	2	5.94
乌兹别克斯坦	台	4	5.91
坦桑尼亚	台	5	5.90
韩国	台	6	5.83
乌克兰	台	6	5.42
巴拉圭	台	1	4.44
刚果	台	4	4.17
伊拉克	台	3	3.92
肯尼亚	台	1	3.89
中国香港	台	4	3.88
智利	台	2	3.73
科特迪瓦共和国	台	1	3.54
安哥拉	台	4	3.51
刚果(金)	台	3	2.02
斯里兰卡	台	2	1.90
朝鲜	台	2	1.61
埃塞俄比亚	台	1	1.56
阿尔巴尼亚	台	2	1.52
利比亚	台	1	1.27
意大利	台	6	1.14
塞浦路斯	台	1	0.82
喀麦隆	台	1	0.80
克罗地亚	台	1	0.63
卢旺达	台	1	0.54
加拿大	台	4	0.50
阿尔及利亚	台	1	0.45
乌干达	台	2	0.44
卡塔尔	台	3	0.43
巴哈马	台	3	0.14
塑料压延成型机(84774020)	台	955	983.37
印度	台	126	295.17
印度尼西亚	台	21	267.70
泰国	台	263	70.74
越南	台	34	66.20
伊朗	台	5	48.47
美国	台	53	40.42
土耳其	台	21	38.81
马来西亚	台	72	26.02
新加坡	台	5	21.74
哈萨克斯坦	台	5	12.79
沙特阿拉伯	台	12	8.15
南非	台	2	7.73
斯洛伐克	台	1	7.40
埃及	台	1	7.20
尼日利亚	台	32	6.32
斯里兰卡	台	7	5.95
阿尔及利亚	台	2	5.88
乌拉圭	台	10	5.84
菲律宾	台	8	4.27
俄罗斯	台	13	3.74
巴基斯坦	台	15	3.60

（续）

商品及国家(地区)名称	数量单位	出口量	出口额（万美元）
中国香港	台	4	3.00
以色列	台	2	2.80
黎巴嫩	台	1	2.70
澳大利亚	台	5	1.92
中国台湾	台	4	1.82
德国	台	25	1.61
阿根廷	台	3	1.55
日本	台	5	1.41
孟加拉	台	2	1.35
哥伦比亚	台	152	1.15
蒙古	台	2	1.10
韩国	台	10	0.76
摩洛哥	台	1	0.70
罗马尼亚	台	1	0.68
刚果	台	1	0.60
加蓬	台	1	0.59
贝宁	台	2	0.55
加纳	台	1	0.54
阿拉伯联合酋长国	台	1	0.54
墨西哥	台	1	0.51
刚果(金)	台	1	0.50
斯威士兰	台	1	0.47
法国	台	3	0.46
朝鲜	台	4	0.46
摩尔多瓦	台	3	0.36
加拿大	台	1	0.28
西班牙	台	2	0.25
希腊	台	1	0.25
巴西	台	1	0.23
保加利亚	台	1	0.03
挪威	台	3	0.02
格鲁吉亚	台	2	0.02
其他真空模塑机及其他热成型机器(84774090)	台	1 642	3 509.03
丹麦	台	3	272.47
阿尔及利亚	台	45	231.64
俄罗斯	台	56	231.62
印度	台	101	224.89
日本	台	70	212.42
中国香港	台	21	169.73
委内瑞拉	台	13	168.31
越南	台	103	167.30
萨尔瓦多	台	7	158.57
泰国	台	36	137.97
伊朗	台	59	103.04
印度尼西亚	台	70	95.32
马来西亚	台	51	78.75
突尼斯	台	9	72.67
乌兹别克斯坦	台	73	72.20
土耳其	台	15	57.51
孟加拉	台	8	55.56
危地马拉	台	6	51.28
澳大利亚	台	20	44.55
新加坡	台	21	42.61

（续）

商品及国家(地区)名称	数量单位	出口量	出口额（万美元）
菲律宾	台	52	38.96
约旦	台	24	38.21
美国	台	57	37.16
哈萨克斯坦	台	19	36.02
秘鲁	台	13	34.36
巴西	台	36	31.56
利比亚	台	11	30.82
埃及	台	25	30.32
叙利亚	台	21	30.32
以色列	台	15	29.58
德国	台	23	26.23
巴基斯坦	台	36	26.03
乌克兰	台	10	24.64
中国台湾	台	8	23.95
波兰	台	140	22.80
南非	台	18	22.33
韩国	台	31	22.01
阿拉伯联合酋长国	台	20	21.01
尼日利亚	台	35	19.15
安哥拉	台	2	18.79
挪威	台	1	17.00
苏丹	台	5	16.42
沙特阿拉伯	台	13	13.52
墨西哥	台	15	13.25
智利	台	9	12.52
尼加拉瓜	台	4	11.22
斯里兰卡	台	6	10.85
阿根廷	台	3	10.65
英国	台	2	9.64
芬兰	台	10	9.49
缅甸	台	8	8.88
巴拿马	台	2	8.10
罗马尼亚	台	3	7.46
多哥	台	13	7.37
阿塞拜疆	台	4	7.24
塞尔维亚	台	7	7.00
也门共和国	台	2	6.56
立陶宛	台	6	6.53
哥伦比亚	台	4	6.52
土库曼斯坦	台	7	6.15
毛里求斯	台	2	5.78
刚果(金)	台	1	5.70
阿富汗	台	2	5.30
科特迪瓦共和国	台	2	5.05
加拿大	台	1	4.99
克罗地亚	台	9	4.78
希腊	台	3	4.36
意大利	台	3	4.27
科摩罗	台	7	4.09
匈牙利	台	1	3.99
莫桑比克	台	4	3.61
爱尔兰	台	1	3.53
多米尼加共和国	台	7	3.46

（续）

商品及国家（地区）名称	数量单位	出口量	出口额（万美元）
加纳	台	12	3.40
肯尼亚	台	16	3.33
文莱	台	3	3.20
朝鲜	台	5	2.92
瑞典	台	1	2.90
马拉维	台	3	2.78
白俄罗斯	台	3	2.52
巴勒斯坦	台	2	2.40
捷克	台	1	2.10
巴林	台	2	2.03
柬埔寨	台	10	1.61
格鲁吉亚	台	2	1.51
拉脱维亚	台	1	1.50
亚美尼亚	台	2	1.49
厄瓜多尔	台	2	1.22
洪都拉斯	台	1	1.07
塔吉克斯坦	台	2	1.04
伊拉克	台	2	1.01
塞浦路斯	台	4	0.83
黎巴嫩	台	5	0.52
爱沙尼亚	台	1	0.49
摩洛哥	台	1	0.46
吉尔吉斯斯坦	台	3	0.37
新西兰	台	2	0.20
莱索托	台	1	0.10
斯洛伐克	台	1	0.04
法国	台	4	0.03
用于充气轮胎模塑或翻新的机器及内胎模塑或用其他方法成型的机器（84775100）	台	974	1 098.81
印度尼西亚	台	55	280.21
巴西	台	5	196.24
日本	台	32	178.73
印度	台	59	169.24
巴基斯坦	台	43	55.38
埃及	台	2	52.87
越南	台	13	35.02
韩国	台	90	29.99
马来西亚	台	27	18.74
南非	台	13	15.42
俄罗斯	台	37	10.50
新加坡	台	20	7.77
哈萨克斯坦	台	5	6.37
科威特	台	12	5.06
古巴	台	1	4.84
泰国	台	1	3.96
中国香港	台	3	3.81
英国	台	30	3.50
亚美尼亚	台	12	3.07
伊朗	台	20	2.88
意大利	台	291	2.86
朝鲜	台	2	2.20
智利	台	10	1.88
缅甸	台	2	1.75

（续）

商品及国家(地区)名称	数量单位	出口量	出口额（万美元）
波兰	台	1	1.24
美国	台	30	0.98
阿拉伯联合酋长国	台	2	0.94
加拿大	台	61	0.65
澳大利亚	台	31	0.53
罗马尼亚	台	15	0.46
西班牙	台	18	0.43
匈牙利	台	6	0.24
保加利亚	台	3	0.22
蒙古	台	1	0.20
法国	台	5	0.19
阿根廷	台	6	0.13
尼日利亚	台	3	0.09
土耳其	台	1	0.07
德国	台	1	0.07
瑞典	台	1	0.05
立陶宛	台	2	0.05
巴拿马	台	2	0.04
其他模塑或成型机器(84775900)	台	2 375	4 492.15
罗马尼亚	台	51	489.85
印度	台	97	476.48
泰国	台	42	368.74
越南	台	324	225.56
匈牙利	台	3	217.19
伊朗	台	64	202.38
巴基斯坦	台	54	182.75
俄罗斯	台	116	155.22
巴西	台	78	130.77
意大利	台	5	127.83
印度尼西亚	台	91	123.67
乌兹别克斯坦	台	11	117.04
埃及	台	33	79.17
马来西亚	台	90	76.86
韩国	台	38	69.53
利比亚	台	30	69.48
科威特	台	16	69.16
斯洛伐克	台	1	65.80
摩洛哥	台	30	61.49
拉脱维亚	台	2	57.96
墨西哥	台	12	49.18
土耳其	台	15	47.11
秘鲁	台	24	45.43
美国	台	27	44.72
保加利亚	台	5	44.30
日本	台	13	44.16
萨尔瓦多	台	2	39.36
阿富汗	台	8	38.10
菲律宾	台	69	37.34
荷兰	台	9	36.81
芬兰	台	22	35.82
中国台湾	台	65	35.32
阿根廷	台	5	35.10
立陶宛	台	3	33.51

（续）

商品及国家(地区)名称	数量单位	出口量	出口额（万美元）
科特迪瓦共和国	台	14	32.90
孟加拉	台	58	26.64
厄瓜多尔	台	11	26.54
南非	台	60	25.61
亚美尼亚	台	17	23.59
哈萨克斯坦	台	13	23.19
沙特阿拉伯	台	35	21.97
尼日利亚	台	17	20.63
新加坡	台	208	19.09
乌克兰	台	23	18.24
肯尼亚	台	6	18.02
叙利亚	台	18	17.14
阿尔及利亚	台	10	17.05
危地马拉	台	17	16.11
德国	台	15	15.24
中国香港	台	24	14.00
埃塞俄比亚	台	1	13.72
西班牙	台	2	12.70
以色列	台	7	12.45
莫桑比克	台	4	12.28
缅甸	台	3	12.10
津巴布韦	台	4	10.76
加拿大	台	31	10.30
智利	台	6	9.93
坦桑尼亚	台	3	9.50
英国	台	32	8.45
约旦	台	6	8.33
多哥	台	4	8.11
朝鲜	台	8	7.50
澳大利亚	台	10	6.93
委内瑞拉	台	13	6.83
阿拉伯联合酋长国	台	6	6.05
苏丹	台	8	5.52
赞比亚	台	1	5.00
爱沙尼亚	台	1	5.00
加纳	台	26	4.99
爱尔兰	台	3	4.17
斯里兰卡	台	6	4.14
克罗地亚	台	1	3.74
刚果	台	5	3.28
蒙古	台	2	2.84
黎巴嫩	台	3	2.61
比利时	台	5	2.39
布隆迪	台	14	2.29
厄立特里亚	台	1	2.00
希腊	台	1	1.95
波兰	台	3	1.87
乌干达	台	3	1.76
哥伦比亚	台	4	1.74
塔吉克斯坦	台	101	1.70
喀麦隆	台	2	1.60
吉尔吉斯斯坦	台	2	1.53
马达加斯加	台	6	1.04

（续）

商品及国家(地区)名称	数量单位	出口量	出口额（万美元）
刚果(金)	台	2	0.84
特立尼达和多巴哥	台	2	0.83
伊拉克	台	1	0.80
也门共和国	台	5	0.70
多米尼加共和国	台	1	0.69
法国	台	2	0.50
塞内加尔	台	3	0.48
安哥拉	台	1	0.45
中国澳门	台	1	0.26
几内亚	台	15	0.21
突尼斯	台	1	0.14
葡萄牙	台	1	0.02
挪威	台	1	0.02
其他机器(84778000)	台	70 713	39 704.45
印度	台	7 167	5 688.87
泰国	台	1 907	3 005.21
印度尼西亚	台	3 868	2 527.93
越南	台	2 065	2 368.54
日本	台	621	1 717.00
巴西	台	1 003	1 695.80
缅甸	台	254	1 480.95
伊朗	台	1 389	1 248.32
马来西亚	台	2 445	1 108.20
俄罗斯	台	1 387	999.65
埃及	台	733	892.27
德国	台	640	878.90
美国	台	1 303	853.45
中国台湾	台	992	678.35
澳大利亚	台	623	671.20
土耳其	台	932	632.18
巴基斯坦	台	581	628.91
南非	台	1 015	617.55
尼日利亚	台	701	611.66
阿拉伯联合酋长国	台	1 046	590.53
墨西哥	台	22 525	587.21
沙特阿拉伯	台	639	552.95
孟加拉	台	386	539.06
意大利	台	1 623	472.29
利比亚	台	172	372.09
韩国	台	896	369.30
法国	台	115	323.62
中国香港	台	942	312.81
乌兹别克斯坦	台	200	294.59
菲律宾	台	970	274.88
阿尔及利亚	台	359	271.24
科威特	台	72	267.85
秘鲁	台	276	261.45
智利	台	452	242.87
哥伦比亚	台	228	224.36
委内瑞拉	台	245	214.90
厄瓜多尔	台	177	212.22
哈萨克斯坦	台	103	203.48
乌克兰	台	662	185.49

（续）

商品及国家(地区)名称	数量单位	出口量	出口额（万美元）
叙利亚	台	222	165.16
新加坡	台	620	161.20
保加利亚	台	187	159.62
以色列	台	206	157.22
斯里兰卡	台	110	155.61
阿根廷	台	286	139.65
荷兰	台	258	139.52
摩洛哥	台	520	137.04
瑞典	台	142	135.80
约旦	台	531	126.12
英国	台	765	124.52
葡萄牙	台	21	117.65
坦桑尼亚	台	116	116.46
突尼斯	台	128	112.23
波兰	台	163	112.21
罗马尼亚	台	219	106.79
黎巴嫩	台	167	102.81
危地马拉	台	101	98.97
肯尼亚	台	145	92.87
加纳	台	136	92.54
西班牙	台	225	91.40
埃塞俄比亚	台	53	85.73
芬兰	台	124	80.81
加拿大	台	261	79.34
新西兰	台	37	74.22
也门共和国	台	156	67.96
匈牙利	台	39	66.40
安哥拉	台	202	64.21
老挝	台	14	55.04
阿尔巴尼亚	台	20	54.96
比利时	台	572	53.74
苏丹	台	42	53.13
朝鲜	台	74	49.44
格鲁吉亚	台	20	46.56
立陶宛	台	40	46.01
多米尼加共和国	台	53	44.71
伊拉克	台	40	40.84
乌拉圭	台	17	38.95
拉脱维亚	台	150	37.09
喀麦隆	台	35	36.84
白俄罗斯	台	35	36.33
塞内加尔	台	23	34.43
爱沙尼亚	台	48	33.30
苏里南	台	35	33.27
海地	台	18	31.53
洪都拉斯	台	145	29.82
希腊	台	35	26.90
克罗地亚	台	84	26.77
捷克	台	41	26.19
爱尔兰	台	234	24.84
玻利维亚	台	43	24.54
塔吉克斯坦	台	15	23.72
津巴布韦	台	21	23.33

（续）

商品及国家（地区）名称	数量单位	出口量	出口额（万美元）
马达加斯加	台	31	23.28
斯洛文尼亚	台	31	22.55
多哥	台	136	22.52
土库曼斯坦	台	9	20.72
科特迪瓦共和国	台	17	19.76
古巴	台	10	19.16
蒙古	台	17	18.47
波斯尼亚－黑塞哥维那	台	5	17.80
纳米比亚	台	8	17.44
毛里塔尼亚	台	2	16.31
柬埔寨	台	26	16.14
利比里亚	台	5	16.02
赞比亚	台	29	15.75
前南斯拉夫马其顿	台	12	15.28
奥地利	台	57	14.55
毛里求斯	台	38	14.19
吉尔吉斯斯坦	台	14	12.49
塞尔维亚	台	32	12.02
马耳他	台	14	10.95
哥斯达黎加	台	19	10.86
巴拉圭	台	9	10.81
尼加拉瓜	台	3	10.63
吉布提	台	110	10.49
冈比亚	台	11	10.04
阿富汗	台	23	9.91
亚美尼亚	台	18	9.56
莫桑比克	台	39	9.38
阿塞拜疆	台	3	9.37
斯洛伐克	台	10	8.25
巴布亚新几内亚	台	15	8.24
几内亚	台	1	8.00
荷属安地列斯群岛	台	7	7.75
卡塔尔	台	15	7.10
巴拿马	台	32	6.69
塞浦路斯	台	16	5.85
巴林	台	17	5.77
马拉维	台	9	5.15
阿曼	台	3	4.87
刚果（金）	台	19	4.78
刚果	台	14	4.59
乌干达	台	11	4.30
挪威	台	8	3.67
波多黎各	台	19	2.97
文莱	台	4	2.77
尼泊尔	台	2	2.51
斐济	台	6	2.46
塞拉里昂	台	3	2.41
摩尔多瓦	台	4	2.01
黑山	台	1	1.77
贝宁	台	7	1.50
丹麦	台	16	1.27
瑞士	台	3	1.26
牙买加	台	4	1.06

（续）

商品及国家（地区）名称	数量单位	出口量	出口额（万美元）
布基纳法索	台	2	0.97
巴哈马	台	1	0.95
特立尼达和多巴哥	台	2	0.92
巴勒斯坦	台	4	0.57
圭亚那	台	1	0.50
中国澳门	台	3	0.41
萨尔瓦多	台	3	0.35
瓦努阿图	台	2	0.34
斯威士兰	台	2	0.29
赤道几内亚	台	1	0.28
马尔代夫	台	4	0.25
阿鲁巴岛	台	2	0.25
莱索托	台	1	0.20
加蓬	台	1	0.10
塞舌尔	台	1	0.07
卢旺达	台	1	0.07
8477 所列机器的零件（84779000）	kg	51 318 888	18 677.45
日本	kg	10 518 725	3 804.00
中国台湾	kg	9 832 214	1 720.08
印度	kg	5 913 763	1 716.98
加拿大	kg	2 175 278	1 111.45
德国	kg	2 440 709	1 079.73
中国香港	kg	1 241 798	1 025.26
韩国	kg	4 829 229	975.36
美国	kg	1 858 378	875.20
泰国	kg	596 733	453.96
越南	kg	740 938	370.07
印度尼西亚	kg	1 237 368	369.31
法国	kg	358 290	331.93
奥地利	kg	2 209 002	317.06
马来西亚	kg	570 551	308.18
巴西	kg	290 714	291.76
沙特阿拉伯	kg	491 253	288.72
伊朗	kg	412 497	270.86
土耳其	kg	379 372	231.12
意大利	kg	388 004	201.14
比利时	kg	597 301	181.21
尼日利亚	kg	153 550	168.64
新加坡	kg	106 513	166.71
俄罗斯	kg	204 823	159.52
澳大利亚	kg	289 494	144.81
荷兰	kg	183 812	139.36
埃及	kg	196 630	136.36
南非	kg	119 419	89.46
英国	kg	187 088	86.19
阿拉伯联合酋长国	kg	94 173	72.94
墨西哥	kg	144 182	72.04
秘鲁	kg	56 507	66.24
叙利亚	kg	99 461	66.17
以色列	kg	88 411	61.85
孟加拉	kg	91 542	59.12
巴基斯坦	kg	64 879	56.16
哥伦比亚	kg	78 193	54.27

（续）

商品及国家（地区）名称	数量单位	出口量	出口额（万美元）
智利	kg	56 737	53.42
波兰	kg	140 899	51.98
保加利亚	kg	85 459	48.39
阿根廷	kg	58 087	47.58
菲律宾	kg	120 301	41.64
乌克兰	kg	35 067	39.15
阿尔及利亚	kg	155 782	39.07
瑞士	kg	140 371	38.61
伊拉克	kg	73 259	37.28
卢森堡	kg	43 780	36.80
西班牙	kg	24 798	31.81
斯里兰卡	kg	82 993	31.07
爱沙尼亚	kg	15 793	30.54
约旦	kg	57 683	26.72
丹麦	kg	24 700	26.10
黎巴嫩	kg	22 778	26.00
厄瓜多尔	kg	28 111	25.43
赞比亚	kg	5 360	23.00
哈萨克斯坦	kg	40 719	20.93
科威特	kg	27 160	20.65
罗马尼亚	kg	102 051	20.61
坦桑尼亚	kg	33 081	20.56
希腊	kg	10 391	19.56
拉脱维亚	kg	12 391	18.11
克罗地亚	kg	42 979	17.72
摩洛哥	kg	30 321	17.61
突尼斯	kg	37 026	17.30
乌兹别克斯坦	kg	13 989	14.16
委内瑞拉	kg	12 938	14.05
加纳	kg	31 987	13.55
埃塞俄比亚	kg	15 883	13.42
巴林	kg	15 025	13.04
肯尼亚	kg	28 023	12.75
苏丹	kg	19 676	12.73
卡塔尔	kg	12 731	12.29
也门共和国	kg	26 607	11.86
葡萄牙	kg	20 517	11.00
新西兰	kg	5 198	10.75
格鲁吉亚	kg	14 993	10.70
芬兰	kg	9 027	10.46
利比亚	kg	16 723	10.29
津巴布韦	kg	45 299	8.84
蒙古	kg	7 812	8.83
塞尔维亚	kg	18 767	8.41
匈牙利	kg	7 000	7.99
科特迪瓦共和国	kg	11 117	7.36
玻利维亚	kg	3 190	7.06
危地马拉	kg	8 624	7.01
刚果（金）	kg	2 156	6.85
瑞典	kg	6 611	6.38
乌拉圭	kg	3 387	6.09
哥斯达黎加	kg	3 332	5.64
缅甸	kg	13 995	5.60

（续）

商品及国家(地区)名称	数量单位	出口量	出口额（万美元）
捷克	kg	6 802	5.03
乌干达	kg	6 726	4.55
白俄罗斯	kg	1 783	4.17
立陶宛	kg	4 168	4.09
安哥拉	kg	6 257	3.81
巴拿马	kg	31 376	3.59
喀麦隆	kg	21 735	3.25
斯洛文尼亚	kg	968	3.11
塞拉里昂	kg	4 317	2.91
科摩罗	kg	1 065	2.76
巴拉圭	kg	17 345	2.25
毛里求斯	kg	1 144	2.11
巴布亚新几内亚	kg	59	2.08
尼加拉瓜	kg	2 850	1.96
赤道几内亚	kg	2 000	1.88
特立尼达和多巴哥	kg	764	1.79
古巴	kg	1 919	1.79
马达加斯加	kg	10 134	1.40
刚果	kg	11 557	1.34
柬埔寨	kg	4 755	1.15
挪威	kg	30	1.15
马耳他	kg	33 980	1.13
莫桑比克	kg	4 318	1.10
朝鲜	kg	3 231	0.84
摩尔多瓦	kg	1 778	0.76
圭亚那	kg	1 650	0.75
多米尼加共和国	kg	2 658	0.73
阿尔巴尼亚	kg	70	0.70
阿曼	kg	753	0.67
斯洛伐克	kg	700	0.66
亚美尼亚	kg	831	0.52
尼泊尔	kg	283	0.48
斐济	kg	373	0.47
马尔代夫	kg	35	0.38
塞内加尔	kg	320	0.35
老挝	kg	37	0.32
马拉维	kg	890	0.29
塞浦路斯	kg	838	0.28
新喀里多尼亚	kg	9	0.27
多哥	kg	194	0.24
冈比亚	kg	220	0.23
马里	kg	300	0.22
斯威士兰	kg	280	0.22
土库曼斯坦	kg	263	0.19
阿塞拜疆	kg	250	0.19
中国澳门	kg	127	0.19
大洋洲其他国家(地区)	kg	11	0.17
瓦努阿图	kg	630	0.16
黑山	kg	600	0.13
海地	kg	53	0.11
萨尔瓦多	kg	69	0.11
洪都拉斯	kg	17	0.10
吉尔吉斯斯坦	kg	920	0.08

（续）

商品及国家(地区)名称	数量单位	出口量	出口额（万美元）
卢旺达	kg	43	0.08
法属波利尼西亚	kg	1	0.06
利比里亚	kg	485	0.03
尼日尔	kg	90	0.03
前南斯拉夫马其顿	kg	339	0.03
拉丁美洲其他国家(地区)	kg	4	0.02
圣马丁岛	kg	6	0.01

注：数据来源于中国塑料机械工业协会。

2009 年塑料机械进口情况统计

商品及国家(地区)名称	数量单位	进口量	进口额（万美元）
合计			202 322.60
注塑机(84771010)	台	5 274	52 035.38
日本	台	3 037	30 556.15
中国台湾	台	1 062	6 529.10
德国	台	389	5 904.24
韩国	台	354	2 831.79
加拿大	台	15	1 868.45
瑞士	台	24	1 284.58
奥地利	台	78	1 201.14
中国	台	156	633.90
意大利	台	23	395.25
美国	台	50	224.12
英国	台	3	215.71
新加坡	台	7	146.02
中国香港	台	51	99.44
泰国	台	3	43.21
荷兰	台	2	32.86
西班牙	台	6	22.64
马来西亚	台	1	15.86
印度	台	2	11.21
法国	台	3	11.07
澳大利亚	台	5	6.20
印度尼西亚	台	1	1.26
瑞典	台	1	1.04
朝鲜	台	1	0.15
其他注射机(84771090)	台	368	5 521.27
德国	台	54	1 658.82
日本	台	72	1 113.02
韩国	台	10	861.25
中国台湾	台	124	747.69
意大利	台	25	408.46
奥地利	台	18	389.35

（续）

商品及国家（地区）名称	数量单位	进口量	进口额（万美元）
新加坡	台	12	158.51
美国	台	32	94.24
瑞士	台	3	29.83
马来西亚	台	1	20.70
法国	台	7	11.46
印度	台	1	11.22
中国	台	4	5.87
荷兰	台	2	5.34
土耳其	台	1	4.05
英国	台	2	1.46
塑料造粒机（84772010）	台	128	12 434.10
德国	台	37	5 634.89
日本	台	22	3 463.46
意大利	台	7	1 191.67
美国	台	15	954.43
奥地利	台	12	684.53
芬兰	台	1	299.89
中国台湾	台	23	152.32
韩国	台	10	42.54
澳大利亚	台	1	10.36
其他挤出机（84772090）	台	742	18 894.65
德国	台	157	9 538.15
日本	台	99	3 561.49
美国	台	68	1 330.29
中国台湾	台	101	857.68
瑞士	台	19	764.91
韩国	台	65	560.02
意大利	台	37	442.85
奥地利	台	16	400.86
法国	台	4	370.00
英国	台	133	304.62
加拿大	台	13	294.74
芬兰	台	4	284.44
泰国	台	8	73.93
新加坡	台	1	20.63
中国香港	台	1	19.35
中国	台	6	19.01
印度尼西亚	台	4	18.04
荷兰	台	2	14.97
澳大利亚	台	2	9.64
巴西	台	1	6.49
印度	台	1	2.55
吹塑机（84773000）	台	234	17 931.04
德国	台	62	9 984.19
法国	台	16	2 777.22
意大利	台	13	1 353.80
日本	台	36	1 103.33
马来西亚	台	18	700.14
瑞士	台	7	688.55
中国台湾	台	53	653.64
美国	台	14	506.98
韩国	台	5	42.23
新加坡	台	1	40.63

（续）

商品及国家（地区）名称	数量单位	进口量	进口额（万美元）
印度	台	3	35.71
泰国	台	4	33.10
中国	台	1	10.18
英国	台	1	1.34
塑料中空成型机(84774010)	台	71	1 795.33
德国	台	14	1 085.96
中国台湾	台	33	250.52
日本	台	5	152.60
法国	台	3	107.13
西班牙	台	1	59.94
美国	台	4	47.45
瑞士	台	3	36.39
意大利	台	3	28.10
韩国	台	2	19.68
墨西哥	台	1	3.62
中国	台	1	2.64
英国	台	1	1.31
塑料压延成型机(84774020)	台	125	2 898.38
意大利	台	17	1 601.47
德国	台	12	389.76
中国台湾	台	28	246.32
韩国	台	28	228.50
日本	台	18	164.58
瑞士	台	2	133.48
马来西亚	台	4	66.61
美国	台	9	27.65
泰国	台	2	22.20
波兰	台	1	7.64
法国	台	1	7.07
中国香港	台	1	2.83
新加坡	台	2	0.27
其他真空模塑机及其他热成型机器(84774090)	台	715	6 172.48
德国	台	66	2 213.23
韩国	台	80	921.26
中国台湾	台	263	714.17
意大利	台	22	612.09
日本	台	109	585.48
美国	台	111	402.14
瑞士	台	9	352.13
马来西亚	台	4	83.05
南非	台	1	80.84
法国	台	11	76.27
泰国	台	4	44.38
英国	台	6	36.37
新加坡	台	9	13.98
中国	台	4	10.42
以色列	台	3	8.56
荷兰	台	2	6.81
丹麦	台	3	5.52
奥地利	台	6	3.63
澳大利亚	台	1	1.82
加拿大	台	1	0.35

（续）

商品及国家(地区)名称	数量单位	进口量	进口额（万美元）
用于充气轮胎模塑或翻新的机器及内胎模塑或用其他方法成型的机器(84775100)	台	32	2 135.10
韩国	台	6	578.84
日本	台	4	388.72
中国台湾	台	3	383.92
荷兰	台	1	372.23
德国	台	2	320.26
意大利	台	3	43.77
罗马尼亚	台	2	41.56
英国	台	7	3.06
美国	台	4	2.74
其他模塑或成型机器(84775900)	台	658	8 484.08
日本	台	94	1 618.77
意大利	台	38	1 356.27
中国台湾	台	181	917.56
斯洛伐克	台	5	872.52
德国	台	40	861.64
韩国	台	139	580.01
美国	台	95	579.67
荷兰	台	2	478.55
法国	台	8	328.34
马来西亚	台	6	238.20
加拿大	台	3	224.41
印度	台	4	149.24
奥地利	台	8	143.13
以色列	台	13	101.27
新加坡	台	4	18.86
中国	台	4	6.78
澳大利亚	台	1	2.39
丹麦	台	1	2.06
英国	台	5	1.73
比利时	台	1	0.80
土耳其	台	1	0.76
斯洛文尼亚	台	2	0.50
爱尔兰	台	2	0.43
匈牙利	台	1	0.20
其他机器(84778000)	台	4 602	51 191.10
德国	台	520	19 655.28
日本	台	899	11 160.74
中国台湾	台	1 405	4 093.05
意大利	台	149	4 005.13
韩国	台	732	2 365.92
美国	台	346	2 221.18
英国	台	50	2 078.19
奥地利	台	20	1 109.91
瑞士	台	31	1 055.81
丹麦	台	54	959.34
法国	台	59	881.42
芬兰	台	11	408.15
罗马尼亚	台	15	323.78
加拿大	台	35	183.49
瑞典	台	20	154.65
斯洛伐克	台	1	137.82

（续）

商品及国家(地区)名称	数量单位	进口量	进口额（万美元）
中国香港	台	16	71.74
马来西亚	台	12	58.19
印度	台	65	45.29
泰国	台	8	41.42
中国	台	49	38.07
新加坡	台	14	22.56
印度尼西亚	台	5	21.50
澳大利亚	台	13	19.42
荷兰	台	21	11.92
以色列	台	5	10.64
挪威	台	3	9.86
西班牙	台	8	9.18
希腊	台	4	6.58
墨西哥	台	1	6.23
马耳他	台	1	5.30
比利时	台	3	4.75
巴西	台	6	3.75
匈牙利	台	8	2.72
菲律宾	台	1	1.88
捷克	台	1	1.58
越南	台	2	1.54
爱尔兰	台	4	1.45
波兰	台	3	1.38
埃及	台	2	0.30
8477 所列机器的零件(84779000)	kg	14 278 973	22 829.69
德国	kg	950 565	4 981.38
日本	kg	1 416 273	4 600.85
中国台湾	kg	8 532 541	2 430.38
加拿大	kg	414 619	1 838.85
法国	kg	174 895	1 519.84
美国	kg	298 619	1 505.94
荷兰	kg	272 914	1 170.96
韩国	kg	733 376	1 012.41
意大利	kg	167 738	787.79
瑞士	kg	40 298	579.57
奥地利	kg	216 816	455.39
丹麦	kg	54 641	382.29
印度	kg	169 739	283.52
英国	kg	109 855	183.78
卢森堡	kg	57 980	173.72
斯洛伐克	kg	97 116	147.62
中国	kg	323 745	106.45
泰国	kg	42 031	106.30
马来西亚	kg	117 820	94.58
新加坡	kg	7 186	83.62
中国香港	kg	4 497	72.50
以色列	kg	16 807	70.55
比利时	kg	8 613	59.16
芬兰	kg	4 733	46.74
西班牙	kg	1 515	32.47
瑞典	kg	8 772	32.36
捷克	kg	19 957	32.10
澳大利亚	kg	7 822	11.49

（续）

商品及国家（地区）名称	数量单位	进口量	进口额（万美元）
挪威	kg	247	5.50
印度尼西亚	kg	912	4.35
越南	kg	1 488	2.97
南非	kg	626	2.38
希腊	kg	696	2.01
保加利亚	kg	667	1.97
波兰	kg	522	1.56
新西兰	kg	70	1.36
罗马尼亚	kg	265	1.08
墨西哥	kg	42	0.66
斯洛文尼亚	kg	62	0.64
巴西	kg	33	0.49
土耳其	kg	188	0.46
摩洛哥	kg	750	0.45
匈牙利	kg	323	0.31
菲律宾	kg	294	0.23
爱尔兰	kg	1	0.20
蒙古	kg	266	0.12
马耳他	kg	8	0.09
尼日利亚	kg	7	0.09
多米尼加共和国	kg	2	0.06
坦桑尼亚	kg	12	0.03
斯里兰卡	kg	3	0.02
葡萄牙	kg	6	

注：数据来源于中国塑料机械工业协会。

2010年塑料机械出口情况统计

商品及国家（地区）名称	数量单位	出口量	出口额（万美元）
合计			196 571.65
注塑机（84771010）	台	18 963	62 380.02
巴西	台	2 463	7 923.74
土耳其	台	1 254	4 954.18
伊朗	台	1 354	4 101.82
印度尼西亚	台	832	3 105.13
马来西亚	台	1 045	2 978.93
日本	台	705	2 646.98
越南	台	1 147	2 545.11
泰国	台	543	2 361.40
俄罗斯	台	684	1 837.20
韩国	台	548	1 775.78
中国香港	台	696	1 638.40
印度	台	584	1 588.51
阿根廷	台	370	1 445.31

（续）

商品及国家（地区）名称	数量单位	出口量	出口额（万美元）
孟加拉国	台	385	1 358.89
中国台湾	台	549	1 313.01
南非	台	274	1 289.93
菲律宾	台	379	1 191.04
埃及	台	394	1 079.08
墨西哥	台	274	900.74
德国	台	229	894.89
委内瑞拉	台	113	811.79
意大利	台	159	810.58
巴基斯坦	台	245	744.98
哥伦比亚	台	232	679.39
澳大利亚	台	182	654.28
美国	台	107	620.79
卢森堡	台	13	573.07
叙利亚	台	223	571.39
沙特阿拉伯	台	165	518.00
秘鲁	台	170	466.30
乌兹别克斯坦	台	152	435.60
尼日利亚	台	133	390.59
波兰	台	109	389.59
突尼斯	台	77	388.11
西班牙	台	65	387.80
以色列	台	81	386.08
缅甸	台	103	358.34
新加坡	台	122	346.96
阿尔及利亚	台	87	322.13
斯里兰卡	台	80	308.10
乌克兰	台	105	307.61
白俄罗斯	台	42	294.55
厄瓜多尔	台	55	226.55
摩洛哥	台	84	214.29
瑞典	台	17	185.72
肯尼亚	台	63	170.96
智利	台	66	158.38
黎巴嫩	台	48	154.75
阿拉伯联合酋长国	台	66	153.98
埃塞俄比亚	台	57	152.48
莫桑比克	台	62	151.38
比利时	台	5	149.04
约旦	台	39	145.29
加纳	台	43	143.95
法国	台	28	123.90
匈牙利	台	25	121.90
哈萨克斯坦	台	92	118.04
希腊	台	13	115.77
葡萄牙	台	23	110.56
芬兰	台	30	107.69
拉脱维亚	台	58	107.01
坦桑尼亚	台	57	101.93
伊拉克	台	31	100.92
朝鲜	台	36	95.79
巴拉圭	台	26	92.28
苏丹	台	32	91.06

（续）

商品及国家（地区）名称	数量单位	出口量	出口额（万美元）
塞尔维亚	台	27	81.15
吉布提	台	31	63.37
加拿大	台	14	51.94
巴拿马	台	11	51.26
多米尼加共和国	台	10	48.09
乌干达	台	8	47.21
保加利亚	台	16	46.83
英国	台	11	46.82
塔吉克斯坦	台	9	46.61
科特迪瓦	台	16	46.52
哥斯达黎加	台	11	45.67
乌拉圭	台	13	44.14
捷克	台	8	41.20
阿塞拜疆	台	5	41.01
也门	台	17	34.80
洪都拉斯	台	10	34.38
喀麦隆	台	9	34.36
刚果	台	4	32.81
贝宁	台	5	30.73
荷兰	台	17	28.74
爱沙尼亚	台	17	28.17
利比亚	台	11	26.57
塞内加尔	台	10	26.31
立陶宛	台	12	25.55
玻利维亚	台	3	23.50
萨尔瓦多	台	6	17.36
阿尔巴尼亚	台	6	16.13
巴林	台	9	15.95
克罗地亚	台	6	15.35
马拉维	台	5	14.25
塞浦路斯	台	3	14.12
博茨瓦纳	台	1	13.57
蒙古	台	2	13.52
格鲁吉亚	台	3	13.34
罗马尼亚	台	5	12.96
毛里求斯	台	5	12.85
马达加斯加	台	2	12.71
危地马拉	台	3	12.37
新西兰	台	8	12.36
多哥	台	5	11.34
安哥拉	台	4	10.94
津巴布韦	台	6	10.18
尼泊尔	台	3	10.00
海地	台	1	9.50
亚美尼亚	台	4	9.49
牙买加	台	1	8.50
古巴	台	2	8.49
斯洛伐克	台	2	8.23
爱尔兰	台	1	7.51
奥地利	台	3	7.36
吉尔吉斯斯坦	台	4	7.31
土库曼斯坦	台	2	7.00
巴布亚新几内亚	台	2	6.71

（续）

商品及国家（地区）名称	数量单位	出口量	出口额（万美元）
布隆迪	台	1	6.51
阿富汗	台	2	4.54
马尔代夫	台	1	3.96
前南斯拉夫马其顿	台	1	3.55
科威特	台	2	3.21
赞比亚	台	2	2.65
几内亚	台	3	2.59
尼加拉瓜	台	2	2.43
厄立特里亚	台	1	2.06
瑞士	台	1	2.06
特立尼达和多巴哥	台	1	1.92
摩尔多瓦	台	1	1.86
斯洛文尼亚	台	2	1.70
莱索托	台	1	1.52
纳米比亚	台	1	1.31
卡塔尔	台	2	1.30
其他注射机（84771090）	台	510	1 316.81
韩国	台	8	283.53
印度尼西亚	台	41	109.85
马来西亚	台	15	101.29
伊朗	台	21	85.37
印度	台	16	72.69
孟加拉国	台	74	56.91
德国	台	17	46.30
乌克兰	台	12	39.94
乌兹别克斯坦	台	8	39.88
巴西	台	5	31.38
土耳其	台	11	30.41
越南	台	8	29.73
中国台湾	台	24	21.99
泰国	台	9	20.52
坦桑尼亚	台	4	20.12
马达加斯加	台	4	19.06
澳大利亚	台	3	18.53
奥地利	台	18	17.94
摩洛哥	台	5	17.51
智利	台	3	17.51
厄瓜多尔	台	5	16.92
秘鲁	台	3	16.20
南非	台	2	16.07
波兰	台	8	16.06
巴基斯坦	台	5	15.15
哥伦比亚	台	6	14.17
埃及	台	6	11.16
美国	台	8	9.58
芬兰	台	4	9.53
俄罗斯	台	3	9.49
埃塞俄比亚	台	3	9.00
菲律宾	台	36	8.62
危地马拉	台	5	8.62
朝鲜	台	2	8.41
阿根廷	台	1	7.72
叙利亚	台	3	6.52

（续）

商品及国家（地区）名称	数量单位	出口量	出口额（万美元）
阿拉伯联合酋长国	台	3	6.29
萨尔瓦多	台	1	5.20
以色列	台	1	4.54
立陶宛	台	2	4.09
法国	台	2	3.92
厄立特里亚	台	2	3.86
哈萨克斯坦	台	1	3.26
约旦	台	1	2.90
罗马尼亚	台	1	2.80
新加坡	台	3	2.49
尼泊尔	台	1	2.10
尼日利亚	台	2	1.97
肯尼亚	台	70	1.95
柬埔寨	台	4	1.90
黎巴嫩	台	2	1.73
阿尔及利亚	台	1	1.70
加纳	台	1	1.16
日本	台	2	0.83
加拿大	台	1	0.23
墨西哥	台	2	0.21
荷兰	台	1	0.02
塑料造粒机（84772010）	台	2 557	3 644.22
越南	台	362	310.96
俄罗斯	台	125	255.90
印度尼西亚	台	128	217.05
印度	台	156	213.56
巴西	台	60	193.94
伊朗	台	30	180.55
马来西亚	台	107	155.01
丹麦	台	18	143.44
墨西哥	台	36	134.63
美国	台	23	107.29
沙特阿拉伯	台	47	99.85
土耳其	台	39	90.04
泰国	台	60	80.31
阿拉伯联合酋长国	台	18	79.46
中国台湾	台	56	69.66
日本	台	32	68.69
韩国	台	43	64.44
尼日利亚	台	73	60.11
德国	台	58	52.61
埃及	台	49	50.94
澳大利亚	台	25	45.14
菲律宾	台	48	45.07
乌兹别克斯坦	台	22	41.78
南非	台	34	40.81
芬兰	台	12	40.19
加纳	台	42	37.72
秘鲁	台	24	35.97
阿尔及利亚	台	144	35.96
叙利亚	台	24	35.36
阿根廷	台	26	31.74
斯洛文尼亚	台	5	31.38

（续）

商品及国家（地区）名称	数量单位	出口量	出口额（万美元）
埃塞俄比亚	台	19	29.54
巴基斯坦	台	32	26.37
孟加拉国	台	15	25.21
中国香港	台	12	24.31
乌克兰	台	24	24.10
波兰	台	16	23.17
厄瓜多尔	台	15	21.59
哥伦比亚	台	6	20.22
苏丹	台	8	17.67
委内瑞拉	台	5	17.61
智利	台	11	17.26
新加坡	台	12	16.34
拉脱维亚	台	4	15.73
捷克	台	6	15.31
朝鲜	台	10	14.94
瑞典	台	1	14.48
也门	台	47	14.06
摩洛哥	台	14	13.09
肯尼亚	台	7	12.45
立陶宛	台	6	12.15
多米尼加共和国	台	5	11.81
比利时	台	31	11.65
哈萨克斯坦	台	13	11.60
罗马尼亚	台	12	11.32
突尼斯	台	12	11.09
匈牙利	台	2	10.83
坦桑尼亚	台	17	10.08
伊拉克	台	6	9.80
斯里兰卡	台	17	9.76
意大利	台	49	9.47
乌拉圭	台	1	9.04
加拿大	台	6	8.64
缅甸	台	9	8.56
西班牙	台	5	7.71
危地马拉	台	4	7.69
希腊	台	33	7.54
苏里南	台	1	4.25
阿曼	台	18	4.13
法国	台	2	3.87
以色列	台	10	3.77
津巴布韦	台	10	3.74
爱沙尼亚	台	4	3.70
约旦	台	6	2.88
科威特	台	1	2.80
黑山	台	1	2.65
卡塔尔	台	3	2.39
科特迪瓦	台	2	2.29
黎巴嫩	台	1	2.00
莫桑比克	台	4	1.97
纳米比亚	台	1	1.87
斯洛伐克	台	2	1.51
赞比亚	台	2	1.49
白俄罗斯	台	3	1.45

（续）

商品及国家（地区）名称	数量单位	出口量	出口额（万美元）
马拉维	台	2	1.40
巴拉圭	台	1	1.38
塞尔维亚	台	2	1.17
蒙古	台	2	1.14
荷兰	台	4	1.08
哥斯达黎加	台	2	1.01
奥地利	台	2	0.94
柬埔寨	台	2	0.76
阿塞拜疆	台	1	0.60
牙买加	台	1	0.58
英国	台	5	0.57
乌干达	台	1	0.48
保加利亚	台	3	0.48
巴拿马	台	14	0.48
阿尔巴尼亚	台	1	0.48
阿富汗	台	1	0.40
贝宁	台	1	0.34
利比亚	台	1	0.33
亚美尼亚	台	1	0.32
马耳他	台	12	0.31
莱索托	台	1	0.30
圣马丁岛	台	1	0.30
克罗地亚	台	1	0.25
马达加斯加	台	1	0.21
玻利维亚	台	2	0.17
老挝	台	2	0.16
萨尔瓦多	台	1	0.11
其他挤出机(84772090)	台	4 661	19 388.59
俄罗斯	台	368	1 752.19
印度尼西亚	台	257	1 401.24
越南	台	346	1 377.12
印度	台	491	1 367.80
伊朗	台	310	1 347.11
泰国	台	161	1 061.85
土耳其	台	260	851.56
马来西亚	台	104	676.47
埃及	台	99	474.50
孟加拉国	台	59	449.66
沙特阿拉伯	台	166	438.27
德国	台	135	387.55
巴西	台	95	373.52
乌克兰	台	42	367.02
韩国	台	76	348.88
中国台湾	台	107	332.85
巴基斯坦	台	87	325.96
哈萨克斯坦	台	65	318.49
希腊	台	13	265.09
阿尔及利亚	台	41	251.36
美国	台	54	242.51
南非	台	71	227.01
尼日利亚	台	107	209.07
澳大利亚	台	64	191.86
乌兹别克斯坦	台	58	190.88

（续）

商品及国家（地区）名称	数量单位	出口量	出口额（万美元）
伊拉克	台	13	182.04
苏丹	台	10	181.81
智利	台	35	177.00
吉布提	台	13	172.10
中国香港	台	32	154.19
日本	台	44	150.37
利比亚	台	12	142.15
墨西哥	台	34	134.49
秘鲁	台	29	131.99
哥伦比亚	台	52	127.50
埃塞俄比亚	台	10	123.64
阿拉伯联合酋长国	台	59	119.05
立陶宛	台	39	115.01
西班牙	台	14	109.83
阿根廷	台	43	108.74
波兰	台	17	103.30
意大利	台	20	95.66
叙利亚	台	17	82.39
菲律宾	台	24	82.05
芬兰	台	20	81.56
摩洛哥	台	16	78.55
加拿大	台	25	76.10
新加坡	台	55	69.56
卡塔尔	台	8	68.83
突尼斯	台	12	64.59
委内瑞拉	台	11	63.51
塔吉克斯坦	台	5	62.90
加纳	台	8	58.60
捷克	台	3	55.29
缅甸	台	8	53.64
约旦	台	13	50.05
以色列	台	11	48.38
爱沙尼亚	台	7	48.23
瑞士	台	4	45.39
斯里兰卡	台	9	42.42
洪都拉斯	台	1	41.00
朝鲜	台	16	40.72
拉脱维亚	台	9	40.46
法国	台	12	35.65
英国	台	6	32.46
阿富汗	台	1	27.33
阿塞拜疆	台	4	27.04
黎巴嫩	台	8	25.11
赞比亚	台	5	23.83
安哥拉	台	3	22.72
克罗地亚	台	2	20.35
阿曼	台	1	20.00
厄瓜多尔	台	14	19.25
也门	台	29	19.03
匈牙利	台	3	18.58
柬埔寨	台	2	18.02
津巴布韦	台	2	18.00
多米尼加共和国	台	4	17.79

（续）

商品及国家(地区)名称	数量单位	出口量	出口额（万美元）
肯尼亚	台	11	17.45
阿尔巴尼亚	台	55	16.46
塞尔维亚	台	4	15.98
荷兰	台	4	12.60
坦桑尼亚	台	5	12.56
蒙古	台	3	11.30
巴拉圭	台	1	10.65
白俄罗斯	台	5	10.17
丹麦	台	5	10.05
葡萄牙	台	2	9.81
加蓬	台	2	8.77
毛里求斯	台	4	8.40
马达加斯加	台	19	8.36
苏里南	台	2	7.88
巴林	台	4	6.26
比利时	台	2	6.05
奥地利	台	5	5.86
瑞典	台	9	5.63
吉尔吉斯斯坦	台	6	5.28
保加利亚	台	4	5.02
格鲁吉亚	台	1	4.41
塞浦路斯	台	1	4.33
老挝	台	2	4.26
莫桑比克	台	1	3.42
多哥	台	2	3.37
摩尔多瓦	台	1	3.20
新西兰	台	2	2.76
文莱	台	1	2.52
危地马拉	台	1	2.51
斯洛伐克	台	2	1.56
巴拿马	台	1	1.35
乍得	台	1	1.14
罗马尼亚	台	1	0.56
玻利维亚	台	1	0.40
民主刚果	台	1	0.20
吹塑机(84773000)	台	8 311	13 639.97
越南	台	389	792.10
巴西	台	149	752.61
印度尼西亚	台	329	730.86
泰国	台	176	630.05
伊朗	台	443	626.85
委内瑞拉	台	89	522.44
印度	台	255	494.23
马来西亚	台	285	464.73
孟加拉国	台	230	429.95
美国	台	70	395.06
尼日利亚	台	434	393.86
俄罗斯	台	244	383.26
埃及	台	385	295.76
南非	台	171	276.97
中国香港	台	117	250.21
墨西哥	台	101	234.22
阿拉伯联合酋长国	台	90	233.76

（续）

商品及国家(地区)名称	数量单位	出口量	出口额（万美元）
沙特阿拉伯	台	129	215.79
阿尔及利亚	台	246	202.75
苏丹	台	38	201.01
伊拉克	台	783	194.57
厄瓜多尔	台	50	176.19
也门	台	103	169.20
法国	台	4	161.27
秘鲁	台	81	152.03
意大利	台	30	148.49
德国	台	11	147.16
利比亚	台	136	138.63
乌兹别克斯坦	台	81	138.31
菲律宾	台	110	128.91
肯尼亚	台	50	120.92
阿根廷	台	60	119.91
缅甸	台	65	119.66
叙利亚	台	95	118.20
西班牙	台	29	117.05
土耳其	台	82	115.45
乌克兰	台	97	109.49
哥伦比亚	台	63	108.75
巴基斯坦	台	63	106.96
埃塞俄比亚	台	46	98.64
智利	台	47	97.68
澳大利亚	台	34	91.75
约旦	台	43	84.74
摩洛哥	台	77	81.93
吉布提	台	11	77.92
卡塔尔	台	14	74.22
莫桑比克	台	33	64.28
加纳	台	68	63.76
哈萨克斯坦	台	139	63.53
突尼斯	台	39	58.15
斯里兰卡	台	63	57.36
贝宁	台	23	55.24
坦桑尼亚	台	48	54.52
中国台湾	台	43	53.48
日本	台	8	53.09
黎巴嫩	台	27	51.47
特立尼达和多巴哥	台	10	49.63
希腊	台	13	49.01
葡萄牙	台	3	48.85
刚果	台	11	47.71
赞比亚	台	5	45.66
波兰	台	20	43.39
韩国	台	12	42.93
阿曼	台	172	41.79
立陶宛	台	22	41.62
多米尼加共和国	台	16	39.76
比利时	台	9	36.52
芬兰	台	48	33.81
津巴布韦	台	21	32.85
危地马拉	台	22	31.69

（续）

商品及国家（地区）名称	数量单位	出口量	出口额（万美元）
英国	台	7	29.17
乌拉圭	台	14	28.61
新加坡	台	82	24.43
巴拉圭	台	21	23.84
亚美尼亚	台	18	21.99
白俄罗斯	台	9	21.65
斯洛伐克	台	5	20.93
科威特	台	23	20.86
加拿大	台	10	20.82
朝鲜	台	19	20.62
几内亚	台	7	18.71
毛里塔尼亚	台	7	17.97
巴拿马	台	11	17.92
安哥拉	台	9	17.80
塞浦路斯	台	6	17.21
尼泊尔	台	48	16.80
玻利维亚	台	13	16.54
科特迪瓦	台	42	16.48
乌干达	台	14	16.21
格鲁吉亚	台	8	16.06
柬埔寨	台	29	15.93
阿尔巴尼亚	台	12	15.85
罗马尼亚	台	11	15.57
喀麦隆	台	9	14.32
捷克	台	2	13.30
蒙古	台	24	12.84
克罗地亚	台	12	12.09
巴林	台	7	11.68
以色列	台	13	11.50
马达加斯加	台	6	11.46
文莱	台	3	11.14
马尔代夫	台	4	10.79
荷兰	台	5	10.64
所罗门群岛	台	6	10.02
斯洛文尼亚	台	3	9.50
马拉维	台	7	9.48
民主刚果	台	8	9.02
塞拉利昂	台	8	7.79
利比里亚	台	10	7.77
洪都拉斯	台	4	6.92
巴哈马	台	3	6.74
牙买加	台	3	6.68
吉尔吉斯斯坦	台	9	6.50
塞内加尔	台	6	6.36
哥斯达黎加	台	6	5.66
马里	台	2	5.56
塞尔维亚	台	3	5.45
萨摩亚	台	124	5.44
尼加拉瓜	台	2	5.39
波多黎各	台	3	5.35
拉脱维亚	台	8	5.31
爱沙尼亚	台	3	5.12
斐济	台	4	4.53

（续）

商品及国家（地区）名称	数量单位	出口量	出口额（万美元）
巴布亚新几内亚	台	1	4.30
布隆迪	台	2	3.71
保加利亚	台	4	3.61
法属波利尼西亚	台	1	3.57
博茨瓦纳	台	4	3.08
毛里求斯	台	4	2.70
圣马丁岛	台	4	2.60
冈比亚	台	2	2.19
马绍尔群岛共和国	台	1	2.10
索马里	台	4	1.97
塞舌尔	台	1	1.90
匈牙利	台	2	1.88
塔吉克斯坦	台	6	1.73
多哥	台	5	1.62
圭亚那	台	2	1.48
东帝汶	台	1	1.45
黑山	台	1	1.41
加蓬	台	2	1.10
阿塞拜疆	台	1	1.10
新西兰	台	2	1.09
老挝	台	2	1.06
瑞典	台	1	1.05
挪威	台	5	1.03
中国澳门	台	1	0.76
马耳他	台	3	0.27
萨尔瓦多	台	1	0.20
苏里南	台	6	0.17
塑料中空成型机（84774010）	台	3 067	2 396.95
美国	台	2 063	388.62
印度	台	116	196.47
越南	台	53	133.14
南非	台	25	106.79
巴西	台	35	105.58
印度尼西亚	台	44	83.46
叙利亚	台	26	73.83
伊朗	台	27	72.96
尼日利亚	台	40	67.75
泰国	台	32	67.15
俄罗斯	台	14	65.68
埃及	台	19	64.31
阿拉伯联合酋长国	台	18	63.37
德国	台	2	59.92
墨西哥	台	15	59.76
秘鲁	台	14	58.59
哈萨克斯坦	台	5	43.88
马来西亚	台	23	40.24
哥伦比亚	台	7	39.90
澳大利亚	台	9	32.32
巴基斯坦	台	8	31.90
沙特阿拉伯	台	16	31.69
罗马尼亚	台	4	26.30
土耳其	台	17	25.88
日本	台	155	25.70

（续）

商品及国家(地区)名称	数量单位	出口量	出口额（万美元）
厄瓜多尔	台	7	21.51
委内瑞拉	台	6	20.44
阿尔及利亚	台	8	18.63
也门	台	3	17.85
菲律宾	台	37	17.02
利比亚	台	12	16.83
苏丹	台	6	16.03
孟加拉国	台	13	15.56
阿根廷	台	5	14.89
匈牙利	台	2	14.45
智利	台	8	13.01
民主刚果	台	3	12.80
乌兹别克斯坦	台	6	12.61
黎巴嫩	台	4	11.96
马里	台	1	11.40
中国香港	台	15	11.14
芬兰	台	3	11.02
斯里兰卡	台	4	11.00
赞比亚	台	2	10.80
突尼斯	台	3	9.92
缅甸	台	3	9.91
加纳	台	4	9.81
玻利维亚	台	8	8.29
毛里塔尼亚	台	1	7.45
苏里南	台	1	6.82
以色列	台	2	6.70
埃塞俄比亚	台	1	6.40
科特迪瓦	台	2	6.27
乌克兰	台	1	5.84
特立尼达和多巴哥	台	1	5.82
中国台湾	台	14	5.25
乌拉圭	台	2	5.02
阿塞拜疆	台	1	4.91
新加坡	台	35	4.88
约旦	台	3	4.60
津巴布韦	台	7	4.31
意大利	台	3	3.78
乌干达	台	3	3.32
新西兰	台	8	3.31
贝宁	台	4	3.22
西班牙	台	2	2.97
安哥拉	台	1	2.68
肯尼亚	台	1	2.62
利比里亚	台	2	2.60
莫桑比克	台	3	2.06
波兰	台	2	2.04
危地马拉	台	1	1.94
马达加斯加	台	1	1.85
法国	台	1	1.68
伊拉克	台	2	1.62
巴拉圭	台	1	1.38
摩尔多瓦	台	1	0.93
巴布亚新几内亚	台	1	0.64

（续）

商品及国家（地区）名称	数量单位	出口量	出口额（万美元）
阿尔巴尼亚	台	1	0.57
斯洛文尼亚	台	1	0.47
文莱	台	4	0.42
斐济	台	1	0.35
朝鲜	台	2	0.14
塑料压延成型机（84774020）	台	1 385	842.74
巴基斯坦	台	5	221.41
马来西亚	台	119	73.32
南非	台	29	68.71
泰国	台	13	67.00
印度	台	22	64.85
越南	台	83	50.12
土耳其	台	11	34.63
中国台湾	台	3	27.53
韩国	台	4	27.08
黑山	台	1	23.00
波兰	台	3	19.50
意大利	台	10	14.00
罗马尼亚	台	2	11.16
印度尼西亚	台	28	10.35
吉尔吉斯斯坦	台	1	9.76
尼日利亚	台	2	8.91
中国香港	台	21	8.78
比利时	台	2	8.40
新加坡	台	130	7.37
阿尔及利亚	台	5	6.66
埃及	台	2	6.50
吉布提	台	5	6.44
科威特	台	8	6.07
哈萨克斯坦	台	3	5.88
约旦	台	1	4.17
黎巴嫩	台	1	3.82
美国	台	93	3.78
委内瑞拉	台	11	3.77
柬埔寨	台	1	3.68
摩洛哥	台	3	3.55
斯里兰卡	台	4	3.07
坦桑尼亚	台	1	3.00
伊朗	台	5	2.50
利比亚	台	10	2.43
秘鲁	台	6	2.41
社会群岛	台	1	1.80
叙利亚	台	2	1.67
新西兰	台	200	1.25
缅甸	台	1	1.25
日本	台	61	1.20
英国	台	160	1.14
菲律宾	台	33	0.93
西班牙	台	42	0.91
澳大利亚	台	51	0.84
墨西哥	台	15	0.76
阿拉伯联合酋长国	台	11	0.70
智利	台	4	0.68

（续）

商品及国家(地区)名称	数量单位	出口量	出口额（万美元）
朝鲜	台	5	0.58
巴拉圭	台	70	0.57
德国	台	19	0.50
孟加拉国	台	1	0.45
荷兰	台	4	0.43
哥伦比亚	台	2	0.35
以色列	台	1	0.34
塞浦路斯	台	1	0.33
沙特阿拉伯	台	8	0.30
乌拉圭	台	1	0.27
克罗地亚	台	1	0.27
法国	台	1	0.24
蒙古	台	1	0.20
加纳	台	1	0.20
爱沙尼亚	台	3	0.19
哥斯达黎加	台	1	0.18
马耳他	台	20	0.17
匈牙利	台	2	0.17
巴西	台	2	0.13
俄罗斯	台	2	0.10
毛里求斯	台	10	0.07
其他真空模塑机及其他热成型机器(84774090)	台	2 454	3 694.75
匈牙利	台	5	386.36
越南	台	219	347.36
日本	台	131	254.19
印度	台	157	234.15
伊朗	台	64	172.24
印度尼西亚	台	78	159.54
泰国	台	97	157.82
澳大利亚	台	31	124.88
俄罗斯	台	96	115.43
新加坡	台	26	108.36
马来西亚	台	182	99.83
阿尔及利亚	台	84	97.66
秘鲁	台	36	62.00
乌兹别克斯坦	台	39	61.79
沙特阿拉伯	台	45	60.77
美国	台	96	57.48
加拿大	台	20	57.25
巴西	台	32	55.51
哈萨克斯坦	台	22	54.64
叙利亚	台	36	53.69
哥伦比亚	台	16	52.67
中国台湾	台	19	49.19
韩国	台	18	45.17
阿根廷	台	29	40.59
菲律宾	台	22	38.15
法国	台	11	37.35
墨西哥	台	31	26.95
智利	台	15	26.81
白俄罗斯	台	1	24.75
埃及	台	24	24.62
委内瑞拉	台	5	24.62

（续）

商品及国家(地区)名称	数量单位	出口量	出口额（万美元）
乌克兰	台	16	23.38
以色列	台	11	22.17
土耳其	台	12	22.16
孟加拉国	台	58	21.72
巴基斯坦	台	48	20.96
突尼斯	台	6	20.72
约旦	台	11	20.66
萨尔瓦多	台	3	19.97
中国香港	台	21	19.12
尼日利亚	台	11	19.04
南非	台	18	18.60
也门	台	35	15.51
加纳	台	10	15.13
波兰	台	164	14.11
瑞典	台	2	14.11
保加利亚	台	12	12.54
利比亚	台	17	11.81
赞比亚	台	3	11.31
伊拉克	台	4	11.22
黎巴嫩	台	8	10.63
危地马拉	台	3	10.34
斯里兰卡	台	8	10.20
朝鲜	台	8	10.18
塔吉克斯坦	台	1	9.98
罗马尼亚	台	7	9.91
洪都拉斯	台	2	9.20
安哥拉	台	10	9.18
苏里南	台	1	8.85
厄瓜多尔	台	6	8.41
吉尔吉斯斯坦	台	29	7.83
缅甸	台	14	7.33
摩洛哥	台	4	5.92
埃塞俄比亚	台	11	5.74
阿拉伯联合酋长国	台	8	5.45
瓦努阿图	台	2	4.92
乌拉圭	台	5	4.87
德国	台	24	4.87
坦桑尼亚	台	2	4.74
玻利维亚	台	1	4.73
阿富汗	台	1	4.65
立陶宛	台	8	4.65
斯洛文尼亚	台	3	4.51
苏丹	台	6	4.44
乌干达	台	5	4.43
新西兰	台	4	4.32
前南斯拉夫马其顿	台	2	4.16
柬埔寨	台	2	3.97
挪威	台	1	3.85
肯尼亚	台	3	3.82
莫桑比克	台	3	3.60
摩尔多瓦	台	2	3.54
希腊	台	4	3.48
阿尔巴尼亚	台	1	3.30

（续）

商品及国家(地区)名称	数量单位	出口量	出口额（万美元）
奥地利	台	29	3.08
蒙古	台	1	3.07
意大利	台	2	3.05
西班牙	台	1	2.68
阿曼	台	2	2.40
喀麦隆	台	5	2.37
芬兰	台	8	2.24
尼加拉瓜	台	1	2.23
荷兰	台	1	2.12
克罗地亚	台	3	2.10
巴拉圭	台	1	1.71
马耳他	台	11	1.68
爱沙尼亚	台	6	1.29
巴林	台	2	0.97
英国	台	1	0.90
马拉维	台	1	0.88
亚美尼亚	台	11	0.82
拉脱维亚	台	1	0.82
卡塔尔	台	1	0.78
莱索托	台	6	0.72
巴拿马	台	1	0.68
塞尔维亚	台	1	0.56
多米尼加共和国	台	1	0.42
塞内加尔	台	2	0.40
巴勒斯坦	台	2	0.35
刚果	台	1	0.17
老挝	台	1	0.13
尼日尔	台	2	0.02
毛里求斯	台	1	0.01
用于充气轮胎模塑或翻新的机器及内胎模塑或用其他方法成型的机器(84775100)	台	1 367	994.37
泰国	台	17	273.25
印度尼西亚	台	114	168.03
巴基斯坦	台	70	99.94
印度	台	78	81.00
日本	台	14	62.42
韩国	台	13	60.98
伊朗	台	10	37.43
哈萨克斯坦	台	28	26.77
马来西亚	台	31	25.40
西班牙	台	18	19.16
新加坡	台	33	15.72
阿拉伯联合酋长国	台	85	14.87
意大利	台	77	13.65
俄罗斯	台	23	12.72
土耳其	台	1	11.00
巴西	台	2	8.87
加蓬	台	3	7.30
智利	台	24	5.55
越南	台	14	5.47
美国	台	502	4.97
南非	台	10	4.61
埃塞俄比亚	台	1	3.69

（续）

商品及国家（地区）名称	数量单位	出口量	出口额（万美元）
斯洛文尼亚	台	36	3.64
肯尼亚	台	10	3.31
沙特阿拉伯	台	3	2.94
波兰	台	45	2.91
约旦	台	28	2.89
埃及	台	2	2.85
阿尔及利亚	台	5	2.83
塔吉克斯坦	台	1	1.91
博茨瓦纳	台	2	1.86
卡塔尔	台	2	1.44
朝鲜	台	6	0.99
荷兰	台	18	0.91
吉布提	台	4	0.80
安哥拉	台	2	0.77
蒙古	台	7	0.54
莫桑比克	台	7	0.29
匈牙利	台	6	0.24
以色列	台	4	0.20
阿根廷	台	5	0.11
德国	台	4	0.10
奥地利	台	2	0.07
其他模塑或成型机器（84775900）	台	2 585	6 699.69
印度	台	221	1 772.85
巴西	台	73	524.46
泰国	台	53	424.42
越南	台	288	343.39
俄罗斯	台	126	214.58
印度尼西亚	台	166	206.73
日本	台	252	187.27
中国香港	台	47	183.29
中国台湾	台	103	167.76
罗马尼亚	台	24	151.15
伊朗	台	73	148.89
巴基斯坦	台	32	134.89
马来西亚	台	92	129.36
匈牙利	台	2	125.14
土耳其	台	28	123.54
缅甸	台	16	121.08
加拿大	台	4	114.00
韩国	台	30	103.97
埃及	台	58	91.98
墨西哥	台	22	88.92
智利	台	11	81.86
孟加拉国	台	27	72.43
乌克兰	台	49	71.86
希腊	台	6	67.27
乌兹别克斯坦	台	10	54.75
阿富汗	台	12	46.56
澳大利亚	台	8	44.88
尼日利亚	台	31	44.69
摩洛哥	台	24	42.66
哥伦比亚	台	5	42.43
沙特阿拉伯	台	41	41.85

（续）

商品及国家（地区）名称	数量单位	出口量	出口额（万美元）
南非	台	80	40.05
埃塞俄比亚	台	8	35.23
西班牙	台	11	32.70
阿根廷	台	9	29.55
以色列	台	26	29.32
阿尔及利亚	台	44	28.24
英国	台	21	26.99
葡萄牙	台	36	26.89
挪威	台	2	26.12
伊拉克	台	4	24.71
菲律宾	台	36	22.13
哈萨克斯坦	台	14	21.43
坦桑尼亚	台	4	20.53
德国	台	10	19.60
美国	台	60	19.52
阿拉伯联合酋长国	台	57	19.18
塞尔维亚	台	1	18.32
波兰	台	3	17.94
突尼斯	台	5	17.86
萨尔瓦多	台	1	17.70
秘鲁	台	6	17.24
瑞士	台	2	16.78
新加坡	台	41	15.10
芬兰	台	2	14.35
拉脱维亚	台	2	12.52
委内瑞拉	台	7	12.48
加纳	台	4	12.10
科特迪瓦	台	6	12.00
厄瓜多尔	台	2	11.28
危地马拉	台	3	10.41
斯里兰卡	台	8	8.90
苏丹	台	1	7.50
叙利亚	台	5	7.04
莫桑比克	台	1	7.00
也门	台	4	6.74
特立尼达和多巴哥	台	1	6.57
利比亚	台	28	5.53
朝鲜	台	8	5.47
尼泊尔	台	6	3.91
肯尼亚	台	22	3.90
立陶宛	台	7	3.84
保加利亚	台	1	3.61
布基纳法索	台	2	3.01
阿曼	台	2	2.75
喀麦隆	台	4	2.60
塔吉克斯坦	台	2	2.59
黎巴嫩	台	2	2.21
巴拿马	台	2	2.04
津巴布韦	台	3	1.98
意大利	台	1	1.50
波斯尼亚－黑塞哥维那	台	1	1.48
爱尔兰	台	1	1.44
比利时	台	3	1.32

（续）

商品及国家（地区）名称	数量单位	出口量	出口额（万美元）
斯洛文尼亚	台	1	1.28
马达加斯加	台	1	1.01
文莱	台	2	1.00
新西兰	台	1	0.89
亚美尼亚	台	3	0.87
吉布提	台	3	0.86
巴拉圭	台	2	0.62
波多黎各	台	1	0.60
玻利维亚	台	2	0.43
蒙古	台	1	0.37
格鲁吉亚	台	1	0.37
克罗地亚	台	2	0.36
巴布亚新几内亚	台	2	0.23
尼日尔	台	1	0.20
赞比亚	台	2	0.20
法国	台	1	0.19
多米尼加共和国	台	1	0.07
柬埔寨	台	2	0.01
其他机器(84778000)	台	96 495	53 374.03
印度	台	5 010	6 854.76
泰国	台	2 784	5 258.47
印度尼西亚	台	4 245	4 963.66
越南	台	3 566	2 906.35
日本	台	867	2 313.71
伊朗	台	3 082	1 963.12
巴西	台	2 158	1 845.11
土耳其	台	2 166	1 823.12
俄罗斯	台	2 199	1 696.84
马来西亚	台	3 445	1 652.17
德国	台	1 642	1 512.68
美国	台	3 669	1 262.21
埃及	台	1 118	1 003.93
中国台湾	台	1 640	1 002.77
尼日利亚	台	799	816.89
韩国	台	3 177	678.49
墨西哥	台	578	674.35
孟加拉国	台	620	614.80
沙特阿拉伯	台	28 612	598.32
南非	台	964	564.54
菲律宾	台	783	525.07
巴基斯坦	台	1 011	469.90
中国香港	台	1 166	454.85
阿尔及利亚	台	415	453.18
哥伦比亚	台	382	448.15
澳大利亚	台	671	425.47
英国	台	2 675	412.03
智利	台	390	398.82
委内瑞拉	台	255	386.35
伊拉克	台	57	373.33
哈萨克斯坦	台	158	372.21
缅甸	台	199	343.47
叙利亚	台	284	315.20
阿根廷	台	482	309.75

（续）

商品及国家（地区）名称	数量单位	出口量	出口额（万美元）
埃塞俄比亚	台	307	309.35
阿拉伯联合酋长国	台	2 121	296.81
秘鲁	台	358	294.61
加拿大	台	423	280.26
波兰	台	406	279.64
西班牙	台	266	270.05
意大利	台	602	267.82
乌克兰	台	420	234.84
爱沙尼亚	台	270	220.48
新加坡	台	813	210.48
利比亚	台	140	201.32
坦桑尼亚	台	112	197.52
以色列	台	349	182.22
罗马尼亚	台	158	182.02
突尼斯	台	159	180.23
乌兹别克斯坦	台	350	177.96
摩洛哥	台	753	177.36
肯尼亚	台	175	154.50
斯里兰卡	台	1 052	137.91
荷兰	台	324	131.66
黎巴嫩	台	131	128.10
苏丹	台	584	125.42
厄瓜多尔	台	161	120.84
拉脱维亚	台	93	118.54
圭亚那	台	4	112.78
约旦	台	165	112.61
卡塔尔	台	63	105.38
巴林	台	58	98.53
加纳	台	169	96.08
也门	台	266	95.75
喀麦隆	台	40	92.52
比利时	台	45	87.23
乌干达	台	17	84.86
立陶宛	台	139	79.81
保加利亚	台	59	73.94
玻利维亚	台	29	66.63
亚美尼亚	台	9	64.53
新西兰	台	70	63.80
白俄罗斯	台	163	62.78
芬兰	台	73	62.17
希腊	台	94	58.94
法国	台	151	58.23
哥斯达黎加	台	25	55.59
乌拉圭	台	43	50.38
多米尼加共和国	台	90	48.32
捷克	台	119	45.51
格鲁吉亚	台	30	44.75
朝鲜	台	128	43.69
危地马拉	台	170	42.98
巴拉圭	台	76	40.12
葡萄牙	台	46	40.06
津巴布韦	台	44	36.29
塞尔维亚	台	82	34.50

（续）

商品及国家(地区)名称	数量单位	出口量	出口额（万美元）
奥地利	台	170	33.70
科威特	台	165	33.52
爱尔兰	台	125	30.17
安哥拉	台	10	30.13
阿塞拜疆	台	11	29.52
多哥	台	38	29.16
科特迪瓦	台	10	28.72
赞比亚	台	26	28.22
乍得	台	1	28.09
马达加斯加	台	42	26.19
蒙古	台	56	24.96
克罗地亚	台	66	23.62
柬埔寨	台	28	22.69
马拉维	台	15	21.32
纳米比亚	台	9	21.01
瑞典	台	27	20.98
老挝	台	32	20.57
莫桑比克	台	35	19.75
匈牙利	台	82	19.06
吉尔吉斯斯坦	台	31	17.61
刚果	台	29	17.54
吉布提	台	36	17.32
波斯尼亚-黑塞哥维那	台	6	17.12
洪都拉斯	台	86	16.80
阿尔巴尼亚	台	12	15.81
塞浦路斯	台	23	15.74
斯洛文尼亚	台	54	13.98
古巴	台	104	13.21
塔吉克斯坦	台	5	11.82
苏里南	台	70	11.49
阿富汗	台	11	11.11
巴拿马	台	109	11.10
尼加拉瓜	台	15	10.67
塞内加尔	台	19	9.82
特立尼达和多巴哥	台	17	9.61
毛里求斯	台	18	9.34
几内亚	台	6	9.15
加蓬	台	4	8.87
波多黎各	台	6	7.98
牙买加	台	25	7.17
挪威	台	199	7.13
厄立特里亚	台	1	6.10
阿曼	台	25	5.40
摩尔多瓦	台	11	5.05
马尔代夫	台	24	4.93
马耳他	台	27	4.70
丹麦	台	30	4.68
莱索托	台	4	4.55
黑山	台	2	4.39
博茨瓦纳	台	2	4.27
多米尼加	台	22	3.55
文莱	台	4	3.50
留尼汪	台	1	3.01

（续）

商品及国家(地区)名称	数量单位	出口量	出口额（万美元）
巴布亚新几内亚	台	5	2.88
尼泊尔	台	8	2.13
瑞士	台	30	2.02
贝宁	台	12	1.98
前南斯拉夫马其顿	台	4	1.81
索马里	台	3	1.66
毛里塔尼亚	台	8	1.59
民主刚果	台	3	1.52
斯洛伐克	台	6	1.29
海地	台	6	1.14
荷属安地列斯群岛	台	1	1.02
萨尔瓦多	台	86	0.97
圣马丁岛	台	2	0.80
利比里亚	台	1	0.75
土库曼斯坦	台	34	0.69
巴勒斯坦	台	11	0.66
冈比亚	台	2	0.59
瓦努阿图	台	1	0.30
伯利兹	台	1	0.29
巴巴多斯	台	1	0.27
英属维尔京群岛	台	1	0.27
萨摩亚	台	1	0.23
库腊索岛	台	1	0.19
斐济	台	14	0.15
中国澳门	台	3	0.11
尼日尔	台	1	0.04
8477 所列机器的零件(84779000)	kg	99 145 105	28 199.51
日本	kg	18 194 867	5 530.42
中国台湾	kg	24 095 619	3 285.52
印度	kg	9 865 931	2 918.76
加拿大	kg	6 150 283	2 693.50
德国	kg	7 027 753	1 874.43
韩国	kg	9 862 939	1 672.56
美国	kg	3 955 280	1 397.22
印度尼西亚	kg	2 988 883	719.60
奥地利	kg	4 951 361	657.51
泰国	kg	874 101	592.53
巴西	kg	672 429	544.71
法国	kg	686 806	476.16
中国香港	kg	366 382	438.99
意大利	kg	1 294 188	406.93
新加坡	kg	373 974	366.07
越南	kg	633 264	364.39
马来西亚	kg	694 326	347.96
伊朗	kg	718 705	318.62
俄罗斯	kg	310 636	260.39
土耳其	kg	262 855	191.23
尼日利亚	kg	222 538	189.29
荷兰	kg	296 472	147.24
埃及	kg	162 467	145.02
沙特阿拉伯	kg	335 753	144.39
阿尔及利亚	kg	682 243	142.65
南非	kg	165 403	105.25

（续）

商品及国家（地区）名称	数量单位	出口量	出口额（万美元）
苏丹	kg	115 156	98.15
英国	kg	105 559	96.70
巴基斯坦	kg	145 374	96.46
厄瓜多尔	kg	206 405	95.18
孟加拉国	kg	166 116	94.26
澳大利亚	kg	73 853	86.77
西班牙	kg	83 726	82.80
阿拉伯联合酋长国	kg	87 159	82.68
缅甸	kg	282 266	80.06
墨西哥	kg	91 433	69.28
菲律宾	kg	97 764	64.87
瑞士	kg	206 137	64.81
秘鲁	kg	48 172	62.39
叙利亚	kg	126 489	62.29
阿根廷	kg	94 612	60.95
波兰	kg	46 883	58.16
乌克兰	kg	64 630	57.36
委内瑞拉	kg	34 540	51.24
斯里兰卡	kg	74 099	51.15
以色列	kg	68 675	48.65
智利	kg	51 986	47.31
哥伦比亚	kg	40 242	46.11
肯尼亚	kg	47 174	36.06
约旦	kg	68 076	34.28
丹麦	kg	25 235	32.08
瑞典	kg	17 353	31.26
匈牙利	kg	31 333	31.10
哈萨克斯坦	kg	23 215	23.49
哥斯达黎加	kg	10 324	23.42
埃塞俄比亚	kg	43 362	22.96
白俄罗斯	kg	30 784	21.58
黎巴嫩	kg	19 036	20.69
科威特	kg	36 617	20.51
爱沙尼亚	kg	34 695	19.45
捷克	kg	36 371	19.28
比利时	kg	47 408	19.05
芬兰	kg	31 584	18.67
危地马拉	kg	17 042	17.71
卢森堡	kg	9 429	16.92
加纳	kg	21 071	15.13
摩洛哥	kg	16 169	13.83
罗马尼亚	kg	25 748	13.42
希腊	kg	14 754	13.07
坦桑尼亚	kg	7 093	11.77
立陶宛	kg	12 493	11.72
葡萄牙	kg	6 769	10.70
斯洛文尼亚	kg	17 754	10.37
贝宁	kg	17 390	9.18
巴林	kg	9 810	8.88
拉脱维亚	kg	13 473	7.93
利比亚	kg	16 348	7.86
也门	kg	15 866	7.72
莫桑比克	kg	10 532	7.66

（续）

商品及国家(地区)名称	数量单位	出口量	出口额（万美元）
科特迪瓦	kg	11 725	7.51
乌干达	kg	5 761	7.34
突尼斯	kg	13 231	7.11
安哥拉	kg	17 405	6.71
乌兹别克斯坦	kg	38 571	6.67
波多黎各	kg	5 545	6.13
塞尔维亚	kg	3 968	5.67
伊拉克	kg	2 490	5.58
新西兰	kg	3 959	5.33
巴拿马	kg	9 680	4.90
保加利亚	kg	6 743	4.85
卡塔尔	kg	6 726	4.66
几内亚	kg	2 945	4.37
乌拉圭	kg	4 696	4.20
马达加斯加	kg	28 078	4.05
前南斯拉夫马其顿	kg	1 740	4.02
赞比亚	kg	2 727	3.50
玻利维亚	kg	2 505	3.27
多米尼加共和国	kg	1 989	3.19
阿曼	kg	4 757	3.17
洪都拉斯	kg	2 237	3.15
塞浦路斯	kg	5 945	2.92
津巴布韦	kg	1 221	2.75
民主刚果	kg	2 224	2.69
朝鲜	kg	8 612	2.52
蒙古	kg	210	2.49
萨尔瓦多	kg	515	2.47
圭亚那	kg	733	1.88
毛里求斯	kg	4 946	1.83
尼加拉瓜	kg	2 465	1.56
巴拉圭	kg	8 948	1.52
阿富汗	kg	2 965	1.42
马拉维	kg	594	1.32
阿塞拜疆	kg	393	1.28
卢旺达	kg	190	1.25
亚美尼亚	kg	1 305	1.20
古巴	kg	622	1.20
阿尔巴尼亚	kg	1 626	1.17
大洋洲其他国家(地区)	kg	59	1.17
特立尼达和多巴哥	kg	1 138	1.15
塞拉利昂	kg	614	1.15
中国澳门	kg	3 518	1.05
牙买加	kg	82	1.00
克罗地亚	kg	641	0.88
摩尔多瓦	kg	344	0.87
吉布提	kg	1 640	0.78
冈比亚	kg	790	0.74
尼日尔	kg	25	0.74
塞内加尔	kg	2 410	0.70
尼泊尔	kg	293	0.61
塔吉克斯坦	kg	4 614	0.58
柬埔寨	kg	90	0.51
巴布亚新几内亚	kg	1	0.48

（续）

商品及国家（地区）名称	数量单位	出口量	出口额（万美元）
喀麦隆	kg	770	0.47
格鲁吉亚	kg	551	0.39
挪威	kg	500	0.34
马尔代夫	kg	116	0.29
斐济	kg	388	0.26
海地	kg	161	0.21
爱尔兰	kg	72	0.19
莱索托	kg	7 300	0.18
所罗门群岛	kg	2 037	0.16
斯洛伐克	kg	37	0.16
毛里塔尼亚	kg	80	0.15
马耳他	kg	380	0.13
瓦努阿图	kg	220	0.13
博茨瓦纳	kg	4 035	0.11
黑山	kg	30	0.09
纳米比亚	kg	28	0.08
法属波利尼西亚	kg	1	0.08
马里	kg	100	0.07
刚果	kg	4	0.02
拉丁美洲其他国家（地区）	kg	2	0.01

注：数据来源于中国塑料机械工业协会。表中数据由于四舍五入，合计数有微小出入。

2010 年塑料机械进口情况统计

商品及国家（地区）名称	数量单位	进口量	进口额（万美元）
合计			304 065.50
注塑机（84771010）	台	9 685	92 570.38
日本	台	5 729	56 683.59
中国台湾	台	2 514	16 522.01
德国	台	446	6 634.88
韩国	台	361	4 566.56
加拿大	台	25	1 912.82
瑞士	台	30	1 680.85
意大利	台	35	1 198.06
奥地利	台	151	1 151.21
美国	台	168	927.38
中国	台	144	887.79
新加坡	台	3	71.21
丹麦	台	18	70.59
法国	台	3	51.59
中国香港	台	30	49.81
澳大利亚	台	5	48.78
西班牙	台	12	43.53
巴西	台	1	30.33

（续）

商品及国家(地区)名称	数量单位	进口量	进口额（万美元）
泰国	台	1	14.23
葡萄牙	台	1	12.38
印度尼西亚	台	5	5.88
以色列	台	1	3.42
英国	台	1	3.09
荷兰	台	1	0.37
其他注射机(84771090)	台	637	7 004.03
日本	台	155	1 569.45
德国	台	64	1 533.08
意大利	台	75	1 491.45
中国台湾	台	168	1 426.69
韩国	台	38	404.52
美国	台	100	192.40
新加坡	台	6	95.02
英国	台	5	91.45
法国	台	7	55.32
泰国	台	4	40.25
奥地利	台	2	37.86
印度	台	2	20.59
丹麦	台	5	19.75
中国	台	4	15.28
瑞士	台	1	10.88
马来西亚	台	1	0.02
塑料造粒机(84772010)	台	158	13 551.73
日本	台	38	5 489.37
德国	台	37	3 885.05
意大利	台	10	3 011.37
奥地利	台	8	338.30
韩国	台	16	287.45
中国台湾	台	41	248.18
美国	台	4	172.01
南非	台	1	103.48
瑞典	台	1	5.33
中国香港	台	1	5.04
泰国	台	1	4.64
中国	台	1	1.51
其他挤出机(84772090)	台	865	28 238.27
德国	台	235	10 967.75
日本	台	155	5 393.97
美国	台	45	2 615.91
瑞士	台	14	2 221.81
奥地利	台	60	1 912.14
韩国	台	94	1 345.25
中国台湾	台	147	1 178.33
意大利	台	43	1 127.70
芬兰	台	28	652.16
加拿大	台	19	604.61
法国	台	7	118.20
泰国	台	5	40.79
英国	台	1	26.08
瑞典	台	3	19.50
马来西亚	台	2	7.20
中国	台	2	3.94

（续）

商品及国家（地区）名称	数量单位	进口量	进口额（万美元）
印度尼西亚	台	1	1.37
土耳其	台	3	0.99
丹麦	台	1	0.57
吹塑机（84773000）	台	309	30 400.96
德国	台	119	20 855.71
法国	台	42	6 249.92
日本	台	41	1 202.31
意大利	台	15	970.76
中国台湾	台	42	543.09
美国	台	33	354.11
印度	台	2	79.52
瑞士	台	1	57.65
韩国	台	5	43.85
泰国	台	2	20.86
巴西	台	2	17.69
中国	台	3	5.00
英国	台	1	0.34
加拿大	台	1	0.16
塑料中空成型机（84774010）	台	147	1 601.28
日本	台	18	498.38
德国	台	16	327.86
中国台湾	台	48	257.87
意大利	台	7	225.98
瑞士	台	1	154.21
韩国	台	8	49.51
马来西亚	台	7	44.13
美国	台	21	36.89
中国	台	1	3.41
荷兰	台	12	1.62
英国	台	8	1.42
塑料压延成型机（84774020）	台	133	3 857.10
日本	台	18	824.22
德国	台	13	728.69
韩国	台	22	566.94
中国台湾	台	47	555.45
瑞士	台	8	469.93
意大利	台	7	450.79
美国	台	8	139.78
马来西亚	台	3	44.56
泰国	台	3	41.47
法国	台	1	11.71
西班牙	台	1	8.63
罗马尼亚	台	1	7.60
荷兰	台	1	7.33
中国	台	1	
其他真空模塑机及其他热成型机器（84774090）	台	1 842	11 806.80
德国	台	77	4 134.95
意大利	台	29	2 072.00
中国台湾	台	474	1 620.54
日本	台	1 063	1 550.30
瑞士	台	3	659.22
美国	台	70	632.85
奥地利	台	14	455.05

（续）

商品及国家（地区）名称	数量单位	进口量	进口额（万美元）
韩国	台	55	288.41
加拿大	台	5	105.15
法国	台	9	77.61
泰国	台	4	68.65
以色列	台	4	34.32
中国	台	6	25.10
马来西亚	台	7	24.53
中国香港	台	1	14.04
英国	台	3	12.11
土耳其	台	1	10.23
新加坡	台	6	7.61
匈牙利	台	1	7.09
印度	台	1	3.12
瑞典	台	5	2.11
丹麦	台	3	1.62
荷兰	台	1	0.22
用于充气轮胎模塑或翻新的机器及内胎模塑或用其他方法成型的机器（84775100）	台	126	3 884.27
日本	台	31	1 538.16
德国	台	10	1 028.55
韩国	台	21	812.81
罗马尼亚	台	10	256.19
中国	台	1	149.00
中国台湾	台	6	77.69
美国	台	12	14.43
乌克兰	台	30	7.14
新加坡	台	5	0.30
其他模塑或成型机器（84775900）	台	1 185	11 626.95
韩国	台	202	2 433.47
德国	台	97	2 321.18
中国台湾	台	383	1 816.96
意大利	台	46	1 568.93
日本	台	130	1 515.27
克罗地亚	台	24	469.71
美国	台	77	401.55
瑞士	台	8	249.86
加拿大	台	4	166.40
法国	台	110	125.01
以色列	台	19	120.72
新加坡	台	23	112.98
印度	台	2	69.64
马来西亚	台	11	67.64
泰国	台	8	42.24
中国	台	12	33.04
西班牙	台	2	30.61
土耳其	台	4	28.50
丹麦	台	3	26.29
奥地利	台	3	11.11
英国	台	8	7.58
匈牙利	台	6	5.49
瑞典	台	1	1.50
中国香港	台	1	0.85

（续）

商品及国家（地区）名称	数量单位	进口量	进口额（万美元）
巴基斯坦	台	1	0.42
其他机器（84778000）	台	6 991	67 479.39
德国	台	886	22 340.47
日本	台	1 437	16 011.10
意大利	台	324	7 676.38
中国台湾	台	1 537	6 492.83
韩国	台	1 135	3 866.76
美国	台	460	2 692.18
英国	台	103	1 663.50
瑞士	台	41	1 427.86
奥地利	台	18	1 052.31
芬兰	台	11	985.35
法国	台	65	803.14
丹麦	台	68	713.45
加拿大	台	31	334.87
瑞典	台	33	312.04
罗马尼亚	台	9	209.69
克罗地亚	台	5	202.87
新加坡	台	45	201.20
西班牙	台	25	97.66
中国	台	315	91.13
马来西亚	台	30	83.75
荷兰	台	334	61.44
泰国	台	12	30.87
以色列	台	1	23.42
卢森堡	台	3	15.10
印度	台	12	14.56
比利时	台	1	13.62
波兰	台	6	10.41
墨西哥	台	6	10.03
越南	台	2	8.59
爱尔兰	台	6	7.83
澳大利亚	台	4	5.91
土耳其	台	6	5.76
捷克	台	2	3.76
挪威	台	1	3.58
中国香港	台	10	3.45
印度尼西亚	台	1	1.88
冰岛	台	4	0.24
巴基斯坦	台	1	0.21
匈牙利	台	1	0.13
8477 所列机器的零件（84779000）	kg	16 760 256	32 044.34
德国	kg	1 631 191	7 295.58
日本	kg	1 588 389	6 088.03
中国台湾	kg	9 066 979	3 978.00
加拿大	kg	522 977	2 426.68
荷兰	kg	488 571	2 329.61
法国	kg	403 494	2 173.68
美国	kg	386 400	1 938.14
韩国	kg	874 751	1 484.88
意大利	kg	306 120	1 242.03
瑞士	kg	60 050	664.57

（续）

商品及国家（地区）名称	数量单位	进口量	进口额（万美元）
奥地利	kg	457 477	653.84
卢森堡	kg	44 062	386.25
印度	kg	193 374	282.11
马来西亚	kg	319 097	218.05
泰国	kg	50 822	152.52
新加坡	kg	23 736	110.87
英国	kg	56 271	110.85
瑞典	kg	60 157	100.90
中国	kg	40 481	99.34
丹麦	kg	11 035	58.21
捷克	kg	17 014	37.28
以色列	kg	2 757	36.83
中国香港	kg	1 475	33.26
斯洛伐克	kg	123 399	33.09
比利时	kg	4 771	25.51
西班牙	kg	1 226	22.69
巴西	kg	1 746	12.95
匈牙利	kg	10 082	12.20
墨西哥	kg	4 077	7.89
印度尼西亚	kg	1 133	6.69
芬兰	kg	1 934	5.51
波兰	kg	691	4.50
澳大利亚	kg	735	2.92
越南	kg	1 049	2.74
挪威	kg	85	1.70
菲律宾	kg	248	0.90
阿根廷	kg	301	0.72
土耳其	kg	627	0.39
新西兰	kg	8	0.35
南非	kg	3	0.35
毛里求斯	kg	130	0.25
斯洛文尼亚	kg	20	0.25
罗马尼亚	kg	28	0.23
多米尼克	kg	2	0.16
爱尔兰	kg	6	0.14
其它	kg	9	0.11
克罗地亚	kg	4	0.11
乌拉圭	kg	159	0.10
巴基斯坦	kg	14	0.10
乌干达	kg	25	0.09
多米尼加共和国	kg	2	0.07
埃及	kg	54	0.05
立陶宛	kg	46	0.05
圭亚那	kg	945	0.02
突尼斯	kg	2	0.02
阿拉伯联合酋长国	kg	15	0.01

注：数据来源于中国塑料机械工业协会。表中数据由于四舍五入，合计数有微小出入。

产业集群

介绍塑料机械行业特色产业集群，展示企业风采

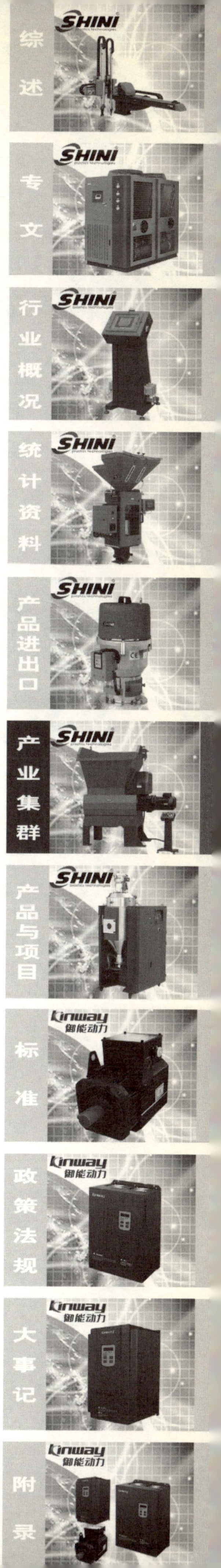

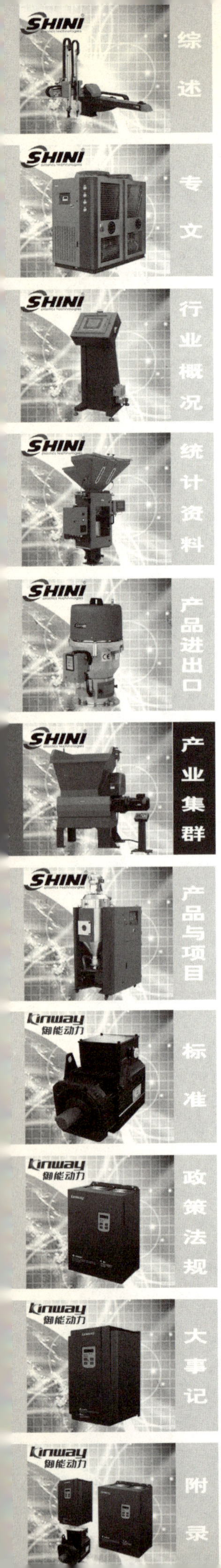
SHINI
综述
专文
行业概况
统计资料
产品进出口
产业集群
产品与项目
Kinway 御能动力
标准
政策法规
大事记
附录

产业集群

宁波塑料机械产业集群发展更上一层楼

2006 年，宁波被国家有关部门授予“中国塑机之都”荣誉称号，“十一五”时期，宁波塑料机械产业集群快速发展，行业规模持续上升，行业地位显著提升，科技创新能力持续增强，产品档次逐步提高，为我国塑料机械行业的发展做出了重要贡献。

一、“十一五”期间宁波塑料机械产业的新发展

1. 行业规模持续上升

“十一五”时期，国际经济形势复杂多变，钢材、原油价格大幅上升，国际金融危机的影响，印度对我国注塑机反倾销的裁定等，给宁波塑料机械行业发展带来了巨大的挑战，但是宁波塑料机械行业经受了种种考验，主要经济技术指标逆势而上，继续保持国内行业领先地位。2006 ~ 2010 年全国及宁波塑料机械行业主要经济指标见表 1。

表 1　2006 ~ 2010 年全国及宁波塑料机械行业主要经济指标

年份	地区	规模企业数（家）	从业人员数（万人）	销售收入（亿元）	出口交货值（亿元）	利润总额（亿元）
2006	全国	388	4.93	212.05	41.66	17.35
	宁波	96	1.37	75.63	18.64	8.57
	宁波/全国(%)	24.74	27.79	35.67	44.74	49.39
2007	全国	417	5.17	218.47	45.47	18.82
	宁波	96	1.52	96.34	24.42	11.94
	宁波/全国(%)	23.02	29.40	44.10	53.71	63.40
2008	全国	473	5.41	238.42	51.44	15.83
	宁波	85	1.52	88.77	26.50	6.87
	宁波/全国(%)	17.97	28.10	37.23	51.52	43.40
2009	全国	521			36.46	16.45
	宁波	80	1.40	90.60	17.54	10.76
	宁波/全国(%)	15.36			48.11	65.41
2010	全国	565		357.39	53.02	33.90
	宁波	85	1.45	141.54	28.29	17.15
	宁波/全国(%)					

注：2010 年全国的数据是 1 ~ 11 月的快报数据。

2. 行业地位显著提升

宁波塑料机械行业技术水准、经济效益在国内行业中处于领先地位，国内外公认的注塑机研发、生产、营销基地。全球每生产 3 台注塑机，我国产品约占 50%，其中 1 台就是宁波产品。由于比较优势明显，2006 年宁波市获“中国塑机之都”荣誉称号，2007 年行业龙头企业宁波海天塑机集团有限公司生产的“海天”牌注塑机荣获“中国名牌产品”称号。

2008 年，印度对原产地中国注塑机提起反倾销调查，这是我国注塑机在国外遭遇的首起反倾销官司，引起了我国注塑机行业和相关人士的关注和重视。由于宁波是我国最大的注塑机生产基地，反倾销案涉案企业多数分布在宁波。鉴此，宁波塑料机械行业毅然承担起我国塑料机械行业的应诉重任，多次组织召开应诉工作会议，建立行业反倾销应诉

工作网络，配合调查取证，拟写抗辩材料，接待印度核查官员，做了大量应诉工作。面对危机，宁波塑料机械行业团结一致，勇于承担，敢于亮剑，为行业应诉做出了贡献，给全国行业同仁留下了深刻印象，赢得了全国同仁的信赖和尊重。

3. 科技创新持续增强

宁波塑料机械行业当前有国家级企业技术中心和省级企业技术中心各1家，市级企业技术中心5家，多数骨干企业与高等院校和科研院所建立了密切的合作关系，先后与北京化工大学、华南理工大学、浙江大学和宁波工程学院，建立了以企业为主体，市场为导向，产学研相结合的科技创新体系，积极培训专业人才，开展联合攻关和科技创新活动。行业中多家企业，广揽海内外人才，常年聘请德国、日本、韩国等国家及中国香港、中国台湾等地区的工程师，努力赶超世界先进水平，极大增强了行业自主创新能力。

4. 产品档次逐步提高

宁波塑料机械行业中的优势骨干企业，十分注重掌握产品的核心技术及产品自主创新，多数企业已开始从过去“拿来型”向自己“研发型”转化。当前宁波塑料机械企业已向市场陆续推出了自主研发的大型二板机、高速精密机、伺服节能机、全电动注塑机等机型，在技术性能方面处于国内领先地位，并逐步拉近了与发达工业国家的距离。

二、“十二五”期间宁波塑料机械产业发展方向

1. 深入贯彻落实科学发展观，基本完成产业结构调整目标

“十二五”期间，宁波塑料机械行业将形成10个以上具有自主设计和自主制造能力的国家级、省级企业研发机构(国家级、省级技术中心)，重点骨干企业的研发投入占营业收入的比重达3%以上；专业技术人员占从业人员的比例达到20%以上；新产品产值率力争达到40%；主导产品升级换代，具有自主知识产权的高新技术和创新产品大幅增加，自主创新能力取得标志性突破。企业根据行业发展方向和重点，结合实际，做精做特，形成风格，在产品同质化方面取得根本突破，形成以龙头企业带动，产业集群规模结构趋向合理，产业链有序衔接的世界级塑料机械研发制造基地。

2. 推动绿色制造，确保行业持续发展

过去数十年，我国塑料机械行业保持了较高的发展速度，但这一速度，在一定程度上是以消耗大量资源，牺牲环境为代价，因而，这种发展模式是不可持续的。传统液压注塑机是耗电大户，俗称电老虎，大力研发节能注塑机，推动社会节能降耗是塑料机械行业始终不渝的追求目标，也是行业的社会责任。今后五年，宁波塑料机械行业将更加重视推动绿色制造，以确保行业持续发展。

3. 重视员工安全，促进行业和谐发展

“十二五”期间，宁波塑料机械行业将着力抓好橡塑机械安全标准GB 22530—2008《橡胶塑料注射成型机安全要求》的贯彻，提升塑料机械安全水平，把安全标准作为行业应尽的社会责任，体现了关爱生命的人本思想，符合建设和谐社会的要求。

宁波塑料机械产业集群已经步入高速发展快车道，坚定地向着塑料机械强市目标迈进！

〔供稿单位：宁波市塑料机械行业协会〕

宁波塑料机械产业集群竞争力分析

改革开放以来，在我国珠江三角洲、长江三角洲等地区，形成了一批充满生机和活力的塑料机械产业集群。比较闻名的有：“中国塑机之都”——浙江宁波塑料机械产业集群，“中国塑机螺杆之

都”——浙江舟山注塑机螺杆料筒产业集群。其他还形成了10多个特色产业集群，他们是：广东顺德、浙江杭州、江苏无锡的注塑机产业集群，江苏南京螺杆、机筒产业集群，张家港塑料机械混配设备产业集群，山东、上海、大连塑料挤出生产线产业集群，常州、兰州塑料编织设备产业集群，南京、兰州双螺杆挤出机产业集群，陕西、宝鸡、广西柳州中空成型机产业集群等。经过多年发展，我国塑料机械产业集群已具有相当规模，取得了引人注目的成就，特定产业集群都是某类产品的最大生产基地，展现出“人无我有、人有我优、人优我先、人先我特”的差异化特色，形成了科技创新的区域优势；不仅成为所在地区产业发展的“助推器”，而且成为我国塑料机械行业经济发展的重要支撑和生力军，对国民经济的增长和社会发展做出了很大贡献。

宁波塑料机械行业以生产注塑机为主，是国内公认的首屈一指的注塑机研发、生产、营销基地。随着产业规模不断壮大，市场容量相对饱和，宁波塑料机械企业开始调整内部产品结构，逐步向多元化，多品种方向伸展。宁波海天塑机集团有限公司近几年上马了加工中心等项目，形成了一定规模的生产能力；宁波海太塑料机械有限公司、宁波力劲集团公司除继续做精密注塑机产品外，同时涉足制造金属压铸机；宁波方力集团有限公司则另辟蹊径以生产挤出机为主，技术水平在同业中处于领先地位，2006年起销售迈上亿元台阶；余姚华泰橡塑机械公司主要产品以橡胶机械为主，同时还生产部分吹塑机；也有个别塑料机械企业生产切粒机、吸塑机等，但规模相对偏小，总量不大。

一、宁波塑料机械产业集群现状

产业集群是指在某一特定领域内互相联系的、在地理位置上相对集中的公司和机构的集合。集群包括一批对竞争起主要作用、相互联系的产业和其他实体。例如，零部件、整机和服务等专业化投入的供应商和专业化基础设施的提供者。集群还经常向下延伸至销售渠道和客户，并从侧面扩展到辅助性产品的制造商，以及与技能技术或投资相关的产业公司。最后，许多产业集群还包括提供专业化培训、教育、信息研究和技术支持的政府和其他机构，例如大学、科研机构、标准制定机构、质量监控和行业协会。总之产业集群的发展壮大，离不开支撑集群生存的硬件和软件。

据2008年不完全统计，宁波有塑料机械整机企业130余家。其中规模以上整机企业85家，分布在北仑区（26家，其中外资6家），鄞州区（20家），江东区（14家），镇海区（7家），江北区（6家，其中外资1家）及其他县区12家。北仑区、鄞州区、江东区3区是宁波塑料机械整机企业密集区，占宁波塑料机械整机企业的70.6%；规模以上外资企业8家，约占宁波规模以上塑料机械企业的1/10。此外为塑料机械整机企业协作配套的铸件厂、螺杆料筒、液压马达、电器控制等生产企业星罗棋布，散布在距宁波周边50km半径范围内，使宁波塑料机械产品当地配套率达到90%左右，成为宁波塑料机械产业集群持续发展的经济基础。

二、GEM模型理论概述

加拿大学者Tim Padmore和Hervey Gibson对迈克尔·波特（Micbaeie. Porter）的“砖石模型”进行改进，提出了一种分析产业集群竞争力优劣的GEM模型。该模型确认影响产业集群竞争力主要存在6个要素，即“资源”、“设施”、“供应商”、“整机企业”、“国内市场”和“国际市场”。该模型又把这6个要素，两两组合匹配成3个因素对，其中“资源＋设施”组成基础（Groundings）因素对；“供应商＋整机企业”组成企业（Enterprises）因素对；“国内市场＋国际市场”组成市场（Markets）因素对。这3个因素对既独立又相互影响，决定了产业集群的竞争力。而GEM模型正是这3个因素对英文缩写的第一个字母。GEM模型见图1。

三、宁波塑料机械产业集群竞争力评价

1. 宁波塑料机械产业集群竞争力的基础（Groundings）因素对分析

基础（Groundings），其实质是企业集群的供给要素，它是指产业集群外为集群内部企业的生产过

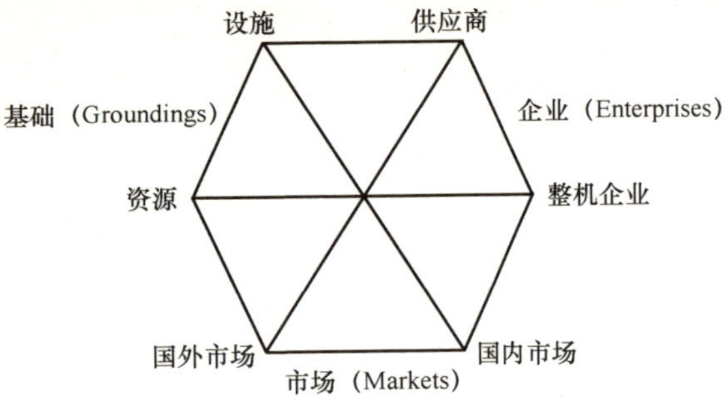

图1　GEM模型

程所提供的要素。它包含了“资源”和“设施”两大要素。“资源”是指当地自然的、历史继承的或通过发展形成的资源，包括自然资源（森林、矿藏、水、电和土地），熟练灵活而且工资水平合理的劳动力，战略性的地理位置、金融资本，以及特有的技术专利等等。“设施”包括硬件设施和制度安排（也称软件设施），这些设施和制度安排支持该产业集群的企业通过合适的价格得到“资源”，以利开展经营活动。硬件设施方面包括水陆交通状况及通信设施等；制度安排包括行业协会、研究机构、培训系统、政策法规、商业环境、生活环境（住房、社区治安）等。设施建设一般与该产业集群所在地政府机构有关，而且当地政府颁布的地方政策和法规对产业集群发展影响较大。

（1）资源要素。

1）历史继承资源。宁波塑料机械工业发端于20世纪70年代的宁波塑料机械总厂。此后，形成了一批“总厂系”的塑料机械企业；90年代，民营经济崛起，宁波涌现了以龙头企业宁波海天塑机集团有限公司为首的“海字系谱”塑料机械企业，奠定了宁波塑料机械产业集群发展的基础。20世纪末，21世纪初，国际塑料机械巨头登陆宁波，使宁波塑料机械行业实现了新的跨越。三段历史时期，三波持续发展，体会了创业的艰辛，享受了成功的喜悦，经历了危机的焦虑。这些历史经验，锤炼了宁波塑料机械产业集群具有较强抗击外部风浪的能力。

2）自然资源。宁波地理位置优势明显。宁波港是我国著名的深水良港，进港航道水深18.2m以上，25万t级及以下船舶满载可自由进出港；25万t级至30万t级超大型巨轮可候潮进出。宁波港拥有生产性泊位191座，其中5万t级至25万t级的特大泊位25座，是我国大陆大型和特大型水泊位最多的港口。此外铁路、高速公路、空运发达，借助水陆空便捷的运输条件，年产数十万吨的塑料机械产品，可便捷的投放到世界各地。

3）劳动力资源。宁波作为沿海开放城市，劳动力资源相当丰富。据宁波统计年鉴公布，2008年宁波装备制造业有员工446 143人，按文化程度分，大学本科以上从业人员19 419人，占4.35%，大专38 010人，占8.5%，中专及高中138 347人，占31%，初中及以下250 367人，占56%。其中专业技术人员46 439人，占全部在岗职工的10.4%。人才结构基本合理。宁波近几年塑料机械整机企业员工总数大致稳定在1.5万人。除了高级研发人才尚紧缺，其余如产品装配、调试、检测等各类技术人员基本满足产业集群发展的需要。

4）资本。据2008年行业统计，宁波市塑料机械整机生产企业85家，资产总计115.8亿元，负债总计47.8亿元，资产负债率仅41.3%，处于相对安全水平。这表明宁波塑料机械行业通过数十年发展，已经积累了雄厚的自有资本，且发展的模式主要通过自身逐步积累。这种发展模式的优点是有序前进，稳定发展，特别在银行放贷紧缩时，不至于出现资金链断裂的窘迫状态；但有利有弊，在经济上升期，有时会错失较快扩张的机会。此外，行业龙头企业宁波海天塑机集团有限公司已于2007年在香港股市成功上市，并募集了17亿港元，为企业更快发展提供了资本保证。

（2）设施要素。

1）硬件设施。宁波市的工业园区设施优良，交通通信十分便利，配合已有的鄞州高教园区和宁波大学为中心的北高教园区，拥有创业创新极佳的硬件环境。以塑料机械销售收入约占宁波2/3的北仑区为例，区内拥有宁波经济技术开发区、宁波保税区、宁波出口加工区和宁波大榭开发区，成为宁波塑料机械产业集群可持续发展的较好的外部环境。

2)软件设施。

市政府扶持塑料机械产业集群持续发展的有关政策。2005年初,宁波市政府办公厅颁布了《工业经济政策重要文件汇编》(7个意见、1个通知,简称7+1政策汇编),其中涉及塑料机械行业发展的相关内容,要点有,“把宁波塑料机械产业列为宁波重点优势制造业之一”,“提出要以宁波海天集团行业龙头企业为重点,加快开发具有自主知识产权的核心技术和产品,努力建设全国最大的塑料机械产品生产基地”。“加强企业创新体系建设,提高企业科技竞争力。设置重点产业科技专项资金,奖励企业技术中心,争创国家级省级技术中心等活动,对企业及科技人员获得国家发明专利授权的专利实施专利津贴”。“加快利用信息技术改造提升传统优势产业。对于企业信息化建设贷款给予专项贴息,重点信息化示范企业给予一次性奖励;行业信息化平台予以建设补助”。“加快产业基地建设。……宁波北仑已被国家科技部授予‘国家火炬计划北仑注塑机产业基地’,要进一步完善功能,大力引进国际著名塑料机械制造企业和相关配套企业,着力打造世界级的塑料机械生产、研发、检测和销售基地”。“推动节能技术,开发节能产品。……政府设置节能扶助资金,对节能产品、节能技术、新工艺的推广和应用给予补助”。“加强人力资源的开发为产业结构调整升级提供人才支撑”。一系列政策的出台,对于宁波塑料机械产业集群竞争力的提升,发挥了非常重大的影响。

行会建设。宁波市塑料机械行业协会成立于2003年3月。协会自成立以来,开展了多次富有成效的主题活动。如制定行规行约,初步缓和了同业之间的无序竞争;承办宁波国际塑博会;组织国内外同业学习考察活动;举行行业培训活动;申报成功“中国塑机之都”;推荐申报注塑机中国名牌产品;组织行业反倾销活动。行业协会在规范行业行为,促进产业技术创新,维护行业权益等方面发挥了日益重要的作用。由于宁波塑料机械行业在国内处于举足轻重的地位,宁波市塑料机械行业协会作为团体会员加入中国塑料机械工业协会,并在其中担任了副会长职务,这对于宁波塑料机械行业借助行业平台,广泛的参与国内外行业交流合作,提升产业集群竞争力起到了助推作用。

国家塑料机械产品质量监督检验中心。位于宁波北仑开发区的国家塑料机械产品质量监督检验中心(以下简称国家塑机中心)是国家质量监督检验检疫总局及国家认证认可监督管理委员会授权成立的我国唯一一家塑料机械类产品国家检验机构。依照国际ISO/IEC17025,国家塑机中心建立了自己的质量管理体系,具有中国实验室国家认可(CNAL)和计量认证(CMA)资质。出具的检测报告不但在国内具有权威性,而且得到与CNAL签署双边互认协议的44个国家的认可,可覆盖欧美亚等主要经济区。作为国家级检验机构,国家塑机中心不仅具有塑料机械、食品机械、金属加工机械和其他机械方面的检验能力,而且还可提供材料化学分析、物理性能、金相、无损探伤和精度等方面的检验服务。通过不懈的努力,国家塑机中心在中国塑料机械行业建立了较高的知名度和技术权威性,在工作中培养了一批具有丰富工作经验的工程师队伍。近年来,国家塑机中心又开展了CE安全认证及产品的验货服务,本着对客户负责,对产品质量负责的服务宗旨,以公正、科学的工作态度,严格地按照相关标准和客户要求对产品进行检验,确保产品的质量。国家塑料机械产品质量监督检验中心落户宁波,是宁波塑料机械产业集群优势的体现,中心建成后在维护企业和消费者正当权益,保护优势品牌,促进产业集群发展等方面日益发挥重要作用。

企业研究中心和企业工程研究院。2004年,宁波海天塑机集团有限公司与北京化工大学联手成立海天北化研究中心,走上了塑料机械制造产学研一体化道路。2005年初,宁波海天塑机集团有限公司企业技术中心,被国家科技部等6部委联合认定为“国家认定企业技术中心”。宁波海太机械集团有限公司与华南理工大学联合创立了宁波首家企业工程研究院和企业博士后工作站。宁波海太机械集团有限公司被浙江省认定为“省级认定企业技术中心”。此外宁波市海达塑料机械有限公司、宁波通用塑料机械制造有限公司、宁波双马机械工业有限公司等企业通过与大专院校合作,致力于产品研发、专业人才培养引进,努力提升企业自主创新能力。这些企业代表了宁波塑料机械行业的发展潜力和方向。

2. 宁波塑料机械产业集群竞争力的企业(Enterprises)因素对分析

企业(Enterprises),其实质是产业集群的结构因素,决定了产业集群的生产效率,是三个因素对中的最重要因素对。包含“供应商”和“整机企业”两大要素。“供应商”是指集群中企业购买本地区中别的企业的商品和服务。企业集群要取得成功往往要求供应商多样化、高质量、低成本和专业化;买卖双方建立长期稳定的合作关系。集群中相关企业采用相同技术,使用可相互转换流动的人力资源,安装相似的专业设备或者服务同一产品市场,这些都将加强该企业集群的竞争力。另外,集群中有相互关联关系的企业和数量越多,正式或非正式的联系在集群中存在越普遍,企业的集群的竞争力越强。“整机企业”是指产业集群内整机生产企业的数量和规模,企业内部组织产品生产的方式,企业的管理模式,企业的创新能力、产权结构等,这些因素决定了整个企业集群的战略方向和竞争策略。合理的企业规模,有效的生产组织方式,使得集群内部的生产链坚实而敏捷,而企业集群的总体管理水平、产权结构、创新能力等因素将决定集群中企业的经营战略是以成本领先还是以差异取胜。

(1)供应商要素。注塑机部件按其功能和工艺特性可分为六大类部件,即钣金类部件(底架、料斗、护板等),铸件类部件(模板、曲臂、机身),轴类部件(拉杆等),螺杆料筒类部件,液压系统(液压缸、泵、阀等),电气驱动和控制系统(电动机、电器、电脑等)。这六大部件中的钣金件、轴类件,有少数规模较大的整机企业(约占全部规模整机企业的20%)能自制配套解决外,绝大部分整机企业均通过外购或外协取得。生产六大部件的供货商散布在宁波周边50km半径范围内,形成了星罗棋布的产业链,而且有的关联企业已经形成了相当的产业规模。

铸件类生产企业。主要分布在宁波东吴镇,当前,该地区已成为华东地区最大的铸造中心,年产铸件6万~8万t,可以满足全市塑料机械企业对于铸件的需求。代表性的企业如宁波日月精密铸件有限公司、宁波泰兴铸造有限公司等大型专业铸造厂。

螺杆料筒生产企业。主要分布在舟山定海区金塘岛,该岛有螺杆料筒制造企业397家,其中规模以上企业26家,螺杆行业从业人员8 000余人,年产塑料机械螺杆国内市场占有率达到70%以上。代表性的企业有浙江华业塑料机械有限公司、浙江金星螺杆制造有限公司等大型螺杆制造企业。2006年,宁波市获“中国塑机之都”荣誉称号;同期,舟山定海获得“中国塑机螺杆之都”荣誉称号;随后不久舟山大桥通车,两地产业协作更加便捷,运输成本也大大降低。

液压系统生产企业。主要分布在镇海和江北两区。性质有民营的,也有中外合资的。代表性企业有宁波英特姆液压马达有限公司、宁波市双达液压机械有限公司等液压泵生产企业。著名的榆次液压公司,国际驰名的美国伊顿公司、德国科比公司、博世力士乐公司、中国台湾盟立自动化股份有限公司等液压件制造商在宁波设立了办事机构,经销他们的产品。

电动机、电器、电脑生产企业。电动机(含全电动的伺服电动机)几乎全部从美国、日本、中国台湾或国内名牌电动机厂购买。电脑生产商主要分布在鄞州和北仑科技园区,代表性企业有宁波弘讯科技有限公司、宁波伊士通电子有限公司、深圳市珊星电脑有限公司等企业。

以上关联企业总数约千家,使宁波塑料机械足不出市就可采购到整机所需的90%左右的零部件。特别是国内市场所需的中低端注塑机可以全部由宁波关联企业配套解决。而精密、电动或出口到欧美市场的注塑机的配套件仍需向国外供货商采购解决。

（2）整机企业要素。

规模优势。宁波当前有塑料机械整机生产企业130余家，其中规模以上的整机生产企业85家。2008年塑料机械产品国内市场占有率全国排位前20家企业中宁波占了11家；利润总额全国排位前20家企业中宁波占了10家，宁波海天塑机集团有限公司的产品在国内市场占有率达18.47%，利润总额占全国同行利润总额的41.85%。集中反映了宁波塑料机械产业在国内同业中占有明显的优势地位。2004～2008年全国和宁波塑料机械行业主要经济指标见表1。

表1　2004～2008年全国和宁波塑料机械行业主要经济指标

指标名称		2004年	2005年	2006年	2007年	2008年
规模以上企业数量（家）	全国	301	376	388	418	473
	宁波	62	98	96	96	85
资产合计（亿元）	全国	180.58	191.17	211.15	238.67	282.39
	宁波	63.38	73.99	79.61	116.05	115.80
负债合计（亿元）	全国	112.73	112.29	127.87	134.93	165.17
	宁波	38.41	45.98	49.40	61.98	47.80
工业总产值（亿元）	全国	163.28	188.73	216.00	277.96	260.06
	宁波	66.47	63.33	73.02	95.86	92.18
产量（t）	全国	37.33	35.30	52.62	73.69	
	宁波	19.07	19.20	35.59	44.35	
销售收入（亿元）	全国	161.66	181.20	212.05	218.47	238.42
	宁波	58.97	62.48	75.63	96.34	88.77
利润总额（亿元）	全国	14.72	14.36	17.35	18.82	15.83
	宁波	8.53	7.04	8.57	11.94	6.87
出口交货值（亿元）	全国	22.18	30.42	41.66	45.47	51.44
	宁波	10.68	13.57	18.64	24.42	26.50
从业人员（万人）	全国	4.76	4.80	4.93	5.17	5.41
	宁波	1.30	1.25	1.37	1.52	1.52

技术优势。宁波塑料机械行业生产的注塑机门类齐全，有普通注塑机、电脑注塑机、全液压注塑机、液电复合注塑机、电动注塑机等，注射量小到15g，大到5万g，最大锁模力36 000kN，能基本满足国内不同用户的需求。多年来，宁波塑料机械行业中的骨干企业，先后获得过中国机械名牌产品、中国出口名牌产品、省级名牌及市级名牌产品；2007年宁波海天塑机集团有限公司生产的HT牌注塑机荣登中国名牌榜，实现了我国塑料机械产品无缘中国名牌的零突破。有19家企业通过了ISO9001质保体系认证，11家企业通过欧盟CE安全认证；宁波优势骨干企业自主研发的大型二板机、高速机、伺服节能注塑机、全电动注塑机等机型，技术性能居国内同业领先地位。

宁波塑料机械产业的软肋。宁波塑料机械行业的生产规模与技术水平在国内同业中具有明显的比较优势，但与发达工业国家相比，宁波塑料机械产业仍存在相当大的差距，努力缩小差距实现宁波塑料机械由大到强的转变，仍会有一个较长的过程。当前国际公认，德国、意大利生产的塑料机械，代表了当今世界塑料机械产品的一流水平；日本、韩国的产品代表了当今世界塑料机械产品的二流水平；宁波生产的注塑机主流产品仍以中低端、通用型为主，技术水准只能是当今世界的三流水平。只有个别企业的个别产品达到了国际先进水平。与发达工业国家的先进水平比较，宁波塑料机械行业存在的主要问题有4个方面：

一是产业规模结构不甚合理。2008年，宁波规模以上塑料机械企业85家，其中年销售额不足5 000万的61家，占全部规模塑料机械企业的72%；年销售额5000万~1亿元的11家，占全部规模塑料机械企业的13%；年销售额1亿元以上的13家，占全部规模塑料机械企业的15%。在年销售额超亿的企业中，只有宁波海天塑机集团有限公司的年销售额达到35.9亿元，其他企业的年销售额均在3亿元以下。这表明宁波塑料机械产业集群仍以中小企业为主，真正重量级企业则廖若星辰，特别是缺乏年销售额10亿元上下的第二层次企业群。这种实力过于悬殊状态，不利于形成你追我赶的竞争格局，也不利产业集群内部开展充分而公平的竞争。此外，宁波市塑料机械企业基本上是清一色的民营企业，凭借体制优势，抢占了市场先机，很快发展成全国集中度最高的塑料机械制造产业基地；但是随着时间推延，民营企业内部家族制管理模式，暴露了固然的局限性，职业经理人队伍发育仍相对滞后，这对宁波塑料机械产业集群的提升和后续发展造成了不利的影响。

二是产品同质化长期困扰产业集群健康发展。宁波塑料机械行业发端自20世纪70年代的宁波塑料机械总厂，产业集群形成于90年代以宁波海天塑机集团有限公司为代表的“海字系谱”企业崛起之后。可以说多数企业都与“总厂”或“海天”有一定历史渊源，这种“近亲繁衍”的结果给产业的成长印上了深深的烙印——这就是产品雷同，由此造成企业缺乏个性，普通常规机型产能过剩，市场营销策略上采取低价竞销。协会成立不久，开始推行了行业自律措施，企业之间不正当竞争现象有所缓和，但是行业中产品同质化这一结构性弊病并没有得到根本解决。近几年宁波海天塑机集团有限公司等几家骨干企业，开发成功了伺服节能注塑机，并日益成为引领市场潮流的主打产品，但时隔不久，宁波多数塑料机械企业就迅速跟进，也开始涉足生产伺服节能注塑机。伺服机与传统的液压机比较，节电40%~60%，技术上前进了一大步。但多数企业缺乏自主创新能力，始终无法形成企业产品个性和特色，产品同质化的难题仍然没有破解。

三是产业自主开发能力薄弱。多数企业技术上主要依靠引进和仿制，缺乏自主创新能力。据统计，宁波塑料机械企业具有自主开发能力的不上20家，行业研发性投入平均不到销售额的3‰，仅为国际先进国家技术研发平均投入的1/10，由此造成宁波塑料机械产品的技术水平与国际先进国家的技术水平的差距并没有明显缩小或拉近。

宁波塑料机械企业的新产品产值过度集中在几家重点企业，大中小企业往往没有新产品产值或产值偏低。这反映了企业新产品滚动研发力度的明显不足。2004~2008年宁波塑料机械行业新产品产值变化情况见图2。

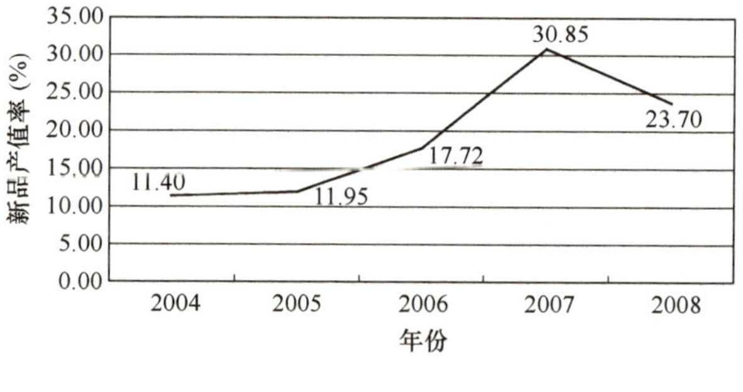

图2　2004~2008年宁波塑料机械行业新产品产值变化情况

四是产品附加值低。注塑机是一个复杂产品，本身还可以分解为不同零部件，这些零部件的品质，在很大程度上决定了整机的品质，也影响了注塑机产品的附加值。

注塑机行业全球价值链由以下4个环节构成。

首先是原材料生产及设备供应环节。原材料供应商如钢铁企业提供各类不同的钢材,设备供应商提供各类数控机床,加工中心等设备。其次是零部件供应环节。零部件分为一般零部件和高级零部件;一般零部件如铸件、普通液压件、料筒、螺杆等;高级零部件如精密螺杆,电脑控制器,精密液压件等,该类零部件的性能相对要求很高,加工难度大。再次是研发生产环节。其中包括关键零部件以及整机的研发设计和生产。最后是营销与售后服务环节。当前主要有两种营销渠道,一是整机厂直接面对客户,二是通过分销商将产品传递给客户,尤其是出口到国外的注塑机,由于人地生疏,往往只能通过分销商进行销售和售后服务。注塑机行业全球价值链见图3。

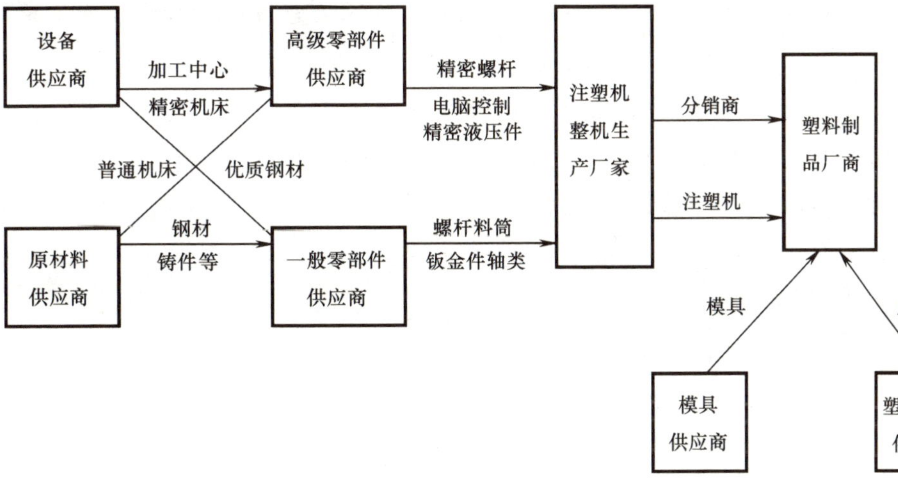

图3　注塑机行业全球价值链

注塑机产业价值链的4个价值环节,并不是每个价值环节都创造等量价值,只有某些关键环节才能创造更高的附加值。这些高附加值的价值环节一般就是全球价值链的战略环节。谁抓住了这些“战略环节”谁就抓住了整个价值链,谁就控制了该行业的高端市场。由此可见,要保持全球产业竞争优势,关键是掌握该产业价值链上的战略环节,就注塑机产业而言,则在该产品研发及制造领域。

我国注塑机配套的关键部件,当前仍由国外厂商占主导。液压注塑机主要零部件及在整机中的地位见表2。

表2　液压注塑机主要零部件及在整机中的地位

部件	零件	在整机中地位	主要供货商
机架系统	底座、铸件	一般部件	宁波东吴镇等
机门系统	电器开关、液压保护、机械锁	一般部件	宁波等地
锁模系统	格林扗、锁模板等	重要部件	宁波等地
射胶系统	射座、料筒、螺杆、加热干燥、防护罩等	重要部件	舟山等地
传动系统	液压缸、液压马达、液压管、泵、阀门等	关键部件	国外产品主导
控制系统	电器元件、控制电脑	关键部件	国外产品主导

采用国产传动系统和控制系统配套件的注塑机往往附加值低,很难打入国际塑料机械高端市场。而国产配套件的水准反映了我国基础工业的现状。我国基础工业的发展水平在很大程度上制约了我国塑料机械产品的技术档次。

3. 宁波塑料机械产业集群竞争力的市场(Market)因素对分析

市场(Market),其实质是企业集群的需求因素。市场大小、市场份额、增长前景、市场准入门槛以及技术贸易壁垒等等因素都会影响产业集群的竞争力。

（1）国内市场。塑料机械是塑料工业发展的主要支柱，为塑料行业提供先进的技术装备，是塑料工业发展的基础。由于塑料的可替代性、可再生性等特点，塑料工业发展前景长期看好，这为塑料机械行业持续发展提供了强劲的动力。从当前我国塑料工业发展现状分析，对塑料机械产品的需求显示了以下三个趋势：一是通用型塑料机械仍是市场需求主流。当前我国塑料制品工业主流产品仍以日常民品为主，对塑料机械产品技术要求不高，而我国塑料产品出口国也还是以东南亚、印度、中东地区等发展中国家为主，因此性价比良好的通用塑料机械当前仍为市场最大需求。二是节能环保塑料机械渐成潮流。随着全球能源日渐紧缺，环境污染，气候变暖等问题日益尖锐，使传统塑料机械产品高耗能、高耗材、噪声、污染等问题成为社会和行业关注的焦点。大型二板机、电动注塑机、伺服式注塑机等节能节材环保产品越来越受到市场青睐。三是精密注塑机成明日之星。医疗器材、电子产品的发展，要求注塑机向高速注射和高重复精度方向发展，加快精密注塑机的研发是提高产品附加值，进入高端市场的紧迫要求，也是宁波塑料机械行业实现由大到强转变过程中必须跨越的一道坎。

2002～2008年宁波塑料机械行业销售规模变动情况见图4。2005～2008年我国注塑机进出口情况见表3。

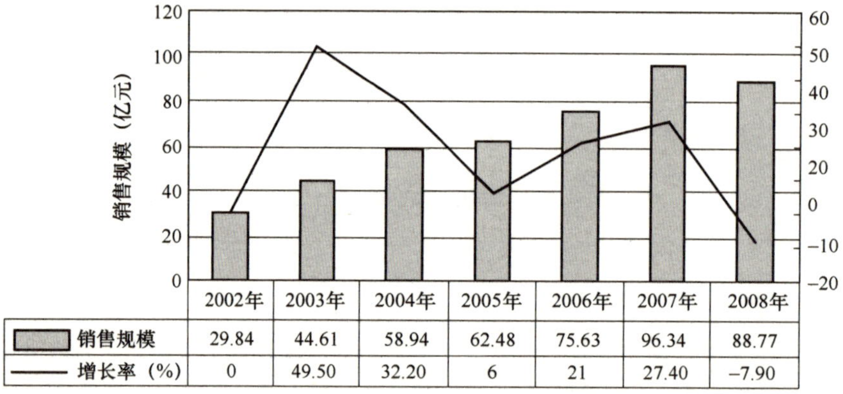

图4　2002～2008年宁波塑料机械行业销售规模变动情况

表3　2005～2008年我国注塑机进出口情况

年份	出口量（台）	出口额（万美元）	进口量（台）	进口额（万美元）	净出口量（台）	净出口额（万美元）
2005	10 900	25 537.96	15 402	91 175.97	－4 502	－65 638.01
2006	14 279	34 626.55	14 861	92 217.67	－582	－57 591.12
2007	17 146	47 796.89	13 328	89 544.46	3 818	－41 747.57
2008	18 146	54 563.86	10 363	88 750.10	7 783	－34 186.24

我国注塑机出口量逐年上升，2007年出口量开始超过进口量，净出口量达3 818台，2008年更上升到7 783台；但进口额大于出口额的格局仍没有改变，这说明我国注塑机产品“含金量”较低。今后我国仍需加大力度，加快研发中高端塑料机械产品，高端市场需求代表了塑料机械产品发展方向，不进入高端市场就永远只能是二流三流角色。我国每年进口注塑机约10亿美元，这些设备大多是我国当前不能生产或生产的设备性能不能达到要求，说明当前国内塑料机械产品的高端市场仍被发达工业国家的产品所左右。

（2）国际市场。英国AMIC应用市场信息咨询公司对近几年世界塑料机械产品需求增长作了系统调查研究。据大量用户的调查表明，世界近几年对塑料机械产品需求增长平均约4%，但世界各地对塑料机械产品增长态势不同，其中美国市场需求减少，日本基本持平，而亚洲、欧洲需求强劲，使世界市场总供需保持稳定增长。

在世界塑料机械市场中，亚洲占27.8%，北美占25.8%，欧洲占25.1%，日本占8.8%，其他地区占21.3%。日本、欧洲（主要是德国、意大利）是塑料机械产品主要出口国，国际塑料机械产品高端市场仍被上述国家所控制。北美、亚洲是塑料机械产品主要消费区，亚洲对塑料机械需求正以年6.5%速度递增，但亚洲递增的势头，已逐渐被当地塑料机械产品发展速度所抵消。

宁波产业集群出口交货值占销售收入的比重均呈逐年上升势头，但出口增幅2004年达到巅峰，此后逐步回落。2003～2008年宁波注塑机出口变化情况见表4。

表4　2003～2008年宁波注塑机出口变化情况

年份	出口交货值（亿元）	出口增幅（%）	当年销售收入（亿元）	出口占当年销售比重（%）
2003	4.88	82.10	44.62	10.94
2004	10.55	116.13	58.97	17.89
2005	13.15	24.64	62.50	21.04
2006	18.54	40.98	78.46	23.63
2007	24.42	31.71	96.34	25.35
2008	26.50	8.52	88.77	29.85

我国注塑机出口量排名前5名的国家和地区，分别为中国香港、巴西、印度、土耳其和伊朗。这说明我国注塑机在国际中低端市场中存在较大优势，令人欣慰的是2006年，宁波海天塑机集团有限公司制造的全电动注塑机已成功进入北美市场，该公司生产的亚洲最大锁模力为36 000kN的大型二板机，已交付国外汽车制造商用于大型汽车部件的生产，宁波注塑机进军高端市场与国际注塑机巨头开始同台共舞。当然当前进军国际高端市场的企业和产品仍属凤毛麟角。

近几年，宁波注塑机出口平均单价呈逐年上升态势，但扣除人民币汇率变动因素，我国出口塑料机械产品附加值低状态没有多大改变。以2008年为例，我国出口注塑机均价为3.0万美元，而同年进口注塑机均价则为8.6万美元，也就是说，我国每从国外进口一台注塑机，则几乎要同时出口3台注塑机方能持平，这反映了我国注塑机技术品质上与发达工业国家之间存在较大的差距。2001～2008年宁波出口注塑机平均单价变动情况见图5。

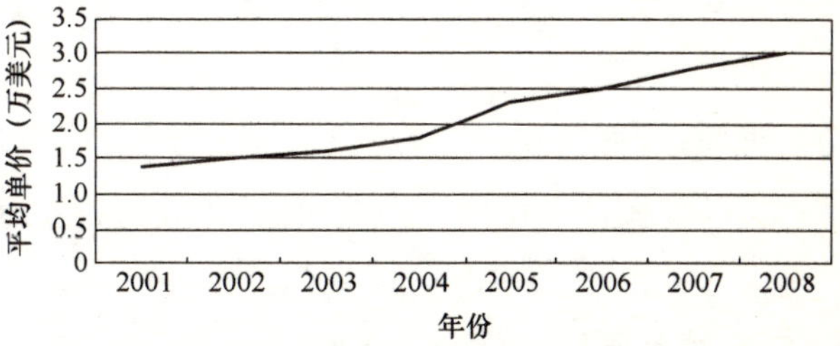

图5　2001～2008年宁波出口注塑机平均单价变动情况

我国注塑机出口遭遇国外反倾销。2008年7月8日，印度商工部对原产地中国的注塑机提起反倾销立案调查，该案涉案时间和对象为2007年向印度出口注塑机的中国制造商。由于涉案企业多数为宁波塑料机械制造商，因此应对印度对我国注塑机反倾销案的重任，主要落在宁波市塑料机械协会和宁波7家涉案企业身上。

印方在起诉书中陈述，中国出口印度的注塑机，已对印度当地企业造成实质性损害。对此中方认为这缺乏事实依据，并委托律师在规定时间内向印度商工部提交了中方抗辩书。抗辩书首先质疑印度起诉方的合法资格（按WTO规则，反倾销案立案起诉方的年产量应达到该国年产量的25%，据中方掌握的数据，该起诉方的产量仅占印度全国产量的20%），要求印方撤销起诉方资格，并进而指出，起诉书得出的中国注塑机对印度产业造成实质损害一说，缺乏事实数据，具有较强的误导性。但是印度商工部并不采取中方公正、客观的抗辩意见。在复杂背景下，2009年5月12日，印度财政部公布了印方对中国注塑机反倾销案初裁结果，决定对中国注塑机厂商征收自76%～223%的高额反倾销特别税。对于印度政府出于国内需要，采取贸易保护主义的做法，理所当然引起中国塑料机械产业界的强烈不满，中方将按照法律程序，做好印方官员来我国核查工作，并继续据理申诉，力争在印方终裁时改正以上不当裁决，同时又通过我国商务部出面交涉，提请及早纠正印方错误做法。2009年7月，印度商工部宣布，印度对我国注塑机反倾销案终裁将推迟6个月宣布（按世界贸易组织（WTO）规则，反倾销案终裁应予1年内做出，特殊情况，经中央政府批准，可推迟6个月做出）。我国注塑机出口遭遇国外反倾销，对我国注塑机的国外市场竞争态势造成深远影响，必须引起我国的高度重视。

三、提升宁波塑料机械产业集群竞争力的对策

通过运用GEM模型对宁波塑料机械产业集群的分析，该集群的基础因素对状态较为优越。针对企业和市场两个方面重点提出如下对策：

1. 改善企业结构，提前进行人才储备

宁波塑料机械企业具有民营企业灵活的体制机制优势，要进一步发扬优势，大胆探索与时俱进，突破传统观念束缚，建立完善的产权制度，大力提倡和推行股份制的产权结构。在行业龙头企业引领下，各级政府应加强对产业集群中第二层次企业的扶助指导，有条件的可以通过兼并重组，扩大经营规模，增加产业集群中重量级企业的数量，改善产业集群内部规模结构。

宁波塑料机械行业在企业家、管理层和员工队伍建设等三个层面上已造就了一批优势人才，但与打造世界先进塑料机械产业基地的要求还有相当距离，要努力从国外引进一批高级技术和经营管理人才，以技术、项目和新的经营理念为企业注入新的活力，带动整个产业集群的发展。行业协会要为产业人才引进、员工培训牵线搭桥，努力促进在宁波的高等院校，开设塑料机械专业或进行员工定向培训，为塑料机械行业的发展积蓄人力资源。

2. 加强产业集群创新能力

"十一五"时期，宁波市政府设置了重点行业升级扶持资金和先进制造企业奖励资金，鼓励和推动企业采用先进技术，购置先进设备。"十一五"期末，政府仍应保持以上政策的连续性，逐步加大政策的调节力度。企业则应采取多种途径，不断加强自主创新能力，增加科研经费投入、继续引进国外先进技术，充分利用外资企业的技术溢出效应，加强企业与高校科研机关的合作攻关等。

3. 完善产业链协作配套体系

宁波北仑区聚集了宁波海天塑机集团有限公司、震雄集团、力劲集团以及德马格公司、住友重工株式会社、宇进株式会社等国内外塑料机械巨头企业，其注塑机产销量约占宁波产销量65%以上，2005年宁波北仑被国家科技部授牌为"国家火炬计划北仑注塑机产业基地"。今后要进一步发展和完善基地功能，继续有选择地引进国外著名塑料机械企业，更要针对性的引进品质良好的塑料机械配件企业，根据专业化协作原则，形成完善的产业链，达到最佳的集聚效应。行会组织要配合质量检测部门，加强对塑料机械配套协作件的质量监控，在产业集群大力宣传和推广优质配套件，努力避免劣质配套件拖累整机产品质量。

四、引导企业研究市场

引导企业根据产品特点，做好市场定位，制订营销策略。在当前国际市场短期难以复苏情况下，应加强对国内市场的研究和开拓，密切关注我国政府拉动内需的政策举措，如家电下乡、中西部开发等等，从中发掘新的市场；同时，我国每年都有10亿美元注塑机的进口，我们要加强产品研发，设法满足国内高端用户的需求，争取替代进口；要继续加大对国际市场的研究，我国有实力的骨干塑料机械制造企业，要提高产品技术含量，提升产品附加值，努力向塑料机械高端市场进军，在与国际塑料机械巨头的角逐中，提高自身的国际竞争能力，最终打破高端市场长期被发达国家垄断局面。当前国际贸易风云变幻莫测，贸易纠纷此起彼伏，尤其要关注世界重要的塑料机械市场动态，加强信息收集分析，做好市场预警、预测，努力开拓新兴市场。

要建立健全“企业、行业协会、政府”三位一体应对国外反倾销调查的联动机制，维护产业集群正当权益，为中国塑料机械更广泛参与国际市场竞争，创造良好的外部环境。

〔供稿单位：宁波市塑料机械行业协会、宁波大学商学院〕

张家港市塑料（饮料）机械行业发展情况

2010年，随着全球经济的复苏，张家港市塑料（饮料）机械行业出现了强劲的增长势头，共生产各类塑料（饮料）机械28 000套，实现塑料（饮料）机械总产值超过70亿元，外贸出口突破2亿美元，比上年增长35%以上。

一、基本情况

2010年，张家港市塑料（饮料）机械注册企业共计389家，从业人员超过2.8万人，其中塑料机械生产厂家202家，实现工业总产值50亿元；饮料机械生产厂家187家，实现工业总产值25亿元左右。张家港市塑料机械主要以挤出机、中空成型机为主，其中挤出机约占整个国内市场的28%左右的份额，中空成型机约占国内市场45%以上的份额，为国内中空成型机的主要生产基地，另外还生产废塑料回收造粒机、片材成型机、注塑机、高混配生产线及各种塑料辅助机械。在全国范围内，张家港市是塑料机械生产门类最全，规格品种最多的基地之一，尤其是塑料辅助机和中空成型机在全国有较大的知名度和影响力，具有举足轻重的地位，是中国最重要的塑料机械生产基地之一。2010年，塑料机械共取得国家专利28项，累计超过160项；其中，发明专利3项，累计超过28项。制定国家标准2项，累计超过6项。当前，张家港市塑料机械上规模、产值超过1亿元的企业有7家，产值超过5 000万元的企业11家，省级高科技企业7家，国家级高科技企业2家。在张家港市的所有行业中，塑料机械行业是取得国家专利数最多、科技含量最高的行业之一。

张家港市饮料机械的地位在全国更为凸显，整个饮料机械行业2010年生产各类饮料机械1万多台（套）。其中，大型成套灌装机每小时产出在42 000瓶以上，为当前国内成套灌装设备效率最高、速度最快的灌装设备。饮料机械约占全国饮料机械45%以上的市场份额，是我国当前饮料机械设备最为集中、产能最大、科技含量最高的生产基地。2010年，饮料机械行业取得国家专利8项，累计38项；发明专利1项，累计3项；参与制定国家标准1项，累计4项。全市规模以上的饮料机械生产企业6家，超过1亿元的2家，其中1家产能达到3亿元左右，在国内位居第二。省级高科技企业4家，国家级高科技企业1家。2010年，经过塑料（饮料）机械行业的共同努力，张家港市通过了苏州市优质产品生产基地考核。截至2010年，张家港市塑料（饮料）机械行业共获得江苏名牌产品2个，苏州市名牌产品22个，在科技创新以及新产品开发上也有了较大突破。11家企业被批准为苏州市工程技术中心，其中3家企业被批准为省级工程技术中心。当前整个行业的发展态势良好。

二、主要做法及取得的成绩

1. 积极鼓励企业根据形势组织生产

受2008年下半年国际金融危机的影响，张家港市塑料（饮料）机械出口停滞不前，国内需求疲软，生产企业困难重重。2009年下半年，形势出现转机，进入2010年，行业出现了恢复性增长。张家港市塑料（饮料）机械协会（以下简称协会）在企业困难时积极鼓励企业降本节支，咬紧牙关，度过难关，力争厂门不关。形势好转时，协会又三次组织企业及时交流探索，相互取长补短，争取最大的市场空间。2010年，整个行业生产一片火红，增幅在30%以上，好的企业增幅超过60%，尤其是出口方面比2009年增长40%以上。有的企业产品出现了供不应求的情况，生产无法满足订单要求，协会鼓励企业加班加点来满足客户需求。据初步估计，2010年，张家港市塑料（饮料）机械生产总值超过75亿元，外贸出口超过20亿元，是近几年来生产形势最好的一年。

2. 积极组织企业拓展国内国际市场

张家港市是塑料（饮料）机械生产的重点地区之一，塑料机械总产值占全国塑料机械总产值的15%左右，饮料机械总产值约占全国饮料机械的45%左右，在全国有较大的知名度甚至在世界上也有较大的知名度。为了使张家港市塑料（饮料）机械产品占有更大的市场空间，协会多次组织协调企业参加雅式展及德国K展，会长高学飞几次在会长及理事会议上动员企业早作准备，争取更多的展位。2010年4月上海的雅式展上，张家港市有91家企业参展，参展面积超过6 000m^2，在德国的K展上，张家港市有13家企业参展，参展面积超过400m^2，占国内在德国参展企业的一半以上。雅式展和K展都是世界上塑料机械的专业展会，其规模也是世界最大的两家，张家港市参展企业的外贸渠道和外贸订单，绝大部分来自这两个展会。因此行业协会千方百计组织企业积极参展。

3. 积极推进共性服务平台建设

2008年6月，张家港市被省商务厅和省财政厅批准为江苏省塑料（饮料）机械出口基地后，协会按批文要求，充分发挥行业协会的统筹协调作用，以科学发展观为指导，以服务“两个率先”为宗旨，积极启动共性服务平台的建设。2010年，由协会搭建的技术研发平台和信息服务平台建设均取得了一定成果，技术研发平台的负责人鲁怀敏教授亲自下乡下厂，作调研工作，特别是对开发废旧轮胎的回收造粒等先期工作进行了部署，当前这项工作正在进一步推进中。在信息服务平台建设方面，协会在资金方面作了重点投入，3月，开始全面启动中国塑机饮机交易网的全方位改版工作，先后有4家网络公司提交了平台设计方案，最后上海众首网络科技有限公司中标，对网站进行改版。改版初步定稿后又经多家企业提合理化意见和建议，特别是江苏维达机械有限公司、江苏联冠科技发展有限公司、张家港市繁昌机械有限公司、张家港星A机械有限公司、江苏金荣机械有限公司等多家企业除了更正一些专用技术用语外，还对版面设计及内容布局等方面提出了建设性意见。11月中旬，第三次会长会议上，到会人员又共同对中国塑机饮机交易网进行了评审，全面完成了整个改版工作，同时推广工作也同步进行。协会已委托国内外的重点搜索引擎作进一步推广，使中国塑机饮机交易网真正成为张家港市塑料（饮料）机械企业的会员之家，成为各个会员企业对外展示自己企业产品的窗口和平台。

4. 积极为会员企业办实事

2010年，协会通过多方努力，在中国塑料机械工业协会的支持下，与香港雅式展达成协议，同意对协会会员企业以10%的展会费补助。张家港市第一批共有23家塑料机械制造企业获得补助，初步估算可为张家港市塑料机械企业节省100多万元的开支。

5. 积极鼓励企业起草行业标准和国家标准

近几年，塑料（饮料）机械制造日新月异，新产品不断被开发，但全国大多数新产品没有国家标准，企业各自为政自行组织生产，在这种情况下，协会积极动员和鼓励企业制定国家级的行业标准。2010年，张家港市繁昌机械有限公司完成了PVC全自动配混生产线的行业标准的制定工作，张家港市同大机械有限公司完成了挤出吹塑中空成型机的行业标准制定，江苏联冠科技发展有限公司完成了对高分子石油管的行业标准的起草工作，加上张家港市先前由江苏联冠科技发展有限公司制定的高速混合机生产线的国家标准和由江苏新美星包装机械有限公司和张家港星A机械有限公司制定的高速无菌灌装机生产线以及高速无菌液态包装机等国家标准的制定，张家港市在塑料机械及饮料机械的国家标准制定方面走在全国前列，充分体现了张家港市在塑料机械制造及饮料机械制造方面的强大创新能力和自行设计能力。

6. 积极鼓励企业生产优质名牌产品

为了创建塑料（饮料）机械优质产品生产基地，协会积极鼓励企业参加市质监局和国检局组织的各种提高企业产品质量方面的培训，特别是对质监局在产品质量抽检中不合格的企业，协会都要进行调查摸底，积极督促企业进行整改。协会还多次在会长及常务理事会议上就产品质量重要性对于企业的生存发展以及所造成的国际国内影响进行了分析，并邀请市外事办负责人就张家港市自2007年以来由于出口产品质量问题造成的国际纠纷进行分析说明，以提醒企业重视产品质量的重要性和必要性。为了争创塑料（饮料）机械优质产品生产基地，协会还专门向全市各塑料（饮料）机械生产企业发出了生产塑料（饮料）机械质量信得过产品的倡议书，倡议要求全市各塑料（饮料）机械企业强化产品质量管理意识，强化生产工艺流程的检测，强化外购部件的检测，强化售出产品的售后服务理念，坚决杜绝各种不合格产品流出厂门，流向社会，鼓励企业积极生产质量过得硬的一流产品。继2009年江苏联冠科技发展有限公司获江苏名牌产品称号外，2010年，江苏新美星包装机械有限公司也荣获江苏名牌产品称号。2010年，协会还向全市塑料（饮料）机生产企业发出了争创质量信得过产品的倡议书，动员全市塑料（饮料）机械生产企业生产质量信得过的产品，生产低碳环保节能高附加值、符合国家产业政策的有市场竞争力的高科技产品。

7. 积极鼓励企业外出学习考察

2010年，协会两次组织企业家外出学习参观考察。一次是10月份组织的赴德国杜赛尔多夫市参观考察世界上最大的橡塑机械展，即德国K展；另一次是组织全市11家上规模的塑料机械生产企业赴山东胶州考察塑料机械生产企业，协会组织企业家先后参观了青岛市顺德塑料机械有限公司、青岛市福润德塑料挤出技术有限公司、青岛市新大成塑料机械有限公司和青岛市华塑机械制造有限公司等4家企业，并听取了他们对生产和经营情况的介绍。大家在学习考察中充分认识到山东塑料机械制造企业的优势在于非生产人员少、全员劳动生产率高、营销手法多种多样等许多优势值得学习借鉴。

此外，协会还邀请市交通银行的领导就中小企业贷款优惠政策进行了说明，邀请市商务局、市外事办、市质监局等单位领导通报情况，对集中招标采购进行了初步尝试。

2010年4月，协会受苏州市贸促会的请求，接待了一个40多人的蒙古商务考察团，由于接待工作较好，受到了苏州贸促会和蒙古商务考察团的好评。7月，协会还接待了中国塑料机械工业协会常务副会长钱耀恩和秘书长粟东平对张家港市塑机企业的考察，中国塑料机械工业协会对张家港市塑料（饮料）机械协会开展的工作给予了很高的评价。11月，协会接待了安徽塑料机械协会对张家港市塑料机械生产企业的考察。

三、行业发展过程中遇到的困难和问题

2010年，张家港塑料（饮料）机械行业虽然实现了高速增长，但尚存在许多不足，尤其是在低碳节能产品的开发方面虽然取得了一定成绩，但总体上新产品的开发还有点滞后。另外，随着物价的进一步上涨，企业发展过程中还遇到了许多困难和问题。

1. 新产品的开发跟不上快速发展的形势

2010年，张家港市塑机（饮机）在新产品的开发上虽然下了很大功夫，像张家港市同大机械有限公司利用新技术生产的中空成型机的节能优势明显，比原先设备节能30%以上，受到用户的好评与推荐。但在提倡低碳经济的今天，张家港市塑料

（饮料）机械节能产品的开发仍显不足，有些老产品10多年一贯制，没有从根本上加以改变。由于节能减排需要采用新技术，会进一步提高塑料（饮料）机械的价格，会增加企业销售难度，有些企业不愿积极推进；从客户方面讲，由于节能产品的售价会比普通的同类设备价格要贵一些，因此，有些用户为了节省成本开支，也不愿购买采用了新技术的节能产品。

新产品开发滞后的原因是生产企业的积极不是特别高，因为新产品的开发是个很长的周期，需要投入大量的人力物力，尤其是资金需要特别充裕，而张家港的塑料（饮料）机械制造企业大多为私营企业，企业规模小，老板们不愿意承担更大的风险，尤其是无法预测的风险，所以他们大多愿意仿造成熟产品，这样既可以规避风险，又可以减低成本。从参加德国杜赛尔多夫市的塑料机械展览会看，张家港市在高端塑料机械的开发制造上跟国际尖端产品上还有一定距离。

2. 塑料（饮料）机械行业规模化集约化生产尚有欠缺

当前，张家港市塑料（饮料）机械企业的规模均不是特别大，生产分散，形成不了集约化规模化生产的模式，因此产品质量并不十分稳定，生产成本也比较高。这种小而散的生产模式对于只有七八个人的家庭作坊还可以，但对于管理比较完善、人员在50人以上的企业来讲，生产优势就完全丧失，形不成规模化集约化生产的企业，企业劳动效率就提不上来，同时企业的生产经营成本也无法降下来，而且产品的质量就无法稳定在同一水平。

3. 用工荒造成企业无法扩展规模

当前，整个塑料（饮料）机械制造企业普遍存在用工招工困难，尤其是高素质的熟练工更是一人难求。企业为了招到合适的人员，一再对熟练工的工资进行层层加码，这样就造成了企业与企业之间人才争夺战，造成了企业与企业之间不少矛盾与纠纷，再加上招工困难，企业在生产任务紧张时不得不将订单推掉，现在有些已经扩展规模的企业，厂房和设备已经上了，但由于招不到人，企业只好忍痛将生产能力放空，还有些原想扩大生产规模的企业一看到这种情况，也只好采取观望的态度，由于用工困难，严重制约了整个行业的发展速度。

4. 高物价和高工价制约了企业进一步发展的动力

2010年，随着物价的普遍上涨，原材料价格进一步上涨，采购的各种塑料机械部件价格也步步升高，导致原先企业与客户订购的供货合同价格无任何利益可言，有些老合同生产企业还赔钱。所以，大多塑料（饮料）机械制造企业害怕原材料价格变化过大而减少订单供货，要求随行就市，由于企业利润空间受到进一步挤压，许多企业反映2010年生产红红火火，工厂忙得不可开交，利润还不如国际金融危机前的2008年。

四、推动行业进一步发展的举措

针对2010年物价快速上涨的压力，以及用工成本的进一步提高和招工难，2011年整个行业将采取如下一些措施和方法：

1. 对塑料（饮料）机械的重要原材料和部件采取集体招标采购的形式

由于物价上涨，塑料（饮料）机械的原材料成本节节攀升，有些供应商甚至10天一小提，一月一大提，在供应商频繁的提价下，企业的利润被进一步压缩，再加上供应商所供材料以次充好，零配件以不合格充合格的不正当手段，造成所生产的塑料机械质量无法保证。行业协会准备在征得大多数企业的同意后，成立塑料（饮料）机械物流公司，对制造塑料（饮料）机械的原材料及重要部件采用统一招标采购，一方面保持价格的合理性，另一方面可以保证所购部件及材料的质量，有利于企业降低成本，提高产品质量。

2. 和大专院校以及相关职业学校建立固定的培训合作协议

为了缓解招工难，用工难的问题，行业协会将和相关大专院校商谈合作培训协议，委托相关院校培训企业合格的有用人才，并进一步完善企业用人的激励机制，真正使企业做到以待遇留人、感情留人、事业留人。

3. 进一步走专业化、规模化、集约化生产的道路

制造业的发展在于走专业化、规模化、集约化的道路。塑料（饮料）机械企业要想在激烈的市场竞争中立于不败之地，必须要走专业化、规模化、集约化生产的道路，这不但有利于企业减低生产成本，提高产品质量，而且有利于企业的市场竞争，有利于企业进一步发展壮大。协会已和市政府相关部门商定，将重点采取扶优扶强的措施，在国家政策的许可条件下，对有发展前景，经济实力较大，创新能力较强的企业将给予重点扶持，以准备 3 ~ 5 年内培育 3 ~5 个年产值超过 5 亿元的企业。

4. 重点开发低碳节能环保高附加值的新产品

科技创新是企业不断发展的动力，行业协会和科技局合作，积极鼓励企业开发符合低碳经济高附加值的新产品，科技局将重点跟踪企业的科技创新，并对企业上报的研发项目，凡符合低碳经济的新型科技项目，科技局将给予一定的研发经费补助，协会对企业已开发的产品将鼓励企业积极申报国家创新科技奖，以进一步激励企业加速开发新产品的原动力。

5. 积极构建行业共性服务平台，推动塑料（饮料）机械行业提高产品质量

积极推进行业共性服务平台建设，使行业协会真正成为会员企业之家。协会在已构建的技术研发平台和网络信息平台的基础上，将联合质监局和国检局进一步建设好质量检测平台。产品质量是企业的生命线和生存线，为了确保行业进一步发展壮大，行业协会在 2008 年建成行业技术研发平台，2010 年建立行业网络信息平台的基础上，2011 年将积极推进质量检测平台的建设，协会已和质监局和国检局商定，由他们两家单位共建张家港市的塑料（饮料）机械检测共性服务平台，以进一步推动张家港市塑料（饮料）机械产品质量再上一个新的平台。

〔供稿单位：张家港市塑料（饮料）机械协会〕

从竞争走向竞合的胶州塑料机械

一、概况

山东省胶州市是我国塑料挤出机械的发源地之一，从 20 世纪 60 年代开始研究和制造各种形式的塑料挤出机械和模具，经过 40 多年的发展，其研究和生产规模由小到大，由简单到复杂，由低端到高端，形成了品种齐全、技术先进，规模庞大的塑料挤出机械的研发和制造基地。作为江北最大的塑料机械生产基地，胶州分布着大大小小 200 多家塑料机械企业，年产值十几亿元，从业人数上万人。其中，年销售额 2 000 万元以上的规模企业 20 多家，年产值上亿元企业 1 家。塑料机械企业大多为民营企业，各个企业的老板们都有着自己的生意经，他们勤奋、敬业，肯钻研，在他们的带领下，研制出的塑料机械新产品层出不穷，如 PET 片材生产线、PET 高速打包带生产线、PP 双向拉伸土工格栅生产线、双壁波纹管生产线、高效节能单螺杆挤出机、HDPE 燃气供水管材生产线、HDPE 大口径中空壁缠绕管材生产线、PVC 结皮发泡板材、木塑板材及型材、波纹管打孔机等系列新产品，为胶州塑料机械的发展写下了浓墨重彩的一笔。双向拉伸塑料土工格栅生产线、PET 片材生产线等 4 种产品获国家重点新产品，HDPE 燃气供水管等获国家创新

基金。

二、从竞争走向竞合

经过多年发展，胶州塑料机械本应出现多家过亿元的大企业，但由于行业内的恶性竞争：新产品很快被仿制，培养多年的人才被挖走，新的塑料机械厂每年在增加，材料成本不停的上涨，塑料机械设备价格不停地下降，企业利润所剩无几，企业规模受到限制，技术先进、质量过硬的企业为数不多。

为了规范塑料机械制造行业间的恶性竞争和无序竞争，创造一个良好的外部空间，使塑料机械制造企业的内耗降到最低，2009 年 3 月，由山东省胶州市工商业联合会组织，青岛顺德塑料机械有限公司董事长赵桂旭发起，青岛新大成塑料机械有限公司、青岛福润德塑料挤出技术有限公司、青岛华塑机械制造有限公司、青岛儒奥机械制造有限公司和青岛同三塑料机械有限公司等 6 家企业作为首批会长与副会长单位，联合 30 多家信誉较好、实力较强的塑料机械企业成立了胶州市塑料机械行业协会。协会宗旨是团结互助，共同提高，信息共享，互相约束，公平竞争，追求一流。本着这个宗旨，协会为胶州塑料机械产业的发展做了大量卓有成效的工作，实现了胶州塑料机械行业的“两个转变，三个促进”：即实现了从恶性竞争向良性竞合的转变，从单打独斗向抱团发展的转变；促进了行业自律，促进了行业发展，促进了企业振兴。胶州塑料机械由竞争走向了竞合。

1. 制定行规行约，避免恶性竞争

协会成立后，就行业之间的乱挖人才相互压价等方面制定了行规行约，收到了较好效果，特别是在行业中对一些共用部件进行了招标采购，从招标采购的效果看，无论是供应商还是采购企业双方都同样得到了实惠，供应商一方面减低了销售成本，提高了产品质量，采购企业也同样降低了采购成本，保证了所采购产品的质量。

2. 优化资源，错位发展

发挥协会的协调作用，帮助每家公司定好位，选好自己的主打产品，使胶州市的 200 多家塑料机械生产厂家每家都有叫得响的一两个产品，避开同质化竞争，打自己的“优势牌”，实现错位发展。青岛顺德塑料机械有限公司重点发展土工格栅生产线，青岛新大成塑料机械有限公司侧重于 PET 打包带，青岛华塑机械制造有限公司集中精力放大其传统优势产品双壁波纹管生产线，青岛福润德塑料挤出技术有限公司主攻高效节能单螺杆挤出机和燃气供水管材生产线，青岛同三塑料机械有限公司侧重单壁波纹管设备，青岛儒奥机械制造有限公司侧重木塑型材、板材生产线等，各会员企业都有了自己的“拳头产品”，成为进军市场“敲门砖”。

3. 互通有无，信息共享

每月两次的协会例会，企业间经常互通有无，信息共享。协会还建立了展示胶州市塑料机械协会成员的电子贸易平台——全球塑料机械网（www. e-plasticmachinery. net）。

自成立胶州塑机协会以来，恶性竞争现象得到遏制，创新风气得到弘扬，尽管受国际金融危机影响，可胶州塑机企业经营态势良好，整个塑料机械行业逆势而上，塑料机械行业产值增长了 20% 多。在各级政府的全力主导和胶州塑机协会的积极组织与协调下，胶州塑料机械行业的前景会更加美好，5 年内达到上百亿产值的目标一定有希望实现。

〔供稿单位：胶州市塑料机械行业协会〕

企业风采

共创卓越　同续辉煌

——宁波海天塑机集团有限公司

宁波海天塑机集团有限公司（以下简称海天集团）的前身创建于1966年，2006年12月在香港联交所挂牌上市，是一家集研发、制造注塑机于一体的国家级重点高新技术企业，是全国塑料机械行业首家同时获得“中国名牌产品”、“中国驰名商标”的企业，全国首批91家创新型企业之一，中国塑料机械工业协会理事长单位。

经过40多年的发展，海天集团已经成为全国最大、全球知名的塑料机械生产企业，具有较强的综合竞争力和抗风险能力，形成了良好的发展优势，即：规模优势、装备优势、产品优势、节能优势、人才优势、科技优势、营销优势和管理优势等八大优势。

一、规模优势：产量世界第一

2010年，海天集团生产的注塑机产量近3万台，完成销售80多亿元。公司年产量已经连续17年保持了行业第一、连续10年保持了世界第一的纪录，年销售总额连续4年位居世界塑料机械行业前4强。同时，海天集团还分别在宁波市百强企业、浙江省百强企业、中国机械500强等排名中位于前列。

二、装备优势：保持世界领先

“工欲善其事，必先利其器”。当前，海天集团已拥有价值10亿元的生产、科研、检测设备，其中，各类数控加工机床300多台，具备了国际一流注塑机企业所需的高、精、尖加工设备，形成了配套齐全的先进装备水平和开发研制、生产制造能力，并呈现出流水作业的领先性、先进的整机配套性、个性化服务的灵活性、工艺技术的创新性、生产过程的环保性等特点。

三、产品优势：优质造就名牌

质量是企业的立身之本，诚信是企业的生命线。海天集团在行业内率先通过了ISO9001国际质量管理体系认证和CE认证，建立了比较完善的质量管理组织机构、工作体系、控制体系和保障体系，坚持用铁手腕、铁面孔、铁心肠的“三铁”方法抓好质量管理，用“一票否决”的制度严抓质量考核，持之以恒地做到“四个不”，即：质量观念不放松，质量管理不含糊，质量标准不降低，质量问题不放过，确保每一个产品都成为优质产品。公司产品的主要特点有三个方面：一是系列齐全品种多，已形成了ME、VE、PA、MA、SA、IA、JU、PL等8个系列，其锁模力600～60 000kN、注射量50～60 000g，共有40余种规格、100多个品种，自主研发的产品已达100%。二是高中低档协调发展，其中，大部分产品已接近世界先进水平，部分产品居于世界领先地位。三是以质量好、信誉佳得到了市场的认可，赢得了良好的口碑。2007年9月，海天牌注塑机获得“中国名牌产品”殊荣，海天牌商标也荣获“中国驰名商标”称号。当前，海天集团的注塑机产品，已形成了“人无我有，人有我优，人优我特，人特我专”的明显优势。

四、节能优势：综合效果创先

近年来，海天集团成功研发了多款高效节能注塑机。例如,公司开发的新一代全电动注塑机,于2006年被宁波市推荐为节能产品,并荣获2007年度浙江省加快发展装备制造业重点领域“国内首台(套)产品”称号,该机型经英国成型工艺有限公司测试,结论为:重复精度优于国际市场已有的电动注塑机;公司开发的大型“两板机”,在节能、节材、节地和高效等方面优势显著;公司开发的“J5”型伺服节能注塑机,不仅具有响应快、精度高、周期短、效率高等特点,尤其引人注目的是,在节电、节水、节油、低噪声等方面创造了多项新纪录,并突破了国外多项技术垄断,受到了国内外市场的肯定和用户的赞誉,荣获2008年度宁波市科技成果进步奖一等奖。

五、人才优势:构筑人才高地

企业要发展,人才是关键。海天集团通过国内招聘和国外招聘并举、企业内部选拔和企业内外培养并举等形式,集聚了一大批高层次的创新型人才。通过培养人才、关爱人才、激励人才和成就人才等措施,切实加强经营管理、专业技术、操作技能三支人才队伍的建设,着力构筑人才高地。海天集团现有员工5 000多名,其中,来自德国、日本等国家塑料机械行业顶级专家20多名,来自北京化工大学资深教授和省内外副高级职称以上专家30多名,具有大专以上学历的员工1 500多名,工程技术人员500余名,中级职称以上的专业人才近300多名。公司设立了国家级博士后科研工作站,委托北京化工大学为企业开设在职硕士班,培养工程硕士。公司坚持科学的人才观和人本创新管理,使人才引得进、用得好、留得住,职工队伍长期保持稳定,大家心情舒畅地为企业建功立业,从而使企业获得了持续快速发展的动力。职工深有感触地说:“公司为我们创造前途,我们为公司创造辉煌”。

六、科技优势:创新能力强劲

多年来,海天集团不断加大对科技创新的投入,每年用于产品研发的资金达到销售总额的5%以上,使科技创新有了源源不断的血液。1998年,公司建立了技术中心,2000年被认定为浙江省级企业技术中心,2005年又被国家发展和改革委员会等4部委认定为国家级企业技术中心。此外,还在全球塑机巨头的聚集地、世界最大的塑胶工业展览会(K展)举办地——德国,建起了海天塑机研究院,聘请了多名德国塑料机械专家,与公司科研人员一起,跟踪世界先进技术,进行前瞻性的研究。与北京化工大学合作,成立了海天北化科技发展有限公司,构建了开放式的研发体系,实行风险共担、利益共享的机制。与浙江大学等高校和科研院所广泛开展科技合作和交流,在科研与生产方面较好地实现了资源共享和优势互补。进入21世纪以来,公司已拥有国家专利60余项,其中发明专利4项。2007年,经国家发展和改革委员会批准,海天集团又新上一个重大创新项目。该项目建成后,将使国产注塑机在节能降耗、绿色环保、注射速度、位置误差、制品重复精度以及机械噪声等多方面实现重大突破,产品的整体质量水平可接近或达到国际先进水平。为此,国家发展和改革委员会拨出补助资金500万元用于公司的技术中心创新能力建设专项,来提高企业的创新能力。

七、营销优势:市场覆盖全球

经过多年努力,海天集团已建立了覆盖国内国际的营销网络。一是在国内市场划分了7大区域,设立了28个办事处,建立了统一管理、职责明确的服务体系,实行近距离的精心服务。二是在国外设立了5个服务中心,划分了服务界面,实行无缝隙的精心服务,较好地解决了以往存在的产品交货难和售后服务难等问题,加快了用户的响应速度,提升了服务质量。当前,公司生产的注塑机在国内市场的占有率为:大中型注塑机占60%以上,小型注塑机占30%左右。此外,公司产品还远销美国、欧洲、南美洲、中东、东南亚等120个国家和地区。

八、管理优势:跨上全新台阶

多年来,海天集团董事长张静章在认真总结实践经验的基础上,运用现代管理理念,创建了人本、资本、成本一体化的“三本”管理模式。公司坚持以人为本的理念,通过建立和谐的劳动关系、和谐的利益关系、和谐的人文关系，使职工收入和待遇令人称羡，创新人才充分涌现，创新成果层出不穷。通过有效的成本管理，使公司在每一次风云变幻中都能稳操胜券，在每一次大变革、大转型中都能平稳前行。通过与时俱进和创业创新，强化了公司战略管理、资本运作和风险防范等功能，实现了由传统的资本管理向现代资本经营的转变，加快了塑机产业的转型升级，增强了国际竞争力。尽管2008以来国际金融危机加剧蔓延，我国的塑料机械行业同样受到冲击，让人们遭遇了多年未见的“寒流”，但是，海天集团依靠富有成效的“人本、成本、资本”管理，依然一如既往、快速发展，依然呈现出“风景这边独好”的喜人局面。

当前，中国塑料机械行业正面临着严峻的挑战和难得的机遇，作为塑料机械行业的领头羊，海天集团正在新的历史起点上，深入贯彻落实科学发展观，抓住机遇，迎接挑战，充分发挥企业的八大优势，为加快推进产业转型升级，建设“国内领先、国际一流”的塑料机械企业，为加快振兴中国塑料机械工业，为我国经济社会的发展做出更大的贡献。

〔供稿单位：宁波海天塑机集团有限公司〕

超卓无限　引领中国机械制造产业新途

——宁波海星塑料机械制造有限公司

宁波海星塑料机械制造有限公司（以下简称海星公司）位于宁波市高新园区，是国家级高新技术企业，创立于1999年11月。公司拥有5万㎡的国际标准化厂房，数台大型加工中心和大批先进的加工设备。海星牌注塑机配备世界一流的液压、电器及控制系统，引进欧洲风格的设计理念，通过严格的检验装配调试，为客户提供一流水准的产品与服务。

海星公司始终保持适中生产规模，力求稳步发展，努力做好每一台海星牌注塑机。公司总经理陈兴良先生自1972年开始学习研究设计生产注塑机，20世纪90年代初赴美3年，是业内资深的工程师。海星塑机是其借鉴欧美、日本和中国香港、中国台湾及国内优秀技术并结合自身经验的完美力作。

海星公司凭其优秀的品质、专业的服务以及诚实有效的工作作风，赢得了广大客户的信任。公司在北京、天津、青岛、苏州、上海、余姚、温州、顺德、东莞和深圳等地建立了完善的销售及服务网络。公司努力开拓国际市场，海星牌注塑机已被美国、墨西哥、阿根廷、南非、俄罗斯、西班牙、伊朗、印度、日本、泰国等50多个国家和地区的客户使用。海星公司正逐步建立起以海星品牌为核心的面向国内国际市场的营销体系。

海星公司凭借其强大的研发设计创新能力，不断地为客户提供适应不同产品及要求的个性化机器。优秀的品质，专业的服务，优良的技术保证，海星公司愿与世界各地的客户携手共创美好未来。

〔供稿单位：宁波海星塑料机械制造有限公司〕

顾客至上　锐意进取

——富强鑫精密工业股份有限公司

富强鑫精密工业股份有限公司（以下简称富强鑫）创立于1974年，为当前中国台湾地区规模最大的塑料注射成型机专业制造商，中国台湾地区唯一股票上市发行的注塑机专业制造厂。主要从事各类液压机器及塑料注射成型机之研发、生产及销售。主要产品包括双色双料注塑机、夹层混色注塑机、高速闭回路精密注塑机、液电复合式注塑机、全电式注塑机、PET瓶坯注塑机、电木注塑机、二板式注塑机和超大型注塑机等。产品锁模力300～37 000kN，射出量20～120 000g。富强鑫领先业界通过ISO 9001及欧洲CE认证。1998年、1999年、2001年、2003年与2008年多项产品荣获“中国台湾精品奖”，并多次获得台北橡塑展产品创新竞赛“优等奖”。近几年出口业绩亦名列中国台湾前茅。

中国台湾富强鑫公司为使企业朝向国际化发展，于1994年在广东省东莞市大朗镇石厦管理区成立东莞富强鑫塑料机械制造有限公司，除了藉此提供台商更直接、更便捷的服务之外，更是作为中国台湾富强鑫集团在大陆地区的发展基地。

继东莞富强鑫公司之后，中国台湾富强鑫公司于2001年在浙江省宁波市成立富强鑫（宁波）机器制造有限公司，进行生产高精密注射成型机、精密模具及相关产品。宁波富强鑫公司新厂位于宁波市江北投资创业中心B区，占地面积约34 000m²，2004年8月，一期兴建完工并投入使用；2007年底，二期厂房兴建完工并陆续投入使用。宁波富强鑫公司当前拥有市级科技研发中心、特种注塑机研究所各1个，为国家级高新技术企业，约有员工200人，生产机种锁模力600～35 000kN，年产能力可达1 200台。

〔供稿单位：富强鑫精密工业股份有限公司〕

在金融危机中崛起的大连吉润集团

——大连吉润集团

大连吉润集团是在原大连吉润塑料包装制品有限公司的基础上于2008年4月25日组建的，是一家集科研、生产、销售为一体的科技型企业。坐落于大连市普湾新区石河工业发展区。凭借在包装行业的专业水平和成熟技术，占据人杰地灵的地理优势，把握时代发展的有利时机，在包装行业迅速崛起。由初建时单一的塑料软包装制品公司转变为综合性的技术实体，下辖以塑料包装薄膜、乳制品包装膜、PE合成纸为主的大连吉润企业集团有限公司，以先进的塑料薄膜吹塑机组设备制造为主的大连吉润高新技术机械有限公司，以纸箱拼装与塑料包装产业配套的大连爱瑞克包装制品有限公司，以重型机床、数控立式车床制造为主的大连瓦特重机床有限公司，以电子元器件、数控自动化配套生产为主的大连晟达电子有限公司和1个科技研发中心。大连吉润集团被大连市政府认定为科技型企业。

大连吉润企业集团有限公司（以下简称吉润企业集团）占地面积6万m²，建筑面积4万m²，注册资本4 000万元，资产总额12 500万元。现有员工358人，大专学历以上的工程技术人员占员工总数的35%，高级工程师19人，工程师38人，各类技术人员81人，企业充分发挥38人组成的科研中心的作用，专门从事科研工作，同多个大专院校的科研机构交流合作，不断推陈出新，每年用于创新发展费用占销售收入的6%。

吉润企业集团自成立之日起，本着以人为本、科技兴起、以德治厂、诚信至上的经营理念不断发展。2002年一次性通过ISO9001质量管理体系认证。“顾客满意是我们永恒的宗旨”的质量目标使产品出厂合格率达到100%，顾客满意率达95%以上。2004年，与大专院校进行产学研合作，加快知识的转化，现已研发出用于家具、汽车、精细制品的保护膜，金属制品的防锈膜，用于食品、果蔬保鲜膜，塑料抗菌薄膜材料等，为我国塑料改性技术又添新篇。

2008年爆发的全球性金融危机，是对我国企业界的一次重大挑战。面对严峻的经济形势，吉润企业集团运用科学发展观，认真进行分析研究，使企业看到危机中有利于企业发展、能够取胜的闪光点，看到企业再次崛起的希望。

国际金融危机造成物价下降，适时进行设备改造可以减少投资成本。为了更好地适应市场对产品的质量要求，增加产品抢占市场的优势，吉润企业集团将6台三层、五层吹塑机组由低架下旋转，改造成高架上旋转，实现微机程控，使产品质量得到极大的提高，产品销售量也随着增加。

由于部分企业萎缩和停顿，大量的科技人才待岗就业，吉润企业集团高薪聘请大批工程技术人才和技术工人，解决了企业科技人员缺乏的问题，同时也提高了职工队伍的整体素质，集中了人才优势，加大了科研力度。2008年，吉润集团科研中心与集团高新技术机械公司，共同研发成功七层共挤高阻隔薄膜吹塑机组，填补了国内空白。该机组采用先进的多层共挤叠加机头、膜泡内冷、水平旋转牵引等高技术和熔体压力传感器自动纠偏、主被卷曲以及计算机集中控制等顶尖技术。在项目创新方面主要体现在两个方面，一是电气部分的创新。机组电器控制系统的电器元件均优选国内外知名企业的优质产品，为设备的长期运转提供可靠的保证；主控部分采用奥地利贝加莱计算机，可编程控制器与上位工控机采用TCP/IP通信及其他先进程控技术相结合，有效保证控制系统通畅顺达；机组的操作部分全部由触摸屏来完成，可以很方便地实现人机对话。高精度传感系统实现精确的自动化控制，各种工作状态显示及各种故障状态报警以及快速维护提供方便条件。二是工艺创新。用于该生产线的工艺文件种类齐全，文件完整，正确统一，能正确指导组织生产，生产线投产过程中，主要件和关键件工艺安排合理，能保证工艺手段顺利实施。当前国际上能生产七层共挤吹膜机组只有西欧几个发达国家，国内所使用的七层吹膜机组均为进口。每台设备购价为2 000万余元，不仅耗费了国家大量的外汇，也制约了我国包装材料的发展速度，吉润企业集团研发的七层共挤高阻隔薄膜吹塑机组SJGM—2000×7填补了国内空白，并且拥有自主知识产权，在技术性能上部分部件已超过进口机组。每台售价只有600万元，不足进口机组价格的1/3。该机组已经通过国家权威部门检测认定，现已形成规模生产能力。该机组加工出的塑料共挤薄膜具有良好透明性、柔韧性、防潮性、阻气性、耐水性、耐油脂性、机械强度好，化学性稳定，主要用于有阻隔性及蒸煮性要求的包装。其性能突出的阻隔性，良好的耐环境性，耐化学性和耐污染热封性，可广泛应用于食品、医药、电子电器产品及其他工农业产品的包装。

2009年，吉润企业集团综合市场信息选准PE合成纸的研发工作，并成功研发出具有自主知识产权的三层共挤吹塑法合成纸。采用共挤吹塑的方法进行生产，优点是生产效率高、设备投入低、材料损耗低等。合成纸的系列产品，具有较高的经济效益和社会效益，可以节约人类日益匮乏的森林资源，保护生存环境。

由于国际金融危机，政府机构和部门为了保稳定、促进经济增长，对企业采取了一系列的扶持措施，金融机构按政策放宽中小企业信贷条件，为企业解决融资难的问题。吉润人牢牢把握时机，及时调整发展思路，选址建新厂房、上设备，加大科技研发工作，加快企业发展速度。2009年，吉润企业集团在大连长兴岛国家技术发展区投资1.6亿元，征得土地66 600m^2，规划建筑面积36 000m^2，2010年初开始建筑施工，10月末厂房竣工，开始设备安装，预计2010年底投产。主要生产七层高阻隔共挤吹塑薄膜机组，在七层基础上向九层、十一层共挤吹塑机组方面发展，使得吉润包装制品达到航海航空使用标准，同时提高PE合成纸的质量，加大生产，使用更加广泛。在新厂建立新产品功能检测室，保证创新产品开发利用。长兴岛新厂可吸纳职工300名，年创利税4 000万元，用4年时间收回投资成本。

吉润企业集团能在全球金融危机中崛起，主要是运用科学发展观来审时度势，用科学的理念对危机中形势进行分析，从不利中看了有利企业发展的闪光点，看到企业困境中的希望，抓住有利条件，利用有利条件快速发展自己，在危急中崛起。

〔供稿单位：大连吉润企业集团有限公司〕

卓越在人　共创分享

——东华机械有限公司

一、企业概况

东华机械有限公司(以下简称东华公司)成立于1986年,是一家以生产全自动电脑注塑机及其附属设备为主的中港合资企业,总占地面积8万多m^2,固定资产超过2亿元,配备了一整套先进完备的设计、生产、加工、装配及检测设备,拥有各类金属切削设备80多台,其中加工中心20多台、数控机床近30台。东华公司可一次性提供全套注塑机及其配套设备,注射量43~50 000g,锁模力220~40 000kN,共有90多个规格、百余种款式,年产量5 000多台,产品已遍及世界各地。

为更好的利用资源、服务于客户,提高对市场反应的灵敏度,2002年底,公司投入巨资与国外著名IT厂商协作,成功上线ERP管理系统。当前OA办公自动化系统、CRM客户关系管理系统都已经上线,并运用到公司管理中去。通过先进的管理工具、科学的管理理念,东华公司矢志成为世界上最优秀的橡塑机械优秀供应商之一。

二、技术能力

东华公司自建厂以来,坚持以客户为中心,以科技为先导,极其重视研发和设计,每年都会拿出销售额的3%~5%作为研究经费投入到设计开发中,并汇集国内的技术精英、中国香港的塑料机械权威工程师及德国与日本的技术专家,组建了60多名高级技术人才组成的东华技术核心部门——工程系统。1994年,东华公司被广东省科委批准成立了以东华机械有限公司为依托的“广东省塑料机械工程技术研究开发中心”,全面负责东华公司的新产品研制与开发,不断推出技术水平高、市场前景好的新产品。公司长期与北京化工大学、华南理工大学等高校建立战略性联盟进行“产、学、研”合作,联合进行多项国际最新技术、产品等项目的研究,并结合国内雄厚的设计力量,使产品的开发“快、新、变”,保证了公司所有产品均与世界先进技术同步。

由于坚持走自主研发创新及“焦点差异化”和技术领先的发展道路,20多年来,东华公司已在多个项目的研发上屡创佳绩,曾经创造了多个国内第一,如国内第一台超大型注塑机(锁模力25 000kN,1993年),国内第一台二板液压式锁模大型注塑机(锁模力18 000kN,1999年),国内第一台全电动注塑机(2000年),国内第一台在线配混玻璃纤维塑化式的大型注塑机(锁模力12 000kN,2006年)。2010年3月,东华公司1800Se注塑机(锁模力18 000kN)达到1级能耗标准,这是在行业里首台大型注塑机(锁模力在10 000kN以上)获得此节能评级。

三、生产能力

在零件加工方面,东华公司配备了先进的加工设备,进口数控车床、CNC柔性加工中心、五面体加工中心、数控钣金设备、光学对刀仪、三坐标测量仪、超声波探伤仪、激光切割机、热处理车间以及无污染喷漆控制室等先进设备一应俱全。先进的加工设备结合先进成熟的加工工艺,是产品质量的重要保证。

在质量控制方面,东华公司是国内注塑机行业首家获得高新技术企业认定证书和ISO 9001质量管理和质量保证国际标准认证合格证书的企业。从1993年开始就全面推行ISO 9001质量管理和质量保证国际标准,对产品的制造实施全过程的质量监控,每一个生产岗位上的员工都经过严格的技能培训;每一道加工与装配工序都有严谨、科学的工艺规范;每一个过程都有严格的管理程序。在保证严格的零件、元器件检验与检测过程的同时,东华公司更注重的是对全过程的检验和控制,通过定期对过程质量的审核、诊断和评定,确保人、机、料、法、环五大要素输入的适时有效性，从而形成有效的闭环控制系统。技术精良的制造队伍，完整的质量保证体系，确保了产品的加工和装配精度，从而保证了产品的稳定性和可靠性。

四、公司荣誉

1993年，东华公司在国内首先突破特大型注塑机的设计和工艺技术，成功设计制造出国内首台25 000kN锁模力的TTI—2500B型特大型注塑机，填补了我国大型注塑机的空白，获得了国务院颁发的“中华之最”荣誉证书；同年，成为了在国内塑料机械行业中首家获得高新技术企业认定证书和ISO 9001质量体系认证证书的企业；1997年，TTI系列全自动注塑机被评为“广东省名牌产品”；1998年，TTI系列全自动注塑机被原国家机械工业局认定为“中国机械工业名牌产品”；1999年，设计制造出国内第一台TTI—1800T二板式注塑机并获实用新型专利，TTI—(550—800)F系列注塑机获省机械工业科技进步一等奖；2000年，研制出国内第一台环保节能高效的全电动注塑机；2004年，被广东省科技厅评为“优秀高新技术企业”；2005年，荣获“中国机械500强”、“中国橡塑机械10强”称号；2007年，东华公司h牌注塑机荣获“中国名牌产品”称号；2009年，东华机械有限公司被认定为首批“国家高新技术企业”，东华机械有限公司荣获“中国机械500强”，东华机械的“高效环保薄壁大容量餐盒注塑机”荣获“广东省高新技术产品奖”；2010年，东华机械的发明专利“化学发泡预压高速注塑成型方法”荣获东莞市专利优秀奖，东华机械荣获“中国2009年度中国塑料行业十佳评选之“行业贡献奖”。

五、服务销售网络

东华公司的服务网点遍及世界各地，在国内各区域、各城市设立办事处达30个，在海外50多个国家和地区设有办事处或代理商，共有售后服务人员180多名，全部是机电一体化专业毕业，通过ISO 9000专业培训并持合格证，人员平均从事机械服务行业5年以上，具有丰富的塑料机械故障判断、解决能力及优良的人际沟通能力。

东华公司主动与客户联系，依据客户的时间安排，提前对机器进行检查保养，最大限度的节约用户的时间成本，提前确保设备的正常运作；全方位的为客户进行免费培训；随时为客户设计、开发、提供机器附加功能设计参考；提供产品升级或改造服务。如：产能计算、产品打包服务；若出现需公司人员现场处理的事件，客户电话预约后，东华公司服务人员4小时内到达客户现场，一般故障2小时内解决使设备正常运转，特殊故障、系统问题48小时内予以解决；提供24小时全年无休维修服务，客户只需要拨打公司、各网络点服务热线，即可预约公司“全程管家”为客户提供的先设计后安装、保养、清洁、维护的360°全方位服务，同时通过各售后系统建立“一站到位、一票到底”的服务流程，实现“一次服务用户，全部设备受益”的服务目的。

〔供稿单位：东华机械有限公司〕

博大精深　价值共创

——广州博创机械有限公司

广州博创机械有限公司（以下简称博创）成立于2003年初，是专业设计、制造、销售高精密节能环保注塑机的高新技术企业，现有生产基地18万m^2，员工600多人，公司总资产5亿多元。

博创拥有广州、杭州两大生产基地和省级技术中心，拥有自己的品牌（注塑机）和商标（博创）及自主知识产权。当前在中国保持同步领先地位的BT挑战者系列、BH混合动力系列、BS伺服节能系列、BU威龙二板机系列和BM多色机系列，近100种规格型号的注塑机，可满足客户个性化的需求，提供“量体裁衣”、“一站式服务”。产品锁模力100～450 000kN，注射量25～80 000g。

博创以其产品的优质、精密、高效、节能、低碳、档次高、规格全及经济效益好而闻名于海内外市场，产品遍及我国各省、市，海外市场也已分布到世界五大洲，从最早期的韩国、印度、印度尼西亚、泰国、土耳其、埃及、南非和法国，到后来发展起来的意大利、西班牙、希腊、乌克兰、巴西、俄罗斯、伊朗等60多个国家和地区。经过努力，博创产品已在个别国家如乌克兰、巴西、南非、印度尼西亚成为当地的第一品牌，而在其他一些新兴国家的势头也日渐猛进。海外业务以每年50%的平均速度递增，并且在全球20多个国家注册了商标。

博创与时俱进，不断开拓创新，经过几年努力，已有100多个科技创新项目获得国家级和省市级荣誉以及50多项具有国际水准技术的专利。公司荣获“国家重点火炬计划高新技术企业”、“中国塑料行业最具影响力的十大品牌企业”、“广东省名牌产品”、“广东省著名商标”、“广东省制造业100强”、“广东省企业500强”、“广东省优秀企业文化突出贡献单位”、“广东省出口名牌”、“广东省最具影响力自主品牌企业”和“广州市A级重合同守信誉纳税大户”等荣誉称号。博创的综合实力和品牌指数排名均进入我国塑料机械行业前三甲。

博创秉承“博大精深，价值共创”的核心理念，为客户创造价值、为供应商创造价值、为股东创造价值、为员工创造价值和为社会创造价值。这全方位的理念给博创建设具有国际水准的一流信息化、数字化工厂，创造了更大的发展空间，也为博创真正成为最具活力的塑料机械行业领军者又向前迈进一大步。

〔供稿单位：广州博创机械有限公司〕

快速崛起的机械业巨头

——力劲科技集团有限公司

力劲科技集团有限公司（以下简称力劲集团）1979年创立于中国香港，是一家专业从事设计、制造和销售冷、热室压铸机及镁合金压铸机、精密注塑机和计算机数控加工中心的技术和资本密集型企业集团。经过30余年的发展，集团已经成为世界最大的压铸机制造商、中国主要的注塑机制造商之一和最具解决方案的计算机数控加工中心制造商。2006年10月，力劲集团在香港联交所主板成功上市。

力劲集团产品广泛应用于汽车、3C（计算机、通信、消费电子）、建筑材料（卫浴、灯饰）、电动工具、玩具、礼品、物流等行业和领域。经过30余年的不懈努力，集团在全球范围内建立起独特的竞争优势。

一、行业领导地位

力劲集团已成为全球销量最大的压铸机制造商。2007年以来，集团在中国销售的压铸机数量大约占当年销量的50%。2008年，力劲集团成功并购了世界顶级的压铸机制造商意大利意德拉公司，成为全球压铸机行业的领导者。

二、卓越的品牌

经过30余年的努力，力劲集团“LK”牌压铸机已成为享誉海内外的首选品牌。2007年，力劲压铸机被授予“中国名牌”称号。力劲集团是中国压铸机行业迄今为止唯一获此殊荣的企业。注塑机和CNC加工中心也成为最具成长性的品牌。

三、全球首屈一指的生产规模

力劲集团在中国的深圳、中山、上海、宁波、昆山、阜新、台湾以及欧洲的意大利拥有8个生产基地，占地面积约50万m^2，覆盖中国发达的华南、华东、华北和台湾以及欧洲等市场区域。

四、领先的技术

力劲集团实施科技领先战略，致力于为社会提供更多更好的高科技产品。与清华大学、浙江大学、中国香港理工大学等多所著名高等科研院校

“联姻”，在特种铸造、注塑成型、自动控制、材料技术等领域进行多元化技术合作，产品集各领域先进技术于一身，共获得40多项专利，并成功研发出我国第一台镁合金压铸机，是全球为数不多的能生产制造锁模力30 000kN以上压铸机的企业之一。作为第一家入选国家科技攻关项目的港资企业，力劲集团积极参加了中国“十五”科技攻关计划，成为中国镁合金应用及出口示范基地，并且成功入选中国“十一五”科技支撑计划。2008年，力劲集团与中国香港理工大学组建合资企业合作研发和生产2t级、5t级等多种高精密微注塑机，成为全球首家可生产纳米微型部件的上射式高精密微注塑机的企业。同年，集团研发的卧室冷室压铸机（DCC3000）和卧室冷室压铸机（DCC2500）及DCC3000M（镁合金）卧室冷室压铸机荣获“深圳市自主创新产品”。

五、优良的质量

力劲集团各生产厂已通过ISO9001质量体系认证，产品已获得CE认证和UL认证，达到欧美标准。

六、覆盖国内外的销售网络

力劲集团在中国大陆拥有45个核心销售和服务中心；在中国香港、中国台湾各有1家子公司，在美国、加拿大、德国、意大利共设有6家子公司；在全球发展了20多个代理商，销售和服务网络已经遍布全球。

七、整体解决方案和一体化服务

力劲集团致力于客户的成功，追求为客户提供整体解决方案，不仅提供压铸设备，还可提供周边配套设备和压铸后加工CNC加工中心等成套设备。力劲集团可以为客户提供从厂房规划、机型选择、安装调试、人员培训、工艺流程设计、运行跟踪、售后维修等一系列的一体化快捷服务，现已经实现中国大部分区域“24小时快速服务”。

由于力劲集团拥有市场上的领导地位、享誉业界的品牌、庞大的生产规模、领先的研发能力、卓越的产品质量、覆盖全球的销售网络和优质高效的服务，赢得了“中国名牌”、“中国香港名牌”、“广东省名牌”、“中国香港工业奖”、“国家级高新技术企业”、“上海市高新技术企业”、“广东省高新技术企业”、“深圳百强企业”、“全国外商投资双优企业”、“中国机械500强”等多项殊荣，赢得了业界的广泛认同。

展望未来，力劲集团将坚持创新，持续不断提升质量和服务，脚踏实地为成为世界级的精密机械制造商而做出不懈努力。

〔供稿单位：力劲科技集团有限公司〕

实现品牌永续经营

——广东伊之密精密机械有限公司

广东伊之密精密机械有限公司（以下简称伊之密）成立于2002年，专注于高精密节能型注射成型机、高性能铝镁合金压铸机和高品质橡胶成型机的研发、制造、销售并提供优质服务。经过8年努力，公司已建立遍布全国各地的50多家办事处，凭借持续的差异化产品创新、完善的系统和标准建设，正逐步成为我国领先的国际化装备技术公司。

近几年是市场增长较快的几年，伊之密用自己的实力赶上和抓住了这个飞速发展、稍纵即逝的机会，伊之密的工程技术人员，关注产品质量，埋头钻研，苦练内功，千方百计为客户提供最优质的产品，为伊之密的辉煌奠定了扎实的基础。在修炼内功的同时，伊之密注重提升企业形象和知名度，不断地在国内外大型展览会上精彩亮相、推出新的公司logo和标志色、建立网站、在专业媒体上投放广告等，将伊之密好的产品“广而告之”。伊之密坚持内外都要抓且“两手都要硬”，为伊之密取得好的业绩起到了推波助澜的作用，在全体员工共同努力下，伊之密的销售产值在三年时间内从2亿元增加到7亿元。

伊之密坚持“两条腿走路”，在标准机型量产的同时，抓住行业专机不放松，使两个轮子都协调配合的转起来；注重品质保证，包括购进的零部件品质。2010年，伊之密又投入4 000多万元购置了新的加工设备以进一步保证关键零部件的加工质量。

2008年，伊之密开始启动上市的前期筹备工作，由于国际金融危机的影响停滞下来，2010年中期又重新开始进行。伊之密的目标是在2012或2013年全面上市。

伊之密具有一班精通技术、善于管理、了解市场的专业团队，对技术、市场保持高度的投入和关注；大部分的技术管理骨干都是股东，能够自觉发挥主动的、强大的战斗力；伊之密的三个事业部（注塑机、压铸机、橡胶机）的运作很成功，已形成多种事业经营的研发、生产、营销模式，为今后进一步相关多元化发展打下良好基础；引进人才、留住人才、激励人才的机制，使伊之密吸引了大量行业内的精英。

在客户服务方面，伊之密倡导“沟通于心，服务于诚”。建立了以广州、上海、江苏为支点的全国销售服务网络，并在马来西亚、泰国、印度尼西亚、俄罗斯、波兰、南非、阿根廷等10多个国家及地区设立了代理商及服务网点。伊之密的售前、售中和售后服务，远程诊断、服务网点查询等，可以为客户带来更多的便利和效益。例如：在售前，通过为客户提供投资预算、厂房规划等多种形式的服务，使客户的规划既合理、规范，又能节约成本。投资预算：提供产品盈利分析、注塑机选型及其辅助设备配套与预算，人力资源配置预算服务；厂房规划：提供设备地基安装尺寸、设备摆放布局、车间通风、排气、运水、布线、起重设备设计服务。还为客户提供各种注塑辅助设备的资讯等。

伊之密一直非常关注低碳、节能和环保。2005年，开始研制伺服节能注塑机，已推出SM领航系列（2010款）伺服节能注塑机。SM系列注塑机采用先进的伺服泵技术，比普通注塑机节能20%～80%，节能效果接近全电动式注塑机。由于伺服泵的响应频率高，闭环控制方式，使注塑机获得极高的重复精度，易于低成本维护、保养。这不仅提升了产品的绿色制造技术水平，促进行业可持续发展及技术进步与提升，还为客户创造了更多价值。伊之密和华南理工大学合作，利用其拉伸流变理论，正在进一步研发体积缩小、维修成本更低、能源更节省的新机型以及用于各行业的薄、小、轻型包装专用机等。

伊之密创立的时间不算很长，经过不懈努力已进入快速增长、飞速发展的阶段。为提高机器产量和更有效完善地区售后服务质量，2007年7月，伊之密在苏州吴江经济开发区购置土地8万多m^2（130多亩），正式揭开伊之密华东总部建设的序幕。吴江华东总部2011年将完成建设投入使用，生产厂房主要加工制造大型机械设备。吴江华东总部的销售、技术支持、服务中心将辐射、支撑全公司注塑机、压铸机和橡胶机三个不同产品。

伊之密还在顺德五沙工业区购置了8万多m^2（120亩）土地，计划新建7万m^2的新工厂，预计在2012年第2季度全面投入使用，伊之密整个注塑机的生产将搬进新工厂。佛山容桂的工厂专门生产压铸机和橡胶机。届时伊之密三个工业园每年的产能将达到25亿元。

伊之密的扩展计划既适应上市的要求，同时更是为了实现全球化市场跨越式发展的需要。要成为“百年老店”一定要走出国门，参与国际化市场的激烈竞争，勇于在世界机械市场树立自己的品牌形象，凭实力争得一块更大的蛋糕。

〔供稿单位：广东伊之密精密机械有限公司〕

自主创新铸就佳明公司飞速发展

——广东佳明机器有限公司

广东佳明机器有限公司(以下简称佳明公司)成立于1998年1月14日,"十一五"时期,借助中国改革开放的东风,抓住了中国经济全球一体化的机遇,走"科技兴业"的道路,凭借佳明人的智慧、力量和有效管理,大力推举自主研发、自主创新,以迅雷不及掩耳之势,在塑料机械行业快速浇注打造出一个全新而又闪亮的品牌——佳明牌节能注塑机。

一、快速发展——脱颖而出

佳明公司原称南海市佳明机器有限公司,是一个作坊式的私营企业,在短短的10年里,佳明公司凭借技术创新的兴业之路,求新求变的经营战略,动态机制的科学管理,发展成为集球墨铸造、机械加工,注塑机设计开发、装配、调试为一体的专业生产注塑机械的集团式企业,每年均以25%~30%速度进行扩张发展,建立了省级水平的研发中心,月产量达800~1 000余台,最大机型可达40 000多kN,获得了国家高新技术企业称号,已经成为我国华南地区最大的注塑机生产基地之一。

佳明公司之所以发展如此之快,其根本得益于走自主创新之路——研发自主创新、生产工艺创新、管理创新、注塑机节能自主创新,通过一系列创新,走出一条具有佳明特色的快速发展道路。

二、技术创新——独领风骚

国内市场的国际化,民族工业面临的将是国外知名品牌、高新技术的严峻挑战,必须在发挥本土优势的基础上不断改进、自主创新,提高产品质量、技术水平,只有这样才能获取市场份额,争得生存发展空间。因此,佳明公司一直将研究开发、自主创新作为首要任务来抓,通过独特的人力资源管理方式广揽海内外众多著名的注塑机设计专家,组建了技术中心、研发中心,将欧美、日本的设计理念和中国特色的设计风格加以巧妙的结合,独创圆形注塑机钣金,充分体现了中国人认可的曲线美,开塑机业界之先河,成为注塑机行业最受欢迎的人性化美学设计。注塑机性能参数、安全参数、节能参数在采用欧美标准的基础上结合我国复杂的工况环境,非常适合我国当前的实际水平,深受用户青睐。2003年,按广东省研发中心标准组建了研发中心,组合了中国名校毕业的机械设计、注塑机专业的高学历人才,在塑料机械行业科研机构首先实现"四化",即开发队伍年轻化、知识化、专业化、以人为本化,广泛采用CAD/CAE/CAM高新计算机应用技术,借助计算机辅助设计分析软件实现三维元件参数化建模,机构运作仿真,主关元件应力分析等智能化设计。佳明公司还与国内外知名品牌机构如国内的国家塑料机械产品检测中心、汇川科技有限公司,国外的日本DAIKI、YUKEN,意大利SETTIMA等国际知名品牌企业合作,进行塑料机械研发,并诚请高校的资深专家作为研发中心的客座教授。研究开发的变频节能系统、闭环变量系统、伺服节能系统,拥有独立的知识产权,分别获得发明专利2项、实用专利18项,产品通过市场的考验,使用非常好,特别是伺服节能注塑机,节电效果非常明显,能耗级别达到国家1级能耗。技术自主创新让佳明公司插上了腾飞的翅膀。

三、工艺创新——精益求精

球墨铸造、机械精密加工、注塑机装配、注塑机调试,佳明公司已形成了现代化的流水线生产规模,保养维修等售后服务已形成了一条龙服务。公司领导时常教导员工"只有更好,没有最好",所以佳明公司永远站在求新求变的战线上,创新成了永久的话题和目标,无论是设计还是工艺或者管理都是如此,尤其是工艺,求新创新最为突出。佳明注塑机除了液压件、电器件为保证高品质,类似关键部件全部选择国外高品牌采购,其余的基础配件全部选择自己加工制造,以确保产品的质量保证。工艺的改革创新和完善关系到产品品质的保证与提高，因此工艺改革一直是佳明公司不断追求的目标。

配件的球墨铸造。佳明公司的铸造品质在铸造业已是相当知名，为了做得更好，引进了日本树脂砂工艺，并在此基础上进行进一步延伸，不但工序减少一半，而且过程品质改善将近两倍，特别是外观质量，更是大幅提升，当前单件铸件可铸造近50t。

配件加工。佳明公司分别从中国台湾、日本和韩国购进多台五轴联动机加工中心机，筹建了机加工中心部，组建了柔性加工生产线12条，关键配件、重点配件、重点控制，粗、精加工分开，打破常规加工理念，批量加工，成本比以前节省1倍，加工精度和质量比以前提高近1倍。注塑机装配生产线，几经改造，形成质量控制供应链模式，生产装机实行流水线批量生产模式，上下工序实行质量的严格追溯体系和索赔体系，因此大大提高了产品的过程质量和产量，工作效率比以前提高20%～30%。

因此工艺的不断改革和创新为佳明公司的快速发展奠定了坚实的基础。

四、管理创新——人性自由

佳明公司的管理不同于一般的国有企业的程序化，也不同于外资企业的规范化，经过多年的摸索已创建了一套具有佳明特色的管理模式。它是一种模糊数学式的管理，在一个中型企业内部，极尽精兵简政之架构，充分落实销售、生产、品质保障放权之功能，管理呈现欧美人性化自由模式，充分展现了管理人员自觉、自愿、尽力工作之风范，牵一发而动全身，工作反应之快，改进周期之短，一般企业无法想象。佳明公司应变市场的速度在同行中处于领先地位。

创新才能傲行逐业，创新才能赢得市场。经过自主创新，佳明公司已进入塑料机械行业前列，通过了ISO9001质量管理体系认证、国家注塑机产品质量认证、欧盟CE认证；荣获质量诚信AAA企业、广东省民营科技企业、省名牌企业、国家高新技术企业称号，佳明牌注塑机也被授予全国注塑机质量过硬放心品牌产品、最佳节能注塑机产品奖等。

佳明公司通过品质创新、技术创新推动品牌建设，通过多元互补创新打造跨国实业，占地面积10万m^2的平地分厂改建后主要进行精密加工的小型注塑机的生产，占地面积15万m^2的三水佳明工业园也于2009年6月份投入生产，2010年产值达6亿元，另外20多万m^2的大型注塑机生产基地正在投建中，计划2014年完工，计划年总产值突破10亿元。不久的将来，相信佳明公司一定能够为我们民族工业的振兴做出应有的贡献，一个国际品牌的佳明注塑机一定会昭示于世人眼前。

〔供稿单位：广东佳明机器有限公司〕

向世界一流挺进

——广东金明精机股份有限公司

广东金明精机股份有限公司（以下简称金明）创立于1987年。在付出了无数心血和汗水，经过了一次次艰辛的努力后，金明人终于实现了自己的理想：打造出金色的品牌，向世界一流挺进。

一、向世界一流挺进

2009～2010年，4件大事使金明跨入新的发展时期，金明具备了向世界同行业一流挺进的条件，从某种意义上说，金明已经进入世界一流企业的行列。

一是金明在2009年5月迁进了占地百亩的新厂区，引进了国外最先进的精密加工中心，最大加工件直径可达3.4m。此举标志着金明从生产条件、办公条件和生产能力上已经具备了国际一流企业的条件。仅仅一年多时间，新厂区已经不能适应金明快速发展的需求，2010年底，新征百亩厂区用地已经到位，同时金明准备再引进大型数控加工中心，以满足大型精密部件的加工需求。

二是2010年金明的产销额翻了一番，超过2亿元。其中，出口占30%以上，出口国家主要是欧美国家，尤其是美国。美国1家全球有名的软包装薄膜制造商近两年连续购买了金明多台设备。

三是2010年10月27日~11月3日，金明在德国杜塞尔多夫国际塑料及橡胶展（K展）上，展示了最新研制的三层共挤吹膜生产线，得到了制膜商和参观者的高度评价，认为金明设备已经全面超越中国台湾和印度的机器，在产品的综合性价比方面甚至可以和德国、意大利的机器进行同台竞技。

四是2010年底公司更名为“广东金明精机股份有限公司”，成为一家全新的民办股份制高科技产品制造公司。

德国K展上的精彩展示和客商的高度评价、3成以上的出口和美国制膜商对设备的青睐、一流的厂房和先进的加工设备，足以说明金明的产能已接近德国、意大利等发达国家的水平。如果从性价比来看，可以说金明已经进入了世界一流的行列。

二、靠科技振兴企业

金明作为一家诞生在改革开放大潮中的民营企业，成立初期技术底子薄、资金实力弱，只能加工一些简单、低技术含量的塑料机械产品。但是，金明确立了“靠科技振兴企业”的发展宗旨，重视科技投入，重视技术创新，每年的利润都用于扩大生产、建造厂房和购买设备。

1990年，金明成立仅仅3年便研制成功自动操作的塑料吹瓶机，从而摆脱了因产品结构的技术含量不高而在市场竞争中处于被动的局面。此后，公司陆续研制成功PLC吹瓶机控制系统和全自动塑料吹瓶机，实现了公司的快速发展。

20世纪90年代中期，随着我国塑料加工工业的发展，塑料薄膜在工农业生产和人民日常生活中的应用日益广泛，公司果断投入资金和技术，并且积极加强国际合作和技术引进，着手研发吹膜设备，1995年，幅宽10m的大型吹膜机组研制成功，并通过了技术鉴定，不仅填补了国内大型吹膜机生产的空白、替代进口设备为客户带来了可观的经济效益，也为金明的发展开拓了新的市场空间。

1997年，公司通过ISO9001国际质量体系认证，成为粤东机械制造行业首家获得认证的企业。

1999年，与德国莱芬豪斯公司签订正式的技术合作协议，通过引进国外先进的技术提升国产塑料机械的技术水平和档次。同年7月，向北京华盾公司交付迄今为止亚洲最大的、技术水平最高的、超宽幅20m的三层共挤农膜（土工膜）生产线，该生产线的土工膜制品被用于三峡工程项目。

2001年，公司生产的计算机控制多工位高速中空成型机组列入广东省重点新产品计划，并且成功承了办全国“农用塑料薄膜行业2001年年会”。

2003年，金明产品通过了欧盟产品安全CE认证。MB系列多层共挤包装膜吹塑机技术改造项目列入国家重点技术改造“双高一优”项目导向计划和广东省2003年重点技术改造计划。

2004年，公司被国家科技部认定为国家火炬计划重点高新技术企业；同年，被广东省科技厅、省发改委和省经贸局联合认定为“广东省多层共挤塑料加工装备工程技术研究开发中心”。

2005年，公司通过了ISO 14000国际环境标准认证。

2009年，公司开发成功糙面土工膜专用吹膜机组，打破了国外设备在该产品领域的垄断局面。

2010年，公司举办了“牛奶包装薄膜技术研讨会”，并再次联合中国农用塑料应用技术学会和中国塑料加工工业协会举办了“中国农膜制造新技术研讨会”。

“靠科技振兴企业”是企业的发展宗旨，凭借不断的技术创新，金明不断开发出具有市场竞争力的新产品和新技术，在国内率先开发成功一系列挤出吹膜整机，填补了国内空白，其中包括下吹三层共挤水冷式吹膜机组、三层共挤（POF）环保型热收缩包装膜吹塑机、FFS三层共挤重包装吹膜/印刷/压纹/插边整线机组、五层共挤薄膜吹塑机、七层共挤高阻隔膜吹塑机和八层共挤下吹水冷式薄膜吹塑机等。同时，公司不断提升现有产品的技术含量和技术档次，先后开发成功风量式自动风环、风温式自动风环、双级冷却风环、水冷式IBC内冷系统、自动称重喂料控制系统、多功能全自动收卷机及分布式计算机集中控制系统等具有创新性的部件和系统。

艰辛的努力和付出终于获得了市场的认可和回报。当前，金明已经发展成为中国挤出吹塑装备制造行业的佼佼者，产品有塑料薄膜挤出吹塑设备、中空吹塑成型设备、塑料薄膜挤出流延设备等三大类，其中吹塑成型设备可以生产幅宽40mm～20m、从单层到九层共挤结构的各种规格的薄膜制品；中空成型设备可以生产容积10mL～1000L、从单层到七层共挤结构的各种塑料容器；流延设备可以生产最宽2.5m、从单层到五层共挤结构的塑料薄膜。

2009年，在市、区两级政府的大力支持下，公司正式搬迁到占地总面积6万多m^2的汕头市濠江区新工业园区，新建厂房面积约5万m^2，同时新购置了包括德国DMG公司大型精密加工中心在内的多台加工机床，并对新厂房的布局进行了科学规划，长期困扰企业发展的产能问题得到了解决，企业的管理水平和生产能力都迈上了一个新台阶。

三、未来的发展策略

金明是国家火炬计划重点高新技术企业，拥有国家级“中国吹塑装备与功能膜产业基地”和“广东省多层共挤塑料加工装备工程技术研究开发中心”，是广东省装备制造业50重点骨干企业，也是汕头市装备制造业重点企业，中国塑料机械工业协会、中国包装联合会常务理事单位。

公司现有员工380人，其中，各类专业的工程技术人员55人。公司在北京、上海、苏州设有办事处，在俄罗斯、加拿大、马来西亚、泰国等国家和地区设有业务代理机构。

在管理上，金明全面推行先进管理方法。设计、生产、供应、销售、行政、财务等部门全部采用计算机管理，在产品质量的控制上严格按ISO 9001的管理体系运行。

产品畅销全国各地的500多家用户，出口到德国、美国、加拿大、日本、秘鲁、波兰、俄罗斯、波利维亚、哈萨克斯坦、吉尔吉斯坦、塔吉克斯坦、安哥拉、坦桑尼亚、马来西亚、新加坡、泰国、印度尼西亚、印度、伊朗和菲律宾等国家。

金明成立后主要产品有吹瓶、吹膜和流延设备3大类，20世纪90年代中期以后，根据市场需求，主要以生产吹膜设备为主。吹膜设备从农地膜吹膜设备发展到包装膜、功能膜吹膜设备3大系列。当前，3大系列产品均在不同的领域中发挥着重要的作用。农地膜设备是金明最早的产品。经过不断发展，现在金明用生产包装膜的技术去生产农地膜吹膜设备，使产品（尤其是大棚膜的透光度、防滴漏）的功能和使用寿命均有延长。功能膜吹膜设备以土工膜为主，土工膜应用范围广泛，河床、垃圾填埋厂、高速路基高铁路基等均离不开土工膜。面对市场需求，经过技术创新，近两年，金明开发了可生产出双面加糙土工膜的吹制设备。这种双面加糙土工膜应用到路基、高铁动车的建设中，与地面的附着力更强，可有效保护水土不会流失。此外，金明还开发出输液膜专用吹膜设备，从而解决了输液膜依靠进口的局面，为国家节约了大量外汇。

包装膜吹膜设备是金明的主要产品。鉴于国内外市场的需求，金明准备向客户推出金霸、金明、金众、金星4个系列产品。金霸是指高配置、高技术含量的，代表着金明公司接近国际一流水平的高端产品，主要面向高端用户；金明是指根据用户需求量身定制的产品；金众是指可满足多层次用户需求的经济型产品；金星是以微利回馈于客户的打包式出售的定型产品。这样做的目的主要是为了满足国内多层次客户的需求，使用户在设备的选购上具有更多的灵活性。除去吹膜设备之外，2010年起，金明公司还准备恢复扩大吹塑设备和流延设备的生产，以满足制桶厂、塑料汽车油箱生产的需求。吹瓶、吹膜和流延设备多元发展，将是金明今后的发展方向。

〔供稿单位：广东金明精机股份有限公司〕

推进行业发展　共创经济佳绩

——广东省塑料工业协会注塑专业委员会

广东省塑料工业协会注塑专业委员会(以下简称专委会)是由塑料注塑制品企业,注塑机及周边设备、模具企业,相关学校及与之关联的单位和业界同仁自愿结成的全省性经济技术类专业协作组织。专委会秘书处工作由力劲集团深圳领威科技公司承担。

注塑专业委员会自成立以来,开展了以下工作:

一、会员队伍的不断扩大,架构了行业沟通桥梁

专委会不断吸纳新成员,会员队伍不断扩大,专委会新的服务内容也随之开展,如为会员企业多渠道联络行业专家、上下游企业以及行业媒体,为企业解决生产、经营中的实际问题,并通过行业媒体的报道,提升会员企业行业知名度。

为发挥行业沟通桥梁作用,专委会还编辑出版了内部交流刊物《中国注塑》,共发行26期,每双月出版,及时报道专委会活动动向,介绍行业领先技术。

二、举办国家级学术研讨,提供技术咨询

近年来,专委会协办多场国家级会议、展会、研讨会,积极推进各类先进技术,尤其是节能技术;开展安全及标准化工作;推动了专委会和企业间的联系与交流,增强了凝聚力。

2008年以来,专委会与中国塑料加工工业协会等各级机构举办了多场行业活动。

(1)2008年,专委会特别邀请北京化工大学杨卫民教授在东莞国际塑胶展览会上就“国际注塑创新技术”的课题,分别前后3场,向200多位企业代表介绍了国际注塑成型机的最新技术进展,杨教授还现场为部分企业单位代表答疑解惑。

(2)2008年,专委会协办了由广东塑料工业协会和国际橡塑网在东莞主办的“中国注塑商务合作大会”,多家企业介绍了国际注塑成型新技术、新工艺的最新技术应用,吸引了150多名注塑企业界从业人员参加。

(3)2008年3月,在第九届华南国际塑料工业展览会上,专委会主办了一场技术研讨会,研讨会上6名专家技术顾问分别在研讨会上作了注塑知识讲座,讲座吸引了100多名注塑企业界从业人员参加。

(4)2009年,专委会在“第二十三届中国国际塑料橡胶工业展览会”举办了主题为“中国塑料行业新技术、新工艺以及微型注塑机推广”的研讨会,邀请了中南大学蒋炳炎博士、香港理工大学刘干修博士等行业专家做了专题演讲,深受业界好评。

(5)2010年10月,在广东省顺德市龙江镇,专委会协办了中国塑料行业“创新与节能产品推荐评选颁奖晚会”,活动主题为“发展绿色环保、推进节能减排、促进创新产业化”,共评出47个奖项。目的是鼓励塑料机械制造企业进行技术创新,提升中国塑料机械产品的技术含量和节能水平,提高企业实力和核心竞争力,从而推动行业进步和环保事业不断向前发展。

三、积极开展标准化活动,推广节能降耗工作

(1)2008年,专委会在广东东莞举办了全国《注塑机安全要求》国家标准的宣传研讨会。全国橡胶塑胶标准化委员会、中国塑料机械工业协会和国家塑机检验中心等领导参加了会议。

(2)2009年,在珠海,专委会与国家塑料机械产品质量监督检验中心共同举办了GB/T 22530—2008《橡胶塑料注射成型机—安全要求》强制性标准宣贯会。全国几大领先注塑机制造商都参加了会议,说明业界对标准化工作的重视。通过专委会的平台,将其有关国家注塑机标准化的标准,免费提供给广大会员企业单位,为注塑行业企业进行技术信息交流提供了更多的内容。

(3)2009年,中国塑料机械工业协会下发了《关于开展节能型注塑机检测申报工作的通知》,在宁波进行了注塑机的首次节能产品检测,专委会观摩了此次检测工作。

(4)2009年,在深圳市中国国际工业品博览会期间,专委会围绕“节能降耗”的主题举办了“2009注塑行业节能降耗研讨会”,企业代表介绍了围绕注塑加工工业研发的各种节能改造技术,受到业者普遍关注。

(5)2009年,专委会与珠海经济特区顺益发展有限公司在珠海共同举办了“合理润滑与企业节能降耗应用研讨会”,推广合理润滑技术成果应用,300多位业界人士参与了该活动。合理润滑技术能有效降低注塑加工过程能耗,节省成本,为企业争创效益。

通过以上活动的开展,加强了同行交流,加深了注塑与模具、塑胶原料等产业链上下游企业的联系。专委会作为省级专业行业组织,为塑造广东省注塑行业良好形象,为各企业的形象推广积极争取宣传机会,共同推动并提升发展空间,促进行业发展,开创新的工作局面。

四、企划组织化工、机电类科技图书、培训教材的编写出版工作

(1)为了满足广大企业员工继续再教育愿望,专委会以专家委员李忠文的《注塑机调操作工》等8本教材,以及蔡恒志等编辑的《注塑操作工》为培训教材,为会员企业员工参加深圳市劳动局职业鉴定所注塑操作工的工种考试,组织了多次考前培训,多名员工考试合格并取得等级证书。

(2)培训教材中,《精密注塑工艺与产品缺陷解决方案100例》、《注塑机操作与调校实用教程》还荣获了由中国石油和化学工业出版社评出的“中国石油和化学工业优秀出版物奖”。

(3)专委会计划2011年在化工出版社编辑出版《注塑制品缺陷集图》和《注塑成型工场管理》两本培训教材。

(4)专委会多位专家已参与多项化工行业国家职业标准审定以及教材题库开发,还参与了中国轻工职业技能鉴定培训教程的标准《塑料制品操作工》等大纲的编著工作。

(5)专委会策划出版的《职业技能鉴定培训教程·注塑机操作工系列》丛书,将有助于全面而系统地提高了行业从业员工的知识水平。

多本培训教材的成功之路,为广大青年提供大量精神食粮,对提高专委会多位专家的理论研究和专委会知名度都有很大好处。

五、工作思路

在当前行业激烈竞争的情况下,我国塑料机械行业面临着新的发展机遇与挑战。在2010年工作基础上,专委会将进一步发挥行业组织桥梁作用,通过研讨会、技术交流、企业培训等方式,加强企业间的学习与交流,使会员企业通过掌握应用领先技术,不断降低成本,提高效率。

(1)深化管理,完善组织结构,促进专委会信息平台工作建设。

(2)继续办好内部刊物《中国注塑》,免费为广大会员提供行业技术信息交流服务,密切专委会和企业间的联系和交流,更好地为注塑行业提供技术服务。

(3)协助推进注塑机安全要求标准的执行。协助会员企业做好执行国家强制性标准《橡胶塑料注射成型机安全要求》,配合国检工作,促进企业产品品质的规范化发展。

(4)推进注塑机节能降耗工作。协助会员企业做好参与节能降耗检测工作。

(5)壮大专委会技术顾问队伍,发挥行业专家服务作用。通过举办和参加全国各类行业研讨会,继续开展评聘注塑行业“技术顾问”的活动,给行业专家提供更多服务平台。力争努力搞好同行业技术信息交流活动,为会员单位提供有关注塑技术咨询现场解决技术难题及培训等服务。

〔供稿单位:广东省塑料工业协会注塑专业委员会〕

真情永恒　务实兴业

——宁波方力集团有限公司

宁波方力集团有限公司是一家以装备制造为龙头,集制造、进出口贸易、房地产、多元投资于一体的综合性企业集团,专业生产塑料管材挤出成套设备、塑料辅机等产品,是国家级高新技术企业。

公司创建于1993年,下属宁波方力科技股份有限公司、宁波格兰威尔方力挤出设备有限公司、宁波方力集团营销有限公司、宁波方力机床工贸有限公司和宁波方力置业有限公司等多家分(子)公司,公司在北京、上海、广东、成都以及东南亚、俄罗斯、日本、德国等地建立了办事处和销售服务中心。

公司成立以来,通过持续引进、吸收国外先进的塑料机械技术,开发的SZ系列水环式真空泵、PP—R管材挤出生产成套设备、PE给水(燃气)管材挤出生产成套设备等成为建设部推荐替代进口产品的重点项目。2002年,无规共聚聚丙烯(PP—R)管材生产成套设备获市科技进步奖;2004年,PE管材挤出生产线被列为国家火炬计划项目;2006年,成立宁波方力挤出机械制造公司省级高新技术研究开发中心,同年,SBWX型HDPE双壁波纹管挤出生产线被列为国家火炬计划项目,并在2007年荣获浙江省装备制造业首(台)套产品;2008年,方力集团获"中国驰名商标"称号,同年FXJF年产万吨废子午胎常温制精细胶粉成套机组荣获"双十工程"高新技术重点项目;2009年,宁波格兰威尔方力挤出设备有限公司荣获国家级高新技术企业称号;2010年PE聚乙烯大口径管材挤出生产成套机组的研发与产业化荣获宁波市科技进步奖二等奖,塑料管材挤出生产线荣获"宁波名牌产品"称号,宁波方力科技股份有限公司"年产570台塑料管材挤出成套设备技改项目"列入国家重点产业振兴和技术改造计划。

宁波方力集团有限公司锐意进取,获得英国SGS颁发的ISO 9001国际质量体系认证及CE认证,并获得国家进出口自营权;被评为重合同、守信用和资金信用AAA级企业。已获得36项国家专利。

宁波方力集团有限公司秉承"真情永恒,务实兴业"的企业理念,诚邀与您竭诚合作,共创美好未来。

〔供稿单位:宁波方力集团有限公司〕

持续引领塑料机械控制

——宁波弘讯科技有限公司

一、公司概况

弘讯科技有限公司是注塑机控制器的专业制造者,有着近30年的历史。从早期中国台湾两三位有志青年的创业梦想开始,随着中国塑料机械制造业的蓬勃发展,弘讯控制器的市场随之扩大,发展至今,已成为中国注塑机控制器行业的专业领航者。

2001年,为了给中国注塑机厂家提供最及时的供货和最贴身的服务,弘讯科技有限公司选择落户于"中国塑机之都"的宁波,注册成立宁波弘讯科技有限公司(以下简称宁波弘讯)。宁波弘讯厂区总占地面积23 000余m^2,总建筑面积14 000余m^2,配套建设研发实验楼、办公楼、生产工厂、员工生活配套设施等。宁波弘讯从2001年的10余人的队伍发展至今160余人,始终坚持"专业、品质、服务、创新"的经营方针,从市场调研、设计研发、生产出货至售后服务一条龙持续发展。为创立自主品牌发展战略奠定基础,宁波弘讯启用"ACTTECH"新商标,取得国家商标局注册证。

宁波弘讯专注于工业电脑控制系统的研发设计、生产制造，拥有高水平、高素质的专业人才组成的产品研发中心，不断地为客户开发具有良好适用性的新产品，为塑料机械行业的发展提供与时俱进的控制系统。公司于2008年被评定为“高新技术企业”。

二、产品与创新成果

宁波弘讯专注于深化本业，致力于各类塑料机械控制系统研发与制造，如注塑机、吹瓶机、挤出机、注吹机和橡胶机械等的控制系统。HMI面板支持24国语言；主机采用插卡式的结构；HMI面板的画面根据客户需求进行风格客制化；模块化设计、产品的多样性、多功能性使控制系统的功能规格配置调整弹性较大，满足了不同国家不同客户不同机台的需求，为客户打造专业的软、硬件设计的控制系统。

要永续生存，必须开拓进取、技术革新、产品创新。公司员工160余人，30%为研发团队人员。公司每年投入不低于总销售收入的5%作为科研活动经费，不断优化产品，引领行业发展潮流。

1. 节能控制系统

随着能源供应日趋紧张、能源价格高扬，节能减排成为世界发展趋势，宁波弘讯潜心研究、大力投入各类高节能控制系统，成功研发出HYB液电复合伺服节能控制系统。该系统为压力闭环、速度全闭环系统，并采用多组PID控制，可扩展性强，系统搭配弹性大，满足各种不同规格的特殊需求。工作过程中的高速响应、高重复精度保证了产品的稳定性与精密性；闭环状态下的压力波动量小，保压值时的转速小，实现了高效节能。根据不同生产条件，较传统液压动力系统，最大节电70%，由此提高产品品质，降低生产成本，提高企业竞争力。

2. 注塑机网络计算机整合制造系统

随着人力成本的逐年上涨，信息业的迅猛发展，各行各业计算机信息网络化管理已全面铺开，带给人类的管理优化、效益提升已深得人心。宁波弘讯自主研发，为管理者量身成功打造了“过程管理”工具——注塑机网络管理系统iNet，填补了塑料机械网络化管理的空白。iNet为管理者实时了解机器生产状态，快速了解机台产能，有效解决工人参数设定出错率高的问题提供了最得心应手的解决方案。网络化的排程生产、数据化的参数存储、模具与机台的状态与分类管理等功能，大大降低人力成本并快速解决机器故障，自动生成最准确实时的报表，提高产品质量和生产管理效率。完全突破传统管理模式，从“人管人”升级为信息化、无人化管理。

3. 专利

截至2010年底，宁波弘讯拥有自主知识产权30余项，软件著作权数项，2010年评为宁波市专利示范企业。每年承担各级新产品开发项目不少于5项，每年申请与授权专利不少于10项。宁波弘讯塑料机械研发中心于2010年被认定为“省级工程技术中心”。

4. 标准

作为行业的领军者，宁波弘讯于2007年12月参加起草行业标准《注塑机计算机控制系统通用技术条件》（JB/T 0894—2008）（2008年11月开始实施使用）；国家标准《机械电气设备塑料机械计算机控制系统》（GB/T 24113.1—2009）（2009年11月开始实施）。

三、销售与服务

宁波弘讯以最齐备的产品种类、最人性化的产品功能、最稳定的产品质量占据了国内外市场，当前全国60%的注塑均配备弘讯控制系统。

宁波弘讯采用代理商营销模式，近几年来，除2008年受第三季度全球经济危机影响情况外，每年销售额保持不低于30%的有序增长。其中，节能产品从占总销售的10%逐年翻倍上涨，当前节能伺服控制系统已占全年总销售额的40%。

宁波弘讯一向注重对客户的技术支持及售后服务，以团队整体性力量发挥营销力量，期盼与客户创造合理利润，提高企业生产效率，促进企业成长。随着持续研发的新产品投入批量生产出货，宁波弘讯在国内外各大城市设立维修服务点10余处，国内有宁波、虎门、顺德、无锡、黄岩、天津；国外有伊朗、巴西等地，并委派技术精良的工程技术人员驻扎，给用户提供最及时全方位的服务。

四、人性化管理

宁波弘讯除了拥有稳中有升的产品发展，另一大笔财富就是拥有一批敬业爱岗、企业利益当前的员工。同样，员工感恩受雇于“以人为本”的公司而努力创造，劳资双方互信互助，成就企业的发展。宁波弘讯按照劳动法及相关法律条文规定给予员工一切福利保障，厂区设立了生活文体设施，营造美好的生活工作环境，确保员工身心健康、状态积极向上。公司出台一系列具体的员工生活成长所需的补贴办法以及各类激励机制。唯才是用，委以重任，给新人提供了广阔的发展空间。企业在设法为员工创造优良条件的同时，员工更以最大的热忱投入工作，保证公司良性而乐观的经营运作。

〔供稿单位：宁波弘讯科技有限公司〕

伺服与系统方案的完美结合

——上海御能动力科技有限公司

一、企业概况

上海御能动力科技有限公司（以下简称御能动力）是2005成立于张江高科技园区的外资公司。御能动力由多名留美博士领衔创办，将海外知名大型企业数十年的技术开发和管理经验移植到中国，形成了今天的既有西方先进企业管理模式又有中国文化特色的科技创新型公司。公司成立以来，曾先后获得张江高科技园区科技型创业企业、上海市高新技术企业、上海市创新型企业等称号。

御能动力以电力电子、数字控制及传感技术为核心，向机械及装备制造行业提供基于伺服驱动的光机电一体化系统解决方案。为打破我国高端伺服市场长期被欧洲和日本品牌垄断的局面，御能动力凭借自身其拥有的永磁同步电动机及其控制的核心技术开发了一系列的高性能伺服产品，致力于用专用伺服优化系统配置及工艺参数，使生产过程更节能、更精密、更高效、更耐用。

御能动力的产品已广泛应用于塑料机械、纺织机械、油田、机床、工业机器人、包装机械、电子制造、和光伏等领域。品牌的产品已远销美国、韩国、俄罗斯、日本、巴西、越南、印度、东南亚等国家和中国的台湾、香港，正大踏步迈向国际市场。

二、经营战略

御能动力以振兴民族产业为己任。公司成立初期通过引进外资成立了全外资公司，随着公司规模的不断扩大，2009年成立了苏州御能全资子公司，并进行一系列的资源整合，现已转化为中外合资公司，迈出了创建民族自主品牌的第一步。公司自2005年成立以来，从未停止过对品牌核心价值探索和传播，2010年品牌推广口号“Better Servo，Better Solution | 伺服与系统方案的完美结合”的确立，标志着御能动力有了一个更为清晰的品牌定位。

公司坚持弘扬“客户至上、诚信合作、持续创新、以人为本”的企业文化，始终以客户利益为优先原则，然后才是员工和股东利益。

5年来，企业投资性质在变、产品系列在变、品牌策略在变，而始终未变的是节能、环保和低碳的主题以及提升中华民族制造装备水准的社会责任感。

三、科学管理、持续创新

御能动力现有员工130多人，其中留美博士3人，硕士8人，大专以上学历占总人数的65%；作为科技创新型企业，研发人数约占总人数的1/3。高素质的团队带来高效管理、高新技术以及高品质的产品；扁平的公司组织架构让信息传达快速、准确、高效；国际化的企业经营理念结合了科学的项目管理方法；公司以市场企划为龙头，深入研究市场和客户需求，实施以价值驱动品牌策略，并结合企业自身资源制定了明确的中长期发展规划。自2007年首款S系列伺服产品面世以来，连续4年销售额复合增长率超过220%，预计2011年将达到1.5亿元的销售业绩，当前，已达年产4万套伺服驱动的生产能力。公司已有苏州子公司和宁波办事处、深圳办事处、盛泽办事处、顺德办事处5个办事处，经销商和代理商已遍布除少数西部边远地区之外的全国大部分区域，以及韩国等东南亚地区。公司每年投入的研发费用占公司总销售额的比例超过6%，在人力和物力上保证技术和产品研发的需求，保证了公司持续创新的动力。

公司严格按照ISO9001质量认证体系和CE认证要求进行经营和生产；6S管理的推广应用对公司形象的提升、工作效率的提高和降低损耗都取得显著效果；ERP管理系统可实现研发、采购、生产、销售及财务等环节无缝连接，大大提高了工作效率，降低了成本。

高效管理才能研发出尖端技术，高效管理才能生产高品质的产品，高效管理才能提供优质服务，高效管理才能培养优秀人才。在工业水平总体落后的当今中国，迫切需要创新来赶超世界强国；而创新首先需要观念的创新、管理的创新，然后才能有技术和产品的创新。

四、卓越人才、尖端技术

御能动力以多名留美工学博士为研发队伍核心，在电力电子、电动机控制等方面有着20多年的研发和产品设计经验，在美国有30多项专利，在国际一流杂志和期刊上发表过近百篇科研论文和数本专著。公司还有40多名国内著名高校毕业的有多年产品设计经验的博士、硕士和学士组成的技术和产品研发团队，不断创新的理念和严谨的设计开发流程使其形成了一个有竞争力和创新活力的集体。公司成立以来，已经多次承担了国家“863”电动汽车研发项目的研发，自主创新开发了专用的工业伺服控制系列产品。当前，已申请发明专利10项、实用新型及外观专利20余项，软件注册14项和多个商标注册等。

公司的核心技术主要围绕电动机设计、电力电子集成设计和研究、数字控制算法和应用软件研究与开发以及专用传感器的研究和开发。这些技术的积累为公司在不同应用行业开发产品打下了良好的基础和技术平台，确保公司为行业客户提供高技术、高性能、高可靠性和高性价比的系统集成解决方案，同时也为公司向新能源应用进军打下了良好的基础。

公司已形成了5个系列的技术平台，即低压伺服（T系列）、小功率伺服（S系列）、中功率伺服（M系列）、高精伺服（H系列）和大功率伺服（J系列），3年内伺服驱动产品规格将覆盖全功率段。

五、注塑机伺服液压系统

御能伺服控制技术从成熟、稳定、可靠的混合动力汽车电动机控制系统衍生而来，产品均通过严格的电磁兼容、高低温、潮湿和震动试验，适应各种恶劣环境。御能动力在进行技术创新的同时深入研究注塑机械工艺流程及参数，将注塑机特定的工艺需求融入到控制软件算法中，使整个注塑机的能效和制品精度发挥到最佳状态。

据注塑机机型、流量和吨位的不同，御能动力提供4类伺服液压系统解决方案来满足不同客户需求，即单泵控制系统、多泵合流控制系统、多泵复合控制系统和多泵多模式控制系统。其中，多泵复合控制系统和多泵多模式控制系统旨在满足海外高端客户对大型注塑机的需求，已远销到韩国、俄罗斯等地。

单泵控制系统的功率范围为7.5～55kW，可满足大部分4 000kN以下的注塑机需求。更大锁模力的注塑机则采用多泵控制系统方案，主伺服驱动器根据上位机的需求，通过CAN BUS总线将数字命令传输给各个子驱动器进行协调控制，各伺服驱动器根据应用需求确定最节能的工作状态，协同控制各电动机的力矩和转速，确保压力和流量的快速响应和稳定以及制动过程的平稳转换，多泵合流控制系统最多可实现16套伺服液压泵的联动，最大流量可达4 000L/min。

多泵复合控制方案是御能动力2010年新推出的液压控制方案，即在多泵液压注塑机中同时采用多组分流与合流的控制方案，与单纯的多泵合流系统相比响应更快、更节能、成型周期更短；多模式控制方式常用于20 000kN以上注塑机的液压控制，泵的数量在3个以上，泵与泵之间有3种组合应用模式。

此外，PQ解耦控制方案、多段PID和双排量柱塞泵等多项特色技术的应用，对节能效果和响应速度都有显著提高，也进一步巩固了御能伺服电液系统在行业内竞争力。

六、未来规划

在以节能、环保和低碳为主题的今天，御能动力积极参与、推动伺服节能系统的应用和普及，为节能减排、改善环境做出应有贡献。公司新开发油田抽油机伺服（MP500系列）、数控机床主轴伺服（HM600系列）、光伏水泵伺服（TS300系列）、剑杆织机控制系统（RS2000系列）、龙头提花伺服（ML500系列）等多个产品线，已进入小批量销售阶段，2011年将全面进入市场。同时随着带有Ethercat通信功能的HM600系列高精密伺服即将进入市场，全电动注塑机伺服的应用已指日可待。

2010年是御能动力“2010～2014”5年规划的第一年，以良好开端拉开了未来5年发展规划的序幕，同时吹响了打造国际知名伺服品牌的号角。公司计划利用3年时间打造成国内知名的民族自主伺服品牌，5年争取在国际伺服舞台上获得一席之地。

〔供稿单位：上海御能动力科技有限公司〕

走向市场　服务客户

——山西大新传动技术有限公司

山西大新传动技术有限公司是研究、开发和生产新型机械传动联结件的专业工厂，成立于1998年，注册资金518万元。工厂占地面积2万m^2；企业总资产1 860万元，其中，固定资产750万元。现有员工60人，其中技术人员10人，主要加工设备40余台。公司现为全国机器轴与附件标准化技术委员会（SAC/TC109）委员单位、机械工业冶金设备标准化技术委员会委员单位、中国机械通用零部件工业协会传动联结件分会会员单位和中国塑料机械工业协会会员单位。2001年5月，公司被山西省科技厅认定为山西省民营科技企业；2003年9月，通过ISO 9001:2000质量管理体系认证。

公司先后完成了CAD、CAPP产品项目，使产品开发和工艺制定实现了计算机辅助设计管理。与有关院校合作建立了大新传动技术研发中心，参加了国家和有关行业标准的起草与修订工作。公司具有先进的制造工艺技术、强大的设计研发队伍和完善的质量管理体系，引进国外先进装备，形成了年产50万套规模的新型机械传动零部件生产基地。主要产品有胀紧联结套、可调同轴度胀紧联结套（ZL 2006 2 20120177.6）、螺旋型胀紧联结套（ZL 200820132606.0）、无键锁紧盘、刚性联轴器、弹性联轴器、膜片联轴器、柱销联轴器、凸缘联轴器、鼓形齿式联轴器、波纹管联轴器、滑块联轴器、紧定套及退卸套等系列产品。产品广泛应用于重型机械、数控机床、工业机器人、塑料机械、风力发电、太阳能设施、石油机械、煤矿机械、冶金机械、物流机械、轻工机械、纺织机械、包装机械和压缩机等行业机械传动装置中的无键联结和自动化控制的机构中。产品结构、外形尺寸、安装方式均与国外产品通用，技术指标、技术性能可以满足国内外机器的使用要求，也是国产化替代进口机件必不可少的基础零部件。当前为国内外机械行业200余家主机厂配套，同时出口欧美、东南亚等国家和地区。

公司以精良的设备、精湛的技术、严格的检测、可靠的质量和专业的服务，不断地为客户提供适应不同产品及要求的个性化传动零部件。并以高品位的“新大新”、“xindaxin”牌传动联结件产品走向市场，服务客户。

〔供稿单位：山西大新传动技术有限公司〕

以人为本　以创新求发展

——青岛顺德塑料机械有限公司

青岛顺德塑料机械有限公司是中国最早生产塑料机械和塑料制品的专业化公司之一，是国家“十一五”国家科技支撑计划塑料课题组组长单位、青岛市高新技术企业、青岛民营科技企业50强、青岛市AAA级信誉企业及中国专利山东明星企业。产品已通过ISO 9001国际标准质量管理体系认证和欧洲CE认证，生产的塑料挤出机被评为山东省名牌产品，“同飞”牌商标被评为山东省著名商标。

公司拥有完善的创新机制、专门研发机构和试制车间，连年推出国家级新产品，为中国塑料机械和塑料制品的发展做出了重大贡献，受到了国家科学技术部、国家质量监督检验检疫总局等部委的大力扶持。已研发出专利产品11项，PE/PP管材生产线、单双向拉伸土工格栅生产线获国家级重点新产品奖，PE大口径发泡方棒（塑料护舷）生产线被国家创新基金立项，利用农业废弃植物纤维与塑料生产地板项目列入国家星火计划，系列挤出生产线被列为国家科技兴贸计划。废旧塑料制取木塑结构复合材料技术与装备被列为国家支撑计划。

企业的不断创新使产品质量、科技含量不断提高，推动了企业的发展，受到了全世界用户的高度评价，产品畅销国内外，而且份额不断扩大，彻底打破了欧美企业在塑料机械挤出行业的垄断地位。因此，在国际金融危机大环境下，公司订单仍大幅增加。

公司以诚信为立业之本，以高品质的产品、优质的服务对待每一个用户。

〔供稿单位：青岛顺德塑料机械有限公司〕

用心持久　快速有序

——上海金纬机械（集团）有限公司

上海金纬机械（集团）有限公司（中国塑料机械工业协会副会长单位，以下简称金纬公司）是中国最大的挤出类塑料机械制造厂家之一，现有浙江舟山、上海嘉定、江苏太仓3个生产基地。公司总部位于上海市西郊，上海厂区占地面积2万多m^2。公司拥有职工2 200余人，其中技术管理人员480多名。公司拥有一支高素质的研发队伍和经验丰富的机械、电气调试工程师团队，以及先进的机械加工基地和规范的装配车间，每年生产2 000多（台）套高档的塑料挤出生产线。主要产品有JWSB系列大口径HDPE/PVC双壁波纹管、加筋管挤出生产线、大口径HDPE供水管/燃气管挤出生产线、大口径UPVC管挤出生产线、PP—R/PEX新型水管挤出生产线、UHMW—PE超高分子量聚乙烯耐磨管材、PVC/PP/PE木塑共混型材/板材/宽幅门板挤出生产线、PVC异型材挤出生产线、XPS挤塑式聚苯乙烯隔热保温板生产线、XPE（IXPE）交联聚乙烯发泡卷材挤出生产线、PSP发泡餐盒挤出生产线、PVC自由发泡/半结皮发泡/结皮发泡挤出生产线、PE/PVC铝塑复合板挤出生产线、PVC/PE/PP/PS/ABS/PET/PETG单层多层塑料片材/板材/薄膜挤出生产线、PC/PS/PE/PP/PMMA等塑料板材及厚板挤出生产线、PC/PP/PVC/PE中空格子板挤出生产线、单向/双向拉伸土工格栅挤出生产线、PVC/PE防水卷材生产线、化纤纺丝工程设计与制造、微电脑自动塑料中空成型机、塑料辅助回收（破碎、清洗、造粒)生产线、各种单螺杆/双螺杆挤出机及螺杆机筒、T型模具、换网器、辊筒和机械手等配套件。

金纬公司下设新产品研发部、品质管理部、综合管理部、外购外协部、上海金纬挤出机械制造有限公司、上海金纬片板膜设备制造有限公司、上海金纬管道设备制造有限公司、上海金纬化纤机械制造公司、上海金纬机械进出口有限公司、上海金纬中空塑料成型设备有限公司、上海杰伟机械制造有限公司、上海金纬机械设备安装服务有限公司、上海金纬挤出发泡技术有限公司、上海金纬电气自动化设备制造有限公司、苏州金纬机械制造有限公司、苏州大云塑料回收辅助设备制造有限公司、舟山金纬螺杆制造有限公司、舟山金海螺杆有限公司以及5个大型金加工车间及两个热处理氮化车间。其中有4家公司为上海市高新技术企业。

金纬公司先后从韩国、日本等国引进了1 000多台国际一流的多工位加工中心及数控车床、数控铣床等一大批先进的高精度加工设备。率先通过了CE认证、ISO 9001:2000质量管理体系认证,坚持全面推行"零缺陷"品质管理,加强对采购供应、生产工艺、质量检验、产品销售、资金安排、售后服务等各个环节的高效质控。

金纬公司在塑料挤出行业有着20多年的经验。对塑料挤出技术的深刻理解和出色的金属加工能力使其品质与众不同。长期积累的生产调试经验,对最新挤出技术的把握,在生产管理上每一个环节全面执行ISO 9001:2000和CE认证的品质管理体系,专门成立了上海金纬安装服务公司,对产品的质量和售后服务进行全方位的监控和管理,满足了客户最严格的要求。

"金纬机械"和"金海螺"是中国塑料机械行业的著名品牌。几十年来,公司产品已遍布全国各地,并出口到俄罗斯、土耳其、韩国、印度尼西亚、日本、德国、中东、印度和南美洲等100多个国家和地区,深受客户信赖和好评。集团公司2008年开始派遣商务代表长驻埃及与印度,进一步扩展海外市场。金纬公司永远将客户的利益放在第一位,深信"客户的成功,才是我们的未来"。"用心持久、快速有序"是金纬公司的企业精神,"品质卓越,完美如一"是金纬公司的质量方针,是全体员工努力的方向,"诚实待人"是金纬公司铸就"百年金纬"的核心理念。金纬公司本着热情为客户服务的态度,不断追求产品质量的完美如一,保证产品使用的可靠、简便、运用新技术新工艺,不断创新,逐步降低管理成本,走专业化、服务型的企业之路。

金纬公司将在CHINAPLAS2011国际橡塑展上推出节能高效挤出机。该挤出机结构独特、自动化程度高、操作方便、连续生产稳定可靠。采用了较长的双螺棱螺杆设计,副螺棱可以阻挡未融化的塑料颗粒从固体区进入熔体区,从而塑料颗粒可吸收周围熔体的能量。较低的熔体温度可以避免大的融垂,保证了大口径厚壁管壁厚的均匀性。该节能高效挤出机与同样规格同样电动机功率的常规挤出机相比,降低能耗20%以上。

上海金纬管道设备制造有限公司同时还会推出一种新型排水排污塑料管,采用包覆的方式生产出带有钢带增强的塑料带材,然后塑料带材在弯曲机作用下螺旋缠绕而成,并在带材边缘接缝处用粘结剂搭接牢固。该管材聚钢塑两种材料的优点于一身,具有独特的结构和卓越的综合性能,钢带作为支撑结构使得管材具有抵抗外部载荷的足够的环刚度,同时又具有塑料管材优良的轴向柔韧性和防腐能力。

上海金纬管道公司凭借领先的技术和卓越的品质,获得了权威部门和市场的高度认可,自主开发了多项世界领先的关键核心技术,获得国家专利30余项,多项产品获得了国家有关部门的表彰奖励:国家高新技术企业、国家重点新产品、上海市重点新产品等。从而确立了公司在挤出领域的领先地位,其市场占有率不仅在国内遥遥领先,还出口到俄罗斯、乌克兰、波兰、英国、土耳其、巴西、秘鲁、伊朗、罗马尼亚等20多个国家和地区。

〔供稿单位:上海金纬机械(集团)有限公司〕

信心源于合作

——科倍隆(南京)机械有限公司

自从全球第一台双螺杆配混挤出机于1957年在科倍隆斯图加特公司(前科倍隆 W&P 公司)诞生以来,科倍隆双螺杆配混技术的发展经历了大的跨越。2004年,科倍隆集团全资收购原南京科亚公司,并更名为科倍隆(南京)机械有限公司(以下简称科倍隆(南京)),对中国配混挤出机行业产生了深远的影响。2010年10月,在德国K展上推出的最新一代 ZSK Mc^{18} 是科倍隆配混挤出机的高端产品和高科技核心,在塑料、化工、医药和食品行业树立了新的标准。

一、ZSK 双螺杆挤出机

科倍隆斯图加特公司(前科倍隆 W&P 公司)成立于1879年,并在这一年生产出了全球第一台捏合机。1953年从德国拜耳公司买下了连续双螺杆配混挤出机专利(Erdmenger Patents),经过4年研制,全球第一台 ZSK Standard 应用于塑料领域的双螺杆配混挤出机诞生。

表征同向双螺杆挤出机的三个重要参数:

(1)长短径比,决定物料平均剪切率,脱挥效果及粉料喂料能力。

(2)比扭矩,决定挤出机力密度和填充度。

(3)螺杆转速,决定剪切及混合效果。

1. ZSK Mc^{18}

随着50多年来材料加工和工艺技术的不断发展,ZSK 的比扭矩从最初的 5.0N · m/cm^3 达到了当前全球最高的 18N · m/cm^3。长短径从 1.22 达到了最优的自由容积和低剪切应力的 1.55。同一系列长短径保持恒定,以保证精确的技术放大。

拥有比扭矩 18 N · m/cm^3 的 ZSK Mc^{18} 是当前产量最大、性能最高的 ZSK 挤出机,同上一代机型 ZSK MEGAcompounder PLUS 相比,扭矩提高了30%,产量最高可以提高30%。

ZSK Mc^{18} 动力强劲,从设备驱动部分到螺杆芯轴、加工段的温控、特殊的防磨材料,都进行了优化,整个系统为更高的产量进行设计。

(1)积木式设计,高自清洁能力。不同的工艺区根据输送、塑化、混合和剪切、均化、脱挥及建压的不同要求进行配置,以获得最高的产品质量和设备产能。独立温控的筒体的加热时通过加热棒或加热板来进行电加热,通过去离子水来实现冷却。筒体的加热也可以通过液体或蒸汽加热来实现。

(2)专利螺杆元件。为实现挤出机配混的高效性能,挤出机 ZSK Mc^{18} 使用了最新设计的专利螺杆元件,保证了物料的均化配混及对物料的柔性处理,从而生产高质量的产品。

(3)FET 喂料增强技术。技术专利正在申请之中。在配混粉料时,优化后的喂料技术可以充分利用 ZSK Mc^{18} 的所有驱动功率。喂料产量提高200%~300%。

(4)ZS—EG 双螺杆侧向排气装置。针对低熔融指数、加工过程产生大量气体的物料,配备了 ZS—EG 侧排气装置后,通过较长的有效脱挥段设计,即使挤出机在最大比扭矩情况下也不会有物料排出,产量提高30%的同时,也改善了产品质量。

(5)最新设计的挤出机减速箱。通过科倍隆与传动箱供应商的合作,研发出新型的适应高性能要求的 ZSK Mc^{18} 挤出机减速箱。

(6)芯轴花键套的优化设计。科倍隆重新设计了挤出机的芯轴花键套,用来承载更高的机械扭矩。

(7)螺杆芯轴由高性能材质制成。采用高性能航空材料设计的芯轴,能够确保将扭矩完全传递到挤出机的加工段。

(8)其他。筒体整体衬套的冷缩配合安装工艺改善了热传导性能，加热棒设计提高了热量使用效率；经过优化的水冷系统与最新的控制系统相结合，确保加工段的温度均匀分布，人性化设计的筒体外罩使加工段与外界充分隔离。

2. ZSK MEGAvolume PLUS

科倍隆定义了 ZSK MEGAvolume PLUS 机型的标准：此机型结合了较大的螺杆自由容积、较高的螺杆转速以及高比扭矩的特点，尤其能满足比能耗（<0.13kW·h/kg）及高产能需求的生产，适应多种配方的配混，产能更高。2001 年，长短径比为 1.8 的深槽机型 ZSK MEGAvolume 诞生，筒体自由容积增加 40%，平均剪切率较低，适合于需要自由容积或停留时间的物料配混，如低堆密度高填充物料、较大热交换面积的化学反应挤出、剪切敏感性物料等。当前该款机型的比扭矩为 11.3 $N \cdot m/cm^3$。

二、STS advanced

科倍隆集团于 2004 年全资收购南京科亚公司，并更名为科倍隆（南京）机械有限公司。7 年来，在科倍隆德国总部的支持和帮助下，科倍隆南京的生产流程、加工和工艺技术得到了突飞猛进的发展，并完全遵循科倍隆的加工技术要求。2004 年底，结合了科倍隆斯图加特的工程设计和科倍隆南京的加工能力，第一代 STS 挤出机诞生，并于 2008 年升级为 STS advanced，当前比扭矩达到了 10 $N \cdot m/cm^3$。

1. 生产和技术特点

（1）严格按科倍隆质量标准制造，核型部件（芯轴、螺纹元件、筒体、机架，电气控制柜）由科倍隆制造。

（2）螺杆转速 600 r/min和 800 r/min。

（3）专为 STS 特殊设计的德国传动箱和高科技安全联轴器，安全可靠输送高扭矩。

（4）新优化设计的型钢底座，能承受更大力矩。

（5）高精度螺杆元件和筒体尺寸，优秀自洁性。

（6）优化筒体冷却水道，最大可能靠近内腔壁，最小介质压力降。

（7）科倍隆斯图加特侧喂料技术，科倍隆南京组装，高扭矩，喂料量大，避免死角。

（8）表面经过处理的高性能铸铜加热器，提高热传递效率，使用寿命长。

（9）双 C 或整体内衬套筒体，复合材料螺纹元件，多种防磨防腐材料（国产或进口）可供选择。

（10）流道优化的机头设计，融体流速和温度分布均匀。

自 2004 年底推向全球市场以来，STS 机型已出口至德国、英国、瑞典、意大利、美国、日本、巴西、印度及众多东南亚等国家，并被国内国际型公司和高端客户广泛接受，2010 年达到了创纪录销售额。

2. 严格的质量控制

残酷的竞争甚至是低价恶性竞争，导致中国国内本行业技术再投入和质量投入的比率远低于德国同行业水平。科倍隆南京除了加大对技术投入外，在质量上也遵循科倍隆集团的质量标准，严格控制原材料和设备的质量，比如：

（1）材料化学成分检测分析，确保原材料如螺纹元件质量 100% 合格。

（2）通过超声波、磁粉或着色方法对材料进行探伤检测，确保芯轴、齿轮轴和螺纹原件等毛坯无裂纹。

（3）热处理后表面硬度和硬度梯度检测，保证热处理表面和内在质量。

（4）三维坐标仪测量控制加工精度，严格控制筒体、箱体、花键套等关键部位加工精度。

（5）大型坐标仪控制装配质量，保证传动箱输出轴、螺杆和筒体 8 字孔三者同轴度控制在 0.1mm，保证螺杆自清洁和平稳运转，减少非正常磨损，延长机筒螺杆使用寿命。

自 1980 年以来，科倍隆专利和专利申请超过 950 项，在科倍隆斯图加特、科倍隆美国和科倍隆南京建立的实验中心，超过5 000次配混实验和 4 万种物料分析，2011 年3 000万欧元的技术投入，充分说明了科倍隆对技术的重视，这也是为什么 50 多年来科倍隆一直在行业中占据龙头地位的原因。在德国总部的带领下，科倍隆南京拓展思路，在原材料、设备机械电气和工艺技术方面进行积极的探索，不仅在技术上起到行业领头羊的作用，而且更希望带动整个行业朝着先进技术、资金投入和再发展的良性循环方向发展。

〔供稿单位：科倍隆（南京）机械有限公司〕

励精图治　创新发展

——南京艺工电工设备有限公司

南京艺工电工设备有限公司是中国塑料机械工业协会副会长单位、中国电器工业协会电线电缆分会电工设备专委会副主任单位、江苏省高新技术企业、南京市塑料电工机械工程技术研究中心和江苏省电工专用设备工程技术研究中心，主要从事塑料机械、电工专用设备的研发和制造，同时注重国外先进技术和装备的引进、消化、吸收与再创新，旨在推动行业的科技进步和不断发展。

公司自1981年开始研制塑料电工线缆装备和塑料机械部件产品以来，经过30年的发展，积累了丰富的经验，掌握了核心技术并形成独特的优势，已然成为这一领域的龙头企业。当前，公司拥有一支技术素质高、市场适应能力强、自主创新能力行业优势明显的专业技术队伍，现有高级工程师5人，工程技术人员59人，大专以上学历人员114人。与东南大学、北京化工大学和华南理工大学等开展了产学研合作，在中高压电工设备、橡胶硫化生产线的开发与制造方面取得了瞩目的成就。公司还通过引进和与国际著名塑料机械、电工设备生产厂家合作，特别是与德国的巴顿菲尔和SIKORA、美国的菲利浦斯道奇公司、奥地利的辛辛那提、日本的三菱重工等世界著名公司广泛合作，既为企业培养和锻炼了大批适用型人才，又使相关产品技术能够始终处于国际先进水平，跻身于世界先进行列。

2009年，公司加大技术创新投入，进一步改进了既往的成熟产品，如完成35kV及以下干法交联电力电缆生产线的全规格系列化、规范化和标准化，实现机身高精度温控，提高了人机过程适宜性，另外，成功开发了具有很大市场前景的新产品，如XJN系列三层共挤橡胶连续硫化生产线。该生产线采用了高精度的恒张力储线控制、数字式中点悬垂控制、全新橡胶强制喂料、机身水模温机自动控制、高效多功能螺杆等新技术。在同类产品中具有明显的技术优势。再如，公司自主研发了绝缘护套生产线，全面满足不同规格及电压等级的塑料电缆包覆的生产工序要求，真正实现了一机多用，技术国内领先。除了整套成线电工设备的生产外，公司还顺应行业市场的发展趋势，对关键部件螺杆机筒进行了研发，取得技术和工艺上的重大突破，自制自配的“艺工牌”单螺杆挤出机系列产品荣获中国知名的单螺杆挤出机十佳品牌。

未来，特别是“十二五”期间，公司将紧跟国内对高压、超高压电线电缆需求日益突出和增大的形势，重点研发110kV及以上高压和超高压电力电缆的CCV干法交联生产线，该型产品的主要特点是稳定有效的挤出、良好的干法交联、智能化的控制，它的成功推出将打破国外垄断，填补国内空白，并为今后继续研发220kV及以上的高压和超高压电力电缆的生产线打下坚实基础。

在信息化建设方面，公司全力推进并组建了内部网络平台，日常的技术开发和管理事务都实行计算机化，各项经济活动更加便捷高效。为提升管理水平和效率，计划并开始实施了企业资源规划项目（ERP项目），在公司各部门进行深入全面调研的基础上形成了基本的结构框架，软件已初步试运行，基本建立了公司综合管理系统、生产系统、采购系统、销售系统、技术系统、质量系统、仓储物流系统等全方位的综合信息化的管理规划；二期还将建立设备系统、财务系统和OA办公自动化系统等。为提升设计水平和能力，投入资金购买了机械工程师CAD(机械和电气)二维和三维设计软件，螺杆机筒设计专用软件和机头设计专用软件，以及电气专用软件等等，并进行深层次的二次开发，使得整体的设计水平达到国内领先，力争达到国际先进。

2007年公司经过改制，在近四年的运作中，生产经营工作得到快速稳步发展，尤其是2010年公司顺利实施了滨江新厂区的搬迁，为"十二五"规划的全面实施构筑了快速发展、适应和满足市场的坚实基石，公司核心竞争力不断增强，搏击市场能力不断提高。在"十二五"发展阶段，公司将以"坚持持续改进和创新，以振兴民族工业为已任；以为国内外电线电缆行业提供优质塑料、电工机械产品，打造可持续发展的现代企业平台"为使命；打造成为国内一流，国际知名的塑料、电工机械产品产业化基地，成为追求卓越的服务型和谐企业，打造塑料、电工机械产品的中国名牌。以"品质取胜，争创一流，机制创新，实现共赢"为指导思想，以"新厂区、新机制、新规模、新面貌"为奋斗目标，坚持持续改进，卓越管理，在机制突破、生产组织、基础管理、团队建设等方面扎实推进，紧紧跟上行业发展步伐，力求产品做专做精，服务做全做好，实现从低端产品到中高端产品、从国内市场到国际市场、从卖产品到卖技术、卖品牌的转变，提升产品质量、产品档次、产品品牌、人员素质和行业地位，推进产品产业化、国际化，建设优质塑料、电工机械产品的产业化基地，为中国塑料机械行业的发展注入一份力量，为实现把"中国制造"转变为"中国创造"的伟大事业做出一份贡献。

〔供稿单位：南京艺工电工设备有限公司〕

十年磨一剑　共创百年店

——德顺容器有限公司

德顺容器有限公司在1999年成立之初，是单纯生产滚制滚塑容器的公司，工厂占地面积18 000m²；经过11年的发展，现已是集滚塑制品、滚塑模具、滚塑设备于一体的制造公司，在杭州湾新区设有第二工厂，占地面积36 000m²。现有滚塑制品生产设备30余台，制品广泛应用于水处理、电子、化工、制药、纺织印染、酿造食品、美术工艺、工程车辆等行业，年生产能力1亿元；滚塑模具、滚塑设备制造机器20余台，滚塑设备年制造能力5 000万元。

2010年，公司加大了滚塑设备的设计研发力度，制造的自动滚塑设备基本上形成了系列化，实现了标准化，能适合不同厂家、不同产品对滚塑设备的需求。当前，公司设计制造的滚塑设备有4大系列：LG系列滚单臂双轴滚塑机、SGZ系列穿梭式双工位自动控制滚塑机、TG3SS系列塔式双室二臂自动控制滚塑机、TG4SS系列塔式双室四臂自动控制滚塑机。其中SGZ系列、TG3SS系列滚塑设备，在设计中注重了滚塑成型过程中工艺控制的可控性，使得设备的节能环保效果显著，降低了产品的废品率，从广义上更加符合节能环保的要求。

1. SGZ系列箱式穿梭式双工位自动控制滚塑机

该系列滚塑机由两套主机、一个箱式加热室、一个控制中心和冷却风机组成。主机由两个独立运行、互不干涉的传动系统组成；中心加热室由燃烧器、循环风机、风道等系统组成；控制中心由计算机、PLC程序控制器、显示器、温控器等组成。其自动化主要体现在以下几个方面：左右主机进出自动化，左右双门开合自动化，升温加热自动化，温度检测自动化，时间控制自动化。工作原理是：通过对计算机输入工艺参数（时间、转速、温度等），同时，将传感器现场所采集到的数据传给计算机，经过与所输入的工艺参数进行分析后，向下位机（PLC）发送控制命令，从而实现具体的控制动作。各工艺参数可以在显示屏上显示，包括主机转速、副机转速、升温时间、升温速度、滚制时间、温度上限、自动行走、热风循环以及自动开门等，并以实时计点的方式记录，在显示屏上形成一条实时加工的工艺曲线图，便于日后分析和更改，各变量参数的采集、分析、输入、输出和执行等，利用的是数据库控制管理软件进行控制，并将所有的执行情况、工作状态及错误警示，在显示屏上实时显示。

2. TG3SS 系列塔式双室三臂自动控制滚塑机

该系列滚塑机的 3 条固定运动的工作臂互成 120°夹角，分别置于 3 个工位，进行不同要求的工作。当一个工位完成后，由系统控制自动转入下一个程序。也就是说当加热工位结束后，自动转入冷却室，冷却室工位转入装卸工位，装卸工位转入加热室。连续循环，生产效率高，热能利用充分。中心控制室由人机界面（HMI）、可编程序控制器（PLC）、温控器等组成，自动控制各工作轴的转速、转向、升温速度、升温时间、自动开门、冷却状态等程序动作。各工位程序互锁，并不会互相干涉，所有动态均在人机界面上显示。

当前，随着我国滚塑行业的不断发展，滚塑制品应用范围的逐步扩大，特别在“十二五”时期，国家把“装备制造业技术进步和技术改造”列为重点发展方向，这是滚塑设备发展的历史机遇。在未来的滚塑设备系列化的设计中，公司将本着节能环保、自动控制的理念，为滚塑行业提供多系列、多品种的滚塑设备，彻底淘汰传统滚塑设备的加热方式。在加热方式、加热温度、加热时间及冷却方式方面进一步降低能耗，提高自动控制水平。

把德顺容器有限公司建成行业中的百年老店，为中国的滚塑行业发展做出应有的贡献！

〔供稿单位：德顺容器有限公司〕

扎根中国　行走世界

——杭州爱科机械有限公司

杭州爱科机械有限公司（以下简称爱科）成立于 2007 年，是一家专业制造立式注塑机的企业。爱科虽然仅成立了 4 年多时间，却凭借其创业团队在行业中积累的丰富经验、突出的技术力量、出色的研究开发能力与专有技术，在塑料机械行业站稳了脚跟，形成了自身的发展特色，并跻身于国内立式注塑机行业的前列。

国际金融危机使爱科的业务遭受一定的影响，但没有影响公司的整体发展规划。公司把更好的把精力投注于研究开发一些技术含金量高的注塑设备：全自动连接器专用高速机、多物料多工位系列注射成型机、IMD 模内贴标专用系列注射成型机、汽车玻璃包边专用系列机、LSR 液态硅胶专用系列注射成型机、LED 支架专用机及汽车拉索专用系列注射成型机等。

2010 年，爱科正式推出了新一代 AKMP 伺服、电子泵节能系列注塑机。该系列注塑机融合了爱科稳定成熟的注塑机制造技术及专用伺服电动机（电子泵）系统的高品质特性，采用的是国际先进注塑机控制及动力系统，实现了注塑机节能、低噪声、高精度等优异性能。

爱科的另一款全新节能机——三缸直锁转盘机，采用三缸联动直压锁模设计，锁模力更加充分及平均分布，模具保护精度更高。新颖简约的封装设计，具有优异的操控性和安全性。整机比传统机占地面积节省 15%，高度降低 30%，操作台下降

50%,不需要踏板,为操作者提供安全、可靠、舒适的操作环境,突破了场地的局限性。配合爱科新一代AKMP伺服(电子泵)节能系统,相比普通液压系统节能70%,机器的运作更加平稳、精准、适合高精密、高要求产品成型。这一款机型无论是从外观设计、内部程序、操作安全、节电节能,都是当前国内立式注射成型机所没有的。

爱科人深知品牌推广的重要性,随着爱科的高速发展,爱科的品牌推广意识越来越强。电子商务互联网:爱科与慧聪网、阿里巴巴、tradevv、百度、谷歌等多家平台合作;杂志宣传:与慧聪商情、聚风塑胶、PT现代塑料、亚太塑胶商情、塑胶工业、现代塑料工业等多家媒体合作。除此之外,爱科积极参与国内举办的各项专业展会,如雅式展、亚太橡塑展、余姚的塑料博览会、台州的塑料交易会、温州的塑胶原料展、东莞的橡塑包装展等。

2010年,爱科的多款产品摘夺了行业大奖,这是爱科雄厚综合实力的见证;筹备已久的新厂房顺利落成,让公司的生产与管理再次跃上一个新台阶;公司业绩在上年增长30%的基础上,又取得50%的增长,成果喜人;推出了国内注塑机行业内比较超前和先进的BMC专用注射成型机、三缸直锁转盘专用注射成型机等各种新型机器。2010年5月,爱科第三年蝉联“十佳塑机企业”;10月,在中国塑料加工工业协会举办的塑料“创新与节能”行业推荐评选活动中,爱科的LSR液态硅胶专用注射成型机荣获“最佳独特优秀设计产品奖”和“最佳节能注塑机产品奖”两项大奖。

“爱心造就和谐,科技引领未来”的理念,使爱科积聚了一批有识之士,组成了一个和谐的团队。员工的努力奋进,主管的敬业指导,客户的信任和支持,成为爱科冲破困扰的最佳武器,是爱科所拥有的最为宝贵的财富。

秉承着“品质第一、服务客户、创新技术”的经营理念,爱科的销售网络覆盖海内外多个城市和地区,在国内设立了18个办事处,在国外拥有8个代理商,能够随时洞悉市场需求的变化,最大限度地满足客户的不同需求。爱科不断地提升服务品质,为客户提供售前、售中、售后的整体技术支持。持续完善自我,创造共赢共荣,永续经营,共同迈向成功的每一天。

爱科的发展思路是在变化上下功夫,在速度上做文章,使自己的产品始终处于国内领先地位,甚至能和国际水平抗衡。爱科的发展目的是追求质量服务客户。爱科的发展目标是让国内外更多的人认识爱科,把爱科变成国际品牌。

面对机遇,面临挑战,面向未来,爱科定会迎来更加辉煌的明天。

扎根中国,行走世界——爱科的明天不仅仅在中国辉煌,在世界各地亦能光芒万丈,熠熠生辉。

〔供稿单位:杭州爱科机械有限公司〕

绿色节能创前程　科技创新引未来

——泰瑞机器制造(中国)有限公司

一、公司简介

泰瑞机器制造(中国)有限公司(以下简称泰瑞)坐落于国家级开发区——杭州经济技术开发区内,注册资本1 380万美元,公司现有员工300余名,总占地面积8万m^2,厂房面积7万m^2,具有年产4 000台600~40 000kN锁模力注塑机的能力。先后通过ISO 9000:2008质量管理体系认证、CE认证。荣获了“杭州市著名商标”(“泰瑞”“TEDERIC”)、杭州市级高新技术企业、浙江省技术中心、国家级高新技术企业等荣誉。截至2010年底,泰瑞产品已获得78个国家用户的信赖和购买使用,在土耳其、巴西和澳大利亚等地设立了服务备件仓库,配备了专职服务工程师,并以产品品种齐全、特殊机型众多、生产交货及时、品质服务优异而闻名于业界。各项经营指标成长速度在100%以上，被列入杭州市重点培育成长型工业企业名单。

二、科技创新

现今产品差异化的附加价值创新理念无不渗透在塑料行业，泰瑞开发的多项产品在国内尚属首创，如公司自主研发的超大型塑料注塑成型机TRX4000为国内首创；TRX2200J挤注式管件专用成型机成功通过杭州市新型重化工业项目验收，为国内首台（套）设备，填补了国内空白。

泰瑞深知节能环保和高速高精密将是塑料机械行业未来的发展趋势，对所有系列产品进行了伺服节能技术改造，并投资1 300多万元添置高科技设备，并针对生产工艺的薄弱环节进行了配套改造。新型的节能伺服注塑机在保留原来的优秀功能之外，又配备了高性能的伺服变速动力控制系统，用交流伺服驱动替代传统的液压、直流、步进和BD变频调速驱动，使动态响应和转矩密度提高到最高水平，使系统运行达到更短的周期，更高的生产率、更好的可靠性和更长的使用寿命。在整个注塑机成型过程中对不同的压力流量、做出相应的频率输出，并对压力流量进行精确的闭环控制，实现伺服电动机对注塑机能量需求的最佳匹配和自动调整。融合了传统液压注塑机与全电动注塑机的优点，是注塑机的一次创新，在投放市场过程中得到了广大客户的青睐。

三、产品简介

2009年，泰瑞重点推出TRX4000注塑机，该产品锁模力40 000kN，为国内首台（套）重大技术装备项目，不仅创造了泰瑞机器的大型注塑机的记录，同时也证明泰瑞具有大型注塑机的研发、生产能力。该产品最大注射量57 860cm^3，具有大型、稳定、快速、精密、节能等优点，采用成熟稳定的曲肘连杆式合模机构、平行双缸结合往复螺杆的塑化注射系统，外包独立的安全封板机构等设置。TRX4000T大型注塑机研发过程中，泰瑞机器吸取了国内外同类产品的优点，并对很多技术进行了创新性的改进，使得机器的性能和工艺有了较大的提升，为国内大型注塑机参与国际竞争取得了重要突破。

泰瑞即将推出DREAM（梦想）系列（持续发展、高稳定性、高效率性、高精确性、高度模块化和系统性）。该机型融合了公司经典X系列及M系列等机型的诸多优点：采用全新优化的高效、高性能肘杆机构，单缸一线式节能型注射装置，高效伺服电动机直驱的电预塑机构（选配）。液压控制方面：以高效伺服电动机为系统动力的高效驱动系统，并可选配以变量泵和蓄能器为动力源的全蓄压液压系统，CAN总线控制，高性能伺服阀和比例阀的应用，同样为设备的高效、高精度提供强有力的保障。同时把液压系统压力从16MPa提高到17.5MPa，凸显泰瑞技术和制造水平在国内业界的领先优势。D系列是充分模块化的产品，灵活的模块组合使得客户的选择余地大大增加，甚至可以让客户自己DIY，可根据客户要求提供最适合的且具备最短交货期的产品。该系列无论设计还是各项性能指标均可傲视国内同档产品，将和DM系列（单缸注射结构）产品一起成为公司未来5年的主打产品。

四、科学管理

企业的发展与壮大均离不开人的因素，科技人才对企业走自主创新之路尤为重要。泰瑞积极引进人才，加强人才储备，当前大专以上学历科技人员比例已占到全员30%以上，为企业实施科技战略目标奠定了良好的基础。同时依据完善的培训体系，强化员工各项技能与综合能力的培训，企业内部接受教育的员工占全体员工的95%以上，企业员工的积极性和创造性得以充分体现，员工合理化建议被公司采纳并在生产中确实创造效益的多达25条。

科技人才的云集与培养，配以适合企业发展的科学管理模式，让泰瑞在科技创新、技术改造，不断优化产品结构方面得心应手。近两年来，公司投入一定比例的科技创新费用，承担多项研究课题和较大技改项目7项,企业内项目5项,实现新产品销售收入1.5亿元,成果转化率95%,申请专利16项,获得实用新型专利8项,2项软件著作权专利,1项发明专利获得初审通过,多项处于受理审批过程当中。

当今社会是信息化的社会,公司出于对研发过程的规范化管理需要,专门成立了以总经理为组长,公司副总经理为副组长的信息化领导小组,花大力气对产品从研发、试验到样机、检测、分析,到最后成品进行信息化全过程控制,并搭建企业内部交流体系建设平台,如OA、ERP系统。泰瑞机器建设了一个设施完善的中心机房,该机房总面积约30~50m^2,配备了独立空调系统、UPS系统,应用了ERP软件、OA办公自动化软件、财务软件管理系统,实现研发、生产和营销等部门之间的实时信息交流、协调和指导企业管理部门和企业生产经营活动的流程标准化建设和信息系统建设。

展望未来,泰瑞将长期致力于先进技术运用于注塑机开发上,使泰瑞的注塑机成为最精密、最节能、最高效、最环保的产品,成功进入全球著名规模制造商之列。泰瑞将继续培养造就一支专业理论功底深厚、实践经验丰富、结构合理的高素质研发人才队伍;继续致力于为节能而努力,将投入更大研发力量,开发更多新型节能环保注塑机,节能20%~80%。未来两年内,公司将进一步深化伺服节能产品,推广发展电液混合型注塑机。

相信未来的中国市场必将会呈现极大的市场需求,这不仅是在数量上的需求,更重要的表现在质量和技术方面。而泰瑞在不断适应市场变化的情况下提升自身水平,实现更高战略,加大技术创新力度,强化技术领先优势,加快市场营销服务网络建设。

〔供稿单位:泰瑞机器制造(中国)有限公司〕

创新源于技术　更精于专

——四川金石东方新材料设备有限公司

四川金石东方新材料设备有限公司是中国塑料管推广协作网、中国塑料加工工业协会管道专委会成员企业,是一家专业从事新型塑料管成套生产设备和应用技术研发的高新技术企业。

公司聚集了一批多年从事塑料管道制造和应用方面的专家,在各种高(中、低)压增强塑料复合管,中(大)口径塑料管,热塑(热固)性塑料复合管,大口径螺旋双壁波纹管材,各种复合管连接接头等管材设备制造和管接头连接技术方面,拥有近20项国家专利,具有雄厚的研发和制造实力。公司在塑料机械特别是新型复合管道行业已处于领先地位。

公司已先后完成了钢丝网骨架增强复合塑料管生产线、大口径聚乙烯塑料管材生产线、PE/玻璃钢/CPVC复合管生产线、短玻璃纤维增强PP—R稳态管材生产线、大口径螺旋双壁波纹管材生产线、矿瓦斯抽放用钢带增强塑料管的开发与研制,并得到了国内专家和广大客户的一致认可,已有近400条生产线投入运行之中,支持下游产业链过亿元产值。

公司主要开发推广了钢丝网骨架增强复合塑料管材及生产线和钢带增强聚乙烯螺旋波纹管材及生产线。

一、钢丝网骨架增强复合塑料管材及生产线

钢丝网骨架增强复合塑料管材及生产线在总结现有钢塑复合管材的优点与不足之处加以改进,在内、外聚乙烯层之间左右螺旋缠绕2层或4层高强度钢丝作为管材增强层,增强层通过与特有的粘合剂与内外层聚乙烯层融熔接合,使管材不仅使压力提高到3MPa以上,而且通过粘合剂层更有效的使复合管各层成为一个整体,长期使用不分层,性能好。这种特有的粘合剂经实践证

明，具有很好的隔氧、阻水作用，从而有效避免了钢丝网塑料复合管中间钢丝的腐蚀（特别是从管材端面的腐蚀）。

采用高强度钢丝增强的钢丝网骨架增强复合塑料管材与现有采用低碳钢增强的焊接钢丝复合塑料管及钢板孔网复合塑料管相比，具有更安全可靠的性能指标。公司提供全套生产设备和技术工艺，生产管材直径 50～800mm。同时，生产线可生产同规格国标 PE 给水燃气管材，一机多用，减小设备重复投资，具有其他钢塑复合管生产线不能比拟的重要特点。

二、钢带增强聚乙烯螺旋波纹管材及生产线

随着环保意识的增强，铸铁管、水泥管等传统排水、排污管将逐步被淘汰。公司开发了小口径（800mm 以下）纯塑料螺旋波纹管及生产线和大口径（600～2 400mm）钢带增强聚乙烯螺旋波纹管材及生产线。钢带增强聚乙烯螺旋波纹管材及生产线为国内首创，公司具有独有的专利技术，获 2007 年度建设部科技发展促进中心推广产品证书。管材产品应用于奥运工程——水立方、天津机场等各重要工程项目，国内近 200 条生产线在运行，成套技术与设备输出土耳其、俄罗斯、意大利等欧洲发达国家。

钢带增强聚乙烯螺旋波纹管材及生产线是通过主缠绕成型机构对管材内径定径与管材驱动，同时在塑料管材内层螺旋设置倒 U 型钢肋进行增强，外层再融熔复合聚乙烯塑料外层。钢肋与塑料层之间有特有粘合剂层，具有很好的隔氧、阻水作用。该新产品把钢材的高刚度、高强度和聚乙烯的柔韧、耐腐、耐磨结合在一起，可以使管材做到 SN8、SN12.5、SN16 三个环刚度等级，弥补了较大直径塑料埋地排水管一般环刚度只能达到 SN8 的限制。公司设计并开发了多种连接方法（如热缩套、卡箍、热熔焊接和法兰接头等），以适应不同的工程需求，较好地满足了密封可靠性和连接施工方便的要求。在达到高性能的同时，突出的优点是节约原材料、节省施工成本。

金石东方公司将一如既往的研发更多适合中国国情的新型复合塑料管道成套技术与设备，为中国以塑代钢的环保事业尽一份力。

〔供稿单位：四川金石东方新材料设备有限公司〕

信实本业经营　易求世界第一

——信易塑胶科技集团

一、概述

信易塑胶科技集团（以下简称信易集团）源于中国台湾台北，成立于 1969 年，历经 40 余年非凡历程，在全球设立了 5 大生产基地和企业技术中心。信易人凭借着“信实本业经营，易求世界第一”的经营理念，发展成为世界级的塑料成型辅助设备制造商，在全球享誉盛名，在亚洲更是行业翘楚。

二、组织

东莞信易电热机械有限公司。成立于 1992 年，占地面积约 2 万 m^2，员工人数1 000余人。当前负责中国华南地区的市场营销及全系列产品的制造。东莞信易电热机械有限公司陆续成立了气力输送事业处、自动化事业处及热流道事业处，产品包括除湿干燥、供料输送、混合拌料、冷热交换、粉碎回收、系统化对策、机械手及热流道共 8 大系列。

宁波大榭信易电热有限公司。宁波大榭信易电热有限公司新成立的铸造车间于 2010 年 7 月投产。当前负责集团内所有铸造件产品的制造。

平湖信易电热机械有限公司。2010 年 2 月顺利投产，占地面积约 6.7 万 m^2，为全球最大规模的塑料辅机制造基地。初期投资金额为8 000万元，员工人数450 人，未来预计员工总人数将达到1 000

人，预计年产值5亿元。负责中国华东及华北地区的市场营销以及接近全系列产品的制造。

印度信易电热机械有限公司。自2009年11月开始营运，是信易集团在中国以外的第一个生产基地，主要负责整个印度市场的生产与营销，当前以内需市场为主。

东莞宇韵自动化器材有限公司。位于广东省东莞市大朗镇，专长为SSR & Timer专业制造，微型计算机控制器设计与生产，电梯控制设计制造。

东莞信得精密压铸有限公司。位于广东省东莞市大朗镇，主要经营铝件压铸及五金配件的生产。

信可挤出控制机械有限公司。信易集团与意大利Syncro公司于2010年9月1日正式合资成立，为中国大陆及整个亚洲区域提供精密的挤出控制技术。

三、文化

优秀的企业离不开优秀的企业文化。优秀的企业文化让信易形成了强大的凝聚力与向心力。舒适整洁的工作环境，优雅宁静的生活环境，在这里生活、工作、成长，让每一个信易人都能找到精神的皈依。为了提高员工整体素质，定期进行管理培训，并设立图书馆、撞球室、乒乓球室、篮球场、羽毛球场以及健身房等，不定期举办各类活动增进同事间的友谊。“信易之光”季刊的发行，更加强了信易文化的凝聚力，使得公司整体展现出“上下同欲，同心同德，奋发向上，开拓进取”的高度向心力。

信易，是每一个信易人的事业，在大家共同努力下，信易先后获得著名商标、高新科技企业、专利重点培育企业等众多的荣誉。优越的企业文化让每一个信易人都将信易作为不朽的事业而为之奋斗终生，实现自己的抱负。

四、科技管理

2008年，信易集团引进了欧美先进的科技管理理念，重新设计集团信息系统、带领ERP项目、自行开发集团在线学习系统、知识管理系统、改造研发管理流程、重新架构质量管理系统、导入客户培训机制、设计产品履历表和引进客户服务管理系统等重大改革，使信易集团从生产导向转到技术导向，从制造导向转到服务创新，从本土企业转向国际型企业。

导入ERP项目系统。2008年12月，公司决定开始导入ERP系统，从系统供货商调查、使用者需求调研、SOP定义与确认、系统配置与开发、单元测试、整合测试、种子教师培训与关键及最终使用者培训、系统上线与调试，经过全体项目团队一年的努力，东莞与台湾厂终于在2010年1月1日正式上线，平湖厂也在2010年2月1日正式上线。

在线学习系统。经过两年多来的努力，信易集团成功地自行开发了信易塑料科技集团的在线学习系统，并导入客户培训机制，为产品培训课程制定了一套标准，依照此标准设计课程大纲、课程内容、培训教材与录制培训课程。当前在线学习系统里面总共有400多个课程，课程内容包括公司简介、产品培训、生产管理、内部行政管理与信息应用课程。信易集团也将产品培训课程另外制作成中英文版本的培训光盘分享给国内外代理商。

知识管理平台。信易集团成立40多年来，塑料加工产业经验丰富，集团引进知识管理系统来整理、公布、分享与管理各种来自研发、质量管理、生产管理、客户服务、客户/员工培训、产品应用、市场营销、业务推广、展会管理、人力资源管理等宝贵的经验与知识。当前集团企业技术中心已全面作业信息化，并将此经验分享给自动化事业处与其他单位。集团内的成员可以在任何时间、在任何地点通过网络系统取得最新的信息与知识。跨时空分享技术与经验给集团中的各个单位，达成一地研发、五厂制造、全球营销。透过知识管理，可以重复利用成功的经验与知识，加快研发、产品上市和客户响应。

五、研发与创新

工欲善其事，必先利其器。信易集团凭借对市场的敏锐洞察，对塑胶辅机市场孜孜不倦的探索，引领着行业技术不断推陈出新。先后开发出除湿干燥系列、供料输送系列、冷热交换系列、混合拌料系列、系统化对策、粉碎回收系列、机械手系列和热流道系列等8大系列产品。

企业技术中心。负责整个信易集团公司全系列产品的研发、应用、全球营销业务及技术支持，为企业提供了委外项目研究、委外员工在职进修项目合作。

自动化事业处。自动化事业处聚集了自动化行业的精英，在整体策划、产品设计、生产制作上均具有丰富的经验。至今，自动化事业处已成功开发出旋臂、单轴伺服、三轴伺服、五轴伺服、承接台与输送带等7大系列产品，并投入市场。

气力输送事业处。2008年1月，在东莞信易设立了气力输送事业处，特聘请在日本三兴空气装置公司任职37年的工程师中野一男先生担任事业处主管，由他全权负责开发设计气力输送系统设备。

热流道事业处。2010年1月，在东莞信易下设独立的热流道事业处。热流道事业处引进美洲国家先进技术理念，研发属于信易自己的热流道系统。信易的所有热流道系统配件均由自己生产和研发，电热配件更是信易集团的专业产品，更能保证质量的一流水平。

高效能制造。“一条龙制造”是信易集团的一大特色，在各集团公司的厂房里可以看到公司投入巨资购买的日本数控机床、剪床及油压机、激光切割机等钣金加工设备；数控车床、铣床等高精密度加工中心；全自动粉体烤漆设备以及各种检验仪器等。零配件的自制率达75%以上。

作为行业领导者的信易集团，在设备上不断进行更新和升级，以先进的设备制造精良的产品；在工艺品质上，信易集团始终精益求精，每一个生产环节紧密相连，将客户的需求和现代化高科技融于一体；凭借着雄厚的综合实力，信易为客户提供一整套顺应行业需求的塑料加工外围辅助机器。

六、质量与服务

信易集团各工厂，通过了ISO9001质量管理体系，成立了专门的质量实验室，配备精密质量检测设备，聘请资深品管工程师，以审慎严谨的作业及对质量的近乎苛求的态度，从原材料到产品，每一步都按照检验流程，严格管控产品质量。信易系列产品已逐一通过CE认证，其优质的产品和服务质量获得国际市场认可。

七、全球营销

信易拥有一支知识化、年轻化、高素质的专业营销队伍，在全国各大城市设立40多个销售服务点，同时在全球50多个国家和地区设立专业的销售及服务网点，这些营销网络确保在客户需要的时候提供最方便最快捷的服务。

汽车领域的丰田集团、比亚迪集团，电子领域富士康集团，家电领域的三洋、西门子、海尔集团，食品领域的徐福记国际集团，制药领域的金健药业等知名企业均选用信易的塑料辅机，生产出最优质的产品，更好地服务于广大消费者，见证了SHINI品牌塑料辅机的卓越质量及行业品牌影响力。

信易在不断提高销售能力和扩大销售网络的同时，更是强调“国际品牌，高等质量，合理价位，优质服务，顾客至上”的服务理念，做到“急客户之所急，供客户之所需”，时刻为客户着想的服务体系。

〔供稿单位：信易塑胶科技集团〕

用心开创绿色未来

——台湾联塑机器股份有限公司

一、概述

台湾联塑机器股份有限公司（以下简称联塑）成立于1984年，1999年6月，在浙江杭州临安开发区独资成立联塑（杭州）机械有限公司，专注于塑料注射成型机的开发与制造，是中国大型专业塑料注射成型机制造商之一。经过近30年的不断进取，联塑已发展成为拥有6家子公司与1家科技研发中心的集团公司，并与国内外数家知名企业分别成立合资公司。其中，联塑（杭州）机械有限公司厂区占地面积10 600m^2，员工300多人，机台年生产力1 000台以上。

公司成立之初，便确立了产学研一体化的集团战略思想。以“产”为基础，建造和建立了大型标准机械制造厂房、先进的生产制造设备等硬件和完善的市场营销体系；以“学”为后盾，和多家知名高校共同进行科技研发和技术创新，例如与中国台湾高雄科技大学合作的项目研发室，与浙江大学协作的校企合作科研、生产基地等；以“研”为推动，与北京中拓公司、中国台湾长新科技股份公司成立科技研发合作联盟，通过对市场和行业的分析和预测不断推出领先行业的新产品和新技术。

联塑积极倡导“科技为本、速度致胜”的企业文化，推行“诚信服务、品质第一、创新科技”的经营理念，以“团结、奋进、精确、高效”的企业精神，引导公司朝着“为顾客创造价值、为员工创造前途、为社会创造效益”的企业宗旨发展和前进。

面对2008年席卷全球的经济衰退浪潮，联塑在内部进行大刀阔斧的重组和改革，使公司在这场金融风暴中得以站稳脚跟，并保全实力。公司一直致力于对最新科研成果的开发和利用，先后申请了发明专利50余项，实用新型专利40余项，同步申报PCT累计百余项。联塑始终保持在技术和产品差异化方面的领先地位，不断与时俱进，积极开发和探索新的发展之路。

二、绿色制造

2010年下半年，联塑推出了已在数国申请及获得多项发明专利、自主研发的伺服变频双效节能型注塑机。其主要特点为：

（1）节能。电动机部分平均节电可达50%~80%。

（2）有效降低成本。表现为油温可维持稳定低温，可延长零件寿命及液压油的使用期限，减少冷却水所需要的电量。

（3）电动机软起动与模具保护。表现为电流限制、超载限制、输出短路或输出接地以及过电压保护、缺相保护等，同时软起动可使开、关模振动减轻，延长模具的使用寿命。

（4）机台配电需求降低。表现为可减少新厂设计时所需要的配电设备容量，或可置放更多的机器容量。

（5）改善工作环境。表现为电动机运行噪声明显降低，且开、关模振动减轻。

（6）电动机瞬间起速到2 000r/min。表现为可提升生产力，使短周期的薄壁注塑更精确，同时长周期的厚壁注塑更省能源。

（7）机台应用范围特别广。其最大配置机台锁模力超过40 000kN。

（8）性价比最好。

（9）全程闭环，终端控制。可最大化地过滤高压高速、高压低速时所产生的终端脉动，使射出精度平均达到3‰，射出稳定性增高。

（10）已取得多国节能新发明专利。

在开发新产品的同时，联塑也注重保持其固有的产品特色。如智能型节能系统，能自动侦测出产品整个制造过程中不必要的电流消耗，在任何射出成型的条件下都能保证并提升塑料制品的重复精度，将不必要的电流消耗降至最低。联塑制造的具有多项专利的双色（多色）射出机除了高效的节能特点外，还有许多与众不同的特点，例如转盘在承受重负荷的模具时，一样能高速旋转及准确定位，而且转盘几乎不会因模具的重量而下垂。产品投放市场以来，受到了广大新老用户的高度肯定，并被广泛应用于汽车行业及3C行业。

当前，伺服变频双效节能注射成型机以及双色（多色）注射成型机已成为联塑产业升级的核心产品，满足了市场专业化、差异化、规模化等不同层次的需求。

三、关于未来

中国当前能源消耗量居世界第二位，仅次于美国，产值消耗却为世界平均水平的三倍，是世界上产值能耗最高的国家之一，2010年，国务院关于加快培育和发展战略性新兴产业，塑料机械已列入《装备制造业技术进步和技术改造投资方向》产品目录，由此可见，"绿色制造，节能减排"毫无疑问地已经上升到中国基本国策的高度。而企业如何在这一历史浪潮中顺利完成转身，是值得每一个企业家深思的问题。

联塑产品的品质应当是由内心出发，并真心实践，以期达到品质的零缺点。联塑坚持每造一台机器，设计人员都应设身处地地从客户的实际需要角度出发，争取将机器的性价比提到最高，生产制造人员则会全心全意把好每一道关，保证机器的安全和稳定。正是这种对产品质量的严格要求，才铸就了联塑过硬的口碑。联塑坚持在备品、品质、交货期、设计、观念、维修、咨询等每一环节，都秉持客户第一的原则，提供即时有效的高质量服务。只有客户满意才是真的满意，为客户创造价值才是联塑的价值。

用心开发产品，用心为客户服务，秉承时代精神，倡导节能减排。联塑将用心为您开创绿色未来。

〔供稿单位：台湾联塑机器股份有限公司〕

产品与项目

介绍塑料机械行业节能减排取得的成效，首批节能型塑料注射成型机以及技术进步和技术改造涉及的产品目录

综述
专文
行业概况
统计资料
产品进出口
产业集群
产品与项目
标准
政策法规
大事记
附录

SHINI
SHINI
SHINI
SHINI
SHINI
SHINI
SHINI
Kinway 御能动力
Kinway 御能动力
Kinway 御能动力
Kinway 御能动力

提升节能技术　推进绿色发展

2009年以来，我国塑料机械行业坚持以科学发展为主题，以加快转变经济发展方式为主线，认真贯彻落实党中央、国务院有关节能减排的方针政策，积极顺应绿色经济的时代潮流，坚持走绿色发展和可持续发展的道路，着力研发和生产高效节能型塑料机械产品，取得了一个又一个丰硕成果。

一、在组织绿色论坛方面取得积极成效

2009年以来，中国塑料机械工业协会（以下简称协会）先后组织会员单位和业内企业，举办了多次节能降耗峰会、节能减排论坛、节能技术研讨会等，这些以节能为主题的绿色论坛，取得了明显效果。一是通过学习党和国家关于节能减排的方针政策，使全行业进一步认清了节能减排的重大意义，树立了节能降耗的理念，增强了绿色制造的意识，取得了广泛的共识，坚定了打造绿色塑机的信心。二是通过组织行业专家的主题演讲，使全行业进一步了解当今世界节能减排的趋势，掌握全球塑料机械行业节能减排的动向，认清打造绿色塑机的紧迫性和提升节能技术的重要性。三是通过组织由高校教授和行业专家参与的专题论坛，使全行业进一步了解世界塑料机械行业的前沿技术和重大课题，从而分享了专家教授的真知灼见，拓宽了节能减排的思维，明确了打造绿色塑机的现状和开拓方向。四是通过组织企业家和行业专家的互动交流，使全行业在节能减排方面的新观点和新理念充分涌现出来，新方法和新举措很快汇聚起来，形成了打造绿色塑机的新思路和新经验。五是通过会员单位和业内企业的共同参与，以及产学研用的对接交流、上下游的思想碰撞，凝聚了催人奋进的智慧和力量，营造了强力推进节能减排的良好氛围，从而为打造中国绿色塑机奠定了坚实的基础。

二、在提升节能技术方面取得积极成效

一是在研发节能型塑料注射成型机方面有了新突破。例如，积极采用低温、低压注塑成型技术、伺服—变量泵驱动技术、流体辅助注塑技术、热流道技术、二次合模技术、全电动技术、等时到温控制技术、统计过程控制技术等技术手段，重点研发比能耗低于0.5kW·h/kg（PS为测试原料，按照国家相关标准进行测试）的节能型塑料注射成型机，在降低加工能耗方面成效突出。二是在研发节能型塑料挤出装备方面有了新突破。例如，积极采用低温、低压挤出加工及成型技术、伺服驱动技术、无变速箱挤出技术、双阶挤出成型技术、流体辅助挤出技术、等时到温控制技术、统计过程控制技术等技术手段，重点研发比能耗低于0.15kW·h/kg（HDPE为测试原料，按照国家相关标准进行测试）的节能型同向平行双螺杆挤出机；研发比能耗低于0.25kW·h/kg（HDPE为测试原料，按照国家相关标准进行测试）的节能型单螺杆挤出机；高速低耗成型辅机：研发单机单腔生产线速度高于20m/min的管材成型辅机；研发收卷速度高于150m/mim的吹塑薄膜成型辅机，研发收卷速度高于450m/mim的流延薄膜成型辅机等；在节能降耗方面有了明显的成效。

三、在制定节能标准方面取得积极成效

2009年7~8月，协会两次组织行业专家进行科学研讨和集体审定，终于出台了我国塑料机械行业的第一部节能技术规范《塑料注射成型机能耗检测和等级评定的规范》，实现了节能技术规范“零”的突破。9月28日，在塑料注射成型机行业内正式实施了该节能技术规范。协会同国家塑料机械产品质量监督检验中心，组织开展了第一批塑料注射成型机生产企业能耗检测和等级评定活动。通过检测表明，业内企业在研制节能产品、提升节能技术方面成效突出。其中，大部分企业生产的塑料注射成型机产品，都具有节能、精密、高效等特点，得到了国内外用户的认可。

四、在研发绿色塑机方面取得积极成效

研发绿色塑机产品，千方百计地为用户降低成本和提高经济效益，是我国塑料机械行业近年来又一个新的看点。2009 年 7 月 17 日，宁波市经济委员会组织了由 7 位知名教授和专家组成的鉴定委员会，对宁波海天塑机集团有限公司自主研发的 MA 系列伺服节能塑料注射成型机新产品进行产业化鉴定。中国工程院院士、浙江大学教授谭建荣担任鉴定委员会主任，成员包括清华大学、北京化工大学、华南理工大学等 4 所高等院校的知名教授，以及国家塑料机械检测机构的知名专家。鉴定委员会在仔细听取该公司新产品技术总结、科技查新、检验结果、用户意见等报告之后，认真考察了生产现场，严格审查了有关技术文件，一致认为，该公司自主研发的 MA 系列伺服节能塑料注射成型机总体技术和整机性能达到国内领先水平，节能技术达到国际先进水平。

此外，具有明显节能效果的新产品还有：上海金纬片板膜设备制造有限公司近年来研发的免干燥新型 PET 双排气挤出机，宁波海天塑机集团有限公司自主研发的全电动塑料注射成型机以及具有节能、节材、节水、节地等效果的大型二板机，广州博创机械有限公司研发的 BS150 伺服节能塑料注射成型机，东华机械有限公司生产的 SV 伺服节能系列塑料注射成型机等。这些塑料机械产品的成功研发，由于具有节能降耗的明显效果，因而给使用单位带来了良好的经济效益和社会效益，赢得了较好的口碑。

五、在推广绿色典范方面取得积极成效

（1）总结节能经验。通过召开行业年会和注塑年会、挤出年会等形式，盘点全行业节能减排的新成果，总结节能减排的新方法和新经验，提出绿色制造的新要求和新思路，推进绿色塑机制造。

（2）推介节能成果。通过召开新技术、新产品、新成果点评会议等办法，邀请高校教授和行业专家进行现场点评，帮助业内企业总结提高节能技术，积极推介节能成果。

（3）推荐节能产品。通过发挥行业协会的桥梁和纽带作用，向各级政府和有关部门反映行业节能减排的进展情况，积极推荐行业节能成果和节能产品。

（4）宣传节能典范。通过协会网站、期刊等媒体，宣传全行业节能减排工作的先进经验和典型事迹，树立推进节能减排、打造绿色塑机的标杆和典范。

六、在推进绿色转型方面取得积极成效

调整产业结构，淘汰落后产品，开发绿色新型产品，加快绿色转型和产业升级，这是我国塑料机械行业令人关注的亮点。在协会的积极推动下，业内龙头企业和骨干企业均确立技术领先、绿色发展的战略，并通过加大科技投入、推进技术进步、加快科技创新、加强产学研联盟等措施，瞄准国际同行业核心技术，相继开发了一大批高效节能技术和产品，从而提升了行业技术水平和产品档次。例如，全国首批 91 家创新型企业之一的宁波海天塑机集团有限公司，通过建立国家级企业技术中心、博士后流动站，以及加强与北京化工大学等高校的产学研合作，先后研制了一批具有自主知识产权、显著节能效果的大型塑料注射成型机、大型二板式塑料注射成型机、全电动塑料注射成型机、多组分塑料注射成型机、伺服节能塑料注射成型机等系列产品。这些高新产品均属于中高端产品，有些产品达到了世界先进水平，为推进绿色转型、提高产业档次发挥了促进作用。此外，佛山市顺德区震德塑料机械厂有限公司开发的注射量为43 000g的超大型注射成型机，无锡格兰机械有限公司推出的“格兰—UBE”系列塑料注射成型机，宁波市海达塑料机械有限公司研发的 HD2000 大型塑料注射成型机、HDH300 直压式塑料注射成型机等，较好地展示了我国塑料机械行业加快绿色转型和产业升级的新成果。

七、在发展绿色经济方面取得积极成效

2009年，塑料机械行业经受了国际金融危机的严重冲击，经历了印度对华塑料注射成型机反倾销调查的不利影响，在党中央、国务院重大决策部署的巨大作用下，经过全行业的同舟共济战危机、齐心协力促增长，行业经济呈现出一个漂亮的"V"形反转态势，取得了比预期更好的骄人业绩。

进入2010年以来，虽然国际金融危机的阴霾还未散尽，但是，全行业一扫年初的颓势，塑料机械市场一派火热，行业经济强势向好。全行业牢固树立了发展绿色经济、低碳经济的观念，积极摒弃粗放经济的方式，坚定不移地走科学发展、绿色发展之路，全力打造绿色塑机产品，全力推动绿色转型和产业升级，从而使得我国绿色塑机产品在市场走红，在国际国内具有较强的竞争力，行业经济的发展势头越来越好。同时，有力地说明了打造绿色塑机产品，是加快经济发展方式转变的必然选择，是提高经济发展质量和效益的必由之路。

八、在建设绿色产业方面取得积极成效

在构建高效节能、绿色环保型的产业体系方面，协会和业内企业采取积极措施，初步建立了打造绿色产业体系的规划机制、交流机制、引导机制、推进机制、宣传机制、总结提高机制。

在建立绿色产业体系的规划机制方面，做了不少工作。为了构建节电、节水、节材、节地、清洁、高效、精密型绿色塑机产业体系，在制订行业节能减排计划时，充分发挥行业专家的作用，认真听取业内企业家的意见，确定了建立绿色产业体系的目标和任务，提出节能减排的重点工作和措施，使全行业坚定了信心，汇聚了力量。2009年8月，协会成立了塑料机械行业"十二五"规划编制小组，该小组的13名成员均是行业专家委员会成员。先后召集了行业专家会议、四届一次常务理事会议，认真讨论行业规划草案，并将节能减排、绿色塑机、绿色发展等内容，摆在行业规划的突出位置，积极引导和推动全行业抓好节能、节水、节地、节材工作，大力开发低碳技术，推广高效节能技术，为推进绿色制造和低碳经济做出更大的贡献。

在建立绿色产业体系的推进机制方面，有了新的起色。2010年2月10日，协会会同国家塑料机械产品质量监督检验中心和雅式展览服务有限公司，向业内企业联合发出了"关于执行《橡胶塑料注射成型机安全要求》(国家标准)有关事项的公告"，以及"关于参展塑料注射成型机产品张贴能耗等级标签与节能产品认证标签的公告"，要求所有参展企业，必须树立起负责任的企业形象，所有参展的塑料注射成型机产品，都要符合国家安全标准的规定，都应根据国家塑料机械产品质量监督检验中心的检测结果，张贴能耗等级标签与节能产品认证标签，为国内外用户提供绿色、环保、安全、低碳的塑料机械产品，从而，提早营造了良好的氛围，为构建绿色产业体系发挥了促进作用。

我国塑料机械行业在打造中国绿色塑机方面，也存在不少问题。例如，全行业还有一部分小企业因为资金有限，存在着设备陈旧、工艺落后、技术改造步伐不大等问题。还有部分企业家对绿色制造理解不够，特别是面对当前出现的塑料机械市场趋旺的形势，认为生产任务够忙，粗放经营仍有市场，不重视绿色转型。这些问题必须引起行业重视。

〔撰稿人：中国塑料机械工业协会　钱耀恩〕

首批节能型塑料注射成型机简介

根据我国塑料机械行业第一部节能产品检测规范——《塑料注射成型机能耗检测和等级评定的规范》,由相关塑料注射成型机厂家申请,经国家塑料机械检测中心实测,评选出我国首批节能型塑料注射成型机。首批节能型塑料注射成型机生产企业及产品见表1。

表1 首批节能型塑料注射成型机生产企业及产品

序号	单位名称	产品型号
1	宁波海天塑机集团有限公司	MA 系列伺服(16 000kN 以下)
2	佛山市顺德区震德塑料机械有限公司	SVP 系列伺服(5 600kN 以下)
3	东华机械有限公司	Se 系列伺服(28 000kN 以下) F2V 系列变量泵(3 800kN 以下)
4	广州博创机械有限公司	BT—S 系列伺服(16 000kN 以下)
5	广东伊之密精密机械有限公司	SM 系列伺服(16 000kN 以下)
6	宁波市海达塑料机械有限公司	变量泵 HDM126,伺服 HDJS168
7	(力劲)深圳领威科技有限公司	PT 系列伺服(16 000kN 以下)
8	广东佳明机器有限公司	KX 系列伺服(16 000kN 以下)
9	富强鑫(宁波)机器制造有限公司	HN—SV 系列伺服(10 000kN 以下)
10	宁波华美达机械制造有限公司	M6—S 系列伺服(10 000kN 以下)

一、海天天隆系列注射成型机

宁波海天塑机集团有限公司生产的海天天隆系列注射成型机是天翔系列注射成型机的革新与升级,具有节能环保等特征。特殊的机器设计保证了最大限度的节水节电,在明显提高生产效率的同时,制品精度也得以提升。海天天隆系列注射成型机是对传统液压机的革命,成功地填补了传统液压注射成型机与全电动注射成型机之间的空白。

产品特点:

(1)创新。全新伺服驱动理念。

(2)稳定。全闭环控制。

(3)经济。与传统液压注射成型机相比,节能20%~80%。

(4)人性化。控制面板采用LCD彩色大屏幕,实时监测生产进程,并显示各种故障诊断。最新易操作的专用注射成型机计算机控制系统,响应周期更快。

(5)快速。永磁交流伺服电动机仅需0.05s即可达到最大输出量。

(6)安静。整机处于低噪声运行状态,低速运行时,效果更为明显。

革命性的驱动系统。海天天隆系列注射成型机配备旋转编码器与压力传感器,分别对流量与压力进行监控与反馈,依据反馈信息,高性能同步伺服电动机通过改变转速和转矩对流量与压力进行相应调整,从而确保产品质量与精度。响应快速、性能稳定的海天天隆系列注射成型机的动力控制系统,配备了精度高、反应灵敏的压力反馈装置,形成高精密闭环控制,有效保证了制品的稳定性与重复度。

响应快速的伺服电动机。驱动系统响应灵敏迅速,仅需0.05s即可达到最大输出量,响应速度远快于传统注射成型机驱动系统，从而显著地缩短了成型周期，生产效率得到大幅提高。海天天隆系列注射成型机采用了 KEBA(奥地利)先进的控制技术，KEBA—1075 型适用于标准塑料制品生产需求，KEBA—4030 型满足复杂注塑成型需求。

MA2800 注射成型机见图 1。

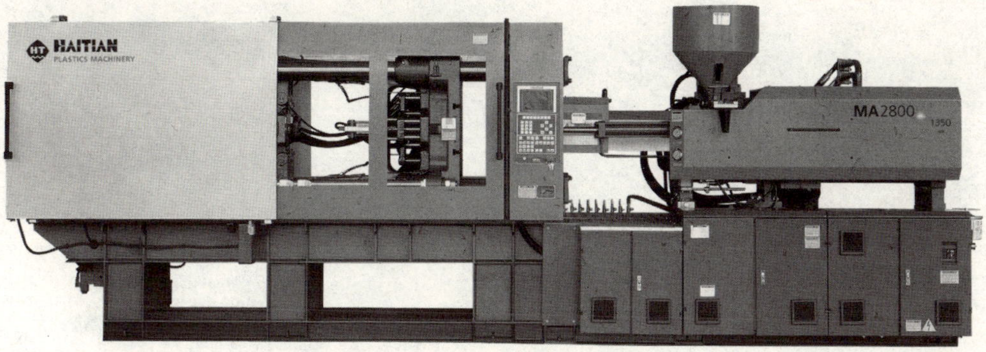

图 1　MA2800 注射成型机

二、SVP 系列伺服驱动注射成型机

佛山市顺德区震德塑料机械有限公司生产的 SVP 系列伺服驱动注射成型机，集合了震雄集团成熟的节能注射成型机制作经验，再配置高效伺服电动机液压泵系统，采用高效率的伺服专用液压泵，实现了节能环保、高回应速度、高重复精度、可靠耐用、稳定及宁静等特点。让客户以最低的成本换取最大的利润，加强竞争能力。EM120—SVP 伺服驱动注射成型机见图 2。

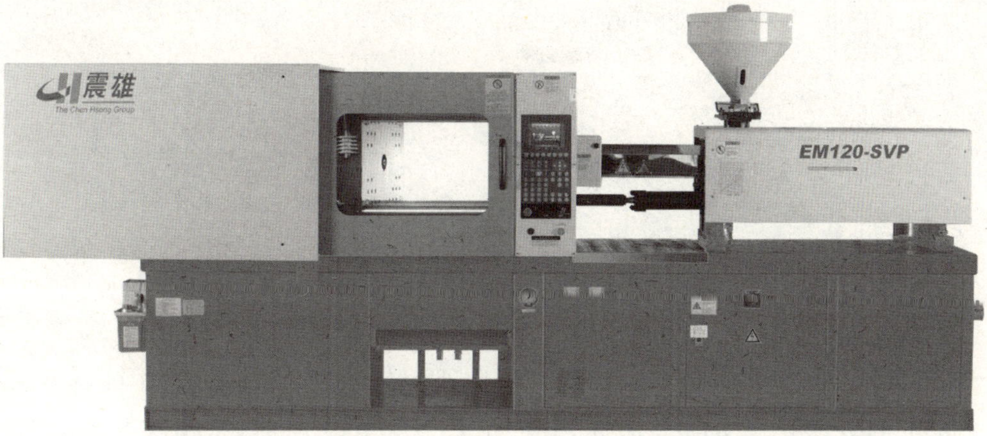

图 2　EM120—SVP 伺服驱动注射成型机

三、Se 系列(900 ~ 28 000kN)绿箭伺服节能注射成型机

Se 系列(900 ~ 28 000kN)绿箭伺服节能注射成型机是东华机械有限公司生产的最新产品。该机型采用先进的伺服驱动系统，是公司工程师数十年的研发经验研制成功的新机型，相比传统的注射成型机，节能 25% ~80%，尤其在保压、冷却阶段节能效果更加显著，是当前市场上竞争力极强的一款产品。130Se 伺服节能注射成型机见图 3。

四、F2V 系列注射成型机

F2V 系列注射成型机是东华机械有限公司主打系列机型之一。该机型是在公司畅销多年的 F 型注射成型机基础上，经公司资深工程技术人员潜心研究并不断完善，对机器的机架、锁模、射台等进行了大幅改进，使机器的综合性能、外观、结构都得到大幅提升，是极具创造性设计的一款机型。190F2V 注射成型机见图 4。

图 3 130Se 伺服节能注射成型机

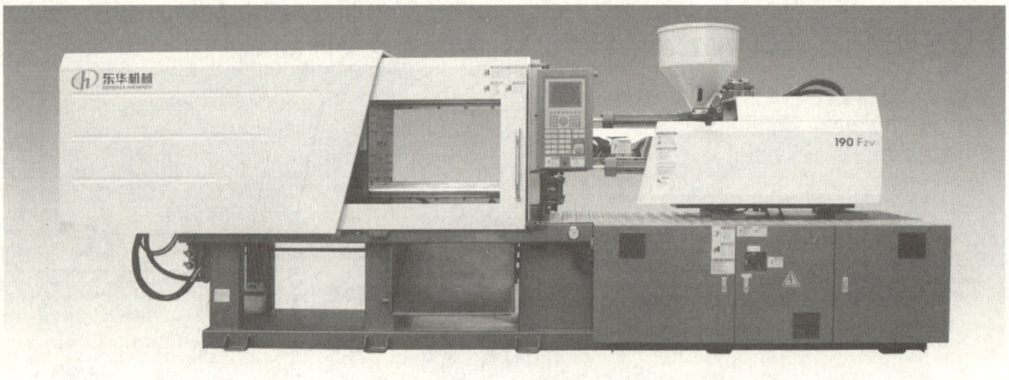

图 4 190F2V 注射成型机

五、BT—S 系列节能环保型伺服注射成型机

广州博创机械有限公司生产的 BT—S 系列节能环保型伺服注射成型机产品能耗等级 1 级，部分机型的能耗只有国家 1 级能耗的 60% 左右，节能减碳技术在国内属于领先地位。

BT—S(BS—Ⅲ)系列注射成型机采用了自主研发的伺服电动机和双级柱塞泵作为动力装置。该装置已经申请了国家专利保护。由于双级柱塞泵的双排量性，保压冷却时，液压泵切换成小排量，避免了以往因保压时间过长而导致伺服电动机和驱动器升温问题，从而使保压时间不受限制，并更稳定。在保压和冷却时间的能耗比其他使用齿轮泵或螺杆泵的注射成型机节能 50% 以上，可使重复精度降至 0.2% 以内。BT—S 系列节能伺服三板机铰机锁模力 600 ~ 16 800kN，节能伺服二板机锁模力 9 000 ~ 45 000kN，约 30 个机型，符合大多数注射成型行业的需求。

BS—Ⅲ节能环保型伺服驱动注射成型机不仅仅节能，射台标配直性导轨，注射精度更高更快。整机外观借鉴欧洲设计风格，更具人性化、艺术性，广泛应用于各个注塑行业，尤其是应用于电子接插件、数码相机零件、手机外壳/零件、LCD 模组零件和齿轮等精密配合尺寸的高精度产品。BS400—Ⅲ节能环保型伺服驱动注射成型机见图 5。

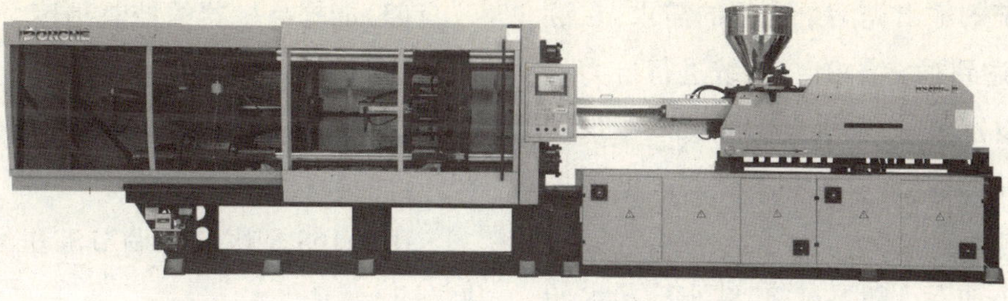

图5　BS400—Ⅲ节能环保型伺服驱动注射成型机

六、SM领航系列伺服节能注射成型机

广东伊之密精密机械有限公司生产的SM系列注射成型机采用先进的伺服泵技术，比普通注射成型机节能20%～80%，节能效果接近全电动式注射成型机。由于伺服泵的响应频率高，闭环控制方式，使注射成型机获得极高的重复精度。该系列注射成型机适用于生产各类精度要求的产品。

产品特点：

（1）液压驱动技术的创新。液压驱动技术是当前注射成型机使用范围最广的驱动控制方法，从定量泵系统，发展到比例变量泵系统，再到闭环比例变量泵系统。伺服电动机驱动液压泵系统将注射成型机液压驱动技术再度创新，从可变斜盘控制到转速控制，从普通交流异步电动机到AC伺服电动机驱动，从模拟控制到数字控制。

（2）优异的节电性能。提倡新型注射成型机绿色设计理念，运用领先的节能环保控制技术，提升产品的绿色制造技术水平，促进行业可持续发展及技术进步与提升，为客户创造更多价值。电动和液压驱动技术的完美结合，使驱动系统的功率输出与机器负载需求高度一致，功率损失大大减小。与传统注射成型机相比，可节约电力20%～80%。

（3）电动与液压驱动技术的完美结合。电动伺服驱动具有高响应、节能、低噪声、高控制精度等优点，液压驱动技术具有控制技术成熟、寿命长、传动距离远、易于低成本维护保养等优点，伺服电动机驱动液压泵实现了电动与液压驱动技术的完美结合。UN200SM伺服节能注射成型机见图6。

图6　UN200SM伺服节能注射成型机

七、HDJS系列伺服节能调节液压容积注射成型机

宁波市海达塑料机械有限公司生产的HDJS系列伺服节能调节液压容积注射成型机是高效节能产品。该机器使用了伺服电动机系统进行液压容积的调速，伺服电动机的速度通过编码器反馈到伺服驱动器，同时系统的压力通过压力传感器反馈到注射成型机控制器，控制器通过快速PID运算，给出相应速度指令给伺服驱动器，调节液压泵的不同容积输出以达到系统所需的压力。

(1)液压系统的输出先满足容积的需求,在液压泵的输出容积达到系统需求时,系统进行压力的监控,压力到达设定值时,系统自动降低液压泵的速度,减小液压油的输出,以减小不必要的电能损耗,达到最大化的节能效果。

(2)可以减小油温冷却器规格,减小冷却水的使用量,节约用水。

(3)能提高机器的控制精度,液压系统的相应时间达到30ms。

(4)节能效果明显,通常能够节能30%～85%。能耗检测为1级。

HDJS168伺服节能调节液压容积注射成型机见图7。

图7　HDJS168伺服节能调节液压容积注射成型机

八、PT节能伺服系列注射成型机

力劲集团旗下的深圳领威科技有限公司生产的POTENZA系列(以下简称PT系列)伺服注射成型机(16 000kN以下)节能水平处于行业领先水平,多款机型能耗等级达到1级。PT伺服节能系列注射成型机应用了最先进的节能控制技术,并通过伺服驱动与液压驱动完美结合,使得该系列注射成型机具有极致省电、高精度、高稳定性、噪声低等诸多优点。PT320Ⅱ伺服节能注射成型机见图8。

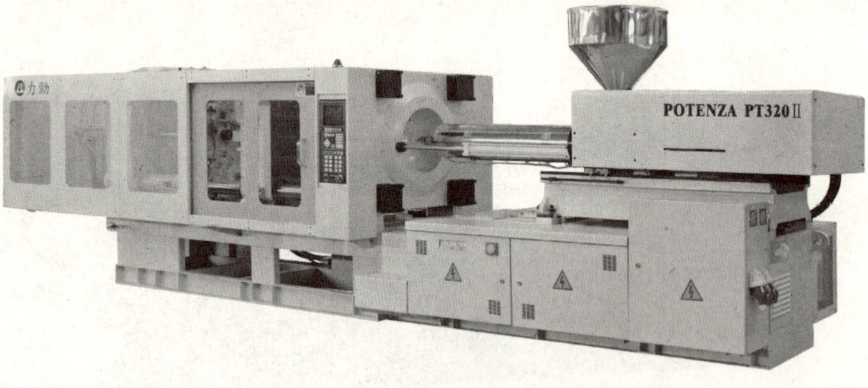

图8　PT320Ⅱ伺服节能注射成型机

九、智峰二代多功能计算机伺服系统节能注射成型机

广东佳明机器有限公司生产的智峰二代多功能计算机伺服系统节能注射成型机采用先进的独立数字式控制系统、永磁同步伺服电动机,通过有效匹配高精密的螺杆泵,对注射成型机的液压系统进行调整控制,并对压力流量进行精确地闭环控制,有效降低了液压系统快速刹挚产生的噪声,能够使注射成型机在保压和冷却的情况下电动机处于不做功的状态,因此基本不需要冷却系统,从而达到节水目的。此外,响应速度高,有效缩短周期,提高生产效率,低速度运行稳定,速度转换平衡,从而使伺服注射成型机的效率、精密度、稳定性、可维护性、噪声等各方面有一个质的飞跃。

佳明牌智峰二代多功能计算机伺服系统节能塑料注射成型机的数字式伺服控制系统操作模式不同于一般的伺服泵系统，独立的数字式控制系统将压力传感器反馈的压力信号由超高速计算机主机作 PID 运算后，通过高速 CAN 总线输出指令给伺服驱动器直接带动伺服电动机，不须经过 DA—AD的转换误差及伺服控制器的运算延迟，从而实现了塑料注射成型机计算机与伺服驱动器间的数据高速传输，使驱动与控制无缝连接，完美地解决了常规伺服系统电气调试复杂以及整体系统不稳定的问题，使得驱动器的状态显示和参数设定也可由计算机实现，调试更方便、更简单快捷，维护更顺利。

佳明牌智峰二代多功能计算机伺服系统节能塑料注射成型机特点：

（1）低能耗。技术、经济指标节能节电可达30%～80%，符合塑料注射成型机一级能耗标准，油温不超过55℃，可以不配置冷却器，节水100%。

（2）响应速度高。压力响应力快，快速启动高达0.05s，有效缩短工作周期，提高生产效率。

（3）控制精度高。伺服控制系统、高精密的螺杆泵和高精密的智峰二代多功能计算机，极大地提高了制品的重复精度，制品的重复精度可达3‰。

（4）噪声低。噪声比常规塑料注射成型机降低3～5dB(A)。

PD2088—KX 伺服节能塑料注射成型机见图9。

图9　PD2088—KX 伺服节能塑料注射成型机

十、HN—SY 系列伺服塑料注射成型机

HN—SV 系列伺服塑料注射成型机是富强鑫公司针对全球节能趋势开发出的节能新产品，采用专利"伺服节能回路"设计，可在需要时才输出动力，保压过程等无需大量动力输出的状态时，以节能方式维持机台基本运作，因此可大幅度节省能源损耗。射出结构采用专利再生回路，提升射速与射压；射出导柱使用专利衬套，永久免润滑；锁模单元采用新一代设计，使得容模范围更广，机械寿命更长。产品性能优良、能耗0.27～0.33kW·h/kg，通过国家塑料机械产品质量监督检验中心检测，达到国家1级节能标准。HN—600SV 伺服塑料注射成型机见图10。

图10　HN—600SV 伺服注射成型机

十一、M6—S 系列伺服注射成型机

2007 年，宁波华美达机械制造有限公司成功推出 S 系列伺服注射成型机。该系列产品延续了 HMDM6 系列的优秀性能，配备进口高性能同步伺服电动机及控制系统，在注射成型机成型过程中对不同的压力流量做出相应的频率输出，并对压力流量进行精确的闭环控制，实现伺服电动机对注射成型机能量需求的最佳匹配和自动调整。该系列机型和普通注射成型机相比，能最大限度地节水节电，大幅提高客户的生产效率，保证客户的产品精度。

产品特点：

（1）大幅度节能。平均节能 65%，一般情况节能 50% ~ 80%，而变量泵一般情况下只能达到 30% 左右。

（2）由于没有高压溢流那部分能量损失，使得油温上升相当缓慢。在实际应用中，对冷却水的要求相当低，可节省成本投入。另外，低油温能延长机器液压件、密封件、密封油的使用寿命。

（3）低噪声。相比定量泵机器，伺服系统机器的噪声在相同工况下平均要小 25dB 以上。

（4）精度高。定量泵和变量泵都是开环控制，精度比较低，重复性不好，伺服系统做到压力全闭环，误差 ±0.3kg，流量半闭环重复性相当好，特别是在低流量的稳定性方面，可以下至 3% 流量依然稳定（尤其适合成型高精密产品）。

（5）响应速度快。经实际测得数据：伺服系统机器 0 ~ 160kg、上压 58ms，0 到最大流量启动 55ms。而一般 PQ 阀需要 150 ~ 200ms，变量泵就更慢，需要 200 ~ 250ms，在整机速度上与定量泵对比，伺服电动机如所配油泵排量相同，则伺服系统运行速度要比其他两种类型的机器要快。

（6）对液压油的品质要求低。

（7）采用双射移，使高压射胶更加平稳，从根本上消除漏胶现象。

（8）由于该系统采用双闭环控制，对低压模保的精度有大幅的提高，当配合全自动模具时，对模具的保护性能大幅提高。

128M6—S 伺服注射成型机见图 11。

图 11　128M6—S 伺服注射成型机

塑料集装袋生产设备节能降耗简介

一、集装袋生产设备

集装袋是一种柔性运输包装容器，又称柔性集装袋、吨装袋、太空袋等，是以 PP 或 HDPE 编织袋为基材，通过合理设计、裁剪、缝制、配加吊装带绳

和组装配件后，成为能装≤1 000kg、≤2 000kg、≤3 000kg等多种重量的大型袋装制品。

集装袋的形状有圆筒形和方形两种，吊装方面有侧面、底部和顶部吊装方式，分别称为侧吊、底吊和顶吊，广泛用于石化、食品、医药、农业、土木建筑、水泥等行业原料及制品的包装运输。

2010年塑料制品工业产量为5 460万t，其中塑料编织制品产量为670万t（规模以上企业），而集装袋产量为67万t。

当前，我国集装袋主要出口日本、韩国，正开发中东、非洲、美国和欧洲市场。日本的集装袋市场很大，每年的销售额超过4亿美元，使用量超过4 000万条。我国是主要供应国，出口量70%以上，其他国家分别是印度尼西亚、越南、泰国和菲律宾等国家。由于我国出口的集装袋价格便宜，在日本市场具有很强的竞争能力，预计今后5～10年内，仍是集装袋主要供应国。中东因盛产石油，石化制品需要大量的集装袋，前景广阔；同样非洲地区石油企业除自身积极发展塑料编织制品外，对生产难度较大的集装袋制品需求量也很大，加上当前他们对我国集装袋的质量和档次容易接受，因而非洲市场为潜在市场。但美国和欧洲对集装袋的质量要求很高，当前还无法进入该市场。

我国塑编集装袋生产开始于20世纪80年代末，比发达国家要晚20年左右，当前正处于高速发展时期。

集装袋配套生产设备包括塑料圆织机、塑料挤出平膜扁丝机组（简称拉丝机）、吊带编织机、塑料挤出复合膜机组（简称复膜机）、双面多色印刷机和工业缝纫机等。其中圆织机、拉丝机属关键设备，直接影响到集装袋的质量。

我国在20世纪70年代末80年代中期，常州、杭州等地塑料厂先后从日本鸟居、秋原公司引进了以圆织机为主的成套编织设备，通过消化、吸收、改进提高形成了适合当时国情的2梭、4梭、6梭、8梭圆织机系列，筒状塑编袋年销量高达5亿条。在随后的改革开放政策的推动下，从20世纪80年代末期到90年代末期，国内先后从奥地利兰精公司、史大林格公司、德国WH公司、巴马格等公司引进了以圆织机、拉丝机为主的成套编织设备100多条，使塑编袋年产量猛增10多亿条，年销量一下跃居世界第一，集装袋的生产开始起步并获得一定发展。经过10多年的高速发展，2010年我国集装袋产量达到67万t，能够生产B型、C型等档次和要求较高的集装袋，D型袋、液体集装袋也在研发，但低档次、附加值较低的集装袋仍占多数。

当前各集装袋生产厂所用设备档次参差不一，但基本上以大6梭、8梭圆织机作基布生产主要设备；由于集装袋所用扁丝均属高旦丝，所用拉丝机以中高档设备为主。

国内集装袋配套生产设备主要集中在下列三大板块，一是常州地区板块，包括常州恒力机械有限公司、常州永明机械制造有限公司、常州市恒成塑料机械有限公司、常州创成塑料机械有限公司、常州新燎原机械有限公司等9家，以6梭、8梭、10梭圆织机销量最大，结构形式以平面凸轮形式圆织机为主，其中常州恒力机械有限公司已完成从4梭至12梭全系列平面凸轮圆织机的开发，并投入批量生产。公司6梭、8梭平面凸轮圆织机在集装袋行业获得普遍应用。二是温州板块，包括温州雁峰集团公司、温州浙江通用包装机械厂、芜湖恒一塑料设备制造有限公司等9家，以4梭圆织机销量最大，双曲线大凸轮形式居多。三是山东烟台地区板块，包括烟台双华塑料机械有限公司、烟台永太机械有限公司、烟台海纳机械制造有限公司等6家，以双曲线小凸轮为主，6梭、8梭销量最大，在集装袋行业应用比较多。

除上述三大板块外，还有四川三江机械厂、广州赛奥机械有限公司、安徽天帝塑机有限公司等生产厂家。

2008年上海雅式国际橡塑展览会上首次展出了常州恒力机械有限公司以低速大转矩同步电动机（简称直驱电动机）带动螺杆的拉丝机组，其生产线速度高达450m/min，不仅扁丝产量高，且节能效果好(经实测节能30%以上),市场效应明显。不仅得到广大用户青睐,还得到同行的认同,是高档集装袋理想配套设备。公司围绕高效、节能、优质、环保八字方针,2010年开发了6梭直驱式圆织机和螺杆直径105mm、生产线速度高达600m/min的高速拉丝机。

直驱式圆织机是用低速大转矩同步电动机直接带动凸轮旋转,转速200r/min,与同规格圆织机相比,产量增加25%,能耗下降25%。高速拉丝机螺杆直径105mm,转速150r/min,产量600kg/h,生产每吨扁丝耗电416kW·h。

二、集装袋生产设备的节能降耗

1. 拉丝机的节能降耗

(1)采用低速大转矩同步电动机(简称直驱电动机)。随着科学技术的进步,低速大转矩同步电动机、低速大转矩伺服电动机的开发,直接驱动是发展的必然方向,因为传动系统中的中间环节都存在一个效率问题,也就是能耗损失的问题。

常州恒力机械有限公司开发的在拉丝机上用直驱电动机驱动螺杆的传动形式在国内尚属首次,在国外用得也不多,节能效果特别明显。直驱电动机直接带动螺杆,省掉大型齿轮减速装置(通常这类减速装置的传动效率在0.7~0.8之间),节能高达30%以上。

SJ—100×33—950×8Y拉丝机在加工1 000D、丝宽为2.5mm聚丙烯扁丝时,生产线速度为400 m/min,整机电流300A,整机功率消耗197.5 kW·h,扁丝产量360kg/h,生产1t扁丝需2.85h,则生产1t扁丝耗电550kW·h。而普通拉丝机按生产线速度220m/min计算,生产1t扁丝耗电800 kW·h,两者相比较使用直驱电动机节能30%以上。

另外,噪声明显下降,经实测从原来的≤85 dB(A)降到≤75dB(A)。虽然该类电动机特别是大功率直驱电动机,造价相当高,以螺杆直径为100mm的拉丝机为例,所用直驱电动机高出常规电磁调速电动机加圆柱硬面齿轮减速机30万元左右。但由于其节能效果明显,正常使用1年后即能回收差价,加上其使用寿命通常在10年以上,因而经济效益十分明显,且符合节能、环保、低碳的要求。在短短一年多的时间内,该公司已销出10台(套)(内外销),采用直驱电动机驱动的高效节能型拉丝机组订货量呈上升趋势。

(2)开发高速挤出机用于拉丝机组。近10年来,人们对高速挤出技术进行大量研究,在理论和结构方面有了很多创新。传统上认为,螺杆圆周速度大于1m/s就算是高速,而现在最高的圆周速度可以达到3m/s、4m/s甚至5m/s。

由于高速挤出机具有高产、低耗的优点,已有越来越多的国家开始关注高速挤出机的研究。随着对产量和能耗要求的不断提高,高速挤出机已成为挤出机的发展方向之一。螺杆转速的提高和长径比的增加有利于对物料的剪切速率提高和延长物料在机筒内的停留时间,这不仅提高了生产效率,还可改进制品的塑化质量。

从当前国外多家公司研发的情况看,螺杆直径几乎不超出90mm,长径比33~38。由于转速高,长径比大,螺杆在机筒内采用双支承固定形式,即在螺杆头部安装辅助径向轴承,螺杆尾部装有止推轴承,螺杆两端加工有花键,通过花键连接两端轴承座,挤出端轴承座设计为滑道式,便于螺杆拆换。

由于高速运转时螺杆强烈的剪切物料和摩擦提供物料所需热量,因此高速挤出机的机筒加热圈很少,甚至不用(通常在启动时使用加热圈)。节能效果十分明显。高速挤出机均采用直接驱动,减少了中间环节的能耗损失。

高速挤出机具有高效、节能等特点,但也存在对物料适应性的问题,不适合加工热敏性塑料如聚氯乙烯(PVC)、聚碳酸酯(PC),对低黏度聚合物如PP、PE、PS特别适应,优于常规挤出。

(3)熔体泵的使用。在档次高的拉丝机上,在挤出机和模头之间增设熔体泵,其目的将来自挤出机的高温聚合物熔体增压,稳压后使流量稳定地被送入挤出模头(模具),由于集装袋所用的扁丝是高旦丝,有强度和密度要求,为保证质量,熔体泵的使用更为重要。通常在扁丝生产机组中,因单螺杆挤出机在运转过程中产生压力波动,如果从机头直接挤出,往往使坯膜厚度不均匀,经牵伸后,造成厚薄不均,最终影响到扁丝的质量。

另外应用熔体泵,可以在挤出生产线中使用多台挤出机同时向一台熔体泵供料,熔体经熔体泵汇合、增压、计量后供给机头挤出制品。这种配置可以实现中小型挤出机挤出大型制品如宽幅膜。

熔体泵的加入有利于产量的提高,质量的保证,能耗的降低,而其投入的成本一般在一年或更少的时间即可回收,在高档次拉丝机组上用得很普遍。

(4)探索新的加热方法。传统的塑料制品主要靠电阻加热成型,由于加热方法相对落后,其能耗通常占整机能耗的30% ~50%。由于铸铝电阻加热圈具有体积小、装配方便、使用寿命长、传热效果比较好(其最高温度可达350 ~370℃),同时具有防氧化、防潮、防震、防爆等特点,因而在量大面广的挤出机、塑料注射成型机上获得普遍使用。但热损失大、效率低(热效率仅为20% ~30%),能源浪费严重。另外,由于加热时,向周围环境散发大量的热量,从而使周围环境温度上升,特别是夏天,现场工作温度高达45℃左右,对工人的身体影响很大,不得不用风扇降温,造成了能源的二次浪费,为此人们一直在探讨新的加热方法。

1)电磁感应加热。在生产扁丝的拉丝机中,为使物料熔融变为黏流态所需热能一部分由外部加热器提供,另一部分由内部机械剪切产生的热量提供。这两部分热能占比与螺杆、机筒的结构形式、工艺条件、物料的性质有关,也与挤出过程的阶段(如启动阶段、稳定运转阶段)有关。

据有关统计资料,由加热器提供的热能所需功率通常占总功率(驱动电动机功率与加热器功率之和)的35% ~45%。尽管挤出机所配的加热器并不是每一段、每一瞬间都以最大功率工作,但加热器提供的热能所占比例相当大。因此如何使加热器的电能高效、节省地变为物料所需的热能是十分重要的问题。电磁感应加热较传统的电阻加热(常用的铸铝加热器)有如下特点:①节能效果好,热损失小,效率高。有资料介绍电磁感应加热热效率达85%以上,与电阻丝加热方式相比提高2 ~3倍,节电30%以上,最大可达75%。②升温快,由于机筒金属电阻小,使较小的感应电动势产生较强涡电流,在金属内产生大量焦耳热,加上热量散失小,保证了机筒内熔体升温快。③环保效果好,电磁感应加热方法可以显著地降低环境温度,机筒表面温度低于60℃(电阻加热表面温度达140℃)。④使用寿命长,平均无故障时间可达3年以上。⑤因其发热效率高,升温时间短,可提高塑料制品的产量。上海天剑电磁技术有限公司开发的塑料机械感应加热设备,其感应加热设备由圆形感应加热圈和异型感应加热圈、功率发射控制器、温控仪表等组成;加热直径120 ~600mm,控制温度50 ~360℃,选用进口大功率模块,加热器温度数码显示,具有过热、过欠压、自动检测保护功能。使用情况:受试设备海天HTF450 ×1塑料注射成型机两台,原用铸铝电阻加热圈功率(每台)23.4kW,而感应加热12kW。在工作环境温度10℃时用红外感应测温仪实测结果,电阻加热外表温度为140℃,而感应加热外表温度为50℃。

2)石英加热圈加热。石英加热圈是把电阻丝穿入石英玻璃管中,石英管能反射电阻丝产生的热、光能量,贴近机筒面,热、光能量直接传导并辐射给机筒,不需要加热的辐射面用保温材料保温,并通过石英管的反射作用,再辐射给机筒,最大限度地减少热量无用损耗,因此节能效果明显,比铸铝加热圈节电15% ~30%;另外石英加热圈热能集中于内表面,对机筒升温快,与铸铝加热圈相比快40% ~50%。该项技术比较成熟,北京、辽宁、山东有几家企业一直在用,使用寿命一般可达5 ~8年,由于石英加热圈外壳温度比较低,通常在60 ~70℃,可用手触摸,比较安全。

国内多家企业生产石英加热圈,他们是龙江市恒利科技电热器厂、临沂新源电热电器有限公司等。

2. 塑料圆织机的节能

(1)采用电动机直接驱动凸轮。常州恒力机械有限公司2010年开发了用低速大转矩同步电动机直接驱动凸轮的6梭圆织机，省去V带等减速装置，使转速明显提高，降低了单产能耗。以6梭圆织机为例，转速可达200r/min，与同规格的设备相比，产量增加25%，单位产量的能耗降低25%。

(2)提高平面凸轮的运动轨迹形状和精度。凸轮是塑料圆织机的心脏，它的好坏决定了塑料编织袋(含集装袋)质量、成本、能耗和噪声等。凸轮的研究跟圆织机制造业的发展密切相关，从单曲线大凸轮(第一代圆织机所用)到双曲线大凸轮，再到双曲线小凸轮和当前档次较高圆织机所用的平面凸轮是渐进的过程，平面凸轮适合于中、高、低各种转速，从4梭到12梭的圆织机，折径范围750~4 100mm，主机转速≥150r/min到≥40r/min(随梭子数的增加，转速趋小)，运动轨迹基本上按照余弦曲线加以修正，凡是技术力量强、加工设备及加工工艺先进，即可获得最佳轨迹形状和精度，相应能耗低、噪声小、运行平稳、布面质量高、中间维修少、产量高。

常州地区常州恒力机械有限公司、常州永明机械制造有限公司、常州市恒成塑料机械有限公司、常州创成塑料机械有限公司生产的圆织机基本上是以平面凸轮为主。平面凸轮圆织机节能效果明显，据常州恒力机械有限公司、常州永明机械制造有限公司等公司的实测，其每吨筒布的耗电从传统圆织机的600kW·h/t下降到500kW·h/t。

(3)用滚动摩擦代替滑动摩擦。塑编机械中相对运动副结构形式比较多，早期由于受轴承种类、精度、承压能力、耐磨性等影响，不少运动副沿用滑动结构形式，摩擦系数大，相应能耗也大。随着技术进步和滚动轴承行业的发展，越来越多地用滚动结构代替滑动结构。如温州恒一塑料机械有限公司节能型小6梭圆织机所用的滚柱轨道，节能效果明显，并获国家专利。小6梭圆织机规格偏小，不适合编织集装袋基布，但将该技术用到大6梭、8梭圆织机上就可以获得好的节能效果。

烟台海纳机械制造有限公司研发成功的梭底无润滑跑轮式HNC系列圆织机，其节能效果突出，以HNC—3300×10N为例，其主电动机功率，普通丝仅为7.5kW，高旦丝(集装袋用)主电动机功率也只有11kW。

纵观全球机械行业，高速、节能是主攻目标，挤出机螺杆的线速度已由过去1m/s向现在3m/s甚至5m/s方向研发，机械产品的节能以抛弃中间减速环节，采用低速大转矩同步电动机或伺服电动机直接驱动。

三、探索之路

1. 提高集装袋性价比

当前，我国生产集装袋按类型属A、B型(少量C型袋)，按使用次数基本上是属一次性，加上内部竞争不协调，出口价格特别低。以2007年为例，出口到日本的一次性使用集装袋只有558日元，而印度尼西亚出口到日本的集装袋价格为1 247日元(在印度尼西亚的日资企业)。虽然我们有很大的竞争优势，但性价比太差，导致利润太低。

2. 降低集装袋成本

国内不少集装袋生产企业生产一次性使用普通集装袋，但所用原料均是新料，价格比较高，其性能指标远远超出一次性集装袋要求，为此可适当增加回收料和碳酸钙的含量，在保证质量的前提下降低成本。国家标准GB/T 10454—2000《集装袋》没有对集装袋的单位面积质量进行规定，只要求达到强度等技术指标即可，也就是说，鼓励用最少的原料生产符合标准要求的集装袋。近几年，随着碳酸钙质量的提高，生产集装袋企业的经验证明添加3%~8%碳酸钙，强度性能指标并不降低多少，但必须满足一次性使用标准要求。

3. 扩大集装袋使用范围

集装袋使用范围很广，但用于水泥的包装运输一直没有引起重视。当前，我国年产水泥包装袋已超过100亿条，若按每条废弃物200g计算则100亿条的废弃物为200万t，这么多的废弃物不仅造成资源上的浪费，同时对环境也是很大的污染。而集装袋属低成本、大容量、适合快速装卸的新型包装容器，不仅技术上可行，经济上合算，有利环保，有利远距离运输。同样1t水泥，用普通水泥包装袋，需包装材料4kg，而用集装袋只需2.5～3kg；从远距离运输看，破包率低，包装更可靠，装卸也方便，有利环保。集装袋上料口比较大，不需要带着气压向里充料，可用螺旋输料机械装置。扩大集装袋应用领域，提升集装袋利润空间值得探索和推广。

4. 创新开发高端产品

适应国际市场需求，提高集装袋档次，增加外汇收入。当前国内生产的集装袋档次比较低，如出口日本的集装袋基本上是一次性使用，而日本集装袋厂生产的集装袋均是多次性使用，且寿命按使用年限分2年期和5年期，价格贵利润高。另外集装袋分A、B、C、D、E 5类，我国可以生产A、B型通用集装袋，生产C型袋的时间还不长，D、E型袋还不能生产。

塑料集装袋通常以PP、HDPE为原料，电阻值大，制品吸水性差，集装袋容易产生静电，极易发生静电点火爆炸事故，国外早在2002年研究出导电集装袋(C型袋)。经过多年努力，当前国内已有多个企业能生产C型袋。但D型袋由于测试实验室的投资较大，至今未开发成功具有自己知识产权的D型袋。至于E型袋，当前只有美国、土耳其等少数几个国家能生产。按我国的当前的经济实力和鼓励企业创新的政策，只要行业与企业重视，集装袋行业的尖端产品一定能研发出来。

5. 使用高效生产设备

20世纪70～80年代，由于原料价格便宜，塑料制品(含编织袋)利润高达30%，但进入90年代以来，原料价格猛涨，制品市场由于竞争激烈，价格涨幅很小，使利润空间越来越小。当前生产批量决定其生存空间，普通编织袋在5 000万条以下，集装袋在1 000万条以下，生存空间小，为此建议在保证市场订单的前提下，使用高效拉丝机和圆织机，尽管一次性投资大一些，从长远看是有利的，对集装袋新品的开发和性价比的提升十分有利，国内常州恒力机械有限公司、常州永明机械制造有限公司等公司可提供该类设备。

6. 大力推广、采用节能型拉丝机、圆织机

常州市恒力机械有限公司2008年开发成功低转速大转矩同步电动机直接驱动螺杆直径100mm的拉丝机组，经现场实测并通过计算，生产1t标准扁丝耗电550kW·h，比该公司线速度220m/min、采用齿轮减速系统的拉丝机节电30%。在一年多时间内销出10台套拉丝机组，广受用户欢迎。

2010年上海雅式国际橡塑机械展览会上，常州恒力机械有限公司和常州永明机械制造公司均展出该机组，且速度达到450 m/min以上，得到同行的认同，反映该产品具有强大的生命力。当前，常州恒力机械有限公司推出了螺杆直径为105mm，生产线速度高达600m/min，产量600kg/h的新款低速大转矩同步电动机直接驱动螺杆的节能型拉丝机组，标准扁丝的能耗为416kW·h/t。

同样，节能型圆织机国内也不少。据有关资料，2008年圆织机编织每吨筒布耗电600～700 kW·h，2010年圆织机每吨筒布耗电已明显下降，如常州恒力机械有限公司、常州永明机械制造有限公司的平面凸轮塑料圆织机实测能耗均不超过500 kW·h/t(标准扁丝)，烟台海纳机械制造有限公司2009年开发成功的梭底无润滑跑轮式HNC系列圆织机，节能效果明显，以HNC—3000×10N为例，它是当前国内折径最大的10梭圆织机，主电动机功率仅7.5kW(高旦丝时11kW)。另外，烟台永太机械有限公司、安徽天帝塑机有限公司、四川三江机械厂、广州赛奥机械有限公司等公司均有用于集装袋编织节能效果好的圆织机。

〔撰稿人：常州恒力机械有限公司　王惠芬〕

2010年塑料机械行业技术进步和技术改造涉及产品目录

2010年5月26日，工业与信息化部公布了《装备产业技术进步和技术改造投资方向(2010年)》，塑料机械行业有8项产品进入目录。2010年塑料机械行业技术进步和技术改造涉及产品目录见表1。

表1　2010年塑料机械行业技术进步和技术改造涉及产品目录

序号	产品名称	主要参数
1	节能塑料橡胶注射成型机	合模力8 000～40 000kN，注射量3 000～55 000g，能耗≤0.35 kW·h/kg制品
2	高速节能塑料挤出机组	生产各类管材、板材、异型性产品，螺杆直径45～150mm，生产能力30～200kg/h，能耗≤0.35 kW·h/kg
3	大型高效二板塑料注射成型机	合模力25 000～50 000kN，注射量15 000～8 0000g，能耗≤0.4 kW·h/kg制品
4	全电动塑料注射成型机	合模力300～2 000kN，注射量15～300g，能耗≤0.3 kW·h/kg制品
5	微孔发泡塑料注射成型机	合模力600～2 500kN，注射量30～650g，能耗≤0.4 kW·h/kg制品
6	大型双螺杆挤出造粒机组	生产能力30～45万t/a
7	大型对位芳纶反应挤出机组	生产能力(挤出量)≥1.4万t/a
8	碳纤维预浸胶机组	生产能力0.6×106～6×106m/a，幅宽≥1.2m

塑料机械行业标准制定、修订情况

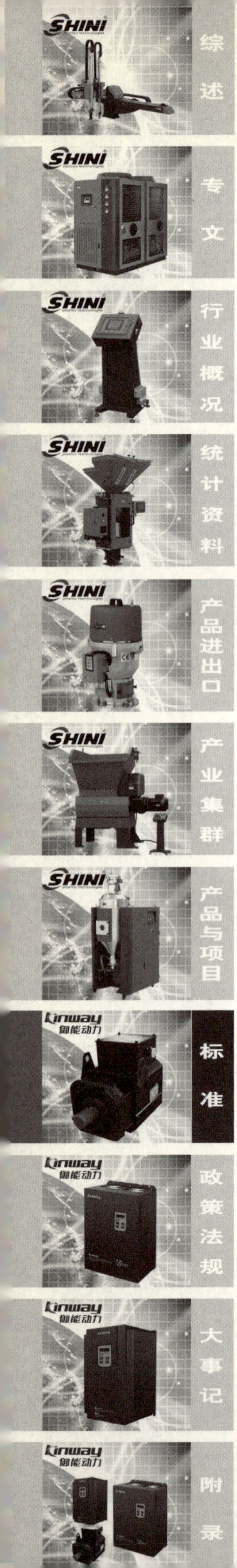
SHINI
综述
SHINI
专文
SHINI
行业概况
SHINI
统计资料
SHINI
产品进出口
SHINI
产业集群
SHINI
产品与项目
Kinway 御能动力
标准
Kinway 御能动力
政策法规
Kinway 御能动力
大事记
Kinway 御能动力
附录

塑料机械行业标准化工作概述

塑料机械行业标准化工作是塑料机械行业职能的重要组成部分,标准水平的高低是衡量一个国家塑料机械行业技术水平的主要标志之一。在塑料机械产品结构调整、提升竞争力等方面,标准化工作具有不可替代的技术基础作用。加大标准体系结构调整力度,不断提高标准水平,增强标准化工作的有效性,对于塑料机械行业的发展具有重要的意义。

一、行业基本情况和发展趋势

塑料机械行业是一个朝阳行业,是我国基础机械工业的重要组成部分。随着塑料制品应用领域的不断扩展,塑料机械已成为农业、化工、汽车、交通、建材、能源、家电、包装、装潢、通信、计算机、国防军工和航空航天等行业必不可少的重要装备。

经过近 50 多年的努力,我国塑料机械行业制造技术水平和产品档次都有了很大的提高,形成了品种规格系列化、门类较为齐全的塑料机械产品生产体系。塑料机械产品产量以台数计已位居世界第一,年均产量占世界总台数的一半以上。我国已是世界塑料机械制造大国,但在高技术层面上尚不是强国。

今后几年,我国塑料机械行业生产技术发展的主要方向是跟踪世界新材料、新工艺和新技术的发展,加大科技投入和创新力度,加速吸纳高素质的管理和科技人才,不断增强吸收和运用新科技的能力,加快发展高附加值的产品,提高企业的整体水平。加快开发农业、包装、建材和工业交通等行业急需的各类新装备及重大成套装备,同时为塑料制品行业提供先进适用的设备,淘汰处于衰退期,性能和技术落后、资源浪费、污染环境严重的现役设备。

二、行业标准化工作基本情况

1. 历史沿革及专业需要

1986 年,经国家标准总局批准成立了由国家机械委、化工部和轻工部的技术专家组成的全国橡胶塑料机械标准化技术委员会(代号 SAC/TC71)。为了迅速扭转标准化与质量工作极不相适应的情况,以尽快使两个行业标准归口工作全面铺开、抓好、抓细,经国家标准总局批准,于 1987 年在全国橡胶塑料机械标准化技术委员会下,设立了橡胶机械标准化分技术委员会(代号 SAC/TC71/SC1)和塑料机械标准化分技术委员会(代号 SAC/TC71/SC2),秘书组分别设在北京橡胶工业研究设计院和大连塑料机械研究所。塑料机械标准化分技术委员会(以下简称塑标委)负责全国塑料机械行业的标准化归口工作(包括塑料机械行业标准的规划制定,标准体系确立,标准制修订计划的编制与申报,各项标准的起草、修订、复审、报批、贯彻及实施等),业务上归属原国家机械委领导(国家机械委名称相继变更为机械电子工业部、国家机械局,现为中国机械工业联合会)。其后塑标委按上级要求和规定程序适时进行了换届,第二届始于 1992 年,第三届始于 1999 年,并按国家标准化管理委员会要求于 2003 年进行了清理整顿。现塑标委业务仍归属中国机械工业联合会领导。

2. 企业和科研院所是塑标委的主体

国家或行业的标准水平代表着一个国家或行业产品的技术水平,塑标委十分重视行业技术发展的普遍性、个性和共性问题。因此,塑标委集中了塑料机械生产和使用单位以及大专院校和科研院所等方面的专家、学者及专业技术人员。委员由 31 人(全部为专业技术人员组成,其中行业主管部门代表2人、大学代表2人、科研院所代表5人、企业代表20人及监督检测机构代表2人)组成。同时,也注重了产品和技术的覆盖面,其中注塑机类企业5家(包括宁波海天塑机集团有限公司、东华机械有限公司、佛山市顺德区震德塑料机械有限公司及无锡格兰机械集团有限公司等国内著名的企业),挤出机类企业6家(包括大连橡胶塑料机械股份有限公司、山东华冠集团公司、原上海挤出机械厂及湖北轻工机械厂等国内著名企业),其他类别塑料机械企业也都有代表参加塑标委。塑标委覆盖了绝大多数产品的代表企业,有着广泛的代表性和业内权威性。委员都是掌握较高理论知识和拥有专业实践经验的业务骨干,具有高级技术职称的占委员的80%以上。塑标委是一个技术知识密集和具有人才优势的权威性组织。

3. 标准制修订完成情况

在国家标准化管理委员会、中国机械工业联合会和全国橡胶塑料机械标准委员会等主管部门的领导下,在全行业的大力支持下,全体委员以高度的责任感,关心、参与、合作,尽心尽力地积极履行塑标委章程中所赋予的职责和义务,使其组织的整体功能得以充分发挥。在经费少、任务重、难度大的情况下开展了踏实而有效的工作,较好地完成了塑料机械标准化的各项任务,基本上改变了标准数量少、水平低的落后情况。塑标委的工作成果为推动行业技术进步、提高产品竞争力起到了积极的作用,取得了显著的成绩。

2010年,塑标委组织标准起草工作组起草了6项行业标准,《锥形同向双螺杆塑料挤出机》、《可发性聚苯乙烯泡沫塑料预发机》、《可发性聚苯乙烯泡沫塑料板材成型机》、《可发性聚苯乙烯泡沫塑料板材切割机》、《塑料挤出流延薄膜辅机》和《PVC塑料配混系统》;组织标准起草工作组修订了2项行业标准《可发性聚苯乙烯泡沫塑料成型机》、《塑料挤出吹塑中空成型机》。这8项标准于2010年底完成报批工作。另外,塑标委还申报了《塑料挤出异型材辅机》等14项标准的修订计划。

多年来,经过塑料机械标准化工作者的共同奋斗和努力,已形成塑料机械标准91项,一些标准已经过多次修订。对于每一项标准的制修订,塑标委都是首先组织标准起草小组,确立标准主起草单位,组织召开标准起草会。塑标委通过起草小组多渠道收集国内外的先进标准和数据(例如与外商谈判资料、引进设备的实测数据、对国内重点厂进行调研、走访用户等收集的数据),对国内外情况进行逐项综合分析对比,严格按照编制、初审、送审和报批等程序制修订具有先进水平的适应国情并能引领技术发展的塑料机械行业标准。

从专业标准体系上看,基本形成了以产品标准为主体,安全标准、基础标准、通用标准、方法标准和分等标准为辅的更为合理、更具可操作性的行业标准体系。制修订的塑料机械标准既考虑了国内企业的现状,又以产品技术的发展和企业的发展为主要目标,积极采用国际标准和国外先进标准,从而对改进产品质量,提高经济效益,促进塑料机械行业技术进步,起到了积极的作用。塑料机械产品质量分等标准为企业上等级及产品创名牌提供了依据。

4. 认真贯彻《标准化法》,做好标准的复审、贯彻与实施工作

为了适应社会主义市场经济发展和对外贸易的需要,进一步贯彻《标准化法》;为跟踪现行标准的执行情况,及时了解标准在贯彻中的反馈信息,塑标委不断加强与企业的联系,按照上级主管部门的要求,在几次的标准复审工作中,对塑料机械标准进行了逐项审核,并提出了相应的建议,及时安排落实了标准修订计划。

5. 标准化工作推动和引领行业发展

多年来,标准化工作在上级主管部门指导下和塑标委全体委员的共同努力下以及企业的大力支持下,在行业中发挥了重要的推动和引领作用。主要体现是:

(1)作为市场经济体制的技术支撑,维护了市场经济秩序。塑料机械标准是产品是否合格的依

据，是产品能否获得市场准入权的准绳。这些标准服务于市场，并为市场规则体系提供技术依据，成为市场规则体系的组成部分，有力地提高了市场管理、监督、处罚的力度和效能，维持了市场秩序，营造了公平竞争的市场环境，保障了我国塑料加工装备制造业健康、稳定发展。

(2)作为经济结构调整的技术手段，促进了塑料加工装备制造业不断适应塑料加工产业结构调整的需要。塑料机械标准以其对先进技术的适应性与技术的导向作用，引导塑料加工装备制造企业的资金流向和市场取向，引导企业开展技术创新和研制高技术产品以期优化我国塑料机械的产业结构和产品结构。与此同时，通过推行先进标准和提高标准的技术指标以提高市场准入门槛，既鼓励和支持企业开发高技术含量产品，也使落后产品无法进入市场，终遭淘汰。

(3)作为科技创新成果转化的途径，推动了新技术、新工艺和新装备的推广应用。多年来，塑料机械制造业不断地通过对引进技术的消化吸收和自主创新，新产品、新工艺层出不穷。很多科技创新成果通过标准的作用转化为优势产品并被迅速地推广应用，取得了良好的经济效益和社会效益。

(4)提升了塑料机械制造企业在市场上的竞争力。塑料加工装备制造业标准化工作的有效开展，企业标准化程度的提高，降低了企业生产成本和提高了生产效率，使企业具有产品的比较优势，提升了企业的竞争力。

(5)通过制定安全标准，保障了操作人员的身体健康和生命安全。

(6)通过对橡塑机械产品型号编制方法和术语标准的制定，极大地推动了行业间的技术交流，有力地促进了国内外贸易的发展。

6. 充分发挥塑标委及秘书组的职能作用

塑标委是塑料机械标准制修订的权威机构，有一套健全和完善的管理制度，工作有章可循，有据可依。由于标准化工作法规性强，涉及面广，所以协调各方面意见，满足各方面要求是极为困难的。委员充分履行塑标委章程中所赋予的职责，热爱标准化事业，积极参与塑料机械标准的制修订工作，为推动塑料机械行业的发展发挥了积极的作用。

秘书组承担着大量的组织、协调标准的初审、报批以及筹备各种会议等工作。为了做好这些工作，大连塑料机械研究所在人力、物力、财力上给予了无偿的支持。秘书组在实践中也在不断地摸索标准化工作的新思路和新方法，从而有效地发挥了常设机构的职能作用。为了适应标准化工作改革的需要，开拓标准化工作的新领域，为行业服好务，秘书组人员积极参加上级主管部门举办的基础标准宣贯培训及标准复合员等培训班，为提高日常工作质量打下了良好的基础。

三、标准需求分析

主要分以下三个方面：

(1)新产品、新技术等科研成果需要转化为国家标准和行业标准。

(2)随着我国安全、环保政策的出台，需要加强安全、环保标准的制定。

(3)标准需及时更新，标龄长、发布及出版周期长等急需解决。

四、行业标准化工作指导思想和工作目标

1. 指导思想

行业标准化工作应是塑料机械行业的前沿工作，具有不可替代的基础地位。

“以市场为导向，以企业为主体”推进标准化工作的进一步发展，应着力提高标准水平，加快标准更新速度，强化标准化服务，充分发挥标准化在振兴塑料机械工业中的基础性作用。

2. 工作目标

不断提高标准的整体水平，继续贯彻执行积极采用国际标准和国外先进标准的方针，与国际标准和国外先进标准接轨。做好国际和国外先进标准的收集、翻译和咨询工作。探索和推进塑料机械标准体系的调整，注重充实基础标准、通用标准、安全环保标准，将先进技术成果纳入标准中。力争行业标准的标龄在2013年控制在5年以内。

五、标准化工作重点任务及重点领域

1. 重点任务

围绕提高塑料机械产品的竞争力，在制修订标准的运行机制上积极探索市场取向的新路子，增强科学性和预见性，提高市场应变能力，加快标准制修订速度，在此基础上着力提升塑料机械标准的整体水平。主要产品的开发要依据制修订标准，淘汰的产品，其标准也要淘汰。要不断增强标准的适应性，不断提高标准的技术含量，促进高新技术与塑料机械行业标准的结合，提高标准的技术水平，满足国家经济发展的要求；加强对同行业国际标准及国外先进标准的研究，使塑料机械行业标准采用国际标准和国外先进标准的比例不断提高，增强对国际市场的适应性。

2. 重点领域

当前，国际上塑料机械产品的性能正朝着高速、高效、节能、低噪声和高自动化方向快速发展。我国塑料机械行业要不断调整产品结构，积极发展高效、节能和环保型塑料机械产品，以适应我国国民经济发展的需要，并大力发展有国际竞争力的出口创汇产品。因此应重点制定行业标准中的安全标准、涉及环保要求的标准、基础标准；制定为国家重大工程项目主攻课题相配套的产品标准；制定市场急需的、技术先进并有发展潜力的产品标准，拟开展塑料编织制袋机、高强高模PE纤维拉丝机、电磁动态塑料挤出成型机、电磁动态塑料注射成型机、塑料滚塑成型机等标准的研究制定工作。

塑料机械标准化工作要向着更加市场化、更加高技术化、更加国际化、更加服务化方向发展和努力，为我国塑料机械行业做大做强做出贡献。

〔供稿单位：全国橡胶塑料机械标准化技术委员会塑料机械标准化分技术委员会〕

塑料机械行业标准目录

序号	标准编号	标准名称	标准类别	备注
1	GB/T 12783—2000	橡胶塑料机械产品型号编制方法	基础	
2	GB/T 9707—2010	密闭式炼胶机炼塑机	产品	
3	GB/T 12784—1991	橡胶塑料加压式捏炼机	产品	已上报2011年修订计划
4	GB/T 13577—2006	开放式炼胶机炼塑机	产品	
5	GB/T 13578—2010	橡胶塑料压延机	产品	
6	GB/T 25156—2010	橡胶塑料注射成型机通用技术条件	产品	
7	GB/T ×××××	全电动塑料注射成型机	产品	待批准发布
8	GB/T ×××××	塑料真空成型机	产品	待批准发布
9	GB/T 25157—2010	橡胶塑料注射成型机检测方法	方法	
10	GB 20055—2006	开放式炼胶机炼塑机安全要求	安全	
11	GB 22530—2008	橡胶塑料注射成型机安全要求	安全	
12	GB 25431.1—2010	橡胶塑料挤出机和挤出生产线 第1部分：挤出机的安全要求	安全	

（续）

序号	标准编号	标准名称	标准类别	备注
13	GB 25431.2—2010	橡胶塑料挤出机和挤出生产线　第2部分:模面切粒机的安全要求	安全	
14	GB 25431.3—2010	橡胶塑料挤出机和挤出生产线　第3部分:牵引装置的安全要求	安全	
15	GB 25433—2010	密闭式炼胶机炼塑机安全要求	安全	
16	GB 25434—2010	橡胶塑料压延机安全要求	安全	
17	GB ×××××.1	橡胶塑料粉碎机械　第1部分:刀片式破碎机安全要求	安全	已完成制定并上报,待批准发布
18	GB ×××××.2	橡胶塑料粉碎机械　第2部分:拉条式切粒机安全要求	安全	已完成制定并上报,待批准发布
19	GB ×××××.3	橡胶塑料粉碎机械　第3部分:切碎机安全要求	安全	已完成制定并上报,待批准发布
20	GB ×××××.4	橡胶塑料粉碎机械　第4部分:团粒机安全要求	安全	待批准发布
21	HG/T 2148—2009	密闭式炼胶机炼塑机检测方法	方法	
22	HG/T 2149—2004	开放式炼胶机炼塑机检测方法	方法	
23	HG/T 2150—2009	橡胶塑料压延机检测方法	方法	
24	HG/T 3120—1998	橡胶塑料机械外观通用技术条件	通用	
25	HG/T 3228—2001	橡胶塑料机械涂漆通用技术条件	通用	
26	JB/T 5438—2008	塑料机械　术语	基础	
27	JB/T 2627—2008	塑料挤出硬管辅机	产品	
28	JB/T 5289—2004	鞋用转盘注射成型机	产品	
29	JB/T 5290—2008	塑料圆织机	产品	
30	JB/T 5291—2007	塑料破碎机	产品	
31	JB/T 5292—1991	塑料真空成型机	产品	待代替的国家标准发布后,申请废止
32	JB/T 5293—1991	可发性聚苯乙烯泡沫塑料成型机	产品	已完成修订并上报,待批准发布
33	JB/T 5416—2005	塑料挤出干法热切造粒辅机	产品	
34	JB/T 5417—2007	塑料排气挤出机	产品	
35	JB/T 5418—1991	聚丙烯织布机	产品	已申报修订计划
36	JB/T 5419—2008	塑料挤出平膜扁丝辅机	产品	
37	JB/T 5420—2001	同向双螺杆塑料挤出机	产品	已申报修订计划
38	JB/T 5421—1991	塑料薄膜回收挤出造粒机组	产品	已下计划,2011年底完成修订
39	JB/T 6489—1999	塑料捏合机	产品	已申报修订计划
40	JB/T 6490—1992	塑料压力成型机	产品	已申报修订计划
41	JB/T 6491—2001	异向双螺杆塑料挤出机	产品	已申报修订计划
42	JB/T 6492—2001	锥形双螺杆塑料挤出机	产品	已申报修订计划
43	JB/T 6493—1992	塑料制袋机	产品	已申报修订计划
44	JB/T 6494—2002	料斗式塑料干燥机	产品	已申报修订计划
45	JB/T 6928—1993	塑料挤出带辅机	产品	已申报修订计划

（续）

序号	标准编号	标准名称	标准类别	备注
46	JB/T 6929—1993	塑料挤出转盘制鞋机	产品	已申报修订计划
47	JB/T 7251—1994	塑料挤出拉丝辅机	产品	已申报修订计划
48	JB/T 7267—2004	塑料注射成型机	产品	
49	JB/T 7669—2004	塑料混合机	产品	
50	JB/T 8061—1996	单螺杆塑料挤出机	产品	待批准发布
51	JB/T 8538—1997	塑料机械用螺杆、机筒	产品	待批准发布
52	JB/T 8539—1997	塑料挤出吹塑中空成型机	产品	已完成修订并上报，待批准发布
53	JB/T 8698—1998	热固性塑料注射成型机	产品	已申报修订计划
54	JB/T 8703—1998	塑料挤出吹塑薄膜辅机	产品	待批准发布
55	JB/T 8943—1999	全塑鞋用注射机	产品	已申报修订计划
56	JB/T 10342—2002	塑料挤出异型材辅机	产品	已申报修订计划
57	JB/T 10464—2004	拉条式塑料切粒机	产品	
58	JB/T 10898—2008	塑料挤出复合膜辅机	产品	
59	JB/T 10899—2008	塑料挤出双壁波纹管辅机	产品	
60	JB/T ×××××	锥形同向双螺杆塑料挤出机	产品	已完成制订并上报，待批准发布
61	JB/T ×××××	可发性聚苯乙烯泡沫塑料预发机	产品	已完成制订并上报，待批准发布
62	JB/T ×××××	可发性聚苯乙烯泡沫塑料板材成型机	产品	已完成制订并上报，待批准发布
63	JB/T ×××××	可发性聚苯乙烯泡沫塑料板材切割机	产品	已完成制订并上报，待批准发布
64	JB/T ×××××	塑料挤出流延薄膜辅机	产品	已完成制订并上报，待批准发布
65	JB/T ×××××	PVC 塑料配混系统	产品	已完成制订并上报，待批准发布
66	JB/T ×××××	聚氨酯发泡设备　通用技术条件	产品	已下计划，2011 年底完成制定
67	JB/T 50018—1999	塑料注射成型机　产品质量分等	分等	企业内控标准
68	JB/T 53028—1999	锥型双螺杆塑料挤出机　产品质量分等	分等	企业内控标准
69	JB/T 53029—1999	料斗式塑料干燥机　产品质量分等	分等	企业内控标准
70	JB/T 53030—1999	异向双螺杆塑料挤出机　产品质量分等	分等	企业内控标准
71	JB/T 53031—1999	塑料真空成型机　产品质量分等	分等	企业内控标准
72	JB/T 53032—1999	塑料制袋机　产品质量分等	分等	企业内控标准
73	JB/T 53079—1999	塑料挤出带辅机　产品质量分等	分等	企业内控标准
74	JB/T 53080—1999	塑料挤出转盘制鞋机　产品质量分等	分等	企业内控标准
75	JB/T 53109—1998	单螺杆塑料挤出机　产品质量分等	分等	企业内控标准
76	JB/T 53111—1999	塑料挤出吹塑薄膜辅机　产品质量分等	分等	企业内控标准
77	JB/T 53112—1999	密闭式炼塑机　产品质量分等	分等	企业内控标准
78	JB/T 53113—1999	开放式炼塑机　产品质量分等	分等	企业内控标准
79	JB/T 53114—1999	塑料压延机　产品质量分等	分等	企业内控标准
80	JB/T 53115—1994	塑料挤出吹塑中空成型机　产品质量分等	分等	企业内控标准
81	JB/T 53116—1999	塑料混合机　产品质量分等	分等	企业内控标准
82	JB/T 53117—1999	热固性塑料注射成型机　产品质量分等	分等	企业内控标准
83	JB/T 53118—1999	橡胶塑料加压式捏炼机　产品质量分等	分等	企业内控标准

（续）

序号	标准编号	标准名称	标准类别	备注
84	JB/T 53119—1999	塑料压力成型机　产品质量分等	分等	企业内控标准
85	JB/T 53120—1999	塑料捏合机　产品质量分等	分等	企业内控标准
86	JB/T 53121—1999	鞋用转盘注射成型机　产品质量分等	分等	企业内控标准
87	JB/T 53122—1999	塑料挤出硬管辅机　产品质量分等	分等	企业内控标准
88	JB/T 53123—2000	塑料圆织机　产品质量分等	分等	企业内控标准
89	JB/T 53124—1999	可发性聚苯乙烯泡沫塑料成型机　产品质量分等	分等	企业内控标准
90	JB/T 53127—1999	塑料破碎机　产品质量分等	分等	企业内控标准
91	JB/T 53129—2000	塑料挤出平膜扁丝辅机　产品质量分等	分等	企业内控标准

〔供稿单位:全国橡胶塑料机械标准化技术委员会塑料机械标准化分技术委员会〕

介绍与塑料机械行业有关的政策法规

综述

专文

行业概况

统计资料

产品进出口

产业集群

产品与项目

标准

政策法规

大事记

附录

专业技术人才知识更新工程（“653工程”）实施方案

（国人部发〔2005〕73号）

为贯彻落实《中共中央、国务院关于进一步加强人才工作的决定》，进一步加强专业技术人才队伍建设，推进专业技术人才继续教育工作，人事部决定实施专业技术人才知识更新工程（简称“653工程”）。

一、指导原则

按照实施科教兴国和人才强国战略的要求，在关系我国经济社会发展和科技创新的一些重要专业技术领域，以提升能力和更新知识为主要目的，开展大规模的继续教育活动。坚持以能力建设为核心，紧跟世界科技发展前沿，着力提高专业技术人才的科技水平和创新能力，加快我国专业技术人才知识更新的步伐；以重点行业领域的中高级人才培训为重点，带动整个专业技术人才队伍继续教育工作的开展；统筹规划，分类实施，突出重点，协调推进，分行业、分地区组织实施，增强继续教育的针对性和实效性；积极整合各类社会资源，充分发挥各方积极性，推进继续教育工作的社会化和市场化。大力宣传现代继续教育理念，推动全社会对专业技术人才继续教育工作的重视和支持；创新继续教育施教模式和管理方式，大幅度提高继续教育质量和效益。

二、目标任务

人事部将会同有关部门于2005年至2010年6年间在现代农业、现代制造、信息技术、能源技术、现代管理等五个领域，开展专项继续教育活动，重点培训300万名紧跟科技发展前沿、创新能力强的中高级专业技术人才。通过专项继续教育，使中高级专业技术人才及时更新专业知识，提高学习能力、实践能力、创新能力，提高政治素质和职业道德水平。同时，加快建立和健全继续教育工作体系、服务体系与制度体系，在不同的行业领域建设一批优质高效的继续教育施教机构，丰富和充实教学资源，推动专业技术人员继续教育的全面发展。

三、培训内容和方式

（一）开展公需科目继续教育活动。根据经济社会发展和科技创新的基本需要，经专家论证，开设相关的继续教育公共课程，由专业技术人员根据实际情况选修。通过实施公需科目培训，使专业技术人员不断拓展学识，开阔视野，激发创新思维，培养提高学习、实践和创新的整体能力。

（二）开展专项继续教育活动。根据五个行业专业领域的发展和人员知识更新的需求，紧跟科学技术发展趋势，开展新理论、新知识、新技术、新方法的专项培训。

1. 现代农业领域。围绕我国现代农、林、牧、渔业发展的实际需要，重点培训农业中高级科技和推广人才、国家级和省级龙头企业科技和管理人才以及相关培训的师资力量。举办一批“现代农业重大理论业务高级研修班”，每年培训300名具有行业领先水平的专业技术人才。围绕粮食安全、农业科技创新与应用、农产品质量安全与标准化生产、农产品保鲜与加工、动植物重大自然灾害预测与减灾、畜牧技术、现代林木培育、森林资源检测与林火监测、野生动物保护与自然保护区建设、节水抗旱、现代水利等重点课题，开展大规模的继续教育活动。围绕西部大开发战略和振兴东北等老工业基地战略，选派专家学者到西部和东北地区开展农业技术咨询服务。完善由各级农业、林业、水利学会、科研院（所）、教育培训机构等构成的培训实施体系。通过多种方式，每年培训10～15万名现代农业领域的中高级专业技术人才。

2. 现代制造领域。紧紧围绕我国经济结构调整的战略目标，按照振兴装备制造业、走新型工业化道路的要求，在电子制造、新材料、重大装备、精密仪器、汽车工程、系统集成等重点领域，开展大规模的继续教育活动，每年培训15万~20万名中高级专业技术人才。按照以信息化带动工业化、以工业化促进信息化的要求，在现代制造领域广泛开展信息化、机电一体化、计算机辅助设计等面向行业的关键技术、共性技术知识培训，推进信息技术和机械装备的融合、传统工艺与现代技术的结合，促进传统产业的改造升级，大力提升我国现代制造业的水平。在珠三角、长三角、东北老工业基地等制造业、装备业比较发达的地区，依托部分高校、科研院所、职业技术学院和大型企业建立一批现代制造技术继续教育基地，实现人才与产业发展的紧密结合。

3. 信息技术领域。针对我国经济社会发展和科技创新的需要，紧跟世界信息技术发展的步伐，以中高级信息技术人才为重点，在通信工程、集成电路、软件技术、网络、信息安全、数据库、电子政务、电子商务、信息资源管理等重点领域，开设相关培训项目，逐步建立起适合我国国情与世界接轨的信息行业继续教育体系。根据不同行业和岗位的实际需要，分门别类地培训不同行业领域的信息化人才。举办系列信息化技术高研班和学术、技术论坛，加强信息产业培训基地建设和师资力量培养，开发现代化的培训教材、远程多媒体培训课件。每年培训10~15万名信息技术领域各类中高级复合型、实用型人才。

4. 能源技术领域。围绕国家能源安全战略，重点在石油石化、电力、煤炭等领域开展继续教育，每年培训15~20万名能源技术领域各类中高级专业技术人才。

依托大型国有石油石化企业现有培训体系，健全培训制度，制定培训计划，重点对专业技术业务和管理骨干进行培训。建立石油石化行业专业技术人员远程培训网。在大型石油石化企业、石油院校建立若干能源技术培训基地。推动清华大学等著名高校与大型石油石化企业开展共建学习型企业活动。

根据电力科技规划，制定电力行业2006~2010年继续教育科目指南，逐年组织开发高压输电技术、超超临界技术等高新技术的重点培训项目。利用电力行业继续教育培训网络和教育资源，搭建教育培训机构与电力企业之间的供需平台。依托国内重点大学、科研院所和骨干电力企业，系统开展电网、发电、施工等领域的现代电力技术知识培训。依托中国核工业集团公司和部分大型核电站，广泛开展核电方面的新知识培训。

制定煤炭行业2006~2010年全行业的急缺人才培训计划，重点开展安全生产、采煤、煤田地质、煤矿机电、煤炭洁净利用及环境保护等专业知识的更新培训。依托“全国煤炭行业现代化远程教育培训网”，整合煤炭行业的优质教育资源开展培训，使规模以上煤炭企业相关专业在生产和安全岗位上的技术人员，普遍得到一次知识更新和继续教育培训机会。推进煤炭企业建立正常的培训制度，提高煤炭专业技术人员队伍的素质。

5. 现代管理领域。以急需紧缺的管理专业门类为主，开展包括投融资管理、企业资产重组和上市管理、营销管理、财务管理、质量管理、物流管理、工程管理以及企业制度、结构调整、国际化经营、资源节约与利用等方面的培训课程，每年培训7~10万名中高级管理人才。积极引进和开发各类现代管理课程，不断丰富完善我国管理知识体系。依托行业协会、国内重点大学、科研院所和企业，面向企事业单位进行各类管理知识的培训，提高各类企事业单位和社会组织经营管理的科学化、现代化水平。注重管理知识培训与管理实务相结合，理论培训与提高实际管理能力相结合，不断提高管理知识培训的针对性和实效性。

（三）举办示范性高级研修班。人事部会同有关部门行业和单位，结合五个行业领域的重大专业技术课题，采用多种方式，每年举办30~50期高级研修班，培训2 000至3 000名高层次专业技术人才。各地区、各部门和相关行业领域根据本地区、本部门和行业领域技术发展和人才队伍建设的实际需要举办一批高研班。人事部选择其中选题新、层次高的高研班，纳入人事部的整体规划。每个行业领域每年举办50期左右的专业技术人才高研班。

（四）采取灵活多样的培训方式。各级人事部门、相关部门、行业和单位可根据各自工作实际，探索符合专业技术人才特点、简便有效的多种培训方式方法。

1. 集中培训。有条件的部门、行业和单位可以组织有关专业技术人才进行一定时间的继续教育集中培训。

2. 高级研修班。各级人事部门可结合本地区重大发展战略、重点工程项目和重点攻关课题，面向高层次专业技术人才举办多种形式的示范性高研班。相关行业领域和单位也要结合各自优势和特点举办高研班。

3. 结合工作实践培训。各地区、部门、行业和有关单位可根据实际工作的需要，对重要和特殊岗位上的专业技术人才，采取业务进修、特殊培养、学术交流、实践锻炼、技术考察等多种方式进行继续教育培训。

4. 网络、远程教育培训。依托中国继续工程教育协会网站等现有的培训资源，充分利用网络、卫星传输、广播电视等现代化远程教育手段，对专业技术人才进行继续教育培训。

5. 自学。根据专业技术人才的不同需要，采取自选、自修等方式进行个性化的继续教育培训。根据行业特点和不同类型人才的实际需要，也可以采用多种其他形式，对专业技术人才进行继续教育培训。

四、组织实施

（一）组织方式

1.“653 工程”的具体工作由人事部专业技术人员管理司和中国继续工程教育协会共同组织实施。不定期召开人事部专业技术人员管理司与中国继续工程教育协会的联席会议，就“653 工程”实施中的重大问题、重要政策、重点项目进行研究。重大事项的决策和推进以人事部专业技术人员管理司为主，中国继续工程教育协会配合；具体工作的实施以中国继续工程教育协会为主，人事部专业技术人员管理司参加。

2. 人事部会同有关部门和行业协会成立专家指导委员会，负责对“653 工程”实施工作的指导和评估。中国继续工程教育协会负责专家指导委员会的日常工作。

（二）制度建设

1. 实行证书登记制度和统计制度。专业技术人才参加“653 工程”的学习情况记入《专业技术人员继续教育证书》，并记录相应学时。对各行业领域开展的主要“653 工程”项目，由中国继续工程教育协会负责在协会网站进行网上备案，并对全国各类专业技术人才参加“653 工程”继续教育的情况，进行统一管理和统计。

2. 建立“653 工程”项目定期发布制度。由人事部汇总“653 工程”培训科目及课程，定期面向全社会通报“653 工程”进展情况和重要活动，发布列入“653 工程”的科目、课程及相关信息，引导专业技术人员参加“653 工程”的继续教育活动。

3. 建立评估检查和论证制度。人事部会同有关部门和行业协会对“653 工程”的开展情况进行指导和评估。人事部对“653 工程”的实施情况进行监督和检查。“653 工程”重大项目要经专家论证。

（三）职责分工

1. 人事部：负责制定“653 工程”的总体方案；制定相关政策、制度和规定；审定公需科目和专业科目指南、培训大纲等；统筹规划和领导各项活动的开展并进行监督检查；举行具有示范性的继续教育活动；会同有关部门和行业协会组建专家指导委员会。

2. 中国继续工程教育协会：受人事部委托，研究发布公需科目指南，制定公需科目培训大纲，组织编写制作培训教材和课件；负责与相关行业协会、施教机构的沟通联络工作；承担专家指导委员会日常工作；负责对专业技术人员参加“653 工程”继续教育的情况进行登记备案和统计工作；开展继续教育管理人员培训等具体的培训工作。

3. 地方各级政府人事部门：会同本级继续教育协会负责公需科目继续教育活动的组织实施；对本地区相关领域的继续教育活动进行指导、协调和监督检查；健全继续教育工作体系，搭建服务平台、整合社会各类继续教育资源，在本地区举办具有示范性的继续教育活动。会同本级继续教育协会，共同承担“653 工程”的各项继续教育活动。

4. 相关部门、行业协会和单位：负责研究制定本行业领域“653 工程”的具体实施办法，制定专业科目的科目指南、培训大纲，组织编写本行业领域的专业教材和课件，并负责各类专项继续教育活动的组织实施。现代农业领域的“653 工程”由农业部、水利部、国家林业局、中国科协按职能分工负责，中国农学会、中国林学会和中国水利学会等参加。现代制造领域的“653 工程”由中国机械工业联合会负责，中国轻工业联合会等参加。信息技术领域的“653 工程”，由信息产业部负责。能源技术领域的“653 工程”暂由中国继续工程教育协会牵头，有关大型石油、石化企业以及电力企业联合会、中国煤炭工业协会等单位按职责分工、业务范围分别组织实施。现代管理领域的“653 工程”由中国企业联合会负责组织实施。按照“653 工程”的统一规划，有关科研院所、高校和大型企业的继续教育机构，充分发挥各自的专业技术优势，面向社会开展形式多样的继续教育活动。

5. 专家指导委员会：受人事部委托，制定“653 工程”继续教育质量评估标准，对实施情况进行巡教、巡考和督察，对相关部门行业提出建议，对“653 工程”的公需科目和专业科目指南、培训大纲、教材课件进行评估，对“653 工程”的施教机构进行评估，指导“653 工程”各项教育活动的开展。

（四）服务体系

1. 搭建服务平台。各级政府人事部门、相关部门、行业协会继续教育机构，要加速继续教育服务体系的建设，积极为继续教育供需双方搭建服务平台，建立继续教育师资库、教材库，实现继续教育资源的优势互补和共享。

2. 加强施教机构建设。在“653 工程”实施过程中，人事部委托中国继续工程教育协会制定工程施教机构评估标准与管理办法，重点扶持一批培训质量高、社会效益好、市场前景广、信誉度高的施教机构，引导各类继续教育资源向优势施教机构集中，建设一批示范性、社会化的继续教育基地。各地区、部门和行业可以结合行业发展实际，建设一批高质量的继续教育施教机构。

3. 建立信息化服务体系。依托人事部政府网站、中国继续工程教育协会网站，制定参训人员网上备案、登记和统计办法，建立全国继续教育信息化服务平台。充分利用现有社会信息技术资源，建立全国继续教育网络体系。运用各种网上手段开展网上远程学习、登记、交流和查询服务等活动。

（五）经费保障

1. 各级人事部门和各“653 工程”负责、参加单位要积极筹措经费，现有继续教育专项经费要向“653 工程”倾斜，鼓励和引导社会资金向“653 工程”投入。列入“653 工程”范围的相关企事业单位要按国家有关规定落实教育培训经费。

2. 施教机构开展面向社会、学员自愿参加的培训活动，可根据培训项目和类型，按照物价部门核定的标准向学员收取一定的费用。要尽量降低培训成本，不给学员增加负担，不能以盈利为目的，要接受有关部门的监督检查。

（六）其他

1. 各部门行业和相关单位要鼓励和支持专业技术人才参加包括“653 工程”在内的各类继续教育，保障专业技术人才每年接受继续教育和培训的时间累积不少于 12 天或 72 学时。参加“653 工程”培训的时间记入《专业技术人员继续教育证书》。

2. 鼓励各部门行业和相关单位把专业技术人才参加知识更新培训的情况作为考核的内容，并和人员的岗位聘用结合起来。

3. 采取多种形式、利用多种媒体，大力开展“653工程”的宣传工作。对在“653工程”中有突出表现的单位和个人进行宣传表彰。

五、实施步骤

本实施方案采取整体规划、逐步实施的方式，从2005年起到2010年分步骤推进。

（一）启动阶段（2005年—2006年上半年）

1. 2005年，广泛开展“653工程”的调研工作，研究制定《专业技术人才知识更新工程实施方案》，至少下发两个行业领域的具体实施办法，组建领导小组和专家指导委员会。

2. 2006年上半年，部署公需科目培训，开展信息化能力和知识产权两门课程培训，全面启动五个行业领域的培训工作。

（二）全面实施阶段（2006年下半年—2010年上半年）。2006年下半年—2010年上半年，每年开展一定规模的公需科目培训，大规模开展五个重点领域的“653工程”培训活动。在“653工程”的实施过程中，不断完善继续教育的工作体系、服务体系和制度体系，建设一批适合继续教育社会化普及的优秀课程和教学资源，重点扶持一批优质的施教机构和继续教育基地，同时做好阶段性总结评估和经验推广工作。

（三）总结评估阶段（2010年下半年）。对“653工程”实施情况进行全面总结和评估，研究部署下一阶段工作任务。各有关行业领域的具体实施办法由人事部会同有关部门或行业另行制定。没有列入“653工程”范围的行业领域，可以参照“653工程”的要求，做好本行业领域的继续教育工作。

人事部办公厅

国务院关于实施《国家中长期科学和技术发展规划纲要（2006—2020年）》若干配套政策的通知

（国发〔2006〕6号）

各省、自治区、直辖市人民政府，国务院各部委、各直属机构：

为实施《国家中长期科学和技术发展规划纲要（2006—2020年）》（国发〔2005〕44号，以下简称《规划纲要》），营造激励自主创新的环境，推动企业成为技术创新的主体，努力建设创新型国家，现将若干配套政策通知如下：

一、科技投入

（一）大幅度增加科技投入。建立多元化、多渠道的科技投入体系，全社会研究开发投入占国内生产总值的比例逐年提高，使科技投入水平同进入创新型国家行列的要求相适应。

（二）确保财政科技投入的稳定增长。各级政府把科技投入作为预算保障的重点，年初预算编制和预算执行中的超收分配，都要体现法定增长的要求。2006年中央财政科技投入实现大幅度增长，在此基础上，“十一五”期间财政科技投入增幅明显高于财政经常性收入增幅。

（三）切实保障重大专项的顺利实施。《规划纲要》确定的重大专项的实施，要遵循“成熟一个、启动一个”的原则，组织专家进一步进行全面深入的技术、经济等可行性论证，并根据国家发展需要和实施条件的成熟度，报经国务院批准后，统筹落实专项经费，以专项计划的形式逐项启动实施。

（四）优化财政科技投入结构。财政科技投入重点支持基础研究、社会公益研究和前沿技术研究。合理安排科研机构正常运转、政府科技计划（基金）和科研条件建设等资金。重视公益性行业科研能力建设，建立对公益性行业科研的稳定支持机制。优化政府科技计划体系，明确支持方向，重点解决国家、行业和区域经济社会发展中的重大科技问题。

（五）发挥财政资金对激励企业自主创新的引导作用。创新投入机制，整合政府资金，加大支持力度，激励企业开展技术创新和对引进先进技术的消化吸收与再创新。要引导和支持大型骨干企业开展竞争前的战略性关键技术和重大装备的研究开发，建立具有国际先进水平的技术创新平台；加强面向企业技术创新的服务体系建设。加大对科技型中小企业技术创新基金等的投入力度，鼓励中小企业自主创新。

（六）创新财政科技投入管理机制。在科研基地布局、人才队伍建设、政府科技计划设立、科研条件建设等方面，建立协调高效的管理平台，优化资源配置，使财政科技投入效益最大化。改革和强化科研经费管理，对科研课题及经费的申报、评审、立项、执行和结果的全过程，建立严格规范的监管制度。建立财政科技经费的绩效评价体系，明确设立政府科技计划和应用型科技项目的绩效目标，建立面向结果的追踪问效机制。

二、税收激励

（七）加大对企业自主创新投入的所得税前抵扣力度。允许企业按当年实际发生的技术开发费用的150%抵扣当年应纳税所得额。实际发生的技术开发费用当年抵扣不足部分，可按税法规定在5年内结转抵扣。企业提取的职工教育经费在计税工资总额2.5%以内的，可在企业所得税前扣除。研究制定促进产学研结合的税收政策。

（八）允许企业加速研究开发仪器设备折旧。企业用于研究开发的仪器和设备，单位价值在30万元以下的，可一次或分次摊入管理费，其中达到固定资产标准的应单独管理，但不提取折旧；单位价值在30万元以上的，可采取适当缩短固定资产折旧年限或加速折旧的政策。

（九）完善促进高新技术企业发展的税收政策。推进对高新技术企业实行增值税转型改革。国家高新技术产业开发区内新创办的高新技术企业经严格认定后，自获利年度起两年内免征所得税，两年后减按15%的税率征收企业所得税。继续完善鼓励高新技术产品出口的税收政策。完善高新技术企业计税工资所得税前扣除政策。

（十）支持企业加强自主创新能力建设。对符合国家规定条件的企业技术中心、国家工程（技术研究）中心等，进口规定范围内的科学研究和技术开发用品，免征进口关税和进口环节增值税；对承担国家重大科技专项、国家科技计划重点项目、国家重大技术装备研究开发项目和重大引进技术消化吸收再创新项目的企业进口国内不能生产的关键设备、原材料及零部件免征进口关税和进口环节增值税。

（十一）完善促进转制科研机构发展的税收政策。对整体或部分企业化转制科研机构免征企业所得税、科研开发自用土地、房产的城镇土地使用税、房产税的政策到期后，根据实际需要加以完善，以增强其自主创新能力。

（十二）支持创业风险投资企业的发展。对主要投资于中小高新技术企业的创业风险投资企业，实行投资收益税收减免或投资额按比例抵扣应纳税所得额等税收优惠政策。

（十三）扶持科技中介服务机构。对符合条件的科技企业孵化器、国家大学科技园自认定之日起，一定期限内免征营业税、所得税、房产税和城镇土地使用税。对其他符合条件的科技中介机构开展技术和技术服务，研究制定必要的税收扶持政策。

（十四）鼓励社会资金捐赠创新活动。企事业单位、社会团体和个人，通过公益性的社会团体和国家机关向科技型中小企业技术创新基金和经国务院批准设立的其他激励企业自主创新的基金的捐赠，属于公益性捐赠，可按国家有关规定，在缴纳企业所得税和个人所得税时予以扣除。

三、金融支持

（十五）加强政策性金融对自主创新的支持。政策性金融机构对国家重大科技专项、国家重大科技产业化项目的规模化融资和科技成果转化项目、高新技术产业化项目、引进技术消化吸收项目、高新技术产品出口项目等提供贷款，给予重点支持。

国家开发银行在国务院批准的软贷款规模内，向高新技术企业发放软贷款，用于项目的参股投资。中国进出口银行设立特别融资账户，在政策允许范围内，对高新技术企业发展所需的核心技术和关键设备的进出口，提供融资支持。中国农业发展银行对农业科技成果转化和产业化实施倾斜支持政策。

（十六）引导商业金融支持自主创新。政府利用基金、贴息、担保等方式，引导各类商业金融机构支持自主创新与产业化。商业银行对国家和省级立项的高新技术项目，应根据国家投资政策及信贷政策规定，积极给予信贷支持。商业银行对有效益、有还贷能力的自主创新产品出口所需的流动资金贷款要根据信贷原则优先安排、重点支持，对资信好的自主创新产品出口企业可核定一定的授信额度，在授信额度内，根据信贷、结算管理要求，及时提供多种金融服务。

（十七）改善对中小企业科技创新的金融服务。商业银行与科技型中小企业建立稳定的银企关系，对创新活力强的予以重点扶持。加快建设企业和个人征信体系，促进各类征信机构发展，为商业银行改善对科技型中小企业的金融服务提供支持。

政府引导和激励社会资金建立中小企业信用担保机构，建立担保机构的资本金补充和多层次风险分担机制。探索创立多种担保方式，弥补中小企业担保抵押物不足的问题。政策性银行、商业银行和其他金融机构开展知识产权权利质押业务试点。

（十八）加快发展创业风险投资事业。制定《创业投资企业管理暂行办法》配套规章，完善创业风险投资法律保障体系。依法对创业风险投资企业进行备案管理，促进创业风险投资企业规范健康发展。鼓励有关部门和地方政府设立创业风险投资引导基金，引导社会资金流向创业风险投资企业，引导创业风险投资企业投资处于种子期和起步期的创业企业。在法律法规和有关监管规定许可的前提下，支持保险公司投资创业风险投资企业。允许公司在符合法律法规和有关监管规定的前提下开展创业风险投资业务。允许创业风险投资企业在法律法规规定的范围内通过债权融资方式增强投资能力。

完善创业风险投资外汇管理制度，规范法人制创业风险投资企业外汇管理，明确对非法人制外资创业风险投资企业的有关外汇管理问题。

（十九）建立支持自主创新的多层次资本市场。支持有条件的高新技术企业在国内主板和中小企业板上市。大力推进中小企业板制度创新，缩短公开上市辅导期，简化核准程序，加快科技型中小企业上市进程。适时推出创业板。

推进高新技术企业股份转让工作。启动中关村科技园区未上市高新技术企业进入证券公司代办系统进行股份转让试点工作。在总结试点经验的基础上，逐步允许具备条件的国家高新技术产业开发区内未上市高新技术企业进入代办系统进行股份转让。在有条件的地区，地方政府应通过财政支持等方式，扶持发展区域性产权交易市场，拓宽创业风险投资退出渠道。支持符合条件的高新技术企业发行公司债券。

（二十）支持开展对高新技术企业的保险服务。支持保险公司发展企业财产保险、产品责任保险、出口信用保险、业务中断保险等险种，为高新技术企业提供保险服务。

（二十一）完善高新技术企业的外汇管理政策。国家外汇管理局根据高新技术企业的实际需要，充分满足高新技术企业货物贸易和服务贸易用汇需求。深化境外投资外汇管理改革，支持国内企业设立海外研究开发设计机构、收并购国外研究开发机构或高新技术企业。

四、政府采购

（二十二）建立财政性资金采购自主创新产品制度。建立自主创新产品认证制度，建立认定标准和评价体系。由科技部门会同综合经济部门按照公开、公正的程序对自主创新产品进行认定，并向全社会公告。财政部会同有关部门在获得认定的自主创新产品范围内，确定政府采购自主创新产品目录（以下简称目录），实行动态管理。

加强预算控制，优先安排自主创新项目。各级政府机关、事业单位和团体组织（以下统称采购人）用财政性资金进行采购的，必须优先购买列入目录的产品。采购人在编制年度部门预算时，应当标明自主创新产品。财政部门在预算审批过程中，在采购支出项目已确定的情况下，优先安排采购自主创新产品的预算。发挥财政、与监察部门的监督作用，督促采购人自觉采购自主创新产品。

国家重大建设项目以及其他使用财政性资金采购重大装备和产品的项目，有关部门应将承诺采购自主创新产品作为申报立项的条件，并明确采购自主创新产品的具体要求。在国家和地方政府投资的重点工程中，国产设备采购比例一般不得低于总价值的60%。不按要求采购自主创新产品，财政部门不予支付资金。

（二十三）改进政府采购评审方法，给予自主创新产品优先待遇。在政府采购评审方法中，须考虑自主创新因素。以价格为主的招标项目评标，在满足采购需求的条件下，优先采购自主创新产品。其中，自主创新产品价格高于一般产品的，要根据科技含量和市场竞争程度等因素，对自主创新产品给予一定幅度的价格扣除。自主创新产品企业报价不高于排序第一的一般产品企业报价一定比例的，将优先获得采购合同。以综合评标为主的招标项目，要增加自主创新评分因素并合理设置分值比重。

经认定的自主创新技术含量高、技术规格和价格难以确定的服务项目采购，可以在报经财政部门同意后，采用竞争性谈判采购方式，将合同授予具有自主创新能力的企业。

完善自主创新产品政府采购合同管理，拒绝接受或提供合同约定自主创新产品的，财政部门应责令其纠正，否则不予支付采购资金。

（二十四）建立激励自主创新的政府首购和订购制度。国内企业或科研机构生产或开发的试制品和首次投向市场的产品，且符合国民经济发展要求和先进技术发展方向，具有较大市场潜力并需要重点扶持的，经认定，政府进行首购，由采购人直接购买或政府出资购买。

政府对于需要研究开发的重大创新产品或技术，应当通过政府采购招标方式，面向全社会确定研究开发机构，签订政府订购合同，并建立相应的考核验收和研究开发成果推广机制。

（二十五）建立本国货物认定制度和购买外国产品审核制度。采购人应根据《中华人民共和国政府采购法》规定，优先购买本国产品。财政部会同有关部门制定本国货物认定标准。采购人需要的产品在中国境内无法获取或者无法以合理的商业条件获取的（在中国境外使用除外），在采购活动开始前，需由国家权威认证机构予以确认并出具证明。采购外国产品时，坚持有利于企业自主创新或消化吸收核心技术的原则，优先购买向我转让技术的产品。

（二十六）发挥国防采购扶持自主创新的作用。国防采购应立足于国内自主创新产品和技术。自主创新产品和技术满足国防或国家安全需求的，应优先采购。政府部门对于涉及国家安全的采购项目，应首先采购国内自主创新产品，采购合同应优先授予具有自主创新能力的企业或科研机构。

五、引进消化吸收再创新

（二十七）加强对技术引进和消化吸收再创新的管理。凡由国家有关部门和地方政府核准或使用政府投资的重点工程项目中确需引进的重大技术装备，由项目业主联合制造企业制定引进消化吸收再创新方案，作为工程项目审批和核准的重要内容，报请国家有关主管部门审批（核准）后实施。

加强对引进技术工作的咨询和评估。重大技术和重大装备的引进消化吸收和再创新方案须经有关部门联合组织的专家委员会进行咨询论证，明确消化吸收和再创新的计划、目标和进度。将通过消化吸收是否形成了自主创新能力，作为对引进项目验收和评估的重要内容。

（二十八）鼓励引进国外先进技术，定期调整鼓励引进技术目录。

对国内尚不能提供、且多家企业需要引进的重大装备，国家鼓励统一招标，引导外商联合国内企业投标；在进口装备的同时，应当引进先进设计制造技术，并支持国内企业尽可能多地参与分包和实现本地制造。

（二十九）限制盲目、重复引进。定期调整禁止进口限制进口技术目录。限制进口国内已具备研究开发能力的关键技术；禁止或限制进口高消耗、高污染和已被淘汰的落后装备和技术。

（三十）对企业消化吸收再创新给予政策支持。对消化吸收再创新形成的先进装备和产品，纳入政府优先采购的范围。对订购和使用国产首台（套）重大装备的国家重点工程，国家优先予以安排。建立由项目业主、装备制造企业和保险公司风险共担、利益共享的重大装备保险机制，引导项目业主和装备制造企业对国产首台（套）重大装备投保。

（三十一）支持产学研联合开展消化吸收和再创新。对重大装备的引进，用户单位应吸收制造企业、高等学校和科研院所参与，共同跟踪国际先进技术的发展，并在消化吸收的基础上，共同开展自主创新活动。在国家科技基础设施建设中，优先支持在重点产业中由产学研合作组建的技术平台，承担重大引进技术消化吸收再创新任务。

（三十二）实施促进自主制造的装备技术政策。针对国民经济、社会重点发展领域和重点工程，由综合经济部门牵头，并由使用部门和制造部门共同参与制定国家装备技术政策，积极推进重大装备的自主制造。国家和地方重点工程建设项目采用重大装备和技术，应符合装备技术政策。

六、创造和保护知识产权

（三十三）掌握关键技术和重要产品的自主知识产权。国家科技部门、综合经济部门会同有关部门按照行业和领域特点共同编制并定期发布应掌握自主知识产权的关键技术和重要产品目录，国家科技计划和建设投资应当对列入目录的技术和产品的研制予以重点支持。对开发目录中技术和产品的企业在专利申请、标准制定、国际贸易和合作等方面予以支持，形成一批拥有自主知识产权、知名品牌和较强国际竞争力的优势企业。

国家科技部门会同知识产权管理部门建立知识产权信息服务平台，支持开展知识产权信息加工和战略分析，为自主知识产权的创造和市场开拓提供知识产权信息服务。

（三十四）积极参与制定国际标准，推动以我为主形成技术标准。国家科技计划支持重要技术标准的研究，引导产学研联合研制技术标准，促使标准与科研、开发、设计、制造相结合。政府主管部门加强对行业协会等制定重要技术标准的指导协调，支持企业、社团自主制定和参与制定国际技术标准，鼓励和推动我国技术标准成为国际标准。国家建立标准服务平台，支持加快国外先进标准向国内标准的转化，重点支持企业通过再创新推动以我为主形成技术标准。

（三十五）切实保护知识产权。建立健全知识产权保护体系，加大保护知识产权的执法力度，营造尊重和保护知识产权的法治环境。科研机构、高等学校和政府有关部门要加强从事知识产权保护和管理工作的力量。国家科技计划和各类创新基金对所支持项目在国外取得自主知识产权的相关费用,按规定经批准后给予适当补助。切实保障科技人员的知识产权权益,职务技术成果完成单位应对职务技术成果完成人和在科技成果转化中作出突出贡献人员依法给予报酬。依法保护非职务发明成果完成人的合法权益。

建立重大经济活动的知识产权特别审查机制。有关部门组织建立专门委员会,对涉及国家利益并具有重要自主知识产权的企业并购、技术出口等活动进行监督或调查避免自主知识产权流失和危害国家安全。同时,也要注意防止滥用知识产权制约创新。

(三十六)缩短发明专利审查周期。改革发明专利审查方式,提高专利实质审查工作效率,缩短审查周期。对国家科技、经济、社会发展有重大影响的或具有国际竞争力的自主创新成果,发挥专利制度的积极作用,依法维护国家利益。

(三十七)加强技术性贸易措施体系建设。加快建立我国符合国际通行规则的技术性贸易措施体系。政府有关部门应建立和完善技术性贸易措施的通报协调机制、快速反应机制和研究评议体系。政府部门、行业协会、地方和企业联合建立包括技术预警在内的国外技术性贸易措施预警机制,密切跟踪我国产品目标出口国的技术法规、标准及合格评定程序和检验检疫要求的变化,对出口可能遭遇的技术性贸易措施进行实时监测和发布预警。

七、人才队伍

(三十八)加快培养一批高层次创新人才。实施国家高层次创新人才培养工程,在基础研究、高技术研究、社会公益研究等若干关系国家竞争力和安全的战略科技领域,着力培养造就一批创新能力强的高水平学科带头人,形成具有中国特色的优秀创新人才群体和创新团队。打破论资排辈的现象,改进和完善学术交流制度,健全同行认可机制,使中青年优秀科技人才脱颖而出。

(三十九)结合重大项目的实施加强对创新人才的培养。制定人才培养规划,实施国家重大工程和重大科技计划项目,要重视和做好相关的创新人才培养工作。在国家科技计划项目评审、验收、国家重点实验室评审、科研基地建设综合绩效评估中,把创新人才培养作为重要的考评指标。

(四十)支持企业培养和吸引创新人才。改革和完善企业分配和激励机制,支持企业吸引科技人才,允许国有高新技术企业对技术骨干和管理骨干实施期权等激励政策。在高等学校和科研机构中设立面向企业创新人才的客座研究员岗位,选聘企业高级专家担任兼职教授或研究员。制定和规范科技人才兼职办法,引导和规范高等学校或科研机构科技人才到企业兼职。支持企业为高等学校和职业院校建立学生实习、实训基地。推进企业博士后科研工作,吸引优秀博士到企业从事科技创新。企业招聘高等学校毕业生和吸引优秀人才不受户籍限制。制定相应的政策支持军工等特殊岗位的创新人才培养和使用。

明确国有企业负责人对企业自主创新的领导职责。将企业技术创新投入和创新能力建设作为国有企业负责人业绩考核的重要内容。

(四十一)支持培养农村实用科技人才。对科技人员面向农村和贫困地区开展技术创新服务予以政策支持。充分利用广播、电视、网络等远程教育资源,提高广大农民采用实用、先进农业技术的水平和职业技能。

(四十二)积极引进海外优秀人才。制定和实施吸引优秀留学人才和海外科技人才回国(来华)工作和为国服务计划,结合国家自主创新战略、重大科技专项和重点创新项目,采取团队引进、核心人才带动引进等多种方式引进海外优秀人才。海外高层次留学人才回国工作不受用人单位编制、增人指标、工资总额和出国前户籍所在地限制。外籍杰出科技人才申请来华工作许可、在华永久居留的条件可适当放宽,在其居留证件有效期内可办理多次入境有效签证。制定保障具有永久居留资格的在华外籍高层次人才合法权益的办法。妥善解决好海外优秀人才回国(来华)工作的医疗保险、配偶就业、子女上学等问题。

(四十三)改革和完善科研事业单位人事制度。改革专业技术人才管理体制,分类推进专业技术职务制度改革。深化科研事业单位人事制度改革,全面实行聘用制度和岗位管理制度。科研事业单位可以自主设立各级创新岗位,自主聘用。实行固定岗位与流动岗位相结合,人员使用与项目、课题相结合的制度。除涉密岗位外,推行关键岗位和科研项目负责人面向国内外公开招聘制度。对科研机构的新进人员可实行人事代理制度。鼓励科研单位及其工作人员参加社会保险,积极推进事业单位养老保险制度改革,完善科技人员向企业流动的社会保险关系接续办法。按照事业单位工资改革的要求,改革和规范科研单位工资分配制度,建立以岗位工资、绩效工资为主要内容的收入分配制度,禁止违反规定将国家科研项目经费用于分配。

(四十四)建立有利于激励自主创新的人才评价和奖励制度。建立符合科技人才规律的多元化考核评价体系,对科学研究、科研管理、技术支持、行政管理等各类人员实行分类管理,建立不同领域、不同类型人才的评价体系,明确评价的指标和要素。改革和完善国家科技奖励制度,建立政府奖励为导向、社会力量奖励和用人单位奖励为主体的激励自主创新的科技奖励制度,把发现、培养和凝聚科技人才特别是尖子人才作为国家科技奖励的重要内容。建立和完善科技信用制度,对承担国家科技计划项目和从事相关管理的人员、机构进行信用监督,增强道德规范,促进学风建设。

八、教育与科普

(四十五)充分发挥高等学校在自主创新中的重要作用。深化高等教育改革,调整高等教育结构,加强重点学科建设。主动适应经济社会发展对各类专门人才的需求,优化学科专业布局,促进学科交叉融合,抓紧培养紧缺人才。扎实推进高水平大学建设,提高高等学校创新能力和社会服务能力,建成若干所世界一流大学和一批高水平研究型大学。创新研究生培养机制,着力培养创新精神与实践能力。坚持产学研结合,鼓励和支持高等学校同企业、科研机构建立多渠道、多形式的紧密型合作关系,共同培养创新人才,联合开展创新活动。扩大研究生派出规模,完善选派办法,在更高层次上开展国际科技和高层次人才培养合作。

(四十六)大力发展与改革职业教育。加快技能型紧缺人才的培养和农村转移劳动力的培训。切实加强职业教育基础能力建设,扩大中等职业教育的办学规模,提高高等职业院校的办学质量,大力推行工学结合、校企合作的人才培养模式。

(四十七)全面推进素质教育。大力推进基础教育课程改革和教学改革,加强和改进德育、智育、体育和美育,使青少年主动地生动活泼地得到发展。大力倡导启发式教学,注重培养学生动手能力,从小养成独立思考、追求新知、敢于创新、敢于实践的习惯。切实加强科技教育。广泛运用现代远程教育手段,倡导新的学习方式和教学方式。积极开发并合理利用校内外各种课程资源,发挥图书馆、实验室、专用教室及各类教学设施和实践基地的作用,广泛利用校外的展览馆、科技馆等丰富的资源,加强中小学生科技活动场所建设,拓宽中小学生知识面和锻炼实践能力。

(四十八)大力发展科普事业。实施全民科学素质行动计划,形成尊重科学、崇尚创新的浓厚社会氛围。加强国家科普能力建设。建立科普事业的良性运行机制。建立科研机构、大学定期向社会公众开放制度。鼓励著名科学家和其他专家学者参与科普创作。切实加强科普场馆建设。

九、科技创新基地与平台

(四十九)加强实验基地、基础设施和条件平台建设。围绕经济社会发展和国家安全的重大战略需求,在新兴交叉前沿领域的战略空白领域建设若干学科交叉、综合集成、机制创新的国家实验室。以国家实验室、国家重点实验室、国家工程实验室、国防科技重点实验室、国家工程(技术研究)中心、企业技术中心或研究开发中心等为依托,组织实施重大自主创新项目,吸引和凝聚高水平人才,推动项目、基地、人才的有机结合。

重点建设一批科研基础设施和大型科学仪器、设备共享平台,自然科技资源共享平台,科学数据共享平台,科技文献共享平台,成果转化公共服务平台,网络科技环境平台等,全面加强对自主创新的支撑。

(五十)加大对公益类科研机构的稳定支持力度。进一步推进和完善公益类科研机构管理体制和运行机制改革。对已实行分类改革的国务院部门属公益类科研机构,经验收合格后,按照重新核定的非营利科研编制,从 2006 年起大幅度提高投入力度,达到与其承担国家科研和公益服务相适应的水平。

(五十一)加强企业和企业化转制科研机构自主创新基地建设。国家支持企业特别是大企业建立研究开发机构。依托具有较强研究开发和技术辐射能力的转制科研机构或大企业,集成高等学校、科研院所等相关力量,在重点领域建设一批国家工程实验室,开展面向行业的竞争前技术、前沿技术和军工配套、军民两用技术研究。

完善转制科研机构业绩考核办法,建立起促进其技术创新的业绩考核指标体系。在经营业绩考核指标(国有资本保值增值率、净资产收益率)中,合理剔除非经营性资产的影响因素。

(五十二)加强国家高新技术产业开发区建设。国家高新技术产业开发区要推进“二次创业”,深化管理体制改革,加强软环境建设,努力成为促进技术进步和增强自主创新能力的重要载体,成为带动区域经济结构调整和经济增长方式转变的强大引擎,成为高新技术企业“走出去”参与国际竞争的服务平台,成为抢占世界高技术产业制高点的前沿阵地。

(五十三)推进科技创新基地与条件平台的开放共享。扩大科技创新基地与条件平台向全社会的开放,建立和完善国家科研基地和科研基础设施向企业和社会开放共享的机制和制度。把面向企业和社会提供服务,作为考核其运行绩效的重要指标。

十、加强统筹协调

(五十四)建立和健全合理配置科技资源的统筹机制。完善财政部门与科技等部门科技资源配置的协调机制。完善统计方法,提高研究与开发统计数据质量。强化科技预算的执行监督,确保财政科技投入目标的实现。建立创新资源配置的信息交流制度,防止重复立项和资源分散、浪费。

(五十五)建立政府采购自主创新产品的协调机制。由财政部门牵头,科技、发展改革等相关部门参加组成协调机构,制定政府采购自主创新产品的具体办法,审查实施情况,协调和解决实施中遇到的困难和问题。

(五十六)建立引进技术消化吸收和再创新的协调机制。由国家综合经济部门牵头,科技、教育、财政、商务、税务、海关、质检、知识产权等相关部门参加组成协调机构,制定重大产业技术和装备引进政策,组织协调并监督重大引进技术的消化吸收再创新工作。

(五十七)促进“军民结合、寓军于民”。建立促进军民科技资源协调配置的联席会议制度。加强军民科技计划的衔接与协调。建立军用、民用自主创新信息共享平台,促进军用、民用技术研究开发需求的互通交流及创新成果的双向转移。

根据相关法律法规,起草、制定促进军民结合、寓军于民的国防科研生产和武器装备采购法等法律法规以及相关配套制度。制定军品承研、承制单位资格审查认证办法,引入基于资格审查的军品市场准入制度,扩大军品市场的准入范围,将符合条件的民口科研机构和企业纳入装备承研承制单位名录。

在满足军用要求的前提下,积极采用先进适用的民用标准用于武器装备研制,建立国家标准、军用标准和行业标准协调互补的标准体系。对承担武器装备科研生产任务的民口企事业单位给予必要的政策支持。

（五十八）要认真做好实施《规划纲要》、建设创新型国家的宣传工作。

（五十九）国务院各有关部门要依据本文件要求制定必要的实施细则。

（六十）各省、自治区、直辖市人民政府要结合本地实际，依照法定权限制定相应的具体政策措施。

国务院

二〇〇六年二月七日

关于印发《首台（套）重大技术装备试验、示范项目管理办法》的通知

（发改工业〔2008〕224 号）

各省、自治区、直辖市、计划单列市及新疆生产建设兵团发展和改革委员会、经贸委（经委）、科技厅（局）、财政厅（局）、国防科工办：

为落实科学发展观，加大自主创新力度，走新型工业化道路，实现国民经济可持续发展，振兴装备制造业，为首台（套）重大技术装备应用营造政策环境，加强首台（套）重大技术装备项目管理的指导、监督，根据《国务院关于加快振兴装备制造业的若干意见》（国发〔2006〕8 号）精神，国家发展和改革委员会、科技部、财政部、国防科工委联合制定了《首台（套）重大技术装备试验、示范项目管理办法》，现印发你们，请按照执行。

附件：《首台（套）重大技术装备试验、示范项目管理办法》

国家发展和改革委员会

科学技术部

财政部

国防科工委

二〇〇八年一月二十二日

首台（套）重大技术装备试验、示范项目管理办法

为贯彻落实《国务院关于加快振兴装备制造业的若干意见》（国发〔2006〕8 号）文件精神，鼓励支持重大技术装备自主创新，为首台（套）重大技术装备应用营造必要的政策环境，增强我国企业自主创新能力，规范首台（套）重大技术装备自主创新试验、示范项目管理，特制定本管理办法。

第一条　重大技术装备定义与范围。重大技术装备是指对国家经济安全和国防建设有重要影响，对促进国民经济可持续发展有显著效果，对结构调整、产业升级和节能减排有积极带动作用的装备产品。首台（套）重大技术装备是指集机、电、自动控制技术为一体的，运用原始创新、集成创新或引进技术消化吸收再创新的，拥有自主知识产权的核心技术和自主品牌，具有显著的节能和低（零）排放的特征，尚未取得市场业绩的成套装备或单机设备。

本办法所指的首台（套）重大技术装备中的成套装备总价值在1 000万元以上，单台设备价值在500 万元以上，总成或核心部件价值在 100 万元以上。具体适用范围见附录。

第二条　试验、示范项目定义。首台（套）重大技术装备应用项目包括试验项目和示范项目。试验项目是指项目单位所采用的重大技术装备在国际上首次应用；示范项目（含依托项目，下同）是指

采用的重大技术装备在国内首次应用。国民经济各领域项目单位采购和使用首台(套)重大技术装备的工程项目,可申请列为国家试验项目或示范项目。

第三条 试验、示范项目申请。项目业主单位与制造单位协商达成一致,并提供该重大技术装备自主创新实施方案(包括该项重大技术装备自主创新工作的必要性、条件、目标、实施步骤、工作要点、措施等)的基础上,可直接或通过其主管部门向国家投资主管部门申请试验、示范项目。制造行业的单位与业主单位亦可各自独立通过其主管部门向国家投资主管部门申请。

第四条 试验、示范项目的受理。国家投资主管部门接到申请后,组织专家组评估认定项目是否符合试验、示范项目的条件。专家组至少由具有该领域五人以上权威专家、总数不少于七人组成。专家组出具的意见,作为国家是否核准(审批)试验、示范项目的重要依据。

第五条 首台(套)重大技术装备的认定。专家组进行首台(套)重大技术装备的认定时,应明确提出首台(套)重大技术装备的具体范围,即属于成套装备、单台设备、核心部件或总成,作为政策支持的依据。国家投资主管部门根据项目申报情况及专家组意见,经与有关部门协商,审查、核准(审批)试验、示范项目及其实施方案。

第六条 试验、示范项目设备的采购。对政府采购范围之外的首台(套)重大技术装备试验、示范项目,项目业主单位应按照《中华人民共和国招标投标法》的规定,招标确定拟采购的首台(套)重大技术装备和研制单位。招标方式可以是公开招标,也可经国家投资主管部门批准后采取有限邀请招标、竞争性谈判等方式。招标过程中,需考虑首台(套)重大技术装备的自主创新、节能环保因素,并视情况合理设置自主创新、节能环保评标因子或权重,不得以业绩为由排斥该类设备参与投标、评标和中标。首台(套)重大技术装备试验、示范项目的装备招标采购须严格按照项目核准的实施方案进行,在执行过程中,确需调整的必须将调整方案报项目投资主管部门审核;属技术路线等重大调整的,需对项目进行重新核准(审批)。

第七条 试验、示范项目的政策。国家优先审批、核准和安排首台(套)重大技术装备试验、示范项目,国家政策性银行应在自身业务范围内给予信贷支持,国家有关部门优先安排用地审查、优先安排环保评估、优先纳入科技支撑计划。

对开发符合规定条件的首台(套)重大技术装备所需进口关键配套部件或系统及原材料,可申请享受《财政部、国家发展和改革委员会、海关总署、国家税务总局关于落实国务院关于振兴装备制造业的若干意见有关进口税收政策的通知》中的专项税收政策。项目单位采购的首台(套)自主创新重大技术装备,符合税法规定加速折旧条件的,允许加速折旧。对首台(套)重大技术装备的成套装备、单台设备、核心部件研制或总成过程中可能出现的风险,实施单位可申请国家给予必要风险补助,但补助数额应不高于设备平均价格的10%(不含国防军工项目)。

鼓励项目业主、装备制造企业联合或各自承保方式建立首台(套)重大技术装备试验、示范项目的保险机制。

第八条 试验、示范项目的监理。试验、示范项目要建立首台(套)重大技术装备监理制度,由具有资质的监理公司负责各个环节的监理。

第九条 试验、示范项目的评估考核。国家将根据试验、示范项目核准(审批)的内容和项目业主提出的重大技术装备自主创新实施方案进行评估考核。对表现突出的单位和人员国家将给予表彰。

第十条 由地方人民政府主管部门批准的首台(套)重大技术装备试验、示范项目的管理,可参照本办法制订。

附录：

重大技术装备范围

一、大型清洁高效发电技术装备，包括百万千瓦级核电机组、超超临界火电机组、燃气—蒸汽联合循环机组、整体煤气化燃气—蒸汽联合循环机组、大型循环流化床锅炉、大型水电机组及抽水蓄能水电站机组、大型空冷电站机组及大功率风力发电机等新型能源装备。

二、1 000kV 高压交流和 ±800kV 直流输变电设备。500kV 交直流和 750kV 交流输变电关键设备制造技术。

三、百万吨级大型乙烯成套设备和对二甲苯（PX）、对苯二甲酸（PTA）、聚酯成套设备。

四、大型、煤化工成套设备。

五、大型薄板冷热连轧成套设备及涂镀层加工成套设备。

六、大型煤炭井下综合采掘、提升和洗选设备以及大型露天矿设备。

七、大型海洋石油工程装备、30 万 t 矿石和原油运输船、海上浮动生产储油轮（FPSO）、10 000 箱以上集装箱船、LNG 运输船等大型高技术、高附加值船舶及大功率柴油机等配套装备。

八、200km 以上高速铁路列车、新型地铁车辆等装备核心技术。

九、大气治理、城市及工业污水处理、固体废弃物处理等大型环保装备，以及海水淡化、报废汽车处理等资源综合利用设备。

十、大断面岩石掘进机等大型施工机械。

十一、重大工程自动化控制系统和关键精密测试仪器。

十二、大型、精密、高速数控装备、数控系统及功能部件。

十三、日产 200t 以上涤纶短纤维成套设备、高速粘胶长丝连续纺丝机、高效现代化成套棉纺设备、机电一体化剑杆织机等新型纺织成套关键设备。

十四、新型、大马力农业装备、大马力拖拉机、半喂入水稻联合收割机、玉米联合收割机、采棉机等。

十五、集成电路关键设备、新型平板显示器生产设备、电子元器件生产设备、无铅工艺的整机装联设备、数字化医疗影像设备、生物工程和医药生产专用设备等。

十六、民用飞机及发动机、机载设备，大型飞机部件专用加工设备。

国务院办公厅转发发展和改革委员会等部门关于促进自主创新成果产业化若干政策的通知

（国办发〔2008〕128 号）

各省、自治区、直辖市人民政府，国务院各部委、各直属机构：

发展和改革委员会、科技部、财政部、教育部、人民银行、税务总局、知识产权局、中科院、工程院

《关于促进自主创新成果产业化的若干政策》已经国务院同意,现转发给你们,请认真贯彻执行。

国务院办公厅

二〇〇八年十二月十五日

关于促进自主创新成果产业化的若干政策

发展和改革委员会　科技部　财政部　教育部

人民银行　税务总局　知识产权局　中科院　工程院

改革开放以来,我国自主创新成果产业化取得显著成绩,但也存在企业技术创新能力不强,自主创新成果转移机制不健全,工程化和系统集成能力薄弱,产业化资金难以筹措,配套政策措施不到位等突出问题。根据《国务院关于印发实施〈国家中长期科学和技术发展规划纲要(2006—2020年)〉若干配套政策的通知》(国发〔2006〕6号)要求,为加快推进自主创新成果产业化,提高产业核心竞争力,促进高新技术产业的发展,制定本政策。

一、培育企业自主创新成果产业化能力

(一)提高企业的技术开发和工程化集成能力。按照建立以企业为主体、市场为导向、产学研相结合的技术创新体系的总要求,支持企业与高等院校、科研机构以产学研结合等形式,共建国家工程(技术)研究中心、国家工程实验室、国家重点实验室等产业技术开发体系;支持国家认定的企业技术中心建设工程化试验设施。同时,积极发挥行业协会在自主创新成果产业化中的咨询、信息、桥梁等作用。

(二)启动实施自主创新成果产业化专项工程。国家在信息、生物、航空航天、新材料、先进能源、现代农业、先进制造、节能减排、海洋开发等重点领域,选择一批重大自主创新成果,实施自主创新成果产业化专项工程,给予适当的政策、资金等支持。发展和改革委员会要会同有关部门抓紧制定具体办法,做好组织实施工作。各地区要结合当地实际,采取多种形式实施自主创新成果产业化项目。

(三)切实落实促进自主创新成果产业化的税收扶持政策。鼓励企业加大对自主创新成果产业化的研发投入,对新技术、新产品、新工艺等研发费用,按照有关税收法律和政策规定,在计算应纳税所得额时加计扣除。企业按照《当前优先发展的高技术产业化重点领域指南》实施的自主创新成果产业化项目,符合《产业结构调整指导目录》鼓励类条件的,按相关规定享受进口税收优惠。

二、大力推动自主创新成果的转移

(四)完善自主创新成果发布机制。高等院校、科研机构以及其他单位使用财政资金开展研究开发的,要及时通过网络等形式,将有关自主创新项目以及知识产权、技术转移等情况向社会公开发布(国家法律法规规定不能公开的除外),有关公开发布的要求必须在项目合同中予以明确。要不断完善国防科技成果解密制度,适时发布具有民用产业化前景的自主创新成果。要充分利用各类知识产权交易市场发布知识产权信息。

(五)鼓励高等院校和科研机构向企业转移自主创新成果。发展改革、教育、科技、知识产权等部门要指导、支持高等院校、科研机构和企业,强化自主创新项目的筛选、评估和知识产权保护,完善技术转移机制,积极推动自主创新成果的转移和许可使用。鼓励企业间技术成果的转移。高等院校和科研机构技术转让所得,按照有关税收法律和政策规定享受企业所得税优惠。

(六)鼓励科研人员开展自主创新成果产业化活动。高等院校和科研机构在专业技术职务评聘中,要将科研人员开展自主创新成果产业化情况作为重要的评价内容,引导、支持科研人员积极投身于自主创新成果产业化活动。对在自主创新成果产业化工作中做出突出贡献的人员,应依据《中华

人民共和国促进科技成果转化法》等法律法规给予奖励。

三、加大自主创新成果产业化投融资支持力度

（七）加大政府投入力度。各级人民政府要根据财力的增长情况，继续增加投入。主要通过无偿资助、贷款贴息、补助（引导）资金、保费补贴和创业风险投资等方式，加大对自主创新成果产业化的支持，加快自主创新成果的推广应用，提高自主创新成果产业化水平。

（八）加快发展创业风险投资。鼓励按照市场机制设立创业风险投资基金，引导社会资金流向创业风险投资领域，扶持承担自主创新成果产业化任务企业的设立与发展。发展改革和财政等部门要积极培育、发展创业风险投资，对高技术产业领域处于种子期、起步期的重点自主创新成果产业化项目予以支持。

（九）加大信贷支持力度。商业银行要根据国家产业政策和信贷政策，结合自身特点和业务需要，按照信贷原则，加大对自主创新成果产业化项目的信贷支持力度。加强担保机构等融资支撑平台建设，为自主创新成果产业化项目融资提供服务。

四、营造有利于自主创新成果产业化的良好环境

（十）积极推动自主创新成果转化为技术标准。国家标准化管理委员会要加强指导协调，加大对重大自主创新成果形成国家标准或行业标准的支持力度，建立完善技术标准转化机制。对具备条件的，要及时推进自主创新成果形成技术标准。

（十一）加快自主创新成果产业化市场环境建设。知识产权部门要会同有关部门完善知识产权许可、技术转移等制度和政策，加大保护知识产权的执法力度，健全知识产权保护体系。切实做好自主创新成果产业化的知识产权风险评估工作，确保核心技术获得专利保护。财政部门要进一步落实政府采购自主创新产品的各项制度。商务部门要研究制定促进自主创新成果产业化的对外贸易政策，支持自主创新产品和技术参与国际市场竞争。加快研究建立自主创新产品的风险化解机制，推动自主创新产品开拓市场。

（十二）建立健全自主创新成果产业化中介服务体系。科技、知识产权等中介服务机构要客观、科学评估自主创新成果产业化价值和市场前景，努力提供优良的技术咨询、技术服务和知识产权服务。加强自主创新成果信息平台建设，不断提升服务能力。

（十三）积极培育自主创新成果产业化人才队伍。加快技术经纪、技术推广和知识产权评估等方面的人才培养。积极推动事业单位与企业社会保障制度的衔接，促进高等院校、科研机构与企业之间人才的合理流动。鼓励海外留学人员、华人华侨回国开展自主创新成果产业化活动。

五、切实做好组织协调工作

（十四）加强自主创新成果产业化的引导和协调。发展和改革委员会等部门要加强对自主创新成果产业化的总体规划和协调，定期发布《当前优先发展的高技术产业化重点领域指南》，及时发布自主创新成果产业化专项工程内容及进展情况，指导社会中介机构尽快建立自主创新成果评价认证体系，做好自主创新成果及产业化信息统计和发布工作。有关部门、地方人民政府以及行业协会等要密切配合，形成工作合力。

（十五）抓紧制定完善具体落实措施。自主创新成果产业化事关经济发展方式转变和产业结构优化升级。各地区、各有关部门要高度重视，加强调查研究，结合实际抓紧制定和完善配套措施及具体办法，积极研究解决工作中遇到的问题。发展和改革委员会要会同有关部门加强监督检查，确保各项政策措施落到实处。

国家质量监督检验检疫总局关于全国质检系统开展“质量和安全年”活动的通知

（2009 年 3 月 6 日　国质检质〔2009〕81 号）

各直属检验检疫局，各省、自治区、直辖市及计划单列市、新疆生产建设兵团质量技术监督局，认监委、标准委，总局各司（局），各直属、挂靠单位：

中央经济工作会议决定，今年在全国开展“质量和安全年”活动，这是党中央、国务院作出的重大决策。各级质检部门一定要把思想和行动统一到党中央、国务院的决定和要求上来，充分认识开展“质量和安全年”活动的重大意义，切实把开展“质量和安全年”活动作为当前全系统的首要任务，抓住机遇，全力以赴，扎实工作，使“质量和安全年”成为质量宣传年、质量提升年、质量服务年、质量整治年和质量建设年，成为质检工作打基础、作贡献、树形象之年。

总局已经制定了《全国质检系统“质量和安全年”活动方案》（见附件），各级质检部门要结合实际，认真贯彻落实。现对全国质检系统深入开展“质量和安全年”活动提出如下要求，请一并贯彻落实：

一、要把“质量和安全年”作为质量宣传年，积极营造全社会重视质量的浓厚氛围。要精心策划重大质量宣传主题和重大宣教行动，充分利用各种新闻媒体、网站及本单位的宣传阵地，大张旗鼓地、有声有色地开展质量宣传教育活动。要大力宣传党和国家关于质量工作的方针政策，大力宣传质量法律法规和有关知识，大力宣传质检部门为提升中国产品质量所作的不懈努力，大力宣传树立一批有社会责任感、讲诚信、质量好的典型企业。同时，要加强舆论监督，曝光一批典型的质量违法行为。要积极开展质量法律知识进工厂、进社区、进乡村和进校园活动，普遍开展质量信息咨询、质量知识竞赛等群众喜闻乐见的宣传活动，最广泛动员广大群众积极参与到“质量和安全年”活动中来。

二、要把“质量和安全年”作为质量提升年，推动落实质量安全责任。总局要积极做好质量提升规划，加快起草《质量发展纲要（2011—2020 年）》，建立质量状况分析报告制度，完善质量宏观评价指标体系和质量奖励制度，完善名牌战略推进工作。要推动各地政府进一步重视质量工作。各地要全面开展质量兴市、质量兴省活动。没有开展质量兴省、质量兴市的地区，今年要有实质性的进展。要动员社会团体、大专院校和科研机构等单位积极参加“质量和安全年”活动，加强质量理论和方法研究，推广先进的质量管理方法。充分发挥企业提升质量的主体作用，推动和帮助所有的企业积极开展“质量和安全年”活动，履行质量安全的主体责任。要充分发挥质检系统的职能作用，全面加强产品质量安全监管，推动质量诚信体系建设，加强进出口产品检验检疫和监督管理。

三、要把“质量和安全年”作为质量服务年，帮助企业提高质量竞争力。牢固树立服务意识，加大服务经济发展、服务企业的工作力度。认真为企业开展标准信息、检测技术服务，进行质量法制和先进质量管理技术的培训教育。通过组织质量专家西部行、边疆行、企业行等活动，为企业开展质量管理咨询服务。在帮助企业克服危机的影响、提升市场竞争力方面，充分发挥质检系统的综合优势，提高质量服务水平。

四、要把“质量和安全年”作为质量整治年，坚决遏制质量安全重大事故发生。积极会同有关部门，认真组织开展食品安全大检查和集中整治行动、农资打假和家电下乡专项打假行动、建材、装修装饰材料和絮用棉打假专项行动、以涉及民生的计量器具为重点的专项整治行动、进出口商品集中整治行动。开展起重机械和压力管道元件等特种设备专项整治，开展区域性质量问题集中整治。

五、要把“质量和安全年”作为质量建设年，不断提高质检工作能力和水平。要加强质量法制建设和执法队伍建设，加强标准化、计量和认证认可工作。加强检测机构能力建设，着力提升检验检测水平，提高应对突发事件和公共安全事件的能力。

各级质检部门要按照党中央、国务院的部署和总局的要求，统一思想认识，加强组织领导，精心安排部署，迅速掀起“质量和安全年”活动的高潮。要建立工作责任制，加强指导、检查和监督，务求各项工作落到实处，确保“质量和安全年”活动取得实效。

附件：

全国质检系统“质量和安全年”活动方案

为全面贯彻落实中央经济工作会议精神，提高我国产品质量和安全水平，根据国务院关于在2009年开展“质量和安全年”活动的要求，特制定本方案：

一、指导思想

深入贯彻落实党的十七大、十七届三中全会和中央经济工作会议精神，以邓小平理论、三个代表重要思想和科学发展观为指导，立足提高质量、保障安全、扩大需求、促进增长，大力实施以质取胜战略，努力营造有利于质量进步的社会环境，着力实施质量提升工程，加强质量安全监管，提高技术保障能力，全面提升质量安全总体水平，促进经济保持平稳较快发展，使“质量和安全年”成为质量宣传年、质量提升年、质量服务年、质量整治年和质量建设年，成为质检工作打基础、作贡献、树形象之年。

二、工作目标

通过开展“质量和安全年”活动，促进企业质量责任意识普遍提高，主体作用进一步发挥；全社会质量观念进一步增强，进一步形成有利于质量进步的社会氛围；进一步健全企业质量保证体系和政府监管体系，力争杜绝重大产品质量安全事故发生；进一步提升产品质量总体水平，群众对质量的满意度明显提高，推动扩大内需、稳定外贸、优化结构、促进增长目标的实现。

三、主要内容

（一）积极营造全社会重视质量的浓厚氛围。

1. 牢固树立质量振兴事业是全社会的事业，必须全社会重视、全社会参与的思想。立足营造有利于质量进步的社会环境，以学习宣传科学发展观，推动经济又好又快发展，实现国家质量振兴为核心，面向广大企业和全社会，精心策划重大宣传主题和重大宣教行动，大张旗鼓地、广泛持续地开展质量宣传教育活动，不断增强全社会的质量意识。

2. 大力宣传党和国家关于质量工作的方针政策。宣传质量提升对于科学发展，实现国家当前和长远发展目标的重大意义；宣传质量法律法规和有关知识；宣传质检部门为推动经济发展，维护消费者利益积极作为、不懈努力的正面形象；宣传“质量和安全年”的活动成效，树立一批有社会责任感、讲诚信、质量好的典型企业；加强舆论监督，曝光一批典型质量违法行为。

3. 组织丰富多彩的宣教活动。积极开展质量法律知识进社区、进厂房、进校园和进乡村活动，着力提高广大企业和全社会的质量法制意识；举办以“铸质量诚信，树消费信心”为主题的质量诚信论坛，推进质量诚信体系建设；召开全国第三十一届质量管理小组代表大会和各级QC小组成果发布会，调动广大企业职工改进质量、创新增效的积极性；面向消费者开展质量信息咨询，日用商品检测等服务活动，举办质量知识竞赛、有奖问答等群众喜闻乐见的宣传活动，提高群众参与的积极性。

4. 充分发挥舆论引导和监督作用。利用报刊、电视、广播、信息网络等新闻媒体，加强新闻报道，开设专题栏目，组织征文活动，播放公益广告，建立“质量和安全年”专题网络信息交流平台，通过网络宣传，扩大群众的参与规模。

（二）大力实施质量提升工程。

1. 全面加强质量提升工程的组织实施。搞好质量提升规划，着手起草《质量发展纲要（2011—2020年）》，明确质量发展的目标任务和政策措施；建立健全国家质量奖励制度，对质量管理先进企业和为质量进步做出显著贡献的个人进行表彰，加强激励和引导；建立质量状况分析报告制度，定期提出有价值有说服力的报告，为政府宏观经济决策服务；完善质量宏观评价指标体系，做好质量竞争力指数测评和发布工作，抓紧研究纳入国民经济和社会发展统计目录的质量指标；加大扶优扶强力度，大力实施名牌战略，加强自主品牌建设，推动企业争创具有国际竞争力的跨国公司和著名品牌。

2. 着力推动各地政府加强对质量工作的领导。围绕地方经济发展，全面开展质量兴市和质量兴省活动，力争全覆盖。立足质量振兴，积极与各省、市签署质量提升合作协议。促进各地政府建立经济增长和质量提升双重目标，转变地区经济发展方式；颁布《质量兴市绩效评价指南》，对已经开展质量兴市（省）的地方，开展检查和考核；对组织开展质量兴市活动取得显著成绩的单位予以表彰。

3. 充分发挥企业提升质量的主体作用。动员企业积极开展“质量和安全年”活动，制定“质量和安全年”活动方案，提出提升产品质量的目标和措施。推动企业采用科学的质量管理方法，全员全过程全方位地全面加强质量管理；增强自主创新能力，积极采用新工艺、新材料、新设备，不断开发新产品，提高产品档次和技术含量；积极采用国际标准和国外先进标准，制订高于国家标准和国外先进标准的企业标准，努力占领技术标准制高点。动员企业普遍开展一次全员质量安全意识和质量管理教育培训活动，在全体员工中牢固树立“质量第一”的思想，推动广大企业走“质量兴企”的道路。

（三）全面加强产品质量安全监管。

1. 进一步完善市场准入制度。充分发挥生产许可、强制认证、注册备案等措施的作用，对食品等涉及人身健康的产品，进一步严格市场准入条件，严格进行市场准入审查和管理，严把市场准入关。

2. 加强对各类企业生产过程落实质量安全责任的监管。督促企业建立和完善质量安全保证体系，完善并落实原材料进厂和产品出厂检验制度、生产过程质量控制制度，将企业的质量安全责任落实到每一道生产环节和关键岗位。

3. 加大产品质量监督抽查的广度和力度。对涉及国计民生的食品、日用消费品、建材、农资等产品进行重点抽查；对问题较多的产品和较集中的地区，增加抽查频次；加强对监督抽查不合格产品企业的后续跟踪和监管。

4. 严格执行质量问题追溯制度、缺陷产品召回制度和市场退出制度，依法严肃处理各种质量问题。

5. 加快建立产品质量安全风险监控体系。以食品、汽车等涉及人身健康安全的产品为重点，加快建立以产品质量安全风险信息收集、研判、快速处置制度为中心环节的质量安全风险监控体系，努力把质量安全问题解决在萌芽状态。

6. 加快质量诚信体系建设。建立规范的企业质量信用评价制度、产品质量信用记录发布制度和质量违法违规企业“黑名单”制度，实行信用分类管理，严厉惩处失信行为。

7. 加强进出口产品检验检疫和监督管理。推动出口产品生产企业分类管理和诚信管理工作，推进检验检疫管理模式改革，完善进出口产品风险预警及快速反应机制，加快推进“通关单联网核查”和检验检疫证书信息核查系统建设，严厉打击非法进出口和逃漏检行为，切实维护进出口商品质量安全和国门安全。

(四)认真组织开展专项整治行动。

1. 认真组织开展食品安全大检查和集中整治行动。全面排查生产过程中的安全隐患,及时发现并解决问题,严防不合格食品流入市场。继续抓好食品添加剂和非法添加物专项整治工作。严格落实食品安全监管责任,加强食品质量安全检测能力建设。

2. 组织农资专项打假行动。以复混肥和磷肥、农药为重点,开展农资专项执法检查。严厉打击制假售假违法行为。组织“质量和安全年”万里行活动,开展明察暗访和质量宣传等服务三农工作。

3. 组织建材、装修装饰材料和絮用棉打假专项行动。以灾后重建和国家拉动内需基础建设所需钢材、水泥等产品和涉及人身健康安全的产品为重点,严厉打击无证生产和违反国家强制性标准的违法行为,防止劣质建材、有毒有害装修装饰材料和劣质絮用棉流入市场。

4. 组织家电下乡专项执法检查行动。对家电下乡中标企业加强监督,严厉打击借家电下乡名义制售假冒伪劣产品违法行为。

5. 开展以涉及民生的计量器具为重点的专项整治行动,查处无证生产、打击假冒伪劣和计量作弊等违法行为。

6. 以家具、玩具等产品为重点,组织开展进出口商品集中整治行动。开展进出口敏感农产品质量专项检查。

7. 深入开展起重机械和压力管道元件等特种设备专项整治。加大特种设备事故隐患治理和安全监察执法力度,严厉打击违法生产使用特种设备行为。

8. 开展区域性质量问题集中整治。以涉及国计民生和人身健康安全的产品为重点,对质量问题较多的区域开展集中整治。建立和完善地方政府负总责、企业负首责、监管部门各负其责、行业协会和广大群众积极参与的产品质量区域整治工作机制。

(五)努力做好质量服务工作。

1. 认真为企业开展标准信息服务。要充分发挥技术标准平台的作用,为企业提高技术创新能力,加快产品更新换代,提高产品质量水平和科学管理水平,应对贸易技术壁垒,准确、及时地提供标准信息服务。

2. 认真为企业开展检验测试技术服务。要充分发挥国家检测技术服务企业公共平台的作用,为企业提升质量检测能力,提高检测技术水平,严格质量把关,预防质量安全风险,提供周到、高水平的检测技术服务。

3. 大力开展质量培训教育活动。要充分发挥质检系统的技术、信息、人才等优势,积极组织社会各方面力量,广泛开展质量法制、质量管理、标准、计量、认证、检测技术、贸易技术壁垒等知识的培训教育,提高企业质量法制意识和质量管理水平。

4. 组织质量专家“西部行”、“边疆行”、“企业行”等活动。积极介绍、推行先进的质量管理方法,开展咨询服务,进行技术攻关,努力帮助企业解决突出质量问题。

(六)着力抓好质量保障基础建设工作。

1. 加强质量法制建设。加快相关法律法规的制修订速度,深入开展全民质量法制教育,加强执法队伍建设,改进和充实执法装备,提高执法人员综合素质和执法水平。

2. 加强标准化工作。抓紧制定《国家技术标准战略发展纲要》,加快重点领域的标准制修订,健全国家标准体系;加快采用国际先进标准的步伐,提高标准质量水平;加强对标准实施的监督,加快技术标准平台建设。

3. 加强计量基础建设。加快计量基、标准体系建设,完善量值传递和溯源体系,加快计量技术研究,提高计量测试技术水平。

4. 进一步发挥认证认可作用。加强食品、节能、环保等重点产品认证工作和认证技术规范管理,完善认证认可标准体系,提高认证质量,加强证后监管,推动认证认可国际互认。

5. 着力提升检验检测水平。加强检测机构能力建设,推动检测机构资源整合,建立国家检测技术服务企业公共平台，加快检测方法标准的研发制订，提高应对突发事件和公共安全事件的检测水平。

四、工作要求

（一）高度重视，加强领导。

提高产品质量、保障产品质量安全关系可持续发展，关系人民群众切身利益，关系国家形象，各级质检部门必须高度重视，把思想认识统一到党中央和国务院的要求上来。为加强组织领导，总局决定成立以王勇局长为组长，支树平副局长、刘平均副局长为副组长，党组其他同志为成员的"质量和安全年"活动领导小组，下设以刘平均副局长任主任，张纲、孙波同志任副主任，两委、有关司局领导同志为成员的活动工作办公室，并抽调人员组成专门办事机构，负责宣传、统计、协调和信息沟通等具体工作。各级质检部门要加强对"质量和安全年"工作的领导，成立领导小组及办事机构，一把手要亲自抓。

（二）精心组织，密切配合。

各级质检部门要在政府的领导下，从实际情况出发，有针对性地制定"质量和安全年"活动方案，作好动员，精心部署，既创造性地开展工作，又把各项工作抓紧、抓细、抓实。要在各级政府的统一领导下，加强与有关部门的沟通协调，通过签署合作备忘录、建立联席会议制度等形式，搞好协作配合。通过上下联动、部门协同、区域配合，形成质检工作合力。

（三）全系统动员，全方位参与。

全系统所有单位都要积极、主动参与"质量和安全年"活动。认监委、标准委、总局机关各业务司局，各直属事业单位、学会协会，都要根据职责，制定"质量和安全年"活动实施方案，认真组织开展各项工作。机关党委、人事部门要加强政治思想工作和干部队伍建设。财务、审计部门要做好经费安排并加强财务管理和审计监督。纪检、监察部门要督促全体党员和干部职工认真履行职责，坚决纠正不作为、乱作为行为，在"质量和安全年"活动中加强党风廉政建设。

（四）加强交流，保障信息畅通。

总局领导小组办公室将加强对各地开展"质量和安全年"活动信息的收集、统计、分析、发布工作。各省质监局和各直属检验检疫局要定期（每季度）向总局书面报告工作进展情况、存在的问题和有关建议。需要立即上报的有关情况、典型经验和有效做法等，应随时上报，以便总局掌握情况、加强指导。

（五）加强指导和检查，确保活动取得实效。

在"质量和安全年"活动中，总局将组织人员对各地的工作情况进行检查。各级质检部门要制定和落实工作责任制，加强对工作的指导、检查和监督，务求各项工作落到实处，确保"质量和安全年"活动取得实效。

国家质量监督检验检疫总局、国家标准化管理委员会关于印发《企业产品标准管理规定》的通知

（2009年3月8日　国质检标联〔2009〕84号）

各省、自治区、直辖市质量技术监督局：

为进一步加强企业产品标准管理，做好备案工作，现将《企业产品标准管理规定》印发给你们，请遵照执行。

国家质量监督检验检疫总局

国家标准化管理委员会

附件：

企业产品标准管理规定

一、为进一步加强企业产品标准管理，提高企业产品标准水平，保障产品质量安全，根据《中华人民共和国标准化法》、《中华人民共和国标准化法实施条例》等法律法规，制定本规定。

二、本规定适用于在中华人民共和国境内企业用于生产、加工或销售的产品标准的制定、修订、复审、备案等活动；药品及农业种植、养殖产品等除外。

三、企业生产的产品没有国家标准、行业标准或者地方标准的，应当制定企业产品标准，作为生产和贸易的依据。对已有国家标准、行业标准或者地方标准的，鼓励企业制定严于国家标准、行业标准或者地方标准的企业产品标准。

四、企业是企业产品标准的制定和实施主体，应当对其产品标准的内容及实施后果承担责任。

五、制定企业产品标准应当遵循下列原则：

（一）符合国家有关法律、法规和规章的规定；

（二）符合国家产业发展方针、政策；

（三）符合强制性的国家标准、行业标准和地方标准要求；

（四）满足保障人体健康、人身财产安全的要求，保护动植物生命健康和安全；

（五）保护消费者合法权益，保护环境，合理利用资源和节约能源；

（六）保证产品质量和产品安全；

（七）完整反映产品的质量特征和功能特性；

（八）食品企业产品标准应当明确所使用的原辅料和添加剂。

六、鼓励企业积极采用国际标准和国外先进标准，制定具有自主知识产权的产品标准。

七、制定企业产品标准的一般程序包括编制计划、调查研究、起草标准草案、征求意见、对标准草案进行必要的验证、审查、批准、编号、发布。

八、企业在批准、发布企业产品标准前应当组织专家进行审查。审查内容包括：

（一）企业产品标准与国家法律法规和强制性标准规定的符合性；

（二）技术内容的先进性、合理性和完整性；

（三）试验方法的科学性；

（四）检验规则的可操作性；

（五）标准编写与《标准化工作导则》GB/T1 系列国家标准的符合性。

九、企业产品标准审查由企业负责组织，也可以委托专业标准化技术委员会、行业协会或者其他技术组织负责组织。

十、专家组负责标准的审查，实行组长负责制。专家组应当由研发、生产、检验、销售等方面人员组成，原则上不少于 5 人。直接参与企业产品标准起草的人员不得作为专家组成员参加审查。

十一、参与企业产品标准审查工作的专家应当具有中级以上专业技术职称任职资格或者大专以上学历和 3 年以上从事相关行业工作经历，熟悉有关法律、法规、规章和有关强制性标准，了解相关产品生产的工艺、技术要求和国内外该领域技术、标准发展的状况。

十二、标准起草单位提交专家组的审查材料不得少于下列内容：

（一）标准文本（送审稿）；

（二）标准编制说明；

（三）规范性引用文件和参考资料；

（四）标准征求意见汇总处理表；

（五）试验验证报告；

（六）企业实施该标准在设备、检验、管理等方面能力的说明。

十三、标准审查必须经专家组全体人员三分之二以上同意方可通过，专家组应当根据审查意见填写审查单（会议纪要）。

审查情况应当包括：审查日期、地点、起草单位、组织审查机构、参加审查人员名单。审查结论主要涉及：评价意见、主要修改意见和采纳情况；所审查的企业产品标准送审稿是否符合法律、法规和强制性标准的规定；低于推荐性国家标准、行业标准和地方标准的，应当具有相应的理由和相关影响的说明；是否予以通过审查等内容。

审查结论可以作为企业批准发布企业产品标准的技术依据。

十四、参加标准审查的专家在审查工作中应当坚持实事求是的原则和严肃认真的态度，保证审查结果的正确性、合理性和科学性，并对审查意见负责。参加审查工作的专家应当保守标准审查活动中涉及的技术秘密和商业秘密。

十五、企业产品标准审查通过后，由企业法定代表人或者其授权人批准、发布。

十六、企业产品标准应当定期复审，复审周期不超过3年。复审后应当提出继续有效、修订或者废止的明确结论。

十七、有下列情形之一的，企业产品标准应当进行复审：

（一）国家有关法律、法规、规章以及产业发展方针、政策作出调整或者重新规定的；

（二）新发布了相关国家标准、行业标准、地方标准的；

（三）规范性引用文件中相应的国家标准、行业标准、地方标准作了修订的；

（四）企业生产工艺或者原材料配方发生重大改变的；

（五）标准备案有效期届满的；

（六）其他应当进行复审的。

十八、企业产品标准备案是企业依法将批准发布的企业产品标准告知标准化行政主管部门，并由标准化行政主管部门存档备查的行为。备案后的企业产品标准可以依法作为监督检查的依据。

企业产品标准发布后30日内，应当报当地政府标准化行政主管部门和有关行政主管部门备案，具体受理备案的部门由省级标准化行政主管部门确定。

十九、企业产品标准备案应当提交下列材料：

（一）企业产品标准备案/复审备案申请表；

（二）标准批准发布文件；

（三）企业产品标准纸质和电子文本；

（四）企业产品标准编制说明；

（五）企业产品标准审查单（会议纪要）；

（六）企业产品标准与相关法律法规、强制性标准等符合性承诺，与相应的推荐性标准是否一致的声明；企业产品标准采用国际标准、国外先进标准的，应当提供采标的相关说明和材料；

（七）省级标准化行政主管部门规定的其他材料。

二十、企业应当对所提交备案材料的真实性、合法性负责，并对其实施后果依法承担责任。

二十一、负责受理企业产品标准备案部门对企业提交的材料是否齐全进行审查。企业提交的备案材料齐全，在5至7个工作日内应予办理：符合本规定第十九条要求的，准予备案；不符合本规定要求的，不予备案并书面告知企业。

二十二、企业产品标准备案的有效期为3年。省级标准化行政主管部门应当定期公告已备案企业产品标准名录。企业产品备案不得收取费用。

二十三、企业产品标准经复审为继续有效且备案有效期即将届满的，企业应当在该标准备案有效期届满前30日内，重新办理备案手续。逾期未办理的，前次备案注销。

企业产品标准经复审为修订的，修订后应当重新办理备案。

企业产品标准经复审为废止的，应当报当地标准化行政主管部门。

二十四、企业名称发生变更的，应当持有效证件办理企业产品标准备案。

二十五、经备案的企业产品标准，企业应当严格执行。

二十六、受理备案部门不得泄露、扩散标准的内容或者文本。备案的标准一般不对外提供，但法律法规另有规定的除外。

二十七、标准备案人员应当认真负责、恪尽职守，不向备案企业提出与备案工作无关的要求。对违反工作纪律、滥用职权、徇私舞弊、玩忽职守的，依法依纪追究相应责任。

二十八、发现应当备案的企业产品标准未办理备案手续的，或者超过备案有效期限而未重新办理备案手续的，标准化行政主管部门应当责令其限期改正，并可以向社会公告。

二十九、各级标准化行政主管部门应对已备案的企业产品标准开展监督检查，对不符合本规定的，应当责令企业限期改正，并取消备案。

三十、省、自治区、直辖市标准化行政主管部门应当做好备案企业产品标准监督检查的规划，有组织、有计划、有重点地开展备案企业产品标准的监督检查工作。

三十一、本规定施行后，法律法规、规章对企业产品标准管理未作规定的事项，以本规定为准。

三十二、本规定自发布之日起施行。

境外投资管理办法

（2009 年 3 月 16 日　商务部令 2009 年第 5 号）

第一章　总　则

第一条　为促进和规范境外投资，根据《国务院对确需保留的行政审批项目设定行政许可的决定》，制定本办法。

第二条　本办法所称境外投资，是指在我国依法设立的企业（以下简称企业）通过新设、并购等方式在境外设立非金融企业或取得既有非金融企业的所有权、控制权、经营管理权等权益的行为。

第三条　企业开展境外投资应当认真了解并遵守境内外相关法律法规、规章和政策，遵循“互利共赢”原则。

第四条　商务部负责对境外投资实施管理和监督，省、自治区、直辖市、计划单列市及新疆生产建设兵团商务主管部门（以下简称省级商务主管部门）负责对本行政区域内境外投资实施管理和监督。

第二章　核　准

第五条　商务部和省级商务主管部门对企业境外投资实行核准。商务部建立“境外投资管理系统”（以下简称“系统”）。对予以核准的企业，颁发《企业境外投资证书》（以下简称《证书》，样式见附件一）。《证书》由商务部统一印制，实行统一编码管理。

第六条　企业开展以下情形境外投资应当按本办法第十二条的规定提交申请材料，并按本办法第十三条的规定报商务部核准：

（一）在与我国未建交国家的境外投资；

（二）特定国家或地区的境外投资（具体名单由商务部会同外交部等有关部门确定）；

（三）中方投资额 1 亿美元及以上的境外投资；

（四）涉及多国（地区）利益的境外投资；

（五）设立境外特殊目的公司。

第七条　地方企业开展以下情形的境外投资应当按照本办法第十二条要求提交申请材料，并按第十四条的规定报省级商务主管部门核准：

（一）中方投资额 1 000 万美元及以上、1 亿美元以下的境外投资；

（二）能源、矿产类境外投资；

（三）需在国内招商的境外投资。

第八条　企业开展本办法第六条、第七条规定情形以外的境外投资，须提交《境外投资申请表》（以下简称申请表，样式见附件二），并按第十六条规定办理核准。

第九条 企业境外投资有以下情形之一的，商务部和省级商务主管部门不予核准：

（一）危害我国国家主权、安全和社会公共利益，或违反我国法律法规；

（二）损害我与有关国家（地区）关系；

（三）可能违反我国对外缔结的国际条约；

（四）涉及我国禁止出口的技术和货物。

境外投资经济技术可行性由企业自行负责。

第十条 商务部核准第六条规定的境外投资应当征求我驻外使（领）馆（经商处室）意见。涉及中央企业的，由商务部征求意见；涉及地方企业的，由省级商务主管部门征求意见。

省级商务主管部门核准第七条第二款规定的境外投资应当征求驻外使（领）馆（经商处室）意见；其他情形的境外投资核准，省级商务主管部门可视情征求驻外使（领）馆（经商处室）意见。

第十一条 商务部和省级商务主管部门征求意见时应当向驻外使（领）馆（经商处室）提供投资事项基本情况等相关信息。

驻外使（领）馆（经商处室）主要从东道国安全状况、对双边政治和经贸关系影响等方面提出意见，并自收到征求意见函之日起10个工作日内予以回复。

第十二条 企业开展本办法第六条、第七条规定情形的境外投资须提交以下材料：

（一）申请书，主要内容包括境外企业的名称、注册资本、投资金额、经营范围、经营期限、投资资金来源情况的说明、投资的具体内容、股权结构、投资环境分析评价以及对不涉及本办法第九条所列情形的说明等；

（二）企业营业执照复印件；

（三）境外企业章程及相关协议或者合同；

（四）国家有关部门的核准或备案文件；

（五）并购类境外投资须提交《境外并购事项前期报告表》（样式见附件三）；

（六）主管部门要求的其他文件。

第十三条 企业开展第六条规定的境外投资，中央企业向商务部提出申请，地方企业通过所在地省级商务主管部门向商务部提出申请。

收到申请后，省级商务主管部门应当于10个工作日内（不含征求驻外使（领）馆（经商处室）的时间）对企业申报材料真实性及是否涉及本办法第九条所列情形进行初审，同意后将初审意见和全部申请材料报送商务部。

商务部收到省级商务主管部门或中央企业的申请后，于5个工作日内决定是否受理。申请材料不齐全或者不符合法定形式的，应当在5个工作日内一次告之申请人；受理后，应当于15个工作日内（不含征求驻外使（领）馆（经商处室）的时间）做出是否予以核准的决定。

第十四条 企业开展第七条规定的境外投资，向省级商务主管部门提出申请。

收到申请后，省级商务主管部门应当于5个工作日内决定是否受理。申请材料不齐全或者不符合法定形式的，应当在5个工作日内一次告之申请人；受理后，应当于15个工作日内（不含征求驻外使（领）馆（经商处室）意见的时间）做出是否予以核准的决定。

第十五条 对予以核准的第六条、第七条规定的境外投资，商务部和省级商务主管部门应当出具书面核准决定并颁发《证书》；不予核准的，应当书面通知申请企业并说明理由，告知其享有依法申请行政复议或者提起行政诉讼的权利。

第十六条 企业开展第八条规定的境外投资按以下程序办理核准：

中央企业总部通过“系统”按要求填写打印申请表，报商务部核准。地方企业通过“系统”按要求填写打印申请表，报省级商务主管部门核准。

商务部和省级商务主管部门收到申请表后，于3个工作日内进行审查，申请表填写完整且符合法定形式的即予颁发《证书》。

第十七条 两个以上企业共同投资设立境外企业,应当由相对最大股东在征求其他投资方书面同意后负责办理核准手续。商务部或相对最大股东所在地省级商务主管部门应将相关核准文件抄送其他投资方所在地省级商务主管部门。

第十八条 商务部或省级商务主管部门核准矿产资源勘查开发类境外投资应当征求国内有关商会、协会的意见,以作为核准时的参考。

第三章 变更和终止

第十九条 核准后,原境外投资申请事项发生变更,企业应参照第二章的规定向原核准机关申请办理变更核准手续。企业之间转让境外企业股份,由受让方负责申请办理变更手续,商务部或受让方所在地省级商务主管部门应当把相关核准文件抄送其他股东所在地省级商务主管部门。

第二十条 企业终止经核准的境外投资应向原核准机关备案,交回《证书》。原核准机关出具备案函,企业据此向外汇管理等部门办理相关手续。企业及其所属境外企业应当按当地法律办理注销手续。

终止是指原经核准的境外企业不再存续或我国企业均不再拥有原经核准的境外企业的股权等任何权益。

第四章 境外投资行为规范

第二十一条 企业应当客观评估自身条件、能力和东道国(地区)投资环境,积极稳妥开展境外投资。境内外法律法规和规章对资格资质有要求的,应当取得相关证明文件。

第二十二条 企业对其投资设立的境外企业冠名应当符合境内外法律法规和政策规定。未按国家有关规定获得批准的企业,其境外企业名称不得冠以“中国”、“中华”、“国家”等字样。境外企业外文名称可在申请核准前在东道国(地区)进行预先注册。

第二十三条 企业应当落实各项人员和财产安全防范措施,建立突发事件预警机制和应急预案,并接受驻外使(领)馆在突发事件防范、人员安全保护等方面的指导。

在境外发生突发事件时,企业应当及时、妥善处理,并立即向驻外使(领)馆和国内有关主管部门报告。

第二十四条 企业应当要求境外企业中方负责人当面或以信函、传真、电子邮件等书面方式及时向驻外使(领)馆(经商处室)报到登记。

第二十五条 企业应向原核准机关报告境外投资业务情况和统计资料,确保报送情况和数据真实准确。

第二十六条 企业应当在其对外签署的与境外投资相关的合同或协议生效前,取得有关政府主管部门的核准。

第五章 管理和服务

第二十七条 商务部负责对省级商务主管部门及中央企业总部的境外投资管理情况进行检查和指导。

第二十八条 商务部会同有关部门建立健全境外投资引导、促进和服务体系,强化公共服务。

商务部发布《对外投资合作国别(地区)指南》,帮助企业了解东道国(地区)投资环境。

商务部会同有关部门发布《对外投资国别产业导向目录》,引导企业有针对性地到东道国(地区)开展境外投资。

商务部通过政府间多双边经贸或投资合作机制等协助企业解决困难和问题。

商务部建立对外投资与合作信息服务系统,为企业开展境外投资提供统计、投资机会、投资障碍、预警等信息服务。

第二十九条 企业境外投资获得核准后,持《证书》办理外汇、银行、海关、外事等相关手续,并享受国家有关政策支持。

第三十条 企业自领取《证书》之日起2年内,未在东道国(地区)完成有关法律手续或未办理本办法第二十九条所列境内有关部门手续，原核准文件和《证书》自动失效，《证书》应交回原核准机关。如需再开展境外投资，须按本办法规定重新办理核准。

第三十一条 《证书》不得伪造、涂改、出租、转借或以任何形式转让。已变更、失效或注销的《证书》应当交回发证机关。

第六章　罚　则

第三十二条 企业提供虚假申请材料或不如实填报申请表的，商务部和省级商务主管部门不予受理或不予核准，并给予警告，且可在一年内不受理该企业任何境外投资核准申请；企业以提供虚假材料等不正当手段取得境外投资核准的，商务部及省级商务主管部门应当撤销相关文件，并可在三年内不受理该企业任何境外投资核准申请。

第三十三条 违反本办法规定的企业三年内不得享受国家有关境外投资政策支持。

第三十四条 省级商务主管部门未按本办法规定进行核准和履行管理监督职责的，商务部责令改正并提出批评。

第三十五条 商务主管部门有关工作人员不依本办法规定履行职责，或者滥用职权的，依法给予行政处分。

第七章　附　则

第三十六条 省级商务主管部门可依照本规定制定相应的管理办法。

第三十七条 本办法所称特殊目的公司系指企业为实现其实际拥有的境内公司权益在境外上市而直接或间接控制的境外公司。

第三十八条 事业单位法人开展境外投资、企业在境外设立非企业法人适用本办法。企业赴香港、澳门及台湾地区投资参照本办法执行。

第三十九条 企业控股的境外企业的境外再投资，在完成法律手续后一个月内，应当由企业报商务主管部门备案。企业为地方企业的，须通过“系统”填报相关信息，打印备案表（样式见附件四）并加盖本企业公章后向省级商务主管部门备案；企业为中央企业的，中央企业总部通过“系统”填报相关信息，打印备案表并加盖公章后向商务部备案。企业递交备案表后即完成备案。

第四十条 本办法由商务部负责解释。

第四十一条 本办法自2009年5月1日起施行。《关于境外投资开办企业核准事项的规定》（商务部2004年16号令）和《商务部、国务院港澳办关于印发〈关于内地企业赴香港、澳门特别行政区投资开办企业核准事项的规定〉的通知》（商合发〔2004〕452号）同时废止。此前有关规定与本办法不符的，以本办法为准。

附件一：《企业境外投资证书》样式

二：《境外投资申请表》样式

三：《境外并购事项前期报告表》样式

四：《境外中资企业境外投资备案表》样式

汽车产业调整和振兴规划

（2009年3月23日）

汽车产业是国民经济重要的支柱产业，产业链长、关联度高、就业面广、消费拉动大，在国民经济和社会发展中发挥着重要作用。

为应对国际金融危机的影响，落实党中央、国务院保增长、扩内需、调结构的总体要求，稳定汽车消费，加快结构调整，增强自主创新能力，推动产业升级，促进我国汽车产业持续、健康、稳定发展，特制定本规划，作为汽车产业综合性应对措施的行动方案。规划期为2009—2011年。

一、汽车产业现状及面临的形势

进入21世纪以来，我国汽车产业高速发展，形成了多品种、全系列的各类整车和零部件生产及配套体系，产业集中度不断提高，产品技术水平明显提升，已经成为世界汽车生产大国。但是，产业结构不合理、技术水平不高、自主开发能力薄弱、消费政策不完善等问题依然突出，能源、环保、城市交通等制约日益显现。2008年下半年以来，随着国际金融危机的蔓延、加深和国际汽车市场的严重萎缩，国内汽车市场受到严重冲击，导致全行业产销负增长、重点企业经济效益下滑、自主品牌轿车发展乏力，我国汽车产业发展形势严峻。

应该看到，结构调整是产业进一步发展的必然要求。汽车产业在经历了多年的高速增长后，必然要进行一次大的调整，以解决内部结构和外部环境积累的诸多矛盾，国际金融危机只是引发了结构调整期的提前到来。目前，我国汽车市场正处在增长期，城乡市场需求潜力巨大，汽车产业发展的基本面没有改变。为积极应对国际金融危机，保持经济平稳较快发展，必须加快汽车产业调整和振兴。

二、指导思想、基本原则和目标

（一）指导思想。

全面贯彻落实党的十七大精神，以邓小平理论和“三个代表”重要思想为指导，深入贯彻落实科学发展观，通过实施积极的消费政策，开拓城乡市场，稳定和扩大汽车消费需求；以结构调整为主线，推进汽车企业兼并重组，加强关键技术研发，加快技术改造，提升企业素质；以新能源汽车为突破口，加强自主创新，培育自主品牌，形成新的竞争优势，促进汽车产业持续、健康、稳定发展。

（二）基本原则。

坚持扩大内需，注重财税政策激励与消费环境改善相结合。既要立足当前，采取财政激励措施，扩大国内汽车市场需求，确保经济增长，又要着眼长远，完善消费政策，培育消费市场。

坚持结构调整，注重发挥市场作用与加强政府引导相结合。利用市场机制和宏观调控手段，推动企业兼并重组，整合要素资源，提高产业集中度，实现汽车产业组织结构优化升级。

坚持自主创新，注重改造传统产品与推广新能源汽车相结合。加强技术改造，提高研发水平，加快产品升级换代和结构调整，着力培育自主品牌，积极发展节能环保的新能源汽车。

坚持产业升级，注重工业发展与服务增值相结合。汽车生产企业既要增强制造实力，又要拓展汽车金融业务和产品售后服务，强化生产与服务的纽带联系，促进相互支撑，实现汽车制造业和汽车服务业协调发展。

（三）规划目标。

1. 汽车产销实现稳定增长。2009年汽车产销量力争超过1000万辆，三年平均增长率达到10%。

2. 汽车消费环境明显改善。建立完整的汽车消费政策法规框架体系、科学合理的汽车税费制度、现代化的汽车服务体系和智能交通管理系统，建立电动汽车基础设施配套体系，为汽车市场稳定发展提供保障。

3. 市场需求结构得到优化。1.5L以下排量乘用车市场份额达到40%以上，其中1.0L以下小排量车市场份额达到15%以上。重型货车占载货车的比例达到25%以上。

4. 兼并重组取得重大进展。通过兼并重组，形成2～3家产销规模超过200万辆的大型汽车企业集团，4～5家产销规模超过100万辆的汽车企业集团，产销规模占市场份额90%以上的汽车企业集团数量由目前的14家减少到10家以内。

5. 自主品牌汽车市场比例扩大。自主品牌乘用车国内市场份额超过40%，其中轿车超过30%。自主品牌汽车出口占产销量的比例接近10%。

6. 电动汽车产销形成规模。改造现有生产能力，形成50万辆纯电动、充电式混合动力和普通型混合动力等新能源汽车产能，新能源汽车销量占乘用车销售总量的5%左右。主要乘用车生产企业应具有通过认证的新能源汽车产品。

7. 整车研发水平大幅提高。自主研发整车产品尤其是小排量轿车的节能、环保和安全指标力争达到国际先进水平。主要轿车产品满足发达国家法规要求,重型货车、大型客车的安全性和舒适性接近国际水平,新能源汽车整体技术达到国际先进水平。

8. 关键零部件技术实现自主化。发动机、变速器、转向系统、制动系统、传动系统、悬挂系统、汽车总线控制系统中的关键零部件技术实现自主化,新能源汽车专用零部件技术达到国际先进水平。

三、产业调整和振兴的主要任务

(一)培育汽车消费市场。

采取有力措施,遏制汽车产销下滑势头,确保2009年稳定增长。在汽车购买、使用、报废更新等环节,调整和出台鼓励汽车消费、恢复市场信心的政策措施。清理取消各种不利于小排量汽车发展的规定,通过税收等经济手段引导增加小排量汽车消费。

(二)推进汽车产业重组。

鼓励一汽、东风、上汽、长安等大型汽车企业在全国范围内实施兼并重组。支持北汽、广汽、奇瑞、重汽等汽车企业实施区域性兼并重组。支持汽车零部件骨干企业通过兼并重组扩大规模,提高国内外汽车配套市场份额。

(三)支持企业自主创新。

以企业为主体,加强产品开发能力建设。一是建立整车设计开发流程,掌握车身、底盘开发技术及整车、发动机、变速器的匹配技术和排气净化技术;突破碰撞安全性、NVH(振动、噪声、平顺性)等关键技术;控制新能源汽车的设计和制造成本。二是提高传统乘用车的节能、环保和安全技术水平。重点支持排量1.5L以下、满足国IV排放标准的车用直喷汽油机和排量3L以下、升功率达到45kW以上柴油机的研制。突破重型商用车底盘集成关键技术,提高整车驾驶舒适性和操控稳定性。重点支持大功率柴油机及其高压燃油喷射电控系统、后处理系统和商用车自动换挡机械变速器(AMT)等关键技术研发。三是建立汽车产业战略联盟,形成产、学、研长效合作机制。

(四)实施技术改造专项。

制订《汽车产业技术进步和技术改造项目及产品目录》,支持汽车产业技术进步和结构调整,加大技术改造力度。重点支持新能源汽车动力模块产业化、内燃机技术升级、先进变速器产业化、关键零部件产业化以及独立公共检测机构和“产、学、研”相结合的汽车关键零部件技术中心建设。

发展提升整车性能的关键零部件。重点支持研发车身稳定、悬架控制、驱动防滑控制、电子液压制动、车身总线、数字化仪表等电子控制系统,以及六档以上的手动和自动变速器、双离合器式自动变速器和无级自动变速器、商用车自动控制机械变速器等产品。

(五)实施新能源汽车战略。

推动纯电动汽车、充电式混合动力汽车及其关键零部件的产业化。掌握新能源汽车的专用发动机和动力模块(电机、电池及管理系统等)的优化设计技术、规模生产工艺和成本控制技术。建立动力模块生产体系,形成10亿安时(Ah)车用高性能单体动力电池生产能力。发展普通型混合动力汽车和新燃料汽车专用部件。

(六)实施自主品牌战略。

在技术开发、政府采购、融资渠道等方面制定相应政策,引导汽车生产企业将发展自主品牌作为企业战略重点,支持汽车生产企业通过自主开发、联合开发、国内外并购等多种方式发展自主品牌。

(七)实施汽车产品出口战略。

加快国家汽车及零部件出口基地建设。建设汽车出口信息、产品认证、共性技术研发、试验检测、培训等公共服务平台。

(八)发展现代汽车服务业。

加快发展汽车研发、生产性物流、汽车零售和售后服务、汽车租赁、二手车交易、汽车保险、消费信贷、停车服务、报废回收等服务业,完善相关的法规、规章和管理制度。支持骨干汽车生产企业加快建立汽车金融公司,开展汽车消费信贷等业务。

四、政策措施

(一)减征乘用车购置税。

自2009年1月20日至12月31日,对1.6L及以下小排量乘用车减按5%征收车辆购置税。

(二)开展"汽车下乡"。

在新增中央投资中安排50亿元资金,自2009年3月1日至12月31日,对农民购买1.3L及以下排量的微型客车,以及将三轮汽车或低速货车报废换购轻型载货车的,给予一次性财政补贴。

(三)加快老旧汽车报废更新。

调整老旧汽车报废更新财政补贴政策,加大补贴支持力度,提高补贴标准,加快淘汰老旧汽车。2009年老旧汽车报废更新补贴资金总额由2008年的6亿元增加到10亿元。

(四)清理取消限购汽车的不合理规定。

各地区、各部门要认真清理取消现行限制汽车购置的不合理规定,包括牌照注册数量、车型限制、各种区域市场保护措施、各类行政事业性收费、外地汽车进城收费,以及其他直接或间接影响汽车购置的措施,并于2009年3月底前将清理情况报国家发展改革委。对确需继续保留的限购规定,自2009年4月1日至12月31日应暂停执行,不能暂停执行的,应于2009年3月10日之前报国务院批准。

(五)促进和规范汽车消费信贷。

修改和完善汽车消费信贷制度,抓紧制订汽车消费信贷管理条例,使资信调查、信贷办理、车辆抵押、贷款担保、违约处置等汽车消费信贷全过程实现规范化、法制化。

支持符合条件的国内骨干汽车生产企业建立汽车金融公司。促进汽车消费信贷模式的多元化,推动信贷资产证券化规范发展,支持汽车金融公司发行金融债券等。

(六)规范和促进二手车市场发展。

建立二手车鉴定评估国家标准和临时产权登记制度,调整二手车交易的增值税征收方式。大力发展专业的二手车经销企业,倡导汽车品牌经销商开展以旧换新、以旧换旧等汽车置换业务。取消二手车交易市场的不合理收费,降低交易成本。

加强二手车市场监管,严格经营主体市场准入,规范二手车交易行为,维护市场秩序。积极推广二手车交易合同示范文本,保护消费者合法权益。充分发挥行业组织作用,加强行业自律,促进企业诚信经营。

(七)加快城市道路交通体系建设。

发展现代化城市综合交通运输体系,提高综合管理效率和现代化水平。实施交通畅通工程,鼓励加快城市轨道交通设施建设。各城市人民政府要采取积极措施推动停车场建设,规范停车收费。交通换乘枢纽应建设大型停车场所,方便换乘公共交通工具,减轻交通拥堵压力。

(八)完善汽车企业重组政策。

制定支持汽车企业重组的政策措施,妥善解决富余人员安置、企业资产划转、债务核定与处置、财税利益分配等问题。支持汽车生产企业通过兼并重组整合产品资源,开发新产品;鼓励汽车生产企业联合开发和制造《汽车产业技术进步和技术改造项目及产品目录》内的汽车新产品和关键总成。新建汽车生产企业和异地设立分厂,必须在兼并现有汽车生产企业的基础上进行。

(九)加大技术进步和技术改造投资力度。

今后三年在新增中央投资中安排100亿元作为技术进步、技术改造专项资金,重点支持汽车生产企业进行产品升级,提高节能、环保、安全等关键技术水平;开发填补国内空白的关键总成产品;建设汽车及零部件共性技术研制和检测平台;发展新能源汽车及专用零部件。

(十)推广使用节能和新能源汽车。

启动国家节能和新能源汽车示范工程,由中央财政安排资金给予补贴,支持大中城市示范推广混合动力汽车、纯电动汽车、燃料电池汽车等节能和新能源汽车。县级以上城市人民政府要制订规划,优先在城市公交、出租、公务、环卫、邮政、机场等领域推广使用新能源汽车；建立电动汽车快速充电网络，加快停车场等公共场所公用充电设施建设。

（十一）落实和完善《汽车产业发展政策》。

抓紧制订道路机动车辆管理条例，完善机动车辆管理法规体系。启动对产业有重要提升和保护作用的标准的研究制订工作，抓紧制修订新能源汽车产品标准、试验方法。落实汽车整车（含摩托车、三轮汽车、低速货车）生产企业退出机制。制订新能源汽车关键总成的准入标准。研究制订三轮汽车和低速货车生产企业向相关产业转型的鼓励办法。

五、规划实施

国务院各有关部门要按照《规划》的工作分工，加强沟通协商，密切配合，尽快制订和完善各项配套政策措施，确保实现汽车产业调整和振兴三年目标。要建立部门联合发布信息制度，适时向社会发布产业调整和振兴的有关信息。有关部门要适时开展《规划》的后评价工作，及时提出评价意见。

各地区要按照《规划》确定的目标、任务和政策措施，结合当地实际抓紧制订具体落实方案，确保取得实效。各省（区、市）要将具体工作方案和实施过程中出现的新情况、新问题及时报送国家发展改革委。

工业和信息化部关于加强工业产品质量工作的指导意见

（2009年4月23日　工信部科〔2009〕180号）

各省、自治区、直辖市、新疆生产建设兵团及计划单列市工业和信息化主管部门，有关中央管理企业，有关行业协会：

质量是企业的生命，是生产力水平的综合反映，是消费者利益所在。改革开放以来，我国工业产品质量水平有了很大提高，较好地满足了广大人民群众日益增长的物质文化生活需要。但一些领域与国际先进水平相比还存在较大差距。当前，我国工业经济正处在结构调整的关键时期，特别是随着金融危机对实体经济影响的逐步加深，出口锐减、内需不足的矛盾更加突出，工业经济发展面临前所未见的挑战。在此形势下，提高工业产品质量已成为“扩内需、保增长、调结构、上水平”的有效途径。

一、当前工业产品质量存在的主要问题

虽然我国工业产品质量的总体水平在不断提高，但近年来，工业产品重大质量安全事件仍时有发生，产品质量水平不高已成为制约我国工业经济平稳较快发展的突出问题。主要表现在：

（一）工业产品标准水平偏低、贯彻不力。不少现有产品标准的技术水平与国际标准和国外先进标准相比存在较大差距，难以适应企业技术进步、产品更新换代和产业结构调整的要求。

目前，强制性标准主要依靠执法监督部门推动贯彻实施；而大量指导产业发展的推荐性标准基本依靠企业自主选择采用和贯彻实施，缺乏有效政策引导和鼓励措施，导致许多标准没有得到很好贯彻实施，制约了工业产品质量水平的提升。

（二）许多工业产品技术含量不高、品牌附加值低，市场竞争力不强。目前，我国工业发展的核心技术对外依存度仍然较高，自主创新能力不足，许多工业产品的关键技术依靠引进，消化吸收再创新缓慢，工业产品技术含量不高；企业品牌意识淡漠，品牌培育力度不足，产品品牌附加值低，目前多数出口产品为贴牌生产，出口企业中拥有自主品牌的不足20%。

（三）落后的生产技术淘汰缓慢。重投入轻产出、重数量轻质量、重眼前轻长远等现象比较普遍。

许多企业仍然采用落后的生产工艺、技术和设备，产品档次低、资源消耗大、环境污染严重、产品质量安全事故频发等问题得不到根本解决。

（四）企业的质量管理体系不完善。一些企业的质量竞争意识不强，质量管理体系缺失，质量工作流于形式。一些企业的老产品质量稳定性、可靠性差，新产品技术成熟度不高，产品研发设计、生产制造、商品流通和售后服务阶段的质量保证能力还有较大差距。大量中小企业产品质量保证能力严重不足。

（五）质量监管不到位，社会诚信体系不健全，企业产品质量责任不落实。有法不依、执法不严、违法不究等问题依然存在。一些企业质量责任主体意识淡漠，缺乏职业道德和社会责任，为获得短期利益降低质量要求，甚至弄虚作假，扰乱了市场经济秩序，侵犯了消费者的合法权益。

二、发展思路和主要任务

（一）指导思想。

认真贯彻落实中央领导关于加强质量工作的重要批示，以科学发展观为指导，坚持“政企分开、政事分开、政资分开、政府与中介组织分开”的原则，根据应对金融危机的当前亟须和走新型工业化道路的长远需要，以企业为主体，以创新品种、提升质量、加强品牌建设为着力点，协调各方力量努力解决影响工业产品质量的突出问题，通过抓规划、抓政策、抓标准，指导企业全面提升产品质量水平，促进工业经济又好又快发展。

（二）总体目标。

争取用3年左右时间，完善工业产品质量管理的法规、标准、制度，实施一批促进产品更新换代和质量水平提升的技术改造项目，完成10 000项工业发展急需标准的制修订，规模以上企业重点产品质量水平达到国家、行业标准，充实和建立300个左右支持中小企业发展的公共技术服务平台，在重点行业培育一批具有国际竞争力的品牌示范企业，切实把我国工业产品质量提高到一个新水平。

（三）主要任务。

1. 制定工业产品质量发展规划。结合落实钢铁、汽车、船舶、石化、纺织、轻工、有色金属、装备制造、电子信息及物流十大行业调整和振兴规划，做好行业质量现状调研、针对当前突出问题，分析并制定促进工业产品质量提升的措施。组织制定“工业产品质量发展规划”。

2. 完善工业行业质量政策和法规。一是以修订“工业产品质量责任条例”为主线，梳理并完善工业产品质量行业管理的相关法规制度。二是修订“产业结构调整指导目录”，将影响产品质量提升的落后工艺技术、装备及产品列入淘汰类；制修订行业准入条件，提高对产品质量要求；制修订重点行业产业政策，引导企业推行先进的质量管理体系。三是指导地方工业主管部门落实工业产品质量行业管理职能，严格执行工业产品质量行业管理政策和法规。

3. 推进工业产品标准体系建设和标准贯彻。密切跟踪国际标准和国外先进标准发展动态，会同国家标准化综合管理部门加快修订和补充制定适合我国工业发展的工业产品标准；通过大力推进质量认证、标准符合性认定和新产品鉴定等，推动工业产品标准的贯彻实施，杜绝无标准生产制造；鼓励企业积极采用国外先进的产品标准和质量管理标准，促进我国工业产品的质量、安全、节能、环保等特性逐步达到国际先进标准水平。

4. 加快技术改造，创新品种和提升质量。充分协调运用国家各项财政金融政策，支持企业围绕改善品种、提高质量水平，加大技术改造和产品创新投入，积极采用新技术、新工艺、新设备、新材料，促进产品品种更新和质量水平提升；协调有关部门，组织以企业为主体、产学研用相结合的质量共性技术攻关，为开发品种和提升质量创造条件。

5. 加强工业行业质量管理，充分发挥行业协会作用，强化企业主体责任。充分利用质量规划、产业政策、技术标准、技术改造、企业管理、行规行约等手段，依靠并发挥行业协会的优势，指导支持企业加快品种更新、提高质量和创建品牌；督促企业建立健全从技术创新、产品研发、生产制造、储运销售、技术服务等全员、全过程、全方位的质量管理体系；加强售后服务、质量追溯、缺陷产品召回和质量诚信管理，严格落实产品质量责任。鼓励支持地方建立中小企业质量发展的公共技术服务平台。建立支撑行业发展的质量服务体系，形成“政府指导、行业自律、社会监督、企业诚信”的质量保障长效机制。加强对重点行业工业产品质量的跟踪监测预警，建立工业产品质量评价报告发布制度。

6. 积极配合执法部门加强工业产品质量的监督。积极协调配合有关执法监督部门，将产业政策和行业准入条件等有关行业质量要求落实到国家各项监管制度；加强工业产品质量监管，防止违法、违规和不合格产品进入市场；积极配合相关执法监督部门开展质量专项整治、整顿和规范市场经济秩序、打击假冒伪劣等活动；共同做好工业产品质量调查、分析、预警和危机应对工作。充分发挥消费者和社会监督作用，督促企业认真履行产品“三包”和缺陷产品召回等质量责任，维护消费者合法权益，营造保障产业健康发展的市场环境。

7. 加强质量宣传和先进质量管理方法推广应用。充分发挥行业主流媒体在质量宣传方面的主渠道作用，大力加强质量宣传和舆论引导，组织“重质量、讲诚信、树品牌”的典型宣传活动；支持行业协会等中介组织积极开展质量经验交流、先进质量管理方法的推广应用、用户满意度评测和产品检测服务等。

三、2009 年质量工作要点

（一）制定落实质量工作政策和指导意见。

结合落实十大行业调整和振兴规划，开展十大行业质量调查，编制年度质量状况分析报告。按照本指导意见的要求，完成工业产品质量发展规划前期调研工作，落实地方工业主管部门的质量管理职能。修订《产业结构调整指导目录》，制修订行业质量准入条件，制修订重点行业产业政策，引导企业推行先进的质量管理体系。梳理完善工业行业质量管理的相关法规制度；开展修改《工业产品质量责任条例》的研究、论证工作。

（二）贯彻实施工业行业标准。梳理工业行业标准体系，评估现行工业产品标准的适用性，完成3000 项急需标准制修订。采取政策引导和鼓励措施，推动企业严格执行强制性标准和贯彻实施推荐性标准。鼓励工业行业推行 ISO9000 质量管理体系标准，在汽车工业推行 ISO16949，在信息服务业推行 ISO20000，在食品工业推行 ISO22000 和HACCP等。

（三）落实“三下乡”产品的质量保证措施。

积极配合财政部、商务部做好“家电下乡”产品的选点工作，会同有关部门对家电生产企业下乡产品的生产、售后服务进行监督管理；配合质检总局对“家电下乡”产品的质量监督抽查。

积极配合农业部、国家发展改革委和财政部做好推荐“农机下乡”产品目录的制定和完善；指导农机企业规范生产管理；加强对补贴农机产品的质量管理和监督，联合有关部门，开展对农机产品的质量调查和监督工作。

指导“汽车、摩托车下乡”产品企业承诺质量，落实责任，签署责任协议书；加强“车辆公告”企业和产品准入管理；加强“公告”产品生产一致性管理。

（四）落实提高产品质量的技术改造项目。

在技术改造项目中要安排新产品研制、产品共性质量问题攻关和产品公共质量保障能力等项目，不断提升产品质量水平，促进自主品牌建设，增强企业核心竞争力；支持利用信息技术改造和提升传统产业，加快产品升级换代，支持采用先进适用的新技术、新工艺、新设备、新材料，对现有企业生产进行改造，调整生产结构，增强制造水平。

（五）抓好重点行业、重点产品质量专项整治。

开展民爆行业产品质量专项整治，继续做好乳制品行业整顿和规范工作。积极协同工商、质检部门开展手机产品质量和售后服务治理整顿工作；配合有关监管部门做好打击违法添加非食用物质和滥用食品添加剂专项整治有关工作；配合有关部门开展农资整顿和规范工作；配合有关部门积极推进食品工业企业生产者诚信体系建设。研究建立工业产品质量评价报告发布制度。

（六）落实扶持中小企业质量发展的措施。

制定推进中小企业质量建设的指导意见。指导中小企业加强质量管理，严格执行产品标准和质量管理标准。支持中小企业加强技术改造，改善产品品种、提高质量，创建品牌。支持地方在产业集群、区域经济圈、特色园区或中小企业密集区，建设50～70个公共技术服务平台，充分利用好质量公共服务平台，开展质量培训、经验交流、方法推广、检测验证、质量改进等。

（七）推广先进的质量管理技术与方法。

研究制定推广先进质量管理方法的指导意见。依靠行业协会等中介组织积极推广先进的质量管理，在钢铁、石化、家电行业推广卓越绩效质量管理方法；在汽车、家电行业推广精益生产管理方法；在航空、航天行业推广六西格玛质量管理方法；在机械设备、农机、通信电子设备行业推广可靠性工程。依靠行业协会等中介组织分行业、分片区组织先进质量管理经验交流和方法推广。支持中国质量协会开展通用装备和食品行业质量管理现状调查及汽车、钢铁、手机和“家电下乡”产品用户满意度评测工作。

（八）推进消费品领域质量品牌建设。

制定《加快我国服装自主品牌建设指导意见》，研究制定家电行业品牌建设指导意见。从增强企业实力、营造市场环境、完善公共服务体系、开拓海外市场等几个方面，推进服装和家电自主品牌建设，以服装和家电为切入点，全面推进消费品工业品牌建设。

（九）配合有关部门开展全国“质量月”、“质量万里行”活动。

与国家质量监督检验检疫总局、中共中央宣传部、中华全国总工会和共青团中央共同组织好今年“全国质量月活动”。配合国家质检总局和中国质量万里行促进会，围绕今年“质量万里行”开展的食品、农资、家电下乡、建材、絮用纤维、舆论监督等6个方面活动，做好配合、服务、督促工作。

有关工业和通信业“质量和安全年”活动方案另发。

二〇〇九年四月二十三日

工业和信息化部　科技部　财政部　税务总局关于印发《国家产业技术政策》的通知

（工信部联科〔2009〕232号）

各省、自治区、直辖市、计划单列市及新疆生产建设兵团工业和信息化主管部门、科技厅（局）、财政厅（局）、国家税务局：

为贯彻落实科学发展观，推进实施《国家中长期科学和技术发展规划纲要（2006～2020年）》，工业和信息化部、科技部、财政部、国家税务总局共同研究制定了《国家产业技术政策》。作为国家产业技术发展的纲领性政策文件，《国家产业技术政策》的目的是调动社会资源，引导市场主体行为，指导产业技术发展方向，促进产业技术进步。现将《国家产业技术政策》印发你们，请遵照执行。

工业和信息化部

科学技术部

财　政　部

国家税务总局

二〇〇九年五月十五日

国家产业技术政策

产业技术进步和创新已成为直接推动经济和社会发展的核心原动力。坚持市场需求与政策引导相结合,坚持全面提升与重点突破相结合,坚持长远战略与近期目标相结合,坚持传统产业与高技术产业发展相结合的原则,加快提升我国产业技术水平,促进产业结构调整,转变经济发展方式,大力发展循环经济,培育产业核心竞争力,具有十分重要的作用。《国家产业技术政策》以推进我国工业化和信息化为核心,促进相关产业的自主创新能力提高,实现产业结构优化和产业技术升级。

第一章　发展目标

第一条　提升我国产业的国际竞争力。加大以自主创新为主的产业技术研发力度,实现产业技术升级,推动产业结构优化。在未来一段时期内,重点开发一批具有世界先进水平的技术和工艺;着力研制一批具有自主知识产权的产品和装备;推广应用一批影响产业发展的共性关键技术和具有示范带动作用的先进适用技术;积极培育一批具有国际竞争优势的大型企业和企业集团;大力扶持一批可以有效促进产业发展的技术联盟,从而提高我国产业国际竞争力。

第二条　满足国民经济和社会发展需要。加强引进技术的消化吸收再创新,重点研究产业发展的核心、关键共性技术,着力实现重大技术装备的国产化,满足国民经济发展的需要,满足国家工程建设的需要,保障国家经济安全;加快淘汰高消耗、高污染的落后工艺技术和生产能力,大力发展循环经济,逐步构建节约型的产业结构和消费结构,形成绿色产业技术体系。

第三条　增强企业创新能力。发挥企业技术创新主体作用。落实财税、投资、金融、政府采购等政策,引导和支持企业加大技术创新的投入,加快形成以企业为主体、市场为导向、产学研相结合的技术创新体系。

第二章　构建和完善技术创新体系,推动产业技术升级

第四条　构建促进产业发展的技术创新体系,搭建技术研发平台。整合全社会资源,加强产学研结合,建立以企业技术联盟、企业技术中心、工程中心、工程实验室、高等院校和科研院所为骨干的共性技术、关键技术研发平台,发挥大型企业技术联盟的骨干作用,加强对产业技术开发基地的扶持。

第五条　建立科学的产业技术评估评价体系。规范和完善产业技术评估评价体系,协调技术创新与产业应用和技术标准的关系,加强技术标准的贯彻实施,促进技术创新成果的推广应用,推进产业结构调整和技术升级。

第六条　完善技术服务机制。扶持各种类型为企业技术创新服务的中介机构发展,充分发挥行业协会和科技中介机构在国家创新体系中的作用,形成社会化、网络化的技术服务体系。

第七条　建立健全军民结合的技术创新机制。加强军民高技术研发力量的集成,搭建军民技术双向转移平台,拓宽军民结合、军民共用的渠道,积极推进军用技术和民用技术的转移和辐射。

第三章　发挥企业主体作用,促进产业技术研发与创新

第八条　充分发挥企业技术创新的主体作用。鼓励企业不断增强创新意识,营造创新氛围,加大创新投入,培育创新人才,真正成为研究开发投入的主体、技术创新活动的主体和创新成果应用的主体。

第九条　支持以企业为主体的技术开发。鼓励有条件的企业建立技术中心,支持大企业采取产学研联合或企业技术联盟等多种方式开展产业共性关键技术研发,培育和增强大企业自主创新能力

和自主研究开发产业技术的能力。建立和完善公共技术支持服务平台，为中小企业提供技术服务，逐步提高中小企业的技术创新能力、配套能力和专业化生产的技术水平。

第十条 加大信贷支持力度，支持企业进行重大产业关键技术、共性技术的研发。增加中小企业获取技术发展信贷的额度，改善对中小企业技术创新的金融服务。

第十一条 促进企业实施可持续发展战略。重点支持体现循环经济、可持续发展战略的节能、环保、新能源开发、再生资源及资源综合利用技术的开发、利用和政府采购。

第十二条 鼓励企业发展符合《国家产业技术发展指南》的产业技术，引导企业通过产业技术的研究开发增强核心竞争力。

第十三条 支持企业加强技术改造。通过财政、金融等政策，支持企业用高新技术和先进适用技术提升改造生产经营的薄弱环节和瓶颈，促进技术创新成果的应用。

第四章 健全法律法规体系，加强规划和政策的引导

第十四条 完善法律法规体系。研究制订促进产业技术发展的相关法律法规，明确产业技术进步与创新在国民经济和社会发展中的法律地位。贯彻《中华人民共和国科学技术进步法》、《中华人民共和国科技成果转化法》等法律法规，更加有效地用法律法规促进和保障产业技术发展。

第十五条 制定和完善产业技术发展规划。依据《国家中长期科学和技术发展规划纲要（2006～2020年）》，按照重点行业的实际发展情况，积极完善我国重点产业的技术发展规划，增强重点产业的竞争实力。加强规划与国家科技计划的衔接，加快组织实施对我国经济社会发展影响深远、带动性强的关键和共性技术与装备的研制开发，不断提升我国的产业技术水平。

第十六条 制订《国家产业技术发展指南》。国家制订和定期调整《国家产业技术发展指南》。引导地方、行业、企业和研究机构开展针对性的技术创新工作，鼓励发展关系国家经济、社会发展和国防安全的战略性技术；积极发展关联性强、制约我国产业总体技术水平提升的关键技术；大力发展通用性强、应用领域广泛、在经济社会发展中发挥基础作用的共性技术。

第五章 构建技术标准体系，实施知识产权战略

第十七条 加强技术标准研究。加强对重要技术标准的指导协调和重点领域的技术标准研究，支持企业通过技术创新推动以我为主形成技术标准，加快国外先进标准向国内标准的转化，推动国家标准体系建设；重点扶持一批国家级骨干科研机构，为促进产业技术发展的标准体系建设提供技术支持。

第十八条 有效利用技术标准。积极运用技术标准，推动我国产业结构优化调整，促进企业自主创新能力提高。提高标准制定审查工作效率，合理缩短标龄。

第十九条 积极参加国际标准制定。支持自主制定和参与制定国际技术标准，鼓励和推动我国技术标准成为国际标准。对推动我国技术标准成为国际标准给予政策支持。对影响我国产业技术进步的国外技术法规，政府部门、行业协会和企业应及时组织有关方面研究、论证，提出相应政策，消除国外技术壁垒。

第二十条 掌握核心技术的知识产权。根据产业技术发展需要，确定不同时期需要掌握知识产权的关键技术和核心技术，组织力量进行攻关，取得自主知识产权，促进产业结构调整和升级，带动产业技术整体水平的提高。对国内企业开发的具有自主知识产权的重大技术装备和产品，经认定为国家自主创新产品的，在政府采购活动中，按照自主创新的政府采购政策规定执行。

第二十一条 依法加强知识产权保护。努力

提高知识产权执法水平与效率，大力推动高等院校、科研院所将拥有知识产权的创新成果转化为现实生产力。根据我国产业技术发展阶段特点，合理确定、适时调整知识产权的保护范围和保护力度，使知识产权保护有利于产业技术的创新、转移与扩散，形成自主品牌。

第六章　广泛开展国际合作与交流，强化技术引进消化再创新

第二十二条　立足自主创新，发展产业技术。积极推动原始创新，形成创新的重要基础，推动产业技术水平不断提高；加快发展集成创新，形成整合优势，实现关键领域的整体发展；大力加强引进消化吸收再创新，充分利用全球科技资源，形成后发优势，加速提升产业技术水平。

第二十三条　鼓励自主创新，限制盲目重复引进。国家加强技术引进消化吸收再创新工作，并将制定技术引进消化吸收再创新方案作为重点工程项目审批和核准的重要依据，推动自主产业技术成果的研究开发、转化和产业化。定期发布禁止引进和限制引进技术目录，禁止或限制进口高消耗、高污染和不符合国家产业政策的技术和装备。

第二十四条　加强统筹协调，促进引进技术消化吸收再创新。对国内多家企业需要引进的技术和装备，国家将组织统一招标，协调引进、消化吸收和再创新；对于国内尚不能提供的重大技术装备，引导外商联合国内企业投标，在进口装备的同时引进国外先进设计制造技术，并确保国内企业有足够的分包比例。鼓励企业与高等院校和科研院所联合引进、共同消化吸收和再创新，其成果实行共享和有偿转让。

第二十五条　加大对引进技术消化吸收再创新的投入。国家给予必要的财税政策，重点支持国家急需的重大技术装备和重大产业技术的引进、消化吸收和再创新工作。对承担国家重大科技专项的企业，进口国内不能生产的关键科研仪器设备、原材料及零部件免征进口关税和进口环节增值税。对国家支持发展的重大技术装备和产品确有必要进口的关键部件及原材料，免征进口关税和进口环节增值税。

第二十六条　支持企业走出去。鼓励国内企业采用直接投资、合资、合作、并购等方式到境外设立技术研究开发机构，组建研发联盟，多形式、多渠道利用海外优势科技力量研发具有自主知识产权的产业技术。

第二十七条　充分利用国际科技资源。改善投资环境，吸引大型跨国公司在华建立技术研究开发机构。支持国内企业与国外企业开展合作研究开发，鼓励国外风险投资、咨询机构参与国内产业技术研发和产业化。以国内紧缺的关键技术、共性技术为重点，积极创造条件，通过构建“项目—人才—基地”三位一体、相互依托、互为促进的合作方式，鼓励引进海外高科技人才来我国从事研究开发工作，全面提升国际技术合作水平。

第二十八条　提高国际技术合作的质量和水平。鼓励国内企业引进具有核心技术、关键技术和共性技术的产业技术。进一步拓展合作渠道，创造合作条件，形成政府搭台，企业、高等院校、科研院所等充分发挥作用的中外合作研究开发格局。

第七章　健全产业技术服务体系，实施创新人才战略

第二十九条　建立健全技术市场。加强政府在技术市场中的引导监督管理职能，形成行业自律，创造公平竞争、规范有序的技术市场环境。

第三十条　鼓励单位和个人积极参与技术交易。引导单位和个人主动进入技术市场开展技术开发与服务活动，促进知识流动和技术转移，加快先进产业技术的推广。

第三十一条　加强技术市场人才队伍建设。加速发展适应社会不同层面需要的技术中介服务组织，培养和造就一批懂技术、懂法律、懂管理、懂经营的复合型高素质的专业化科技中介服务队伍。

第三十二条　建立高水平技术创新人才的培

养机制。重点培养战略高技术人才、专业化高技能人才和优秀企业家人才,鼓励和支持产学研间建立多种形式的紧密型合作关系,共同培养产业技术创新人才。鼓励技术人员参加继续教育和在职培训。

第三十三条 健全以促进产业发展为核心的人才激励机制。支持企业对主要技术骨干实施期权等激励措施。完善企业社会保障体系,吸引高等院校毕业生到企业就业。

第三十四条 完善创新型技术人才的合理使用机制。构建尊重知识、尊重人才、尊重创造的和谐氛围,加强制度创新。

石化产业调整和振兴规划

(2009 年 5 月 18 日)

石化产业是国民经济的支柱产业,资源资金技术密集,产业关联度高,经济总量大,产品广泛应用于国民经济、人民生活、国防科技等各个领域,对促进相关产业升级和拉动经济增长具有举足轻重的作用。为应对国际金融危机的影响,落实党中央、国务院关于保增长、扩内需、调结构的总体要求,确保石化产业稳定发展,加快结构调整,推动产业升级,特编制本规划,作为石化产业综合性应对措施的行动方案。规划期为 2009 ~ 2011 年。

一、石化产业现状及面临的形势

我国是石化产品生产和消费大国。进入 21 世纪以来,石化产业保持快速增长,产业规模不断扩大,综合实力逐步提高。工业增加值年均增长 20% 左右,拉动国民经济增长约 1 个百分点。化肥、农药、成品油、乙烯、合成树脂等产品产量位居世界前列。相继建成了 14 个千万吨级炼油、3 个百万吨级乙烯生产基地,云南、贵州、湖北三大磷肥产区,青海、新疆百万吨钾肥工程。但是,石化产业在快速发展过程中,长期积累的矛盾和问题也日益凸现,主要表现为:集约发展程度偏低,产业布局分散;创新能力不强,高端产品生产技术和大型成套技术装备主要依赖进口;产品结构不尽合理,中低端产品比重较大;资源环境约束加大,产业发展与环境保护的矛盾加剧;农资供给需要加强,低成本产品产能不足,市场调控体系不完善;一些地区不顾资源、环境条件,不注重能源转换效率,盲目发展煤化工。2008 年下半年以来,受国际金融危机影响,石化产业受到较大冲击,国内外市场萎缩,生产持续下降,企业库存增加、价格大幅下跌,行业经济效益下滑、生产经营困难。当前,我国石化产品消费仍处于增长期,油品、化肥、农药刚性需求长期存在,高端石化产品市场潜力巨大,必须抓住机遇,加快石化产业的调整和振兴,促进产业平稳运行和健康发展。

二、指导思想、基本原则和目标

(一)指导思想。

全面贯彻落实党的十七大精神,以邓小平理论和“三个代表”重要思想为指导,深入贯彻落实科学发展观,按照保增长、扩内需、调结构的总体要求,稳定石化产品市场,保持产业平稳增长;依托大型企业和产业基地,按照炼化一体化、园区化、集约化模式和发展循环经济、保护生态环境、促进安全生产的要求,优化石化产业布局;统筹国内外资源,保障农资供给;推进自主创新,实施技术改造,发展高端产品,着力提高创新能力和管理水平;加快结构调整和产业升级,不断增强产业竞争能力,进一步增强石化产业的支柱产业地位。

(二)基本原则。

坚持稳定生产运行与促进产业振兴相结合。

既要着力解决当前石化产业面临的突出问题，保障产业平稳运行，又要着眼长远，加快转变增长方式，促进产业升级，增强发展后劲。

坚持调整产品结构与增加有效供给相结合。抓住有利时机，优化资源配置，降低生产成本，提高中高档产品比重，促进产品升级换代，增加有效供给能力，满足市场需求。

坚持加快技术改造与推进自主创新相结合。加大引进技术的消化吸收力度，推动产业技术进步；强化技术改造，促进石化产业技术的系统化和集成化；加强关键和前沿技术研发，增强自主创新对产业发展的支撑能力。

坚持实施重大项目与调整产业布局相结合。加快重大项目建设，严格控制炼油乙烯新布点，统筹考虑对外合作项目规划布局。推动大型企业兼并重组，优化资源配置，促进产业集中布局、集约发展。

（三）规划目标。

2009—2011 年，石化产业保持平稳较快增长。2009 年力争实现平稳运行，经过三年调整和振兴，到 2011 年，产业结构趋于合理，发展方式明显转变，综合实力显著提高。

1. 产量保持稳步增长。到 2011 年，原油加工量达到 40 500 万 t，成品油、乙烯产量分别达到 24 750 万 t、1 550 万 t。

2. 农资保障能力增强。到 2011 年，化肥产量达到 6 250 万 t（折纯），钾肥产量达到 400 万 t（折纯），高浓度化肥比重提高到 80%；在原料产地生产的化肥比重提高到 60%，生产成本大幅下降；化肥储备基本满足市场调控需要。高效低毒低残留农药比重显著提高，县乡农用柴油供应网络不断完善。

3. 产业布局趋于合理。成品油"北油南运"的状况得到改善。长三角、珠三角、环渤海地区产业集聚度进一步提高，建成 3 ~ 4 个 2 000 万 t 级炼油、200 万 t 级乙烯生产基地。煤化工盲目发展的势头得到遏制。

4. 产品结构显著改善。2009 年车用汽油全部达到国Ⅲ标准，2010 年车用柴油全部达到国Ⅲ标准，2011 年轻质油品收率达到 75%。高端石化产品自给率明显提高。

5. 技术进步明显加快。丁基橡胶等产业化技术取得突破，千万吨级以上炼油、百万吨级乙烯、大型粉煤制合成氨等成套技术装备实现本地化，煤制油、烯烃、乙二醇等示范工程建成投产。

6. 节能减排取得成效。到 2011 年，石化产业单位工业增加值能耗下降 12% 以上，污水、二氧化硫和粉尘等污染物排放量减少 6% 以上，行业特征污染物排放得到控制。综合能耗普遍降低，大型炼油装置吨原油加工耗标准油低于 63kg，大型乙烯装置吨乙烯耗标准油低于 640kg，大型煤制合成氨装置吨氨综合能耗低于 1. 8t 标准煤。

三、产业调整和振兴的主要任务

（一）保持产业平稳运行。

加快实施国家扩大内需、调整和振兴重点产业、增产千亿斤粮食等各项综合措施，拉动石化产品消费。落实有利于石化产业发展的税收和加工贸易政策，扩大石化产品市场。加强对进口石化产品的监测预警，防止境外产品倾销。打击石化产品走私，维护市场秩序。严格执行油品质量标准，严禁达不到国家规定标准的油品进入市场。扩大油品和化肥储备，减轻企业库存压力。采取积极的信贷措施，缓解企业流动资金困难。

（二）提高农资保障能力。

采用洁净煤气化和能源梯级利用技术，对现有氮肥生产企业进行原料和动力结构调整，实现原料煤多元化，降低成本；在能源产地适当建设大型氮肥生产装置，替代落后产能。优化磷肥资源配置，推广硫和中低品位磷矿综合利用等技术，继续建设好云南、贵州、湖北三大磷肥基地。加大国内外钾矿资源勘探开发，科学规划青海、新疆钾肥基地发展，加强钾矿共生、伴生资源开发利用。调整农药产品结构，发展高效低毒低残留品种，推动原药集中生产。完善化肥储备制度，提高市场调控能力。

加强农用柴油供应网络建设，满足季节性集中消费需要。

（三）稳步开展煤化工示范。

坚持控制产能总量、淘汰落后工艺、保护生态环境、发展循环经济以及能源化工结合、全周期能效评价的方针，坚决遏制煤化工盲目发展势头，积极引导煤化工行业健康发展。今后三年停止审批单纯扩大产能的焦炭、电石等煤化工项目，原则上不再安排新的煤化工试点项目，重点抓好现有煤制油、煤制烯烃、煤制二甲醚、煤制甲烷气、煤制乙二醇等五类示范工程，探索煤炭高效清洁转化和石化原料多元化发展的新途径。

（四）抓紧实施重大项目。

抓紧组织实施好“十一五”规划内在建的6套炼油、8套乙烯装置重大项目，力争2011年全部建成投产。在现有基础上，通过实施上述项目，形成20个千万吨级炼油基地、11个百万吨级乙烯基地。炼油和乙烯企业平均规模分别提高到600万t和60万t。

（五）统筹重大项目布局。

坚持保护生态环境、发展循环经济、立足现有企业、靠近消费市场、方便资源吞吐、淘汰落后产能的原则，按照一体化、园区化、集约化、产业联合的发展模式，统筹重大项目布局，严格控制炼油乙烯项目新布点。做好新建重大炼油乙烯项目论证和区域环境影响评价等工作。近期重点做好利用境外资源在国内合作加工的炼化项目前期工作，选择2~3个条件好的现有大型炼化企业进行扩建。结合中缅原油管线的进展情况，适时开展西南地区炼化项目的布局研究。

（六）大力推动技术改造。

加快前沿技术自主化、关键技术产业化、工程技术本地化，及时研究制定相关技术和产品标准。推广资源综合利用和废弃物资源化技术，推动园区化发展和清洁生产，实现节能减排。炼油乙烯行业重点推广液化气制高辛烷值汽油、渣油加氢处理、资源梯级使用等技术，提高石油资源利用率。氮肥行业重点推广废水闭路循环等技术，磷肥行业重点推广硫酸生产余热回收等技术。推动企业技术改造，开展炼油企业油品质量升级改扩建，乙烯装置节能降耗改扩建，氮肥企业原料路线和动力结构调整，磷肥企业优化资源配置，农药企业高效低毒低残留产品生产和农药废弃物处置能力建设，高端石化产品产能建设等工作。

（七）加快淘汰落后产能。

淘汰工艺技术落后、产品质量差、安全隐患大、环境污染严重的落后产能。对炼油行业采取区域等量替代方式，淘汰100万t及以下低效低质落后炼油装置，积极引导100万~200万t炼油装置关停并转，防止以沥青、重油加工等名义新建炼油项目。对化肥行业通过上大压小，产能置换，淘汰技术落后、污染严重、资源利用不合理的产能。对农药行业依据行政法规，淘汰一批高毒高风险农药品种。加快淘汰电石、甲醇等产品的落后产能，提高污染防治和产业发展水平。

（八）加强生态环境保护。

石化产业属于资源消耗量大、废弃物排放量高的产业，生态环境保护和安全生产责任重大。要加强产业监管，促进产业发展与国家主体功能区规划相协调。加强环境容量调查和规划，引导石化产业合理布局、清洁发展。行业协会要积极配合职能部门加强产业运行的监测管理。生产企业要严格遵守国家法律法规，切实履行生态环境保护和安全生产责任，进一步增强事故应急处置能力。重点加强江河湖泊和人口密集区等敏感地区产业发展的监督指导。依法关停不符合环保和安全生产要求的企业，现有企业必须达标运行，新建项目原则上应进入合规设立、环保和安全设施齐全的产业园区。

（九）支持企业联合重组。

推动大型石化集团开展战略合作，优化产业布局和上下游资源配置，增强国际竞争力。引导大型能源企业与氮肥企业组成战略联盟，实现优势互补。支持骨干磷肥企业通过兼并重组，提高集中度。支持钾肥龙头企业开展产业整合，促进钾矿资源合理利用。鼓励优势农药企业实施跨地区整合，努力实现原药、制剂生产上下游一体化。支持有实力的企业开展兼并重组，扩大产业规模，做强高端石化产业。

(十)增强资源保障能力。

加大国内石油资源勘探开发力度，稳定石化产业原料的国内供给；开展油钾兼探，推动青海和新疆等地含钾卤水和海相钾矿资源勘查。加强石油天然气、有色金属、煤炭资源开发利用领域硫回收，增强资源保障能力。积极实施"走出去"战略，支持国内有实力的企业开展境外油气、钾矿、硫资源开发与合作。

(十一)提高企业管理水平。

石化企业要从自身实际出发，抓住产业调整和振兴的机遇，加强生产要素全球配置能力，深化企业改革，加快现代企业制度建设，完善公司治理结构，不断提高经营管理和科学决策水平，着力增强企业创新能力、风险防范能力及核心竞争力。强化质量管理和节能管理，加强安全生产监督管理，严格安全生产责任。加强环境保护，做好节能降耗和减排工作。加强职工队伍建设，培养高素质企业人才，全面履行社会责任，建设和谐企业。

四、政策措施

(一)完善化肥储备机制。

完善中央、地方两级化肥淡季商业储备制度，加强淡储化肥调运，建立健全科学合理的淡储旺供的调控体系，保障供给，稳定市场价格。支持化肥骨干生产企业储备磷铵和尿素。抓紧研究建立国家化肥储备。

(二)抓紧落实油品储备。

加快储备设施建设，抓住当前有利时机增加成品油国家储备。参照原油商业储备做法，尽快研究制订成品油商业储备办法和制度。

(三)加强信贷政策支持。

鼓励金融机构对基本面较好、信用记录较好、守法经营、有竞争力、有市场，但暂时出现经营或财务困难的石化企业给予信贷支持。

(四)完善成品油价格形成机制。

完善成品油价格政策，结合消费税制度改革，积极创造条件，加快建立有利于石化产业发展的成品油消费税征收体制。

(五)加大技术改造投入。

制订《石化产业技术进步与技术改造项目及产品目录》，设立石化产业振兴和技术改造专项，重点支持油品质量升级、化肥农药结构调整、高端石化产品发展。支持异戊橡胶等前沿技术研发和推广应用，丁基橡胶和己内酰胺等关键技术产业化，大型乙烯等工程技术本地化示范工程建设。

(六)支持境外资源开发。

加强引导，简化审批手续，完善信贷、外汇、税收等措施，支持符合条件的企业开展境外资源勘探和开发。

(七)实施公平税负政策。

统筹兼顾石化产业与下游加工贸易发展，科学制定石化产品进出口税收政策和加工贸易政策，实行国产与加工贸易进口石化产品公平税负。抓紧完善化肥出口管理政策。

(八)推进企业兼并重组。

认真落实和完善企业兼并重组的政策措施，妥善解决富余人员安置、企业资产划转、债务核定与处置、财税利益分配等问题。采取资本金注入、融资信贷(银行贷款，发行股票、企业债券、公司债券、中长期票据，吸收私募股权投资)等方式支持中央企业实施兼并重组。支持开展兼并重组的骨干企业实施技术改造，调整产品结构。

(九)完善产业发展政策。

抓紧制(修)订相关产业政策、燃油质量标准、行业污染物排放标准、能源使用和污染排放管理办法、产业准入目录、鼓励发展和研发高端石化产品和技术目录。严格控制甲醇、烧碱、纯碱等产能过剩行业项目建设和炼油乙烯项目新布点。对于没有完成小炼油等落后生产装置关停并转任务的地区，禁止建设新增产能的项目。综合运用提高准入门槛、加强清洁生产审核、实施差别电价等手段，加快淘汰落后产能。建立产业退出机制,完善和落实配套政策措施。加快重点项目的环境评价、用地审核及项目核准工作。

(十)依法做好反倾销和反走私等工作。

完善石化产业损害预警机制,加强对三大合成材料和高端石化产品进出口异常情况及其对我国产业影响的监测。依法采取反倾销等贸易救济措施,维护公平贸易秩序。加强成品油进出口监管,严厉打击成品油走私活动,防止扰乱国内市场。

五、规划实施

国务院各有关部门要按照《规划》分工,加强沟通协商,密切配合,尽快制定完善各项配套政策措施,并加强指导和监督检查。要建立部门联合发布信息制度,适时向社会发布产业调整和振兴的有关信息。有关部门要适时开展《规划》的后评价工作,及时提出评价意见。

有关地区要按照《规划》确定的目标、任务和政策措施,结合当地实际抓紧制订具体落实方案,确保取得实效。具体工作方案和实施过程中出现的新情况、新问题要及时报送发展改革委、工业和信息化部等有关部门。

国务院关于进一步促进中小企业发展的若干意见

(国发〔2009〕36号)

各省、自治区、直辖市人民政府,国务院各部委、各直属机构:

中小企业是我国国民经济和社会发展的重要力量,促进中小企业发展,是保持国民经济平稳较快发展的重要基础,是关系民生和社会稳定的重大战略任务。受国际金融危机冲击,去年下半年以来,我国中小企业生产经营困难。中央及时出台相关政策措施,加大财税、信贷等扶持力度,改善中小企业经营环境,中小企业生产经营出现了积极变化,但发展形势依然严峻。主要表现在:融资难、担保难问题依然突出,部分扶持政策尚未落实到位,企业负担重,市场需求不足,产能过剩,经济效益大幅下降,亏损加大等。必须采取更加积极有效的政策措施,帮助中小企业克服困难,转变发展方式,实现又好又快发展。现就进一步促进中小企业发展提出以下意见:

一、进一步营造有利于中小企业发展的良好环境

(一)完善中小企业政策法律体系。落实扶持中小企业发展的政策措施,清理不利于中小企业发展的法律法规和规章制度。深化垄断行业改革,扩大市场准入范围,降低准入门槛,进一步营造公开、公平的市场环境。加快制定融资性担保管理办法,修订《贷款通则》,修订中小企业划型标准,明确对小型企业的扶持政策。

(二)完善政府采购支持中小企业的有关制度。制定政府采购扶持中小企业发展的具体办法,提高采购中小企业货物、工程和服务的比例。进一步提高政府采购信息发布透明度,完善政府公共服务外包制度,为中小企业创造更多的参与机会。

(三)加强对中小企业的权益保护。组织开展对中小企业相关法律和政策特别是金融、财税政策贯彻落实情况的监督检查,发挥新闻舆论和社会监督的作用,加强政策效果评价。坚持依法行政,保护中小企业及其职工的合法权益。

(四)构建和谐劳动关系。采取切实有效措施,加大对劳动密集型中小企业的支持,鼓励中小企业不裁员、少裁员,稳定和增加就业岗位。对中小企业吸纳困难人员就业、签订劳动合同并缴纳社会保险费的，在相应期限内给予基本养老保险补贴、基本医疗保险补贴、失业保险补贴。对受金融危机影响较大的困难中小企业，将阶段性缓缴社会保险费或降低费率政策执行期延长至2010年底，并按规定给予一定期限的社会保险补贴或岗位补贴、在岗培训补贴等。中小企业可与职工就工资、工时、劳动定额进行协商，符合条件的，可向当地人力资源社会保障部门申请实行综合计算工时和不定时工作制。

二、切实缓解中小企业融资困难

（五）全面落实支持小企业发展的金融政策。完善小企业信贷考核体系，提高小企业贷款呆账核销效率，建立完善信贷人员尽职免责机制。鼓励建立小企业贷款风险补偿基金，对金融机构发放小企业贷款按增量给予适度补助，对小企业不良贷款损失给予适度风险补偿。

（六）加强和改善对中小企业的金融服务。国有商业银行和股份制银行都要建立小企业金融服务专营机构，完善中小企业授信业务制度，逐步提高中小企业中长期贷款的规模和比重。提高贷款审批效率，创新金融产品和服务方式。完善财产抵押制度和贷款抵押物认定办法，采取动产、应收账款、仓单、股权和知识产权质押等方式，缓解中小企业贷款抵质押不足的矛盾。对商业银行开展中小企业信贷业务实行差异化的监管政策。建立和完善中小企业金融服务体系。加快研究鼓励民间资本参与发起设立村镇银行、贷款公司等股份制金融机构的办法；积极支持民间资本以投资入股的方式，参与农村信用社改制为农村商业（合作）银行、城市信用社改制为城市商业银行以及城市商业银行的增资扩股。支持、规范发展小额贷款公司，鼓励有条件的小额贷款公司转为村镇银行。

（七）进一步拓宽中小企业融资渠道。加快创业板市场建设，完善中小企业上市育成机制，扩大中小企业上市规模，增加直接融资。完善创业投资和融资租赁政策，大力发展创业投资和融资租赁企业。鼓励有关部门和地方政府设立创业投资引导基金，引导社会资金设立主要支持中小企业的创业投资企业，积极发展股权投资基金。发挥融资租赁、典当、信托等融资方式在中小企业融资中的作用。稳步扩大中小企业集合债券和短期融资券的发行规模，积极培育和规范发展产权交易市场，为中小企业产权和股权交易提供服务。

（八）完善中小企业信用担保体系。设立包括中央、地方财政出资和企业联合组建的多层次中小企业融资担保基金和担保机构。各级财政要加大支持力度，综合运用资本注入、风险补偿和奖励补助等多种方式，提高担保机构对中小企业的融资担保能力。落实好对符合条件的中小企业信用担保机构免征营业税、准备金提取和代偿损失税前扣除的政策。国土资源、住房城乡建设、金融、工商等部门要为中小企业和担保机构开展抵押物和出质的登记、确权、转让等提供优质服务。加强对融资性担保机构的监管，引导其规范发展。鼓励保险机构积极开发为中小企业服务的保险产品。

（九）发挥信用信息服务在中小企业融资中的作用。推进中小企业信用制度建设，建立和完善中小企业信用信息征集机制和评价体系，提高中小企业的融资信用等级。完善个人和企业征信系统，为中小企业融资提供方便快速的查询服务。构建守信受益、失信惩戒的信用约束机制，增强中小企业信用意识。

三、加大对中小企业的财税扶持力度

（十）加大财政资金支持力度。逐步扩大中央财政预算扶持中小企业发展的专项资金规模，重点支持中小企业技术创新、结构调整、节能减排、开拓市场、扩大就业，以及改善对中小企业的公共服务。加快设立国家中小企业发展基金，发挥财政资金的引导作用，带动社会资金支持中小企业发展。地方财政也要加大对中小企业的支持力度。

（十一）落实和完善税收优惠政策。国家运用税收政策促进中小企业发展，具体政策由财政部、税务总局会同有关部门研究制定。为有效应对国际金融危机，扶持中小企业发展，自2010年1月1

日至2010年12月31日，对年应纳税所得额低于3万元(含3万元)的小型微利企业，其所得额按50%计入应纳税所得额，按20%的税率缴纳企业所得税。中小企业投资国家鼓励类项目，除《国内投资项目不予免税的进口商品目录》所列商品外，所需的进口自用设备以及按照合同随设备进口的技术及配套件、备件，免征进口关税。中小企业缴纳城镇土地使用税确有困难的，可按有关规定向省级财税部门或省级人民政府提出减免税申请。中小企业因有特殊困难不能按期纳税的，可依法申请在三个月内延期缴纳。

(十二)进一步减轻中小企业社会负担。凡未按规定权限和程序批准的行政事业性收费项目和政府性基金项目，均一律取消。全面清理整顿涉及中小企业的收费，重点是行政许可和强制准入的中介服务收费、具有垄断性的经营服务收费，能免则免，能减则减，能缓则缓。严格执行收费项目公示制度，公开前置性审批项目、程序和收费标准，严禁地方和部门越权设立行政事业性收费项目，不得擅自将行政事业性收费转为经营服务性收费。进一步规范执收行为，全面实行中小企业缴费登记卡制度，设立各级政府中小企业负担举报电话。健全各级政府中小企业负担监督制度，严肃查处乱收费、乱罚款及各种摊派行为。任何部门和单位不得通过强制中小企业购买产品、接受指定服务等手段牟利。严格执行税收征收管理法律法规，不得违规向中小企业提前征税或者摊派税款。

四、加快中小企业技术进步和结构调整

(十三)支持中小企业提高技术创新能力和产品质量。支持中小企业加大研发投入，开发先进适用的技术、工艺和设备，研制适销对路的新产品，提高产品质量。加强产学研联合和资源整合，加强知识产权保护，重点在轻工、纺织、电子等行业推进品牌建设，引导和支持中小企业创建自主品牌。支持中华老字号等传统优势中小企业申请商标注册，保护商标专用权，鼓励挖掘、保护、改造民间特色传统工艺，提升特色产业。

(十四)支持中小企业加快技术改造。按照重点产业调整和振兴规划要求，支持中小企业采用新技术、新工艺、新设备、新材料进行技术改造。中央预算内技术改造专项投资中，要安排中小企业技术改造资金，地方政府也要安排中小企业技术改造专项资金。中小企业的固定资产由于技术进步原因需加速折旧的，可按规定缩短折旧年限或者采取加速折旧的方法。

(十五)推进中小企业节能减排和清洁生产。促进重点节能减排技术和高效节能环保产品、设备在中小企业的推广应用。按照发展循环经济的要求，鼓励中小企业间资源循环利用。鼓励专业服务机构为中小企业提供合同能源管理、节能设备租赁等服务。充分发挥市场机制作用，综合运用金融、环保、土地、产业政策等手段，依法淘汰中小企业中的落后技术、工艺、设备和产品，防止落后产能异地转移。严格控制过剩产能和“两高一资”行业盲目发展。对纳入环境保护、节能节水企业所得税优惠目录的投资项目，按规定给予企业所得税优惠。

(十六)提高企业协作配套水平。鼓励中小企业与大型企业开展多种形式的经济技术合作，建立稳定的供应、生产、销售等协作关系。鼓励大型企业通过专业分工、服务外包、订单生产等方式，加强与中小企业的协作配套，积极向中小企业提供技术、人才、设备、资金支持，及时支付货款和服务费用。

(十七)引导中小企业集聚发展。按照布局合理、特色鲜明、用地集约、生态环保的原则，支持培育一批重点示范产业集群。加强产业集群环境建设，改善产业集聚条件，完善服务功能，壮大龙头骨干企业，延长产业链，提高专业化协作水平。鼓励东部地区先进的中小企业通过收购、兼并、重组、联营等多种形式，加强与中西部地区中小企业的合作，实现产业有序转移。

(十八)加快发展生产性服务业。鼓励支持中小企业在科技研发、工业设计、技术咨询、信息服务、现代物流等生产性服务业领域发展。积极促进中小企业在软件开发、服务外包、网络动漫、广告创意、电子商务等新兴领域拓展，扩大就业渠道，培育新的经济增长点。

五、支持中小企业开拓市场

（十九）支持引导中小企业积极开拓国内市场。支持符合条件的中小企业参与家电、农机、汽车摩托车下乡和家电、汽车“以旧换新”等业务。中小企业专项资金、技术改造资金等要重点支持销售渠道稳定、市场占有率高的中小企业。采取财政补助、降低展费标准等方式，支持中小企业参加各类展览展销活动。支持建立各类中小企业产品技术展示中心，办好中国国际中小企业博览会等展览展销活动。鼓励电信、网络运营企业以及新闻媒体积极发布市场信息，帮助中小企业宣传产品，开拓市场。

（二十）支持中小企业开拓国际市场。进一步落实出口退税等支持政策，研究完善稳定外需、促进外贸发展的相关政策措施，稳定和开拓国际市场。充分发挥中小企业国际市场开拓资金和出口信用保险的作用，加大优惠出口信贷对中小企业的支持力度。鼓励支持有条件的中小企业到境外开展并购等投资业务，收购技术和品牌，带动产品和服务出口。

（二十一）支持中小企业提高自身市场开拓能力。引导中小企业加强市场分析预测，把握市场机遇，增强质量、品牌和营销意识，改善售后服务，提高市场竞争力。提升和改造商贸流通业，推广连锁经营、特许经营等现代经营方式和新型业态，帮助和鼓励中小企业采用电子商务，降低市场开拓成本。支持餐饮、旅游、休闲、家政、物业、社区服务等行业拓展服务领域，创新服务方式，促进扩大消费。

六、努力改进对中小企业的服务

（二十二）加快推进中小企业服务体系建设。加强统筹规划，完善服务网络和服务设施，积极培育各级中小企业综合服务机构。通过资格认定、业务委托、奖励等方式，发挥工商联以及行业协会（商会）和综合服务机构的作用，引导和带动专业服务机构的发展。建立和完善财政补助机制，支持服务机构开展信息、培训、技术、创业、质量检验、企业管理等服务。

（二十三）加快中小企业公共服务基础设施建设。通过引导社会投资、财政资金支持等多种方式，重点支持在轻工、纺织、电子信息等领域建设一批产品研发、检验检测、技术推广等公共服务平台。支持小企业创业基地建设，改善创业和发展环境。鼓励高等院校、科研院所、企业技术中心开放科技资源，开展共性关键技术研究，提高服务中小企业的水平。完善中小企业信息服务网络，加快发展政策解读、技术推广、人才交流、业务培训和市场营销等重点信息服务。

（二十四）完善政府对中小企业的服务。深化行政审批制度改革，全面清理并进一步减少、合并行政审批事项，实现审批内容、标准和程序的公开化、规范化。投资、工商、税务、质检、环保等部门要简化程序、缩短时限、提高效率，为中小企业设立、生产经营等提供便捷服务。地方各级政府在制定和实施土地利用总体规划和年度计划时，要统筹考虑中小企业投资项目用地需求，合理安排用地指标。

七、提高中小企业经营管理水平

（二十五）引导和支持中小企业加强管理。支持培育中小企业管理咨询机构，开展管理咨询活动。引导中小企业加强基础管理，强化营销和风险管理，完善治理结构，推进管理创新，提高经营管理水平。督促中小企业苦练内功、降本增效，严格遵守安全、环保、质量、卫生、劳动保障等法律法规，诚实守信经营，履行社会责任。

（二十六）大力开展对中小企业各类人员的培训。实施中小企业银河培训工程，加大财政支持力度，充分发挥行业协会（商会）、中小企业培训机构的作用，广泛采用网络技术等手段，开展政策法规、企业管理、市场营销、专业技能、客户服务等各类培训。高度重视对企业经营管理者的培训，在3年内选择100万家成长型中小企业，对其经营管理者实施全面培训。

（二十七）加快推进中小企业信息化。继续实施中小企业信息化推进工程，加快推进重点区域中小企业信息化试点，引导中小企业利用信息技术提高研发、管理、制造和服务水平，提高市场营销和售后服务能力。鼓励信息技术企业开发和搭建行业应用平台，为中小企业信息化提供软硬件工具、项目外包、工业设计等社会化服务。

八、加强对中小企业工作的领导

（二十八）加强指导协调。成立国务院促进中小企业发展工作领导小组，加强对中小企业工作的统筹规划、组织领导和政策协调，领导小组办公室设在工业和信息化部。各地可根据工作需要，建立相应的组织机构和工作机制。

（二十九）建立中小企业统计监测制度。统计部门要建立和完善对中小企业的分类统计、监测、分析和发布制度，加强对规模以下企业的统计分析工作。有关部门要及时向社会公开发布发展规划、产业政策、行业动态等信息，逐步建立中小企业市场监测、风险防范和预警机制。

促进中小企业健康发展既是一项长期战略任务，也是当前保增长、扩内需、调结构、促发展、惠民生的紧迫任务。各地区、各有关部门要进一步提高认识，统一思想，结合实际，尽快制定贯彻本意见的具体办法，并切实抓好落实。

国务院

二〇〇九年九月十九日

中国人民银行　银监会　证监会　保监会关于进一步做好金融服务支持重点产业调整振兴和抑制部分行业产能过剩的指导意见

（银发〔2009〕386号）

中国人民银行上海总部，各分行、营业管理部、省会（首府）城市中心支行、副省级城市中心支行；各省（自治区、直辖市）银监局、证监局、保监局；各政策性银行、国有商业银行、股份制商业银行，中国邮政储蓄银行：

当前，我国经济正处在企稳回升和结构调整的关键时期。金融业要深入学习和实践科学发展观，按照中央经济工作会议的决策部署，继续贯彻实施适度宽松货币政策，保证重点产业调整振兴合理的资金需求，着力扩大内需、优化信贷结构，推动经济发展方式转变和经济结构调整，淘汰落后产能，提高经济发展质量和效益，保持国民经济平稳可持续发展。根据国务院关于汽车、钢铁、电子信息、物流、纺织、装备制造、有色金属、轻工、石化、船舶等重点产业（以下简称重点产业）调整振兴规划的总体要求和《国务院批转发展和改革委员会等部门关于抑制部分行业产能过剩和重复建设引导产业健康发展若干意见的通知》（国发〔2009〕38号）的精神，现就进一步做好金融服务，支持重点产业调整振兴和抑制部分行业产能过剩提出如下指导意见：

一、严格执行国家宏观调控政策，着力调整和优化信贷结构

（一）人民银行各分支机构要密切跟踪宏观经济走势，按照国家产业政策和金融宏观调控的要求，紧密结合辖区实际，积极加强信贷政策宏观指导，更多运用市场化手段鼓励和引导金融机构不断调整和优化信贷结构，把握好信贷投放的方向、力度和节奏，合理配置信贷资源。信贷政策指导要增强针对性、前瞻性和有效性。同时，对已经出台的信贷政策要加强导向效果评估，有效疏通政策传导渠道，提高政策导向效果。

（二）银监会各派出机构要根据国家产业政策和宏观调控要求，加强监管引导和风险提示，督促银行业金融机构完善信贷管理制度，加强信贷风险和投向管理，在有效防范信贷风险的基础上，发挥信贷引导和促进产业结构调整的作用。

（三）各银行业金融机构要积极配合国家产业政策和金融调控要求，信贷投放要体现“区别对待，有保有压”的原则，资产负债综合管理要更好地服务于促进经济科学发展。对于符合重点产业调整振兴规划要求、符合市场准入条件、符合银行信贷原则的企业和项目，要及时高效保证信贷资金供给。对于不符合产业政策、市场准入条件、技术标准、项目资本金缺位的项目，不得提供授信支持。对属于产能过剩的产业项目，要从严审查和审批贷款。

（四）对产业链中辐射拉动作用强的骨干重点产业企业，鼓励银行业金融机构采取银团贷款模式加大信贷支持。对符合条件的有竞争力的重点产业中小企业，鼓励中小银行业金融机构与国有大型银行差异化竞争，合理确定贷款的期限、利率和偿还方式。对基本面好、产品有市场、信用记录较好但暂时出现经营困难的企业的信贷需求，要按规定积极给予必要的信贷支持。

（五）对地区主导性重点产业的核心企业和关联中小企业，要综合考虑产业集群的周期性风险、组织协作网络、融资担保关系等，在科学把握贷款期限、规模和利率的同时，着力改进金融服务方式，不断提高对新兴产业集群金融支持的深度和广度。

二、加快推进金融产品和服务方式创新，努力改进和加强对重点产业和新兴产业的金融服务

（六）围绕落实重点产业调整振兴规划和市场需求，有针对性地创新金融产品和服务方式。鼓励有条件的金融机构适当增设产品研发中心，加强金融创新产品研发。鼓励银行业金融机构在国家现行法律允许、财产权益归属清晰、风险有效管理控制的前提下，因地制宜，灵活多样创新信用模式和扩大贷款抵押担保物范围，积极探索建立有效的信用风险分散转移机制。

（七）对轻工、纺织、装备制造等重点产业，可探索开展核定货值质押融资、买方付息票据贴现等业务。推动采取在建船舶、“海域使用权”抵押融资模式，对信誉良好的船东和船舶企业要及时开具付款和还款保函。发展适合物流企业融资、结算特点的物流保理和联网结算等业务，加快现代物流业发展。

（八）鼓励有条件的地方设立专项担保基金，促进成长型的中小电子信息企业以知识产权质押融资。探索发展创投企业、金融机构、中介机构组成的科技金融服务平台，对授信、担保、保险等业务开展集成创新，有效满足重点产业中科技型企业的融资需求。规范发展供应链融资、应收账款质押、存货质押、组合担保贷款等，满足重点产业和新兴行业中自主创新型中小企业“短、频、急、小”的资金需求。

（九）积极改进和完善对重点产业和新兴产业的金融服务方式，着力提高金融服务的质量和效率。对重点产业和新兴产业中发展势头良好的重点骨干企业给予积极支持。

（十）鼓励各银行业金融机构创新金融产品，支持重点产业企业创新、引进和吸收成长性好、成套性强、产业关联度高的关键技术和重大设备，推动国内企业自主创新和重大技术装备国产化。鼓励各银行业金融机构开办船舶出口买方信贷和保函等业务，为船舶出口、船舶出口企业技改研发提供多元化的金融支持。

（十一）合理发展消费信贷，积极稳妥推动消费金融公司试点工作。完善汽车消费信贷制度和业务流程，实现资信调查、信贷办理、车辆抵押、贷款担保、违约处置的汽车消费信贷全过程法制化、规范化。支持和促进符合条件的国内骨干汽车生产企业和新能源汽车生产企业建立汽车金融公司。积极开展汽车融资性租赁、购车储蓄等业务，促进汽车消费信贷模式的多元化。

（十二）对国家产业政策鼓励发展的新能源、节能环保、新材料、新医药、生物育种、信息网络、新能源汽车等战略性新兴产业，要积极研发适销对路的金融创新产品，优化信贷管理制度和业务流程，加大配套金融服务和支持，促进和推动战略性新兴产业的技术集成、产业集群、要素集约，支持培育新的经济增长点。

三、充分发挥资本市场的融资功能，多方面拓宽重点产业调整和振兴的融资渠道

（十三）进一步推动多层次、多元化直接融资体系建设。创新适合重点产业企业发展需要的债券产品，积极引导和支持重点产业中符合条件的企业发行公司债券、企业债券、短期融资券、中期票据等。支持汽车金融公司发行金融债券。建立和完善多元化、社会化的风险投资机制，支持和推动重点产业集群发展。依托产业基地、企业孵化器、孵化园区等产业集聚区扩大中小企业集合债发行规模。进一步完善新股发行体制，为符合条件的重点产业企业上市融资创造条件。积极推动创业板市场规范健康发展，支持重点产业和新兴产业中小企业拓宽融资新渠道。

（十四）积极引导民间资本参与重点产业调整和振兴。加快发展私募股权基金、风险投资等，鼓励有条件的境内上市公司实施境外并购，进一步发挥并购重组优化资源配置、促进产业结构调整和升级的基础作用。规范发展股权质押贷款。鼓励信托公司发挥功能优势，开展符合国家重点产业调整、振兴政策的金融产品和服务创新。扩大发行金融债券的财务公司范围，支持重点产业企业集团发展。引导商业银行进入金融租赁业，提高行业整体实力，充分发挥融资租赁对重点产业调整和振兴的积极作用。

（十五）充分发挥保险对重点产业调整振兴的风险保障作用。支持保险企业积极开发与重点产业特点相适应的个性化、差异化的保险产品。创新中小企业保险产品和承保模式，促进中小企业生产经营稳定。积极推进科技保险发展，探索建立使用国产首台首套装备的保险风险补偿机制。稳步发展住房、汽车等消费信贷保险，加强保险企业与银行的合作，促进消费增长。推动国内贸易信用保险发展，支持国内信用销售。

（十六）推动中国出口信用保险公司等保险企业积极配合国家产业和外经贸政策，通过提供中长期及短期出口信用保险、资信调查、发布行业及重大风险预警信息、商账追收等服务方式，在费率、限额、理赔等方面给予支持，帮助重点产业出口企业化解出口收汇等各类风险，支持企业扩大出口和开拓国际市场，促进对外贸易和投资。

四、推进企业兼并重组，支持重点产业实施“走出去”战略

（十七）加强和改进境内外并购金融服务。鼓励银行业金融机构在完善制度、风险可控的前提下开展境内外并购贷款，支持企业兼并重组。鼓励地方政府通过财政贴息、风险奖补、设立并购基金等方式，引导和支持金融机构积极参与企业并购重组业务。对重点产业企业在境外投资国家建设急需的能源、矿产等战略资源，开展境外资源勘探和开发，以及向境外转移过剩的生产能力和成熟技术，金融机构要做好信贷支持和外汇收支等配套金融服务。

（十八）积极支持有条件的企业利用资本市场开展兼并重组。进一步推进资本市场并购重组市场化改革，探索完善市场化定价机制，提高并购重组效率。不断丰富并购方式，鼓励上市公司以股权、现金和多种金融工具组合作为并购重组支付方式。健全、完善股权投资退出机制，规范引导证券经营机构为上市公司并购重组提供中介服务，并提供融资支持。进一步修订完善上市公司并购重组规章及相关配套文件，简化行政许可程序，为上市公司并购重组提供支持和便利。进一步提高并购重组活动透明度，有效防范和打击内幕交易和市场操纵行为，为并购重组创造良好的市场环境。

（十九）完善境外直接投资外汇管理，改善跨国公司外汇资金集中管理，便利重点产业符合条件的企业参与国际竞争与合作。吸收更多非银行金融机构进入银行间外汇市场，进一步丰富和发展外汇市场产品，为重点产业企业规避汇率风险提供更多市场工具。支持重点产业企业建立境外营销网络，稳定高端产品出口份额。

（二十）加大境内企业开拓国际市场的金融支持。推动进出口收付汇核销制度改革，为重点产业中有竞争力的企业开展对外贸易提供进出口收付汇服务便利。进一步简化贸易信贷登记管理、程序和方式，便利重点产业企业出口和先进技术进口。鼓励金融机构灵活运用票据贴现、押汇贷款、对外担保等方式，缓解重点产业出口企业资金周转困难。进一步完善服务贸易外汇管理，支持物流等现代服务业的对外开放。灵活掌握出口收结汇联网政策，进一步提高船舶企业预收款结汇额度，为船舶出口外汇核销提供便利，保证造船企业正常资金需求。满足符合条件的电子信息企业引进先进技术和产品更新换代的外汇资金需求，通过进出口银行提供优惠利率进口信贷方式给予支持。

（二十一）积极探索扩大跨境贸易人民币结算试点。加紧推动跨境贸易人民币结算试点，完善相关配套措施，分散“走出去”企业的汇率风险，提高海外金融服务能力。进一步扩大跨境贸易人民币结算试点范围，增加试点企业数量。在全国范围内全面开展跨境贸易人民币结算，并在有效监管的基础上稳步推进跨境投融资的便利化。增加出口信贷资金投放，支持国内企业承揽国外重大工程，带动船舶、冶金设备、装备制造成套设备和施工机械出口。

五、加强信贷结构和信贷风险预警监测，有效抑制产能过剩和防范金融风险

（二十二）人民银行各分支机构和银监会各派出机构应加强沟通、协调和联动，加强辖区内信贷结构和信贷风险预警监测，对不符合重点产业调整和振兴规划以及相关产业政策要求，未按规定程序审批或核准的项目，尤其是国家明令限期淘汰的产能落后、违法违规审批、未批先建、边批边建等项目，银行业金融机构不提供任何形式的信贷支持，并要采取妥善有效措施保护银行信贷资产安全。

（二十三）严格发债、资本市场融资审核程序。对不符合重点产业调整振兴规划和国家已经明确为产能过剩的行业以及不符合市场准入条件的企业或项目，禁止通过新发企业债、短期融资券、中期票据、可转换债、股票或增资扩股等方式融资。

（二十四）各银行业金融机构要严把信贷关，在积极支持企业技术改造和淘汰落后产能的同时，禁止对国家已明确为严重产能过剩的产业中的企业和项目盲目发放贷款。进一步加大对节能减排和生态环保项目的金融支持，支持发展低碳经济。鼓励银行业金融机构开发多种形式的低碳金融创新产品，对符合国家节能减排和环保要求的企业和项目按照“绿色信贷”原则加大支持力度。探索建立和完善客户环保分类识别系统，支持发展循环经济，从严限制对高耗能、高污染和资源消耗型的企业和项目的融资支持。

（二十五）进一步加强防控信贷风险的制度和机制建设，发展和完善多层次信贷市场。鼓励银行业金融机构法人建立信贷结构和存贷期限错配情况按季监测报告制度，加强对重点产业金融服务状况的动态监测。进一步建立和完善有效的信息互通机制和联合预警机制，积极改进和完善银行业金融机构风险拨备管理和资本充足管理，有效控制贷款风险。

（二十六）严格执行国家规定的贷款标准和贷款条件，以及固定资产投资项目最低资本金制度。及时加强对地方政府融资平台信贷资金运作的风险监测、风险提示和风险防范，对于出资不实、治理架构、内部控制、风险管理、资金管理运用制度不健全的融资平台，要严格限制贷款，有效提高对各种贷款特别是中长期贷款和政府背景贷款的信贷风险评估和管理能力。

请人民银行各分支机构会同当地银监会、证监会及保监会的派出机构将本意见迅速转发至辖区内各中资金融机构，并做好政策贯彻实施工作。

财政部　海关总署　国家税务总局关于调整重大技术装备进口税收政策暂行规定有关清单的通知

（财关税〔2010〕17号）

各省、自治区、直辖市、计划单列市财政厅（局）、国家税务局，新疆生产建设兵团财务局，海关总署广东分署、各直属海关，财政部驻各省、自治区、直辖市、计划单列市财政监察专员办事处：

按照《财政部　国家发展和改革委员会　工业和信息化部　海关总署　国家税务总局　国家能源局关于调整重大技术装备进口税收政策的通知》（财关税〔2009〕55号）规定，根据国内相关产业发展情况，在广泛听取有关主管部门、行业协会及企业意见的基础上，经研究决定，对《重大技术装备进口税收政策暂行规定》（以下简称《暂行规定》）所附装备目录与商品清单予以调整，现通知如下：

一、《国家支持发展的重大技术装备和产品目录（2010年修订）》（见附件1）和《重大技术装备和产品进口关键零部件、原材料商品清单（2010年修订）》（见附件2）自2010年4月25日起执行，符合规定条件的国内企业为生产本通知附件1所列装备或产品而确有必要进口本通知附件2所列商品，免征关税和进口环节增值税。

二、《进口不予免税的重大技术装备和产品目录（2010年修订）》（见附件3）自2010年4月25日起执行，对新批准的《暂行规定》第三条所列项目和企业进口本通知附件3所列自用设备以及按照合同随上述设备进口的技术及配套件、备件，一律征收进口税收。

2010年4月25日前（不含4月25日）批准的上述项目和企业进口本通知附件3所列设备，在2010年10月25日前继续按照《暂行规定》附件3执行；自2010年10月25日起（含10月25日）对上述项目和企业进口本通知附件3中设备，一律征收进口税收。

三、自2010年4月25日起，《暂行规定》中附件1、2、3废止；已获得免税资格的企业在免税进口额度内进口关键零部件、原材料，且在2010年4月25日前（不含4月25日）申报进口的，仍可按照《暂行规定》附件2执行。

四、新申请享受城市轨道交通车辆及机电设备、高速动车组、大功率机车、大型铁路养护机械、大型环保及资源综合利用设备、大型施工机械领域进口税收优惠政策的企业，应在2010年4月25日至5月25日提交申请文件，具体申请程序和要求应按照《暂行规定》有关规定执行。自2010年4月25日起，新申请企业凭受理部门出具的证明文件，可向海关申请凭税款担保先予办理有关零部件及原材料放行手续。

省级工业和信息化主管部门应会同企业所在地直属海关、财政部驻当地财政监察专员办事处对上述领域的地方企业申请材料进行初审，并在2010年6月10日前将申请文件及初审意见汇总上报工业和信息化部，同时抄送财政部、海关总署、国家税务总局。

五、自2009年7月1日起，城市轨道交通承担自主化依托项目业主进口城市轨道交通车辆及机电设备所需关键零部件、原材料（见附件2），免征进口关税和进口环节增值税。

六、城市轨道交通、核电承担自主化依托项目业主申请享受重大技术装备进口税收优惠政策的，可在项目进口物资计划确定后分别向国家发展和改革委员会、国家能源局提交申请文件。上述领域项目业主在2010年申请享受该进口税收优惠政策的，应在2010年5月25日前提交申请文件。

七、根据国内相关产业发展情况，《国家支持发展的重大技术装备和产品目录(2010年修订)》对风力发电机(组)及其配套部件、数控装备及其功能部件等领域的申请条件进行了调整。2009年下半年度已认定符合资格的上述领域的企业，如企业享受政策的装备有关技术规格要求或销售业绩要求在本通知附件1中涉及调整的，原认定免税资格在2010年4月25日之前有效。

上述领域新申请企业和原认定资格企业(享受政策的装备有关技术规格要求或销售业绩要求在本通知附件1中涉及调整的)申请享受2010年4月25日至12月31日期间重大技术装备进口税收优惠政策的，应在2010年4月25日至5月25日按照《暂行规定》有关申请程序和要求提交申请文件。省级工业和信息化主管部门应会同有关部门比照第四条第二款的要求完成初审工作。

八、本通知对重大技术装备企业优惠政策情况报告有关格式及要求进行了修订(见附件4)，自2010年4月25日起，《暂行规定》中附件5废止。2009年下半年度已享受重大技术装备进口税收优惠政策的所有企业，应在2010年5月25日前按照《暂行规定》及本通知附件4的有关要求报送享受优惠政策落实情况报告，包括2010年1月1日至4月25日或者2010年全年的进口需求。

财政部

海关总署

国家税务总局

二〇一〇年四月十三日

附件：1. 国家支持发展的重大技术装备和产品目录(2010年修订)

2. 重大技术装备和产品进口关键零部件、原材料商品清单(2010年修订)

3. 进口不予免税的重大技术装备和产品目录(2010年修订)

4. 重大技术装备企业优惠政策落实情况报告及其要求

抄送：国家发展和改革委员会、工业和信息化部、国家能源局。

国务院关于促进企业兼并重组的意见

(国发〔2010〕27号)

各省、自治区、直辖市人民政府，国务院各部委、各直属机构：

为深入贯彻落实科学发展观，切实加快经济发展方式转变和结构调整，提高发展质量和效益，现就加快调整优化产业结构、促进企业兼并重组提出以下意见：

一、充分认识企业兼并重组的重要意义

近年来，各行业、各领域企业通过合并和股权、资产收购等多种形式积极进行整合，兼并重组步伐加快，产业组织结构不断优化，取得了明显成效。但一些行业重复建设严重、产业集中度低、自主创新能力不强、市场竞争力较弱的问题仍很突出。在资源环境约束日益严重、国际间产业竞争更加激烈、贸易保护主义明显抬头的新形势下，必须切实推进企业兼并重组，深化企业改革，促进产业结构优化升级，加快转变发展方式，提高发展质量和效益，增强抵御国际市场风险能力，实现可持续发展。各地区、各有关部门要把促进企业兼并重组作为贯彻落实科学发展观，保持经济平稳较快发展的重要任务，进一步统一思想，正确处理局部与整体、当前与长远的关系，切实抓好促进企业兼并重组各项工作部署的贯彻落实。

二、主要目标和基本原则

（一）主要目标。

通过促进企业兼并重组，深化体制机制改革，完善以公有制为主体、多种所有制经济共同发展的基本经济制度。加快国有经济布局和结构的战略性调整，健全国有资本有进有退的合理流动机制，鼓励和支持民营企业参与竞争性领域国有企业改革、改制和改组，促进非公有制经济和中小企业发展。兼并重组企业要转换经营机制，完善公司治理结构，建立现代企业制度，加强和改善内部管理，加强技术改造，推进技术进步和自主创新，淘汰落后产能，压缩过剩产能，促进节能减排，提高市场竞争力。

进一步贯彻落实重点产业调整和振兴规划，做强做大优势企业。以汽车、钢铁、水泥、机械制造、电解铝、稀土等行业为重点，推动优势企业实施强强联合、跨地区兼并重组、境外并购和投资合作，提高产业集中度，促进规模化、集约化经营，加快发展具有自主知识产权和知名品牌的骨干企业，培养一批具有国际竞争力的大型企业集团，推动产业结构优化升级。

（二）基本原则。

1. 发挥企业的主体作用。充分尊重企业意愿，充分调动企业积极性，通过完善相关行业规划和政策措施，引导和激励企业自愿、自主参与兼并重组。

2. 坚持市场化运作。遵循市场经济规则，充分发挥市场机制的基础性作用，规范行政行为，由企业通过平等协商、依法合规开展兼并重组，防止“拉郎配”。

3. 促进市场有效竞争。统筹协调，分类指导，促进提高产业集中度，促进大中小企业协调发展，促进各种所有制企业公平竞争和优胜劣汰，形成结构合理、竞争有效、规范有序的市场格局。

4. 维护企业与社会和谐稳定。严格执行相关法律法规和规章制度，妥善解决企业兼并重组中资产债务处置、职工安置等问题，依法维护债权人、债务人以及企业职工等利益主体的合法权益，促进企业、社会的和谐稳定。

三、消除企业兼并重组的制度障碍

（一）清理限制跨地区兼并重组的规定。为优化产业布局、进一步破除市场分割和地区封锁，要认真清理废止各种不利于企业兼并重组和妨碍公平竞争的规定，尤其要坚决取消各地区自行出台的限制外地企业对本地企业实施兼并重组的规定。

（二）理顺地区间利益分配关系。在不违背国家有关政策规定的前提下，地区间可根据企业资产规模和盈利能力，签订企业兼并重组后的财税利益分成协议，妥善解决企业兼并重组后工业增加值等统计数据的归属问题，实现企业兼并重组成果共享。

（三）放宽民营资本的市场准入。切实向民营资本开放法律法规未禁入的行业和领域，并放宽在股权比例等方面的限制。加快垄断行业改革，鼓励民营资本通过兼并重组等方式进入垄断行业的竞争性业务领域，支持民营资本进入基础设施、公共事业、金融服务和社会事业相关领域。

四、加强对企业兼并重组的引导和政策扶持

（一）落实税收优惠政策。研究完善支持企业兼并重组的财税政策。对企业兼并重组涉及的资产评估增值、债务重组收益、土地房屋权属转移等给予税收优惠，具体按照财政部、税务总局《关于企业兼并重组业务企业所得税处理若干问题的通知》（财税〔2009〕59 号）、《关于企业改制重组若干契税政策的通知》（财税〔2008〕175 号）等规定执行。

（二）加强财政资金投入。在中央国有资本经营预算中设立专项资金，通过技改贴息、职工安置补助等方式，支持中央企业兼并重组。鼓励地方人民政府通过财政贴息、信贷奖励补助等方式，激励商业银行加大对企业兼并重组的信贷支持力度。有条件的地方可设立企业兼并重组专项资金，支持本地区企业兼并重组，财政资金投入要优先支持重点产业调整和振兴规划确定的企业兼并重组。

（三）加大金融支持力度。商业银行要积极稳妥开展并购贷款业务，扩大贷款规模，合理确定贷款期限。鼓励商业银行对兼并重组后的企业实行综合授信。鼓励证券公司、资产管理公司、股权投资基金以及产业投资基金等参与企业兼并重组，并向企业提供直接投资、委托贷款、过桥贷款等融资支持。积极探索设立专门的并购基金等兼并重组融资新模式，完善股权投资退出机制，吸引社会资金参与企业兼并重组。通过并购贷款、境内外银团贷款、贷款贴息等方式支持企业跨国并购。

（四）支持企业自主创新和技术进步。支持有条件的企业建立企业技术中心，提高研发水平和自主创新能力，加快科技成果向现实生产力转化。大力支持兼并重组企业技术改造和产品结构调整，优先安排技术改造资金，对符合国家产业政策的技术改造项目优先立项。鼓励和引导企业通过兼并重组淘汰落后产能，切实防止以兼并重组为名盲目扩张产能和低水平重复建设。

（五）充分发挥资本市场推动企业重组的作用。进一步推进资本市场企业并购重组的市场化改革，健全市场化定价机制，完善相关规章及配套政策，支持企业利用资本市场开展兼并重组，促进行业整合和产业升级。支持符合条件的企业通过发行股票、债券、可转换债等方式为兼并重组融资。鼓励上市公司以股权、现金及其他金融创新方式作为兼并重组的支付手段，拓宽兼并重组融资渠道，提高资本市场兼并重组效率。

（六）完善相关土地管理政策。兼并重组涉及的划拨土地符合划拨用地条件的，经所在地县级以上人民政府批准可继续以划拨方式使用；不符合划拨用地条件的，依法实行有偿使用，划拨土地使用权价格可依法作为土地使用权人的权益。重点产业调整和振兴规划确定的企业兼并重组项目涉及的原生产经营性划拨土地，经省级以上人民政府国土资源部门批准，可以国家作价出资（入股）方式处置。

（七）妥善解决债权债务和职工安置问题。兼并重组要严格依照有关法律规定和政策妥善分类处置债权债务关系，落实清偿责任，确保债权人、债务人的合法利益。研究债务重组政策措施，支持资产管理公司、创业投资企业、股权投资基金、产业投资基金等机构参与被兼并企业的债务处置。切实落实相关政策规定，积极稳妥解决职工劳动关系、社会保险关系接续、拖欠职工工资等问题。制定完善相关政策措施，继续支持国有企业实施主辅分离、辅业改制和分流安置富余人员。认真落实积极的就业政策，促进下岗失业人员再就业，所需资金从就业专项资金中列支。

（八）深化企业体制改革和管理创新。鼓励兼并重组企业进行公司制、股份制改革，建立健全规范的法人治理结构，转换企业经营机制，创新管理理念、管理机制和管理手段，加强和改善生产经营管理，促进自主创新，提高企业市场竞争力。

五、改进对兼并重组的管理和服务

（一）做好信息咨询服务。加快引进和培养熟悉企业并购业务特别是跨国并购业务的专门人才，建立促进境内外并购活动的公共服务平台，拓宽企业兼并重组信息交流渠道，加强市场信息、战略咨询、法律顾问、财务顾问、资产评估、产权交易、融资中介、独立审计和企业管理等咨询服务，推动企业兼并重组中介服务加快专业化、规范化发展。

（二）加强风险监控。督促企业严格执行兼并重组的有关法律法规和政策，规范操作程序，加强信息披露，防范道德风险，确保兼并重组操作规范、公开、透明。深入研究企业兼并重组中可能出现的各种矛盾和问题，加强风险评估，妥善制定相应的应对预案和措施，切实维护企业、社会和谐稳定。有效防范和打击内幕交易和市场操纵行为，防止恶意收购，防止以企业兼并重组之名甩包袱、偷逃税款、逃废债务，防止国有资产流失。充分发挥境内银行、证券公司等金融机构在跨国并购中的咨询服务作用，指导和帮助企业制定境外并购风险防范和应对方案，保护企业利益。

（三）维护公平竞争和国家安全。完善相关管理办法，加强和完善对重大的企业兼并重组交易的管理，对达到经营者集中法定申报标准的企业兼并重组，依法进行经营者集中审查。进一步完善外资并购管理规定，建立健全外资并购国内企业国家安全审查制度，鼓励和规范外资以参股、并购方式参与国内企业改组改造和兼并重组，维护国家安全。

六、加强对企业兼并重组工作的领导

建立健全组织协调机制，加强对企业兼并重组工作的领导。由工业和信息化部牵头，发展改革委、财政部、人力资源社会保障部、国土资源部、商务部、人民银行、国资委、税务总局、工商总局、银监会、证监会等部门参加，成立企业兼并重组工作协调小组，统筹协调企业兼并重组工作，研究解决推进企业兼并重组工作中的重大问题，细化有关政策和配套措施，落实重点产业调整和振兴规划的相关要求，协调有关地区和企业做好组织实施。各地区要努力营造企业跨地区、跨行业、跨所有制兼并重组的良好环境，指导督促企业切实做好兼并重组有关工作。

附件：促进企业兼并重组任务分工表

国务院

二〇一〇年八月二十八日

国务院关于加快培育和发展战略性新兴产业的决定

（国发〔2010〕32号）

各省、自治区、直辖市人民政府，国务院各部委、各直属机构：

战略性新兴产业是引导未来经济社会发展的重要力量。发展战略性新兴产业已成为世界主要国家抢占新一轮经济和科技发展制高点的重大战略。我国正处在全面建设小康社会的关键时期，必须按照科学发展观的要求，抓住机遇，明确方向，突出重点，加快培育和发展战略性新兴产业。现作出如下决定：

一、抓住机遇，加快培育和发展战略性新兴产业

战略性新兴产业是以重大技术突破和重大发展需求为基础，对经济社会全局和长远发展具有重大引领带动作用，知识技术密集、物质资源消耗少、成长潜力大、综合效益好的产业。加快培育和发展战略性新兴产业对推进我国现代化建设具有重要战略意义。

（一）加快培育和发展战略性新兴产业是全面建设小康社会、实现可持续发展的必然选择。我国人口众多、人均资源少、生态环境脆弱，又处在工业化、城镇化快速发展时期，面临改善民生的艰巨任务和资源环境的巨大压力。要全面建设小康社会、实现可持续发展，必须大力发展战略性新兴产业，加快形成新的经济增长点，创造更多的就业岗位，更好地满足人民群众日益增长的物质文化需求，促进资源节约型和环境友好型社会建设。

（二）加快培育和发展战略性新兴产业是推进产业结构升级、加快经济发展方式转变的重大举措。战略性新兴产业以创新为主要驱动力，辐射带动力强，加快培育和发展战略性新兴产业，有利于加快经济发展方式转变，有利于提升产业层次、推动传统产业升级、高起点建设现代产业体系，体现

了调整优化产业结构的根本要求。

（三）加快培育和发展战略性新兴产业是构建国际竞争新优势、掌握发展主动权的迫切需要。当前，全球经济竞争格局正在发生深刻变革，科技发展正孕育着新的革命性突破，世界主要国家纷纷加快部署，推动节能环保、新能源、信息、生物等新兴产业快速发展。我国要在未来国际竞争中占据有利地位，必须加快培育和发展战略性新兴产业，掌握关键核心技术及相关知识产权，增强自主发展能力。

加快培育和发展战略性新兴产业具备诸多有利条件，也面临严峻挑战。经过改革开放 30 多年的快速发展，我国综合国力明显增强，科技水平不断提高，建立了较为完备的产业体系，特别是高技术产业快速发展，规模跻身世界前列，为战略性新兴产业加快发展奠定了较好的基础。同时，也面临着企业技术创新能力不强，掌握的关键核心技术少，有利于新技术新产品进入市场的政策法规体系不健全，支持创新创业的投融资和财税政策、体制机制不完善等突出问题。必须充分认识加快培育和发展战略性新兴产业的重大意义，进一步增强紧迫感和责任感，抓住历史机遇，加大工作力度，加快培育和发展战略性新兴产业。

二、坚持创新发展，将战略性新兴产业加快培育成为先导产业和支柱产业

根据战略性新兴产业的特征，立足我国国情和科技、产业基础，现阶段重点培育和发展节能环保、新一代信息技术、生物、高端装备制造、新能源、新材料、新能源汽车等产业。

（一）指导思想。以邓小平理论和“三个代表”重要思想为指导，深入贯彻落实科学发展观，把握世界新科技革命和产业革命的历史机遇，面向经济社会发展的重大需求，把加快培育和发展战略性新兴产业放在推进产业结构升级和经济发展方式转变的突出位置。积极探索战略性新兴产业发展规律，发挥企业主体作用，加大政策扶持力度，深化体制机制改革，着力营造良好环境，强化科技创新成果产业化，抢占经济和科技竞争制高点，推动战略性新兴产业快速健康发展，为促进经济社会可持续发展作出贡献。

（二）基本原则。坚持充分发挥市场的基础性作用与政府引导推动相结合。要充分发挥我国市场需求巨大的优势，创新和转变消费模式，营造良好的市场环境，调动企业主体的积极性，推进产学研用结合。同时，对关系经济社会发展全局的重要领域和关键环节，要发挥政府的规划引导、政策激励和组织协调作用。

坚持科技创新与实现产业化相结合。要切实完善体制机制，大幅度提升自主创新能力，着力推进原始创新，大力增强集成创新和联合攻关，积极参与国际分工合作，加强引进消化吸收再创新，充分利用全球创新资源，突破一批关键核心技术，掌握相关知识产权。同时，要加大政策支持和协调指导力度，造就并充分发挥高素质人才队伍的作用，加速创新成果转化，促进产业化进程。

坚持整体推进与重点领域跨越发展相结合。要对发展战略性新兴产业进行统筹规划、系统布局，明确发展时序，促进协调发展。同时，要选择最有基础和条件的领域作为突破口，重点推进。大力培育产业集群，促进优势区域率先发展。

坚持提升国民经济长远竞争力与支撑当前发展相结合。要着眼长远，把握科技和产业发展新方向，对重大前沿性领域及早部署，积极培育先导产业。同时，要立足当前，推进对缓解经济社会发展瓶颈制约具有重大作用的相关产业较快发展，推动高技术产业健康发展，带动传统产业转型升级，加快形成支柱产业。

（三）发展目标。到 2015 年，战略性新兴产业形成健康发展、协调推进的基本格局，对产业结构升级的推动作用显著增强，增加值占国内生产总值的比重力争达到 8% 左右。

到 2020 年，战略性新兴产业增加值占国内生产总值的比重力争达到 15% 左右，吸纳、带动就业能力显著提高。节能环保、新一代信息技术、生物、高端装备制造产业成为国民经济的支柱产业，新能源、新材料、新能源汽车产业成为国民经济的先导产业；创新能力大幅提升，掌握一批关键核心技术，在局部领域达到世界领先水平；形成一批具有国际影响力的大企业和一批创新活力旺盛的中小企业；建成一批产业链完善、创新能力强、特色鲜明的战略性新兴产业集聚区。

再经过十年左右的努力，战略性新兴产业的整体创新能力和产业发展水平达到世界先进水平，为经济社会可持续发展提供强有力的支撑。

三、立足国情，努力实现重点领域快速健康发展

根据战略性新兴产业的发展阶段和特点，要进一步明确发展的重点方向和主要任务，统筹部署，集中力量，加快推进。

（一）节能环保产业。重点开发推广高效节能技术装备及产品，实现重点领域关键技术突破，带动能效整体水平的提高。加快资源循环利用关键共性技术研发和产业化示范，提高资源综合利用水平和再制造产业化水平。示范推广先进环保技术装备及产品，提升污染防治水平。推进市场化节能环保服务体系建设。加快建立以先进技术为支撑的废旧商品回收利用体系，积极推进煤炭清洁利用、海水综合利用。

（二）新一代信息技术产业。加快建设宽带、泛在、融合、安全的信息网络基础设施，推动新一代移动通信、下一代互联网核心设备和智能终端的研发及产业化，加快推进三网融合，促进物联网、云计算的研发和示范应用。着力发展集成电路、新型显示、高端软件、高端服务器等核心基础产业。提升软件服务、网络增值服务等信息服务能力，加快重要基础设施智能化改造。大力发展数字虚拟等技术，促进文化创意产业发展。

（三）生物产业。大力发展用于重大疾病防治的生物技术药物、新型疫苗和诊断试剂、化学药物、现代中药等创新药物大品种，提升生物医药产业水平。加快先进医疗设备、医用材料等生物医学工程产品的研发和产业化，促进规模化发展。着力培育生物育种产业，积极推广绿色农用生物产品，促进生物农业加快发展。推进生物制造关键技术开发、示范与应用。加快海洋生物技术及产品的研发和产业化。

（四）高端装备制造产业。重点发展以干支线飞机和通用飞机为主的航空装备，做大做强航空产业。积极推进空间基础设施建设，促进卫星及其应用产业发展。依托客运专线和城市轨道交通等重点工程建设，大力发展轨道交通装备。面向海洋资源开发，大力发展海洋工程装备。强化基础配套能力，积极发展以数字化、柔性化及系统集成技术为核心的智能制造装备。

（五）新能源产业。积极研发新一代核能技术和先进反应堆，发展核能产业。加快太阳能热利用技术推广应用，开拓多元化的太阳能光伏光热发电市场。提高风电技术装备水平，有序推进风电规模化发展，加快适应新能源发展的智能电网及运行体系建设。因地制宜开发利用生物质能。

（六）新材料产业。大力发展稀土功能材料、高性能膜材料、特种玻璃、功能陶瓷、半导体照明材料等新型功能材料。积极发展高品质特殊钢、新型合金材料、工程塑料等先进结构材料。提升碳纤维、芳纶、超高分子量聚乙烯纤维等高性能纤维及其复合材料发展水平。开展纳米、超导、智能等共性基础材料研究。

（七）新能源汽车产业。着力突破动力电池、驱动电机和电子控制领域关键核心技术，推进插电式混合动力汽车、纯电动汽车推广应用和产业化。同时，开展燃料电池汽车相关前沿技术研发，大力推进高能效、低排放节能汽车发展。

四、强化科技创新，提升产业核心竞争力

增强自主创新能力是培育和发展战略性新兴产业的中心环节，必须完善以企业为主体、市场为导向、产学研相结合的技术创新体系，发挥国家科技重大专项的核心引领作用，结合实施产业发展规划，突破关键核心技术，加强创新成果产业化，提升产业核心竞争力。

（一）加强产业关键核心技术和前沿技术研究。围绕经济社会发展重大需求，结合国家科技计划、知识创新工程和自然科学基金项目等的实施，集中力量突破一批支撑战略性新兴产业发展的关键共性技术。在生物、信息、空天、海洋、地球深部等基础性、前沿性技术领域超前部署，加强交叉领域的技术和产品研发，提高基础技术研究水平。

（二）强化企业技术创新能力建设。加大企业研究开发的投入力度，对面向应用、具有明确市场前景的政府科技计划项目，建立由骨干企业牵头组织、科研机构和高校共同参与实施的有效机制。依托骨干企业，围绕关键核心技术的研发和系统集成，支持建设若干具有世界先进水平的工程化平台，结合技术创新工程的实施，发展一批由企业主导，科研机构、高校积极参与的产业技术创新联盟。加强财税政策引导，激励企业增加研发投入。加强产业集聚区公共技术服务平台建设，促进中小企业创新发展。

（三）加快落实人才强国战略和知识产权战略。建立科研机构、高校创新人才向企业流动的机制，加大高技能人才队伍建设力度。加快完善期权、技术入股、股权、分红权等多种形式的激励机制，鼓励科研机构和高校科技人员积极从事职务发明创造。加大工作力度，吸引全球优秀人才来华创新创业。发挥研究型大学的支撑和引领作用，加强战略性新兴产业相关专业学科建设，增加急需的专业学位类别。改革人才培养模式，制定鼓励企业参与人才培养的政策，建立企校联合培养人才的新机制，促进创新型、应用型、复合型和技能型人才的培养。支持知识产权的创造和运用，强化知识产权的保护和管理，鼓励企业建立专利联盟。完善高校和科研机构知识产权转移转化的利益保障和实现机制，建立高效的知识产权评估交易机制。加大对具有重大社会效益创新成果的奖励力度。

（四）实施重大产业创新发展工程。以加速产业规模化发展为目标，选择具有引领带动作用，并能够实现突破的重点方向，依托优势企业，统筹技术开发、工程化、标准制定、市场应用等环节，组织实施若干重大产业创新发展工程，推动要素整合和技术集成，努力实现重大突破。

（五）建设产业创新支撑体系。发挥知识密集型服务业支撑作用，大力发展研发服务、信息服务、创业服务、技术交易、知识产权和科技成果转化等高技术服务业，着力培育新业态。积极发展人力资源服务、投资和管理咨询等商务服务业，加快发展现代物流和环境服务业。

（六）推进重大科技成果产业化和产业集聚发展。完善科技成果产业化机制，加大实施产业化示范工程力度，积极推进重大装备应用，建立健全科研机构、高校的创新成果发布制度和技术转移机构，促进技术转移和扩散，加速科技成果转化为现实生产力。依托具有优势的产业集聚区，培育一批创新能力强、创业环境好、特色突出、集聚发展的战略性新兴产业示范基地，形成增长极，辐射带动区域经济发展。

五、积极培育市场，营造良好市场环境

要充分发挥市场的基础性作用，充分调动企业积极性，加强基础设施建设，积极培育市场，规范市场秩序，为各类企业健康发展创造公平、良好的环境。

（一）组织实施重大应用示范工程。坚持以应用促发展，围绕提高人民群众健康水平、缓解环境资源制约等紧迫需求，选择处于产业化初期、社会效益显著、市场机制难以有效发挥作用的重大技术和产品，统筹衔接现有试验示范工程，组织实施全民健康、绿色发展、智能制造、材料换代、信息惠民等重大应用示范工程，引导消费模式转变，培育市场，拉动产业发展。

（二）支持市场拓展和商业模式创新。鼓励绿色消费、循环消费、信息消费，创新消费模式，促进消费结构升级。扩大终端用能产品能效标识实施范围。加强新能源并网及储能、支线航空与通用航空、新能源汽车等领域的市场配套基础设施建设。

在物联网、节能环保服务、新能源应用、信息服务、新能源汽车推广等领域，支持企业大力发展有利于扩大市场需求的专业服务、增值服务等新业态。积极推行合同能源管理、现代废旧商品回收利用等新型商业模式。

（三）完善标准体系和市场准入制度。加快建立有利于战略性新兴产业发展的行业标准和重要产品技术标准体系，优化市场准入的审批管理程序。进一步健全药品注册管理的体制机制，完善药品集中采购制度，支持临床必需、疗效确切、安全性高、价格合理的创新药物优先进入医保目录。完善新能源汽车的项目和产品准入标准。改善转基因农产品的管理。完善并严格执行节能环保法规标准。

六、深化国际合作，提高国际化发展水平

要通过深化国际合作，尽快掌握关键核心技术，提升我国自主发展能力与核心竞争力。把握经济全球化的新特点，深度开展国际合作与交流，积极探索合作新模式，在更高层次上参与国际合作。

（一）大力推进国际科技合作与交流。发挥各种合作机制的作用，多层次、多渠道、多方式推进国际科技合作与交流。鼓励境外企业和科研机构在我国设立研发机构，支持符合条件的外商投资企业与内资企业、研究机构合作申请国家科研项目。支持我国企业和研发机构积极开展全球研发服务外包，在境外开展联合研发和设立研发机构，在国外申请专利。鼓励我国企业和研发机构参与国际标准的制定，鼓励外商投资企业参与我国技术示范应用项目，共同形成国际标准。

（二）切实提高国际投融资合作的质量和水平。完善外商投资产业指导目录，鼓励外商设立创业投资企业，引导外资投向战略性新兴产业。支持有条件的企业开展境外投资，在境外以发行股票和债券等多种方式融资。扩大企业境外投资自主权，改进审批程序，进一步加大对企业境外投资的外汇支持。积极探索在海外建设科技和产业园区。制定国别产业导向目录，为企业开展跨国投资提供指导。

（三）大力支持企业跨国经营。完善出口信贷、保险等政策，结合对外援助等积极支持战略性新兴产业领域的重点产品、技术和服务开拓国际市场，以及自主知识产权技术标准在海外推广应用。支持企业通过境外注册商标、境外收购等方式，培育国际化品牌。加强企业和产品国际认证合作。

七、加大财税金融政策扶持力度，引导和鼓励社会投入

加快培育和发展战略性新兴产业，必须健全财税金融政策支持体系，加大扶持力度，引导和鼓励社会资金投入。

（一）加大财政支持力度。在整合现有政策资源和资金渠道的基础上，设立战略性新兴产业发展专项资金，建立稳定的财政投入增长机制，增加中央财政投入，创新支持方式，着力支持重大关键技术研发、重大产业创新发展工程、重大创新成果产业化、重大应用示范工程、创新能力建设等。加大政府引导和支持力度，加快高效节能产品、环境标志产品和资源循环利用产品等推广应用。加强财政政策绩效考评，创新财政资金管理机制，提高资金使用效率。

（二）完善税收激励政策。在全面落实现行各项促进科技投入和科技成果转化、支持高技术产业发展等方面的税收政策的基础上，结合税制改革方向和税种特征，针对战略性新兴产业的特点，研究完善鼓励创新、引导投资和消费的税收支持政策。

（三）鼓励金融机构加大信贷支持。引导金融机构建立适应战略性新兴产业特点的信贷管理和贷款评审制度。积极推进知识产权质押融资、产业链融资等金融产品创新。加快建立包括财政出资和社会资金投入在内的多层次担保体系。积极发展中小金融机构和新型金融服务。综合运用风险补偿等财政优惠政策，促进金融机构加大支持战略性新兴产业发展的力度。

（四）积极发挥多层次资本市场的融资功能。进一步完善创业板市场制度，支持符合条件的企业上市融资。推进场外证券交易市场的建设，满足处于不同发展阶段创业企业的需求。完善不同层次市场之间的转板机制，逐步实现各层次市场间有机衔接。大力发展债券市场，扩大中小企业集合债券和集合票据发行规模，积极探索开发低信用等级高收益债券和私募可转债等金融产品，稳步推进企业债券、公司债券、短期融资券和中期票据发展，拓宽企业债务融资渠道。

（五）大力发展创业投资和股权投资基金。建立和完善促进创业投资和股权投资行业健康发展的配套政策体系与监管体系。在风险可控的范围内为保险公司、社保基金、企业年金管理机构和其他机构投资者参与新兴产业创业投资和股权投资基金创造条件。发挥政府新兴产业创业投资资金的引导作用，扩大政府新兴产业创业投资规模，充分运用市场机制，带动社会资金投向战略性新兴产业中处于创业早中期阶段的创新型企业。鼓励民间资本投资战略性新兴产业。

八、推进体制机制创新，加强组织领导

加快培育和发展战略性新兴产业是我国新时期经济社会发展的重大战略任务，必须大力推进改革创新，加强组织领导和统筹协调，为战略性新兴产业发展提供动力和条件。

（一）深化重点领域改革。建立健全创新药物、新能源、资源性产品价格形成机制和税费调节机制。实施新能源配额制，落实新能源发电全额保障性收购制度。加快建立生产者责任延伸制度，建立和完善主要污染物和碳排放交易制度。建立促进三网融合高效有序开展的政策和机制，深化电力体制改革，加快推进空域管理体制改革。

（二）加强宏观规划引导。组织编制国家战略性新兴产业发展规划和相关专项规划，制定战略性新兴产业发展指导目录，开展战略性新兴产业统计监测调查，加强与相关规划和政策的衔接。加强对各地发展战略性新兴产业的引导，优化区域布局、发挥比较优势，形成各具特色、优势互补、结构合理的战略性新兴产业协调发展格局。各地区要根据国家总体部署，从当地实际出发，突出发展重点，避免盲目发展和重复建设。

（三）加强组织协调。成立由发展和改革委员会牵头的战略性新兴产业发展部际协调机制，形成合力，统筹推进。

国务院各有关部门、各省（区、市）人民政府要根据本决定的要求，抓紧制定实施方案和具体落实措施，加大支持力度，加快将战略性新兴产业培育成为先导产业和支柱产业，为我国现代化建设作出新的贡献。

国务院

二〇一〇年十月十日

大事记

介绍2009年及2010年塑料机械行业重大事件

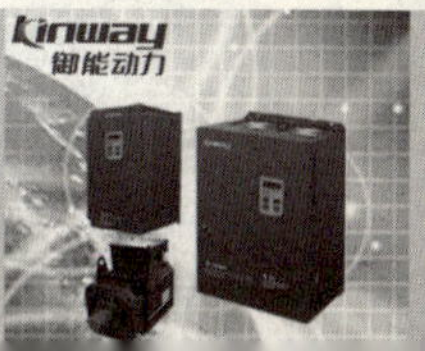

中国塑料机械行业大事记

中国塑料机械行业大事记

2009 年

2 月

3～9 日　由中国塑料加工工业协会与印度塑料基金会组织的“中印塑料行业合作与发展高峰论坛”以及3年一届的印度国际塑料展览会在印度新德里市举办。中国塑料机械工业协会秘书长钱耀恩以“携手共克时艰，合作共谋发展”为题，在该论坛上发表了书面演讲。

10 日　印度商工部商业司反倾销事务总局发出公告，对中国注塑机反倾销调查案作出初裁，决定征收反倾销税。对此，中国塑料机械工业协会指出：中国注塑机出口产品并不存在倾销行为，也没有对印度产业造成实质性损害。印度反倾销事务总局的这一初裁，使深受国际金融危机冲击的中国注塑机产业陷入了雪上加霜的困境，这是违反公平贸易原则、违反世界贸易组织WTO协议的错误裁决，是“损人不利己”的错误行为。

3 月

29 日　中共中央政治局委员、国务院副总理张德江一行在浙江省和宁波市领导的陪同下，考察了宁波海天塑机集团有限公司。张德江一行深入车间现场，认真听取了该公司董事长张静章关于企业生产经营情况的介绍，仔细询问了企业研发投入、人才队伍建设、市场销售等情况，并一同交流了应对国际金融危机的新思路、新办法。张德江对该公司采取有效措施应对国际金融危机、加大科技创新力度、促进转型升级等做法表示充分肯定，并鼓励企业负责人继续努力，化危机为机遇，加强和改善管理，努力实现新发展、新跨越。

4 月

19 日　中国塑料机械工业协会发布行业发展报告——《2009 中国塑料机械工业经济发展报告》。该《报告》指出：2008 年，在共和国改革开放的历史上，是多事之年、挑战之年和胜利之年。2008 年，也是中国塑料机械行业应对挑战、克难攻坚、逆势发展的一年。全行业认真贯彻科学发展观，全面落实党中央、国务院的决策部署，积极适应国内外形势的变化，先后经历了上半年原材料涨价、生产成本攀升、多种矛盾叠加共振的考验，经受了下半年以来印度对我国注塑机的反倾销调查、全球性金融危机的严重冲击、贸易保护主义明显抬头，以及外贸出口形势异常严峻等多重挑战，仍然保持了行业经济平稳运行的良好局面，取得了来之不易的良好业绩。

5 月

7 日　中国塑料机械工业协会在南京召开了三届十二次常务理事会议，理事长张静章主持会议并讲话。会议审议通过了第四次会员代表大会议程，第四届理事会会长、副会长、常务理事、理事、秘书长候选单位(人)推荐名单、大会选举小组成员名单等事项。

8日 中国塑料机械工业协会第四次会员代表大会在南京召开,100多名会员代表出席了会议。国务院国有资产监督管理委员会行业协会联系办公室主任陈国卫、中国机械工业联合会副会长兼秘书长于清笈参加会议并作讲话。大会审议、批准了理事长张静章代表第三届理事会所作的《坚持科学发展,加快改革创新,为谱写协会事业和行业发展新篇章而努力》的工作报告,审议通过了第三届理事会财务工作报告、《关于中国塑料机械工业协会章程的修改说明》、《中国塑料机械工业协会章程》(审议稿)、《中国塑料机械工业协会会费标准和管理办法》等文件,选举宁波海天塑机集团有限公司、佛山市顺德区震德塑料机械有限公司、大连橡胶塑料机械股份有限公司等59家单位为中国塑料机械工业协会第四届理事会理事单位。

★ 中国塑料机械工业协会四届一次理事会议在南京召开。会议选举宁波海天塑机集团有限公司、佛山市顺德区震德塑料机械有限公司、大连橡胶塑料机械股份有限公司等23家单位负责人为第四届理事会常务理事,选举宁波海天塑机集团有限公司董事长张静章连任第四届理事会会长,选举钱耀恩、洛少宁等14名负责人为第四届理事会副会长,粟东平为第四届理事会秘书长。会长张静章代表第四届理事会作了以《牢记使命谋发展,团结奋进创未来》为题的讲话。

12日 国务院颁布了《装备制造业调整和振兴规划》,中国塑料机械行业的"塑料成型机械"等多个产品列入《装备制造业调整和振兴规划》的发展重点,塑料机械行业迎来了难得的重要机遇。

★ 印度财政部发布公告,同意印度反倾销调查局2月10日做出的初裁,自即日起对中国出口到印度的锁模力为400~10 000kN的所有型号的注塑机征收临时反倾销税。

17日 在第二十三届中国国际塑料橡胶工业展览会开幕前夕,2009海峡两岸塑料行业合作与发展论坛在广州举行。海峡两岸的16位塑料行业组织负责人、专家学者先后发表主题演讲。中国塑料机械工业协会副会长钱耀恩在论坛上发表致辞,并以"抓住发展机遇,推进产业振兴"为题作了演讲,分析了我国塑料机械行业的发展现状,展望了行业发展的趋势和出口前景。该论坛由中国塑料加工工业协会、中国塑料机械工业协会、台北世界贸易中心、台湾区机器工业同业公会、广东省塑料工业协会、雅式展览服务有限公司联合主办,也是海峡两岸塑料行业首次合作的有益实践。

6月

30日 由慧聪塑料网主办的"2008年度中国塑料行业十佳评选"颁奖典礼暨塑料产业发展高峰论坛,在北京钓鱼台国宾馆举行。中国塑料机械工业协会副会长钱耀恩应邀出席,并以"抓住发展机遇,加快产业振兴"为题发表演讲。宁波海天塑机集团有限公司、江苏维达机械有限公司、广州博创机械有限公司、宁波双马机械工业有限公司、上海金湖挤出设备有限公司、江苏联冠科技发展有限公司、浙江华业塑料机械有限公司等会员企业,获得慧聪网评选的十佳塑机企业、十佳供应商企业、十佳辅机企业、行业贡献奖。

7月

2~3日 中国塑料机械工业协会和全国塑料机械行业专家委员会在宁波召开了塑料注射成型机能耗检测方法研讨会。中国机械工业联合会机械工业节能与资源利用中心主任侯睿,全国橡胶塑料机械标准化委员会秘书长向夏秀,全国橡胶塑料机械标准化分技术委员会主任刘梦华,以及部分行业专家、知名教授出席了会议。中国塑料机械工业协会会长、全国塑料机械行业专家委员会主任张静章出席会议并讲话,副会长钱耀恩主持会议。会议充分肯定了近几年来全行业在研制节能型注塑机产品、提升节能技术等方面的成绩，分析了出台《塑料注射成型机能耗检测方法》的必要性和紧迫性，提出了积极实施标准战略、抓紧做好产业标准化工作的具体措施。

16 日 根据《人事部专业技术人才知识更新工程（“653 工程”）实施方案》（国人部发〔2005〕73 号）文件精神，中国塑料机械工业协会制定了《塑料机械关键技术系列培训计划》，分别提交国家人力资源和社会保障部、中国机械工业联合会备案，并被列入现代制造领域（“653 工程”）继续教育项目。

8 月

7～9 日 中国塑料机械工业协会在青海省西宁市举办了首届中国塑料机械行业专家论坛，20 多名行业专家参加了论坛。中国塑料机械工业协会会长、全国塑料机械行业专家委员会主任张静章，以“努力打造科技创新的大平台”为题，发表了书面讲话。论坛期间，与会专家对塑料机械行业自主化产品目录进行了严格细致的审核，确定了上报国家有关部委的意见，讨论了《塑料注射成型机能耗检测和等级评定规范》，提出了尽快建立健全节能塑料机械评价体系的工作思路，讨论了“关于编制《塑料机械行业“十二五”发展规划》的工作方案”，确定了规划编制小组成员名单，提出了健全专家论坛工作机制和推进措施的初步意见。

21 日 由中国塑料机械工业协会主办的“挤出工艺及螺杆设计”高级研修班，在北京化工大学圆满结业。该研修班为期 5 天，大连橡胶塑料机械股份有限公司、上海金纬机械制造有限公司、浙江华业塑料机械有限公司、江苏联冠科技发展有限公司等 30 多家企业的技术经理及工程师参加了研修。研修班结束时，学员们获得了由国家人力资源和社会保障部、中国机械工业联合会、中国塑料机械工业协会联合颁发的“专业技术人才知识更新工程培训结业证书”。

22 日 中共中央政治局常委、国务院总理温家宝在浙江丽水等地考察期间，召开了企业家座谈会，听取了中小企业家和金融机构负责人的意见和建议，并发表重要讲话。全国首批 91 家创新型企业之一的宁波海天塑机集团有限公司董事长、中国塑料机械工业协会会长张静章等 12 名浙江企业家出席了会议。

26 日 中国塑料机械工业协会印发了《关于开展节能型注塑机检测申报工作的通知》。该《通知》决定，自 9 月 1 日至 11 月 30 日，在行业内注塑机生产企业开展节能型注塑机检测申报工作，协会将会同国家塑料机械检测中心，根据《塑料注射成型机能耗检测和等级评定的规范》，对申报企业的注塑机产品开展节能检测和等级评定。

28 日 上海金纬机械制造有限公司与华东理工大学建立“产学研”战略联盟合作会议在上海召开。双方将发挥各自的优势，通过科研项目、攻关课题、新产品开发和人才培训等方面，在相互支持与发展中，构建以市场为导向、产学研结合的科技创新合作体系。

9 月

17 日 第九届中国塑料交易会开幕式在台州市国际会展中心隆重举行。中国塑料机械工业协会副会长钱耀恩、秘书长粟东平出席开幕式，并参观了会员单位及业内企业的展台和展品。

★ 全国塑料行业协会联席会议在台州市国际会展中心召开。会议围绕如何应对国际金融危机、发挥协会作用、推动区域发展等 3 个议题，开展了广泛交流与深入探讨。

26～28 日 首届中国（常州）长三角机床模具及橡塑工业博览会、2009 第六届先进成型技术与材料加工国际研讨会在常州市举行，中国塑料机械工业协会副会长钱耀恩出席博览会开幕式并发表致辞，秘书长粟东平出席开幕式。

28 日 中国塑料机械工业协会在宁波召开注

塑机节能检测现场会。国家塑料机械产品质量监督检验中心根据我国塑料机械行业首部节能技术规范——《塑料注射成型机能耗检测和等级评定规范》,对宁波海天塑机集团有限公司MA系列伺服节能型塑料注射成型机进行了现场检测。会长张静章以“推进节能降耗,加快转型升级”为题在会上讲话,强调抓紧搞好注塑机能耗检测和等级评定工作,着力推进企业节能技术的提升和节能产品的研发。佛山市顺德区震德塑料机械有限公司、东华机械有限公司、广州博创机械有限公司、广东伊之密精密机械有限公司、宁波市海达塑料机械有限公司、浙江申达机器制造股份有限公司和北京化工大学等单位代表,亲临现场观看了注塑机节能检测。

11 月

23~25 日 中国塑料机械工业协会四届一次常务理事会议在上海召开。会长张静章主持会议并讲话。会议总结了2009年协会和行业工作,研究2010年协会工作计划,讨论了《塑料机械行业“十二五”发展规划》初稿,审议通过有关议案。与会人员还参观了第十一届亚太国际塑料橡胶工业展览会。

24~27 日 由中国轻工业联合会、中国石油和化工协会、中国机电产品进出口商会、中国轻工业机械总公司、中国轻工机械协会联合主办的“第十一届亚太国际塑料橡胶工业展览会”(APPLAS 2009)携手“第六届中国国际工程塑料工业展览会”(ENGPLAST CHINA 2009)和“第四届中国国际氟硅材料工业展览会”(FSI 2009)在上海新国际博览中心成功举办。此次展会总展出面积达45 000 m^2,汇集了来自日本、韩国、意大利、俄罗斯、德国、奥地利、美国、中国内地及中国台湾和中国香港地区的773家塑料橡胶行业的精英,展示了他们各自的最新加工技术、工艺、材料及装备。

24 日 《中国塑料机械工业年鉴》2009年刊首发仪式在第十一届亚太国际塑料橡胶工业展览会举行,中国塑料机械工业协会会长张静章发表致辞,副会长钱耀恩主持仪式,中国机械工业年鉴社社长李卫玲、业内企业领导和行业专家30多人出席仪式。该《年鉴》由中国塑料机械工业协会和中国机械工业年鉴社合作编撰,是我国塑料机械工业创建50多年来的首部《年鉴》。此外,行业新书——北京化工大学教授王兴天的新作《注塑工艺与设备》首发仪式也同期举行,中国塑料机械工业协会秘书长粟东平发表致辞。

12 月

1 日 由国家工业和信息化部装备司机械处组织召开的“推进中国塑料机械产业发展振兴专题座谈会”在北京国宏宾馆举行。中国塑料机械工业协会副会长钱耀恩汇报了行业基本情况,行业内20多家从事注塑机、挤出机、中空成型机生产制造的重点企业代表出席了会议。

14 日 香港塑胶机械协会16周年晚宴暨第九届理事会就职典礼在香港日航酒店举行。应香港塑胶机械协会第九届理事会会长胡美得女士邀请,中国塑料机械工业协会会长张静章、副会长钱耀恩出席了该晚宴暨就职典礼,会长张静章发表了热情洋溢的致辞。

31 日 印度商工部反倾销局对我国塑料加工机械反倾销案做出终裁,裁定对我国出口产品征收反倾销税。涉案产品海关编码为84771000。在本案中,没有中国企业获得市场经济待遇。

2010 年

2 月

10 日 中国塑料机械工业协会发出“关于执行《橡胶塑料注射成型机安全要求》(国家标准)有关事项的公告”、“关于参展注塑机产品张贴能耗等级标签与节能产品认证标签的公告”。以上两个公告指出,为了确保注塑机产品符合安全标准和节能降耗要求,从 2010 年 4 月 1 日开始,所有注塑机生产企业及相关单位,在国内市场上销售的注塑机必须强制性执行该国家标准。凡是参加第 24 届中国国际塑料橡胶工业展览会的节能型注塑机产品,可通过国家塑料机械产品质量监督检验中心进行节能评价,并在参展产品上张贴能耗等级标签与节能产品标签。届时,协会将会同有关单位开展检查督促活动。

3 月

3～12 日 应台湾区机器工业同业公会(TAMI)邀请,中国塑料机械工业协会率领业内企业家等一行 35 人,前往台北出席“2010 两岸塑料行业合作与发展论坛”,并参观“2010 台北国际塑橡胶工业展览会”。中国塑料机械工业协会副会长钱耀恩以“我国内地塑料机械产业现状与发展趋势”为题,在该论坛发表演讲。论坛由台湾区机器工业同业公会、台湾区机器工业同业公会塑橡胶专委会、中国塑料加工工业协会、中国塑料机械工业协会、雅式展览服务有限公司联合主办。

16 日 印度商工部对中国注塑机反倾销一案的终裁公告终于在 WTO 规定的 18 个月最终审限到期之前出台。该公告披露了调查期间各方的意见,对于我国塑料机械行业提出的否定本次立案的基本事实,调查机关没有查实,继续延续初裁中的基本论点。但是,根据印度方面在实地核查中了解到的有关产品的技术和市场情况,仍对部分产品进行了排除。

30 日 《塑料机械行业“十二五”发展规划》论证会议在北京召开。中国塑料机械工业协会副会长钱耀恩向与会代表汇报了《规划》的编制情况,并逐段解读《规划》的内容,20 多名行业骨干企业的代表和部分行业专家参加会议。会议肯定了《规划》的整体结构和基本内容,并提出了修改意见和建议。

4 月

12 日 《2010 中国塑料机械工业经济发展分析报告》在行业内发布。该《报告》总结了 2009 年我国塑料机械工业经济发展情况,综合了 2010 年第一季度塑料机械工业经济运行特点,分析了 2010 年塑料机械工业面临的问题和机遇,展望了国际国内塑料机械工业发展趋势,提出了加快推进行业发展的对策措施。

17 日 中国塑料机械工业协会四届三次理事会议在上海举行。会长张静章主持会议并发表讲话。会议听取了秘书长粟东平所做的工作汇报,审议通过了钱耀恩同志担任常务副会长以及关于调整会费等议案,审议通过了四届二次会员代表大会议程。

18 日 中国塑料机械工业协会四届二次会员代表大会在上海召开。会长张静章以“发挥协会作用,推进转型升级”为题发表讲话,常务副会长钱耀恩发布《2010 中国塑料机械工业经济发展报告》,中国塑料加工工业协会会长廖正平、德国塑料橡胶工业协会原主席荷尔玛·佛郎兹教授应邀讲话。会议审议通过了《塑料机械行业“十二五”发展规划》,审议通过了关于调整会费的议案。

19～22日 由中国塑料机械工业协会与雅式展览服务有限公司等单位联合主办的第24届中国国际塑料橡胶工业展览会在上海新国际博览中心隆重开幕。参加中国塑料机械工业协会四届二次会员代表大会暨三次理事会的企业领导和代表出席了开幕式。展会期间，中国塑料机械工业协会、国家塑料机械产品质量监督检验中心联合开展了“双标”认证检查活动，要求达到《橡胶塑料注射成型机安全要求》（国家标准）的产品，以及通过《塑料注射成型机能耗检测和等级评定规范》检测合格的产品，均要统一张贴认证标签，受到了参展企业和国内外专业观众的好评。

20日 中国塑料机械工业协会与雅式展览服务有限公司等单位，在上海新国际博览中心举办了全球绿色橡塑行业论坛。中国塑料机械工业协会常务副会长钱耀恩以“努力打造中国绿色塑机”为题发表演讲。

5月

26日 工业与信息化部公布了《装备产业技术进步和技术改造投资方向目录（2010年）》，塑料机械行业的节能塑料橡胶注射成型机、高速节能塑料挤出机组、大型高效二板注塑机、全电动塑料注射成型机等8项重点产品被列入其中。

★ 北京化工大学与大连橡胶塑料机械股份有限公司等联合研发的20万t同向双螺杆聚丙烯（PP）挤压造粒机组已于2010年4月在中石化燕山分公司一次试车成功，各项指标均达到设计要求，5月通过中石化组织的现场验收。

6月

18日 在刚刚升级为国家级经济技术开发区和省综合改革试验区的大连市长兴岛临港工业区举行了大连橡胶塑料机械股份有限公司长兴岛装备基地和宁波海天塑机集团有限公司开工奠基。中共辽宁省委常委、大连市委书记夏德仁，辽宁省副省长陈超英，大连市市长李万才，大连橡胶塑料机械股份有限公司洛少宁，宁波海天塑机集团有限公司董事长、中国塑料机械工业协会会长张静章等参加奠基仪式。李万才在开工奠基典礼上发表讲话。据资料显示，大连橡胶塑料机械股份有限公司和宁波海天塑机集团有限公司在该区的总投资近20亿元，预计产后年产值分别超过12亿元、8 412万美元，两个项目建设开工，将为进一步完善长兴岛装备制造产业链，形成产业集聚效应，发挥重要的作用。

22日 由中国标准化协会等单位主办的“中国机动车轻量化技术、材料、标准高峰论坛”在上海举办。中国塑料机械工业协会常务副会长钱耀恩应邀出席论坛，并以“机动车轻量化与塑料和塑机的创新发展”为题发表演讲。

10月

14日 中国塑料机械工业协会四届三次常务理事（扩大）会议在上海召开。会长张静章以“抓住历史机遇，加快行业发展”为题发表讲话，常务副会长钱耀恩以“把握发展主动权，巩固发展好形势”为题，对国内国际塑料机械行业现状和发展趋势作了发言，秘书长粟东平汇报了2010年以来协会秘书处工作情况。会议充分肯定了协会2010年以来的工作成绩，总结了全行业经济运行情况和亮点，分析了下阶段行业经济发展的趋势，并对推进产业转型升级、做好年内经济工作和协会工作等事项，进行了研究部署。

24日 由常务副会长钱耀恩、秘书长粟东平带领，并由骨干企业领导、专家组成的中国塑料机械行业参观团一行43人，赴德国参观第18届杜塞尔多夫国际塑料及橡胶展览会（K2010）。展会主办方杜塞尔多夫展览有限公司对参观团的到来高度重视，于10月27日展会开幕之日专程为参观团举行了欢迎会。参观期间，中国塑料机械工业协会在K展嘉宾接待室，组织参观团召开了“行业观感交流及技术点评会”，行业专家点评K2010展特点和创新情况，与会成员交流了展会参观心得。钱耀恩、粟东平等协会负责人就中国塑料机械行业发展现状、趋势及协会组织之间进一步加强交流、合作等事宜，同美国、德国、英国、意大利、西班牙和印度等国家的塑料机械行业组织进行了友好会谈。此外，中国塑料机械工业协会还组织参观了世界著名塑料机械企业科倍隆公司的总部及斯图加特展览公司总部。

11月

26~27日 《注塑机交流伺服装置通用技术条件》标准制定工作会议暨SAC/TC231塑料机械电气系统标准制定工作组成立会议在深圳召开。深圳市珊星电脑有限公司总经理方志群在会上致欢迎词。全国工业机械电气系统标准化技术委员会副主任赵钦志、秘书长黄祖广出席会议，并宣读了塑料机械电气系统标准工作组成立批文及工作组成员名单，向标准工作组成员颁发了聘书。会议经过认真讨论，通过了由深圳市珊星电脑有限公司主草的《注塑机交流伺服驱动装置通用技术条件》（草案）。

12月

23日 中共中央政治局委员、国务院副总理回良玉一行在浙江省和宁波市领导的陪同下，考察了宁波海天塑机集团有限公司。通过参观和听取公司总裁张剑鸣的介绍，了解到海天从一个生产农机的小五金厂发展到世界注塑机知名品牌时，回良玉说：“海天集团为民营企业争了光，为中国争了光”，还说：“从你们企业的发展历程来看，你们抓住了机遇，真正做到了解放思想，科学发展，充分发挥了中国人的聪明才智，未来发展前景一定会‘海阔天空’”。

〔供稿单位：中国塑料机械工业协会〕

附录

中国塑料机械工业协会第三、第四届理事会名单，介绍专家委员会专家，公布印度对中国注塑机反倾销终裁公告，报道德国第十八届杜塞尔多夫国际塑料及橡胶展览会情况

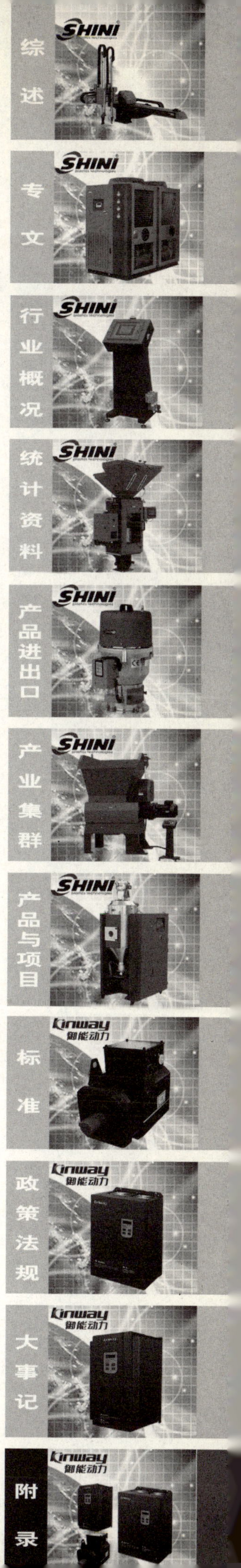

SHINI
SHINI
SHINI
SHINI
SHINI
SHINI
SHINI
Kinway 御能动力
Kinway 御能动力
Kinway 御能动力
Kinway 御能动力

附录

中国塑料机械工业协会第三届理事会理事名单

序号	姓　　名	单位名称	单位职务
理事长			
1	张静章	宁波海天塑机集团有限公司	董事长
副理事长（按姓氏笔画排列）			
1	马镇鑫	广东金明塑胶设备有限公司	董事长
2	史　波	宁波市塑料机械行业协会	秘书长
3	杜　江	无锡格兰机械集团有限公司	副总裁
4	张　勇	东华机械有限公司	总经理
5	张其智	潍坊中云机器有限公司	董事长
6	张建群	山东通佳机械有限公司	董事长
7	陈庆敏	山东华冠股份有限公司	董事长
8	何海潮	上海金纬机械制造有限公司	董事长
9	杜德鑫	南京艺工电工设备有限公司	总经理
10	胡　刚	陕西秦川机械发展股份有限公司	副总经理
11	刘梦华	大连橡胶塑料机械股份有限公司	副总经理
12	娄晓鸣	兰州兰泰塑料机械有限公司	总经理
13	蒋志坚	佛山市顺德区震德塑料机械有限公司	总经理
常务理事（按姓氏笔画排列）			
1	龙云正	南京橡塑机械厂有限公司	董事长
2	徐玉兴	大连塑料机械研究所	副所长
3	吴大鸣	北京化工大学塑料机械及塑料工程研究所	所长
4	范　捷	上海申威达机械有限公司	总经理
5	王　磊	广东泓利机器有限公司	总经理
6	高学飞	江苏维达机械有限公司	董事长
7	黄汉雄	华南理工大学工业装备与控制工程学院	院长
8	蒋忠定	宁波市海达塑料机械有限公司	总经理
理事（按姓氏笔画排列）			
1	王　珏	浙江申达机器制造股份有限公司	总经理
2	李岳云	广东粤东机械实业有限公司	总经理
3	黄学祥	江苏联冠科技发展有限公司	董事长
4	严晓华	武汉塑料机械总厂	厂长
5	杨卫民	北京化工大学机电工程学院	院长
6	饶启琛	广州博创机械有限公司	副总裁
7	赵瑞平	榆次液压有限公司	常务副总经理
8	唐明厂	江苏省宝应县金鑫电器有限公司	总经理

（续）

序号	姓　　名	单位名称	单位职务
9	夏善海	宁波海太塑料机械有限公司	总裁
10	梁裕章	佛山市华联塑料机械有限公司	总经理
11	蔡恒志	深圳领威科技有限公司	项目经理
12	潘忠明	浙江金鹰塑料机械有限公司	总经理
秘书长			
1	钱耀恩	宁波海天股份有限公司	副总经理

中国塑料机械工业协会第四届理事会理事名单

序号	姓　　名	单位名称	单位职务
会长			
1	张静章	宁波海天塑机集团有限公司	董事长
副会长(按姓氏笔画排列)			
1	马镇鑫	广东金明塑胶设备有限公司	董事长
2	史　波	宁波市塑料机械行业协会	秘书长
3	史永红	陕西秦川机械发展股份有限公司	副总经理
4	杜　江	无锡格兰机械集团有限公司	副总裁
5	李天来	东华机械有限公司	总经理
6	张其智	潍坊中云机器有限公司	董事长
7	张建群	山东通佳机械有限公司	董事长
8	何海潮	上海金纬机械制造有限公司	董事长
9	杜德鑫	南京艺工电工设备有限公司	总经理
10	洛少宁	人连橡胶塑料机械股份有限公司	董事长
11	娄晓鸣	兰州兰泰塑料机械有限公司	总经理
12	钱耀恩	宁波海天股份有限公司	副总经理
13	蒋志坚	佛山市顺德区震德塑料机械有限公司	总经理
常务理事(按姓氏笔画排列)			
1	龙云正	南京橡塑机械厂有限公司	董事长
2	吴大鸣	北京化工大学塑料机械及塑料工程研究所	所长
3	杨有人	大连塑料机械研究所	所长
4	周小南	广东泓利机器有限公司	总经理
5	高学飞	江苏维达机械有限公司	董事长
6	黄汉雄	华南理工大学工业装备与控制工程学院	院长
7	蒋忠定	宁波市海达塑料机械有限公司	总经理

（续）

序号	姓　名	单位名称	单位职务
理事（按姓氏笔画排列）			
1	孔子君	舟山市定海区塑机螺杆协会	副局长
2	王　珏	浙江申达机器制造股份有限公司	总经理
3	王俊杰	富强鑫（宁波）机器制造有限公司	总经理
4	方国珍	宁波方力集团有限公司	总裁
5	刘　平	大连三垒机器股份有限公司	副总经理
6	朱大韶	余姚华泰橡塑机械有限公司	董事长
7	张　涛	广东伊之密精密机械有限公司	副总经理
8	张永茂	山西汾西机电有限公司	总经理
9	邱东明	湖北轻工机械股份有限公司	董事长
10	陈兴良	宁波海星塑料机械制造有限公司	总经理
11	陈志淡	雁峰集团有限公司	董事长
12	陈裕彬	张家港华明机械有限公司	董事长
13	陈鹤忠	张家港市亿利机械有限公司	总经理
14	李岳云	广东粤东机械实业有限公司	总经理
15	黄学祥	江苏联冠科技发展有限公司	董事长
16	黄焯佳	广东佳明机器有限公司	总经理
17	严晓华	武汉塑料机械总厂	厂长
18	何德方	张家港市贝尔机械有限公司	总经理
19	杨卫民	北京化工大学机电工程学院	院长
20	罗宏宇	慈溪市德鑫滚塑设备有限公司	董事长
21	庞钧天	张家港市同大机械有限公司	董事长
22	周耀良	无锡光良挤出设备有限公司	总经理
23	饶启琛	广州博创机械有限公司	副总裁
24	赵瑞平	榆次液压有限公司	常务副总经理
25	赵镇藩	宁波弘讯科技有限公司	执行总监
26	郭一萍	国家塑料机械产品质量监督检验中心	常务副主任
27	郭国芳	长治市淮海利生机械有限公司	总经理
28	郭现海	新乡市塑料机械厂有限公司	总经理
29	倪玉标	张家港市繁昌机械有限公司	总经理
30	唐明厂	江苏省宝应县金鑫电器有限公司	总经理
31	夏善海	宁波海太塑料机械有限公司	总裁
32	夏增富	浙江华业塑料机械有限公司	执行董事
33	梁裕章	佛山市华联塑料机械有限公司	总经理
34	蔡恒志	深圳领威科技有限公司	项目经理
35	蔡瑞兴	宁波双马机械工业有限公司	总经理
36	潘忠明	浙江金鹰塑料机械有限公司	总经理
秘书长			
1	粟东平	中国塑料机械工业协会	秘书长

中国塑料机械专家委员会专家介绍

张静章

专委会职务：主任委员

任职单位：宁波海天塑机集团有限公司

职务/职称：董事长

王兴天

专委会职务：副主任委员

任职单位：北京化工大学

职务/职称：教授，博士生导师

专长：橡胶塑料机械专业的教学改革和专业建设

技术工作业绩：撰写国内外学术会议及刊物论文200余篇；主持研发的“SZE200/100注塑成型实验机及HPVC注塑成型技术的研究”项目通过国家鉴定，“属国内首创，国际领先”。针对当前我国塑料加工业及制造业的需求，为中国塑料加工工业协会、中国塑料机械工业协会举办多次重要专题技术讲座，受到了塑料加工业和制造业的广泛好评，提升了业内技术人员的理论水平和设计能力，为工程一线人才的培养做出了重大贡献。

瞿金平

专委会职务：副主任委员

任职单位：华南理工大学聚合物工程中心

职务/职称：教授，博士生导师

社会任职：中国材料研究学会常务理事，中国塑料加工工业协会理事，中国塑料机械工业协会理事，中国改性塑料专业委员会副理事长，高分子材料国家重点实验室学术委员会委员等

技术工作业绩：国家杰出青年科学基金获得者、教育部“长江学者奖励计划”首批特聘教授、国家“十五”、“863”计划高性能结构材料主题专家等，长期在塑料成型机械及加工领域第一线从事科学研究，取得了一批具有原创性、实用性的重大成果，为推动塑料成型机械技术进步做出了突出贡献。

刘梦华

专委会职务：副主任委员

任职单位：大连橡胶塑料机械股份有限公司

职务/职称：教授级高级工程师

专长：橡胶塑料机械产品研发、技术质量与经营管理

社会任职：全国塑料机械标准化分技术委员会主任委员，全国橡胶塑料设计技术中心技术委员会副主任委员，中国化工装备协会橡胶机械专业委员会高级顾问，全国橡塑机械信息中心资深高级顾问，北京化工大学工程研究生企业导师、机械工程学院兼职教授，大连市橡胶塑料机械协会会长等。

技术工作业绩：主管开发研制的新产品获国家科技进步奖三等奖2项，获部、省科技进步奖4项，获国家质量金奖2项、银奖1项。参加编审出版大型工具手册、专著等5部，发表学术论文30余篇。先后获得国家中青年有突出贡献专家、原机械电子部有突出贡献专家、大连市优秀专家、全国化工优秀科技工作者、中国橡胶机械研制创新科技带头人等荣誉称号，并享受国务院工程技术突出贡献政府特殊津贴。

吴大鸣

专委会职务：副主任委员

任职单位:北京化工大学机电工程学院

职务/职称:副院长,教授,博士生导师

专长:精密挤出原理及技术的研究开发

社会任职:中国塑料机械工业协会常务理事,北京市塑料工业协会常务理事等

技术工作业绩:主持国家"十一五"科技支撑重点计划项目、国家自然科学基金项目多项,主持北京市自然科学基金项目和教育部重点科技计划项目等省部级科研项目10余项,与企业间的科技开发项目80余项;作为第一负责人完成了《冷热水用交联聚乙烯(PE—X)管道系统》国家标准的编制工作。出版专著2部,发表论文120余篇,鉴定成果6项,专利12项。

饶启琛

专委会职务:副主任委员

任职单位:广州博创机械有限公司

职务/职称:副总裁,总工程师

专长:塑料机械的研究开发和企业管理

社会任职:中国塑料机械工业协会理事,华南理工大学工业装备及控制学院理事会理事和博士生导师,广东省机械工程学会理事,华南理工大学汽车与机械工程学院理事会理事

技术工作业绩:广州市劳动模范,享受政府津贴的广州市优秀专家。主持开发各类新产品200多项,其中填补国内外空白技术50多项,完成了一大批国家、省、部和市级重大装备攻关项目及新产品的研制工作,并先后获得国家、省、部和市级科技进步奖20多项;发表塑料机械的学术论文10余篇,专利50多项等。

高世权

专委会职务:副主任委员

任职单位:宁波海天塑机集团有限公司科技部

职务/职称:副部长

专长:注塑机技术研发

社会任职:中国橡胶塑料机械标准技术委员会委员,中国塑料机械信息中心信息员,浙江省塑料机械标准技术委员会秘书长

技术工作业绩:从事注塑机技术研发和管理工作十几年,曾主持引进德国注塑机技术,主持公司大型二板式注塑机、连杆机、小型直压机、高速机和全电动注塑机等产品的研发。编著注塑机专业书籍2本,参与制定注塑机国家标准和行业标准3项。

何亚东

专委会职务:秘书长

任职单位:北京化工大学塑料机械及塑料工程研究所

职务/职称:教授

专长:塑料机械及塑料加工

技术工作业绩:承担和参加8项国家级科研项目的研究开发、20余项与企业的合作开发项目,获得国家专利授权8项,签订成果3项,省部级奖励2项,在国内外核心刊物上发表论文30余篇。2005年获北京市科技新星计划支持。

陈静波

专委会职务:委员

任职单位:郑州大学材料科学与工程学院

职务/职称:副院长

专长:塑料模具CAE/CAD技术

技术工作业绩:承担完成了国家重点科技攻关项目、国家自然科学基金重点项目等国家和省、部级科技攻关、工试、基金项目20余项,获得国家科技进步奖二等奖、化工部科技进步奖一等奖、河南省科技进步奖一等奖等各类奖励10余项,发表论文100余篇,出版专著3本。

谢林生

专委会职务:委员

任职单位:华东理工大学机械与动力工程学院

职务/职称:副教授

专长:塑料成型加工、塑料成型机械

技术工作业绩：主持承担了中国石化集团公司重点项目《连续混炼机高效混炼转子的开发》、江苏省教育厅产学研重点项目《新型高分子材料混合工艺及设备》，参与了国家计委十五攻关项目《高效节水型冷却技术及设备的开发研究》等国家、省、部级科研项目和企业委托的技术开发项目20余项，发表科研论文30余篇。

蒋炳炎

专委会职务：委员

任职单位：中南大学“现代复杂装备设计与极端制造”实验室

职务/职称：教授，博士生导师

专长：微纳结构零件的注射成型技术，Moldflow流动分析

社会任职：中国国家自然科学基金项目评审专家，湖南省自然科学基金项目评审专家，湖南省模具协会常务理事等

技术工作业绩：2005年负责建成中南大学和美国MOLDFLOW公司联合塑胶模具模流分析培训中心，研究成果在粉末冶金国家工程中心湖南英捷高科技有限责任公司得到应用。同年“金属粉末注射成型流动过程研究”，获湖南省优秀博士论文。近五年在国内外重要刊物上发表论文共30余篇，其中被SCI收录2篇，EI收录20余篇；申请专利2项；专著2部。

吕柏源

专委会职务：委员

任职单位：青岛科技大学高分子材料加工机械研究所

职务/职称：所长，教授

专长：高分子材料加工技术与设备的研究

社会任职：中国橡胶学会橡机学组领导成员，中国橡胶工业协会经济技术委员会委员，全国橡胶塑料设计技术委员会委员等

技术工作业绩：申请国家及国际专利30余项，获得发明专利权9项（含美国发明专利1项），获得实用新型专利15项。转化的技术有：橡胶工业热水（含热油）循环温控技术与装置、电动螺旋轮胎定型硫化机、螺旋啮合冷喂料方法与装置、一步法注射油田橡胶定子技术与全套设备以及注射轮胎胶囊全套技术与设备等。

刘伯元

专委会职务：委员

任职单位：中国塑料加工协会改性塑料专业委员会

职务/职称：副秘书长

专长：塑料加工成型、滚塑加工成型等

社会任职：中国化学建材管道咨询委员会副理事长

技术工作业绩：1998年由中国轻工业出版社出版《塑料的填充改性》的两主编之一。2000年主编由中国冶金出版社出版《中国非金属开发应用》。自2000年后每年发表论文5～10篇：国产大口径HDPE双壁波纹管设备的开发与生产，快速硅烷交联聚乙烯管材料，电缆护套料，滚塑料的开发与研究；中国塑料机械的节能行动等。

冯志远

专委会职务：委员

任职单位：香港力劲国际有限公司注塑机事业部

职务/职称：总工程师，总经理

专长：注塑机设计生产机电一体化和注塑工艺应用研究

技术工作业绩：气体辅助注塑设计研究和应用；全电动注塑机设计研究；多物料注塑机研发，二板式大型注塑机研发；微型注塑机设计研究和应用；大型生产系统本地区化等。

黄汉雄

专委会职务：委员

任职单位:华南理工大学

职务/职称:教授、博士生导师

专长:高分子加工机械及成型的研究

技术工作业绩:华南理工大学机械设计及理论重点学科(侧重高分子加工机械)带头人,一直从事高分子加工机械及成型的研究工作,主持科研项目30余项。入选七部委"百千万人才工程"国家级人选,获得高校青年教师奖、多项省部级奖和政府特殊津贴等奖励和荣誉称号。

张建群

专委会职务:委员

任职单位:山东通佳机械有限公司

职务/职称:董事长

专长:塑料机械的研发和管理

社会任职:山东省光彩事业促进会理事,山东省工商联执委,济宁市人大代表,济宁市工商业联合会副会长

技术工作业绩:从事塑料机械专业技术工作30余年,曾进修于香港理工大学、德国布莱梅大学,在塑料机械、加工工艺、高分子材料研究方面具有较深的造诣,是工程技术应用研究员,全国轻工系统劳模、国务院政府特贴专家。

彭响方

专委会职务:委员

任职单位:华南理工大学机械与汽车工程学院

职务/职称:副院长

专长:高分子机械与工程研究

技术工作业绩:1989年获同济大学工程机械学士学位,1995年获华南理工大学轻工机械硕士学位,1998年获华南理工大学高分子材料成型加工博士学位。主要从事高分子机械与工程研究,2006年获国家科技进步奖二等奖。

史永红

专委会职务:委员

任职单位:秦川未来塑料机械有限公司

职务/职称:常务副总经理

专长:塑料机械中空机、挤出机研发及成型工艺

社会任职:中国包装联合会塑料包装委员会,中空容器行业联合中心副会长,中国包装联合会塑料包装委员会专家组专家

技术工作业绩:曾先后担任SCJ50A、SCJ50B、SCJ70A、SCJ230等塑料中空机主任设计;担任PWDS220径向壁厚控制器项目负责人;担任QC-WS002节水灌溉地管带生产线主任设计。参加GB18191—2000《危险品包装用塑料桶》、GB19161—2003《中型刚性框架塑料箱》两个国家标准的起草工作。发表科技论文10余篇,论文6次获奖。

胡刚

专委会职务:委员

任职单位:秦川未来塑料机械有限公司

职务/职称:副总经理

社会任职:中国机械工程协会会员,中国发明协会会员,中国塑料机械工业协会副会长

技术工作业绩:曾自主研发成功我国唯一的塑料中空机的型坯壁厚控制系统并成功地应用于塑料中空成型机;组织研制成功了SKK05、SCJ70、SCJ230、SCJ500×6多层中空机等多种填补国内空白的塑料机械产品、替代进口,为国家节省了大量外汇,先后5次获省、部科技进步奖二等奖。

江波

专委会职务:委员

任职单位:北京化工大学橡胶塑料机械研究所

职务/职称:所长

专长:高分子材料加工机械

社会任职:全国橡胶塑料设计中心技术委员会副主任,《橡塑技术与装备》和《塑料》杂志编审委员会副主任

技术工作业绩:曾主持完成了国家"八五"、

"九五"、"十五"重点科技攻关项目,国家级重点产学研工程项目、省部级纵向项目以及企业委托横向课题共80余项,承担了中石化20万t/n PP挤出造粒机组国产化攻关项目技术总负责任务。

杨宥人

专委会职务:委员

任职单位:大连橡胶塑料机械股份有限公司

职务/职称:总工程师

专长:技术研发与质量管理

技术工作业绩:主持技术研发与质量管理工作。多年来,在他主持下开发的共挤吹塑复合膜机组、双螺杆塑料混炼挤出造粒机组等十几种规格新产品,填补了国内空白,并达到国际先进水平,为国家创造了巨大的经济效益。

高学飞

专委会职务:委员

任职单位:江苏维达机械有限公司

职务/职称:董事长

社会任职:张家港市塑机协会会长,苏州市第十一届、张家港市第十二届人大代表

技术工作业绩:被评为苏州市"优秀企业家"、张家港市"依靠职工办企业优秀厂长(经理)"、"张家港市劳动模范"。1992年他带领科技人员开发的注吹中空成型机被列入国家"八五"重点科技攻关项目。

蔡恒志

专委会职务:委员

任职单位:力劲集团深圳领威科技有限公司

职务/职称:项目经理

专长:企业培训、项目、标准化工作

社会任职:广东省注塑专业委员会秘书长,中国塑料加工工业协会专家委员会委员

技术工作业绩:三年多发表于各类注塑刊物上多篇技术文章;参加全国标准化委员会《注塑成型机》安全要求标准制定;编写《注塑操作工》一书并在全国发行;参加广东省深圳市劳动局《注塑》选题制定任考评员;参加全国《注塑成型机》安全操作规范和《注塑成型机》检测标准主导制定工作。

陈辉殿

专委会职务:委员

任职单位:南京艺工电工设备有限公司

职务/职称:总师办主任,工程技术部副部长

专长:塑料、电工机械设计、制造

社会任职:南京市高级专业技术职称评审委员会专家评委库成员

技术工作业绩:主持开发的SJN—Z70/65+150+90—Ⅲ—D(Q)三层共挤式干法交联生产线通过了江苏省、南京市两级新产品鉴定,获得2006年度南京市科学技术进步奖二等奖,该项目于2007年底通过了国家科技部国家重点新产品计划的评审。

傅南红

专委会职务:委员

任职单位:宁波长飞亚塑料机械制造有限公司

职务/职称:常务副总经理

专长:机械电子工程(机电控制及自动化)

技术工作业绩:长期从事电动注塑成型机和高速注塑成型机技术研究和开发工作。

何海潮

专委会职务:委员

任职单位:上海金纬机械制造有限公司

职务/职称:董事长

专长:螺杆的设计和加工工艺

社会任职:上海舟山商会副会长兼秘书长

技术工作业绩:从事塑料机械制造10余年,对塑料挤出行业及技术有着丰富的经验和深刻的理解,特别擅长于螺杆的设计和加工工艺,并在行业中取得了几十项专利。

黄步明

专委会职务：委员

任职单位：佛山市步明精密机器有限公司

职务/职称：总经理

专长：注塑机械研究

社会任职：中国塑料加工协会副理事长，广东省塑料协会副理事长，顺德区工商联合会常务执委

技术工作业绩：2003 年领导研发的 D—50 数码光盘注塑机通过省级鉴定，填补国内空白。2004 年，D—50 数码光盘注塑机荣获广东省科技进步奖二等奖；2006 年，D—50 数码光盘注射成型机获中国机械工业联合会、中国机械工程学会二等奖；2007 年，JPH100G 高速精密塑料注射成型机获佛山科学技术奖三等奖。

李世通

专委会职务：委员

任职单位：兰州兰泰塑料机械有限公司

职务/职称：副总经理

专长：塑料挤出工程技术及装备开发

社会任职：中国塑料加工工业协会改性专业委员会理事

技术工作业绩：2006 年主持国内首套年产 2 万 t级 PP 双螺杆混炼造粒装置项目开发；同时主持年产 20 万 t 级 PP 大型双螺杆混炼造粒机组挤出造粒系统的国产化设计；在《化工机械》、《塑料机械》、《上海塑料》等专业刊物及学术交流会上发表论文多篇，并获奖。

娄晓鸣

专委会职务：委员

任职单位：兰州兰泰塑料机械有限公司

职务/职称：总经理

专长：橡胶塑料机械研制与开发

社会任职：中国塑料加工工业协会改性塑料专业委员会理事

技术工作业绩：组织开发了酚醛模塑料、环氧电封料等热固性塑料专用剖分式双螺杆混炼机（SPJ38—132），该项目开发的带耐磨衬套剖分式双螺杆挤出机为国内首创，是该行业的一项重大技术突破及技术创新。负责起草了《同向双螺杆塑料挤出机》行业标准，为我国同向双螺杆挤出机的标准化、系列化奠定了基础，为我国同向双螺杆挤出机的发展做出了贡献。

洛少宁

专委会职务：委员

任职单位：大连橡胶塑料机械股份有限公司

职务/职称：董事长，总经理

社会任职：辽宁省机械工程学会理事

技术工作业绩：在担任技术处长和总工程师期间，主持开发了橡胶塑料机械 100 余种，填补了多项国内空白，并荣获国家级奖励，为我国橡胶塑料机械的发展做出了卓越贡献。

施优优

专委会职务：委员

任职单位：浙江申达机器制造有限公司

职务/职称：技术中心主任

专业：塑料机械设计，液压系统设计

技术工作业绩：参与并主持设计的 SZ—400/800、SZ—6300/1000 获国家科学技术进步奖三等奖、轻工部二等奖；FM180 塑料注射成型机评定为国家级新产品、轻工部优秀新产品（新技术）二等奖；SZ—ZC—1600（PATT—170A）获轻工部优秀新产品二等奖；环保节能型全数字闭环控制注塑机列为国家火炬计划项目、中国轻工联合会科技进步奖三等奖。

杨卫民

专委会职务：委员

任职单位：北京化工大学

职务/职称：教授，博士生导师

专业:高分子材料成型加工原理与设备的研究

技术工作业绩:发明了高分子材料 PVT(压力—比容积—温度)在线测量方法及装置,并承担了"十一五"国家支撑计划重点项目"精密注射成型系统工程化技术的研究"、国防重点基础研究项目"高分子密封制品优化设计平台"等一系列重大科研课题。取得的研究成果已获得部级科学技术进步奖 3 项,专利 20 项,发表论文 120 余篇,著作 4 本,译著 6 本。

张立群

专委会职务:委员

任职单位:北京化工大学材料科学与工程学院

职务/职称:副院长

社会任职:中国化工学会理事,中国橡胶专业委员会委员(新材料委员会主任),中国化工新材料专业委员会常务理事等

技术工作业绩:发表文章近 300 篇,SCI 收录文章 90 余篇、EI 收录文章 140 余篇。被国内外他引 400 余次,其中 SCI 他引近 300 次。20 次被邀在大型国际会议上作学术报告。译书一部,参编国内著作 3 部、国际著作 2 部。获得中国发明专利 18 项,9 项成果获得省部级科技奖励。

赵建华

专委会职务:委员

任职单位:南京橡塑机械厂

职务/职称:总工程师

专长:塑料机械开发

社会任职:中国塑料改性专委会常务理事

技术工作业绩:先后开发了色母粒专用机 SJSH—67 三头同向双螺杆挤出机、SJ—SLG 塑铝复合管生产线、大口径钢管 PE 涂覆挤出机、SJ—SZ120/95 平行双阶双螺杆大容量排气脱挥机组、SJSH—95 食品专用双螺杆挤出机,填补了国内空白。

周南桥

专委会职务:委员

任职单位:华南理工大学

职务/职称:教授

专长:高分子材料成型加工及设备

技术工作业绩:先后承担"八五"、"九五"等多项国家重点项目,获得国家技术发明二等奖等多项奖励。发表论文 100 多篇(三大索引 20 多篇),著作 4 部。

张其智

专委会职务:委员

任职单位:潍坊中云机器有限公司

职务/职称:董事长,高级工程师

社会任职:潍坊市人大代表,中国塑料加工工业协会专家库成员

技术工作业绩:近年主持研发的系列塑料管材生产设备荣获科技部科技成果三等奖 1 项、省科技成果二等奖 1 项、北京市科技成果二等奖 1 项、潍坊市科技成果而等奖 1 项、火炬计划项目 4 项、九五计划科技成果奖 1 项、建设部科技成果推广转化指南项目 3 项、国家重点新产品 4 项,获专利 31 项等。

王宝全

专委会职务:委员

任职单位:宁波海太机械集团有限公司

职务/职称:高级工程师

专长:塑料机械

技术工作业绩:作为主要设计者之一的 800 ~ 16 000kN 注塑机、纸塑铝复合罐生产线多次获得国家、省、市级新产品奖。

李庆春

专委会职务:委员

任职单位:北京化工大学机电工程学院

职务/职称:副教授,研究员

专长:聚合物成型加工原理、技术及装备

技术工作业绩:精密塑料注射成型装备先进设计平台及关键结构技术研究、工程塑料高性能化制备关键技术研究和开发、新型环保 XPS 发泡板材生产技术开发(与企业合作开发项目 H2008104)。在国内外刊物发表论文 30 余篇,其中 SCI 收录 3 篇。获得国家授权专利 2 项,获部级科技进步奖 1 项。

郭一萍

专委会职务:委员

任职单位:国家塑料机械产品质量监督检验中心

职务/职称:高级工程师

专长:金属材料

技术工作业绩:主持开展了强制性国家标准《橡胶塑料机械—挤出机和挤出生产线—第 1 部分:挤出机的安全要求》和推荐性国家标准《橡胶塑料注射成型机—全电动塑料注射成型机》的制定工作。

邓建江

专委会职务:委员

任职单位:中蓝晨光化工研究院科强化工装备公司

职务/职称:总经理,高级工程师

专长:高分子工程

技术工作业绩:长期致力于螺杆反应器、多轴行星搅拌器(含高速分散)、捏合机等高分子工程专用装备的工程应用,对熔体齿轮泵、大型冷拉条切粒机及特种纤维湿法纺丝专用装备有较深研究。

郭奕崇

专委会职务:委员

任职单位:北京物资学院

职务/职称:研究员

专长:高分子材料加工机械

技术工作业绩:独立开发同向平行双螺杆计算机辅助几何设计系统。作为第一、第二作者在中文核心期刊或国外刊物上发表学术论文近 20 篇,其中 SCI 收录 2 篇,EI 收录 4 篇。

陈伟

专委会职务:委员

任职单位:南通三信塑胶装备科技有限公司

专长::经济管理

社会任职:中国包装协会会员,塑料包装委员会理事,江苏省启东市高新技术企业协会理事,江苏省启东市人大代表

技术工作业绩:组织开发的电晕处理机和多层共挤薄膜流延机已通过江苏省科技厅组织的成果鉴定,认定两个产品都“填补了国内空白”,并获得国家实用新型专利 9 项、国家发明专利 2 项。

陈新辉

专委会职务:委员

任职单位:广东金明精机股份有限公司

职务/职称:副总经理,高级工程师

专长:高分子材料加工机械,电子与通信工程

技术工作业绩:长期从事塑料机械的设计与开发工作,对高分子材料的加工理论与实践,塑料机械的原理和成型工艺具有丰富的理论知识和实践经验。曾参加过多项国家级新产品和广东省重点领域突破项目的研制,获得了多项省、市科技进步奖。申请有 10 多项专利技术,发表论文多篇。

梅振新

专委会职务:委员

任职单位:中国机电价格协会

职务/职称:高级会计师

专长:政策研究,财务管理,成本管理

社会任职:中国机械工程学会高级会员

技术工作业绩:2007 年以来,以主要执笔人身份参加了全国人大常委会预算工作委员会、工业与信息化部、机械科技基金会的 5 个研究课题,课题研究报告得到了政府有关部门的认同。

〔供稿单位:中国塑料机械工业协会〕

印度对中国注塑机反倾销终裁公告

近日，印度商工部就对华注塑机反倾销一案发出终裁公告，在WTO规定的18个月最终审限到期之前终于出台。

在终裁裁决中披露了调查期间各方的意见，对于我们提出的否定本次立案的基本事实，调查机关没有查实，继续延续初裁中的基本论点。但是，根据在实地核查中了解到的有关产品的技术和市场情况，对部分产品进行了排除。

企业应当了解的情况如下：

一、征收反倾销税的产品

锁模力400～10000kN的各种注塑机。但以下产品除外：

(1)吹式模制机(blow moulding machines)。

(2)垂直注塑机(vertical injection molding machines)。

(3)各种电动注塑机(all electrical injection molding machines)。

(4)双色双料注塑机(two color /two materials injection molding machines)。

二、裁决的税率

(1)凡未向印度当局提交反倾销调查问卷的企业反倾销税率174%。

(2)其他应诉企业的税率：

广州博创机械有限公司　60%

浙江申达机器制造有限公司　135%

浙江金鹰塑料机械有限公司　126%

宁波利广机械有限公司　81%

宁波海星塑料机械制造有限公司　100%

杭州泰瑞机器制造有限公司　68%

宁波海天塑料机械集团　79%

徐州海天机械工程有限公司　105%

宁波海天华远机械有限公司　76%

温州恒智进出口有限公司　174%

三、征税的时间

根据印度的法律，商工部的裁决需要由财政部认可后公布执行，一般财政部是在商工部裁决后一个月内做出决定。所以这期间仍然按临时税率收进口商保证金。终裁后根据终载税率实行多退少不补。

中国塑料机械工业协会

二〇一〇年一月十三日

协会组团参观第十八届杜塞尔多夫国际塑料及橡胶展览会

2010年10月下旬，中国塑料机械工业协会钱耀恩常务副会长、粟东平秘书长与行业骨干企业领导、专家共43人组团赴德国参观第十八届杜塞尔多夫国际塑料及橡胶展览会(以下简称K2010展)，主办方杜塞尔多夫展览有限公司对协会一行的到来高度重视，并于10月27日开幕当日专程为协会代表团举行了欢迎会。

作为全球最大的塑料橡胶展览会，K2010 展汇集了全球知名的塑料及橡胶机械和辅助设备制造商，塑料及橡胶原材料、染料、色素、增强材料和填料生产商。据 K 展官方资料，K2010 展参展企业达到3 102家，展出面积164 125m^2，其中中国展商 247 家，展出面积6 633m^2。

K2010 展在机器、工具和设备方面主要展示了以下发展趋势：

(1)通过缩短生产周期和增强灵活性，使机器设备得到更高的利用效果。

(2)加快机器运转、提高设备同步处理的效率，从而缩短循环周期、降低机件成本和提高生产力。

(3)展示更具低成本高效益且低能耗的设备。

(4)高效的模具温度控制，能简化工艺流程结构，改进产品质量并降低能源消耗。

(5)综合监测工艺流程与产品质量。

(6)在机器加工过程中，加大节能电力驱动器的使用力度以降低能源消耗及成本。

(7)将多种特殊的注塑成型方法相结合，在一个塑料组件中整合各种不同功能。

在原材料和增强塑料方面主要展示了以下产品：

(1)可作为隔热、隔音绝缘体的已改进的超轻泡沫材料。

(2)可改进流动性并增强塑料力学性能的纳米粒子添加剂。

(3)耐热变形性增强且可应用于电子工程和照明技术的塑料类型。

(4)透明度增强、双折射更佳且已改进光学特性的塑料类型。

K2010 展不仅展示了新产品、新技术，同时也为整个行业及各国行业协会之间加强沟通联系提供了有效的交流平台。为充分利用有限的时间，全面了解展品的精彩部分和科研创新成果，提高参观效率，协会于 10 月 28 日下午在 K2010 展嘉宾接待室组织召开了“行业观感交流及技术点评会”，由行业专家点评本届展会特点和创新情况，与会成员交流展会参观心得，从而为后续有针对性的参观提供了重要的指导意义。

在参观 K2010 展期间，钱耀恩常务副会长和粟东平秘书长就中国塑料机械行业发展现状、趋势及协会组织之间进一步加强交流、合作等事宜，同美国、德国、英国、意大利、西班牙、印度等国的塑料机械行业组织进行了友好会谈。各国协会组织纷纷对中国塑料机械工业快速发展所取得的成就表示高度认可，希望和协会加强联系并逐步建立起战略合作关系，推动双方塑料机械产业的繁荣共进。

此外，在德国期间，协会还组织参观了世界著名塑料机械企业科倍隆公司的总部及斯图加特展览公司总部。参观团组在共同的交流学习中，不仅加强了业界切磋，而且加深了彼此间的友谊，为企业间进一步加强沟通、交流与合作奠定了良好的基础。大家对协会组团参观 K2010 展表示满意，并希望协会后续能够加大对外交流的力度，从而为我国塑料机械企业走向国际发挥出更加有效的桥梁纽带作用。

〔供稿单位：中国塑料机械工业协会〕

第十八届杜塞尔多夫国际塑料及橡胶展览会报道

本文重点报道第十八届杜塞尔多夫国际塑料及橡胶展览会(以下简称K2010展)在塑料机械装备领域的最新进展。

一、挤出成型

1. 共混造粒装备

(1)科倍隆(Coperion)公司。科倍隆公司最新的技术进展是推出了比扭矩达到18 N·m/cm^3的双螺杆挤出机ZSK Mc^{18},较上一代机型比扭矩增大30%,产量可提高30%。同时,还推出了螺杆直径为18mm的实验室用机型。科倍隆公司掌握着高性能双螺杆挤出机的关键技术,包括机筒、芯轴及元件的加工装配等,为实现18 N·m/cm^3的比扭矩,其芯轴采用了特殊的材料及加工工艺。

当前,科倍隆公司生产的大型造粒机组最高产量达100万t/a(150t/h)。与之配套的水下造粒机切粒模板,直径达到1.25m,孔数多达1.1万个。该模板单件费用高达10万欧元,而且加工周期为半年。与切刀接触的多孔面中,每一个小孔均为一个硬质合金镶嵌条,一个一个嵌入,仅此加工周期就需要6周。为了实现快速清理和更换物料,对芯轴花键连接、机头连接以及侧加料的连接结构进行了改进,能够显著提高拆卸和安装的速度。

科倍隆公司新开发的FET侧喂料技术,通过采用多孔透气的壁结构及外部真空系统,可将物料中裹挟的湿气及空气吸走,使松散的物料更加密实,可提高粉体的喂料量2~3倍。这种优化的喂料器既可以应用于ZSK双螺杆加料器,也可以用于ZSB双螺杆侧喂料机。

科倍隆公司在全世界销售的混炼设备超过了1万台(套)。公司的原材料实验室已有130多年历史,世界上70%的高分子新材料都是从这里诞生的。

(2)Leistrize公司。Leistrize公司是一家双螺杆挤出机的专业制造企业,在中小型双螺杆挤出机领域占有重要地位。尤其是其生产的实验双螺杆设备,可以实现同向和异向旋转的切换,能够使1台设备具备多种用途。与科倍隆公司的双螺杆挤出机相比,该公司新推出的Maxx机型同时结合了高扭矩和高容积率的特点,在比扭矩高达15N·m/cm^3的情况下,其容积率仍能够保持1.66。

Leistrize公司还与恩格尔(Engel)公司共同开发了在线配混成型设备,将挤出与注塑技术结合起来,用于玻璃纤维增强汽车制件的一步法成型。

(3)克劳斯玛菲·贝尔斯托夫(Krausmaffei Berstorff)公司。克劳斯玛菲·贝尔斯托夫公司继承了原来贝尔斯托夫公司的双螺杆挤出技术,生产的双螺杆混炼设备在我国进口的共混设备中占比较高。高端系列UTX工业混炼装备容积率分为两档,A系列对应容积率为1.46,保证了优化的比扭矩和容积率,适合进行高性能共混、合金、填充、增强以及母粒的生产。R系列对应容积率为1.74,延长了物料的停留时间,使熔体表面更新得到优化,同时保证最小的剪切能量输入,使其适用于高比例填充体系、TPE共混、反应以及排气等工艺。

实验室用25UTX具有螺杆后抽的功能,在加工过程中,可以通过一个独立的电动机驱动,在1min内将充满物料的螺杆部分或全部从机筒中抽出,实现对整个加工过程的动态观测,包括熔融、混合、着色等,为进行工艺调整或组合优化提供依据。

由于采用了特殊的动力分配齿轮箱,双螺杆挤出机可以传递更高的扭矩。配混生产线采用EasyClean设计理念,可显著缩短生产线更换原料体系的时间40%以上,连接部分采用了C形法兰连接，更换机筒组合比常规设备节省 70% 以上的时间。

克劳斯玛菲·贝尔斯托夫公司双螺杆挤出机的最大直径可达 280mm，最大产量 30t/h。公司生产的世界上最大的混炼造粒用单螺杆挤出机，直径达到 800mm，用于 LDPE 聚合装置的下游熔体造粒和脱挥，产量达到 74t/h。

贝尔斯托夫的双螺杆挤出机配合空冷或水下造粒系统，可用于 PVC 这类热敏性物料的造粒，具有较高的产量。空冷型更加经济，清理和维护方便；水下造粒则具有更高产量，适用于黏附性的物料，而且颗粒可以更小。

（4）HF Mixing 集团。HF Mixing 集团由 Harburg freudenberger、Farrel 和 Pomini 橡塑公司合并而成，主要生产 FCM 和 LCM 混炼设备。

FCM 混炼设备采用异向旋转，非啮合，两个转子转速相同，自由容积大，通过返流混合保证优质的混合。独特的转子设计保证优良的分散混合；混合水平可以通过转子速度、工作容积、热状态和停留时间来控制。转子之间以及转子与腔壁之间的大间隙减少了磨损。大的喂料入口允许高填充物料体系的加工，模块化结构容易维修，实现了高产量、低能耗。

LCM 混炼设备具有两段混合腔，长径比为 10。混合腔Ⅰ的功能是使聚合物所有组分干混以及预热干混物，采用球磨机原理通过摩擦打碎聚合物颗粒大的团聚。混合腔Ⅱ的功能是通过转子棱与腔室壁面之间强烈的剪切促进聚合物熔融，保证不同组分在基体中的分散混合；长度方向的切断返流使材料不断地前后运动，促进分布混合；最终实现对物料的捏炼，两辊之间的辊压作用保证了物料混炼均匀。

（5）布斯（Buss）公司。布斯公司开发了世界上最大的 PVC 电缆料混炼设备，最大产量 5t/h，无需改进就可用于 8 种不同配方体系的生产。特点是将加热器、冷却器、预混器和重力加料器融入高性能混合器中，4 个螺棱的 110EV 混炼机的直径 110mm，加工长度 15 *D*，特殊的螺杆结构保证了材料均匀的混合。混合完成后，PVC 共混物被送入单螺杆熔体挤出机中，产生压力并进行下一步的造粒，然后进行风干和脱水。K2010 展上布斯公司展出了最新的 quantec 机型，即圆周上分布 4 个螺棱，较之前的 3 个螺棱显著提高了混合效率，主要用于 PVC 共混、过氧化物交联 PE 料混合以及密炼机的供料系统。

（6）马格（Maag）公司。马格公司专业生产熔体泵系统，是当前世界生产大型熔体泵的厂家之一。熔体泵最大产量 120t/h，但马格公司的中小型泵经过不断改良，关键部件滑动轴承采用碳材料进行烧结而成，是常规耐磨类金属材料重量的 1/2 左右，而且具有更加耐磨和耐腐蚀等优点。

K2010 展上还看到了很多在国内并不知名的双螺杆混炼设备生产企业，包括 PLAMA、XTS、Xtrutech 公司等，虽然从设备性能及实力上无法与上述企业相提并论，但他们的存在，丰富了双螺杆共混产品的类型，为消费者提供了更多的选择。

2. 管材成型设备

K2010 展上，关于塑料管材成型和后续加工的设备很多，塑料管材向大型化、结构化成型发展，同时管材的应用也逐渐演变成为一个系统工程，塑料管材的连接技术及其相应装备不断更新和发展。

实壁管挤出设备以巴顿菲尔（Battenfeld）、克劳斯玛菲和戴维斯—标准有限公司（Davis - standard）等设备厂商为代表。克劳斯玛菲公司挤管设备及可生产的管材产品包括 PP、PE、PVC 及多层复合管材，在 K2010 展上还推出了可以快速在线变换管径的系统。巴顿菲尔辛辛那提（Battenfeld - Cincinati）公司主要生产 HDPE 和 PP 管材生产线。Inoex 公司的优势技术是在线变换管径装置。

挤出直接成型双壁波纹管以加拿大科玛公司、德国 Unicor 公司和我国大连三垒机器股份有限公司等为代表。

缠绕式双壁波纹管以德国 Krah、Bauku 等公司为代表。德国 Krah 公司的管材原料为 PE、PP 以及玻璃纤维增强 PE 原料，最大管径达到 4m，长度 6m，产量 1t/h；配备了全套的管材连接和开孔设备，可实现与大口径水泥管道、钢管等的顺利连接，从而推动了这种新型管材产品在市政工程等方面的广泛应用。德国 Bauku 公司的技术及设备可生产最大管径 3m、最大复合层数达 4 层的波纹管。

西班牙 Molecor Tech 公司推出 PVC－O（取向 PVC）管材生产技术，可以通过取向技术使管材的性能得到极大提高，显著降低产品成本。公司采用先进的全干法系统，生产工艺灵活，直接成型接头部分，可生产最大直径 630mm 的管道，耐压等级达到 2.5MPa。

Maillefer 公司以特种管道生产为主要方向，生产滴灌管以及铝塑复合管等设备，通过细节的改善，使其产品具有竞争优势。

K2010 展上管道连接技术让人眼花缭乱，表明塑料管道在工业化应用方面取得了更多的进展，得到了市政、建筑、工业等领域的广泛认可。

3. 中空吹塑设备

德国 Rikutec 公司推出了先进的大型多层吹塑成型设备，GBM/S6000 型设备可成型当前世界上最大的多层中空容器，容积达到 1 万 L，储料缸的容积达到 400L，合模力达到6 000kN，成型的巨型容器可用作雨水收集罐及巨型污水处理罐等。该设备还可使用比例高达 70% 的回收料进行加工成型。

德国 Bekum 公司推出了合模机构为全电动 EBlow 系统的新一代吹塑成型机，不仅维护要求降低，而且可显著降低能耗（达 50%）、提高生产效率（达 15%）、提高合模精度等。

4. 发泡成型技术

意大利 Union 公司介绍了 CO_2 发泡 XPS 生产线的技术情况，并展示了样品，当前在芬兰销售了一条生产线，售价 400 万欧元，产量 1.5t/h，最大制品厚度 160mm，产品密度 30kg/cm^3（厚度 80mm 以上需要采用 HFC152a 混合制冷剂）。在我国也销售了一条 PE 发泡生产线。公司正在开发 PET 发泡生产线，主要用于风电叶片产品。

意大利 FAP 公司推出了 PE 和 PP 发泡片材系列生产线，管膜法生产技术，包含全套辅机设备。瑞士 Sulzer 公司推出了 Optifoam 发泡挤出生产线，与常规的将发泡剂注入机筒螺杆部分不同，其将发泡剂注入到位于螺杆和机头之间的一个静态混合器中，可极大地减少对现有设备的改造，通过加装该装置，可很快地实现发泡制品的生产。

德国克劳斯玛菲·贝尔斯托夫公司的发泡成型设备涉及到 PE、PP、PS 等发泡产品的全套生产技术，公司目前已经在我国销售了 PP 和 PS 的发泡生产线。其 PS 发泡生产线采用环保的 CO_2 复合发泡技术。

5. 型材挤出

意大利 Bausano 公司一直坚持有自己特色的多电动机驱动技术，用于型材产品生产线。在其中小型设备上采用了双电动机驱动，而大中型设备上仍然采用四电动机驱动。推出的木塑型材生产技术，木粉含量高达 70%，可用于加工 PO 基以及 PVC 基的原料体系。

意大利 Amut 公司一直以型材挤出生产线而著称，此次展览推出了化学发泡装饰边条生产线、PA 断桥隔热条生产线、木塑型材挤出生产线以及太阳能电池板封装膜生产线等技术，产品开发能力在不断增强。

Cincinnati Milacron 公司推出了用于 PO 原料的开槽衬套单螺杆挤出机系统，以及用于型材生产的平行异向和锥形双螺杆挤出机，但从螺杆结构及设备性能来看，这个老牌设备厂家无疑在全球日益激烈的竞争中尽显疲态，新产品开发能力不足。

Reifenhauser 公司此次也展出了其木塑复合材料挤出成型设备，可以采用两种工艺，即共混挤出成型或直接挤出成型。其产品主要应用于建筑装饰材料和铺装材料等。

Krausmaffei 公司的型材挤出设备采用平行异向双螺杆和锥形双螺杆两种形式，具有优良的品质。

合并后的 Battenfeld－Cincinnati 公司推出了高

性能的 HDPE 和 PP 单螺杆挤出管材生产线，可用于实壁管、波纹管及钢管涂敷工艺，设备的产量显著高于一般厂家的机型，依靠其新开发的高效冷却技术（EAC – Efficient Air Cooling 和 KryoSys）以及首次推出的新型辅机系统，45 挤出机生产 HDPE 实壁管的产量可达 500kg/h，120 机型的产量则高达 2 200kg/h。EAC 是通过创新的设计在管材机头内部通入压缩空气，为挤出管材提供高效冷却，从而缩短冷却长度 25% 以上；KryoSys 系统则采用带有附加熔体冷却系统的螺旋芯棒机头，机头内部带有冷却区段的结构，可以进一步减少冷却长度 20%。除了减少冷却长度，这些系统均带有复杂的能量回收系统。Battenfeld – Cincinnati 公司推出的异向平行双螺杆挤出型材/管材生产线，135 机型的最高产量可达到1 700kg/h。

6. 薄膜机组

布鲁克纳公司的拉伸薄膜生产线，BOPP 最大幅宽可达 10.4m，速度 525m/min，年产量高达 5.6 万 t；BOPET 最大幅宽可达 8.7m，速度 525 m/min，年产量高达 3.2 万 t；CPP 生产线最大幅宽可达 6.2m，速度 300m/min，年产量 1.6 万 t。

德国 Reifenhauser Kiefel 公司展出了 EVOLUTION 新一代吹膜生产线。新机组特点：专利结构的带有混合/剪切区的螺杆设计适合加工所有类型的 PO 原料，加工其他原料则采用开槽衬套系统。标准的三层复合吹膜机头最大直径2 200mm（对应薄膜展开幅宽 13.8m），五层复合吹膜机头最大直径1 200mm（对应薄膜展开幅宽 7.5m），七层和九层复合吹膜机头最大直径 750mm（对应薄膜展开幅宽达到 4.7m）。生产线均配套高效的膜泡内冷系统。另一个非常显著的特点是吹膜机头的独特设计可以应对当前各种原料及配方体系。

美国 Davis – Standard 公司针对不同包装产品而开发的生产线具有竞争优势，如利乐包装和阻隔膜生产线等，同时推出了不同系列的发泡挤出生产线，表明该公司将设备与工艺、材料的结合推向了一个更高的水平。

K2010 展挤出技术发展的一个共同特点就是尽量使结构更加简单、操作更加容易，以满足工业生产的易用性和稳定性要求。因此，无齿轮挤出技术及装备大行其道，各主要厂家均推出了典型机型以满足客户需求，包括国内的联塑（杭州）机械有限公司等企业。挤出成型技术将全面向高效、高性能及节能的趋势发展。在经历了国际金融危机对行业的洗礼之后，挤出设备生产厂家与上下游企业更加紧密地结合，将不断推出更多的新技术和新产品。

二、注塑成型

注塑机的发展日新月异，但更加趋近于同一目标，就是节能高效生产以及一体化成型。全电动是一个显著的趋势，此次由德国注塑机厂商引领的全电动第二次浪潮给塑料机械行业带来了许多全新的概念。

1. 合作开发的典范

全电动的发展依赖于注塑机厂商与配套供应商之间的紧密合作和联合研发，这方面的进展也显示出基础工业及基础部件对于注塑机行业技术发展的支撑作用。

Arburg 公司通过与 Simens 公司的合作，将不同类型的驱动方式结合在同一台注塑机上，从而实现了高性能。将直线电动机与旋转电动机有效地结合起来，不仅有效地降低了机械零件数量，同时减少了磨损以及后期维护成本，尤其是对于直线电动机来说，其运动部件更少，几乎是“永不磨损”的。新开发注塑机的亮点就是使用了直线电动机，拥有独特的技术优势。将电动机与螺杆直接连接，提高了加速能力，降低了系统惯性，在电动机控制的条件下，可以达到非常高的注射速度。而且由于驱动系统没有参与运动，因此可以最大限度地保证位置精度和重复性，可实现的位置精度低于 0.01mm（Allrounder 370A 系列注塑机，螺杆直径 18mm，加速度达到 8 *g*，比常规的全电动注塑机高 12 倍；最大注射速度达到2 000mm/s）。由于突出的加速能力和高的注射速度，设备的应用领域全面拓展，可以生产之前不可能制作的非常薄壁的塑料制品,在电子电器领域、存储介质等材料方面创造了无限的可能性,也对塑料原料供应商提出了新的要求,就是塑料需要能够达到这种超薄壁制品充模的流动性要求。

法国 Billion S. A. S 公司与 Simens 合作,始于其2007 年制定的公司战略,即降低能耗 30% ~50%,而现在其目标定为降低 70% 甚至更多。除了降低能耗,SELECT 系列还具备高精度和独特的运动重复性,设备广泛用于医疗卫生、化妆品等领域。全电动 SELECT 系列配备了 Simens 的空冷永磁伺服电动机和高转矩电动机,其特殊设计在于电动机直接驱动滚珠丝杠,而不用 V 带传动。避免采用水冷电动机是因为其不仅需要一套独立的循环系统,而且还需要进一步的维护,不符合公司的环境友好策略。新驱动系统可以针对单个的动作进行转矩和速度分别设定,带有功率传感器的永磁伺服电动机允许操作者高精度地实现同时控制注射单元的运动速度以及喷嘴的接触压力,而这在常规的液压注塑机上是无法实现的。双组分分药盒就是采用全电动 SELECT 机器环境友好和清洁生产的例子。公司的全电动双组分机型 H150 - 260/150T,在两个注射单元分别注射聚酰胺和橡胶,可生产具有气密耐臭氧的气动元件产品,PA 和橡胶用量分别为 3g,总的循环周期为 60s,硫化过程发生在模具内。采用真正的一步法成型,无需胶粘剂。Billion 所开发的三段式螺杆具有低压缩比和剪切力,可以温和地加工弹性体材料。

德国 Desma 公司展示了全新设计的 S3 系列立式注射机,首次采用了节能的双泵伺服液压系统,在 Desma 内部被称为“伺服齿轮”。而原来专利产品“Fifo A”注射单元则被新一代的“Fifo - Advanced”所取代,这样大的硅胶柱塞系统甚至能够与小的注射容积结合起来。S3 的另一个创新是液压驱动的“PlastControl”截止阀。

意大利 Presma 公司展示了几例特殊的加工设备,例如弹性体和硅胶加工。全电动微型注射机,锁模力只有 60kN,可配备橡胶以及液体或固体硅胶的喂料系统。另一个创新是 RS300/4000F 立式压机,目标产品为常规橡胶和液体硅胶加工。

意大利 BMB 公司也强调其设备的节能特点,全电动设备 eKW16Pi/480 的锁模力 1 600kN,用于 PP 饮水杯盖的模内贴标成型,周期为 2.1s。eKW28Pi/130 集成了加工和组装,用于一套塑料餐具的成型并完成包装,液电混合机型锁模力 7 000kN,其中注射系统为液压驱动,生产 1 模 32 腔的酸奶杯,成型周期为 5.5s。

意大利 Negri Bossi 公司展示了新的全电动系列注射机,采用带传动并且带有能量利用系统。改进的全电动机型包括 VSE 系列。液电混合机型包括 BiPower、Vector 和 Janus 系列机型。液电混合机型的不同配置是面向不同的应用而设计的,BiPower 锁模力12 000 ~60 000kN,是一款几乎全液压的二板机,只是塑化系统为电动。与其类似的还包括 Vector 系列,其合模机构为肘杆式。Janus 系列是一款几乎全电动的机型,注射系统采用液压系统,配套的“Smart Energy”系统节能效果与全电动类似。公司新改进的全电动 VSE 系列与液电混合机型类似,是全数字控制的。

中国台湾全立发公司的 AE 全电动系列也采用了 Simens IMe5000 自动控制方案,采用双电动机同步驱动注射系统,最高注射速度 600mm/s,多轴同步控制系统可显著降低薄壁制品的加工周期以及生产成本,能耗减少 15% 以上,适用于生产光学镜片以及薄壁导光板等制品。配备该系统的注射机在 2010 台北塑料展览会获得创新一等奖。

韩国最大的注塑机生产企业 LS Mtron 从 2009 年开始与 Simens 合作开发了大型电动注塑机 LGE2000HB,锁模力达到20 000kN,除了合模之外,其他所有的驱动均采用伺服电动机完成。该设备是公司在电子电器、光学、汽车以及工业制品领域的战略机型,除了常规全电动机型的特点之外,还包括注射压缩模塑和化学发泡模塑的控制功能,合模机构为二板式,采用 4 台 1FT6 水冷永磁电动机和1台1PH8异步电动机。5台Sinamics S120驱动用于注射轴向、模具位置轴向和塑化过程的控制，可得到最佳的速度、循环周期、精度以及能耗结果。

2. 新型注塑技术

（1）Fanuc公司。Fanuc公司推出的Roboshot系列全电动注塑机，锁模力150～3 500kN，号称是世界上能耗最低的注射成型设备，其配备的高性能控制系统功能强大，可以通过转矩控制注射量来补偿由于黏度波动而引起的误差；塑化完成后，通过释压减少物料的返流，提高注射量的稳定性，该过程依靠控制系统自动完成。合模运动靠扭矩控制，可以更好地保护精密模具。设备可以通过测量返流，监控止逆环的工作情况以及磨损状态。

（2）Arburg公司。以专业生产中小型注塑机知名的德国Arburg公司，新推出了5 000kN液电混合设备。注射单元采用液压系统，运用了自适应蓄能器技术，最高注射速度达到1 000mm/s，大型伺服电动曲肘锁模机构具有快速、高精度的特性。该设备现场注射成型采用回收料的仿纸环保手提袋，展示了公司关注环保的理念，配套的模具形状复杂，而且还采用了热流道技术以节省原料消耗。

在微注塑成型机方面的进展——全电动Allrounder 270A系列微注塑机。用于成型助听器内的微小零件（一模双腔），锁模力350kN，塑化单元采用双阶螺杆形式，第一阶螺杆直径15mm，只旋转而不轴向移动，负责将通常的塑料颗粒熔融并送入下阶螺杆中；第二阶螺杆直径8mm，旋转并轴向运动以进行注射。这种设计不仅可以实现物料的先进先出（FIFO），而且能够精确控制注射单元的运动来实现微小注射量。设备注射量0.6g，注射制品重量0.005g，循环周期6s，注塑材料为Ticona公司的POM。

全电动双组分注射机可实现软硬组分的共注射成型，也适用于液态硅胶成型，该系统通过先进的Selogica与外围的模具控制和机械手相配合，实现高精度和高效率的复杂产品成型，现场展示了1模16腔的牙刷成型（PP + TPE）和1模4腔的缓冲按钮成型（PBT + LSR）。牙刷成型设备中的模具经过特殊设计，为三色及采用Paternoster系统引导嵌件垂直经过12腔的模具，该系统的关键是如何导入外力作用以及设计紧凑。由于嵌件的放入和最终制品的取出可以在模具关闭时进行，因此可以显著地缩短循环时间，也称为伺服模腔定位系统（SCPS）。全电动由于更加清洁的生产环境，用于医疗产品更加可靠，带有洁净室的全电动注射机现场进行了1模32腔针管的注射成型，有可能与材料接触的所有表面均进行了特殊的表面处理。

K2010展上模内贴标技术更加普遍，Arburg公司此次展出的技术较之前集成度更高，速度更快。

在全电动注塑机不断应用的同时，Arburg公司的液压注塑机也取得显著的进步，应用更加广泛。展出的液压双组分注塑机用于生产矿泉水瓶盖，模具系统采用伺服驱动旋转，在此期间完成模具冷却与制件取出。展出的另一台液压三组分注塑机用于生产旋转编码器（PA磁性 + PBT + MABS），该设备集成了多组分、嵌件、磁性以及模内组装等功能。

Arburg公司还展出了直立式液压注塑机与六轴机械手完美配合来生产电缆连接头，生产能力达到1模4件（TPE）。设备集成了机械手复杂动作和精确定位、多个复杂嵌件在模具不同位置的准确定位、线缆预留长度的可调等功能。

Arburg公司此次展览以新推出的“Selogica”注塑管理系统为标志，将注塑机的使用向更高效、更简洁的方向推动，可提供对整个注塑机动作顺序的检验设置（Supervised Set up）以及自学习（Teach in）功能。Selogical控制系统代表了注塑加工操作的方向，并且可包含模具顺序和辅助设备的程序动作。机器操作人员并不需要了解高深的控制原理，只需要通过5个简单的逻辑步骤就能控制整个注塑循环过程。采用立式注塑机与六轴机械手配合加工电缆接头时，就能够显示一个复杂的动作是如何通过简单设定而实现的。被包覆的柔软线缆（嵌件）被随机地放置在多腔模具中无需任何手工操作，而且线缆的长度是可以任意调节的。多色注射成型中,Selogical 控制系统被用于成型三组分的旋转编码器零件,其中的磁性材料是在模具成型过程中被磁化的。3 台塑化单元的动作顺序和嵌件的功能化,以及取出动作集成在一个控制流程中,可以在人机界面上以非常容易理解的方式完全凭直觉进行设定。

(3)Sumitomo - Demag公司。Sumitomo - Demag 公司在 K2010 展首次展示了其平台战略,定义了将来全电动、液电混合和液压机器的开发方向。新推出的 IntElect Smart 锁模力4 500kN,为全电动机器的高端。专门为注塑机开发的空冷直驱系统优势在于其最低的能量损失,在住友的 SE 机型上已经证明该系统可以在共同开发的平台上使用。

新的 EL - Exis SP 系列重新定义了液电混合的概念,锁模力1 500 ~ 7 500kN,主要面向高速包装领域。该系列的突出特点是更高的锁模机构的动力学响应和精确性。NC5 控制器也有许多新特点,能够适应机器动态响应的特点,在重要的领域节省循环周期。

公司开发的双腔 IMD 致力于达到汽车工业高质量产品的成型要求。对于汽车内饰件来说,常将两种不同的装饰薄膜应用于一个制件上,IMD - multi - K工艺为许多类似内饰件提供了解决方案,而许多汽车公司尚在讨论中。该工艺实际上是将多组分与模内装饰(IMD)结合起来了,模内装饰主要通过热转印的方式完成,而其中最关键的就是精确的定位。

(4)德国 Boy 公司。K2010 展上,公司展出了 16 台设备,最大锁模力1 000kN,展示了紧凑型全自动注射技术方案。其亮点是最近推出的 XS 系列,展出了 9 台设备,可以用于生产微小型制件,注射量0.1 ~8cm^3。可选配置例如辅助机械和输送设备等均可集成在设备中,而无需增加占地面积。通过采用无浇道生产医用微型制品,其展示设备的洁净室技术符合 ISO14644—1 标准体系。E 系列采用伺服液压系统驱动,希望将传统的液压技术的优点与电动设备的节能结合起来。

公司专业生产锁模力1 000kN 以下的注塑机,尤其是微型注塑机。推出的 XS 系列专业生产无浇口单型腔的微注塑件,最小注射量 0.1cm^3,而且设备占地面积很小。展出的可在洁净室生产 PLLA 骨缝合板的设备,制品重量 0.1g。生产的 PP 触控笔重量 0.9g,高透光照明件重量 1.2g,采用双组分的液体硅橡胶材料。公司也可生产专业加工热固性材料电气元件的注塑机。

Boy 公司的 E 系列伺服泵系统为驱动技术设定了新的标准,不仅节能、精度高、更加安静,而且动态性能更好。

(5)Ferromatik Milacron 公司。德国 Ferromatik Milacron 新推出了 F 系列机型,从 2011 年起,将替代现有的全电动(Elektra)、液压(K - Tec)和液电混合(Vitesse)系列机型。经过市场分析后,模块化的设备锁模力 500 ~6 500kN,F 系列的平台允许单个组件加入到定制的产品中,用户可以在电动和液压驱动之间选择,其选择将根据其对设备的要求包括性能、能耗、运动特性以及定位精度等。设备的主要面向对象是包装和消费产品以及医用产品。F160 注塑机,锁模力1 600kN,注射单元 GP50,螺杆直径 50mm,用于成型 PP 包装产品,1 模两腔,循环周期 6s。公司作为系统提供商也为用户提供先进的机械手系统,而且其运动控制已经集成在设备的控制系统中。Vitesse 注塑机展示了膜内贴标,经济的 Elektra 系列是在中国工厂组装的,生产名片盒,其特点是快速脱模单元(Quick Strip),在模具打开时全自动触发制件脱模,而无需动用设备的脱模机构。

(6)Netstal 公司。瑞士 Netstal 的 Elion 系列将锁模力扩展至2 200 ~2 800kN。其中,电动合模机构可与 Evos 系列的液电混合合模机构结合起来。其干循环周期为 1.4s,可以应用于以前只有液压机能够适用的场合。

新开发的自由编程控制器 aXos 允许用户自行定制加工过程和快速灵活的工艺设计。控制器包括可折叠键盘以及两个显示器,下部显示器用于自由选择工艺操作参数。

公司展出的 PET 生产线可达到 1 模 60 腔制品的注塑成型，之前是在3 500kN 设备上才能成型，此次只需2 000kN 设备即可胜任，该设备在不均衡流道系统中仍具有高的性能。展示的 0.5L、重量 15g 瓶坯循环周期为 9s，产量 2.4 万个/h，对于该型号设备来说是无可匹敌的。

(7)恩格尔公司。奥地利的恩格尔公司是当今领先的注塑机生产商，其口号是“高效、创新、可靠”。在 K2010 展推出了两款全电动系列和 6 款液压机，还有一款液电混合设备。

K2010 展上，公司以节能系统为核心，焦点是 Ecodrive 系列的伺服液压系统，刚刚应用到 Duo 大型注射机上。由于这类设备需要更长的保压时间，稳定的保压压力通过伺服电动机与电子调节控制泵结合。特殊开发的软件系统实现操作点优化，设定最好的伺服电动机速度和控制泵的旋转角度，来保证为每个速度和压力水平提供最大的驱动效率。

公司展出了系列小型电动注塑机，螺杆直径 15mm、18mm 和 20mm，两种驱动方式可供选择，标准型的注射速度 330mm/s，高速型达到 550mm/s。优化的螺杆结构以及特殊设计的加料口允许使用标准塑料颗粒。e—max50/50 和 e—victory 50/28 可以生产重量小于 1g 的产品。

公司生产全电动注塑机的历史已经有 10 年之久了，号称是欧洲迄今为止唯一能够全套提供锁模力至5 000kN 的全电动解决方案的注塑机生产厂商。其全电动 e—max 系列提供最高的精度，主要依靠高动态相应的伺服电动机驱动技术，采用制动能量回收技术降低能耗，注射单元的最高压力达到 280MPa，最大注射速度达到 450mm/s。而另一款全电动 e—motion 则兼顾精度和效率。合模装置采用 5 点肘杆系统配合低摩擦精密线性轴承的导向来提供高速、高动态响应及高精度的运动特性，再加上无拉杆结构，更方便机械手的工作及模具安装，肘杆部分全包封可适应洁净生产要求。

恩格尔公司的液电混合设备为 e—victory 系列注塑机，集成了伺服电动机驱动注射单元、伺服液压合模单元和无拉杆系统，具有高精度、节能和安静的特点。液压无拉杆合模机构与电动塑化及注射系统，将液压与电动完美地结合起来。

恩格尔注塑机的 duo 系列、victory 系列、speed 系列、insert 系列、elast 系列和 LIM 系列，分别对应大型、高效、高产量、嵌件、橡胶和弹性体及多组分的应用。

恩格尔公司是将加工机械与加工工艺、制品技术结合得最好的注塑机生产企业，在其不同的注塑机平台上开发了十几种面向最终高端制品的生产工艺，最著名的 Engel Combimelt 工艺，将多色和多组分结合起来，为了实现多次注射，针对不同的机型，配套模具运动方式多达 4 种，可广泛用于汽车天窗等大型双组分制件成型。Tecomelt 工艺由于其独特的表面植绒工艺而广泛用于汽车内饰件的成型。X—melt 工艺则利用塑料的压缩储能特性来制备微小或极薄壁制品，完全通过工艺来提高注射机的功能。恩格尔公司致力于光学技术，尤其是镜片，极限偏差达到了 ±0.1μm，简单地采用精密的全电动注塑机是无法满足的，恩格尔公司采用了 Overmolding 工艺，在预成型的制件上进行一步或多步包覆同样的材料，主要的优点就是消除表面缺陷，保证形状结构尺寸的精确性，与标准的单组分技术相比可以减少循环时间，当然这取决于包覆成型的操作次数，总的壁厚分布在不同的层中，因此冷却会更加快捷。另一个展出的产品是表面耐刮擦、具有深度效应(Depth Effect)的装饰件。这是通过在塑料基材上注射成型一层透明的 PU 并通过纵向平台实现，模具后面的装饰膜和包覆模塑 PU 在同一模具工艺中实现而不会发生相互影响；第二个喷上了脱模剂的模具，被纵向或旋转平台输送过来，脱模剂防止 PU 黏附在模具形腔上，多元醇和异氰酸酯通过一个混合头，以及后续的交联反应来形成 PU，该工艺与多次涂敷(Multicoat Painting)相比具有高产和更薄的涂层厚度。

公司展出的新工艺还包括生产一体化管形包

装、一个4型腔的PP盖，利用方形的旋转模具，第二注塑系统位于移动平台上，管坯在第一周期成型，盖子在第二周期成型，而且具有模内贴标的功能（洗面奶、牙膏筒等）。

新的应用包括多模具系统，采用二阶或多阶并带有旋转模和包覆模的注塑工艺。用于一步法生产复杂（角度）的中空制件，其优势在于无需二次加工。例如各种管件的焊接等。与常规气辅注塑技术相比，具有内表面质量高、壁厚均匀等优点。K2010展上展示的是一个两组分带有螺纹衬套嵌件的管状零件，在紧凑的无拉杆设备上成型，带有双注塑单元以及六轴机械手系统。

高度集成的增强结构件，如汽车保险杠等通常是采用塑料—金属复合材料注塑成型，包括钢板和玻璃纤维增强的塑料。为了推进轻量化，钢板和铝板逐渐被薄的有机板材取代，含有特殊的碳纤维或玻璃纤维，以特定的结构或取向形式被置入塑料基体内，例如尼龙或聚丙烯，然后在二板压机上制成半成品。对于受力的传递来说就是需要保证塑料基体与增强纤维制件的强的偶合作用。恩格尔公司开发了一种一步法工艺可以一次成形PA汽车转向柱。

恩格尔公司为了满足市场对瓶盖生产的高度需求，开发了全电动解决方案，新设计的e-cap具有改进的注塑系统，增加了顶出力以及更有力的闭模驱动。展出的e—cap3940/420T生产HDPE瓶盖，1模96腔，成型周期小于3s，而且通过Q—vision系统进行直接质量控制。

（8）巴顿菲尔（Battenfeld）公司。K2010展上，也是德国Battenfeld被Wittmann收购后的首次大规模技术展示，展出了11台注塑机，标志着在专业做周边辅助设备Wittmann的帮助下，一个新的Battenfeld诞生了。

Power系列设备的上下限均进行了拓展，所有的设备均贯彻其“全面解决方案”的理念、“所有均来自一个供应商”的理念。

新近推出的全电动系列EcoPower，将以不同形式出现，锁模力550～2 400kN。电动机制动时的能量直接被机器利用为控制系统供电以及进行机筒的加热等，而通常的设备则是将其返回电网系统。公司展出了一台配套了4型腔模具的设备，配合洁净室系统用于生产医用膜组件材料。

EcoPower系列还可用于粉末合金的注塑成型。公司展出了适用于微注塑成型的MicroPower系列、适合于模内贴标的TM Xpress系列、大型二板设备MacroPower系列、双色机HM MK系列以及配备先进伺服节能技术的HM ServoDrive系列等。

Battenfeld此次推出的EcoPower系列注塑机，面向节能精密、洁净生产等目标。例如EcoPower 110/350系列，集成了模具变温（BFMOLD）、在线表面检测、先进伺服驱动、周边设备和控制系统等，用于生产导航装置的高光前面板。通过采用紧凑的无V带驱动技术，肘杆包封无需润滑等，可以在注塑机内实现洁净生产。

用户定制功能。如用户可选标准的高精度设备，或带有洁净室的，或高速度设备等，还包括全电动、液电混合或局部（顶出、合模等）驱动模式的选择等。塑化系统的设计适应于高速度和高注射精度（即使是在最大注射压力下）的要求。双驱动带动中心的滚珠丝杠来确保注射和计量的准确。合模装置的特点是伺服液压专利的无V带直接驱动滚珠丝杠，无油润滑肘杆系统与线性导轨结合，模具感应保护以及精确的合模力控制等。

结合在线热成像的注塑技术。制品被取出后，被机械手放置在一台红外照相机前，记录制品5个区域的热成像信息（热指纹）（该信息用于作为质量监控的文件，也用于控制模具温度），然后采用激光标示该制品。

新开发的全电动系列MicroPower，锁模力50～150kN，模块化的设备采用两阶，螺杆—柱塞塑化单元，注射量0.05～3cm^3。设计了一个基础平台系统，可以在其上扩展模块化的系统，包括转盘、移动装卸系统、质量控制、洁净室模块，直至整个生产单元等。展出的两台机器，均采用螺杆预塑化、柱塞式注射结构。一个用途是生产微型接插件，体积为0.003 5cm^3，制品完全按照工业化生产，并且配备了照相机进行质量控制，然后制品按照模腔的不同被分类放入不同的包装箱中。另一台设备则用于粉末注塑成型，采用高填充的热塑性材料粒子，模具采用 Gram 技术，特殊的 16 + 16 模具型腔用于生产双色的烹调油瓶盖。

MacroPower 系列注塑机锁模力达到10 000kN，其特点是可以非常方便地从设备后部进行模具的安装。

(9) KrausMaffei 公司。公司此次展览的主题是节能的全电动设备。战略是覆盖更广的领域以适应不同行业的特殊需求，推出了 AX 和 EX 两款不同系列的注塑机。AX 系列针对电子电器和汽车领域，特点是经济、省料。EX 系列主要面向医疗领域，对生产环境的要求较高，发热和风尘排放更少，合模机构和注塑单元均可实现洁净室结构，Z 连杆的包封和开放的拉杆减少了制品被污染的风险。塑化和注射采用两套耦合的直接驱动装置来实现，主电动机采用水冷设计，使热量可以很快被带走，减轻了环境的热负荷。可配备高性能注射单元，注射速度达到 600mm/s，用于生产薄壁制件。

德国 Duisburg - Essen 大学设计开发了新的能耗分析工具，通过与设备控制系统连接，可以在线显示不同设备状态的比能耗，例如塑化、注射、保压以及机筒加热的能量消耗，可以帮助确定节能操作的优化点。

公司的注塑机技术也享有盛誉。EX 系列由于采用了独特的 Z 连杆机构，可达到当前最短的循环周期。K2010 展出的 EX160 - 750 带有 CleanForm，在 Class A 洁净室环境下首次实现满足 GMP 要求的全电动无菌制品的量产。在生产 PP 的 48 腔医用针管过程中，红外机械手将制件从模具取出后通过斜槽机构进入包装单元，保证生产过程中的无菌环境，无需采用后续的消毒过程。所有的电动机和控制器采用水冷设计，非常适合洁净生产的要求。所有驱动系统均封闭起来，保证生产过程由于磨损而产生的粉尘不会泄漏至环境中，同时降低了噪声。

两个耦合的直驱电动机为塑化和注射提供动力，高扭矩电动机驱动力直接作用于螺杆，保证了高效率，驱动系统位于同一轴线，结构非常简单，不仅没有齿轮，而且完全封闭。这种驱动结构的设计保证了高的注射量重复性和可靠性。与液压注塑机相比，这种经过优化的伺服电动机驱动系统节能达 50% 以上，节水更高达 70%。

Ultra 注射系统带有双联直驱电动机系统，即使对最大直径的螺杆，也能够保证最快的注射速度，以及制品重复精度。

聚氨酯是公司多组分技术应用的未来发展材料，注塑机集成了旋转平台和反应成型技术，以一次注塑制备成型三组分的热塑性 PU 复合材料制品。这种复合制品的经济的生产工艺不仅在汽车工业中不断受到重视，在电器、消费产品、包装领域也日益得到应用。

采用最先进的反应技术将 PU 覆盖在塑料基材上，配备新开发的泵的微小计量系统。特殊的表面处理、优化的控制盘以及柱塞确保了动作的无摩擦和计量系统的长寿命。改进的混合头保证了在防止磨损条件下的精确喂料。

在 K2007 展上，公司曾展出通过一次注塑成型在 PMMA 制品表面涂敷一层耐刮擦亮漆——无溶剂的丙烯酸基多组分反应体系。此次公司展出了更加成熟的系统，带有液压合模系统的液电混合设备集成了雕刻技术和亮漆计量定制工艺。全电动的注塑单元具有精密响应，保证了微小计量范围内涂层的精密可重复性，也可用于多腔模具。

开发的动态模温控制可用于多腔模具和全自动过程，可将原来 14 道工序的生产过程在一步注塑中完成，还包括了制品的取出及质量控制。

KrausMaffei 是世界上唯一将注塑机、反应成型机和挤出机一体化的生产商，其技术输出涵盖了各种产品制造工艺直至完整的解决方案。公司正在进行新产品工艺的设计，结合了热塑性塑料注塑以及长玻璃纤维增强热成型制品的优点。该工艺特别适合塑料工业中承受动态载荷的制件，力学性能稳定性高，几何结构复杂制品采用这种方法加工，其最大的好处就是能量吸收和高强度，减轻重量。该项目巧妙地将有机片材即长纤增强的热塑性半成品与注塑成型结合起来，显著降低生产成本。K2010 展上展出了全自动的生产过程。在线注塑工艺中，加热的有机片材在模具中成型，被包覆玻璃纤维增强尼龙，而且，除了已知的在线配混设备具有3 000kN 的合模力，CX 系列注塑机用于在一步法工艺中柔和地加入不同长度的纤维，还有用于纤维增强材料的高效的磨粉设备。

(10)其他公司。宁波海天塑机集团有限公司与长飞亚共同展出木星系列二板机、智神星系列的节能机型以及水星系列的液电混合机型。水星系列的锁模力 600 ~ 10 000kN，价格较低。而智神星系列则采用了水星系列的节能系统并且具有更高的速度和精度，锁模力最大至4 500kN，该系列采用经运动学优化的 5 点肘杆锁模系统；5 300kN 系列则采用新开发的紧凑型二板式结构。

长飞亚的全电动机型源自德国，目标是高的精度、重复性和速度的中高端竞争市场。水星系列具有金星系列的注射高加速特性，采用了全新的技术解决方案，例如拉杆作为侧壁的支撑，锁模系统的运动部件显著减少，将塑化和注射单元分开，允许组合不同尺寸的螺杆和注射柱塞。

微注塑还有 Babyplast 公司，专业生产微型注塑机，其6/10P 型号是世界上最小的注塑机之一，采用了预塑 + 柱塞的结构，保证了高制品精度。

注塑机技术通过与上下游的结合，实现了技术的持续进步和成型技术的不断拓展。一方面通过先进伺服电动机及传动系统的运用，使传统的全电动注塑机进行了全面的升级，达到了前所未有的精度和速度；另一方面通过结合先进的模具成型技术，实现传统注塑产品加工工艺的全面改进和优化。

三、塑料加工模拟及培训技术

美国 RJG 公司是专业从事塑料加工技术和培训服务的公司，经过其培训的人员拥有相应的资质从事塑料加工方面的研究。

Compuplast 软件在塑料挤出、塑料注射及机头设计等方面拥有较大的市场。

ADmould 3D – F 是一款被宣传为真正 3D 的充模流动分析软件，具有易用、快速和准确的特点。包括充模、翘曲、冷却、嵌件以及橡胶等模块。

四、学术研究

1. 复合生产——将能量注入塑料

将不同操作集成在一个工艺中，使其有可能将不同材料、不同功能在一个模塑制件中实现。尽管现在导电的塑料/金属零件可以采用很多不同的方法制备，但均有一些缺陷，如高成本以及需要经历多步骤长周期生产过程等，对于导电制件的复杂性以及尺寸等有限制。需要有一种方法消除这些缺陷，这就是复合生产的来源。

德国塑料加工研究所(IKV)开发了一种新的高效工艺生产链用于生产塑料/金属导电制件。该项目的创新点是将塑料和金属在一个复合、单步、多组分的注射过程中加工。

通过与 10 个工业界伙伴的合作，IKV 展示了其开发的成果。研究组设计了一副运动眼镜，通过将塑料与电阻丝很好地结合在一起注射成型，镜片可以通过导电加热来消除冷凝的雾气。该实例证明导电产品可以有相当的设计自由度，而且金属嵌件与导电体的接触可靠性能够得到保证。

2. 挤出成型

(1)混炼、反应挤出和质量控制。PA6 – Clay 母粒通过在双螺杆挤出机中的原位聚合而制备，该工艺能够放大至所希望的工业规模，填料的分布通过 X – ray computed tomography 以及计算机辅助量化表征手段。挤出物表面的质量控制通过在线检测实现。

(2)膜和片材挤出。在该部分中，焦点是提高效率。闭环控制的真空泵用于薄膜挤出系统的排气，以确保产品质量。为了优化薄膜挤出过程中的换料及换色过程，研究了不同的方法，以达到减少时间以及原料的消耗。在发泡挤出工艺中，采用新的物理发泡剂以改善发泡行为及获得优良的泡孔结构。

(3)橡胶技术。研究TPE－V在密炼机中的共混，开发了新的测试装置用于研究化学发泡中橡胶的膨胀行为。在橡胶注射方面，研究主要集中于新的物理发泡工艺。

(4)吹塑和热成型。重点研究拉伸吹塑的过程和结构模拟，模拟不仅包括二次加热和吹胀过程，同时最终材料的性能也能够预测和计算。

新开发的测试系统能够确定吹塑过程中的壁厚分布，非接触方法与激光光测方法相结合。IKV研究了助剂和加工工艺对热成型制品的影响，并研究了几个主要影响因素。

3. 注射成型/PU技术

(1)特殊注射工艺。Projectile Injection Technique(PIT)推射成型可以制备大直径中空制件，壁厚一致性非常稳定。Profoam工艺，最近由IKV开发，可以容易而且可靠地制备发泡模塑制件，高质量，冷接触表面制件可通过金属箔片镶嵌一体高效成型。

(2)注射技术。注射技术是IKV集成研究课题。在模具冷却方面，开发了一套系统选择程序帮助发现合适的模具冷却工艺。创新的工艺和模具技术提高了模塑制件的功能。新型注射技术可以在一个工艺中生产获得Super－Hydrophobic表面。塑料镜片的光学性能将通过一个调节机构来实现进一步的提高，误差低于5μm。

(3)PU技术。IKV现在的研究包括开发一种PU模具的永久脱模涂层，以及采用CO_2对PU进行物理发泡。

4. 复合材料

(1)大型结构复合材料的制备。IKV对纤维含量高于50%的连续纤维增强来制备大型汽车制件的新工艺非常感兴趣，其生产周期低于10min。两种工艺过程“浸渍”和“成型—固化”同步进行。在浸渍工艺中，两种创新的工艺，树脂传递预浸料坯和树脂喷涂预浸料坯用于浸渍的净尺寸成型，而成型—固化则通过一种新型压制模塑来实现浸渍预成型。

(2)高性能高容积生产。由于对轻质高性能树脂基碳纤维复合材料(CFRP)制件的需求不断增加，以及当前缺乏高容积(High－Volume Production)制品的生产能力，因此需要进行深入的研究开发。AVK创新委员会在2009年为IKV所开发的“间隙浸渍(Gap Impregnation)”颁奖，该技术将有可能是这类制品的技术发展趋势。实际上，采用50%连续长纤增强的塑料制品的加工周期可以低于5min。制品由于力学性能高而非常适合用于汽车结构件。

(3)热塑性复合材料。在长纤和连续纤维增强热塑性复合材料领域，IKV开发了一种新的技术，采用原位聚合热塑性塑料。尤其是加工CBT，环状BT单体(Butylene Terephthalate Oligomer)通过RTM工艺以及树脂熔合(Infusion)技术得到了详尽的研究。

IKV也开展了由复合纺织物(Hybrid Yarns)在3D纤维喷雾工艺生产复杂形状预成型件，复合纺织物已经包含了增强物质，也就是基体是纤维，因此可以直接热成型加工固化的制件。短切纤维可以沿着所需要的方向进行取向，在减重方面的应用很有潜力。

IKV也在继续开发隔膜成型工艺，以加工基于高性能聚合物基体的热塑性预浸料坯，加工温度的上限已经从250℃提升至320℃，可以研究纤维增强PPS材料。

5. 制品设计/材料技术

(1)CAE真实制件设计。IKV开发了许多不同的热塑性和弹性体材料模拟方法，并且均进行了验证。热塑性塑料长周期的温度依赖性能够采用一个非常接近的模型加以完全描述，对于短玻璃纤维增强热塑性塑料，IKV开发的积分模拟系统已经使用了几年，而且仍在得到不断地完善。IKV还进行了包括预测模塑件脱模时所承受的应力的计算。

IKV 正在开发对于弹性体材料的超弹材料模型,以改善多轴应力状态下计算的可靠性。

(2)塑料的连接。在塑料加工领域,连接技术通常用于将单个零件组合起来以使其具有更多的功能。IKV 在这方面进行了长期的工作并积累了大量的经验。现在着重于进行大制件的激光焊接。例如正在研究在激光焊接中使用中间层,这将使得焊接不同材料成为可能。另一个将来准备研究的项目是确定在超声焊接中使用红外预热(IR Preheating)来避免毛刺产生的可能性。

(3)等离子技术。IKV 的等离子/表面技术团队是为了开发塑料制件功能化的工艺。IKV 设计和研究了许多不同的镀瓶工艺,主要的目的是通过等离子表面涂层来提高 PET 或其他材料如 PP、PLA 等中空容器的阻隔性能。还开发了在线检测等离子表面涂层质量的方法及设备。

6. 抛射注塑技术(PIT)

气辅和水辅注塑成型制品的表面质量及精度一直备受诟病,现在该问题被 IKV 所开发的抛射注塑技术(PIT)所解决。一发“子弹”在“水压”的作用下从模腔中被“射出”,通过采用抛射技术,制品壁厚尺寸可以被单独控制和调节而无需考虑材料的流变性质。该工艺具有高的模腔重复率以及高的生产可靠性。

〔撰稿人:北京化工大学　何亚东〕